経済学講義
[福田徳三著作集　第1巻]

福田徳三著作集

第一巻

福田徳三研究会 編

経済学講義

西沢 保 編集

信山社

福田徳三（1901）（明治34年），ヨーロッパ留学から帰国直後。
（『如水会々報』1930年6月）

ブレンターノ先生満80歳祝賀会，1924年12月18日
（福田徳三『経済学全集』第一集，同文館，1925年）

刊行にあたって

一橋大学が創立一四〇周年を迎える記念の年に『福田徳三著作集』の刊行を始めることになった。一橋大学の前身である商法講習所は一八七五年に誕生するが、福田は、その前年の一二月に東京・神田に生まれ、一九三〇年に慶應病院で五五歳の比較的若い生涯を閉じた。福田はドイツ留学中に恩師のブレンターノと『労働経済論』（一八九九年）を書き、学位論文をドイツ語で出版し、若き同僚と「ベルリン宣言」（一九〇一年）を発して「商科大学設立の必要」を訴えた。その頃から、遺作となった『厚生経済研究』（一九三〇年）を仕上げるまでのほぼ三〇年間が彼の活動期であり、その間に本著作集で二〇巻に及ぶ膨大な著作を書いた。福田はその活動を「我邦経済学の黎明期における一の黎明運動」と述べているが、日本の経済学の広い分野における「先駆者的・基礎工事的努力」は、将来に向かって不滅の業績として輝きを放つであろう（上田辰之助）と言われた。そのコアにあるのは科学的探究の精神、あるいはアカデミズムの確立であった。

福田は、教壇を通して、そして教壇を出でて、人を惹きつけ多くの人材を育てた。その周囲には戦前の三商大（東京商科大学、神戸商業大学、大阪商科大学）や慶應義塾を担い、またいくつかの高等商業学校を舞台に名声を馳せ、広義に日本の経済学を築いてきた多彩な人物がいた。ベルリン宣言の盟友・関一、ともに東京商大の黄金期を築いた上田貞次郎、三浦新七、左右田喜一郎、そして福田の多彩な門下生、高橋誠一郎、小泉信三、坂西由蔵、大塚金之助、大熊信行、赤松要、中山伊知郎、杉本栄一、山田雄三、高島善哉……。これは一橋の学問史であると同時に、日本の経済学の歴史における重要な部分であろう。『著作集』の編集母体である福田徳三研究会は、このような日本の人文社会科学の大きな要素としての一橋学問史に共通の関心を寄せてきた。福田研究会は、当初は学内の同好者を中心に組織されていたが、著作集の企画が具体化するなかで学外の福田研究者の協力を仰いで著作集のための研究会・編集会議を重ねてきた。

福田の活動がとくに盛んであった第一次世界大戦前から一九三〇年前後の時期は、ソヴィエト社会主義の誕生もあり、資本主義システムの大きな転機であった。それはピグーの『厚生経済学』(一九二〇年)、ケインズの『自由放任の終焉』(一九二六年)が刊行され、ケインズが資本主義の危機に直面する時代であった。日本でも社会主義・マルクス主義が高揚し、河上肇はマルクス主義への傾斜を鮮明にしていく。日本のアカデミズムはマルクス主義にかなり支配されることになったが、福田はそれに対抗して、厚生経済ないし社会政策の有用性を主張し、資本主義の改造を念頭に日本社会を構想し、第三の道ともいえる後の福祉国家・福祉社会論を高調した。福田とほぼ同時代の東京商大にいた上田貞次郎も、第一次大戦後の「改造」の時代に、『社会改造と企業』（一九二一年）等を書いて社会改造と企業者・経営者の職分、社会的責任論を強調した。そして、個人雑誌『企業と社会』（一九二六―二八年)を創刊し、マルクス主義、国家主義が高揚する日本社会に向けて「新自由主義」を訴えた。それはケインズの『自由放任の終焉』と同じ時期であった。福田も上田も日本のリベラリズム(社会的自由主義・新自由主義)の担い手であった。

クリスチャンであった福田は早くから生きとし生ける者の生存権を主張し、生存権の保障を社会政策の第一義と考えた。関東大震災のときに、「復興事業の第一は、人間の復興でなければならぬ」と言い、生存機会・営生機会の復興を唱えたことにも、それは顕著である。資本主義システムの大きな転機に、福田は厚生とは「人間としての生を厚くする」ことだと述べ、社会なら社会の生命、個人なら個人の生命を進め、生を充実させること、それが善であり富だと考えていた。これはオクスフォードの理想主義者ラスキンの'No Wealth But Life'「生こそが富である」という思想に近いように思われる。ドイツ歴史学派の薫陶を受けた福田は、ケンブリッジのマーシャルに惹かれ、ピグーの厚生経済学に学びながら、その厚生主義・帰結主義―功利主義を受け入れることができず、オクスフォード理想主義の流れを汲むホブソンの人間的福祉の経済学、財・価値の人間的評価に最後の拠り所を求めた。それは貨幣尺度でなく、「生」の価値基準の追究であった。効用とは別の価値を求めるこのような姿勢は、山田雄三をはじめ福田の門下生にも受けつがれ、またラスキンを高く評価し、成長よりも福祉、「生活の質」の向上を追求した都留重人の思想にも繋がるものであろう。それはまた故塩野谷祐一教授がラスキンについて言われた、アマルティア・センの潜在能力アプローチにも繋がる「厚生経済学と福祉国家」の一つの源流のように思われる。

福田が生前に自ら編集した『経済学全集』（一九二五－二六年）は全六集八冊から成り、概ね理論、歴史、政策という構成になっており、本著作集も基本的にそれを踏襲している。日本の「経済学の黎明期」における福田の総合的思考法、経済学の「基礎工事」・基盤整備がいかなるものであったのかを本著作集がうまく伝えられることを願っている。そして、「社会厚生のために一身を捧げたる一大学者にしてまた一大運動者を兼ねたる」福田徳三の経済思想が現代社会に生かされることを願っている。

なお、本著作集の刊行に際して、福田徳三の『経済学全集』および他の原著作の利用を許可していただいた一橋大学附属図書館、ご遺族の野間口萬里子様に深く感謝いたします。

二〇一五年盛夏

福田徳三研究会
代表　西沢　保

目次

総　論　付　録

第二編　経済学の根本概念

第三編　欲望とその充足（需要論）

第四編　生産の動因（供給論）　土地・労働・資本及び企業

第五編　流通総論（以下『続経済学講義』を収録す）

凡例

一　本『著作集』は、福田徳三著『経済学全集』全六集八冊（同文館　一九二五−二六）、『流通経済講話』（大鐙閣　一九二五）、『唯物史観経済史出立点の再吟味』（改造社　一九二八）、『厚生経済研究』（刀江書院　一九三〇）、その他を収録する。

二　構成は、概ね『経済学全集』にそったが、主題にそって編成し直したものもある。
また、原則として、一書名一冊、一主題一冊とした。

三　底本は上記の著作であるが、既刊の単行書や、初出雑誌等を参照し、不備（誤植、脱漏等）を改善した。

四　本文は、旧漢字を新漢字に、旧かなづかいを新かなづかいに変え、読みが難解なもの、まぎらわしいものにはルビをほどこした。また、句読点も多くして、できるだけ読みやすくした。
なお、原文では、注や補記が二行で記載されている箇所があるが、長文に及んだ場合など、一行文に変えて読みやすくした。

五　用語は、主に、『岩波国語辞典』第五版（岩波書店　一九九四）を典拠とした。
今日では差別語とされている用語も使われているが、歴史的文書であることから、底本のままとした。

カタカナで表示された術語は、現代風の発音・表記に改めた。

また、必要と判断したものに限り、原綴を補記した。

六　人名については、『経済思想史辞典』（経済学史学会編　丸善　二〇〇〇）、『岩波西洋人名辞典』増補版一三刷（岩波書店　二〇〇八）、『コンサイス日本人名事典』第四版（三省堂　二〇〇一）を典拠としたが、一般に流布する形をとったものもある。

七　外国の国名、地名は、原則カタカナ表記としたが、語句として漢字のままにしたものもある。支那、満洲はそのままとした。

八　索引は人名索引、書誌索引の二本立てとし、配列は和洋混配、五十音順とした。

九　文中の記号は以下のとおりである。

邦文の書名、誌名、及び「　」中の「　」には『　』を、副書名には＝を使用。

外国文献の書名はイタリックで表記、論文名には”　“を、引用には’　‚を使用。原注は（　）、補記は［　］で表記した。

経済学講義上巻　第一版　序

この書名づけて『経済学講義』と云う。既に繰り返したる講義の謂《いい》にあらず、まさに新たに試みんと欲する講義の意なり。今これを慶應義塾講堂の裡《うち》に止《とど》めず、汎《ひろ》く世上に公にして斧正《ふせい》を待たんとするに臨み、予はまず陳弁の辞をもって読者に見《まみ》ゆべき義務あるを感ず。

予が経済学の講義に従事する前後五学年前の三回は高等商業学校においてし、後の二回は慶應義塾においてしたり。その第一回の講義は、帰朝後起稿の余日毫《ごう》もなくして直ちに壇に登らざるべからざりしが故に、予は留学中ブレンターノ先生に受けたる講義の筆記をそのまま自己の原稿とし、わずかに私案を挿《はさ》むに止めたり。故、他なし、予は留学の間、学ぶの急なるを思うのみにして、教ゆるの義務の有することを忘れ、新しき事知らざる事を追い求むるに忙しく、退《の》いて得たる見聞を整理して講義の草稿を作ることを怠りしがためなり。第二回の講義は多少準備の余裕ありて、編次にも内容にもやや自己の工夫を試みたれども、大体において翻案翻訳にほかならざりき。これをもって予は講壇に登り学生に見ゆる毎に、不安忸怩《じくじ》の念禁ぜんとして能《あた》わず、いたずらに厚禄を食《は》み、優待を辱《はずかし》むるを顧みて、心中堪ゆべからざる苦痛を感ぜり。ゆえにその第三回においては、刻苦勉強して始めより終りまで自家鍛練の作物《さくぶつ》をもってして、この苦痛を免れ、重き責務を少しく軽うするを得んと志し、〔明治〕三五年の冬より翌三六年の秋に渉《わた》りて経済原論の起稿に従事せり。これ同年九月以降、高等商業学校において試みたる予が第三回の講義にして、その一部分を『国民経済原論』と名づけて同時に梓《し》に上《のぼ》せて世に問えるものなり。しかるにその書は出版物として全然失敗の挙に了《おわ》り、続巻刊行の望み全く絶え、既刊部再版の機会またなく、書成りて後、自ら所々に発見せる誤謬《ごびゅう》を匡《ただ》し、また公ならびに私に与えられたる批評を参酌《さんしゃく》して根本的改修を加えんとの心願は、ついに充《み》たさるる時なくして訖《おわ》れり。あたかも時を同じうして、高等商業学校における予が経済学の講義もまた無用の事となり、この第三回を最終の講義として、予は早々行李《こうり》を収めて都門の外に退き、静修存養また他事を顧みる暇《いとま》なかりき。

超えて年余、慶應義塾、予に科外講義を嘱する事ありて、一週一回篤志者と三田山上の講堂に会するに至りしが、未《いま》だ経済原論の全部に渉《わた》りて講義することなくして止《や》めり。翌年、慶應義塾は新たに経済原論の科を増設し、予は入りて教班の一人となり、その講義を分担することとなるに及び、再び全体につきて多少の工夫を積む機会を得たり。しかれども『国民経済原論』出版以後閲《えっ》せる四年の星霜は、予をして自己修業の熟せず、準備の整わざるをいよいよ深く覚らしむるのみ。けだし予が当時の企ては大胆無謀を極めたるものにして、翻案翻訳の時代わずかに去りて、たちまち自家の学問を一系統として展《の》ぶべき経済学概論なる書の著述を作せんとし、出版業の困難と学界の錯綜とに迂遠《うえん》なるを顧慮せざる軽挙なりしこと、到底否むに由《よし》なき所なればなり。ゆえに予は『国民経済原論』を新たなる面目の下に再生せんには、まず全力を傾注して自家学問の整頓を図らざるべからざるを思う、切なりき。

あたかもよし、慶應義塾の講義は我が邦に行われたる一般の慣例を破るべき新案に成るものにして、従来講義と云えば教師は机上の原稿によりて口述し、学生は筆を執りてこれを転写するに限られしが、この講義は数百の学生を一堂に集むるの弊多きを思い、一級を数部に分割し、各組毎に教師を異にし、一定の教科書を与え、これについて講授することとしたるものなり。予は教育術の専門家にあらざれば、この新制と従来の旧制との優劣を品隲《ひんしつ》する能力を有せざるものなれども、学生化して速記者となり、耳に入る所直ちに手に移り、中間の頭脳は講義を聞くの後の空虚なること聞かざる前に同じきの憂い割合に少なくして、学生の理解力と読書力—外国語の教科書を用うるにより外国語の読書力—とを養い得ること、筆耕と暗誦とをこれ事とするに勝れるものあるを確認するものなり。しかして教師たる予にとりて、慶應義塾のこの新案は更に一の大なる利益を有せり。予は経済学の講義に従事する既に数回を重ねたれども、未だ一回も全部を講了するに至らず、また自ら満足する稿案を作り上げたる事なく、しかして『国民経済原論』のうち既に公にしたる分、ならびに草稿として予が手元にあるものは誤謬《ごびゅう》欠陥余りに多くして、これを学生に講述するの勇気を有せず、遽《にわか》にこれを改造すること、また容易ならず。しかるに教科書を土台として、これを予が今日まで学び得たる所をもって増減し、解剖し、論評しつつ講述するにより、予は一も良心の呵責《かしゃく》を蒙《こうむ》ることなくして業に従うを得たること、これなり。しかしてまた、これがために、予は自家修養の工夫を凝らすの余力を剰《あま》し得、ならびに散乱せる諸種の旧稿を蒐集整理して『経済学研究』なる一書を上梓《じょうし》するの余時を見出し得たることは、予が殊に感謝せざるべからざる所なり。

ここに及んで、予は再び『国民経済原論』新刊の必ずしも絶望すべき事にあらざるを覚え、筆動かんと欲して抑え難きを感ぜり。しかも進んでは今これを出版すべき準備未だ備わらず、退《の》いては自家学問の系統を成し上ぐべき修養未だ甚だ足らず。曩時《のうじ》の軽挙を復《ふた》びすることは予の直情径行をもってして、なお敢えてするの勇気を欠く。しかず、まず予が過ぐる一学年の間に得たる経験を基とし、新学年においてなすべき講義の大要を自ら記述し、これを講壇に試むるとともに、汎《ひろ》く世間に出してその数えを得んにはと、すなわち『経済学研究』校訂の業卒《お》えるの日より始めて推敲陶鋳《とうしゅ》漸くにして得たるものは、すなわち今ここに公にする『経済学講義』これなり。

慶應義塾の講義はマーシャル教授の大著『経済原論』を用う。マーシャル氏は現在イギリス経済学者中第一の耆《き》宿《しゅく》にして、その著はドイツのシュモラー、ワグナー両氏の『経済原論』と相並んで現今斯学《しがく》の三大巨作と称せらるる所なり。しかれども学者各々信ずる所あり、予はことごとく教授の論を奉ずること能《あた》わず。この書、教授研鑽の金玉はこれを洩らさざるを勉《つと》むるとともに、また予が自家所蔵の瓦礫《がれき》をもってこれを相攻むること少なからず。思うに罪を教授に得る甚大なるものあらん。ただ論を平にし辞を明《めい》にして、難渋混沌をもって読者を悩まさざらんを力め、玉と石と一にその採るに任せて妨害を設けず、殊に予が旧著において陥《おちい》れる煩瑣衒耀《はんさげんよう》の過を再びせざらんを期せり。予果してその欲する所を成し得たりや否や、謹んで江湖先覚の鑑明を仰ぐ。

もしそれ本書あるによりて、外はさきに『国民経済原論』をもって普《あまね》く学界に得たる罪過の幾分を償うを得、内はこれによりて予が性来の怠慢を鞭撻《べんたつ》するの料となすを得んか、こいねがわくは予が忘れんとして忘るる能わざる四年前の処女作は更に新たに世に見《まみ》ゆるの時あるを得ん。この書成る、一《いつ》に慶應義塾の賜《たまもの》なること叙する所の如し。今その出版に際し、予は謹んで不見の師、故福沢先生の高風を追懐し、義塾創立第五十年を記念せざるを得ざるなり。いたずらに長き序文をもって読者を煩わしたるを謝し、併《あわ》せてこの書著作に際し、予を激励し補助したる友人に深謝の意を表す。

明治四〇年八月二日

駿河静浦において

経済学講義合巻　第三版　序

本書は分冊の版を重ねる毎に多少の訂正を加え、合本第一、二版、共にまた誤植等を匡《ただ》すに意を用いたれども、なお意に満たざる所少なからざりしが、このたび第三版を剞劂《きけつ》に付するにあたり、全篇を通じて増補訂正を施したれば、まずもっていささか心を安んずるを得るものなり。書中削除せるうちの重《おも》なるものは、坂西氏『企業論』の抜翠（第一編第二章）にして、これは近く『続経済学講義』において企業論を詳述すべければ、今は必要を認めざるに至れるものなり。しかしてこれによりて剰《あま》し得たる紙数をもって、所々に追論を試みおきたり。その重なるは経済学研究法に関して河上教授に答うる一文にして、かねて約束しおきたるものなり。その他多少の増補を企てたる所少なからず、また新刊書の類は勉めてこれを加え、改版あるものはその由《よし》を言いおけり。かくて予が見聞の届き微力の及ぶ限りは、最新の進歩に遅れざるよう期したれば、爾今《じこん》暫くはまた改版の必要なきかと思うものなり。

予は決して一時を安の偸《ぬす》まんと欲するものにはあらざるも、去る四〇年始めたる本書の業、ここに一段落を告げ、これよりは『続経済学講義』の進行に一意専心するを喜ばざるを得ざるなり。

顧みれば予がこの書の稿を起したるときは、前途甚だ遼遠《りょうえん》にして果して中絶するなきを得るや否や、聊《いささ》か懸念なきを得ざりき。その後身辺の事情は種々の変遷を経過する間に、本書のみは江湖の優渥《ゆうあく》なる知遇を忝《かたじけの》うし、学友諸氏の懇篤なる鼓舞は言うまでもなく、未見の人士にして書を寄せて激励せらるるあり、欠点を指摘して予が蒙《もう》を啓《ひら》かるるあり、これら内外の援助なくんば、この書恐らくは中絶の厄を免れざりしならむ。

本年の初めより高等商業学校において経済原論の講義を担当することとなりしは、予が研学の上に著しき助けとなれり。そは慶應義塾におけるマーシャル講義のほか、別に全く異なれる考案を起す必要は、予をして再び全体に渉《わた》りて経済学の叙述法に工夫を積む機会を得せしめたること、これなり。しかして予はこれによりて得たる経験を他日『経済学講義』の上に必ず顕し得べきを信ずるものなり。

明治四三年五月　　　　鎌倉三素書房において

改定経済学講義　序

『経済学講義』は明治四〇年より四二年に渉《わた》りて上中下三巻を続刊し、四二年一〇月、全部を合綴《がってつ》して第一版として重刷し、爾来《じらい》大正二年に至るまでに前後五版を重ねたり。江湖眷顧《けんこ》の優渥《ゆうあく》なるこの間、著者をして意の如く屡《る》次《じ》校訂添削することを得せしめたるは感謝に辞なき所なり。しかれども部分的の改修のみをもってしては著者研究の行程を遺憾なく尽すこと能《あた》わず、自ら書を繙読《はんどく》して慚愧《ざんき》に堪えざるもの甚だ多し。よって第五版を限り絶版としてまた重刷せず、退《の》いて書の全部を通じて改稿を企て、大正二年より今日まで絶えずその事に従いしも、著者性来の怠慢なる業、遅々として進まず、今漸くその第一巻印刷成り、これを改定第一版として公刊し得るに過ぎず。著者は幾度か繰り返して自己能力の微弱なるを嘆息せざるを得ざるものなり。向後更に一層の勤勉をもって第二巻以下を続刊して、先輩同人の厚意に孤負《こふ》せざらんことを期す。

本改定版は、すべてこれを六巻に分ち、『続経済学講義』において論述すべき部分の全部をも網羅し、斯学《しがく》原理の全体に関する予が研究を総括せしめ、最終巻には参考書目ならびに総索引を付して、読者の便を図るべき所存なり。改稿の方針は旧版における如く、マーシャル教授金玉の論と著者瓦礫《がれき》の管見とを混淆《こんこう》することを全廃し、本文においては、勉めて教授の論説にして著者が認めて正しとするものを洩れなく忠実に紹介することとし、補論において、他学者の研究と著書の私論とを十分に記述して、マ教授の提出する問題をあらゆる方面より精査論尽することとしたり。ゆえに本書の全部を見る余暇なき読者は、本文のみを読むも首尾一貫して斯学の大要に通ずるを得べく、時間に余裕ありて更に研究せんとする読者は、本文補論併《あわ》せ見られんことを希望す。すなわち改定版においては旧版と異なり、一巻毎に本文を一括して初めに掲げ、補論はこれを一括してその後に付載し、参考書目はすべて書末に集成して掲出することとしたり。

著者の期する所いたずらに大にして、成し得る所はその半ばにも及ばず。著者はただ微力の及ぶ限りを致して、日本の一学者たるの分を尽し得んと欲するのみ。すなわち耳食孫引きの類は勉《つと》めてこれを避け、精確忠実をもって本書を一貫する精神としたり。印刷の校正も一々自ら数校を重ね、遺漏誤植なきを期したり。しかれども剞劂《きけつ》成りて後、これを閲《えっ》するに自ら意に満たざるもの決して少なしとなさず。いわんや博雅の君子この書を見るにおいてをや。希《ねがわ》くは忌憚《きたん》なき叱正《しっせい》を給いて本書の瓦全《がぜん》を他日に期するを得んことを。

大正四年一〇月一七日

改定経済学講義　第二版　序

本書誤って大方の寛容を受け、初版旬日にして尽き、今ここに第二版を重刷す。著者は印刷の校正には特に意を用いたる所存なりしも、なお既に若干の誤植脱字を発見したり。すなわち本版においては十数ヶ所に渉《わた》りて訂正を加えたり。しかしてその半ば以上は学友車谷《くるまたに》商学士の教示にかかるものとす。予の著書の一切に渉りて懇篤なる注意を恵まるる学士の如き友人を有することは、予の常に誇りとする所なり。ここに特記して感謝の意を明《めい》にす。右訂正以外、なお誤謬《ごびゅう》誤植の類、必ず多々なるべし。読者幸いに叱正の労を惜しむなからんを切望す。およそ一事一語の誤りなりとも、予はこれを見出す限り、重刷の機会において必ず訂正せんことを期するものなり。

本版には試みに、第一巻に対する件名索引及び人名索引を作りて付載したり。人名以外の固有名詞（地名・国名の類）は、ならびにこれを件名索引に収め、成語の排列はすべてＡＢＣ順によれり。読者にとりて若干便利を供することあらば幸い甚だし。ただし本書全部成るを待って、更に総索引を作成して巻尾に付すべきは、もちろんなり。

大正四年一二月二日

続経済学講義　序

本書は拙著『経済学講義』の続篇にして、経済理論の後半部、流通理論を叙述して、経済原論の全体を尽さんとす。前著はマーシャル教授の大著により、これに論評を加えつつ卑見を披瀝《ひれき》したるものなるが、今この書は過去数年間、商量し、熟考し、鍛練したる白家の思想を陳述するを趣意としたり。殊にここに公にする第一編は、流通生活に関する根本見解を示し、兼ねてマルクス研究に費やしたる若干の年月と多少の思索との結果を載す。先覚学者の叱正《しっせい》を得ば幸いなり。

大正二年四月二一日

再版例言

再版は初版出来後、数日にして印刷せしものなれば、書中若干の誤植を訂したるほか全然初版と異なるなし。江湖眷顧《けんこ》の厚きは深く謝する所なり。

大正二年五月二一日

『経済学全集』第一集 序

今年今日は恩師ルヨ・ブレンターノ老先生満八十歳の高齢を重ねられる日で、かの地における同門の諸君は、この日を期してベルリン、ミュンヘン等において盛大な祝賀会を催され、その記念のため、経済政策の理論的ならびに実際的研究に関する論文を旧門生の手において起草して、祝賀論集を刊行することになっております。私もその一部を分担すべく命ぜられました。しかし、果して出版の時期に間に合うよう脱稿し得られるか否か、予期出来ないのであります。ソコデ私において考え付いたのは、この『経済学全集』であります。

あたかも時期を前後して、老先生御自身も過去の諸論文を編纂して、論文集の刊行をお始めになりまして、今日までに既に二冊（第一冊は『歴史における経済人』と題し一九二三年刊行。第二冊は『国民経済の具象的根本諸条件』と題し一九二四年刊行。ともにライプチヒのフェリックス・マイナー書店出版）公になっております。私が過去二十五年の間に、筆を執って公にしたものは、いずれも主として欧米諸先覚の研究を紹述したもので、厳格な意味において自分の研究と名づけ得べきものは、ほとんどないと申さねばならぬのでありますが、なかんずく最も多く学びましたのは、申すまでもなく、ブレンターノ先生からであります。しかしてそれは親しく先生の膝下《しっか》におった四年間のみではありません、私は先生の許を辞して帰朝してから、今年今月でちょうど二十三年半になりますが、その間絶えず私を刺激し鞭撻《べんたつ》したものは、時々先生から頂く書簡と新刊の御著書とであり、しかして経済学・経済史・経済学史・経済政策・社会政策そのいずれの部門においても、私があるいは講義・講演に、あるいは著書・論文において典拠としたものは、いずれも先生過去の諸々の御著述であったのであります。ゆえに『労働経済論』刊行以来の過去二十五年間、私が学問上において何か少しでも成したことがあるとするならば、それはいずれも先生の賜《たまもの》に外ならないのであります。したがって先生八十の賀を記念するために、私は私の過去の述作の全部を一括して、それを先生の座右に捧げ、お礼の意を表するとともに、御叱正を受けることを切望するものであります。先生においては御迷惑でありましょうが、私としてはこれが最も適当な事であると存じたのであります。ソコデ、私はその意味において、本年に入ってから過去の自分の述作全部を集めてみまして、これに若干の訂正を施すことに着手したのであります。

私はまず編纂の順次を定めて、第一集『経済学講義』、第二集『国民経済講話』、第三集『経済史・経済学史研究』、第四集『経済学研究』、第五集『社会政策研究』、第六集『経済政策及び時事問題』とすることとし、第一集と第二集とについて逐一校訂の業を試み、続いて第三集以下の原稿を多少整理してみました。しかし、いつそれらの刊行に着手すべきかについては、確とした考えを持っておらなかったのであります。何となれば、私如きものが全力を尽して新たに起稿したものといえども、これを先生の賀会の記念物とするには、大に慎重の考慮を要することであります。同門の諸君は、いずれも欧米の地にあって、日進月歩の学界の環境中に豊富な材料を左右にもち、絶えざる刺激と暗示とを受けつつ、有益な述作を新たに起草して先生に捧呈せらるる、その仲間に入って、一切これらの便益をもたず、苟且偸安《こうしょとうあん》の環境中、酔生夢死同様な生活を営んでいる私、殊に近来はジャーナリズムの雰気に囚《とら》われて、心ならずもその日その日の談論に力を消耗していた私、とても同学諸君に伍《ご》し得るような学問的研究を仕上ぐる見込はないからであります。いわんや過去の諸述作の如き、その大部分は私自身としては、これを研究と名づくる大胆を有し得ないものであるのを、ただ印刷を新たにしたと云うだけで、これを一括して先生の座右に捧ぐると云うことは、いかにも烏滸《おこ》の沙汰であるからであります。

事情右の如くなるにもかかわらず、私がここに意を決して、この『経済学全集』の刊行を敢えてするに至りましたのは、更に三つの事情があるからであります。その一つは、私の友人ならびに受業諸君が予《かね》てから、私の過去の述作のうち絶版になっていて手に入れ難いものがあるから、何かの機会にその再刊をしろとたびたびすすめておられます。私は過去の著作の価値乏しいものであることを十分知っております、しかし全く反対の極端に変説したために、是非とも絶版に付せなければならぬと思うものは一つもないのであります。ただわざわざ印刷に付する価値もないと存じて絶版のままにしてあるのであります。トコロが本年本月はブレンターノ先生八十の誕生節にあたるとともに、私自らは五十の齢を重ぬることとなるのでありますから、これを機会として『全集』を出したらとすすめられる方が若干ありました。それと同時に昨年の震災で、大倉書店出版ののは全部、改造社及び大鐙閣出版のものは一部紙型を焼かれ、右三店ならびに同文館出版のものの既刷本はほとんど全部焼失に帰し、したがって再組み、または再刷を要するものが多数あることとなりました。ゆえにもし『全集』を新たに組版するとならば、今が最も適当の時期であるのです。これが私にこの『全集』刊行を決意せしめた第一の事情でありまして、以上四出版書店いずれもこれに異存なきことを言明せられたのであります。

次に、私は近く明年三月をもって二十四年振りで学士院と商科大学とからヨーロッパへ派遣せられるべき旨の内命を受けました。これは私に二つの機会を与えます。その一はブレンターノ先生に二十四年振りでお目にかかり得るとともに、先生御所蔵の文庫の整理を親しくその所在地においてなし得ること、これであります。先生は満八十歳に達せられるを機とし、従来の研究に段落を与え、向後は一意にイギリス経済史の研究に没頭することと定められ、老体を厭《いと》わず、ツイ数日前海を越えてイギリスに渡られ、大英博物館付近のブルームズベリーの一旅舎に宿を取られ、同博物館内の図書館に出入して孜々《しし》として材料の蒐集整理に従事しておられます。しかして従来の研究資料であったその御蔵書は、全部これを売却することとせられ、私へ手紙をもって日本において右を十分利用し得る人にして買い入るるものはなきや、もしあらばその売却方を一切汝に託すと申し聞えられたのであります。私はその事を本年夏頃の『東京朝日新聞』の探し物欄へ投書して、買入希望の方を探している旨を公にしました。爾来《じらい》所々方々から色々御懇篤な通信に接しました。しかし私の身としては、できるならば、私自ら右のお譲り渡しを受けて向後自分の研究をそれに傾倒して、先生の御希望の十分の一にも副《そ》いたいは山々であります。先生もこの消息を諒《りょう》とせられ、その売却値段を驚くべき低い価とせられました。恐らく市場値段の五分の一か、六分の一にしか当るまいと存じます。私は先生のお志に感激して種々工夫を凝《こ》らしましたが、結局自分へお譲りを願う旨、御返事致しておいたのであります。しかして来年渡欧の上で、文庫の所在地にして先生の隠退地であるキーム湖畔のプリーンへ参って、自分で文庫の整理をする機会が、派遣の命によって端《はし》なくも得られることになったのであります。しかしこの外遊は文庫の整理のためは勿論、学問研究上には願ってもない幸いでありますとともに、先生の文庫を頂くために当てたものへ手を付けなければならないと云う心配を伴うのであります。この事を聞いてかつてブレンターノ先生と共著の形で公にしました私の処女作『労働経済論』の版元たる同文館では、故森山氏以来の縁故を忘れず、私のために若干金を立て替えることを申し出でられたのであります。私はこの申出を快受しました。しかしてこれに対する謝意を実現する方法としては、他の何書よりも私の計画中の『経済学全集』の刊行を託するのが当を得ていると存じました。これが『全集』刊行を敢えてするに至った第二の事情であります。

さらにまた外遊によって得られる第二の機会は、私としては過去二十五年の総勘定をなし得ること、これであります。私はこれを一つの転機として、従来の諸著作に一段落を与え、向後は多少変った方針を取りたいと存ずるのであります。二十四年前ブレンターノ先生の膝下《しっか》を辞し去るとき、私の心地では、再び先生の温顔を拝する機会あらば、その時こそは、とにかく先生の微笑を購《あがな》い得るような研究述作を世に出して、これを持参したいと思ったのであります。しかるに今この『全集』にまとめたものを回顧しますと、何一つとしてその当時心に期したようなものはなく、理論の研究においても、経済史・学史の研究においても、政策の研究においても、多くは先進学者の業績を紹述し、間々若干の批評を試みただけで、先生の学恩に報じ得べきものは毫《ごう》も存しておらないのであります。畢竟《ひっきょう》過去二十五年間私が学問上になしたことは、云わば我が邦経済学の黎明期における一つの黎明運動に外ならなかったのであります。私はかつて『黎明録』と題する一書を公にしましたが、実は私のこの『全集』の一切をあげて、一つの黎明録たるに過ぎないのであります。この意味において過去の総勘定録たるこの『全集』がもし刊行を許さるるものならば、このたびの外遊こそ最も適当な機会たるべきかと存じました。これが刊行を敢えてするに至った第三の事情であります。

右の次第でありますから、私のこの『全集』はいかなる意味においても他の諸々の全集のようにその著者の誇りとすべきものではありません。むしろ一部の懺悔《ざんげ》録たり鶏肋《けいろく》集たるに過ぎないもので、もしその存在に意味があるとしたら、それは過去にとってでなく将来にとってでなければなりません。すなわち、それは過去の私の研究の跡を示すものとしてでなく、将来における私の研究に発奮の資料たるべきものとしてのみ意味をもつものであります。したがってこの『全集』に対しては、いかなる酷評を受くることありとも、私はそれを当然のこととして甘受するもので、かつて引用した句をもって申せば、辱められてしかして憤し、憤してしかして啓するを得んと申すのが、私のこの書に対する覚悟であります。私の学問上の仕事がこの『全集』のみに止《とど》まるならば、私は日本の学界の一員たる光栄に背くものと存じます。この書はただ私に転回の一刺激を与うると云うことのみにその価値が存するのであります。読者諸君、この点を十分御諒察の上、この書を繙《ひもと》かれんことを切望します。

＊　＊　＊　＊

この第一集には、『経済学講義』、『改定経済学講義』、『続経済学講義』、『国民経済原論』、『経済学（今原論と改む）教科書』の五書を収録しました。しかしてそれを『経済学講義』と総称することにしました。その故はいずれも『経済学講義』を中心としたその前後の著作であるからであります。『原論』は帰朝そうそう公にしたもので、未熟極まるものでありますが、私が経済原論についての出立点を示したものですからここに収めたのであります。この書は本文は全く先覚学者の書の紹述に過ぎないので、私の仕事は主として注釈にあります。ゆえに旧版の趣きを改めて、注釈を一々本文に接近して掲げることに致しました。『改定経済学講義』は初めの部分を公にしただけで、中絶となったものでありますから、その全文を『経済学講義』中に適宜に分割して挿入しました。そのために多少重複の点は免れぬと存じますが、前後の連絡を明らかにするには、かくした方が当を得ていると存じます。『続経済学講義』は講義の続篇ですから、これを合して一部の書と看做《みな》して頂くため編数を追うことに致しました。以上はいずれも久しい以前の著作ですからその後、説を改めた所が少なからずありまして、私の現在の立場とは異なった論述も多くあります。よって現在の私の立場を一目の下に明らかにするつもりで、『経済原論教科書』にはかなり念入りに訂正を施して、これを巻末に収めました。かくして二十年前の私の学問上の旅行出立当時の経済原論に関する考えと、現時の考えとを一書中に併載したことになっていますから、読者において比較対照せらるるに多少便利があることと存じます。前の四書については事実の誤りを正したり、若干新しい事実を追加したり、なかんずく書物についてはなるべく最新版を挙げ、その他年代等もアップ・ツー・デートにするようには勉《つと》めましたが大体の論述は無論旧態のままに存置してあります。したがって元々古いものを補修したものとして御覧を願わねばなりません。各書ともそれぞれ旧版の序言を掲げておきましたから、著述当時の事情等はそれについて御諒解下さることを希望致します。索引は新たに大野隆君に作成して頂いたものであります。多少とも御便利とならば幸甚に存じます。第二集以下いずれも各集へ人名、件名両索引を付し、更に最終冊へは、総索引を作成して載せるはずになっております。

ついでに申し添えます。第二集も近々組版を終る見込でありますから、本集と前後して刊行し得られることと存じます。この二集までは、私も一校だけは印刷の校正に当りました。その他の校正は大野隆君を煩わしたのであります。第三集以下は出立までには、ことごとく原稿の整理を卒《おわ》り得るつもりでありますが、印刷の校正はもちろん、一切の後事を挙げて大野隆君に託して行くつもりであります。したがって行き届かないことがあるかも知れません、その点は寛恕《かんじょ》を祈ります。なお同文館では、私の帰朝以前に全部の出版を完了する積りだそうであります。

大正一三年一二月一八日

ブレンターノ先生八十賀当日の夜半

商大ゼミナールの賀会より帰りて

中野本郷三素書屋において

福田徳三　謹識

経済学講義

（『改訂経済学講義』『続経済学講義』合纂）

アルフレッド・マーシャル先生
（福田徳三『経済学全集』第一集，同文館，1925 年）

第一編　総　論

第一章　緒　言

経済学は日常生活の行事における人類を研究する学問なり。その考究の主題は、人間の個人的・社会的行動の中について生活維持に要する物質的要件の獲得及び充用に関する部分、これなり。('A study of mankind in the ordinary business of life; 〔it examines〕 that part of individual and social action 〔which is〕 most closely connected with the attainment and with the use of the material requisites of wellbeing.' —— Marshall, p. 1.)

すなわち経済学は一面富に関する研究たるとともに、他面人間研究の一部たり。しかして後者は前者に比してその重要遥かに勝《すぐ》れたり。けだし、人の性格は日常経営する業務によりて形つくらるるものにして、人が日常の行事によりて獲得する物質的要件の性質如何《いかん》は、その性格を左右し影響すること宗教的理想を除いては他にこれに勝るものあらず。世界の歴史を支配する二大勢力は宗教と経済なり。時には軍事的または芸術的精神の勢力甚だ旺盛にして、一世を支配する観あることありといえども、ために宗教及び経済の勢力が駆逐せられたる例あるを聞かず。宗教と経済とふたつながら有力なる中について、前者はその動機の強さにおいては後者の上にありといえども、直接の作用の上より見れば、後者が人生のほとんど全部を占むるにしかず。生活維持の計慮は人の心理的活動の最大部分を占め、人の性格と思想と感情と皆その左右する所たらざるはなし。

人の性格に及ぼす作用において所得獲得の方法と所得額の多少（'Amount of income; 'the way in which it is earned.'──Marshall, p. 2.）とは、その勢力かれこれ軽重し難し。イギリスにおいて年所得の一千ポンドなると五千ポンドなるとは、一家生活充実の上において大なる径庭《けいてい》〔大きなへだたり〕なきも、年所得三〇ポンドなると一五〇ポンドなるとはその間、重大の相違あり。一五〇ポンドの所得あらば一家の生計を支うるに足れども、三〇ポンドの所得は人としての生を全うせしめず。もっとも宗教の慰安、家族団欒の楽、朋友の交遊等により、物質以外に高尚なる幸福を見出し得るは論を俟《ま》たず。しかれども多くの場合においては、貧乏なる生活、殊に人口稠密《ちゅうみつ》の都市における最下級民の生活は人間の高尚なる性格を傷《そこな》うこと甚だしきものあり。貧民は朋友を得る機会を有せず、品性を涵《かん》養《よう》する道具《そな》わらず、静座の余暇なく、家族生活を楽しむ望みなく、宗教もまた彼等に及ぶ能《あた》わざる場合少なからず。貧民の生理上、知能上、道徳上、不健全なる状態は種々の事情より来ることもちろんなるも、その最大原因は彼等が貧乏なるに存するや疑うべからず。さらに、やや上層にある大多数の人間について見るも、栄養、衣服、住居、給して足らず、幼時より生活のため労働に従事するにより、教育を受くる機会を欠き、したがって高尚なる知能的能力を養う能わざる者多数を占め、間々《まま》高潔なる思想を懐き、富者に劣らざる安心立命の境にあり、幸福を欠かざる生活を営む者なきにしもあらざるも、なお貧乏は彼等にとりて大なる苦痛の源たり。健康全き者も日々衣食の料を得るに忙殺せられ、甚だしき過労はいよいよ労働の苦痛を増大するのみ、これを慰むべき楽は一もあることなし、いわんや病患ひとたび臻《いた》るとき惨状は更に幾層倍せざるを得ず。精神上の安心により苦痛に耐ゆるもの少なからざるべきも、姑息の慰安のかえって排斥すべき場合また多し。過大なる労働、不十分なる教育のため悶え、かつ疲れ、心に一の安き所なく身に寸暇なくしては、到底人間としての知能を発揮する能わず、かくの如き者に妄《みだ》りに安心を強ゆるは、かえって害あり。

　貧乏に伴う弊害のうち、必ずしもその当然の結果と看做《みな》すべからざるものあるや、もちろんなり。しかれども大体について見れば、貧者の堕落はその貧乏より来る（'The destruction of the poor is their poverty.'──Marshall, p. 3.）

と言うを妨げず。ゆえに貧乏の原因を研究するは、取りも直さず人類大部分の堕落の原因を知る所以《ゆえん》なりとす。

　昔アリストテレス（Jowett, *The Politics of Aristotle*, Oxford, 1885, vol. 1, pp. 6—10）は、奴隷の制度をもって天の命ずる所なりとし、奴隷自らまたしかく思惟しいたるものの如し。キリスト教起りて人格尊重の思想を鼓吹し、殊に最近百年間においてこの思想は著しく発達したるが如くなれども、その真意を遺憾なく発揮したるは極めて近年の事にして、畢竟《ひっきょう》教育普及の賜《たまもの》なり。吾人は今日社会のうち、いわゆる下層階級なるもの、その存在の必要これありや否やの根本問題を真面目に研究すべき機会に逢著《ほうちゃく》せり。社会大多数の人間が生れてより死に至るまで孜々《しし》営々として、ひたすら労働に従事し、その作り出す生産物は、社会少数の上層階級者が豊富なる文化生活を営むに必要なるものを供するに止《とど》まり、労働に従事する大多数の人間自らは、その貧なると労働のために暇なきとにより、高尚なる文化生活に寸毫《すんごう》も与《あずか》るを得ざる運命に甘んぜざるべからざるや否や、これ実に吾人が解決せざるべからざる問題なり。

　貧乏と無学とを全然人類社会より駆逐せんとの希望は、一九世紀における欧州労働者の著しき進歩の実蹟に徴するときは、必ずしも空想に終らざるに似たり。蒸気機関の発明は人間をして、最も疲労せしめ堕落せしむる種類の労働より免れしめ、賃銀著しく増騰し、教育普及進歩し、鉄道及び印刷機械は四方に散在する同業者間に連絡団結の道を開き、共同一致の運動によりてその地位を上進する機会を与え、知力を要する多き種類の労働に対する需要増し、その結果高等なる労働者階級の数大いに増加して、今日においては、不精錬労働者の数を凌駕《りょうが》するに及び、したがって労働者の大部分は、必ずしもこれを目《もく》するに下層階級をもってすべからざるに至り、間々高尚なる生活を営む者すらあり。かくてこれを前世紀の上流社会の大多数に比するときは、勝ることありとも劣ることなき者すら生ぜり。ここにおいてか、社会の人間ことごとくが、貧乏の苦痛と過大なる機械的労働とより来る堕落の影響とを少しも蒙《こうむ》ることなくして、文明的生活を営む機会を平等に有すること可能ならずやとの思想は、単に理想たるに止まらず、着々実際上に重要を得んとす。

もとよりこの問題はひとり経済学のみによりて解決し得べきにあらず。その解答は人類本来の道徳的・政治的能力如何《いかん》に係るものにして、これらの点については、経済学は研究の材料を特に有することなく、他の学者の研究を参酌《さんしゃく》し、ならびに自己の全力を尽して推論を試むる外なきなり。然りといえども、この問題の解決に要する事実ならびに推論の大部分は、経済学研究の範囲に属するものにして、斯学《しがく》研究最高最重の趣味、実にこの一点に存せり。

かくの如く人類の幸福安寧に至大の関係を有する問題を研究する学問たる経済学は、各時代を通じてその最大思想家多数の注意を惹《ひ》き、したがって今日においては既に円熟の境に到達したるならんと惟《おも》うものなきを保《やす》んぜず。しかるに事実はこれに反して、従来経済学をもって専門の業となせる学者の数は、その事業の困難なるに比較しては甚だ少数にして、これがために経済学は今日といえども未《いま》だ幼稚なる状態に留《とど》まるを免れず。思うに、経済学が人類の高尚なる安寧にかくの如く深重の関係を有することを看破するもの少なかりしは、その一原因なるべく、また高尚なる思想上の進歩に専心鋭意して、身自ら富を得んとの念を有せざる学者にとりては、富を研究の目的とする学問が一見不快の感を惹起《じゃっき》すはその理なきにあらず。

さもあらばあれ、経済学不進歩の原因は他に更に大なるものあって存せり。それは別事にあらず、すなわち近世の経済学が、主として研究の題目とする産業生活の状態、生産、分配、消費等の問題は極めて最近時に発生せしものなること、すなわちこれなり。これらの問題たるその外観におけるほどの変動は、実質上にはこれ無かりしは疑うべからず、近世の経済学理は進歩の遅れたる人類の状態にも適用し得らるること、皮相の観察者が思う所に勝るもの多々これあり。しかれども多くの異様なる形態を一貫せる実質上の統一は、これを看破すること決して容易の業にあらず、前代の学者が苦心惨憺して残せる研究の結果を充分に利用せずして已《や》むは、いずれの代の学者にも免れざる所なり。けだし、近世の経済生活の状態は、これを古《いにしえ》の状態に較《くら》ぶれば遥かに複雑を極むといえども、また同時に多くの点において遥かに精確の度を加え、殊に営利上の行為が、他の生活関係と離れて判然殊別せらるること多きを加え、個人の他人ならびに社会に対する権利は、古よりも遥かに厳格に分界せられ、なかんずく習慣の束縛を脱却し、及び自由行動、深謀遠慮、ならびに活動的企業（'Growth of free activity, of constant forethought and restless enterprise.' ── Marshall, p. 5.）の発達したるにより、各種の物と各種の労働との相対的価値を支配する原因を、精確顕著ならしむること、甚だ大なるものあり。

今かくの如き変遷を経来りたる近世の産業生活の特色を挙げて、これを競争の一事に存すとなし、現時の経済生活の古の経済生活と分つ所以《ゆえん》は、競争的性質の著しく加わりたるにありとなすもの多し。しかれども、これ到底皮相の見《けん》たるを免れず。競争なる語の精確なる意義は、人と人とを角逐《かくちく》せしむるにあり、経済上において競争と云うときは、物の売買にあたりて角逐することを意味するものの如し。今かくの如き角逐はこれを昔日に比すれば遥かに強く、遥かに普《あまね》きに至れるや疑いなしといえども、そは近世産業生活の根本的特色にあらず、これに伴う結果、否、近世産業生活の根本的特色に偶発的なる結果と看做《みな》すべきものなり。

しからば近世産業生活の根本的特色なるものは何ぞやと云うに、これを簡単に言い表すべき成語なきを憾《うら》まざるを得ざるも、要するに、ある種の独立ならびに各人が各人の行動を自ら選定する習慣、自治自頼の行為、人が世に処するに当りて深く思慮を廻《めぐ》らし、一事を定め一物を選ぶこと敏捷にして、よく時宜《じぎ》を過《あやま》たず、将来を予測し、遠き目的を定め、これに向かいて自己の行程を定むることの謂《いい》［意味］に外ならず。かくの如き独立自頼の行動は、往々にして人と人とを相競争せしむるに至るべく、また実際において両者の相伴うを見るも、他方においては、事の是非はとにかく、人々を駆りて相協業し相団結せしむる傾向を伴うものにして、今日においては、この傾向は着々として事実の上に現れつつあるなり。ただし、この共同所有ならびに共同行動（'Collective ownership and collective action'）の傾向は、これを昔日の共同主義と混同すべきにあらず。故如何《ゆえいかん》と云うに、古の共同所有・共同行動は一《いつ》に習慣に盲従するより起れるものにして、各人に独立自治の念なきが故に、いわゆる「御多分に洩れぬ」と云うに過ぎず。これに反して、今日の共同主義は慎重なる思慮の結果、各人がその目的を達する最上の方法として自由任意に選定するより起るものなり。さればこの二者は形同じくしてその実相異なること、天地霄壌《しょうじょう》［天と地］

も啻《ただ》ならざるものありとす。

従来学者が使用せる競争なる語は好ましからざる連想を伴い、一種の利己主義・他人無視主義と同意義に解せらるるものの如し。今日の経済生活においては、古《いにしえ》の経済生活におけるよりも、周到綿密なる利己主義の行わるるは事実なり。しかれどもこれと同時に、また古に比して遥かに周到綿密なる非利己主義の行わるることは否むべからず。されば今世の特色は利己主義の増長したることに存せず、周到綿密の用意の発達したる一事にありと云わざるべからず。たとえば、古の社会においては、家族の範囲は習慣上甚だ広汎にして、隣人に対し種々の義務の存すること今日の比にあらず。しかれどももまた同時に外邦人を甚だしく敵視する風習あり。これに反して近世の社会においては、家族的愛情に基づく義務は、古に比するときは、その範囲遥かに狭きを加えたるとともに、その強さは到底古の家族内におけるが如きものにあらず。隣人に対する複雑なる義務の消滅せるとともに、外邦人といえども必ずしも敵視せず、これを隣人と同等に取り扱うに至り、外人に対する公平・正直の標準は、あるいは昔日の社会における隣人に対する標準に比しては低かるべきも、古の人の外邦人に対する標準に較《くら》ぶれば遥かにその程度を高めたり。されば昔日と今日との差異は隣保間の関係緩み、これに反して家族の関係は多くの点において遥かに強くなれるものにして、家族的愛情より起る献身的克己の行為は古よりも遥かに進み、殊に外国人に対する同情は周到綿密なる非利己主義を発揮すること、昔日の社会において見ること能《あた》わざるものあり。近世競争主義の誕生地たる国こそ、また慈善事業に最大の貢献をなし、西インド諸島における奴隷の自由を購《あがな》うがために二千万ポンドを費やしたり。いずれの時代においても、詩人ならびに社会改革家は現代を澆季《ぎょうき》［末の世］の世と貶《おと》し、古の英雄豪傑の徳行を称揚して時人を刺激し、高潔なる生活を営ましめんと勉《つと》むるものにして、今の昔より勝れる所以《ゆえん》を特に掩《おお》うは已《や》むを得ざる所なれども、公平冷静これを歴史に徴し、これを進歩の遅れたる種族に関する観察に照らすに、今人は古人に比して刻薄を加えたり、古人が他人の利益のために自己の幸福を犠牲に供するを好むこと、今人に比して遥かに勝れりと彼等の説くは、維持し難き謬見《びゅうけん》なり。精神上なんらの発達を見るなく、したがって、近世産業的企業心を有せざる民族の間にありては、隣人を待つ譎詐権変《けっさけんぺん》甚だしきものあり。不幸者の窮境に乗ずるにおいて容赦無きこと、東洋の穀物商人ならびに金貸業者の如きもの、欧州諸国中果していずれにありや。もとより近世経済生活の発達とともに、商業上における不正直の範囲の拡張したることは疑いを容《い》れず、人類の知識進歩するとともに、外形を修飾して人目を眩惑《げんわく》する方法の発見せられたるもの少なからず、贋造の方法また甚だ巧妙を加えたるは事実なり。その故は、今日の進歩したる経済社会においては、生産者と消費者との距離は著しく隔絶して、生産者はその製品のいずれに送らるるやを知らず、消費者はその購う所の物質のいずれの人によりて生産せられたるやを知る、甚だ難し、したがって生産者の非行は直接に消費者のために発見せられ、その叱責を受くること無きに至れり。古にありてはこれに反し、生産者と消費者とは常に同一地に住し、朝夕相見るを常とするが故に、生産者の詐欺・不正直はまた直ちに自家の頭上に不利益を呼び来るを常とす。これに反し、今日は奸譎《かんけつ》なる所業をなす機会遥かに増加したり。しかれどもこの機会を利用すること、昔日よりも今日において多しと思うは当らず。近世商業上の取引は、誠実の習慣を要すること、ならびに不正直を行わんとの傾向を抑うる力を有すること、進歩の遅れたる国民におけるよりも遥かに大なり。真摯・誠実の風はいずくに行くも多少は存するも、文明国人が近世的の産業を進歩の遅れたる国民中に創《はじ》めんとするにあたりては、その業を司《つかさど》る責任ある地位に土着人を任用してこれを信頼する、甚だ困難なるを感ずること多し。さらにまたヨーロッパ中世において、商業上に詐欺・贋造の行われたること実に甚だしく、殊に当時かくの如き悪事を行うは甚だ困難なりし事情を思い合すときは、尚更もって驚かざるを得ず。されば現時の産業生活の特色を言い表すに、競争なる語をもってするは甚だ穏当を欠くものなり。吾人は善悪共に道徳上の判断を含むことなく、独立自治の習慣、深謀遠慮、自由なる選択をもって精神とする現象を言い表すべき語を要す。今この事実を表すに一言をもってする能わざるが故に、姑《しばら》く「産業及び企業の自由」または「経済的自由」（'Freedom of industry and enterprise'; 'economic freedom.'—— Marshall, p. 10.）なる語をもってせんと欲す。けだし、中《あた》らずといえども遠からざるべし。この慎重にして自由なる行為選択は、その目的を達する一方法として協業もしくは団結の挙に出づることあらん。この場合においては、個人的自由は制限束縛を蒙《こうむ》るに至るは当然なり。この慎重なる考慮の結果として起る団結の主義が、いかなる程度において個人の自由を奪い、また、いかなる程度において一般の安寧を増進すべきかの問題は、別書において更に研究すべし。

第一章　補　論

マーシャルはその『原論』第四版までには、第一章緒論に続いて、第二・三章において、古《いにしえ》より今日に至るまでの産業変遷の大要を示し、以下説明の準備とせり。その意は、経済史の大綱を提げてこれを説くにあらず、ただ産業の自由ならびに企業は、古よりいかに発達し来り、現時においていかなる程度に達せるかを示すにあり。同じく第四章においては、経済生活の変遷に伴い、経済学的思想がいかなる発達を遂げたるかを示し、殊に最近一五〇年に重きを置きて説明せり。その根本思想は、経済生活は一定不易のものにあらず、絶えず進化発展の行程上にあり、この経済生活に関する経済学もまた一の生命の学にして、自然科学に例を求むるときは、力学に属せず、生物学に類するものなるを示さんとすること、これなり。

しかるに本書第五版以降、マ氏は右三章はこれを本文より移して付録ＡＢに収録し、別書に考究を譲りたる諸問題は、後著『産業と貿易』『貨幣・信用・及商業』においてこれを詳論したり。しかして氏は、右修正の理由二個を挙げたり。第一、経済学の本体について学びたる後、付録の諸篇を読む方、それ以前にこれを読むよりも論旨の諒解に便なり。第二、『原論』初刊以後すでに二十年に及び、経済学及び社会諸学の研究に関する世上の見解著しく進歩し、現代において斯学《しがく》の問題たる諸現象は近世の技術的社会的進歩より来ること、一般の諒解するところとなり、その研究の甚だ肝要なること、誰人《たれびと》も疑わざるに至りたれば、もはやそれらの点について呶々《どど》の「くどくどしい」説明を要せずと。しかして氏は、付録へ移したる三章の要領をほぼ次の如く略言せり。

ギリシャ、ローマにおいては、市民とその奴隷との関係は甚だ温愛に充《み》ちたるものなりしかど、市民大多数の休《きゅう》戚《せき》〔喜びと悲しみ〕は必ずしもその最大事項と認められず。高き理想は存せるも、それは少数の優秀者の間に限られ、その価値説の如き甚だ単純なるものなりき。中世の諸都市に至りて、企業的精神と産業とは漸くその萌芽を発し、経済学はここに生れ出でんとしたり。されど近世の国民的国家の成立までは真の経済的自由起らず、新経済時代未《いま》だ到来せざりき。

　近世国民の中、経済的自由の発展に先駆したるはイギリスなり。しかしてリカード及びその学派は自由競争社会の理論を打ち立てたり。その研究の範囲は狭しといえども、その内にありては驚くべきほど完結したるものなり。されどその偏狭に対し異論者を生じ、かくて両派交々《こもごも》相闘えり。この両極端を調和して真理を発見せんと勉《つと》むること、これ現代経済学者の任とする所なり。ただしその研究の方法と主要問題については、学者それぞれ独特の見解を有して帰一せず。されど、過去現在の事実ならびに統計を広く蒐集して、しかして後、これに基づきて推理するの必要は一般に認められ、ただ学者その性向に応じて事実の研究と推理とに分業しつつあり、かくて経済学の大成に努力するにおいて、これら学者のなす所必ずしも甲乙あるにあらずと。

　本新版においては、大体マ氏書の最新版を参考したれども、右三章を本文より削りて付録に移したるマ氏の為《い》に倣わず、依然として、旧版の態を存しおきたり。予のかくする理由次の如し。マ氏の第一理由は必ずしも力強きものにあらず、かえって経済学の本体に入る前に歴史的考察の重要を十分知悉《ちしつ》しおき、兼ねて史的発展の大要を暗《そら》んじおくこと肝要なり。殊に後に指摘する如く、近来論弁いたずらに煩瑣《はんさ》にして内容空虚なる偏哲理的傾向の我が邦に行わるるに対し、歴史的・実証的研究の立場を明《めい》にしておくこと甚だ当を得たりと信ずればなり。さらにマ氏の第二理由は、我が邦には妥当せず、我が邦の現状は、マ氏『原論』初刊の二十年前よりもなお遅れたる状態にあるにかかわらず、かえって邪路に入らんとしつつあり。この理由のみにても、三章を本文に存置すること緊要なりと信ずればなり。

＊　＊　＊　＊　＊　＊　＊

そもそも、経済学の結構は学者によりて種々に試みらるといえども、これを大別するときは、イギリス派すなわち正統学派ならびにその流れを汲む折衷学派の結構と、ドイツ派すなわち新歴史派の結構との二種のほかに出でず。前者の代表学者はマーシャルにして、後者の代表学者はシュモラーなり。前者は主として重きを経済活動の現象に置き、人間が生活のためにする財の獲得及び充用を研究の中心に置く、すなわち、いわゆる生産及び分配なるものはイギリス派経済学の重要研究題目なり、ほかに交換及び消費論ありといえども、それは多く名目を存するに過ぎず、これを補論と看做《みな》して大過なし。後者は経済組織の構造を研究の本題とし、活動論はむしろ付属の問題と認むるものなり。したがって前者にありて経済と云うときは経済活動の総称たるに過ぎず、これに反し後者にありては経済を一の組織体と看做し、これに特別の重きを置く。殊に国民経済なる形における経済は、彼等が語を尽して論究する所にして、これを認むるに宛《さなが》ら一の有機体をもってし、一切の経済現象をその発動と看做す。かく両派の見解に根本的相違ある所以《ゆえん》は、イギリス学者はその研究の出立点を個人に求め、その拘束せられざる活動を原則として経済生活を観察するものにして、国民経済と云うが如き擬制に重きを置かず。したがって国民経済的現象は、畢《ひっ》竟《きょう》自由なる個人の活動が、国家または社会によりて干渉せられたる状態なりと考う。これに反し、ドイツ学者は国家の下に立ち社会の約束に限局せられたる経済生活を原則と認め、個人の活動はその拘束の下における一部の動機たるものとし、その個人の活動もまた、家族または企業なる小組織の中においてのみ行わるるものにして、全然なんらの拘束なき自由個人の如きは、これは思慮の外に置くにあり。

両者根本出立点の異なることかくの如し。その結果として、イギリス派の学者は経済学なる語に定義を下すを重しとし、経済なる語の定義については、さまで考慮を費やさず。ドイツ派の学者はこれに反し、経済学については別に定義の詮索をなさずとも、経済の学なり国民経済の学なりと云えば事足れりとし、翻《ひるがえ》りてその経済・国民経済なるものについて精確の定義を下すに力を用ゆ。しかるにイギリス派の経済学の定義なるものの多くは不十分なるが如く、ドイツ派の経済の定義もまた極めて不完全なるものにして、非難を容《い》るべき余地少なしとせず。

マーシャルの本章において経済学に対して下す所の定義は、これを第一版・第二版に比するときは著しくドイツ派に近づきたるものなり。第一・二両版においては、マーシャルは最も明瞭にその個人本位の立場を言い表して曰く、「経済学は人生日常の行事における人間の行動を研究するものにして、彼がいかにその所得を得、いかにこれを用ゆるかを考究す」（第二版第一頁）と。しかるに後これを改めて、本文の如く「経済学は日常生活の行事における人類を研究す、すなわち人間の個人的・社会的行動の中について、生活維持に要する物質的要件の獲得及び充用に関する部分を主題とす」となせり。我が金井博士は前の定義を斥けて、「一個人のみを眼中に置き有機体としての国家・社会を度外視するものなり」―『社会経済学』一四二頁―と云われたり。博士は全然ドイツ派の説を執るものなれば、マーシャルのこの定義を難ぜらるるは始めより明《めい》なるが、「有機体としての国家・社会」と云いて、国家及び社会を有機体なりと認むる一部社会学者の説をマ氏が執らざるを直ちに攻撃せらるるは服し難し。国家・社会は有機体なりや否やは学者に定説なく、否、今日学術進歩の程度においては、むしろこれを否認するもの多きなり。とにかく一・二版におけるマ氏の定義の純個人本位説にして、ドイツ学者間の通説と全く両立せざる底《てい》のものなるは疑うべからず。しかして改版における定義も、行動の研究を改めて人類の研究とし、殊にいかに所得を得、かつ用ゆるかを考究すとありしを、人間の個人的・社会的行動のうち、生活維持に要する物質的要件の獲得及び充用に関する部分と改めたるは、著しき変化の如く見ゆといえども、根底において個人本位の出立点を取ることは依然として渝《かわ》らず。一の組織―金井博士のいわゆる有機体に当る―としての国民経済という観念を出立点とするシュモラー以下ドイツ学者の説とは、その間莫大《ばくだい》の隔たりあり。その所得の一語に代ゆるに物質的要件云々の語をもってしたるは改善と云わんよりむしろ改悪と云うべし。所得は社会生活の中において起るものなれば社会的活動云々と殊更に云わずとも、その意は自ずから含まれあるなり。物質的要件と云うこそ、かえって種々の非難を招くべき曖昧の措《そ》辞《じ》なれ。新たに、各経済単位に入り来る富の増加という意味にての所得を考究するもの経済学なりと云うこそ旗幟《きし》は鮮明なるべし。しかして最近数年間、斯学《しがく》の趨勢《すうせい》は所得の観念をもって経済学の中心とすべしとする説、漸く勢力を得つつあり。ドイツ学者の中にてもリーフマン（Liefmann, *Ertrag und Einkommen*, 1907）の如き、その急先鋒たり、イギリス学者中にては新進の俊才にしてマ氏高弟たるピグー（Pigou, *Wealth and welfare*, 1912）、キャナン（Cannan, *Wealth*, 1914）両氏の如き、またイタリアのアキレ・ローリア（Achille Loria, *Economic synthesis*, 1914）の如き、皆然り。

ドイツ派にもあらずイギリス派にも属せざる吾人は、這箇《しやこ》［この］の根本問題において、まず十分に立場を鮮明ならしめおく必要あり。金井博士の如くドイツ学者の眼をもって直ちにマーシャルを非難するは、いかがあらんか。マ氏を評せんとならばマ氏の立場に立つか、もしくはその個人本位観の根本に遡《さかのぼ》ってその非を立証せざるべからず、ただ一言一句を捉《とら》えて彼を責むるは酷にして学問上の益もまた鮮《すくな》し。いやしくも個人本位説の上に立つ以上はマ氏の如く言うの外なかるべく、これを非とする以上は社会本位説が唯一の真理なる所以《ゆえん》を細説するを要す。

この問題を解決するには理想論と現実論とに分別せざるべからず。理想論としては、イギリス流の個人本位説は向後学問進歩の結果、当然廃せらるべき運命を有すと断言すべし。けだし一八世紀の末葉より一九世紀に渉《わた》りて、イギリスを世界第一の富強国たらしめたるものは、その個人中心思想与《あずか》って力あり、経済学はこの個人中心思想の産み出せる最善の産物にして、その長所は経済学において遺憾なく発揮せられたりと云う不可なし。しかれどもそれはすでに過去の事にして、二〇世紀学問の進歩は漸くにしてこの思想より更に一歩を出でんとしつつあり。しかれどもイツ派の社会本位説は近きまた遠き将来において、漸く完成の域に入るべく、然るときは経済学もまた社会本位・組織本位の学問として更に一段の進歩を呈すべし。しかれども、これ未《いま》だ理想の範囲に属し、現在の事実としてはドイツ流の経済学はまだわずかに縄張りを終りたるに過ぎず、積極的の建設事業はほとんど何事も成立しおらざるなり。シュモラーの大著述たる『経済原論』を見よ、該博なる材料、豊富なる記述はことごとく皆他の学問よりの借用物に過ぎず、経済学そのものは第二巻の終りに僅少の部分を留《とど》むるのみ。ゆえにある人は「シュモラーの『経済原論』中には極少量の経済論あるのみ、その大々部分はことごとくこれ風袋なり」と評し、またある人は「シュモラーの書は経済学の存在を否定するに最も有効なる書なり」とさえ言えり。吾人が経済学の研究によりて解決し、解釈せざるべからざる諸種の問題、その一もシュモラーによりて研究を進められたる形跡を見ず、依然としてイギリス学者説の部分的修正たるに止《とど》まるなり。かのアダム・スミスが、一方に一八世紀イギリス学者の説をうけ、他方にフィジオクラット派の研究を参考し、その間より一の新たなる学問としての経済学を作り出せるが如く、またはかのカントが一方に「メタフィジック」、他方に「エンピリック」の説を打って、その中より一大哲学を産れ出しめたる如き功績は、到底これをシュモラーに望むべからず、空しく吾人をして失望落胆せしむるのみなり。これ元よりシュモラーにその天才なきの致す所、誠に已《や》むを得ざる事なりといえども、そもそも今日学問進歩の程度、未だシュモラーを成功せしむるの域に達しおらず、その材料また十分ならず、しかしてまた世界経済上の状態、殊にドイツの今日有する実力の、一九世紀初頭におけるイギリスにしかざるものあるがためと云うべし。近きまたは遠き将来において、学問のいよいよ進歩し、世界経済上の状態の改まり、またはドイツの実力更に加うるの日来るあらば、シュモラー以上の大天才顕れて、社会中心観に基づく経済学を大成すること、これなしと限らず、ただ今日は未だその初期に属するが故にいずれとも確言し得ざるなり。されば現実論として云うときは、学問上の要求を満たすこと最も多きものは、個人本位観に基づくイギリス経済学にして、社会本位のドイツ経済学にあらず。その然る所以は以下章を重ねて論述する所、これを明瞭ならしめて余りありと確信す。読者、まず予の現時の立場を諒察しおかんことを切望す。

さて、第一章においてマーシャルの論ずる所は、大体の上よりその研究の着眼点を概言したるものにして、従来の経済論がひたすら富の研究と云う事にのみ重きを置きて、かえって人間の学問なるを忘れたる謬見《びゅうけん》を劈頭《へきとう》第一に排斥し、経済学は致富の方法を講究するものにあらず、社会を構成するすべての階級にその精神的発達の物質的基礎を充実せしむること、その最重の職分たる所以を明らかにするを趣意とす。この点、まず最もマーシャル苦心の存する所にして、氏の学説の最も進歩的なる所以なり。ロッシャー（Roscher, *Grundlagen der Nationalökonomie*,

22. A.. Stuttgart. 1894. S. 1.）が経済学の出立点も到達点も共に人間なりと、その『経済全書』の開巻第一頁に喝破したると同工異曲に出でて、かえってこれに勝るものあり。仔細はロッシャーの如く単に人間の学問なりとのみ云いて、富に関する学問なるを云わざるは、旧来の学者が単に富の学問と云いたると等しく偏頗《へんぱ》の誹《そし》りを免るべからず。今、経済学は人間と富との関係を研究するものなりとマーシャルの説くは、両端を収め得て、よくその真正の性質を尽したり。しかしてその関係は単に富の多少を云うにあらず、人間に他のより高き発達、より貴き活動を得せしめんがために必要なる物質的基礎が均等に与えられあるや否やを意味すとしたるは、従来の学者のひとり自ら高しとするに反し、よく経済学の真正なる地位を道《い》い破りたるものにして、その態度の謙遜にして自ら持する穏健なる、自ずから清風一陣胸裡に湧《わ》き来るを覚えずんばあらず。新派と云い歴史派と云い倫理派と云うも、その根本の思想は決してこれ以外に出でず、現今斯学《しがく》の最も高き立場を示して余蘊《ようん》［あますところ］なし。さればマーシャルの言外の真意をよく玩味せば、学者経済学に従事するにおいて、誤りなき津梁《しんりょう》を得べく、区々文字の末に拘泥し片言隻語を捉《とら》えて批評するは、学究に普通の常癖とは云いながら惜しみてもなお余りあり。いわんやこの章をもって、ドイツ学者一流の一字一句の構造に腐心する定義の類と看做《みな》すものをや。かくの如き種類の学者は、マーシャルが劈《へき》頭《とう》の数行においていささか定義類の言を成したるを捉えて非難するなり。

しかれどもマーシャルの説く所は、一字一句抜き差しなき定義の類にあらざるは、全章の結構に照らして極めて明瞭なり。これをイギリス流の不精確と云わば云え、経済学の如き学問にありては、ドイツ流の字句に一々重要を繋ぐ説明法はかえって人を過《あやま》る恐れあり。ワグナーを始めドイツ学者が経済学の定義なりと確言したるもの、いずれも厳格なる批評に破られざるなきをもって悟るべし（この事は拙著『国民経済原論』に論及しあり、ついて見るべし。また同『経済学研究』収むる所の論文中しばしば評論を試みおきたり、併《あわ》せ読むべし）。むしろマーシャル流に輪廓のみを施して内容を束縛せざるこそ趣味多けれ。とにかくマーシャルのこの一条は、その心をもって判ずべきなり。

今かく大体において解釈して、マーシャルが経済学の性質として説く所を見れば、その真意の存する所はいずれの学者も必ず首肯するの外なからん。ただ経済学の学としての職分と、術としての職分、言い換えれば純理論と政策論とをいささか混同するの嫌いあるは争い難くして、この点猝《にわか》に賛同し難し。

マーシャルが本章において主張する要点二あり。一は社会大多数向上の急務にして、二は近世経済生活の特色は競争に存せず深謀遠慮すなわち deliberateness にあること、これなり。しかしてこの両者を一貫する根本の精神は、人格の尊貴を認識する一事にして、これに関する氏の論は敬服の外なし。氏がかく僅々数言をもって平易に説き去りたる妙は誠に掬《きく》す〔くみとる〕べく、他の佶屈《きっくつ》難渋〔佶屈は文章がかたくるしいこと〕なる学究的論弁の企て及ばざる所とす。ただ言、聊《いささ》か大体論に過ぎて、社会大多数の向上は狭く低き経済論のみの立場なる生産力増進の必要上においても、また急務なることに説き及ばざるは、誤解を惹起《じゃっき》す虞《おそれ》あり。社会に貧民存する弊は、単に経済的利害の上より打算するも明々白々疑いなき所以《ゆえん》を併せ説かざれば、経済上の論と経済以上の論との区画を曖昧に陥《おちい》らしむべし。読者本章のみを捕えて軽々に論定することなかれ。これに反し、競争をもって現在経済生活の特色とするは浅見にして、競争はかえって偶発的結果に外ならず、現に経済生活の最も進歩せる国（殊にイギリス）においては、かえって着々新組織主義の普《あまね》からんとする由を説く所、一言増減の要を見ず、この点深く味わいおくべきなり。

＊　＊　＊　＊　＊

終りに本章と併せ見るべき参考書の一、二を示さんに、まず

Cohn, *Grundlegung der Nationalökonomie*, Stuttgart, 1885.

について、その第四八節以下（七二頁以下）「経済と倫理」論を読むべし。言反対に出でて、意はすなわちマーシャルと相合するものなるが故に、その短を補い、その長を採るに最も便あり。

次に倫理学者の経済論を参照すべし。すなわち

Wundt, *Ethik*, 3. A., Stuttgart, 1903.

の第二巻三〇六頁「所有及び経済団体としての国家」及び三五〇頁「経済上の国際交通」を始めとし、

Dilthey, *Einleitung in die Geisteswissenschaften*, Leipzig, 1883.

第一巻四九一頁以下、殊に「実際と理想との撞着、形而上論の打破」の条を見て大体に通じ、更に

Höffding, *Ethik*, 2. Aufl. der deutschen A., Leipzig, 1901.

の三五六頁ないし四二〇頁「物質的文化」の章と

Paulsen, *System der Ethik*, 5. A., Berlin, 1900.

の第二巻三一四頁ないし五一一頁「経済生活及び社会」の章とについて、彼等現在の立場を知り、これを経済学の説く所と併《あわ》せ考うべし。然る後、再び経済学者に戻り来りて、まず

Knies, *Die politische Oekonomie vom geschichtlichen Standpunkte*, Braunschweig, 1883.

の一〇六頁より一四一頁を読み、次に

Ratzinger, *Die Volkswirtschaft in ihren sittlichen Grundlagen*, 3. A., Freiburg im Breisgau, 1881.

によりて、一派の見解を確かめ、転じて、

Schmoller, *Grundriss der allgemeinen Volkswirtschaftslehre*, Leipzig, Letzte Aufl., 1919.

の六頁以下七六頁までを渉猟し、更に同書第二巻五六二頁以下の「階級闘争」の条と対照すべし。

ロッシャーの説は

Roscher, *Grundlagen der Nationalökonömie*, 22. A., Stuttgart, 1894.

の初二章について窺《うかが》うべし。ワグナーはその

Wagner, *Grundlagen der Volkswirtschaft*, Leipzig, 1892.

の一頁ないし二五頁、八三頁ないし一三六頁に独特の所論を説きあり。ブレンターノについてはまず

Brentano, *Arbeiterversicherung gemäss der heutigen Wirtschaftsordnung*, Leipzig, 1879.

Brentano, *Die klassische Nationalökonomie*, Leipzig, 1888.

の二書によりて研究すべし。イギリス学者の中最も進歩したる立場より従来の学者を評騰したるものは

Bonar, *Philosophy and political economy in some of their historical relations*, London, 1893.

を推すべく、この書によりて発展の大勢を知りて後、はじめてアダム・スミスの有名なる『道徳感情論』に及ぶべし。すなわち左の如し。

Adam Smith, *The theory of moral sentiments*.

第六篇第一・二・三部（ボーン版通行本 三〇七頁から三八五頁）を同じ人の

An inquiry into the nature and causes of the wealth of nations.

キャナン版の三五五頁ないし三九四頁「各国の富有の異なれる進歩」の条、及びその全篇の所論と対照よく玩味して、その真意を捉《とら》うるを勉《つと》むべきなり。

邦書にては左の諸氏を参照すべし。

金井延《のぶる》氏『社会経済学』（一三五頁）、気《き》賀《が》勘重《かんじゅう》氏『フィリッホウィッチ氏経済原論』、拙著『国民経済原論』

一九〇九年イギリス政界の大問題となりたる「養老年金制度」は、マ氏の本章に説く厚生経済の思想の漸く一般に認められたる一現象と見るべく、また貧民法調査委員の報告においても、この種の思想の識者間に是認せられんとする有様を看取するを得べきなり。その少数報告に Muirhead, *By what authority?*, 1909 あり、甚だ要を得たる書なり。これをシドニー・ウェッブの著 *Prevention of destitution* と併せ読むべし。さらにマ氏の思想を承《う》けて、これを大成したりと見るべきピグーの *Economics of welfare* は必読を要す。これを拙著『社会政策と階級闘争』第二篇第一章以下と参照せられんことを切望す。

第二章　産業の自由ならびに企業の発達

およそ歴史上の重《おも》なる出来事の直接の原因は、個人の行動にあること勿論なりといえども、その遠因を察すれば、古来より存続する社会上各般の制度、人種的特質及び外界の自然の影響等に胚胎するもの多く、そのうち人種的特質なるものは、あるいは遠き、あるいは近き過去における個人の行動と、物質的影響の結果にして、優等人種として知らるるもの、多くは身体精神ともに卓越せる祖先を有し、また軍事に勇敢なるか平和の業に卓越なるか、いずれかの意味において、英傑の士あり、直接間接にその同胞を教え、これを指導し、その法規その習慣を定め、または発達せしめたることを見るべし。しかも、これら偉人の感化も、これを助長するに適応せる気候の影響を欠くときは、その作用を長く持続すること能《あた》わず。山川風土は一人種の性格を形成し、その政治的・社会的制度に特色を付与するものなり。

しかれどもこれら気候の影響は、人類が蒙昧の境遇にある間は未《いま》だ著しきことを得ず、その特に顕るるは人類が文化の発達において向上の一歩を進めたる後にあり。もとより吾人は、いわゆる自然民族なるものについて知ること甚だ少なく、そのわずかに知り得る所、また極めて不精確なるを免れずといえども、大体においてこれを見れば、自然野蛮の民族の状態千差万別なる中に、自ずからその全体を一貫する統一、一致の点あるを認めざるを得ず。およそ気候の寒暑の如何《いかん》を問わず、その祖先の何人に出づるに論なく、野蛮人種は均《ひと》しく習慣ならびに本能のために専制せられ、自己の創案を立て、将来を予測すること少なく、近き将来に向かいてすらも、ほとんどなんらの貯蓄を備えず、習慣の奴隷たるに甘んじ、本能の命ずる所に安んじ、時ありてか最も困難なる労働を辞せざるかと見れば、一度始めたる業を永く持続して営むの忍耐を有せず、卒然としてこれを捨てて顧みず、困難にして疲労を来す労働は、勉《つと》めてこれを避け、その已《や》むを得ざるものは、婦女を強制してこれに当らしむるを常とせり。―この点は拙著『経済学研究』第五篇翻訳中に収録せるビューヒャーの経済進化論ならびにその説を批評し、経済的労働の起源は、婦人の力作に存することを論じたる拙著『流通経済講話』を参照せよ。—

ゆえに天然包囲の力が人類に及ぼす影響の顕著なるは、最低蒙昧の状態より進んで、やや文化の道程に上るに至りて、はじめてこれありと云わざるべからず。これ、あるいは最低民族に関する吾人の知識甚だ乏しく、したがってその生活状態の変遷を察し、その真相を極むること能わざるがためなるやも斗《はか》られずといえども、その主たる原因は、最低度に停滞する人類は、天然に打ち克つの力に乏しく、天然の庇護を離れては何事をも営む能わざるに存すること疑いを容《い》れず。さらにまた人類が野蛮蒙昧の域より脱してやや文明に進むを得たるは、天然包囲の事情甚だ寛にして、よくこれを促すに与《あずか》りて力ありし処に限れり。かくの如きは天然の賜《たまもの》甚だ豊富にして、人類をして文明に向かわしむるに有力の指導を与うる所に限り、それは地球上数ヶ所に止《とど》まれり。—天然包囲の民族性格に及ぼす影響、殊にその主要産業を左右する作用についてはクニースの『史観経済学論』、ヘーゲルの『歴史哲学』、バックルの『英国文明史』等を見るべく、またアリストテレスの『政治論』、モンテスキューの『法の精神』を併《あわ》せ読むべし。—

最低度の文明といえども、いやしくも人類の努力が、その生活の必要品以外に多少余裕を生ずるを得る所にあらざれば、起ること能わず。余裕の富は文明を養い育つる食料なり。古人が倉廩《そうりん》実《み》ちて後《のち》礼節を知ると云える如く、物質上の生活に多少の余裕ありてこそ、はじめて精神上の進歩を促し来るなり。人類文化の発祥地が皆熱帯地方に存すること、この理に外ならず。熱帯地方においては生活に要するところ甚だ少なく、寒気に堪えんため脂肪性食料を取り、厚き衣料を被《かむ》るの必要を見ず、単純なる食と衣とをもって優悠するを得、他方には天然の人類に付与するもの甚だ豊富にして、樹木茂り果実充《み》てり、したがって生活を維持する以外綽々《しゃくしゃく》として自ずから余剰あり。熱帯地方のうち、殊に大河流の辺りは大なる原始的文化民族の発生したる所なり。河流は土壌に充分の湿度を与え、灌漑《かんがい》疏水《そすい》のために労する必要を省き、その四通八達なる水路は幼稚なる民族をして容易に相交通するを得せしめ、有無相通じ四方に相交わるに多大の便を供したり。しかしてこれらの原始文化民族を統治する主権者は、多くはその地土着の人にあらずして、遠方の寒地または近き山地より新たに移住し来れる異種人なるを常とす。温暖なる気候は人間を懶惰《らんだ》ならしめその活動力を殺《そ》ぐものにして、一民族を統卒して、これに君臨するの知力活力は寒き気候に陶冶し、養成せられたる剛健の人種に待たざるを得ず。彼等は、移住以後数代の間はその活動力を持続し、その臣民の労働の産物に衣食して、奢侈《しゃし》なる生活を営むを常とし、質朴なる郷国において知る能《あた》わざりし、暖国の優勝なる文化を同化し、その産物を吸収し、その知識その技能において、間もなく新征服民たる臣民を凌駕《りょうが》するに至る。概して云えば、知能上の能力、性格はこれら少数の上流階級の間に止《とど》まり、人民の大多数は全然これを欠けり。その主たる原因は気候の温暖なるにあり。けだし温暖なる気候はつとに文明を発生せしむる力あるとともに、また早くこれを衰えしむるものなればなり。―モンテスキューは『法の精神』第十四巻〔編〕第二章において、寒き気候は住民に勝れたる力を与え、その結果として、他の民に対して自己を優等人種なりと信ずる念を強くし、これがため、野蛮民族に普通なる復仇的精神を減じ、自らの地位に安んずるの心を高め、したがって、快濶率直の風を養い、邪推・譎詐《けっさ》・陰険の性を脱せしむるものなりと云えり。かくの如きは経済的向上進歩に与《あずか》りて甚だ有力なること言を須《ま》たず。―けだし寒き気候は人間の活動力を刺激すること大にして、人類の最も幼稚なる状態においては、寒き土地における生活の困難は甚だしといえども、ひとたび知と富との増進するに至れば、生活に余裕を存すること、かえって暖国に勝るを常とす。殊に峻烈なる風霜を防ぐの必要上、広大にして堅固なる住居を築き、これによりて、家族的団欒《だんらん》の楽を増し、社交的会合を助成するを得るなり。熱帯地方においてはいかに勤勉力行《りっこう》せんと欲するも、暑熱甚だしきがため、高尚なる知能上の活動を発揮すること難く、持続的労働を営むことほとんど全く不可能なり。さればかつて寒烈なる郷国の天然に養われたる清新・剛健の気象を齎《もたら》し来りて、熱帯地方に君臨するに至れる統治者の階級も、永く温暖なる気候に包容せらるるときは、昔日の特性を失い、加うるに奢侈の中に優悠するによりて、漸次堕落し、その極、再び新しく寒国より侵入し来る他の優等人種のために征服せられ、間々《まま》中間階級を成すものなきにあらずといえども、その多くは全然班を最下層階級に列し了《おわ》るに至るなり。―現在文明諸国において統治階級は多く北方人種に属し、南方人種は征服民たることを考えみるべし。―

今かくの如き程度における文明について研究することは、哲理史学者の立場よりしては趣味少なからずといえども、経済学者の立場よりこれを見れば、かくの如き文明の状態においては、一般に経済的活動（労働）を蔑視すること甚だしく、その経済生活を支配するものは、習慣のみ、たまたま暴君の圧制を防ぎ得るは習慣の保護に外ならざる状態にして、特に経済的と称すべき現象あるを見ず。けだし習慣とは圧制強迫の結晶態とも云うべく、強者が弱者を虐げ得る範囲を限定するがために持続するものと見るも大過なければなり。しかれども弱き下層民を全然圧抑して毫《ごう》も顧慮する所なきが如き習慣は決して永続するを得ず。何となればただ弱者を圧制するのみにして、これを保持し、その経済上の力を維持することなければ、その民族は久しからずして消滅に帰すべきは、理の睹易《みやす》き所なればなり。さればいかに野蛮蒙昧の民族といえども、必ずその習慣の中弱者を擁護し、その存在を維持すべき道また自ずから備われり。－この事はバジョット、その著『物理学と政治学』においてすでに論じたることあり。スペンサー及びメーンの諸著併《あわ》せ看《み》るべし。－

企業の全く存在せず、競争のまた行わるることなき処においては、強者に対し、ならびに同胞の非行に対して、弱者を擁護するものは習慣にして、習慣は神聖と看做《みな》さる。かくの如き社会においては、習慣を打破して新事を創《はじ》むるものは、一の瀆神者《とくしんしゃ》、全民族の仇敵として、排斥せらるるを免れず。かくて、経済的原因の影響は掩《おお》われて表面に現るることなきも、その潜勢力は牢乎《ろうこ》として抜くべからず、枉《ま》ぐべからざるものあり。皮相なる観察者は、近世の社会におけるが如く経済的原因の顕著敏活なる作用を見ざるをもって、これを度外に付すといえども、それは謬《あやま》れるの甚だしきものなり。原始の文明社会において、個人的所有権が甚だしく制限せられあるは、畢竟《ひっきょう》するにこの習慣の勢力の原因にして、またその結果はすべての所有、なかんずく土地所有に対する個人権は、昔日の家ならびに家族の有せる権利にその源を発するものにして、その初めは家ならびに家族の権によりて甚だしく制限せられあり、また多くこれに従属の関係を有したり。他方において、家ならびに家族の権利は村落の有する権利に対して従属関係に立ちたり。村落は畢竟家族の拡張し、発達して起れる共同体に外ならざること、事実上は必ずしも証明し難きも、伝説の上においては常に爾看做《しかみな》されたり。従来学者は人類文化の痕《あと》を尋ぬるに専ら意を国家・政府の上に注ぎ、その変遷消長のみに重きを置き、経済上の発達を研究するには、主として政府と経済生活との関係の方面に着眼するに止《とど》まり、かえって実際上、至大の関係ある共同所有制度が経済上の発達に及ぼせる影響を度外視せり。その不当なること元より論を待たず。

原始文明の社会にありては、一般普通に行わるる習慣を打破せんとする勇気大胆を有するもの少なかりしは当然なり。たとえ個人的所有権認められ、その権限の確定することありとも、新事を創《はじ》め新案を立てんと企つるものは、全社会の嫉視を招くを覚悟せざるべからず。されば極めて勇敢なる精神を有するもののみ、これを敢えてし得べく、そのこれを企つるまた極めて徐々たらざるを得ず。習慣の勢力漸次減少し、牽制束縛の力緩《ゆる》みて、個人的自由の曙光《しょこう》を見るに至れるは、これら敢行果断の人の賜《たまもの》なり、しかれどもその業の困難なりしこと実に名状すべからざるものあり。家長は単に全家族財産の保管者たるに過ぎず、全家族員の協議を待つにあらざれば、小事といえども新たに起すを得ず。個人の行動は一《いつ》に全く家族というより大なる個体のために束縛せられ、家族の上にはまた村落の団体ありて、耕地専用の権は家族に存すといえども、一村共同の強制耕作の習慣存し、一村内の住民は必ず常に同一時に同一事を営むを要し、殊に散圃《さんぽ》行われ班田法によりて輪耕する処にありては、休耕の番に当れる耕地は全村共用の牧地として用いられ、耕地もまた輪番に転換するを要したるがため、個人的発意と活動とは到底起るに由《よし》なく、各家、各人は皆極めて煩瑣《はんさ》綿密なる共同規約によりて検束桎梏《しっこく》せられ、自由企業の発生は永くこれを見るを得ざりき。

従来学者は習慣の重要を軽視したるにあらずといえども、その論ずる処、多くは、物価・賃銀・地代等における関係のみに止まりて、かえって最も多く習慣の影響を認むべき生産形態・経済組織との関係に意を用いず。物価・賃銀・地代等に及ぼす習慣の影響は一見甚だ顕著なるものあるも、その作用はここに止まりて他に波及すること少なし。しかるに生産形態ならびに経済組織に及ぼす習慣の作用は、暗々の裡にありて、かえって至大至重なるものあり、殊にその影響は積層的に他に波及すること実に深く、間断なく同一方向に働くが故に、表面に現るる作用の到底比し得べき所にあらず。

習慣の勢力大なる実にかくの如し。しかれども人類進化発展の行程は已《や》む時なく、ついにその束縛を打破する勇気を具備したる民族の起るを止むる能《あた》わず。これをギリシャ、ローマ両民族となす。

ギリシャ、ローマ両民族の一般文化の上に残せる大いなる事業は、ここに絮説《じょせつ》するまでもなし。否、経済学の方面より云えば、かくまで偉大なる発達を遂げたる両民族が、経済上今日吾人が最重要と認むる問題の社会的方面を知ること少なく、またこれに意を注ぐこと乏しかりし一事は、むしろ奇と云うべく、その原因を探究すること、かえって最も興味あり。

ギリシャ人もまた他の古代文明民族と同じく、峻烈なる気候に育てられ、永く生活維持のために奮闘したる後、漸次温暖なる地方に移住し来り、優等民族として顕れたるものにして、ドナウ河を越えて南下し、地中海の浜、山岳起伏し、港湾出入する小天地に居を定め、山に囲まれ海に包まれ、その安固にして交通の便多きを利用して、ここに一大文化を形成したり。波の打ち寄する処は文明の起る所なり。ギリシャの文明は海の齎《もたら》せる所と云うも大過なし。海の空気は自由の空気なり。清新溌溂《はつらつ》たるギリシャの思想は、この空気を呼吸したるより起る、海はギリシャ人に知識を与え、自由を与え、習慣遺伝の束縛を脱却する活力を与え、その温暖なる気候は彼等をして生活維持のために意を労し、体を疲らすを免れしめ、しかも地中海の海風は絶えずその活力を清新し、永く衰《おとろ》うことなからしめき。昼は爛《や》くが如き太陽を包む深き青空の下、夜は清涼身を浸す水の辺、ギリシャの才士佳人はその豊富なる創造の力、その卓越なる想像の才を専らにし、燦然《さんぜん》たる文明の精華を啓《ひら》き、多くの点において後代の到底企て及ばざる完美なる果を結べり。しかれどもギリシャの文明は一点において現今の文明の要素たるものを欠く。何ぞや。人の人としての権威、人格の尊貴を認識するに及ばざりしこと、これなり。これその文明の大欠陥にして、曠世《こうせい》の大思想家プラトン、アリストテレスの如きも、なお奴隷制度をもって天の命ずる所なりと説けり。ひたすら向上の一路あるを見て、顧みて多数階級のいかなる状態にあるかに心を用ゆることなく、殊に経済的活動を奴隷に一任し去り、産業生活を蔑視すること甚だしく、その結果、吾人が今日最重要の経済的・社会的問題となす所のものに、なんらの注意を払うことなし。けだしギリシャの天と地との豊富なる、極端なる貧乏を知らず、その地とその海とは生活の資料を供して余りあり、奴隷階級といえども、なお文明の恩恵に浴するの機会を欠かず、したがって生活上の休戚《きゅうせき》に多く意を労すること無かりしは、その大原因なり。ギリシャ人の思想の影響を被ること深き後代の学者等が、経済上の問題に冷淡にして、産業上の行為を蔑視する著しきは因縁浅からざるなり。

これを要するに、ギリシャについて吾人の学ぶ所は、その滅亡が自由の濫用に胚胎する一事にあり。恒業なきものは恒心なし、絶えず産業上の勤勉を事とするにあらざれば、いずれの国民といえども堅忍真率《しんそつ》の風を欠き、ついにかくの如くなるは免れざる数なり。ギリシャ人は社会的ならびに知能的に全然自由を享有せり。しかれどもこの自由を善用するの道を過《あやま》り、敏活明察よく新事物に応ずるの素地ありて、産業的企業に必要なる性格を具《そな》えたりといえども、他の要素たる自制克己、堅忍持久の風を欠きたるがため、その豊富なる天然、その麗しき風土はかえって彼等の体力を傷《そこな》うの基となり、遂に精神上の堕落を防ぐこと能《あた》わざるに至れるなり。

文明は更に西漸してローマに及べり。ローマ人はこれを一国民と見るよりも一大軍隊と見るべきものにして、産業を蔑《ないがし》ろにし、経済上の活動を奴隷に一任し去りて顧みざりしことギリシャ人に酷似すといえども、また多くの点においてギリシャ人に異なれるものあり。ローマ人は強固なる意志、鉄の如き決意、一事を創《はじ》むるときは全く他事を顧みざる熱心をもって、その特長となす。―ヘーゲルが『歴史哲学』に論じたる所、ならびにそのヘーゲルの影響を受けたりと見るべきモムゼン『羅馬史』中、宗教に関する条を見よ。ヘーゲルの歴史派経済学における感化については、ロッシャー『独逸経済学史』第一八八節を見るべく、カウツ『経済学の発達』第一巻も併《あわ》せ読むべし。―

ローマ人は経済的企業に要するすべての資格を具備したること、軍事ならびに政治におけるに劣らず。同業組合制度の発達、奴隷使用大経営生産、殊に合本組織の発達、資本の勢力の大なる、殊に金貸業の甚だ進歩せる、商業上の自由、交通の自由のある点においては今日に勝りて発達せる、実に驚嘆に堪えたるものあり。されば、ローマの経済状態は、一見今日の経済状態と全く相分つ所なきが如きあり、皮相なる学者、間々《まま》ローマには既にすでに今日のいわゆる社会問題なるもの存せりとなすものなきにあらず。しかれどもこれ謬見《びゅうけん》なり。相似たるは外観のみ、その精神に至りては両者の差天地霄壌《しょうじょう》も啻《ただ》ならざるものあり。何ぞや、今日吾人が経済学上最重要の問題とし、最大の意義を認むる下層人民の人格の価値を認むるの一事、ローマの文明に全然欠如せしこと、これなり。ローマの商業は常に背後に武器の後援ありて繁栄したるものにして、その目的は単に専ら金銭上の利益を壟断《ろうだん》するに存し、真正なる経済上の発達に欠くべからざる誠実周到の風を欠くこと甚だしく、殊に経済上における国家の権力絶大無限にして、その極私人の企業を全然杜絶《とぜつ》するに至れり。さりながら、ローマの文明は直接経済生活の上においては後世に残したるもの多からずといえども、間接に経済生活ならびに経済学の進歩に貢献したること甚だ大なり。それは他にあらず、ローマ人は非常に進歩したる法律制度を完成し、永く範を後世に垂れたることこれなり。殊にローマ法が契約の制を完備し、その範囲を拡め、これを精確ならしめ、伸縮自在ならしめ、大なる力を具備せしめ、ひいて個人所有権の確立安固を保証したることは、その大功績とす。個人所有権の発達は今日の経済上の進歩に欠くべからざる要件たるや言を待たず。しかれどもまた他方においては個人所有権より生ずる弊害多々あり、これまたローマ法の所産ならずんばあらず。けだしローマ法は「ストア」哲学の影響感化を蒙《こうむ》ること甚だ大にして、権利を伸張するとともに義務の観念を重んずる深しといえども、同時に厭世的傾向を含むものなるが故に、実際生活と義務の観念と調和することいよいよ難きに従い、不安の情を生ぜざるを得ず。この時にあたり、全く異なれる根本思想に基づける宗教入り来りて、この間に調和を与えんとしたり、キリスト教これなり。ただしキリスト教の欧州に普及したるは、はじめ甚だ遅々として、ローマ仆《たお》れて後長き間、西欧諸国は一時暗黒の時代に入るの止《や》むを得ざるに至れり。

ローマ人に代りて西欧文明の継続者となれるもの二あり。チュートン民族ならびにサラセン民族これなり。

チュートン民族は習慣の束縛を脱すること甚だ遅く、保守の風永くこれを支配せり。されば古代文明の後を受けてまず中世の欧州に新生面を揚げ来れるものはサラセン民族なりき。殊に経済上において、交通発達、貨幣経済の普及等、近世的経済組織の根本基礎を供したることは、その功永く没すべからず。チュートン民族が永く封建制度の束縛の下に呻吟し、経済上における自由活動ならびに企業において抑制せられたる間に、サラセン人は着々進歩の行路を辿《たど》り、後にイタリアに「ルネサンス」（文化復興）の興れる時、採って模範とすべき幾多の制度を残しおきたり。されど温暖に過ぎたる気候、放逸度に失したる宗教は、彼等をして早く活動力を失わしめ、ついに堕落の底に消え去らしめ、今日の経済上の発達に直接の貢献をなすことなく了《おわ》らしめたり。これに反し、チュートン民族は長き間その進歩発達甚だ遅々たりしといえども、由来堅実持久の性強く、素樸篤実の風と剛健なる体格とを具《そな》うるにより、その文明は深く根蔕《こんたい》を欧州の地に植えたり。

チュートン民族文明の新紀元の始めにあたりて、まず最も吾人の注意を惹《ひ》く現象は都府と国家との軋轢《あつれき》これなり。都府は中央権に対抗して自由思想、殊に産業上の自由の主張者として起れり。しかるに都府に反対し、殊に産業上の自由の伸張に極力妨害を与えたるもの多々なる中について、最有力なりしもの二あり。その一は封建制度にして、その二はキリスト教会これなり。

封建制度は、チュートン民族の社会的発達に欠くべからざる一階段なりしこと、ほとんど疑いを容《い》れず。否、およそ封建制度が与うる過渡的教育時代を経たる民族にあらざれば、到底円満完備なる文明を発達すること能《あた》わず、一見経済生活進歩の要求と全然相容れざる如く見ゆる封建制度の訓育を欠く民族は、今日の最も発達したる経済的文明の華をひらくこと能わざるは明《めい》なる事実なり、この理はひとり西欧諸国において然るのみならず、東洋諸国についてもまた争うべからざる所なり。我が日本が東洋諸国のうち、ひとり欧州国民に毫《ごう》も劣ることなき文化的素地を有する所以《ゆえん》、また、長き封建時代の間接なる賜物と云わざるを得ず。―この点拙著『経済学研究』一二八頁以下に論じたり。―　然り、然りといえども、その時代においてこれを見れば、封建制度は経済生活の活動、殊に企業と産業の自由の発達を圧抑したること甚だしかりしは否定すべからず。殊にチュートン民族にありては、封建制度は中央権と相結托《けったく》して都府に対抗し、その進運を防止したり。封建制度は土地を基礎とする農業に重きを置くとともに、人と人との関係を律するに厳格なる恩義の情のみをもってし、都府の業たる商工業を喜ばず、その自由的活動をもって社会の秩序を紊《みだ》るものとせり。殊に封建社会は貴族専制の社会に外ならず、したがって多数の下層民を見る甚だ軽く、これをもって単に貴族の用のために存在する機関に過ぎずとなし、武士以外の階級に対して人格を尊重し、個人の自由を認識することなし。すなわち、いずれの意味においても経済上の現象を重視せず、経済生活に対する態度は全然消極的なり。されば欧州諸国において産業の自由ならびに企業制度の大いに発達するを得たるは、封建制度のまさに漸く潰頽《かいたい》し始めたる時ならざるを得ず。―同上拙著一四五頁以下を見るべし。―

次にキリスト教会の影響を見るに、キリスト教は由来人格の尊貴を説き、殊にその初期においては、下層人民の伴侶となり、階級的懸隔を打破せんと勉《つと》め、農業上において進歩改良の先駆となりたること少なからず。しかれども概してこれを云えば、キリスト教会は経済生活の進歩を助けたるよりも、これを妨げたること遥かに多し。殊にその普及後においては、甚だしく厭世的の傾向を帯び来り、富を敵視すること甚だしく、したがってこれに関連する経済上の活動を圧抑したること多し。加うるにキリスト教は根本教義において人格の威厳を説きたるにもかかわらず、実際の行動の上においては、かえってしばしば封建君主に加担したる例乏しからず。ただ後に都府と封建君侯との闘争激烈を加うるに及んで、ローマ法王がその俗世的野心を満たす手段として、都府と結托して君侯に当りたるは、一見経済生活進歩の友となりたるかの観あり。しかれどもこれがために、かえって都府と中央権との乖離《かいり》を甚だからしめ、幾多の無益なる紛擾《ふんじょう》を醸し出したる罪は、断じて寛仮《かんか》すべからず。

これを要するに、西ローマ帝国滅亡以後十字軍役に至る数百年間、欧州諸国の経済上の進歩甚だ顕著ならず、産業の自由ならびに企業の活動の如きは、極めて幼稚なる状態にありしが、ここに十字軍起りて、宗教上の目的を達するにおいては全然失敗に終りたるといえども、欧州経済生活の進歩の上に新紀元を開けり。新機運はまずイタリアにおいて熟したり。イタリアは、十字軍のために新たに西欧に輸入せられたる東方文化の精華をまず味わい、欧州諸国の軍隊は遠征の途《みち》すがら必ずイタリアを過ぎ、イタリアは当時の富と繁栄とを集め、その経済上の活動大に起れり。イタリアの文明は全然都府の文明なり。これをすべてルネサンス（文化復興）と云うは、ギリシャ、ローマの文明の再びここに復したりとの意なれども、その復活したるものは形態のみ、実質に至りては古代の文化とルネサンス時代のイタリア文化とは全然相異なれり。その故如何《いかん》と云うに、イタリアにおいては、個人の自由の伸張したること古代ローマにおける比にあらず、殊に富に対し、経済的活動に対する思想その根底において異なればなり。イタリアの後を受けて興れるはスペインなり。地中海大に興りてイタリアの全盛を招き、その結果、航海術の絶大なる発達を呼び、ついにアメリカ新大陸の発見となりて、ここに大西洋は地中海の繁栄を奪い、イタリア衰えて、スペイン大に興るは偶然に似て然らず。スペインの漸く衰うるに及んでは、オランダの独立となりて、尋《つ》いでフランス、更にイギリスの進歩これを凌駕《りょうが》するを見たり。かくて一消一長、一盛一衰、走馬灯の如く相続いて経済的活動はその主動者を交代し、その方面はますます拡張し、その進歩はいよいよ急速となれり。その最後に起り来りしイギリスにおいて、産業自由ならびに企業の発展は完成円熟の域に達したり。かく古往今来の変遷の跡を観《み》来るときは、経済生活発展の行路の甚だ複雑にして、これを研究するの趣味津々《しんしん》たるを覚えざるを得ず。しかれどもこれを詳述するは経済史の本領にして、本書の企つべき所にあらず。ただそのうち、産業自由・企業発展の大勢は必ずこれを記せざるべからず。この点においては、イギリスは最も吾人を教ゆるに足れり。章を改めてイギリスについて少しく記述を試みて、この理を明らかにせんとす。

第二章　補　　論

本章、気候と経済生活との関係を論ずる条はモンテスキュー及びバックルに得る所多し。近来この両氏の所論は一種の極端論なりとてこれを非難するもの少なからずといえども、はじめて両者の密接なる関係に注意を促したる功は没すべからず。ただしこの種の研究は狭き意味に解せる経済学の本領に属せず、近来、政治地理・人文地理・人種地理の学問大に起りて、専らこの種の研究に勉《つと》め、なかんずくドイツのラッツェル最も名あり。経済地理と云うもの、またその余沢を受けて漸く学者の注意する所となれり。シュモラーはその『経済原論』第一巻（原名前に掲ぐ）一二八頁以下において「国民経済と外界自然関係」を説き、関係書目を掲ぐる甚だ詳なり、別に専門の研究を試むるにあらざる学者の参照するには、最も便なり。

習慣の影響に関するマ氏の所論は、近来斯学《しがく》一般の普《あまね》く認むる所に属し、いわゆる歴史派の功績の重《おも》なるものはこの点に力を注ぎたるにあり。マーシャルがその経済史叙述を始むるに最も重きをここに置きたるは誠に当を得たり。殊に今日の経済生活は決して万古不易のものにあらず、永き進化発展の結果漸く到達せる一の時期に外ならざることを、繰り返して説きたるは、最近斯学の立場を代表するものとして、最も細心の熟読を値す。この章ならびに次章を顧みずして、直ちに氏の純理論の章に向かうは、歴史派の努力を徒労に帰せしむるものにして、初学の士のなすべき所にあらず。氏の歴史的叙述はドイツ学者を襲踏せず、一流独特の結構を立てたる、甚だ取るべく、殊に独立自治の発展を中心として一般の変遷を観察し、企業発達の行路をもって全体を縦横せしめたるは、ビューヒャーひとたび始めてすべての学者の祖述する経済形態中心の叙述法と相まって、学者の見解を汎《ひろ》むるの功あり。

終りに、本章後半部のギリシャ、ローマの発達史の説明は甚だ簡に失して要を得ざるが如くなるも、その主とする所、産業自由ならびに企業の発達は、人格の尊重、個人性の伸張なくしては到底望むを得ざる所以《ゆえん》を明らかにするにありて、その言明する如く、経済史の要領を道《い》い尽さんとするにあらざるは、諒《りょう》せざるべからず。読者は拙著『経済学研究』第三七六頁ないし四〇七頁に収録せる「商業政策と商権の消長」を見て、いささかその欠を補うを得べし。

その他の参考書としては

Cunningham, *An essay on Western civilization in its economic aspects*, Cambridge, 1898.

と云う二冊物の小書あり。初学者の繙読《はんどく》に便なりといえども、必ずしも大なる学問的創見を示すものにあらず。ただ今日までこの種の書ほとんど存せざれば、この書によるのほか、一部にて全体を知るべきもの無きを奈何《いかん》せん。一国または一時代を論じたるものは甚だ多し。そのうち重《おも》なるものは『国民経済原論』に掲げおきたれども、これとても甚だ不備なること云うまでもなし。

昔の強制耕作、班田法、殊にいわゆる三圃《ぽ》法及びチュートン人の「マルク」制度は別に詳論を要するものあり。アシュレーのイギリス経済史に試みたる説明は甚だ簡潔にして最も要を得たるものなり。

Ashley, An introduction to English economic history and theory, 3. E., 1894. 第一巻上冊第五ないし四二頁を見て知るべく、更に拙著『国民経済講話』第一九章「耕作法及土地改良」を併《あわ》せ見られよ。アシュレーは我が日本についてもまた同様の評論を試みたり。論は氏の

Surveys historic and economic, London, New York, 1900.

一五二ないし一五六頁に載りたり。これを拙著『日本経済史論』（坂西由蔵君訳）第八五ないし一〇五頁ならびにそれ以下の処と対照して読まば、多少諒解を助くることあらん。なおまた『経済学研究』一七頁以下「経済単位の発展に関する新研究」併せ見るべし。

＊　＊　＊　＊　＊　＊

経済学研究の主体は、今日吾人が現にその中に生存しつつある経済組織なり。この経済組織は他の時代と分明に区別せらるべき特色を有す。経済学が学問としての進歩甚だ遅々たるは、畢竟《ひっきょう》、かく截然《せつぜん》と分別するを得べき特徴を有する経済組織が極めて新しき産物なるがためなり。ゆえに吾人は経済学一切の研究に入るに先だち、現時経済組織の特質を十二分に理解するを要す。これ経済学が自然諸科学と異なる点にして、各時代はそれぞれに異なる研究の題目を有する所以《ゆえん》なりとす。イギリス派経済学においてはこの点に重きを置かず、今日の経済生活と昔日の経済生活とをほとんど同一物と見做《みな》し、そのいずれにも適用し得らるべき原理原則の考究に注意を集中し、その極、

学問上に論ずる所と実際生活の事実とは甚だしく背馳《はいち》し、極端なるものに至りては、リカードの地代論の如き奇異の産物を喚起したり。この欠点を有力に指摘したるはドイツ学者の功にして、殊に歴史学派は経済現象の相対性を力説するに勉《つと》めたり。今日においてはこの潮流また反対の極端に馳せ、殊にドイツの学者は自国現在の政治上また社会上の状態をのみ眼中に置き、根本学理の研究よりもむしろ逐日捉時の政策論に偏する傾きあるは断じて取るべからずといえども、経済学の研究は具体特定の社会・国家を離るべきにあらざるを確定したるは、後代の永く感謝の念をもって迎うべき所なり。

さて以上の意味において、今日現在の経済組織の特質を明らかならしむるには経済史の研究に待つ所甚だ多く、ドイツの学者が正統学派に対抗して歴史学派を標榜して起《た》ちしは、大に意味あることと云わざるべからず。なかんずくヒルデブラントが自然経済・貨幣経済・信用経済（Naturalwirtschaft, Geldwirtschaft, Kreditwirtschaft）なる三つの目《もく》を立て、各時代の特質を鮮明ならしめ、次いでシュモラーが村落経済・都市経済・領域経済・国家経済（Dorfwirtschaft, Stadtwirtschaft, Territorialwirtschaft, Staatswirtschaft）の四階段を設け、ビューヒャーが鎖封的家属及び荘園経済・都市経済・国民経済（Geschlossene Haus-und Hofwirtschaft, Stadtwirtschaft, Volkswirtschaft）の三時期を画立したるは、学者の研究を刺激するに与《あずか》って大に力あり。これらいわゆる発展階段（Entwikelungsstufen; Wirtschaftsstufen）の説たる、今日の吾人より見れば必ずしも万全と云い難く、牽強付会の嫌いあるを免れずといえども、経済生活の相対的にして絶対ならず、具体的・特定的にして一般的・普遍的ならざる理を教えたる一事は、学問上の偉績と認めざる能《あた》わず。

ドイツの学者は、経済学を組織論すなわち経済静学と、活動論すなわち経済動学に分ち、前者においては主として歴史的に今日のいわゆる国民経済の成立を考究し、その根本条件たる国家・領土・人民の経済的性質を明らかにし、次いで今日の経済生活活動の前提条件たる私有財産・経済上の自由・分業及び交換の歴史的成立の経過を論述すること詳にして、経済原論の一半はこれがために占めらるるの観あり。これに反して活動論、すなわち従来イギリス流の学者が経済原論の全部と做《な》せし所については、力を用ゆることイギリス学者よりも遥かに少なし。かくて晩近《ばんきん》、経済学の進歩は従来未墾の地においては甚だ顕著なるものありといえども、伝来的に斯学《しがく》固有の領分と認めらるる方面においては、依然として旧態を改めざるもの多し。シュモラーの大著はその代表的なるものなり。理想的に云えば、静学と動学とふたつながらこれを開拓し行くべきや勿論なりといえども、斯学今日進歩の程度より云えば、静学に属する部分は未《いま》だ試作的状態を脱せず、これに反し、動学の方面は力を用ゆること多ければ多きほど研究の効果を挙ぐることを得べきものに属せり。マーシャルの大著述は実に主力をこの動学の方面に傾注するものにして、したがって学問を進めたる効はシュモラーの遠く企て及ばざる所とす。氏の歴史的著述必ずしもドイツ学者の為《い》に倣わず、自家一流独特の結構を立てたるは大に取るべき所なり、殊に独立自治の発展を中心として一般の変遷を観察せしめ、企業発達の行路をもって全体を一貫せしめたるは、シュモラー、ビューヒャー両氏の経済形態中心の叙述法と相まって学者の見解を広くするに効ありと云うべし。ドイツ学者の経済階段説は主として財充用組織の形態に着眼し、経済行為すなわち財の獲得・生産の活動を第二位に置くものなり。しかるにマーシャルはこれに異なり、従来イギリス斯学における傾向の影響を受けて、主として活動の方面たる財獲得組織としての企業（及びその前提としての産業自由）の発展に論を立てたり。思うに、今後の学者はこの両者を調和し、経済の方面と経済行為の方面の二者を一貫する史的叙述を完成すべきなり。

＊　＊　＊　＊　＊　＊

ドイツ学者の経済階段説には種々あり、その重《おも》なるものをあぐれば

一　リストの生産五階段説。一八四一年出版のその著『国家的系統経済学』（*Das nationale System der politischen Oekonomie*, 1841）中に唱えたるものにて、**一** 狩猟及び漁労時代、**二** 遊牧時代、**三** 農業時代、**四** 農工業時代、**五** 農工商時代に分てり。

二　グロッセの訂正説。一八九六年刊行の『家族の形態と経済の形態』（*Die Formen der Familie und die*

Formen der Wirtschaft, 1896）なる書においてリストの説に訂正を試み、人類学・人種学等の材料に基づきて、**一** 低度漁猟民、**二** 高度漁猟民、**三** 低度農民、**四** 遊牧・牧畜民、**五** 高度農民の五類を分つ。

三　ヒルデブラント三経済の説。一八四八年刊の『現在及び将来の経済学』（*Die Nationalökonomie der Gegenwart und der Zukunft*, 1848）において、**一** 自然経済、**二** 貨幣経済、**三** 信用経済の三種の目《もく》を立てたり。

四　シュモラーの説。一八八四年『シュモラー年報』においてはじめて公にし後、一八九八年その『憲法行政経済史研究論集』（*Umrisse und Untersuchungen zur Verfassungs-Verwaltungs- und Wirtschaftsgeschichte besonders des Preussischen Staates im 17. u. 18. Jahrhundert*, 1898）中にその文を収めたり。アシュレーはこれを英訳してその『経済学名著集』（Ashley's *Economic classics: the mercantile system as illustrated from Prussian history*）に収めたり。その説は主としてドイツについて立てたるものにして、**一** 村落経済、**二** 都市経済、**三** 領域経済、**四** 国家経済の四種を分ち、歴史的にこの順に従い発展し行くものと論ず。

五　ビューヒャーの説。右シュモラーの説に酷似せり。載せて一八九三年印行の『国民経済の成立』（*Entstehung der Volkswirtschaft*, 12. u. 13. Aufl., 1919）中にあり、目を分つこと、**一** 鎖封的家属及び荘園経済、**二** 都市経済、**三** 国民経済、これなり。

六　ゾンバルトの折衷説。『近世資本主義論』（*Der moderne Kapitalismus*, 1902）に掲げたるものにして経済階段・経済制度・経済形態・経済主義（Wirtschaftsstufen, Wirtschaftssysteme, Wirtschaftsformen, Wirtschaftsprincipien）の四目を立て、その各々について更に細目を分てり。

右諸説の大要は、予の旧著『国民経済原論』において紹介しおきたれば、やや詳しくこれを知らんとする人は右書を見るべし。さて諸説互いに一長一短ありてことごとく捨つべからざるとともに、ことごとく従うこともまた可ならず。殊に発展階段を判然分別せんとするため事実を曲ぐる嫌いあり、厳密なる史的考証の上より承認し能《あた》わざるもの多し。今日においては右諸説中、比較的広く行わるるものは、ビューヒャーの三経済の説なり。今、成語の簡潔を主としてこれを、一 自足経済、二 都市経済、三 国民経済と成す。自足経済とは交換存せず、生産者と消費者と一致する状態にして、一にこれを自給生産（Eigenproduktion）の経済とも云う。都市経済においては生産はすべて顧客の注文を受けて、これを営むが故に、これを顧客または注文生産（Kundenproduktion）の経済とも云う。国民経済に至りては、生産と消費との間に仲介者起り、一切の生産物はひとまず市場に出でて商品となりて後、はじめて消費者の手に帰するものにして、これを市場生産または商品生産（Markt-, Waarenproduktion）の経済とも云う。以下その大要を紹介すべし。

自足経済においては、経済単位（Wirtschaftseinheit）と経済組織（Wirtschaftsorganisation）とは同一物にして、血縁に基づく氏族・大家族等いわゆる家属共産体（Hausgemeinschaft）は経済単位たるとともに経済組織たり。この経済組織は全然鎖封的また孤立的にして毫《ごう》も他の経済組織と交渉することなく、その氏族または大家族の要する物はまたその中においてことごとくこれを生産す、生産せられたるものは直ちに消費せられ、他の経済組織に転出することなし。その生産は主として土地に依頼す、土地を離れて人間の生存を考うること能《あた》わず。人は家族共産体に拘束せられまた土地に固定せらる。したがって個人的経済活動なく個人的所有権なし、生産は全体のために行われ、消費は全体の命ずる所によってのみ行わる。家族共産体の漸く崩壊して小なる経済単位起るに及んでも、その単位は多くの点において共同的に拘束せられ、完全なる活動及び所有の自由を得るに至らず、あるいは血族団体（Blutsgemeinschaft）あるいは平和団体（Friedensgemeinschaft）あるいは地域団体（Territorialgemeinschaft）起りて共同的拘束の実を維持す。しかしてドイツにおいては荘園（Frohnhof）起りて、家属共産体の地位に代り、荘園は一の孤立せる経済組織にして一切の経済活動はその中にのみ行わる。家属共産体と荘園制度とはその形態大に異なるも、その性質の自足経済たるに至りては毫も異なる所なし。

自足的の家族経済と荘園経済とは数世の間幾多の変遷を経て、純然たる自給生産は漸く変じて直接交換経済起り、次いで顧客生産の時代となる。ドイツにおいては、時あたかも都市の社会的・経済的・政治的実力の充実し、一方地方に対し他方国家に対し、よく独立の地位を占めたるときなり。したがって顧客生産の最も発達せるはこれら都市において見るべし、ゆえにシュモラー、ビューヒャー両氏共にこれを都市経済の時代と名づく。他国についてはこの名称必ずしも妥当ならず、殊に日本について然りとす。

自足経済は漸次その経済上の自足性を失い、土地にのみ依頼する自足孤立の経済組織は、漸次その需要する物資を自己の経済内のみにて充《み》たすこと能《あた》わず、他の経済と相依頼する必要漸く多く、排他的存在はこれを維持する能わざるに至る。しかれども一躍直ちに土地より離れ、純然商工業のみによる経済生活起るにあらず。主として土地に依頼することは依然として渝《かわ》らず、ただ余力を施して手工の業に勉《つと》め、各種の工芸品を生産するに至るのみ。かくて各地方の状態事情に応じ特殊の業に精《くわ》しき者起り、分業生じ、直接需要以上に生産せるものを相授受する交換また起れり。この種交換は必ずしも組織的商業によるを要せず、その主たる機関は、定時定所に開催する市(market, Markt, marché（fair, Messe, foire））なり。市すでに発生し、ここに生産者と需要者と相会すること繁きを加うれば、自ずから都市の建設を見るに至るべし。市には市特有の制度あり機関あり、市場の自由はこれを保護し発達せしむ。したがって地方と異なる一種の経済生活起り、都市は地方民の逃れて入り来るものに自由と安全と保護とを与えたり。かくして都市の発達は著しく、都市に行わるる顧客生産の経済は、地方に行わるる自足経済に比して遥かに優勢を占むることとなる。

都市経済は自足経済に比すれば、その範囲広く人間の経済上の需要に適すること遥かに多きものなりといえども、その根本的性質は依然として排外的自己本位なるを免れず、ただその内と云い、自己と云うものの範囲・性質の著しく拡大せるを異なれりとするのみ。したがって人間の欲望更に進み複雑となるに従い、漸くにしてこれに応ずるに足らざるに至り、ここに国民経済生ぜり。国民経済の発生は民族国家（Nationalstaaten）の成立に伴う。スペインより始めてポルトガル、フランス、オランダ、イギリス、ドイツ、イタリアにおいて順次に完成したる近世的民族国家は、また経済上に国民経済の成立によって伴われたり。けだし中古より近世に移る時代において封建制度

（feudal system）は打破せられ、これに代って中央集権国家起り、近世の民族的統一国家完成せり。この傾向はアメリカ大陸発見ならびに東インド航路発見に伴い、世界商業の中心点地中海を去りて、太西洋に移る時すでに萌芽を発せり。近世国家の発生するや、中央の統一権地方的の分権を併合し、ここに全国全領土を包含する大いなる政治機関を起し、この大機関を動かすに中央集権的なる金給の行政官僚及び常備軍を要するに至れり。これ国民経済成立の前提とす。アメリカ大陸・東インド航路の発見は西洋諸国をして東洋の文明に接触せしめ、西洋人の欲望生活は著しき刺激を受けたり。この変遷に応ぜんは都市を中心とする顧客生産のよく堪ゆる所にあらず。各種複雑なる欲望を充足するには、政治上個々に分立せる範囲狭少の経済組織はこれを拡大せざるべからず、汎《ひろ》く全国を貫通し統一し連結する一大経済組織起らざるべからず。組織の拡張は同時に単位の縮少を喚起す、単位の縮少はすなわち個性の発展なり充実なり、これによりてはじめて生産力発達し、かくて増進したる欲望に応ずることを得るなり。

統一的国民経済はその源を都市経済に発するものあり、領域経済に発するものあり。その最も早く端緒を啓《ひら》きたるはイタリアの都市国家（Stadtstaaten）なれども、イタリアにおいてはただこれに止《とど》まり、ついに民族国家の発生を見る能《あた》わず。スペイン起りてはじめてある度まで中央的に統一せられたる民族国家を見たり。当時ドイツにおいても、我が日本においても、その発達は遥かに遅れおりて、一種特有の中間産物を生じたり。シュモラーはこれを領域国家（Territorialstaaten）と名づく、ドイツの諸侯国・我が邦の諸藩すなわちこれなり。畢竟《ひっきょう》民族的に統一せらるる大国家起るべき一の過渡現象に外ならず。これに反し、スペインよりフランス、オランダを経、イギリスに至りては、つとに中央の集権発達し、完全なる意味における民族的国家起り、国民経済の成立を見たり。

国民経済の起るその最初の形態は国家経済（Staatswirtschaft）なりき。当時未《いま》だ国家と国民との別、明《めい》ならず、国家経済のほか別に国民経済の存在を認むるに及ばず。イタリアにおいてジェノヴェージが「エコノミア・チヴィレ」（民間経済）と云いしもの、イギリスにてはこれを「ポリティカル・エコノミー」（政治的経済）と云い、ドイツにては「シュターツヴィルトシャフト」（国家経済）と呼びたり、その意いずれも国家を中心とする大経済組織のことなり。すなわち都市経済よりも大なる範囲に渉《わた》り、殊に統一権の下における民族的国家の全部を包含する経済生活の組織を意味す。この大経済組織は内に対しては統一協働を期するとともに、外に対しては都市経済の旧套を襲うて、勉《つと》めて排外的門戸閉鎖の方針を取れり。ゆえにこれを称して国家自足経済と云うまた不可なし。この国家自足経済の政策を代表するものは、すなわちマーカンティル・システム（mercantile system; mercantilism）なり。これ実に国民経済成立の第一期にして、ビューヒャーが専制的（absolutistisch）国民経済の時代と名づくる所のものなり。これに次いで起れるは、第二期の自由的（liberal）国民経済の時代にして、一八世紀の末より一九世紀の初めに渉り、まずフランスのフィジオクラート、次いでイギリスのアダム・スミス以下の学者の思想に表れ、漸く実際上に勝を占め、イギリスにおいて最も完全なる勝利を見たり。第三の時期は、これを社会的（sozial）国民経済と名づくべく、一九世紀の末葉より今日現在に至りて欧州諸文明国に漸く起り来れる所とす。以上をビ氏説の大要とす。

第三章　イギリスにおける産業自由ならびに企業の発達

現在世界において産業の最も発達せるはイギリスなること言うまでもなし。イギリスは由来、その地理上の地位、欧州諸国民の粋を蒐《あつ》むるに適し、国中交通の障害となるべき高山なく、いずれの地方も海に近く、河流また多くして水運の便に富み、加うるに、ノルマン朝、プランタジネット朝歴代の国王、中央統一の政策を採り、鋭意これを遂行したるがため、国内に分権の割拠して国運の進行を沮《はば》むものあるなし。これを要して云えば、イギリスは一方に都市の発達より来る活動の気象を涵養《かんよう》したるとともに、他方には統一国家の特長を享有し得たるものにして、ドイツにおけるが如く、都市が政治上の自治権を伸張すること無かりしは、彼に比して、劣るが如くなれども、それがために中央集権の統一的発達を早めたるの大利益ありしを忘るべからず。殊に長子相続の制厳重に行われ、季子《きし》は父母の家を去りて、四方にその才を伸べざるべからざりしがため、階級的懸隔の弊を少なからしむるを得、したがって経済的活動を尊重し、産業を優遇する気風を養うを得たり。政治上の擾《じょう》乱《らん》は稀《まれ》ならざりしも、一面毅然として専制権力の圧抑に対抗するとともに、他面においては、正当なる理由あるときは喜んで公の権威に服従し、革命の挙また時に起るありとも、いやしくも確定の目的存するにあらざれば容易に動かず、自由を愛するとともに、秩序を尚《たっと》ぶの風は、オランダ人を除いては、他にその類を見ず。

イギリスにおける商工業の発達は、これを大陸諸国、殊にドイツ、オランダに比するときは、遥かに遅れたり。そのまず独立自営の精神を発揮したるは農民にして、かの「ヨーマン・アーチャー」〔yeoman archer〕（我が邦の郷士の類）は、イギリスにおける産業自由の先駆と看做《みな》すべし。イギリスが商工業において世界に冠たるに至りしは、誠に近時の事にして、数世紀の間イギリスは大陸諸国の後塵を拝しいたり。アングロ・サクソン民族をもって先天的に特に商工業に長じたるものとなすは、現在あるを知りて、過去を知らざる皮相浅薄の見解なり。今日においても、ロンドンの株式取引所において最も投機的なる取引を営むものは、純粋のイギリス人にあらずして、外国人、殊にユダヤ人、イタリア人なり。イギリスが商業上において他国を凌駕《りょうが》するに至りしは、経済上の活動、殊に商業が独立自治の精神をもって営まるるに至りてよりの事なり。イギリスが経済上世界に冠たるは、イギリス人が特に商業国民なるがゆえにあらず、今日の世界市場を駆馳《くち》して成功を収むる最大要件は、独立自治の精神にして、この点においてイギリスが特に傑出するが故なり。

　イギリスにおける企業の発達は、端を農業に発したるものにして、当時イギリスは欧州諸国中、模範的農業国として許され、農産品は輸出物の最重位を占めたり、商工業によるにあらざれば独立独行の精神を発揮すること能《あた》わずと思うの誤りなる、イギリスの例を見て知るべし。殊に物納と夫役の制度を金納小作制度に改むることは、イギリスの卒先してなせる所にして、独立自治にして自由なる経済的活動は、これがために有力なる刺激を受けたり。

　一四世紀において欧州を跋扈《ばっこ》したる黒死病は、普《あまね》く重大なる経済上の変動を喚起したるうちについて、イギリスと大陸諸国、殊にドイツとは全く正反対の影響を被れり。黒死病のため人口の激減したる結果、農民の数また著しく減少し、農業者、殊に地主はこれがために苦しみ、この困難のために、地主農民間の関係大に変じたるは已《や》むを得ざる所なれども、そのイギリスにおけると大陸諸国におけるとは、正反対の結果を見たるは、後来の企業的発展に最大の影響を及ぼせり。すなわちイギリスにおいては、これがために地主は農民優待の必要を感じ、まだ小作制度の起らざる所においては新たにこの制度を取り、いわゆる「農民解放」において一大進運を招き、また種穀農業を捨てて牧畜、殊に牧羊業に移るもの少なからず。地主自らその所有地の耕作を司《つかさど》ること已み、人格を圧迫し、下民を征誅する封建的関係また解除せられ、これに代りて契約関係、対等主義大に興れり。したがって農業の経営はますます大規模となり、殊に大仕掛の牧羊業起り、これを経営するに資本的組織をもってするに至り、自ら土地を有せず、ただ年々一定の地代を払い、これに資本を投下し、契約関係をもって労働者を雇い、全体の損益はことごとく自ら負担し、全責任をもってこれを指導管理する「ファーマー」の数、著しく増加せり。この「ファーマー」

は、すなわち今日の商工業における「企業者」「キャプテン・オブ・インダストリー」〔captains of industry〕の前身と看做《みな》すべし。されば耕作業と牧羊業とを問わず、大仕掛経営の起れるは、他日大資本的工場工業の起るべき準備なること、「ヨーマン・アーチャー」がかつて手工業の先駆たりしが如し。

次に、イギリスにおける自由産業の発達に深き影響を与えたるものを宗教とす。イギリスがつとにルターの新教を採りたることは、その経済上の発達に直接ならびに間接に大関係ありて、独立自治の気風の伸張の原因となり、結果となりて、その重要軽々に看過すべからず。宗教改革は精神上において、階級思想を打破し、個人の権威を教え、人の神に接するには法王なる仲介者を要せず、いかに卑賤の身をもっても、直ちに赤裸々神に肉薄し交通し得るものなるを宣言したり。その間接の影響はひいて経済上に及び、個人の責任・人格の自由の観念を強からしめ、経済的活動における人の尊厳と重要とを鼓吹する大なり。－ウェストコットは『基督教の社会的方面』第一二一頁に論じて曰く、「宗教改革は個人性を確保したるものなり。元より個人性は人生の全部にあらずといえども、人間の本性ならびに動作のすべての方面における人性主要の部分なり。されば吾人は独り神と共に生き、神と共に死せざるべからずと云うは、全部の真理にはあらざれども、一個の事実たることは否むべからず」、と。なおヘーゲル『歴史哲学』、第四篇第三部第二章を併《あわ》せ見るべし。－

かく人格の解放に与《あずか》って功ありし新教にも欠点なきにあらず。殊に清教徒に至りてはその欠点を最も極端に表したるものにして、偏狭自らひとり高しとし、ために往々優美なる精神上の発達を抑《おさ》ゆることあり、芸術の進歩そのために沮喪《そそう》せられたること少なからず（ただし清教徒は資本主義精神の発生に重大なる貢献をなしたることは、近来マックス・ウェーバーの卓越せる研究ありて、今日においては、ほとんど学界の定論たることを記せざるべからず）。旧教を奉ずる国において人情画の発達し、新教国、殊にイギリスにおいては山水、風景画に長じたる、またここに因縁する所あり。

今かくの如く剛健その度を過ぎ、他人を排しても自身を貫かんとするの風は、必ずしも嘉《よみ》すべからざるも、イギリスが他日における偉大なる進歩発達の要素たる活力は、また自ずからこの間に養い育てられたるものと見るべし。

この点においてはオランダもまたイギリスに等しき長所と短所とを兼備するものなれども、個人中心主義の最も発達し、殊にその作用の経済上において著しく、世界の模範たるに至れるはイギリスなり。これを宗教改革のイギリスに及ぼしたる直接の経済的作用とす。

さらに間接の作用も軽視すべからず。今日イギリスにおいては主要なる工業たるもの、多くは宗教改革間接の作用によりて、移植せられ拡張せられたるものと云う不可なし。その故は新教起りて以来、大陸において宗教上の迫害しばしば起り、その極、大陸における新教徒は身を措《お》くに所なく、逃竄《とうざん》の止《や》むなきに至れる時、つとに新教に帰依したるイギリスは、これら被迫害者を容《い》るる寛大、これを待つこと優渥《ゆうあく》なりしかば、彼らは踵《きびす》を接してイギリスに逃れ来り、同時に大陸の優勝なる文明、殊に産業の技術をイギリスに齎《もたら》し来りたればなり。あたかも昔時、支那、朝鮮の帰化民が我が邦に各種工業の濫觴《らんしょう》を成したるに等しく、フランスの「ユグノー」〔huguenot〕の徒、フランドル地方の逃竄民等は、イギリスに新工業を移植し、従来に勝れる諸種の技術を教えたり。スマイルズはこれら帰化民がイギリスに齎し来れる賜《たまもの》の大なるは人皆知る所なれども、なお世人の普通惟《おも》う所に勝る遥かに大なるを論じたることあり。これ皆イギリスが政治上・宗教上寛容なる態度を取りたる報酬にして、宗教改革の大なる影響が、たまたま早く新教を奉じたるイギリスに与えたる間接の賜なりとす。

イギリスの経済生活は、かくの如き幾多の便益に養われて発達し、殊に各人にその才能を遺憾なく発揮せしむるに最好の基礎を与え、その結果はすなわち産業組織の拡張と分業の発達とにおいて顕るるに至れり。もとより分業の制度は、いずれの国においても経済上の発達に伴うて起るべき所にして、イギリス特有の現象にあらざるや論なしといえども、近世の分業には必ず欠くべからざる一の特色あり、イギリスはまず最も早くこの特長を備え、したがって、その分業の発達は他国の企て及ばざるものあり。

その特色とは、すなわち技術と経済との分岐これなり。詳しく云えば、事業経営ならびに危険負担のことをもって専務とする一階級発生して、生産実行の技術の任に当るものと相分立して独立したること、これなり。これによりて技術者は専らその業に従事し、全体の経営、殊に損益の打算に関して意を用ゆるに及ばず、ひたすらに技術上の能力を発達し、優秀なる製品を作るに他意なきを得、また各技術者は経済上の指導において統一の方針を司《つかさど》るものを戴くにより、安んじてこれに信頼し、その命を仰ぎて協業の実を挙ぐるを得たり。これ今日の分業制度に欠くべからざる前提にして、この前提の要件をまず完備したるイギリスが、分業の発達において他国に冠たりし所以《ゆえん》決して偶然にあらず。この意味における分業制度は、あるいは向後の発展によりその形態を変ずることあるべく、殊に経済上における共同主義の拡張するに至り、今日やや この種の分業の変形起るを見るといえども、とにかく今日までの経済上の発達は、この分業制度のために促されたるものにして、その重要は現在においてもなお毫《ごう》も損ずる所なきものなり。

今この分業制度に基づく経済組織の中にありて、およそありとあらゆる事業の中枢となり主脳となり、これに活動を与え、これを指導管理し、すべての経済行為の活動の源となりてその全責任を担い、その利益をことごとく己に取る経済階級は「企業者」なり。

今日の経済組織はこの企業者ありてはじめて存すと云うも大過なし。そのまず発生したるは農業にありしこと前に述べたり。この意味において、イギリスにおける自由産業の教育所は田圃《たんぼ》の間にありと云う不可なし。されば農業と他の産業、殊に商工業とをもってその本来の性質根本的に異なり、その発達を支配する条件は厳然相容《い》れざるものなりとするの誤りなるを悟るべし。今日の経済生活にありては、最も進歩したる状態における農・工・商の三業はほとんど相分つ所なく、均《ひと》しく企業の目的を達する一の手段にして、農・工・商各業の別は、形態の上における異同たるに止《とど》まり、これを支配する精神は企業的なると、然らざるとを分つべきのみ。いやしくも企業の目的に合う以上は、その農たり、工たり、商たるは、単に手段の問題たるのみ。しかれども自由産業と企業との最も驥足《きそく》を伸したるは農業にあらずして工業にあるや言うを待たず。イギリスの工業においてこの企業制度の起り、著々《ちゃくちゃく》その組織の発展したるは、商業勃興《ぼっこう》以前すなわち一五世紀における羊毛工業においてまず起れるものなり。－オヘンコフスキ『英国の経済上の発達』一一二頁以下に詳述あり、ついて看《み》るべし。」商業盛んに興りて後はじめて企業の発達望むべからずとするの当を得ざる証左ここにあり。さもあらばあれ、イギリスにおいて商業勃興し、新市場大いに開かれ、したがって工業の地方的集中を喚起したるによりて、分業制度もまた長足の進歩をなせる事は忘るべからず。中世においては地方的に集中せらるる工業は、嵩《かさ》少なく、価高きものを生産するものに限り、価廉《やす》く嵩大なるものは、一地方に集中することなく、国内到る処に生産せらるるを常としたり。しかるに新大陸における新植民地発達し、欧州の工業品を需要すること著しく増加するに及び、価安く嵩大なる工業品はとみに需要の激増を見、したがってこの種の工業品の生産もまた勢い地方的集中の必要に迫られたり。しかるに一品多量の生産に当りては、これに従事する生産者すなわち労働者を一定の組織の下に統一し、全員を共同の目的に向かいて円満に調和指導すること最も肝要なり。価高く量少なきものの生産にありては、これに従事する労働者の数少なきをもって、組織統一の事は必ずしも第一の要件に属せず。しかるに価安く量大なるものを多数に生産するには、これに使役する労働者の数多く、したがってよくこれを組織し、これを統一し、一定の秩序を立て、その間相扞格《かんかく》することなきを図らざれば、事業の成功は期すべからず。これイギリスにおいてこの種工業の地方的集中を促したる所以《ゆえん》にして、これがために資本的企業制度の発達を促進し、交々《こもごも》相援《たす》けて、イギリス工業全盛の因をなせり。

企業制の発生と工場制工業、殊に機械的生産の発生とは同時期に属するものにあらず、機械生産の起る前、工場制度の始まれる前、企業制度は既に存在したること、前すでに述べたるが如くなり。しかして当時たまたま「工場」存するあるも、多くは小規模のものに過ぎずして、実際生産の事は、専ら従来の手工業者がその住居もしくは細工場において営みたるものにして、ドイツの学者がこの状態を「家内工業」と名づくるは最も当を得たり。企業者はあるいは材料を給することあり、あるいは器具を貸与することありといえども、直接生産の事はこれを家内工業者なる技術上の生産者に一任して、そのなすに委《ゆだ》ねたり。されば技術上においては未《いま》だなんらの統一なきものにして、その統一し組織する所は経済上にあり。各技術者は一定の契約により、専門の技術を施すに止まり、これを一個の完成品として市場に出すは企業者なり。ゆえにこの初期の企業制度を、マーシャルは「システム・オブ・コントラクツ」〔部分請負制度〕と名づけ、ドイツの学者殊にビューヒャーは「フェルラーク・システム」〔前貸制度〕と云い、この種企業者を「フェルレーガー」〔前貸主〕と称せり。名異なるといえども言う意は同じ。部分請負の契約を結んで、その事を営ましむるには、多くは工銭の一部分を前貸しするを常とするをもってなり。イギリスにおいてこの制度の最も発達したるは繊維工業にして、大陸においてもまた概《おおむ》ね然りき。我が邦の上毛地方における織物業は今日なおこれに酷似せる制度によりて営まるるものにして、いわゆる「織元」と名づくる者は、取りも直さずドイツの「フェルレーガー」に該当し、「賃機《ちんばた》」と名づくる者はすなわち実際の生産従事者なり。―本庄栄治郎氏著『西陣研究』〔京都法学会、一九一四年〕を見よ。―

この部分請負制度または前貸制度に基づく家内工業に次いで起れるものを工場制度とす。ただし工場と云うも直ちに機械的生産を営むものと速断すべからず。工場制度の発生は機械的生産の起る以前にありて、ある意味にては工場制度ありてはじめて普《あまね》く機械を工業生産に採用するを得たるものなり。何となれば、機械的生産は発達せる分業の存在を前提とするものにして、一定の場所に多数の労働者を集合する工場制度起るなくしては、分業の発達は望むべからざればなり。されば工場制度の起れるは分業をより綿密に、より十分に行わんがためにして、ドイツの学者はビューヒャーの説を取りて、一般にこの初期の工場制度を名づけて「マヌファクトゥーア」〔Manufaktur〕と云う。直訳すれば「手先製作」の意なり。その特色は従来の家内工業の各製作者、各分立するに反し、これを一定の箇所に集合し、統一的の指揮監督の下に、各その分業に従事せしむるにありて、その一定の箇所を「工場」と云い、従来「フェルレーガー」たりし企業者の有に属するを常とす。英語にて「マニュファクトリー」〔manufactory〕と云うはこの「マニュファクチュア」〔manufacture〕を営む場所の謂《いい》なり。アダム・スミスの言によりて有名となれるピン製造の例は、この状態における「マニュファクトリー」にして、未《いま》だ機械を使用せざるものなり。「マニュファクチュア」の制は、従来の家内工業における経済上の統一組織に加うるに、技術上の統一組織をもってしたるものにして、一の過渡的制度と見るを得べきものなり。我が邦の製糸業は従来多くこの種の過渡的工場制度によるものにして、今日といえども大体において然りとす。現在における工場労働に関する弊害の甚だしきものは、かえってこの種工場に多く、機械的生産を営む工場はこれに比しては勝るもの少なからず、殊に我が邦において然りとす。その故は、発達の初期における状態に停留する産業は、一般の進歩に伴うこと難く、ために社会上・経済上劣等なる生存を維《つな》ぐの外なければなり。

工場制の発生によりて促されたる分業の急速なる進運は、機械の発明を喚起するに与《あずか》って大に力あり。機械的生産は着々各種の工業に起り、その結果ひいてまた企業制度の上に及び、大経営の工場また所在に続々として起り、「フェルレーガー」より一進して独立の地位を堅《かた》めつつありたる企業階級は、ここに全く自由なる独立的存在を確保するに至れり。一七六〇年以後二十五年間、工業上の改良と発明とは踵《きびす》を接してイギリスに起れり。すなわちブリンドリの運河、ワットの蒸汽機関、コート、ローバック、ハーグリーヴス、クロンプトン、アークライト、カートライトの各種の改良発明あり。一七八五年蒸気動力を有する木綿工場はじめて設けられ、一九世紀に入りては蒸気船・蒸気印刷機・ガス点灯等、続いて、蒸気車・電信機・写真機等現れ、爾後《じご》製鋼業・電灯・ガス発動機等また起り、イギリス工業の面目全く一変したり。

今この大変動の特色は更に他にあり、すなわち大規模の生産を興し、その結果大企業者の輩出したる事これなり。いかに偉大なる改良・発明も単に技術の上に止《とど》まりて、大企業者の起りて、実際上にこれを利用するなくんば、イギリス工業の今日ある到底期すべからず。近来電気発動機その他の発明ありて、動力を所在に細分して送るを得るに至れると、いわゆる「小発動機」の普及により、小規模の機械的生産をも有利に行うを得るとにより、あるいは大経営の進歩を妨ぐるものあるが如しといえども、大体においては家内工業のますます大工場に吸収せらるることは否定すべからざる事実なり。－この点に関しては、ヘルト『英国社会史』第二巻第三章ならびに一八八〇年『米国国勢調査書』第二冊に掲げたるキャロル・ディー・ライト所論を参照すべし。－

かくの如き進歩の勢いは習慣の惰力を抑え、殊に従来己の生れたる処を去るを難じたる風を打破し、住居転換の自由大に発達し、労働に対する自由市場拡張し、各人は利益の見込ある所を追うて容易に移動するに至り、その結果は労働の価値を定むる条件を更新し、賃銀制定の上に新生面を開くに至れり。一八世紀の頃までは、工業労働は概《おおむ》ね小売的に雇用せられたるものにして、一時に大多数労働者の需要せらるることなかりき。もっとも大陸諸国においても、イギリスにおいても、これ以前すでに一時に多数の労働者を雇用したる例全くこれなきにあらずといえども、かくの如きはむしろ除外例に属したるに、一八世紀以降に至りては、例外は変じて常例となり、殊にイギリスにおいては、労働の雇用は小売的に行わるること止《や》み、一時に多数者を卸売的に雇い入るること普及したり。したがって労働の価なる賃銀も、習慣によりて束縛せられず、個々の場所について懸《かけ》引き行われ、競争の理に基づいて制定せらるるに至り、一九世紀に入りては、賃銀は全都会・全国または進んで全世界に渉《わた》る需要・供給の関係によりて定めらるること、ますます普《あまね》きに至れり。

かく産業組織は近時に至りその面目を一変したる結果、生産力の増進もまた著しきものあり。新産業組織は適材を適処に置き、敏腕堪能なる者を抜擢してその技能をほしいままにし、最も進歩せる機械、最良の器具を盛んに使用するを得せしめたり。しかれどもこの新趨勢《すうせい》には大なる弊害の伴うを免れず、幾多の弊害中いずれが真に止むを得ぬものにして、いずれが避け得べかりしものなりやを判別するは難事なり。故は、変遷の趨勢甚だ急速にして、殊に当時イギリスは前例なき幾多事変の続発を経験したればなり。これら事変はイギリスに多大の困難を醸し、普通人の見て無制限なる自由競争の弊害とするもの、実は多くその原因をこれに有するものならずんばあらず。すなわち当時イギリスはその最大の植民地を失い、間もなくフランスとの戦争起り、両者相並んでイギリス経済界に大打撃を加え、さらに加うるに連年の凶作ありて、食料品の価昂騰し、また貧民救助法の施設甚だ当を失するものありて、国民の独立心を傷つくること少々ならず、これらの諸原因総合してイギリスの経済上の活動力は甚だしく減殺せられたり。されば一九世紀の劈頭《へきとう》におけるイギリス自由企業の発展は、幾多の大なる困難の下に奮闘したるものにして、自由企業の伸張に免るべからざる弊害も、またために助長せられ、必ずしもこれに関連せざる余弊簇《そう》出《しゅつ》し、これがために美点の掩蔽《えんぺい》せられたるもの少なからず。

この困難の時勢に処して、従来の産業上の習慣、殊に「ギルド」の制度は経済上の弱者を擁護する力を有せざること明《めい》なり。しかるに当時「ギルド」的旧習を廃棄したるものありしは無論なれども、人為の画策をもってこれが維持に勉《つと》めたるものもまた少なからず。この反動的傾向の勝を占めたる処においては、新工業はかえってその地を去りて、かくの如き検束を存せざる他の自由なる地方に移るを常としたるがため、旧習の維持に成功するは、その経済上の進運に大頓挫《とんざ》を将来する所以《ゆえん》となれり。また労働者間に、物価ならびに賃銀を治安裁判所において公定する旧慣を回復せんとする運動あり、その他復古的反動的傾向の盛んなる所ありしといえども、経済上進歩の大勢は到底隻手《せきしゅ》をもって支うべきにあらず。相当の理由ありて発生したる習慣制度は、時勢変遷し、その存在の理由消滅するに至りて後、これを再び起さんとする時は、かえって甚だしき害毒を招くこと古今東西同一轍《てつ》なり。

旧習は再び返すべからず、新たなる社会的設備のこれに代るべきもの未《いま》だ起らず。ここにおいてか、時勢は新たなる救済法を要求する甚だ急なり。しかるに当時経済上進歩の速度甚だ急激にして、この要求を顧みるの遑《いとま》なかりしため、この要求は永く充《み》たされずして一大欠陥を現出せり。新時代の嚮導《きょうどう》者たる企業者は皆力行《りっこう》奮闘によりて富を作りたる人にして、一意勇猛敢行、進むを知って退くを知らず、旧慣を墨守するの徒のついに破滅に陥《おちい》るを見て、ことごとくこれを粉砕するに鋭意して、これに代るべきものを起さんとする念を欠きしは止むを得ぬところなり。彼等の恃《たの》む所は自己の手腕にあり、自らの運命は自らこれを開拓するもののみの有に帰すべしとし、優者必勝の競争場裡において因循するものの失敗を招くを毫《ごう》も同情に値せずとなし、経済上の弱者を擁護し、保育せんとの心を有することなし。されば彼等は徹頭徹尾自由競争に基づく個人主義に謳歌し、労働者に対するまた自由主義ありとなすのみ、いやしくも昔日の習慣に束縛せられ、優者専制の働きを妨ぐるは全然愚人の事にして、これを打破して全くその趨《おもむ》くに放任すべきものなりと確信したり。

しかるにあたかも以上列挙したる諸種の災害連《しき》りにイギリスを襲うあり。ためにイギリスの富は著しく減少し、一八二〇年においては、イギリス国民全体の所得の十分の一は国債利子の支払のために消費せらるるにかかわらず、各種の新発明のために価の低落したるものは、労働者の用に適せざる商品に多く、議会は全然地主の左右する所にして、穀物の自由輸入を妨ぐる政策を固持して渝《か》えざりしかば、労働者は安き食料を得る能《あた》わず、その困難名状すべからざるものあり。しかるに企業階級の労働者を待つ全然対等の競争者をもってし、賃銀は自由競争のみによりて定めらるべしとせり。されど、このいわゆる対等は事実上かえって甚だしき不対等にして、その競争は企業者にとりてのみ自由にして、労働者は日々の生計を維持するがため、必ず何程かの賃銀を得ざるべからざるものなれば、実際は毫《ごう》も自由なる競争をなすにあらず、自由対等の美名の下にかえって甚だしき不自由・不対等増長せり。労働の供給は商品の供給と異なり、一日稼がざれば、一日飢えざるべからざるを常とする労働者は、賃銀の多寡《たか》を論ずる余裕なく、全然企業者の規定する賃銀を甘受する外なく、しかも当時まだ労働者団結の制普《あまね》からざりしが故に、団体として企業者と対峙して、この欠点を救済する道なく、優勝の勢力をもってこれに臨む企業者の命、これ従うの外なく、長き労働時間、不健康なる労働状態の下に呻吟してこれを奈何《いかん》ともする詮なく、その惨状実に憐れむべきものあり。しかれども人生ついに欺《あざむ》くべからず、また枉《ま》ぐべからず。この労働者虐待の結果は生産力の上に顕れて、労働効程著しく減損し、殊に幼年者を工場に使用するの風盛んに起り、酸鼻に堪えざる状態続出せり。もっとも一七世紀の頃、既にノルウィッチ〔ノリッジ〕地方等にて幼者を使用したることあれども、一九世紀に入りてはこの風習各所に普及し、大工場起りていよいよ盛んとなり、その弊害は極度に達せり。

しかしてイギリスの歴史中、いかなるものをもってするも、これに優る興味と教訓とを与うるものなき、かの「トレード・ユニオン」の制も、またこの時期において幾多の反対と奮闘しつつ、その光栄ある発達を始め、労働者は政権の保護を求むるの念を絶ち、自裁自治独立濶歩し、自己の団結力によりて自らの進路を開拓せんとの精神を振い興し、政府に要する所はただ放任の一事あるのみとなせり。彼等は政府の産業生活に干渉するは害あるのみにして寸益なきを、幾多の苦き経験によりて知悉《ちしつ》し、ただ労働者の結合を妨害する法律制度の撤廃を要求し、企業者に与うると全く等しき自由を与えんことをのみ望めり。

然り、然りといえども、企業者専制の弊を極めたる経済的自由の急激なる拡張より生ずる弊害の真相を究め、真面目にこれが救済法を研究するに至れるは極めて近時の事に属す。今日吾人は資本的企業者がひたすら自己の目的を逐《お》うに急にして、多数労働者の幸福、その人格的要求を犠牲に供して顧みざるの非にして、富者は個人として、また国民の一員として、権利を有するとともに義務を有するものなるを認めざるべからざるを看破するに至り、新時代の経済問題の真相いよいよ発揮せらる。これ元より吾人の知見の先人に比して大に加わり、実際の問題を知ること、いよいよ詳密となれるがためなるや疑うべからずといえども、その間また時勢の進運の止《や》むべからざるものあり。一九世紀の初期におけるイギリスにとりて最重要の問題は、いかに国富を充実すべきや、いかにして、その商工業をして他国との競争に優勝なる地位を占めしむるを得べきやに存し、時人は全心をこれに傾注して他を顧慮する遑《いとま》なかりき。しかるに今日に至りては、国富を充実する道はその淵源を涵養《かんよう》するにありて、富を増加せんには、まず富を作り出すべき生産力の充実を図らざるべからざること、漸く識者の認識する所となり、したがって労働者生産力の充実は、最重要の問題たらざるべからざるを悟るに至れり。これがためには、あるいは産業の自由に束縛を加うる必要生ずることは、これを免れず。しかれどもこの束縛は、旧時の慣習的・圧抑的にして自由を無視する検束とは、天地霄壌《しょうじょう》の差あり、労働者保護の政策は決して労働者なる一階級を偏愛するためにするものにあらず、主として経済上自治の力なきものを助けて、自治をなすべき能力を備えしめんとするにあり。すなわち「自ら助くるを得べきように助く」るを趣意とし、殊に対等競争場裡において不利の地位に立つ幼者と婦人とを保護して、不当なる圧迫を免れしめんとするにあり。その意決して自由の尊威を傷つくるにあらず、また主義として自由競争を捨つるにあらず。名実相合う自由と対等関係とを普からしめんと欲するのみ。換言すれば、昔日において専制的威力の濫用を抑制する力たりし習慣に代えて、新時代の圧制を抑遏《よくあつ》すべき新設備を与えんとするなり。これがために自由を制限すること勿論あり、しかれども他より強ゆるにあらず、当事者の自由選択によるべきものとす。近時起れる共同主義・共同所有・共同消費の制度は、この意味においては自由主義・個人発展主義の反対と見るべきものにあらず、かえって自由人格の発展したる極、生じ来れる最も進歩したる自由主義・個人主義なり。

健全なる社会上の進歩は決して急激を期すべからず。真に成績を揚げんと欲するものは必ず漸進するを要す。絶えず高潔なる社会上の実際的理想を標榜し、倦《う》まず弛《たゆ》まず着々これに向かいて向上進歩するときは、漸次個人の不当なる跋扈《ばっこ》の弊害を杜絶《とぜつ》し、共同的利益のますます尊重せらるるに至ること、個人主義未《いま》だ起らざる以前に勝る日来らんこと、現時の趨勢《すうせい》に徴して疑いを容《い》れず。この発達は周到綿密なる考慮に基づく非利己主義の生じ出すべき所にして、終始習慣に束縛せられ、その惰力によりてわずかに社会の秩序安寧を維持し得たる昔日に比すれば、その程度の高低到底同日の談にあらず。

以上は、専らイギリスについて観察したる所なれども、大体の傾向に至りては他の文明諸国もまたこれに洩れず。殊にアメリカは経済上においてイギリスの塁《るい》を摩《ま》せんとし、オーストラリアまたこれに劣らず、カナダまた然り。かくて相ともに刺激してこの新機運の進捗に寄与する所少なからず。

欧州大陸においては、自由団結の勢力未だこれら英語国民におけるが如くならず、殊に政府の経済生活に対する態度は区々なり。この点においてドイツは欧州諸国に冠たり。ドイツはイギリスより遅れて近世的産業場裡に入り来れるため、多くの点において、前者の過《あやま》ちを見て自ら戒むるを得るの大利益を有し、イギリスのかつて経たる苦き経験を再びすることを免るるを得たり。ドイツにおいては、政府が産業生活に関与すること甚だ多く、ドイツの官僚の如く知あり能ある人材を網羅せる政府は他に多からず。これに反してその民間の活動力はイギリスに比して遥かに遜色あり。ゆえに政府の経済政策においては、イギリスはドイツより学ぶべきこと少なからずと云うべし。しかれどもドイツにおいて成功せしもの、必ず事情を異にする他国においても成功すべしと信ずるは謬《あやま》りなり。政府内に人材を網羅すること、ドイツに及ばざる他の国が妄《みだ》りにドイツを模倣するときは失敗に終るべきや必せり。

以上二章において、経済的自由は長き発展の行路を辿《たど》り来れるものにして、その完成の域に達したるは極めて近時の事に属することと、ならびにこれに関連して経済学者が最も意を用いて研究すべき最重要問題の実質も、また最近時の発生に係ることとを明らかにしたり。次章において、この問題の形態が以上の実際生活上の発達とその時々の学者の思想との影響の下に、いかに変遷し、発展し来りて、ついに現今に至りていかなる状態に到達したるかを略記せんとす。

＊　＊　＊　＊　＊　＊　＊

第三章　補　　論

イギリスの経済史に関しては文献甚だ少なからずといえども、未だ全体に渉《わた》りて総合したる著述あることなし。アシュレーの『英国経済史』（前に出づ）は最良書として一般に認めらるる所なれども、既刊二冊は上古より中世紀の終りまでに止《とど》まり、その後なぜか同氏は続筆をなさざるが故に、本章説く所の時代については、参照の詮なきを憾《うら》まざるを得ず。同じ著者の『歴史的経済的研究』の一書は間々《まま》関連ある問題を論ずる節あれども、もと雑誌論文、殊に他の学者の著述の批評を蒐集したる書なれば、その論ずる所極めて局部的にして、初学の士を益すべき望み少なし。カニンガムの『英国商工業発達史』は、名は商工業に限れりといえども、その実は経済史の全体に渉る著述にして、二巻三冊をもって、既に全部完結しあり。まずもってイギリス経済史の全体に渉る唯一の書と云わざるべからずといえども、その所論、学者間に異論ある点甚だ多く、人によりては甚だしき酷評を敢えてするものあり（*Economic journal* に掲げたる評言を見て知るべし）。直ちに初学者に薦むるを得ず。オヘンコフスキの『英国の経済上の発達』は間々奇警の観察あり、独創の立論も少なからずして、専門学者の参考に欠くべからざるものなりといえども、ただこの一書のみを辿らんは、かえって徒労を購《あがな》うに過ぎざるべし。フランス・マルセイユ大学のブリー教授が仏文にて物せる『英国産業及経済史』は、付記して「大初より現今に至る」とある如く、一巻七四三頁をもって全体を概論しあるものとて、すこぶる簡便なりといえども、最近斯学《しがく》の研究の立場より見れば甚だしく不備のものにして、所論また多くは平々凡々、独創の箇所の見るべき多からず。殊に本章論ずる企業の発達なる眼目に触るる所甚だ少なし。トインビーの名著『英国産業革命史』は一種の見解に立脚して立論したるものにして、学者必読の書なり。

ロジャーズ、プライス等の小著は、形より云えば、初学者に便なるが如けれども、概論に過ぎて緊要の点を上滑りするは惜しむべし。ギビンズの著の如きは読むも大益なく、読まざるも大損なしと云うべきか。それにつけてもアシュレー教授が近来実際問題に熱中し、また教育事務に鞅掌《おうしょう》して、その一代の大著述たる『英国経済史』の続稿に永く筆を絶ちいるは、くれぐれも学問上の損失と云わざるを得ず。今日の処、中世までは同氏により、それ以降は近来新版して大に面目を改めたる、カニンガムの著によるを可とす。なお両書とも引用書目を掲ぐる事、甚だ親切周到なれば、更に深く研究する栞《しおり》となすに甚だ助けあり。

近年に至り、イギリスにおける経済学研究、ドイツ学問の刺激を受くる著しく、これに伴いイギリス経済史の書の出版せらるるもの甚だ多し。まずアシュレーに『英国の経済組織』の著あり、氏がかつてドイツのハンブルクに赴《おもむ》きて試みたる講義の大要を編纂したるものにして初学者の繙読《はんどく》に適せるはもちろん、やや素養ある人といえども、読みて益する所少なからず。叙述甚だ簡潔なれども、要点を排列して、ほぼ余蘊《ようん》なし、いわゆる老樹根幹太く、枝葉粗なるものと云うべし。次にブランドに『英国経済史料要覧』あり、重要なる史料を適宜に選択して、一般学者の座右に置く便を図りたるものにして、孫引きの教科書類とその選を異にし、イギリス経済史を根本史料について学ぶ栞となるものなり。ブラッドリーの『英国に於けるエンクロージュア』は、イギリス農制の最重要問題に関し人を教ゆる所少なからず。さらに、ブロドニッツの『英国経済史』は、ドイツの経済史家の共同著作たる『経済史叢書』の一冊にして、アシュレー、カニンガム以外に、とにかく纏《まと》まりたるイギリス経済史の書として推すべきものなり。ただしこの両氏の著の如く、自家独特の研究を主としたるものとは云い難く、他学者研究の結果を咀嚼《そしゃく》し、これを系統的に按配し、間々《まま》自家の研究を加えて、これを活用したるものと認むべきものなり。しかして、全体を通じて、むしろ論文集に似たる趣あり、アシュレーの書の如く結構整然たるものにあらず。ドイツ学風の長所を示すとともにその短所もかなり著しく表れおれり。しかれども、イギリス人以外の手に成れるイギリス経済史の書としては、少なくとも今日までは、その第一位に推さざるを得ざるものとす。

カニンガムの『英国に於ける資本主義の進歩』は、本章の主題とするものを特に取り扱いたる書なりといえども、氏の大著に比する時は、著しく遜色あり。所論必ずしも的確ならず、記述必ずしも要領を尽したりと云い難きは、甚だ惜しむべきことなり。カートラーに『英国農業小史』あり、初学者の一読に値す。フランスの経済史家デシェーヌの『英国羊毛工業の経済的及社会的進化』は、甚だ有益の研究にして、取り扱う所は、一局部の事柄なれども、イギリス産業組織の進化における羊毛工業の重要の甚だ大なるを示す重要の文献なり。ガルニエの『英国小農史』もまた見るべきものとす。さらに、これよりも重要なるものに、ハスバハの『英国農業労働史』あり、学者必読の書なり。ヒュインズの『英国の貿易及財政』は、主として一七世紀に限れりといえども、今日の諸問題の起源を鮮明に論述したる有力の著作にして、その外観の質素なるより速断して、他の片々たる教科書の類と同一視するを許さざるものなり。これと対比すべきものに、その門弟にして女流経済史家の白眉たるノールズ女史の『十九世紀に於ける英国の工業及商業革命』あり。研究該博にして周到、経済史書の典型をもって目《もく》すべし。ついでに云う、近来イギリスにては、婦人にして経済史を専攻する学者少なからず。いずれも、アシュレー、カニンガム、ヒュインズ三氏の門より出づ、誠に健羨《けんせん》に堪えず。しかしてノールズ女史は、その筆頭に立つ人にして、ロンドン大学において、経済史の講座を有しつつありて、同学者の深く敬服する所なり。リプソンの『英国経済史入門』もまた見るべく、同じ人の『羊毛工業史』は有名な著作なり。ルーカスの『英国海外企業の起源』また一読に値せり。メレディスの『英国経済史綱要』は、尋常教科書の範を脱せず。これよりも、プライスの『英国商工小史』の方むしろ取るべし。リースの『英国社会及産業史』もメレディスの書と兄たり難く弟たり難し。アンウィンの『エドワード三世治下の財政及貿易』は、ヒュインズの書と併《あわ》せ読むべきものなり。アッシャーの『英国産業史』には、取るべき節なきにあらず。リディックの『産業小史』は見るも可なり、見ざるも可なり。その他これに類する教科書・概要書の類、十をもって算すべしといえども、今日までに顕れたる重要なるものは、まず以上にて尽きたりと信ず。

念のため以上評論したる諸書の原名を左に記しおく。

Ashley, *An introduction to English economic history and theory*, 3. edition, London, 1894. Later editions unchanged.
Ashley, *Surveys historic and economic*, London, New York, 1900.
Ashley, *The economic organisaton of England: an outline history*, lectures delivered at Hamburg, London, 1914.
Bland, *English economic history: select documents*, London, 1914.
Bradley, *The enclosures in England: an economic reconstruction*, New York, 1918.
Brodnitz, *Englische Wirtschaftsgeschichte*, (Handbuch der Wirtschaftsgeschichte), Jena, 1918.
Bry, *Histoire industrielle et économique de l'Angleterre depuis les origines jusqu'à nos jours*, Paris, 1900.
Cunningham, *The growth of English industry and commerce*, 3. edition, Cambridge, 1896, et seq. Later editions unchanged.
Cunningham, *The progress of capitalism in England*, Cambridge, 1910.
Curtler, *A short history of English agriculture*, Oxford, 1909
Dechesne, *L'évolution économique et sociale de l'industrie de la laine en Angleterre*, Paris, 1900.
Garnier, *Annals of the British peasantry*, London, 1895.
Gibbins, *The industrial history of England*.

Hasbach, *A history of the English agricultural labourer*, newly edited by the author and translated by R. Kenyon with a preface by Sidney Webb, London, 1908.
Hewins, *English trade and finance chiefly in the 17th century*, London, 1892.
Knowles, *The industrial and commercial revolutions in Great Britain during the nineteenth century*, London, 1921.
Lipson, *An introduction to the economic history of England*, London, 1915.
Lipson, *The history of the woollen and worsted industries*, London, 1921.
Lucas, *The beginnings of English overseas enterprise: a prelude to the Empire*, Oxford, 1917.
Meredith, *Outlines of the economic history of England: a study in social development*, London, 1908.
Ochenkowski, *Englands wirtschaftliche Entwickelung im Ausgange des Mittelalters*, 1879.
Price, *A short history of English commerce and industry*, 2. edition, London, 1904. Later editions unchanged.
Rees, *Social and industrial history of England, 1815-1918*, London, 1920.
Riddick, *A short primer of industrial history*, London.
Rogers, *The industrial and commercial history of England*, 3. impression, London, 1898.
Toynbee, *Lectures on the Industrial Revolution of the 18th century in England*. 7th imp., London, 1906.
Unwin, *Finance and trade under Edward III*, Manchester, 1918.
Usher, *The industrial history of England, with illustrations and maps*, Boston and New York, 1920.

*　*　*　*　*　*

さて本書に論じたる企業の発達史は、趣味甚だ深くして、簡単の叙述にては、あるいはその意を得難き虞《おそれ》なきにあらず。最近の企業史に関する研究を併せ考えてこそ要を得べきなれ。マーシャルは必ずしも企業発達史の大要を尽さんとてこの章を設けたるにあらずして、ただ経済的自由の極めて新しき産物なる所以《ゆえん》を明らかにせんと欲せしに過ぎず。元来近頃ドイツに行わるる叙述法に従えば、企業の発展史は国民経済の単位を論ずる所においてするか（シュモラーは国民経済器官論の部において論ぜり）、または生産論中、企業を論ずる所において説くを常とす（ブレンターノは『今日の経済組織』の題下に説けり）。体裁の上より云えば、元より然るべからざるものにして、予もまたその法を執るべしと信ずるものなれども、マーシャルが総論の中にこの章を設けたるもの、また甚だ我が意を得たるものあり。故は、氏は本論に入りては、歴史的叙述法を用ゆること少なく、専ら現在の経済組織についてのみ論究するものなるが故、全体論たる総論の中において、かくの如き現在の経済組織は決して昔よりそのまま存在せしものにあらずして、永き歴史的発展の結果漸くにして到達せる一階段なることを読者の脳裡に確かめおかんとて、経済的自由の代表者また負担者としての企業の発達を概論したるものなり。この意味に解する時は、本章は必ず劈頭《へきとう》に置くべきもの、またその叙述の極めて総合的なるに首肯せざるを得ざるなり。しかるにマ氏がその著第五版以後において、この章と前章とを本文より付録に移したるは遺憾なきを得ず。『改定経済学講義』において、予はマ氏の顰《ひそみ》に倣い［他人のまねをする］たれども、それは主として、氏の原文に忠実ならんことを期したるがためなり。今旧版の態を恢復したり。その理由は前章補論に述べおきたる所の如し。

なおマーシャルが本章中に引用したる諸著の原名を記しおくべし。

Rogers, *Six centuries of work and wages*, 1884.

この引用の所、予は省略せり。事は封建時代において、土地は長子のみただひとりこれを相続し、その他の子は動産の配分を受くることを論じたることに関し、ロジャーズが長子は動産の不足を補わんため、勉《つと》めてその相続せる土地の一部を季子《きし》に譲り、それに代えて動産を得んとしたることを云いたる条にして、右書五一、五二頁に掲げたる論を引きたるなり。また夫役変じて金納となる事に関し、右書第一章を引きあり。

Westcott, *Social aspects of Christianity*. — Hegel, *Philosophy of history*. — Held, *Zwei Bücher zur sozialen*

Geschichte Englands, ― Carrol D. Wright, *U. S. census for 1880*. ― Gross, *Gild merchant*, vol. 1. pp. 43-52. 最後の分はギルドの束縛甚だしき都府より工業の逃れ去れることを論ぜる条の引照なり。

Knies, *Politische Oekonomie vom geschichtlichen Standpunkte*, 1883. 11. 5.

これも本文省略せり。引照は、商業交通の発達は各国における経済的発展の歩調を同一にせしめ、したがって本章末尾に論じたる経済上における各国間の差違を漸次減少せしむる傾きあることを論じたる一節なり。

＊　＊　＊　＊　＊　＊　＊

アダム・スミスはその『諸国民の富』第三巻において、欧州諸国における富の進歩を論ずる事、甚だ丁寧なり。スミスをもって抽象演繹にのみ偏すとなすの誤りにして、その態度はかえって近来のいわゆる歴史派に酷似するものあること、この章を見て知るべきなり。その最後の章（すなわち第四章）は題して、「都府の商業はいかにその国の改進に寄与せしや」と云う。これを本章の叙述と併《あわ》せ読む時は、スミスは既に髣髴《ほうふつ》の間にいわゆる企業発達史を説きたるものなるを認めざるを得ず。しかしてその終末の結論に曰く、

フランドルにおける戦役ならびにこれに続きたるスペインの執政は、アンヴェルス、ガン及びブルージュの盛大なる商業を一掃し去れり。しかれどもフランドルは今日にでもなお欧州中、最も富み、最もよく耕され、人口最も稠密《ちゅうみつ》なる地なり。戦争ならびに政府の尋常なる革命にても、商業のみに基づく富の源を枯涸《ここ》せしむること容易なり。これに反して、農業の堅実なる進歩より来る富は遥かに永続的にして、ローマ帝国滅亡前後の如く一世紀二世紀に渉《わた》るほか、蛮民の掠奪より起る甚だしき変動を被る場合のほかは、輙《たやす》く倒壊せらるることなし。

（キャナン版三九四頁）

と。スミスをもって商工業を偏重するものなりとする学者の妄断は、この一節をもって明らかにその非なるを知るべきなり。マーシャルが、企業の成立は端を「ヨーマン・アーチャー」に発せりと説くと、両々相照らして玩味すべき所にあらずや。近来ドイツの学者ゾンバルトは、その大著『近世資本主義論』において近世企業の発達を論じ

て、物質的要件たる大資産は、商工業において成れるものにあらず、農業において形成せられたるものなりと主張して、大資産はすべて「蓄積せられたる地代」を本《もと》とするものなるを歴史的に証明せんと勉《つと》めたり（*Der moderne Kapitalismus*. Bd. 1. 1902. S. 218 以下）。その意に曰く、

　中世の富家は多く商人なりしことは否むに由《よし》なし、しかれどもこれらの富商はその商人たる前、既に富有を致したるものにして、その富は彼等が地主として取り入れたる地代より成れるものなり

と。この論ひとたび出でて甲論乙駁《こうろんおつばく》、学者間の争論甚だ喧《やかま》しく、最近氏の門弟 Jacob Strieder 師説を確かめんとて、特に中世においてドイツの富市として名高きアウグスブルクについて、一四世紀より一六世紀に至る間の古文書の研究に従事したるに、その結果はかえって師説の誤りなるを証するの外なきに至れりとて、*Zur Genesis des modernen Kapitalismus*, Leipzig, 1904 なる一書を著したり。これによりて異論少なからざりしゾンバルト説は、全く打破せられたるものと看做《みな》さるるものの如し。しかれどもゾンバルトの真意は、必ずしも商工業の富を無視したるものにあらず。商工業のみ巨富の淵源なりとするは謬《あやま》りにして、農業（ただし地主のみを指すこと勿論なり）もまた近世的企業発達の初期においては、大資本形成に寄与する所多かりしを云わんとするに過ぎず。この意味においてゾンバルト説は確かに真理の一面を捉《とら》え得たるものとせざるべからず。しかるにこの論決してゾンバルトに創《はじ》まれるにあらず、アダム・スミスは既にすでにこれを道破したるものなり。キャナン版三八二頁以下を見て知るべし。ゾンバルトはあるいはこの箇所を読んでその新説を案出したるにあらずやとさえ思わるるなり。ただ学者スミスに既にこの論あるを忘れ、ゾンバルトをもって、いかにも破天荒の新説を提出するものの如く考え、異論紛々たるなり。事、本章と直接の関係なきが如くにして、その実、大に参照を要す。詳しくはそれぞれの原書につきてこれを知るべし。なおニコルソン『帝国の計画』（*A project of empire*, 1909）にもこの事論じあり。近来ブレンターノ先生もまたこの問題に関して『近世資本主義の起源』（*Die Anfänge des modernen Kapitalismus*, München, 1916.）なる書を著されたり。ついて見るべし。

第四章　経済学の発達

現在経済組織の特色たる経済的自由の淵源甚だ遠く、しかもその完成は最新の現象に属すると同じく、経済学理の発達もその由来甚だ久遠にして、しかも一科の独立したる学問として成り立ちたるは最近時の事に属す。欧州今日の経済組織は、その源を遠くアリアならびにセミト民族の文明に発し、ギリシャの哲学、ローマの法律、ユダヤの宗教の影響を受けて発達し来りたれども、今日の経済学理はいずれもその直接の産物にあらず、種々の変遷消長の間に徐々に展開し来れるなり。奴隷制度をもって基礎とせる産業組織の下、商業蔑視せられたる時代には、経済学的思索は容易に起らず。今にわかにこれを見れば、今日の経済学の説く根本思想は、ギリシャ、ローマの哲学者の富に関する思想と全然反対に立ち、相容《い》るる能《あた》わざるに似たり。当時多少なりとも経済生活に関係したる議論は、宗《むね》として国家の財政もしくは公共の経済について立てられ、個人的方面は全く顧みられざりし観あり。これ已《や》むを得ざることにして、アリストテレス、プラトンの経済論は、議論の順序として一端に触れたるに過ぎず、直接経済生活そのものを研究の主題としたるにあらず。所論、時にすこぶる肯綮《こうけい》に中《あた》るものあり、精到該博あるいは近世の学説の企て及ばざるものあるにかかわらず、その影響の他の学科におけるに比して譲ること多き所以《ゆえん》は、偶然の現象にあらず。欧州中世に入りては教会法学者の経済論すこぶる勢力あり、学説として軽視すべからざるものありといえども、これを系統あり、秩序ある一個の経済学説と見る能わず。ギリシャ・ローマの哲学的・法理的経済論、中世の教父的経済論は、ともに目《もく》するに経済学の淵源をもってするは不可なきも、独立せる経済学説となすは中らず。これ当時の経済生活実際の要求が未《いま》だ一個完結せる経済学を呼び起すに至らず、ただその時々の必要に応じ、個々の経済現象に関する時務論をもって満足したるために外ならず。

しからば今日の経済学の直接の淵源と見るべきはいずれにして、その時代はいつの頃なりしやと云うに、中世紀の終り、近世の初め、各種の新発明・新発見起り、欧州の経済生活とみに活動を加えたる時、これなりと答うべし。この時代を総称して個人覚醒の時代と呼ぶ、不当にあらず、またはあるいは第三階級・営利階級発生の時代とも称すべし。この大活動に誘われて起り来れる経済学説は、その昔ギリシャにおけるが如く、まず国家の問題に主力を傾注したるは偶然ならず。この新機運は、いわゆる「ルネサンス」にまず顕れ、中世の分権割拠を破り、中央集権統一の新趨勢《すうせい》を促進し、すべての活動、あらゆる進歩、皆この一事を中心として起り、その当然の結果として、経済上においても、まずいかにこの統一集権に経済的基礎たるべき富を付加し得んかを最重の問題とし、学者は「いかにして国を富ますべきか」の研究に全力を注げり。当時実際の必要上、国を富ます第一の要件は、国に貨幣を集積するにあり。「いかに国を富ますべきか」の問題と同一事と見做《みな》されたり。これを「マーカンティリズム」の真相となす。従来学者、「マーカンティリズム」の真意を誤解する甚だしく、「富」と「貨幣」を混同せる一種の謬《びゅう》想《そう》に基づけりと非難するを一般とせり。しかれども、今をもって昔を律するの非なるは論を待たず、「マーカンティリズム」時代の欧州と、今日の欧州とは、根底において事情を異にす。今日といえども国富充実の第一要件として、貨幣の集積保持を急務とする事情の起る時は、実際上「マーカンティリズム」に多く異ならざる施設を見るべし。日清ならびに日露戦争に際する我が邦及び現今の欧州諸国の如きは、この状態に近きものあること、絮説《じょせつ》するまでもなし。「マーカンティリズム」に対する学者の謬見はこれに止《とど》まらず。「マーカンティリズム」は、もと一個独立の学説論として起れるものにあらず、単に時務の急に応ぜんための権宜《けんぎ》論として出で来り、漸次勢力を占むるに従い、やや系統ある学説の観を具《そな》うるに至れるものなることを忘れ、純然たる一派の学理論としてこれに臨み、その欠点を暴露するを例とせり。これ甚だしき誤謬なり。試みに「マーカンティリズム」の学説を代表する学者は誰なりしやと問え、論者これに答うること能《あた》わざるべし。これ、その元来一定の学説にあらずして、ただ時々の必要に応じて断片的に試みられたる時務論に過ぎざるを証明するものなり。

従来学者が「マーカンティリズム」の誤謬・弊害として、痛撃力を余さざしものは、畢竟《ひっきょう》その時代その時勢の必要に応じて起れる権宜の論に外ならず、これを事情の全く異なれる今日の経済状態の立場よりかれこれ評論するは、軽卒もまた甚だし。かく謬《あやま》れる見解の従来経済学者の間に普《あまね》かりしは、詮ずる所、彼等が独創の見《けん》に乏しく漫《みだ》りに先人の説に付加して、屋上更に屋を築くのみをもって能事としたるがためなり。アダム・スミスの「マーカンティリズム」に対する峻烈厳酷いささかの仮借する所なく、その誤りを指摘し、攻撃したりしは、自ずから時勢の必要の上より斟酌《しんしゃく》し玩味すべく、かの時代のイギリスは、「マーカンティリズム」の余弊の害を被ること甚だ多かりしかば、当時の急務は破壊攻撃により、一日も早くその余流を殲滅《せんめつ》するにあり。一八世紀の末におけるアダム・スミスの痛切なる「マーカンティリズム」攻撃論は、一六・七世紀における「マーカンティリズム」の論と同じく、共に時勢の産物にして、二者共に中庸を得たる純正の学理論をもって目《もく》すべきものにあらず。時勢一変したる今日の学者こそ、「マーカンティリズム」に対して公平客観の判定を下し得べきなれ。然るを古人の糟粕《そうはく》を嘗《な》むるのみにして、臭者自らその臭を知らざる観あるは、惜しむべき限りなり。これら学者は、「マーカンティリズム」が経済生活の上に周到綿密なる干渉を試み、当時の国家が種々の形態において私人の経済的行動を束縛し、掣肘《せいちゅう》したるを見て、「マーカンティリズム」学者は経済上干渉主義の万能を、学理的において主張したるものの如く惟《おも》えども、これは当時の事情においては、止《や》むを得ざる所にして、「マーカンティリズム」学者、必ずしもこれをもって万世に通じて戻らざる不易の原則としたるにあらず。

「マーカンティリズム」が貨幣を甚だしく尊重したるは、必ずしも後の学者の惟うが如く、貨幣と富とを同一視したるがためにあらず、当時実際上の必要は、国を富まさんとするにあたりて、まず第一になすべきことは、貨幣の充実を図るにありき。貨幣と富とは同一物にはあらざれども、当時において貨幣を得ることは多くの場合において富を得る最重要の一方法にして、「いかにして国を富ましむべきか」の問題は、当時においては「いかにして国内に貨幣を充実せしむべきか」の問題と一致するが如き見えたり。実際において、この第二の問題を正当に解釈し得て貨幣を多く有したる国は、最も富みたる国なりき。学者、多くスペイン衰亡の原因を「マーカンティリズム」

政策を取りたるにありとなせども、スペインの例こそ、かえって貨幣を有せざる国の貧弱に陥《おちい》る理を最も的確に証明するものなり。スペインは「マーカンティリズム」政策の運用を甚だしく誤り、ペルー、メキシコ両国より続々輸入し来る貨幣は、皆国外に逃れ出で、国中に残るものは銅銭のみとなりて、衰亡の淵に沈淪《ちんりん》するに至れり。これに反してイギリスの大いに隆興したる所以《ゆえん》は、「マーカンティリズム」の運用甚だ巧みにして、フランスを抑え、オランダを沮《はば》み、自ら欧州第一等国の地位を固めたるによる。「マーカンティリズム」の功過を仔細に点検し来る時は、功の過に勝る甚だ多きにいる。その経済上、極端なる干渉主義を取りたるは、終局の目的に達する一の階段に外ならず、畢竟《ひっきょう》期する所はかえって経済上の自由活動の促進にあり。ただ自由活動のまさに大いに興るべき機運熟し来りたる後までも、なお干渉主義の旧習を存続したればこそ幾多の弊害を生じ、アダム・スミスその排撃に力を惜しまざりしなり。要するに、「マーカンティリズム」の時代にはまだ一科の学理論としての経済学存せず、単にやや系統あり、秩序ある時務論ありしのみ。時勢ひとたび変遷して、もはや曩日《のうじつ》の標準をもって律すべからざるに至れば、「マーカンティリズム」は過去の一学説として歴史上の意義を有するに止《とど》まり、これに代りて新しき時勢に応ずべき新学説を生ずるは当然なり。「フィジオクラシー」の学説、ここにおいて起れり。

「フィジオクラシー」とは、その名の示す如く、天然に服従し、その理法の発動に一任するを主義とするものにして、一八世紀の中葉フランスに起り、通例ルイ十五世の侍医たりしフランソワ・ケネーその開祖と見做《みな》さる。「フィジオクラシー」を重農主義と邦訳するは、「マーカンティリズム」を重商主義と邦訳すると同様なる誤謬《ごびゅう》なり。「フィジオクラシー」が農業を尚《たっと》びしは畢竟時勢の必要に応じたるに外ならず。その「マーカンティリズム」に反対したるは、自由放任を標榜し、経済的活動に広汎なる舞台を与えんと期したるためにして、この点あるいは後世の自由論に優ると云うも妨げなし。換言すれば、「マーカンティリズム」の極端なる干渉主義の余弊に倦《う》みたる時勢は、反動として他の極端に馳せたる学説を喚起したるなり。「フィジオクラシー」の長所も短所も共にこの事情に胚胎す。ケネーがその『経済表』において、流通社会の真相を極めて簡明に、しかも的確に描出して以来、経済学は学問としての中心問題を与えられ、更にこれを取り扱うべき一の科学的方法とその結果を排列すべき科学的体系とを暗示せられ、ケネーの門下より輩出せる幾多優秀なる学者（ミラボー、アベ・ボードー、デュポン・ド・ヌムール、ル・トローヌ等をその傑出せるものとす）その業を承《う》けて、科学としての経済学の樹立に勉《つと》めたり。その長所は、立論明晰、論理透徹せるにあり。単に国富を充実し、個人の富を増殖するをもって、研究の主眼とせず、貧者の状態、その救済の研究に重きを置き、経済学をして、致富、貨殖論たるに止めしめず、人世の向上における一貢献者たらしめんと期したるにあり。これに対し、その短所は、精神現象と自然現象との区別を明確ならしめず、否、多くの場合においては、両者を全然同一法則の下に立たしむべきものとし、生物学と経済学とを同一の範疇《はんちゅう》に置かんとしたるにあり。さらにまた、農業労働に過当の重きを置き、商工業の活動を軽視したることは、たとえ、当時実際の事情に鑑《かんが》みて多少諒《りょう》とすべきものなきにあらずとは云え、偏頗《へんぱ》の誹《そし》りを辞すべからず。さもあらばあれ、幾多の誤謬に累《わずら》わせられつつ、なおその研究は、ほとんどはじめて経済学に科学的態様を付与したる功、没すべきにあらず。しかして、その最大の貢献と認むべきは、アダム・スミスに及ぼせる重要の影響これなりとす。

アダム・スミスが「フィジオクラシー」より得たる感化の程度如何《いかん》は、今よりこれを測定すること容易ならざるも、その学説を起すに、まず端緒を与えたるは、「フィジオクラシー」学者の所論なりしこと、疑いを容《い》れず。アダム・スミス以前、イギリスにおいて経済論を試みたる学者その数決して少なしとせず、なかんずくサー・ダドリー・ノースの如き、ヒュームの如き、ステュアートの如き、殊に統計的、現実的、経済研究の鼻祖と称せらるるサー・ウィリアム・ペティの如き、農学の泰斗アーサー・ヤングの如き、ならびにアンダーソンの如き、アダム・スミスの師たりし哲学者ハチソンの如き、皆推重を値する学者なり。しかれどもこれらの学者は、フランスの「フィジオクラート」と共に、アダム・スミスの放てる大なる光のために掩《おお》われて顕れず。ただアダム・スミスを通して後世に影響するに止まれり。

アダム・スミスに学ぶべきは、必ずしも所論ことごとく独創的なりしことにあらず、その偉大なる頭脳の内に先人の研究をことごとく網羅し、英《はな》を含んで華《はな》を吐き、与うるに該博豊富なる推論と透徹明快なる判断とをもってしたる一事にあり。この点より彼を近世経済学の鼻祖とすること、必ずしも過ぎたりと云うべからず。けだし、アダム・スミス以前の経済論は、未《いま》だ局部的・時宜的学説の状態を脱せざりしが、アダム・スミスひとたび出でて、とにもかくにも経済学はここに一個の学として大成したるものなればなり。しかれども、アダム・スミスが研究を企てたる問題は甚だ多く、その方面多岐に渉《わた》り、到底一人の力の得て及ぶ所にあらず。されば彼の所論は説きて尽さざるもの甚だ多く、個々の点について誤謬《ごびゅう》を指摘する、あるいは容易なり。しかも思いを潜《ひそ》めて彼の論ずる所を熟読玩味するものは、彼が常に真理に到達すべき道程において着々歩を進めつつありしに敬服せざる能《あた》わず、殊にその研究法は、普通人の見て、イギリス学派の通幣とする独断抽象の傾向を帯ぶる少なく、かえって歴史的・現実的態度を取ること、今日の歴史派に比して遜色なく、その時代に対照するときは感嘆の外なき所とす。

アダム・スミスの最も力を用いたるは自由貿易論なり。彼が経済上における自由活動、個人伸張の大義を発揚したる、これを「フィジオクラシー」に得て、さらに万丈の精彩を着け、政府の経済生活に干渉するは百の害ありて、一の益なきを論ずる、到れり尽せり。彼は経済上における自利中心主義の価値を甚だ重視し、いかに欠点多き自利的行動も、その発動を自由ならしめ、その趨《おもむ》くに放任するは、最良の政府の干渉的行動に勝るとまで極論せり。後世アダム・スミスと云えば必ずこの一事に想到するを常とし、ドイツの学者の名づけて「スミス主義」と云うもの、またこの意に外ならず。しかれどもそれは畢竟《ひっきょう》時勢の必要上已《や》むを得ざる反動思想与《あずか》って力ありしことは、言を要せず。アダム・スミスの最大事業は決してこの点に存せず、彼が所論の精髄他にあり。何ぞや。曰く、彼がイギリスならびにフランス学者従来の所論を普《あまね》く網羅統一し、これに一段の進歩を加えたるその価値論、これなり。価値が人間行為の動機を測量する方法について周到綿密なる科学的研究を試み、それが一方において、富を得んとする買手の欲望を量り、他方において生産者がその作出に要したる労働と犠牲（すなわち「生産原費」）とを量る方法を詳論し、前人未発の論断を下して、永く後世による所を知らしめたること、彼の学理上の最大貢献なり。

アダム・スミスは自ら自己の事業の真誠の意義を十分に認めざりしが如く、さらに彼を祖述せる後世の学者がそれを悟るに及ばざりしは事実なり。しかれどもアダム・スミスひとたび出でて後は、一方には物の所有に対する願望、他方には物の製出に要する直接間接の諸種の努力ならびに自制とを、ともに貨幣によりて測量する理を確認すること、前代の想い及ばざるものあり。アダム・スミスまず荊棘《けいきょく》を拓《ひら》くなくんば、かくは望むべからざる所にして、この点において彼の事業はすべての他の学者の事業に勝りて、学問進歩の上に一大紀元を作りたるものとす。もとより価値の観念そのものは単に学者の頭脳より生じ来るにあらず、アダム・スミスは日常生活に現存する観念に精確綿密なる説明を与えたるに過ぎず。しかれども学理的思索に長ぜざる人は、貨幣が動機と幸福とを計量する作用を見ること重きに過ぎ、その関係をもって確定不動、寸毫の差を容《い》れざるものとし、かえって実際の事実の真相に遠かる、アダム・スミスは、総括抽象の極端に趨《はし》らず、実際上に起る諸種の差別ならびに障碍《しょうがい》を斟酌《しんしゃく》して立論する周到綿密、実際生活の真相を得るに庶幾《ちか》し。これ彼が時流を抜く所以《ゆえん》にして、実際家の観察よりも学者の観察、遥かに実際的なること彼において見るべきなり。

アダム・スミスと同時代の学者も、また彼の門弟も、一人としてその該博、その深遠において彼に及ぶものなし。これら幾多の学者のなせる所は、各その才能に応じ、その生存したる時代の現象を研究するに止《とど》まり、未だ全体の考察に基づく学理を建設するに至らず。殊に一八世紀の末葉における諸学者等は、大に歴史的・記述的研究に勉《つと》め、労働階級の状態、殊に農業階級についてすこぶる敬重に値する著述を作せり。なかんずくアーサー・ヤングは普く諸国を旅行し、独特の観察をその農業状態について試み、イーデンは貧民の歴史を著して、永くこの問題の泰斗たり、マルサスは、諸国・諸時代において人口の増減を支配する原因に関して該博たる研究を遂げ、人口論の鼻祖と称せらる。しかしてこれら諸学者中、最大の影響を及ぼしたるはベンサムなり。ベンサムは直接に経済上の問題を論及したること、ほとんどこれなしといえども、一九世紀の初めにおけるイギリス経済学者は、皆著しく彼の影響を被れり。彼の論理は峻厳にして仮借する所なく、いやしくも明確なる理由存せざる一切の制限・拘束を排撃し、あくまで自由放任の大理を一貫せざれば已《や》まず。その論を立つるや精確、その敵に対する堂々、人をして仰ぎ見ること能《あた》わざらしむるの概あり。彼の学風はイギリス当時の時勢に最も適応したるものと言わざるべからず。イギリスが一九世紀に至りて異常なる進歩をなしたる所以《ゆえん》は、旧習はことごとく打破し、全力を挙げて新運動に従事し、極端まで進歩・活動を旨としたるにあり。大陸諸国のこれに劣れるは、旧慣を墨守すること堅く、新機運に駕して、富源を開発利用することを怠りしがためなればなり。イギリスの産業家は、習慣・人情の商業上に及ぼす影響をもって、百害ありて一益なきものとし、すべての旧慣旧習は皆一斉に撲滅すべきのみと信ぜり。ベンサムの学説、すなわちこの時に出て、這箇《しゃこ》実際の必要に応じ、習慣の拘束は一切無視すべきことを極力主張したり。したがってベンサムを踏襲する後代の学者は、人は常に自己の利益を最もよく増進すべき道を見出すに鋭く、全くその指示に従うとの前提に基づき、人間社会上万般の行為を観察し、他を顧みることなし。されば、これら学者を非難して、彼等は社会上ならびに経済上における個人的行動を過重し、共同的行為の作用を無視するは、必ずしも正鵠《せいこく》を失わず。これら学者は競争の力ならびにその作用の速力を偏重し、したがってその論ややもすれば、大体論のみに止《とど》まりて、実際の事情に迂《うと》く、また理を演《の》ぶるに急にして同情の念に乏しきを免れず。およそこれらの弊は、一部分は直接にベンサムの影響に、一部分はベンサムの生存したる時代の精神に帰すべしといえども、主たる原因は当時の学者が多く哲理的思索に欠如し、主として実際的活動に長《た》けたる人々より成れることに存す。

当時のイギリスにおいては、貨幣ならびに外国貿易の問題、最も重大なる経済問題と看做《みな》され、学者のその講究に熱中すること、「マーカンティリズム」の時代といえども及ばず。実際生活に通暁し、経験に富み、経済生活の事実に関し広汎なる知識を有したる当時の学者が、専らこれら個々の目前当務の問題に全力を傾注するに止まり、普《あまね》く人生を研究し、広き基礎の上にその論を立つることなかりしは、已むを得ざるなり。実際生活の経験に富むものは、自己一家の観察を重んずること度に過ぎ、その管見を各国各時に施して謬《あやま》らざる一般の現象なりと速断し、これに基づいて直ちに大体に渉《わた》る結論を敢えてして憚《はばか》らざるは、世にその例少なからず（日本現時殊に、然り）。彼等実際家は常に純理を専らとする学者を呼んで、迂遠《うえん》なり、架空なりと云うも、その実、彼等がわずかに一個人の限りある観察を宗《むね》とするの遥かに偏狭にして、また実際の真相に遠ざかること甚だしきを知らず、経済上の観察においてこの弊、殊に顕著なり。

これら当時の実際的論者の所論は、その専門の範囲においては大に傾聴に値するものあり、殊に通貨に関する諸問題の如きは、深く人間の心理的研究を積まずとも、大体において謬りなき結論に到達すを得べき性質のものなり。この点においては、リカードが率ゆる一派の学者の議論は、安全なる根拠の上に立てり。すなわち「正統学派」経済学者の学説中、今日においてなおその価値を失わざるものは、金融ならびに貨幣に関するもの、これなり。外国貿易に関するもの、概《おおむ》ねまた然り。経済学の議論中、純粋なる演繹的論法の大過なく適用し得ること、貨幣及び外国貿易の問題の如きはなし。もとより貿易政策を研究して遺憾なからんには、経済以外の考慮を参酌するを要すること少なからず、しかもそれは多く農業国の事にして、イギリスの如き工業国においては、その重要遥かに少なかりしは否むべからず。

かく演繹的経済学説の全盛を極めたる間においても、同時にまた経済事実の研究に従事し、記述的・精密的経済論を試むるもの無かりしにあらず。トゥック、マカロック、ポーター等の学者は、かつてアーサー・ヤング、ペティ、イーデンその他諸学者の試みたる統計的研究の業を継承し、議会の調査委員会の諸報告、殊に労働階級の状態に関する報告は、甚だ尊重すべき有益の資料を供し、後世の現実的・事実的研究に根拠を与うる少なからず。今日の経済学において、各国の学者が一般に認識し、採用する歴史的・統計的研究法なるものは、その実において、既に端緒を一八世紀の末尾、一九世紀の初頭におけるイギリス学者の研究に発したるものと云うも不可なし。しかれどもこれら学者の学風をもって今日の進境に比するときは、その間径庭《けいてい》あり、彼等を目《もく》して直ちに今日の意味における真誠なる歴史的研究者となすを許さず。その故は彼等の研究は偏頗《へんぱ》の誹《そし》りを免れず、彼等は事実を蒐集し、歴史を尋《たず》ぬるにあたり、主としてイギリスのみに限局し、広く各国、各時に渉りて比較的研究を試むることをなさざればなり。もっともヒューム、アダム・スミス、アーサー・ヤング等は、皆モンテスキューの例に倣いて諸国、諸時代の事実を蒐《あつ》めて比較し、この比較より結論を下すを試みたりといえども－たとえばアダム・スミスの「各国における富有の進歩」を見て知るべし。－その蒐むる処は断片的にして、論ずる処、系統的体系を具《そな》えず。その観察区々の末に走りて重要の関係ある大事実を閑却し、また蒐集し得たる事実を十分に利用すること能《あた》わず、したがってこれら事実より推究せる大体的結論に、著しき欠陥を残せり。リカードならびにその学説を奉ずる学者は、議論の趣を簡便にせんとて、人間を一定不動のものと看做《みな》し、その変遷を全く度外に置きて論を立てたり。彼等の見て一般普通の人間となしたるものは、いわゆる「シティ・マン」（ロンドンの実業家）にして、他の階級の人間の経済上においてなす所、全くこれに同じと推定せり。もっとも彼等といえども、イギリス人以外の他国民は、各その特有の点を有し、研究に値する差異あるを知らざりしにあらず、ただ彼等謂《い》えらく、これら特別の点は、他国人にしてひとたびイギリス人の教えを受け、これに倣うに到らば直ちに消滅すべきものなりと。この点は、単に彼等学者にのみ責むべき所にあらず、元来イギリス人に特有なる自信強く、他を劣等視する通弊に胚胎する所なり。－今日にても英語は世界語たるべしと自信するイギリス人少なからず、我が邦にはイギリス人の国自慢説をいかにも真理なるが如く尊信する論者またあり。－しかしてこの種の謬想《びゅうそう》に基づきたる経済論は、貨幣ならびに外国貿易に関するものについては、その弊害未《いま》だ甚だしからざりしも、その論ひとたび汎《ひろ》く人間全体に渉《わた》り、経済的諸階級間に起る諸問題、殊に労働の問題に及ぶに到り、著しき欠陥を暴露せり。

彼等は人間の心理的作用を全然度外視し、労働を純然たる一の商品と看做し、その価は死物なる商品の価と全く同一の需要供給原則のみによりて定めらるるものとし、これよりいわゆる「利潤の法則」ならびに「賃銀の法則」を立て、この根本の法則をもってすべての経済現象を論定すべしとせり。彼等の最大欠点は、産業上の制度・習慣は絶えず変遷進化して已《や》むことなく、経済上の現象はこの変遷に伴いて、常にその趣を更《あらた》めつつあるを顧みざるにあり。なかんずく彼等はひたすら眼を富者の上にのみ注ぎ、身を貧者の地位に置き、同情と諒解とをもってその問題を究むる事をなさず、貧者の貧乏を経済上の劣者が受くべき当然の運命なりと断定し、その実、貧者が経済上の劣者たり、生産力に乏しきは、その貧乏の原因たるよりも、むしろ結果にして、貧者をしてひとたび貧乏の苦痛より脱せしむる時は、その生産力はとみに高まり、経済上の劣者たる地位を脱し得ることを思わず、今日の経済学において、一般に最重要の研究問題とせらるる労働階級の向上・発展に甚だ冷淡にして、経済上の弱者たり、劣者たる労働階級の地位は、これを改良する望みなき確定不易の現象と見るに止《とど》まれり。

かくの如き偏頗《へんぱ》にして狭隘《きょうあい》なる見地を踢蹐《きょくせき》し、一片の理法より万事を演繹して足れりとする学説は、実際生活の進歩すればするほど、これと隔離すること甚だしく、到底実用なき迂遠《うえん》の机上論たるに終り、殊に実際生活の上において、いよいよ重要を加え来れる労働者の問題の解答に、寸毫《すんごう》の寄与する所なく、かえって進歩改良の妨害をなすに過ぎざるに至れり。かくて経済学は革新改造の気運に迫られざる能わず。這箇《しゃこ》の経済学に対してまず攻撃の矢を放ちたるものは社会主義の学説なり。社会主義の論者は、時の経済学者に反抗して、人類改善の希望洋々たるものあるを主張し、一新旗幟《きし》を樹《た》て、ために間接に斯学《しがく》の進歩と社会上の諸問題のより深き観察に貢献したる功、決して没すべからず。しかれども惜しいかな、彼等は厳密精緻なる歴史的・純理的研究ふたつながらこれを欠き、誇張の言、矯激の論を専らにしたるため、「ビジネスライク」（実務的）なるをもって本領とせる当時の経済学者に甚だしく蔑視せられ、功は過に掩《おお》われて顕れず。彼等は口を極めて時の経済学説を攻撃したれども、多くは耳食の論に止まり、敵とする経済学説を十分に究めて後、立論することをなさず。理論の上において到底、その敵手たる能わず、輒《たやす》くその論破する所となり、反対論者をして自己の所論に傾聴せしむる力を欠けり。彼等は根本の主張において没すべからざる一大真理を有するにかかわらず、態度の慎重ならざる、慮《おもんぱか》りて深からざる、気鋭の客気に趨《は》せて他を容《い》るるの雅量を有せざるがために、実際において捨つべからざる真理を、学理の上において建設する事能わず、ただ一種の感情論と看做さるるに止まれり。しかれども当時理論に弱かりし彼等は、感情の上においては甚だ強く、殊に当時の学者のほとんど捨てて顧みざりし下層階級の実情に通ずる詳密なるがため、この点に関する彼等の所論は、理論としては不備たるを免れざりしも、実際において人類の深き要求に応ずること、経済学者の学説に勝り、極端の論、蕪雑《ぶざつ》の言のうち、自ずから深遠剴切《がいせつ》なる真理を包み、経済学者ならびに哲学者の細心研鑽に値するものあり、ついに斯学《しがく》革新の機運を啓《ひら》く導火となれり。なかんずく、フランスの大哲学者オーギュスト・コントがこの社会主義に負う所の大なるは、須知《しゅち》の事実なり。またイギリス経済学中興の祖と認めらるるジョン・スチュアート・ミルが、その妻より社会主義思想の影響を受け、晩年思想上に一大変化を来したることは、自ら明かにその『自叙伝』に告白する処なり。

今日の経済学の旧式経済論と相分つ所は甚だ多々なりといえども、その根本的差異は、一言をもって道《い》い尽すを得べし。曰く人生に対するその見解の全然異なれること、これなり。旧式の経済学者は人間の性格と能力とを一定不動としたるに反し、今日の学者は、人間の性格も、能力も、ともに包囲の事情の結果に外ならずとなす。今かくの如き変化を喚起したる原因を尋《たず》ぬるに、およそ三あり。

一　最近五十年間において人間の性質における変化が実際上甚だ急激にして、学者これを看過する能《あた》わざるに至りしこと。

二　社会主義の議論の影響、甚だ大なりしこと。

三　自然科学における大進歩、殊にダーウィンの進化論は、社会科学の上にも大いなる影響を及ぼし、ついに人類とその社会生活とをもって、自然界におけると均《ひと》しく、一定不易のものならず、絶えざる進化発展の産物と観察するに至れること。

今これら三原因の相共に働きて新生面を開くに至れるものを、ジョン・スチュアート・ミルの学説となす。続いて、クリフ・レズリーあり、専ら歴史的研究の方面を開拓し、その他バジョット、ケアンズ、トインビー等あり、いずれも皆新傾向の促進に予《あずか》りて力あり。殊にジェヴォンズに至りては、ミル以後における最卓越の学者にして、理論の上においてミルを凌駕《りょうが》して、新局面を開拓すること多し。しかれどもミルひとたび去って以来、イギリスは従来独占し来れる経済学の郷国たる地位を失い、この特典を分つ権利を有する国、他に起れり。フランスにはセー、クルノー等の学者ありて、多くの点においてイギリス学者の誤謬《ごびゅう》を匡正《きょうせい》したり。しかれどもフランスの経済学上の貢献は、これら専門経済学者によりてなされたるものはむしろ少なく、かえってその敵たりし社会主義者に待つ所多し。すなわちフーリエ、サン・シモン、プルードン、ルイ・ブランの四人は、後世の学理的社会主義の先駆にして、その間接の感化軽視すべからず。アメリカにおいても近来経済学著しく発達するが如しといえども、今日までに生じたる最大のアメリカ経済学者は、ケアリーにして、その重《おも》なる事功は、イギリス学者の自由貿易論に反対して、保護主義を唱道したるにあり。オランダ、イタリア、スウェーデン、ロシアにおいてもまた近時経済学の研究盛んなり。然り、然りといえども、近世経済学の発達に最大の貢献をなし、イギリスに交代して現今斯学進歩の嚮導《きょうどう》者たるものはドイツの学者なり。けだしリカード派のいたずらに自尊自信に強く、島国的偏狭を忌憚《きたん》なく表せる学説を憤るの念最も深く、これに反抗せんとの精神の最も熾《さか》んなりし国は、産業上の競争において永くイギリスの後塵を拝したる後、漸くこれと対抗し得るに至れるドイツの学者なるべきは、理において当然なり。殊にイギリスの国情とその必要とに応じて立論せられたる自由貿易論は、工業国たるイギリスにとりてこそ大過なきを得れ、経済上の進歩未《いま》だこれに及ばず、主として農業国たりしドイツには実際上直ちに適用し難きもの多々あり。さればドイツ学者のまず第一にイギリス学者に反抗したるは、その貿易論・商業政策論にありて、イギリス学者以外、一新旗幟《きし》を飜《ひるがえ》してまず起ちたるドイツ学者はフリードリッヒ・リストなり。彼をもって今日流行の保護政策論の鼻祖となすものあれども、これは当を得ず、リストは、イギリスについては従来のイギリス学者の所論大体において誤りなしとし、ただ工業の発達未だ十分ならざる国にありては、幼者保育の趣意をもってする保護政策を採るべしと主張したる者にして、イギリス学者の議論とリストの議論とは必ずしも全然相撞着するものにあらず。リストはひとりドイツの学問上に大感化を残したるのみならず、長くアメリカに住居したるがゆえ、アメリカにおける保護政策論のために万丈の気炎を吐けり。しかれどもリストは学者よりもむしろ愛国の志士と云うべく、その学理上の事業は、通例人の思うが如く大なるものにあらず。彼が個人と世界とを偏重するイギリス学者に反対して、国家主義を標榜したるは、専らその愛国的感情に出づるものにして、また当時のドイツの国情に鑑《かんが》みる時は大いに諒《りょう》とすべきものあり。時勢を異にし、国情を異にする他国他時の学者が、リストの所論の一端をのみ捉《とら》えて、軽々に祖述雷同し、深くその因りて来る所以《ゆえん》を察せざるは、大いなる誤謬《ごびゅう》を招く基たり。当時ドイツは未《いま》だ統一せる一国を成さず、そのドイツのために図るものは、中央集権を確立し、国家の権力を強固にし、統一的帝国を建設するを最急務と成せり。リストがこの間に立って、国家主義的経済論を極力鼓吹したる功は、決して没すべからず、それと同時に、ひとたび統一集権成るの日、リストの所論に斟酌《しんしゃく》を要するはもちろんなり。

リスト以前にありて、理論の上においてイギリス学者以外、別に一家を成したるものにヘルマンあり。しかれども経済学の新研究の上においてドイツを重からしめたるものは、遥かに遅れて出でたる、ロッシャー、クニース、ヒルデブラント三学者の始めたる、いわゆる歴史派なり。ロッシャーは著述する所最も多く、したがってその影響顕著なれども、必ずしも深遠、精刻なる思想家と云うべからず。これに反して、クニースは終生著述する所多からず、その流布すること広からず、表面に顕れて活動すること稀《まれ》なりしがゆえに、外国学者の彼を知るもの少なく、ドイツにありてすら忘れられたりといえども、その推理の透徹せる、思想の該博深遠なる多くその儔《ちゅう》［たぐい］を見ず。殊に最近に到り、漸く盛んとなれる経済心理の研究は、彼のつとに力を用いて従事したる所にして、今日といえども未だ彼の上に出づるもの少なし。ヒルデブラントは不幸夭死したるため、三者中、事功最も劣るものの如しといえども、その僅少の著述は甚だ尊敬に値す。その他、ラウあり、ヘルトあり、シェフレあり、コーンありて、皆新傾向の促進に予《あずか》りて力ありといえども、斯学《しがく》の三泰斗として普《あまね》く認めらるるは、近来物故せるワグナー、及びシュモラーと現存学者の最長老たるブレンターノの三者なり。この三者の傾向必ずしも相同じからず。なかんずくワグナーは国家に重きを置くこと最も多く、その研究法においてまた演繹法を取ること多し、その政策論は純然保護主義の一方に偏し、人口の問題においては大体においてマルサスを奉ずる等、新式学者中、最も保守的なるものなり。後の二者ならびにその流れを汲める現今の学者を総称して新歴史派となして、ロッシャー等の旧歴史派と対峙せしむることあり。シュモラーは専ら経済史の研究をもって顕れ、事実的・叙述的傾向の絶好の代表者なれども、純理論においては甚だ薄弱にして、時に旧時のポリヒストリー（一定の理論少なく諸種の知見を蒐集するもの）に酷似するものなきにあらず。その政策上の見地は著しく官僚的にして、しかして権宜《けんぎ》の論を好み、商業政策に対する態度また明確ならず。社会政策においては、間々《まま》極端なる干渉主義を主張することありて、時にワグナーを凌《しの》ぐ。ブレンターノは事実的・歴史的研究に勉《つと》むるとともに、純理の明確に重きを置き、政策上の態度は旗幟《きし》鮮明にして、商業政策においては、大体において自由活動を甚だ尊重し、社会政策においては、勉めて官僚主義を排して自由任意の団結による組織主義を取る。自余の学者は、以上三者のいずれかに所依するものと見て大過なく、大体において社会政策の講究、歴史的・統計的研究を重んずること皆同じく、相集まりて「社会政策学会」なる有力の結合を成し、労働階級の地位の上進に鋭意す（現今この会はヘルクナーその会長たり、彼はブ師の門より出でたる篤学温厚の学者にして重きをなせり。しかれども近くは八時間労働に異存を公言する等、人あるいは戯れて社会政策学会は社会政策否定学会なりと云えり、ひとりブ師は終始一貫八時間論を高唱し、その門生ヘルクナーと相対して論陣を布《し》き、その態度渝《かわ》らざるを示せり）。一方に熱中する者は、他方に欠陥なきを得ず。現今ドイツ学者通有の弊は、政策と記実とに専らにして、純理の明確を重視せざるにあり。歴史的叙述になる所論は該博精緻人目を驚かすものありといえども、理論上の解剖に到っては前人の旧套《きゅうとう》を襲うこと多く、独創斬新の見解の見るべきものむしろ少なく、この点においては、今日といえどもイギリス学者に一籌《いっちゅう》を輸《ゆ》せり。ただし最近時に至り、マックス・ウェーバーあり、ゾンバルトあり、オッペンハイマーあり、リーフマンありシュパンありて、理論的研究勃然《ぼつぜん》として興るの観あり。オーストリアにおいては、カール・メンガー出でて以来、いわゆるオーストリア派なるもの盛んにして、理論経済学に貢献すること甚だ大なり。なかんずく、ベーム‐バヴェルク、ヴィーザー、シュンペーター等の効は没すべからず。その他フランスのルロワ‐ボーリュウ、ルヴァスール、コヴェス及びジード、アメリカのクラーク、パッテン、フィッシャー、スイスのワルラス、イタリアのメッセダッリア、パンタレオーニ、アキレ・ローリア等あり、殊にパレートの研究はすこぶる重要なり。スウェーデンにはグスタフ・カッセルあり、オランダにはピールソンあり、ロシアにはニコライ・オン、ゲレスノフ等あり。然りといえども、現在経済学者の最大権威たるものは、実にイギリスのマーシャルなり。マーシャルは、一方においてはドイツ学者最近の研究に通暁し、その長を収むるとともに、他方にはイギリス学者に特有なる純理的研究を忽《ゆるが》せにせず、方今斯学《しがく》の最も進歩せる立場を代表する学者にして、同時に世界経済学の最大権威として仰がる所なり。その門下の逸材ピグーはマ氏の後を承《う》けて、更に研究を進め、現在壮年学者の白眉たり。

社会主義学者近来の進歩もまた経済学者に劣らず、歴史的・統計的研究においても遜色なく、理論的研究においては、間々《まま》経済学者の弱点を衝きて更に新方面を拓《ひら》くものあり。この点において近世学理的社会主義の学祖と称せらるるカール・マルクスは、優に班を経済学大家の中に列するを得るものなり。

経済生活は間断なく進化発展して息《やす》む時なし。さればこれに関する学問なる経済学も、また常に進化の行程上にあらざるべからず。以上略述したる経済学の変遷は実にこの理を証す。然りといえども千変万化のうち、また自ずから終始一貫せる根本の原則あり、時と処との異なるによりて影響せられざるものあるを要す。然らざれば経済学は一科の独立せる学問として存立するを得ず。経済学現今発達の程度はまだ全くこの要求を充《み》たし得たりと云うを得ず。これ主として最近の傾向の政策論に専らにして、純理論を等閑に付するがためならざるなきを得んや。向後斯学の力を用ゆべきは、まず純理の研究にあり、断じて政策の商量に存せず。

第四章　補　論

経済学史の書、世にその類少なからずといえども、一巻の内に全体を網羅してよく遺憾なきを得るもの、一もこれあるなし。今日までの処にてはまず最も推奨に値するはイングラムの著なり。すなわち

Ingram, *A history of political economy*, New York, 1888.（その後版あり、内容同じ）にして、この書、ドイツ、フランス等の外国語に翻訳もせられ、その行わるること広く、日本訳もまたあり。しかれどもその上古及び中古を説く所、甚だ簡に過ぎ、近世に至りても専らイギリスに偏し、肝要なる大陸の叙述に薄く、殊に最新の研究を参酌するにおいて甚だ遺憾多し。

この書に類してなお簡潔なるものに

Price, *A short history of political economy in England from Adam Smith to Arnold Toynbee*, London, 1891.（その後版あり内容は同じ）

あり。列伝体にイギリスにおける経済学の発達を叙したるものにして、初学の士を助くること、あるいはイングラムの著に勝るものなきにあらず。

イングラムの著と全く同一趣向に成れるフランス書あり。すなわち

Espinas, *Histoire des doctrines économiques*, Paris, 1892.

これなれども、この書はまた上古に偏して、初学者の全体を知らんと欲するものに便ならず。これに反しフランスリヨン大学の教授ランボーの著したる

Rambaud, *Histoire des doctrines économiques*, 3. E., Paris, 1909.

は、イングラムの著よりもやや詳密にして一冊にして大要を覧《み》るに便あり。さらにこれに勝るものは最近続刊せる

Gonnard, *Histoire des doctrines économiques*, 3 vols., 1921-3.

なり。第一巻はケネー以前、第二巻はケネーよりミルまで、第三巻はミル以後に分ち、仔細に編述したり。フランスにては先年より経済学史の一科、法学生の必修科目たるため、経済学史の著作少なからず、数においては英独を凌駕《りょうが》せり、なかんずくゴナールのこの書は、ジード及びリストの左書と共に、群を抜くものなり。

Gide et Rist, *Histoire des doctrines économiques depuis les physiocrates jusqu'à nos jours*, 3. E., 1920.

この書には独訳 *Geschichte der volkswirtschaftlichen Lehrmeinungen*, 2. Aufl. nach der 3. fran. Ausgabe übersetzt von Oppenheimer, 1921 あり、英訳 *A histrory of economic doctrines from the time of the physiocrates to the present day*,（2. E.）transl. by R. Richards, Rep. 1923 ありて流布甚だ汎《ひろ》し。

ドイツ書は部分的研究にかかるものはその数すこぶる多しといえども、全体に渉《わた》るものには未《いま》だこの種の適当なるものなし。ドイツ経済学の歴史は、今日においても未だロッシャーの大著述を推して斯学《しがく》第一の書と成さざるべからず。すなわち

Roscher, *Geschichte der National-oekonomik in Deutschland*, München, 1874.

これなり。ただし最近斯学の著しき発達は、この書の説く処を変更せしむべき新研究を多々起したれば、初学者に薦むるには大いに斟酌《しんしゃく》を要すべきや勿論なり。

なおイタリア書に甚だ便利なる書あり。コッサの著せる

Cossa, *Introduzione allo studio dell'economia politica*, 3. E., Milano, 1892.

にして、仏訳あり、英訳あり、我が邦にはこの英訳を翻案したるもの数種ありしやに記憶せり。英訳本の表題は、

Introduction to the study of political economy, London, 1893.（その後版あり、内容変化なし。）

と云う。コッサは学者として深き研究者にあらず、その著す所すべて皆コンパイレーション（編集）と称すべく、独創の意見に成るもの甚だ乏し、この書に至っては殊に然り。さればその説く所ことごとく浅薄、皮を相して肉に至らず、初学者には便なるには相違なけれども、初めより多読を期せざるものは、須《すべか》らく第一流の書のみを読むをかえって勝れりとする点より云えば、必ずしも推薦すべき書と云うを得ず。この意味においては、全体に渉りて浅く博《ひろ》く学ばんよりは、むしろ一局部について精密に知るを可なりとす。

この目的を達するに絶好の一書あり。

Cannan, *A history of the theories of production and distribution in English political economy from 1776 to 1848*,

2. E., London, 1903.（その後版あれども内容同一なり。）

これなり。この書は書名の示す如く、イギリスにおいて経済学の隆盛を極めたる時期について、その学説中、最も肝要なる生産と分配とに関する諸学者の所論を叙述評論したるものにして、ドイツにもフランスにもこれに比肩《ひけん》すべき著述あることなし。

この他、経済学史をもって書名とするものにブランキ、ニース、ヴェルンスキー、デュ・メニル - マリニー、リーセン、マクラウド、ヴィルヌーヴ・バルジュモン、ロースバッハ、デュボア等の著あり。いずれも一部分につきては甚だ尊重すべきものありといえども、これを今日の立場より見る時は、経済学史の名を許し難きものと云わざるべからず。殊に本章述ぶるが如き着眼点をもって、統一的・発展史的に、経済学の変遷を観察したるもの甚だ少なく、単に事実、人名の排列に過ぎざるもの多し。斯学のため甚だ惜しむべし。

近時の出版に係るものにして、主としてドイツにおける経済学晩近《ばんきん》の進歩の状態を、それぞれ題目に分って詳述したるものに左の一書あり。

Die Entwicklung der deutschen Volkswirtschaftslehre..., 1908.

右は、専らシュモラーを中心とする諸学者が同氏七十歳の賀を記念せんために合作したるものにして、巻帙浩瀚《かんちつこうかん》の大篇なれども、所収論文の価値必ずしも同一ならず、また間々《まま》公平を欠くものあり、必ずしも完璧をもって見難し。

やや古きものなれども、左はいずれも見るに足るものなり（二書ともにマ氏に引照あり）。

Travers Twiss, *View of the progress of political economy since the sixteenth century*, London, 1847.

Kautz, *Geschichtliche Entwickelung der National-Oekonomik und ihrer Literatur*, Wien, 1860.

また

Robert von Mohl, *Die Geschichte und Literatur der Staatswissenschaften*, 3 Bde., Erlangen, 1855-8.

は、国家諸学の総合的学史の書にして、経済学史の書にはあらざれども、国家政治諸学の発達を背景とさせる経済史の発達を知るには、必ず見ざるべからざるものとす。

McCulloch, *The literature of political economy*, 1845.
は書目の解題にして、主としてイギリスに限られたりといえども、専門学者の座右に離るべからざる有益の参考書なり。

哲学を背景として、経済学の発達を考察したるものに（マ氏引照あり）

Bonar, *Philosophy and political economy in some of their historical relations*, London, 1893.（後版あり、内容変化なし）
あり。この書、近年東氏の邦訳あり、題して『経済哲学史』と云う。

部分的叙述の書には、フィジオクラシーについて、左の有力の著作あり。

Weulersse, *Le mouvement physiocratique en France*, 2 vols., Paris, 1910.
考証該博、部分的学史の書中、第一位に置くべきものとす。

経済学全史を書名とすれども、未完にして、その一部のみを取り扱いたるものに

Oncken, *Geschichte der Nationalökonomie*, 2. Aufl., Leipzig（後版あり、内容は同じ）
あり、規模広汎、今日までに刊行せられたるはその第一部にして、アダム・スミスに至るまでを記述せり。この割合にて完成するときは、恐らく、経済学史中の最浩瀚《こうかん》のものたるべし。しかれども、その記述必ずしも妥当ならず、考証また必ずしも精密ならず。さりながら、とにかく今日までに顕れたる学史書中、最も詳細のものたることは疑いなし。その他

Damaschke, *Geschichte der Nationalökonomie*, 2 Bde., 13. Aufl., Jena, 1922.
は教科書類のものにして、ドイツにおいては、甚だ汎《ひろ》く読まる。初学者には便なり。

Eisenhart, *Geschichte der Nationalökonomie*, 2. verm. Aufl., Jena, 1901.

も右に類するものなれども、やや劣れり。

Denis, *Histoire des systèmes économiques et socialistes*, 2 v., Paris, 1904-07.

Dühring, *Kritische Geschichte der Nationalökonomie und des Sozialismus: von ihren Anfängen bis zur Gegenwart*, 4. Aufl., Leipzig, 1900. Later editions unchanged.

は共に社会主義学説をも併《あわ》せ論ずるものにして、記述必ずしも公平ならず、取材必ずしも周到ならず、しかして共に未完のものなれども、それぞれ卓抜なる一家独特の見解を述べたるものとして甚だ重要なるものなり。

オンケンの書よりも規模小に、ほぼイングラムと同様の結構に成るものにして、近来我が邦にてもやや広く行わるるものに

Haney, *History of economic thought: a critical examination of the origin and development of the economic theories of the leading thinkers of the leading nations*, New York, 1911.

あり。体裁要を得、材料豊富にして初学者には甚だ便なるが如しといえども、著者一流の管見をもって、諸学説を一定の鋳型に挿入したるため、往々首肯し難き配置を敢えてし、考証もまた十分ならず、明らかに誤謬と断ずべき記述を見ること稀《まれ》なりとせず、読む者漫《みだ》りに著者の言を信ずべからず。

最近刊行のものにては

Spann, *Die Haupttheorien der Volkswirtschaftslehre, auf dogmengeschichtlicher Grundlage*, 7. Aufl., Leipzig, 1920.

Heller, *Die Grundprobleme der theoretischen Volkswirtschaftslehre*, Leipzig, 1921.

の二書は、姉妹篇とも称すべきものにして、一は時代と学派とに分けて論ぜる横断的学史、他は経済学の主要問題に分けて縦断的に論述せるものにして、ともに『科学と教養』叢書中にありて、わずかに百頁内外の小冊子なりといえども、初学者の参考書としては、最も推称するに足るものなり。英語にてこれに類するは、

Lewinski, *The founders of political economy*, London, 1922.

にして、『経済学の建設者』と称する邦訳あり。この書を右掲の二ドイツ書と比較するときは、それぞれに長短あるを免れずといえども、学者参考の料としては、この書は到底前二書に及ばず。

最後に、単行の一書にあらざれども、ことごとく精研深慮の結果に成り、著者苦心惨憺の跡を十分に窺《うかが》い得べきものは、ドイツ経済学者合作の『社会経済学大系』の第一巻に掲げたるシュンペーターの学史なり。題名左の如し。

Grundriss der Sozialökonomik, Tübingen, 1914. SS. 119-124. Schumpeter, *Die Epochen der Dogmen und Methodengeschichte.*

オンケンの書の如く該博ならずといえども、確かに類稀《たぐいまれ》なる力作と称すべく、殊に著書は尋常一様の学史家にあらず、自ら理論経済学者の雄として、他の理論を総括評隲《ひょうしつ》せるもの、いわゆる名工、名工を談ずるものなり。およそ経済学史の著作百をもって算すべしといえども、今日までの所、この書の右に出づるものを見ず、学者必読を辞すべからざるものとす。なおシュンペーターのこの書と併《あわ》せ読むべきものにはブレンターノ先生の

Lujo Brentano, *Ueber die Nationalökonomie als Wissenschaft*, 1923

あり。先生独得の見地より斯学《しがく》の発達と本質とを論ぜられたるものなり。

邦文の書には、翻訳書若干（イングラムの訳書、レヴィンスキー、ボナーの訳書など）を除いては、学史の書として自家研究を述べたるもの、ほとんどこれなし。ただ高橋誠一郎氏に『経済学史研究』あり、河上肇博士に『資本主義経済学の史的発展』ありて、この欠を補うのみ。

本章は「マーカンティリズム」以降に説明を限りたれば、ギリシャならびに中世のキリスト教の経済学における貢献を全く眼中に置かず。さればやや進んで研究せんと欲する者は、必ずこの両時代について多少知る所あるを要す。中世キリスト教と経済学との関係については、予は「トマス・ダキノの経済学説」においてやや詳細の研究を試み、最近の研究に基づいて自家の説を下しおきたり。今は収めて『改定経済学研究』五七一頁より七一一頁にあ

り。ギリシャについては

Trever, *A history of Greek economic thought*, Chicago, 1916.

ありといえども、根本文献の研究十分ならず、叙述もまた透徹を欠く、せっかく好個の題目を捉《とら》えながら、その成績の貧弱なるは、甚だ惜しむべき事なり。ギリシャ経済学説を知らんには、この書を頼るよりも、むしろ最大の経済論者たるアリストテレスに関する左の一書を見るを可とす。

Jowett, *The politics of Aristotle*, translated into English with introduction, marginal analysis, essays, notes and indices, 2 vols., Oxford, 1885.

この書はアリストテレス研究書中の権威にして、考証周到綿密、評論鑿々《さくさく》として肯綮《こうけい》に中《あた》る、学者必読の作なり。

前例を追い、マーシャルが引用せる諸書の原名を左に掲ぐ。

「マーカンティリズム」に関して、

Kautz, Travers Twiss, Bonar, 三書、原名前段にあり。

フランスにおける系統的経済学の嚆矢《こうし》なりとして、

Cantillon, *Essai sur la nature du commerce en général*, 1755.

はじめて「フィジオクラシー」なる名を用いたる書として、

Du Pont de Nemours, *Physiocratie, ou, Constitution naturelle du gouvernement le plus avantageux au genre humain*, 1768.

アダム・スミスの評論として、

Wagner, *Grundlegung*.（前に出づ）第六頁 —— Hasbach, *Untersuchungen über Adam Smith und die Entwicklung der politischen Ökonomie*, Leipzig, 1891. —— Knies, *Politische Oekonomie*.（前に出づ）第三章第三節 —— Feilbogen, *Smith und Turgot: ein Beitrag zur Geschichte und Theorie der Nationalökonomie*, Wien, 1892. ——

Zeyss, Adam Smith und der Eigennutz, 1889.

その他、雑誌論文の類は略す。

第五章　経済学の範囲

近世社会学の鼻祖オーギュスト・コントが、人類の社会における行動を個々の専門の学問に分割して研究するを不可とし、これを一括して一の社会学とすべしと主張し、はじめて社会学なる一科の学を唱え出して以来、これに付和する学者少なからず。彼等思えらく、社会生活上の現象は交々《こもごも》相錯綜し、甚だ密接なる関係を有す、これを個々の方面に分割して観察するは、真相を得る所以《ゆえん》にあらず、これら個々の専門学者は皆各自の立場を捨て、全体を統一する社会学の研究に勉《つと》むべきものなりと。これ一見正当なるに似て実はすなわち然らず。

その故は、人類の社会における行動の範囲は甚だ広く、すこぶる複雑にして、到底一個人の力に及ばず。コントならびにハーバート・スペンサーの該博なる知識、偉大なる天才をもってして、なおかつその成就せし所は、わずかに社会学の端緒を啓《ひら》くに過ぎざりしをもってこれを知るべし。

ギリシャの学者は哲学の方面において大なる事業を成したれども、自然科学の上においてはその進歩は甚だ遅かりき。その原因は、すべての自然現象を単一の基礎の上に築きて観察せんとしたるにあり。これに反し、近世における自然科学の著しき発達は、この広汎なる各般の問題を細分して、各々一部分を専攻するに至りたるによる。社会現象におけるその理これに異ならず。

しかれども、他方においては、自然科学に従事するものといえども、なおコントの主張せるが如く、単にその研究を一部分にとどめず、近接の諸方面と相照らし、相較《くら》べ、その間に絶えず密接なる接触連絡を保つにあらざれば、功を収むること能《あた》わず。単に一局部の研究にのみ齷齪《あくせく》して、全体の関係を度外に付するは、社会現象の研究に従事するものにおいては、殊に戒むべき所とす。コントの主張は、この弊を矯《た》むるに与《あずか》って大に功あり。ジョン・スチュアート・ミルはこれを布演《ふえん》して曰く「経済学者にしてその他の何者にもあらざるものは、また善良なる経済学者たる能《あた》わず。社会現象は各互いに働き合うものなるが故に、これを個々に引き離してはその真相を得る能わず。社会の物質的・産業的現象はそれ自らについて、全体論を下し能うべきは勿論なれども、その全体論たる、必ず常に一定の文明形態、一定の社会進歩階段と相関連するものならざるべからず」と。―ミル『コント論』第八二頁―

しかれどもミルならびにその先進が経済学の範囲として定めたる所、必ずしも正確なりと言うべきにあらず。もとより経済学の範囲を拡張するときは、これがために確定精密を失うこと必然にして、失う所あるいは得る所に勝るなきを保《やす》んぜずといえども、必ずしも常に然りと言うはまた非なり。されば、経済学の範囲を定むるには、その範囲を拡張するによりて得る所、これがために失う所に優る点をもって程度とせざるべからず。

社会諸学のうち、経済学は特別なる便宜を有す。それは他にあらず、経済学が主として研究の対照とする所は、最も容易にかつ明瞭に秤量せられ得るものなること、これなり。すなわち経済学の論ずる欲望・動機は、必ず一定の貨幣額をもって秤量せられ得るものなり。―ミル『論理学』第六巻第九章第三節を見よ。― 経済学は人間の欲望に関係する学問なるは人よくこれを知る。しかれども、単に欲望そのものを論ずるものにあらず、また欲望の全部を論ずるものにもあらず。しかるに従来の学者これを看過せり。―拙著『経済学研究』四五七頁以下参照―

経済学が研究の問題とする所は、欲望の充足が経済的と称する特定の条件の下にあるときに限るものにして、その条件は何なりやとの問に対して従来提出せられたる解答二あり。

一　労働を費やすを要すること、

二　欲望充足の手段が限りあること、

これなり。しかれどもこれは未《いま》だ万全の説明と見做《みな》すべからず。なぜとならば、経済学の論究せんとする所は、直接に欲望そのものにあらず、その発動して一定の結果を生ずるときに限るものなればなり。換言すれば、経済学はある一定の結果に向かいて行わるる欲望充足を研究するものにして、この意味において、経済行為は必ずこれを目的と関連して見るべく、すなわち一の目的行為（ツヴェックハンドルング〔Zweckhandlung〕）と云わざるべからず。

経済学にて欲望を論ずるときは、まず必ず間接にその結果について論を立つるに止《とど》まる。しかるにこの結果に種々あり、必ずしもことごとく皆経済的なるにあらず。経済的なる欲望充足と然らざる欲望充足との区別は、その一定の結果が、貨幣額をもって秤量せられ得るや否やの標準によるのほか、適当の説明を下し得ざるものなり。これやがて、経済学が他の社会諸学に優りて明瞭精確なる議論をなし得る所以《ゆえん》なり。審美上の欲望と云い、学問上の欲望と云い、あるいは道徳上の欲望と云うが如きは、等しく重要なる社会上の現象なること否むべからずといえども、これをその結果によりて秤量すること容易ならず。また時と場合との異なるにより、人の同じからざるによりて、その結果なるものを比較対照すること不可能なることあり。これに反し、経済上の欲望は、常に一定の貨幣額において表るるものを指すゆえに、その標準は的確にして、その秤量は甚だ容易なり。例をもってこれを示さんに、米食と麦食とは、いずれかよりよく人生の欲望を充《み》たすかを判定するに、種々の方面よりこれを見るを得べく、その内容の分析は別に難事ならざるも、その優劣を生理上一定の数字をもって言い表せと要求せらるるとも、これに答えんこと容易ならず（カロリー価値は生理的価値の一切にあらず）。これに反して、米と麦との経済上の優劣は貨幣額によりて表せられたるその価格を比較すれば、直ちにこれを定むることを得るなり。もとより貨幣額によりて言い表されたる優劣は、直ちに人生に向かいてその二者の有する優劣の全部にあらざるは勿論なり。されども、経済上の優劣はその全部の優劣を定むべき出立点を供す。経済学者の物に対し、人に対する、決して貨幣の高《たか》のみをもって能事終れりとするにあらず、すべての方面よりこれを観察すべきは無論なり。されども他の優劣に至りてはこれを知ること容易ならざるに、貨幣額をもって秤量せらるる経済上の優劣に至りては、これを云い表すこと精確なるを得るが故、まずこれを取りて研究を始むるに外ならず。

いわゆる快楽と苦痛の秤量もまたこの意味に解釈すべく、ベンサムの影響を受けたる功利主義に、誤謬《ごびゅう》あるは争うべきなしといえども、後の学者が口を極めて非難するが如きものにあらず。―ラシュドール『善悪の理論』第二巻首部を見よ。― その故は、彼等の快楽と云い、苦痛と云うは、まず最もこれを秤量対照する貨幣額を出立点としたるに過ぎずして、これをもって全面目を尽し得たりとするにあらざるや明《めい》なればなり。すなわち最小の労費をもって最大の効果を収めんとするいわゆる「経済の本則」なるものも、他の標準得易《やす》からざるがため、まずこれを貨幣額に言い表して、最小の支出をもって最大の収入を得ることを標準としたるに過ぎず。後の学者がこれを思わずして、攻撃の鋒《ほこさき》を鋭くするは、的なきに矢を放つの感なき能《あた》わず。

単純に経済上の立場のみに限るも、金銭額によりて秤量せられたる優劣は、直ちに全体の優劣とすべきものにあらず、これには幾多の制限の存することを忘るべからず。すなわちまず第一に、同価格によりて言い表されたる快楽もしくは満足といえども、人を異にし、事情を異にするによりて、その実質の上に大なる相違あるを知らざるべからず。富者の一円と、貧者の一円とは、価格の称呼相同じといえども、これを失うより来る苦痛は、大に異なれり。同じ人にありても、嚢中《のうちゅう》温かなるときの一円と、冷やかなるときの一円とは、また甚だ異なれる重要を有す。これと同じく、等しく一円の収入を得るも、富者と貧者とによりて、これより得る快楽もしくは満足の増加は甚だ異なる。貧富の差異を度外に置くも、なお人々の地位・身分・天賦・性癖・習慣等の異なるによりて、同じ貨幣額も甚だ異なれる快楽もしくは苦痛を意味す。ただこれを全体について概観する時は、これらの個人的相違は大抵相平均し、同じ貨幣額によりて示されたる物の与うる快楽もしくは苦痛は、原則としては同一と看做《みな》して妨げなし。さらに事情異なるとき甚だしく相違を生ず、なかんずく人の属する社会階級、その営む職業、その住む地方、ならびにその物を得、もしくは失う時期異なるによりて差異あり。しかれども広くすべての異なれる事情を概括して見る時は、個々の差異は概《おおむ》ね平均せられ、同じ地方、同じ職業、同じ時においては、一定の貨幣額の意味する快楽もしくは苦痛の量は、同一なりと言うを妨げず。ただこの全体の概括を個々の場合に適用するには細心の注意を要す。

さらに転じて、他の方面よりこれを見るに、人間の経済上の活動は、必ずしも常に理性的判断のみに基づきて行わるるものにあらず、否、多くの場合においては、専ら習慣の惰力に支配せらるるものなり。しかれどもこの習慣なるものもまた多くは過去における綿密なる判断、思慮ある選択の結果にして、なかんずく、営利行為においては、理性的判断、正確なる事前の秤量の力によること多し。

従来経済学の主として論じたるは、この意味における営利行為なり。後の学者がこの点をもって彼等を攻め、彼等は人間をもって単に理性的判断のみによりて支配せられ、常に貨幣額によりて表されたる差異を追求する利己主義、すなわちいわゆる経済的利己主義のみによりて支配せらるとなせりと難ずるは、誤解に基づく妄断なり。彼等に攻むべきは、営利行為について立論したるものを、少しの斟酌《しんしゃく》を加うることなく、直ちに経済行為全般に適用すべきものと速断したるにあり。カーライル、ラスキン等がこの点をもって極力経済学者を攻撃したるは諒《りょう》とすべき所あり。ただし貨幣額の損得によりて、常に理性的にその行為を選定する産業生活の行動は、最も精確、最も綿密に研究するを得るものにして、学者がまずこの点に着眼したるは咎《とが》むべきにあらず。ただこの産業生活における人といえども、決して貨幣額の堆積量をもって一切を秤量し尽すにあらず。多くの場合において、近世企業家の行動を最も強く支配するものは、貨幣額の多少に表れたる損益にあらず、他の人に打ち勝たんとする名誉心、あるいは広くこれを言えば、近世社会の特長たる行動の衝動（テーティヒカイツトリーブ〔Tätigkeitstrieb〕）なり。他方には直接産業生活に関係なく、一見貨幣の得喪《とくそう》を度外に置く行動にありても、これを秤量し、これを判断し、その優劣上下を定むる標準は、畢竟《ひっきょう》貨幣額を借り来るものなり。他の点において事情ことごとく同一なるときは、その行為の結果として、貨幣額をより多く持ち来す行為をもって成功とし、然らざるものをもって失敗とすること、世上の習いなるを思え。経済行為は貨幣額をもって秤量せらると云うは、貨幣をもって万能と見做すがためにあらず、これをもって更により高き目的に導く手段となすがためなり。この意味において、経済上の財（グーズ〔goods〕）は低き財にして、倫理上の善（グード〔good〕）は高き財なり。したがって経済上の富とは、より高き意味における富に到るの前提なり。換言すればその標準の精確、その秤量の綿密なるを要するの意において、経済行為は、貨幣額に表れたる結果によりて判定せられ、経済上の欲望とは、かくの如き結果を目的とする欲望を意味するものなり。

されば、経済学は一般人間の社会的行動を支配するすべての感情・道念・理想等を無視するものにあらず、出来得る限り広くこれを考慮に入れ、ある程度までは精確綿密を犠牲に供するも辞せざるものなり。ただかくの如き広き理想・道念・感情より起る社会行為は、その作用茫漠として捕捉し難く、その結果もまた一定の標準に照らして測定し易《やす》からず、したがってこの複雑なる現象を概括すべき理法を立つること、時に甚だ困難なるは、覚悟するを要す。

終りに一言を要するは、近世経済生活の発展はますます共同的行為を普《あまね》からしめんとする傾向あること、これなり。この点において従来の学者が経済学の出立点を個人に置きたるは断じて誤謬《ごびゅう》なり。殊に将来の発展を推すに当りては、個人中心の経済論は正鵠《せいこく》を失す。経済学において個人を論ずるは、これを社会の一員として見るべく、単に孤立単独なる個人として見るべきにあらず。ただ研究の方法としては、部分より全体に進み、近きより遠きに及ぼすの外なきは勿論なるがゆえ、個人の行動を標準とするは已《や》むを得ず。ただし常に個人より社会全般の作用に到達することを忘るべからず。経済学が一個の学としての範囲もこの点に立脚して定むべく、その研究の範囲は実際社会の外に出づべからず、仮想的なる経済人の推定の如きはもとよりこれを捨つべし。ただこれをなすに当りて、

一　勉《つと》めて確定の標準、精密なる秤量を下し得べき現象を基礎として論を立つること、

二　標準は、貨幣価値に取ること最もその当を得たるものにして、貨幣価値にて秤量せられ得る動機の下に働く人間行為より生ずる現象は、必ず相互間に密接なる関係ありて一体の系統をなすこと、

を忘るべからず。

要するに、経済学の範囲に関する争論に腐心するは甚だ無益の業にして、実際上に起る問題は普くこれを採り、実際社会における現象は常にこれを漏らさざることを勉め、その標準は精確にして容易に比較対照し得べきものたるを要す。この標準を備うるものはことごとくこれを採り、これに合わざるものは、その犠牲の大ならざる限りこれを採るべく、始めより偏隘《へんあい》なる分界を立てて自ら狭うせざるを念とすべきなり。

第五章　補　　論

本章の論旨は、既に第一章の補論に言いおけるが如く、イギリス流の経済行為中心の研究法を、マーシャルが採用せるものなることを忘れては、その真意を捉《とら》え難し。されば、これに経済組織を併立せしめざれば、斯学《しがく》現在の範囲を定め得たりとなすべきにあらず。

経済学の範囲を、専ら経済行為の研究に止《とど》めてこれを見るときは、マーシャルが、従来営利行為のみをもって経済行為と見做《みな》したるの不可なるを論じ、経済学者は一様に「ヘドニズム〔hedonism〕」または功利主義の哲学を基礎とするものなるかの如き見解の甚だ謬《あやま》れるものなるを極言し、貨幣価値を標準として人と物とを判定するは、これをもって全部を尽すものとなすがゆえにあらず、ただ一応精確の標準を定むるの便宜上、かくするものなるを明らかにしたるは進歩せる現在学者の一致する所なり。しかしてこの論はまた移して経済組織論の根本概念となすを得べし。経済行為と云い、経済組織と云う、両者共通の基礎は「経済」なる一語にあり。しかるに近来経済組織の論を提出して、斯学の上に一新生面を開きたるドイツの学者は、その基礎たる「経済」または「経済的」なる語の意義を精査せず、甚だ曖昧なる説明を下すもの多し。シュモラーの如き、殊に然り。‐拙著『経済学研究』四五七頁及び五七一頁を見よ。‐これに比ぶれば、マーシャルの説明は甚だ明瞭にして、大体において要を得たり。予は経済行為と経済組織との両者を包含して、経済学の範囲を要言せんと欲して、『国民経済原論』において、始めに「分観の概念」を説き、次いで「集観の概念」を説きたりといえども、今に及んで甚だ不十分なりしことを見出さざるを得ず。それは他にあらず、予のいわゆる「分観」と「集観」とは、単に言語の上における区別に外ならず、未《いま》だ実際の現象を分け得たるものにあらざればなり。この点に関する現在の卑見は『国民経済講話』にその大要を陳述しおきたり。読者の往見を乞う所なり。

マーシャルが引用したる著書の重《おも》なるもの左の如し。

Schäffle, *Bau und Leben des sozialen Körpers*, 2. A., Tübingen, 1896.

シェフレはコント、スペンサーと相並んで社会学の三泰斗と目せらるる学者にして、マーシャルの云う如く、他の二者の如く自ら高く標置せず、専ら生物学の研究を応用して、社会組織論に力を尽したる人にして、その所論は今日多く受け納《い》れられずといえども、また甚だ敬重に値す。なお氏に

Schäffle, *Das gesellschaftliche System der menschlichen Wirtschaft*, 3. A., Tübingen, 1873.

あり、前文言える経済組織の研究に貢献すること甚だ多かりし書なり。この点の研究を今直ちに試みんと欲するものは、まずこの書を繙《ひもと》くべきなり。ただしその所論は今日の進歩せる立場より見れば、不備不完のものなること勿論なり。

Green, *Prolegomena to ethics*, 3. E., Oxford, 1890 その全集版第七刷一九一八年刊行にはこの書のみはこれを欠く。経済動機論についての引照なり。今本章において突然として経済動機論を試むること、予はその可なるを知らず、ゆえに本論においては全く省略に付したり。

＊　＊　＊　＊　＊　＊　＊

経済学の本体（Substance of economics — Marshall.）

マーシャル改版による、『改定経済学講義』第二章を収録す。ゆえに本文と重複する点若干あり。

経済生活の動機は貨幣額をもって称量す。 経済学は日常生活の行程中に、生活し運動し思考する所の人間を研究す。その主たる問題はこれら行事において、最も力強く最も常住的に人間を左右する動機（motive, incentive, motor-force）これなり。元より人はその日常の生計を営むにあたりても、高尚なる動機を度外に置くものにあらず、個人的情愛・義務的観念・高遠なる理想はまた人を支配しつつあり、幾多の発明家・発見家・改良者は富そのものを求むるためならず、高潔なる道念に駆《か》られて偉績を樹《た》つるもの少なしとなさず。然り、然りといえども日常生活行程において最常住的の動機たるものは、人がその営む所の業に対して物質的報酬の支払を得んとする願望（The desire for the pay which is the material reward of work ── Marshall, p. 14.）なること、一の疑いの容《い》るべきなし。この報酬たる、あるいは利己的に、あるいは非利己的に、あるいは高尚なる目的のために、あるいは低級の目的のために消費せらるべくその趣の千差万別なるは人の性質のそれに異なるが如くなり、さりながらこの動機そのものは常に一定の貨幣額によりて称量せらるという（Measurement by an amount of money; money-measure）共通の一性質を有せり。かく経済学研究の主題たる日常生活においては、その動機を一定精確なる貨幣額をもって秤量し得ることは、他の社会科学が企て及ばざる点にして、実に経済学の本体独得の特色なりとす。化学者に精密なる秤ありて、その研究の精密なること他の自然科学の遠く及ばざる所なるが如く、社会科学中にありては、経済学は貨幣という精密の秤量あるにより、その最も精確のものたるを得るなり。かく云うも経済学はその精確の度において、これを自然科学と同一視すべきやにあらざるは勿論なり。けだしその研究の対象たる人生の力は常に変化して已《や》まざる微妙複雑のものなればなり。

経済現象の内容的統一。（'Internal homogeneity' ── Marshall, p. 27）　経済学が他の一切の社会科学に勝りて有する長所は、その研究の対照を精密なる研究法により取り扱い得ること、すなわち人間の願望・欲望（desires, wants）その他の心理的動作はその顕れて経済行為を発作するとき、吾人は経済学においてその力、その分量を捉《とら》え来りてこれを精密なる称量の下に置くを得る一点にあり。経済学の論ずる所は直接に欲望・願望そのものにあらず、その発動して一定の行為となるとき、詳しく云えば一定の結果を前提しこれを現実せんがために動作するとき、これなり。ゆえに吾人の研究はある一定の結果に向かって発動する欲望充足を主題とするものにして、この意味において経済学の活動は必ずこれを目的と関連して観察するを要す。経済行為はしたがって一の目的行為（Zweckhandlung）たり。目的行為とは必ず結果を予定するものなり。しかるにこの結果たるまた種々あり、必ずしもことごとく経済的なるにあらず。その経済的たると然らざるとの区別は、その一定の結果が貨幣額の称量を容《い》るるや否やによりて定めらる。しかして、これ経済学が他の社会科学に異なりて有する一の特色たり。審美上、学問上、あるいは政治上にて云う欲望は社会上の動機として、その重要決して経済上にて云う欲望に劣るものにあらずといえども、これを一定精密の称量をもって比較すること能《あた》わず。これに反し経済上より見たる欲望は、常に一定の貨幣額をもってその力・その分量を間接に測度し得るがゆえに、その標準は的確にしてその秤量は精確なり。もとより貨幣額をもって秤量したる優劣は直ちに人生の全部に対する優劣と看做《みな》すべきにはあらず。然りといえども、人がある一定の満足を得るために提供するを辞せざる、または人をしてある一定の苦痛・疲労を肯ぜしむるに要する一定の貨幣額は、すなわちその人の動機の力――動機そのものにあらず――をやや確定に近く測定し得という一事は、科学的研究法に緊要の根底を与うることは拒むべからず。

外形的間接測定。（Indirect external tests or measurement）　経済学は人心の情緒をそれ自らについてまたは直接に測量せんと欲するものにあらず、ただその結果を通じて間接に考定せんとするに止《とど》まる。異なれる時期における自己の心理的状態を互いに比較しまたは称量することは誰人もなし能わざる所なり、いわんや他人の心理状態においてをや。吾人のよくし得る所は間接秤量あるのみ。ある情緒は人間の高尚なる性に属し、あるものは低級の性に属し、その種類もまた千差万別なり。しかれども単に同種類の生理的の快と苦とのみについて見るも、吾人の比較は間接に結果より溯及《そきゅう》するものたるに過ぎず。かく得たる比較といえども同一時における同一人に関する場合のほかは、いずれもある程度までは概測的なること到底免れ得ず。すなわちその生理的満足が人間の行為に与うる刺激について間接に下したる比較たるに止まる。ここに二種の快楽あり、これを得んとする人間の願望が、同一事情の下にある人をして、均《ひと》しく一時間の労を厭《いと》わざらしむるか、または同一生活程度・同一資産の人をして均しく一円一のものなりと云い得るなり。何となれば、その願望たる同一条件の下にある人々を駆《か》りて行動せしむる所の強さは同一なればなり。かくの如く一の心理状態を測定するには行為を惹起《じゃっき》す動力についてすること普通なるゆえ、その研究する動機のあるものが人の高尚なる性質に属し、あるものは低級の性質より来りたりとて、ために測定に困難を感ずることなきなり。

たとえばここに人あり、まさに十円を支出してある物を買わんと欲せしが、たまたま路傍に憐れなる貧しき病者を見、その持つ所の十円をこれに恵み去れりとせよ。この人は低級の満足を捨てて高尚なる満足を取りたるものと云うべく、両者取捨の間に起るこの人の心理的経過は、哲学者・倫理学者のまさに研究する所たるべし。しかれども経済学者より見れば、均しくこれ十円なる貨幣額得喪《とくそう》の問題に外ならず。ある物を買いて得る満足も貧病者を救《きゅう》恤《じゅっ》したるため得る満足も、その外部に顕る所は共に貨幣額の十円なり。したがって経済上両者を全然同一なる心理的動作に基づくものと認めて差支えなし。

かくの如く経済学者は周到細密の注意をもって各人が通常の生活において日々営む所を仔細に研究するも、その注意の標的は人の高尚なる情緒と、低級の情緒とを比較して、その真正なる価値を測定し、たとえば徳を愛する念と食を嗜《たしな》む念とを秤量するが如きことに存せず。吾人は経済学において人間行動の動力をその結果によりて評価すること、日常生活において常識をもってなす所と毫《ごう》も異ならず。ただ常識的評価と異なる所は、吾人は研究の対象について慎重の態度を執り得る所の知識の範囲を明瞭にするを勉《つと》むること、これなり。ただしかく云うも、経済学は人生の心理的・精神的方面を全然度外視するものにあらず。否、狭く純経済学的研究の範囲に限るも、人間を駆りて行動せしむる願望そのものが、人生を高め強き性格を作る底《てい》のものなりや否やを知ることは必要なり。これら研究を汎《ひろ》く実際問題に適用するにあたりては、経済学者は人間の最終目的如何《いかん》を考慮せざる能わず。同一の経済的秤量を有する種々の満足について、その真正の価値のそれぞれに異なることを忘るべきにあらず。かくて経済的秤量の研究は、畢竟《ひっきょう》一の出立点たるに過ぎざることを悟るべし。ただ吾人は最終の到達点に到る順序として、まず出立点を確定するを要するがため、貨幣額の秤量という一事に重きを置かざるを得ざるものなり。

個人的差違。 かく経済学の主題とする所は、一定の貨幣額をもって一々精密に秤量し得るものなりといえども、この秤量は無制限にすべての場合を通じて行わるるものにあらず、その適用の制限せらるべき場合決して少なしとなさず。すなわち同一の貨幣額によりて言い表さるる快感または満足（pleasure : satisfaction）の量は人を異にするより、また事情を異にするより、その間大に径庭《けいてい》あり。一般には感受性（susceptibility）乏しき人が、特にある種類の快または苦に対して著しく感受性に富むことあり。人の稟性《ひんせい》と教育の同じからざるにより、一の快または苦より得る満足の度に著しき相違あり。然《しか》のみならず、貧者をして富者と同一の金額を提供せしむべき動機は遥かに強きものたるべし。いわゆる長者の万灯、貧者の一灯とは、よくこの消息を道破せるものとす。富者にとりての一円は貧者にとりての一円よりも、その代表する満足は遥かに少なきものたるべし。然り、然りといえども多数の異なれる人々を総覧し、その全体について平均を求むるときは、これら個人的特性は互いに相殺し、したがって同一所得を得る人々が、一の快を求め一の苦を免れんがために提供する一定の貨幣額は、その快・その苦（pleasure : pain）の精密妥当なる尺度と看做《みな》して大過なきを得るものとす。ただかく得たる一般的尺度を個々の実際の場合に適用するにあたりては、最も細心の注意を要すること、これを忘るべからず。

かくして経済学の取り扱う出来事の大々多数は、社会のすべての異なれる階級をほとんど同一の比例において左右するものと認むべし。されば二の異なれる出来事によりて惹起《じゃっき》さるる幸福が貨幣額をもって秤量して相均《ひと》しきときは、その幸福の分量は同一なりと認むることは合理的にしてまた普通の慣例に合えるものとす。また貨幣が人生の高尚なる用に向けらるる度合は、今日の文明国いずれに赴《おもむ》くもほとんど同一比例を保つものなれば、物質的満足を加うること均しきものは、生活の充実と人類の向上とにおいてもまた均しき増加をなすものと推定し得るなり。

経済行為と合理行為。（wirtschaftliche Tätigkeit : rationalistische Handlung）　元より人間行為の動機はある度の精確

をもって秤量せらると云うとも、一切の行為必ずしもことごとく計算熟慮の結果たるにあらず。この点においても他の点におけると同じく、経済学はありのままの人間を取りてこれを考究せざるべからず。日常生活におけるありのままの人間は、予《あらかじ》めすべての行為の結果を秤量してその動機が人間高尚の性に属するか、低級の性に属するかを、一々に吟味するものにあらざるは勿論なり。然りといえども人生の方面中、経済学が取りて研究の対象とする所は、人間行為の最も打算的また合理的（calculative ; rationalistic）の方面に属するものにして、その行為をなすに先だち利害得失を商量すること最も多きものなり。もっとも習慣・風俗の勢力もまたこの方面には強く働くものにして、したがって打算的合理的考慮の行われざる場合少なからず。しかれども一度定まりて後は、専制的威力を有する風俗・習慣もその活動するにあたっては、精密周到なる利害の打算に基づく場合多し。しかれば人間生活中、経済的方面は最も系統的、最も計量的なる方面に属すとも云うも大過なきものとす。

営利以外の衝動。　従来経済学の主として論じたるは、この意味における営利行為（Erwerbstätigkeit）にして後の学者がこの点をもって彼等を攻め、彼等は人間をもって単に理性的判断のみによりて支配せられ、貨幣額により て表されたる満足のみを追求する利己主義によりて左右せらるとなすと難ずるは、誤解妄断にあらざるはなし。彼等に攻むべきは、営利行為について立論したるものを、少しの斟酌《しんしゃく》を加うることなく、直ちに経済行為全般に適用すべきものと速断したる一事にあり。カーライル（Carlyle, *Past and present*, 1843. ― *Nigger question*, 1849）、ラスキン（Ruskin, *The political economy of art*（*A joy for ever*）, 1857 ― *Unto this last*, 1862 ― *Fors clavigera*, 1871）等がこの点をもって極力当時の経済学者を攻撃したるは止《や》むを得ざる処なり。貨幣額の損得を標準として合理的に行為を選定する産業生活の行動は、最も精確最も綿密に研究するを得るものなれば、学者がまずこの点に指を染めたるは決して非とすべきにあらず。ただ産業生活における人といえども貨幣額の多寡《たか》をもって一切の行事を計算し尽すものにあらず、多くの場合において近世企業家の行動を最も強く支配するものは他人に打ち克たんとの名誉心、すなわち認識衝動 Anerkennungstrieb（Schmoller）; Geltungsstreben（Wagner）ならびに常に何事をか成さずんば已《や》まざる行動衝動（Tätigkeitstrieb）にして、貨幣利益の得喪《とくそう》は、かえって度外に付せらるる場合往々これあるを見る。貨幣を得んとの願望は必ずしも低き動機より来るにあらず。貨幣は目的を達する手段（Mittel zum Zweck）なり、その目的にして高尚なる限り、手段たる貨幣に対する願望は決して卑しむべきにあらず。直接産業生活に関係なく、貨幣の得喪を度外に置く如き観を呈する行動にありても、畢竟《ひっきょう》はこれを秤量し、これを判断し、その優劣上下を定むる標準は、多く貨幣額によるものなり。他の点において事情ことごとく同一なるときは、行為の結果として齎《もたら》す所の貨幣額多きもの優り、その少なきもの劣るとするは合理的にしてまた普通なり。されば経済行為は貨幣額をもって秤量すと云う意は、貨幣をもって万能とするにあらず、これをもって更により高き目的に導く所の手段とするに外ならず。この意味において、経済上の財（goods, Güter, biens, beni, goederen）は低き意味の善にして、倫理上の善（good, Gut, bien, bene. goed）は高き意味の財なりと云う不可なし。すなわち経済上の富（wealth, Reichtum, richesses, richezza）はより高き意味の富に到る前提たり、手段たり。

かくの如く、経済学はまず貨幣の概念をもってその研究の中心に置くものなり。その意は貨幣または物質的富を人間努力の主要目的と認むるにあらず、また経済学研究の最要問題となすにもあらず、今日の文明国を通じて人間日常生活における行為の動機を秤量するに最も精確にして、また最も便利なる手段たるを認むるにあるなり。人間行為の動機をもって、彼が贏得《えいとく》（acquire, erwerben）する貨幣の額によりて秤量せらると云うは、人間は貨幣の得喪以外、何の念《おも》う所なしとするにあらず。けだし人が営利貨殖（Gelderwerb）のために営む業務は、またそれ自らにおいて快楽たるもの多し。社会主義が今日の社会を改造して更により多く人間日常生活のためにする業務を、それ自らの快楽たるの実を挙げ得べしと主張するは決して架空の臆説と断ずべからず、一面の真理は慥《たし》かに這裡《しゃり》に存せり。John Gray, *The social system*, 1831 を見よ。一見不愉快なる如き貨殖営利上の業務も、人間の能力に活動の範囲を供するにより行動の衝動を満足すること著しく、したがって大なる快楽の源たること少なからず。ただ吾人の記憶すべきことは、貨幣額をもって人間日常生活行為の動機を秤量する上において、人間の感情・道念・理想等を無視すべからざること、これなり。殊に階級的同情と家庭的愛情とは、絶えず吾人を支配しつつありて、時には貨幣額をもってする秤量を全く無効ならしむることあり。また今日の文明人はその日常生活を孤立したる個人として営むものにあらず、必ず、社会の一員として営むものなり。したがって自己一家の利益は社会全般の利益の考慮によりて著しく左右せられ制限せらる。しかして今日においては社会における共同的行為の範囲著しく拡張し来り、貨幣額の秤量はこの共同的行為の立場より下さざるべからざる場合甚だ多きを加えたり。

科学としての経済学の要求。　吾人は従来経済学者間に行われたる抽象的経済人（homo oeconomicus, economic man, Wirtschaftsmensch, homme économique）の概念の如きは、今日においては断然これを捨てざるべからず。吾人は実在の社会の一員としてあらゆる階級的感情、家族的同情の支配の下に立つ人間を取りて、吾人研究の対象となすを要す。従来の学者がその研究の出立点を個人――しかも抽象的の経済人――に置きたるは大なる誤謬《ごびゅう》なり。個性の尊重は今日の文明社会の根本的要求にして、自我の実現はその最終の目的たりといえども、功利主義（utilitarianism―Bentham）の説きたる個人主義、ロビンソン・クルーソー観は輒《たやす》く学問上に許すべからず。この意味において彼の「ヘドニスティック・カルキュラス」（Hedonistic calculus ―― Pantaleoni）を経済学の本体なりとする学説はこの意を明言するとせざるとにかかわらず、あくまで排斥すべきものなりとす。かくて吾人の研究は貨幣額の秤量を出立点として、その研究の対象が（一）内容において共通の統一性を有し、（二）外形において一定精確の測定をなし得べきことを根本的要求となすものと知るべし。貨幣額によりてその行為の動機を間接に秤量し得ることは内容上の共通統一性にして、この称量によりて各異なれる動機を比較し得ることは外形上の測定なり。これ、やがて経済学が取りて、もってその研究の本体となす所なりとす。

経済学の本体　補論

『改定経済学講義』第一巻補論その四を収録す

経済二様の意義。　ドイツの学者は経済学そのものの定義よりも、かえって経済の定義に力を傾注することは前に述べたり。その経済と云うに二様の意義あり。一は「ヴィルトシャフト」（Wirtschaft）すなわち組織としての経済にして、二は「ダス・ヴィルトシャフトリッヘ」（Das wirtschaftliche）すなわち経済的と云う、これなり。組織としての経済は更にこれを解剖すれば「経済的」と云うことと「組織」と云うこととなる。けだし経済とは経済的社会組織（wirtschaftliche Organisation der Gesellschaft）の略称として用いらるるものなればなり。さてその組織については特殊経済・共同経済・総合経済（Sonderwirtschaft, Gemeinwirtschaft, Gesamtwirtschaft）の三種を分つこと普通なり。特殊経済とは最も分明にして誰人《たれびと》も認め得べき具体的の組織にして、今日においては家族経済、企業、及び国家経済の三者これに当れり。この種組織については別に込み入りたる詮索を要せず、自然人の何人かより成る一の社会単位なることさえ判明すれば足る。これに反し、共同経済・総合経済についてはその性質を確定すること容易ならず。まず第一に特殊経済におけるが如き経済主体（Wirtschaftssubjekt）果してありやなしや、この主体の発意に基づく統一的の組織意志を有するや否や甚だ曖昧なり。ドイツの学者はこの点について博詞宏弁を費やすものでありといえども、今日に至りて論拠未《いま》だ確定するに至らず。畢竟《ひっきょう》するに共同経済・総合経済共に一の準格に過ぎずして、特殊経済と全然同一の意味にての組織たることなし、単に説明の便を図り、多少の無理あるを知りつつ強いて命ずるに経済の名をもってし、特殊経済の概念に近接せしめんとするものにして、牽強《けんきょう》付会の嫌いは到底免るる能《あた》わず。したがって、これに関する学者の論究は畢竟名称争い以上に出でず、学問の内容に貢献する所少なし、ドイツ学問の一弱点ここに現ると云うべきなり。

「経済的」という概念。　他方において「経済的」とはいかなることの意なるや、ドイツ学者の説は甚だ要領を得ず。この事はかつて「経済と経済行為の概念に関する誤謬《ごびゅう》」なる拙文において評論したることあり、－その文『経済学研究』四五七頁に収む－ついて看《み》よ。イギリスその他の国の学者の説もドイツ学者の説以上に出づるものを見ず。普通「経済的」なる語の下に解釈する所は存在の量稀少にして－これを財の稀少性（rarity, Seltenheit）と名づく－、しかしてこれを人間の用に供せんとするには、労力または代価の費用－これを仮に費用性（Kostenmässigkeit）と名づくるも妨げなきか－を要するもの、換言すれば有償的にのみ得らるべきもの－これを有償性（Entgeltlichkeit）と名づく－に関すること、これなり。これ大体において最も無難なる解釈にして他のすべての説明に優れり。オッペンハイマー故に曰く、欲望に経済的欲望なるものあることなし、ただ人間の欲望を経済的に、すなわち費用を提供して充足することあるのみ（Kein wirtschaftliches Bedürfniss, sondern wirtschaftliche, d. h. kostenmässige Befriedigung der Bedürfnisse）と。フックスもまた経済的という概念を定むるには有償的と云う概念を中心とすべしと云えり。－左右田氏、『経済法則の論理的性質』序文。－されば存在の量豊富にして何人も任意にこれを取りて欲望を充足するを得べきもの－たとえば日光・空気等－に関する人間の行為は経済的にあらず、経済学研究の範囲外に属す。また存在量限りあるも、これを得るに費用を提供することなき場合、費用の提供によりてもこれを得ること能わざる場合、ふたつながら経済的ならずして経済学の問題たらずとす。また一派の学者はかくまで立入りて論究せず、単に有形物質と云うことをもって経済的という概念を定めんとせり。すなわち曰く、経済的とは人がその欲望を充《み》たすに要する物質的要件・有形財に関することを云うと。－マーシャル第一章の所論ほぼこれに近し。－この定義の不充分なることは多言を要せず。経済的という概念の適用せらるるは決して物質的要件・有形財のみに限らず。人が欲望を充たすに要するものは、これを二大別すれば有形財と無形財とあり。無形財の主なるものは人の労働、殊に普通勤労（Service, Dienstleistung）の名の下に知らるる他人の労働給付これなり。今日の吾人は他人労働の給付を受くること無くしては一日も生活を営むこと能わず、ほとんどなんらの欲望をも十分に充たす能わざるものなり。殊に経済上最も重要なる価値の現象は、有形財のみに存するにあらず、無形財すなわち他人の勤労、権利、関係等にもあり。吾人はこれら無形財にして吾人の欲望を充《み》たすものに価値付けし、これに対し価格を支払うことなくしては、一日も経済生活を持続する能《あた》わざるなり。すなわち経済的という概念を有形財・物質的要件に限るは、全然実際の事実に合わざる空説なるを知るべし。ドイツ学者が甚だ綿密複雑なる論究の結果は、廻《めぐ》り廻りて再び元の所へ戻り、旧時のイギリス学者の説きたる所に帰着せずんば已《や》まず、リカードが説きたる費用本位の経済概念は今日において再び勝利を占めんとする勢いを示せり。

経済の本則。　しかれども単に費用のみをもって経済的という概念を定めんとするは種々の不都合あるを免れず（この事拙文「費用学か利用学か」において略論せり、『改定経済学研究』のその文を見るべし）。吾人は今一層立ち入りて更に概念を精密ならしむるを要す。元来「経済的」という語は節約の義を中心とす、経済的の行為とは節約の行為と同義なり。したがって学者は経済の本則（Prinzip der Wirtschaftlichkeit）なるものを立て、「最小の労費をもって最大の効果を挙げ最大の満足を得ること」をもってその目的となせり。しかれどもこの法則は委《くわ》しく分解すれば、次の三項より成るものなり。**一**　一定の効果一定の満足を得るに最小の労費を用いること、これを最小費用の法則（Prinzip des geringsten Kostens）と名づくべし。**二**　一定の費用を用いて最大の効果最大の満足を得ることを、これを最大効果または最高満足の法則（Prinzip des grössten Effektes oder der Maximalbefriedigung）と名づくべし。**三**　最小の労費を用いて最大効果最高満足を得ること、これを最小費用・最大効果併行の法則（Prinzip des geringsten Kostens und des grössten Effektes）と名づくべし。ここに効果と云い満足と云うは、術語においては略して利用（utility, Nutzen）と云う。ゆえに最大効果・最高満足の法則は、これを言い換えて最大利用の法則（Prinzip des grössten Nutzens）となすも可なり。今、諒解の便を図りてこれを表示すれば左の如し。

	費　用	利　用	
(1)	一　定…………	最　大＝	最大利用の法則

(2)　最　小…………一　定＝最小費用の法則

(3)　最　小…………最　大＝最小費用最大利用併行の法則

右三の場合を総括して経済の本則行わると云い、この経済本則の支配を受くる場合を称して経済的と云う。これ最も簡潔明晰なる解説にして学者好んでこれを使用せり。しかれども少しく考えを旋《めぐ》らすときは、かくの如きは決して単に経済的現象・行為のみに限るにあらず。いかなる行為にても、いやしくも人間が健全なる常識に訴え合理的に行動するときは、右の法則は必ずこれを遵奉《じゅんぽう》するものにして、人間社会的・個人的百般の行為に均《ひと》しく適用せらるる所とす。政治上においても、学問上においても、宗教上においても、芸術の上においても、他に妨ぐる事情存せざる限り、吾人は一定の行為に要する所の労または費の最少にして、その効果の最大ならんことを期せざるはなし。しかして技術の真相は、畢竟《ひっきょう》右の法則を実現する手続たるにあり。技術の発達とは、労費をかなり節減し、効果をなるべく大ならしむる人間工夫の進むことを云うに外ならず。されば右経済の本則なるものは人間合理行為の本則（Prinzip des rationalistischen Handelns）と名づくるを妥当とす。単に経済行為のみに限局するは事実の真相を大に謬《あやま》るものなり。しかれども学者がこれを経済行為のみに限局したることは、一応の理由なきにあらず。およそ人間合理的行為のうち、また最も合理的・打算的なるは経済行為にして、他のいかなる行為よりも、人間の合理性は著しく作用するものなり、この点、本文においてマーシャルの論ずる所要を得たり。しかしてこれに加えて更に一の有力なる理由あり。すなわち経済行為については、その要する費用も、その挙ぐる所の効果、それより得る利用（満足）も、ともに精確にこれを称量し得て、果して合理の本則に合するや否や、その大小多寡《たか》を綿密に測定するを得ること、すなわちこれなり。なぜかく精密なる称量をなし得るやと云えば、経済行為はその費用もその利用も、ともに一定の貨幣額をもって測定し、また言い表し得るがゆえなり。マーシャルが貨幣称量を容《い》るる人間行為をもって、経済学の本体となす所以《ゆえん》ここにあるなり。吾人は人間の合理的行為を二分して、一は貨幣額測定を下し得べきもの、二はこれを下し得ざるものとするを得べし。その貨幣額測定を下し得べき合理行為はすなわち経済行為なり。したがって吾人は経済的という概念を定義して下の如く云うを得べし。人間合理行為のうち、貨幣額称量をなし得べきものに関する現象を経済的と云うと。近来ドイツの哲学者リッケルトは科学を二大別して自然科学・人文科学とし、人文科学とは人文価値（または文化価値（Kulturwert））に関連するものなりと云えり（*Grenzen der naturwissenschaftlichen Begriffsbildung*. 3.-4. A., 1921 ; *Kulturwissenschaft und Naturwissenschaft*. 4.-5. A., 1921）。この説に従うときは、経済的とは貨幣額の称量を許す人文価値に関連することを云うとなすべきなり。マーシャルの経済学本体論はかく観察すれば、現今学問上最も進歩したる立場を代表するものと認むべきなり。

余剰利用及び所得。　しかれども吾人の研究は更に一歩を進むる所なかるべからず。何となれば貨幣額の称量は、マーシャルも認むる如く、畢竟《ひっきょう》外形的測定（external test or measurement）たるに過ぎず、その内容的統一は未《いま》だこれによりて十分に確かめられざればなり。すなわち吾人はこの貨幣額称量という外形的測定を許す一切の人文価値が、内容的にもまた統一性（homogeneity）を具備するものなるを証明せざるべからず。これ現今経済学の最中心問題にして、その解決甚だ容易ならざるものとす。外形的に均《ひと》しく貨幣額称量を許す現象または行為にても、その性質は千差万別にして、必ずしも内容上の統一性を共通に有すと予断すべからず。商人がその営業のために支出する十円と、父が子の教育のために支出する十円とは、貨幣額より見ては同一なりといえども、これより得る満足は内容的には莫大《ばくだい》の差違あるべし。これを均しく経済的という概念の下に一括するは、その内容にもなんらかの点において共通統一の性質あることを立証するを要す。しからざれば学問の対象は単一なるべしとの根本命題を打ち破ることとなるべきなり。

論じてここに到り、以上説明する所の未だ間然する所、甚だ多きを悟るべし。単に費用と利用との両項を置き、これを外形的に貨幣額の測定という一事をもって強いて統一するのみにては不十分なり。ヘーゲルのいわゆる「シーシス〔thesis〕」「アンチシーシス〔antithesis〕」を得るに止《とど》まり「シンシーシス〔synthesis〕」を得たりと云い難し。吾人は那辺にこの「シンシーシス」を求むべきや。予は答えて曰《い》わんとす、所得の概念にこそこれを求むべしと。今少しくその意を布演《ふえん》して解説を試みん。

費用と云い利用と云う、そのもの自ら人間行為の目的たるにあらず、この両者は人間行為に与えられたる「カテゴリー」なること、あたかも時間と空間の如し。吾人は経済行為という一の合理行為を営むにあたり、必ずしも最小の費用に執着せず、最大の効果に束縛されず、この両者を得んと期するものは、畢竟費用を提出して得たる利用より、その費用を控除して得る真正の利用（これを余剰利用 surplus utility : Mehrnutzen と名づくべし）の最大ならんことを期するに外ならず。言い換うれば、人間経済行為の関連する人文価値は、真正の余剰利用、すなわちこれなりとす。ゆえに費用大なるも利用更に大なるか、利用小なるも費用更に小なれば、吾人行為の目的は達せらるる訳にして、また事実において吾人は常にしかく行為しつつあるものなり。すなわち吾人は必ずしも最小費用の法則にのみ即せず、最大利用の法則にのみ支配せられず、吾人を支配するものは実は最大余剰の法則 Prinzip des grössten Mehrs（または最高余剰利用の法則 Prinzip des maximalen Mehrnutzens）なるなり。今Kを費用、Nを利用、Mを余剰とすれば、人間合理行為の単純通則はN＞Kなる定式をもって言い表すべく、修正通則はN-K＝Mなる定式またはその解式たるN-△K＝□M（△をもって最小を、□をもって最大を示す）、または□N-K＝□Mをもって言い表すべきなり。

さて右の余剰利用も、経済行為についてはこれを貨幣額をもって称量することを得るなり。かく貨幣額をもって称量せらるる余剰利用を、経済上においては所得（income, Einkommen）と云う。これ経済行為最終の目的にして、したがって経済学の本体たるものとす。貨幣額をもって称量すという外形的測定の下され得る限りの余剰利用は、所得として内容的統一を得るなり。所得を詳説すれば、経済行為――労働または財産の運用及びその両者の結合たる企業――の結果として、新たに一経済単位に入り来る利用の増加なり、余剰利用なり（これを略して富の増加とも云う）。この所得を得ることに関連する行為現象を総称して経済的と云う。ゆえに言を改めて云えば、経済的とは所得形成的（Einkommenbildend）と云うことにして、その形成せらるべき所得は経済上における人文価値なりとす。

人は単に欲望の満足をのみ求むるものにあらず、またその満足が物質的要件を有する時のみ経済行為を営むものにあらず。単なる欲望充足は獣類もこれを勉《つと》むべく、その際物質的要件を獲得することも、すべての生物に共通なる現象にして、特に一人文価値としての経済現象を惹起《じゃっき》することなし。これに反し、人類は均《ひと》しく欲望の満足を求むるにも、余剰利用という人文価値、所得という人文価値に着眼す、これによりて人類の行為中、特に「経済的」と称せらるべきもの起るなり。経済学はすなわちこの人文価値を取りてその研究の本体とするものなり。ゆえに経済学は余剰の学なり、余剰利用の学なり。費用の学にあらず、また単なる利用の学にあらず。両者相併《あわ》せて生ずる「シンシーシス」たる所得の学問なり。

第六章　科学としての経済学

経済学においては、論理方法すなわち研究法に関し、殊に演繹・帰納いずれを主とすべきやに関し永き論争あり。ドイツ歴史派のシュモラーとオーストリア派のメンガーとの研究法に関する討論、今なお吾人の耳朶《じだ》に残る所にして、近くは河上博士は幾多の論篇を公にしてこの問題を論じ、予が本書旧版における論述に対しても詳細の批評を下され、予もこれに対し簡単ながら博士に答弁することを勉《つと》めたり。しかるにこの間西洋、殊にドイツにおいては、この問題を更に根底に溯《さかのぼ》りて研究する学者ありて、従来経済学者が相互の間においてのみ狭き知見に限局して論争したること、その用甚だ少なきことを悟らざる能《あた》わざるに至れり。元より今日といえども演繹・帰納両論法の適用について考究を要する問題多くありといえども、事実において研究法上の論争は学問の内容に接触することむしろ少なく、研究法論における論者と経済学の本問題における論者とは、全然別人の観あり、両者の間に有機的連絡を見出すことほとんど不可能なり。リーフマン曰く、「いかなる方法論上の要求たりとも、単に方法論的要求の見地よりのみする理論体系の批評は、これを斥けざるべからず、伴うに積極的なる理論的業績をもってせざる方法論的主張は無価値なり」と。―『国民経済学綱領』第一巻 第二版 一九二〇年刊 六七五頁。― 予は斯学《しがく》の現状に痛恨を禁ぜざる者として衷心よりこの言に賛同せざる能わず。今日においてはリカード一流の抽象的論法を用いる学者ほとんど一人もなく、歴史と事実とを講究する必要は、程度の差こそあれ、ほとんどすべての経済学者これを認めつつあり。したがって旧来の如く狭き範囲内において、研究法について長き討論を重ねることの利益は甚だしく疑わるるに至り、学者は勉めて本体の問題について、着々積極的建設の業を積むべきことを承認するに至れり。しかるに近来の根本的研究はかくの如き比較的無用なる論争の類に属せず、そもそも社会科学研究者のすべてに向かいて注意を促す大問題たり。この新傾向は、一面において自然科学万能時代の反動と目するを得べく、この点については永久的価値を有することなし。しかれども他の一面においては、この傾向は従来の学問学（Wissenschaftslehre）に一新生面を開くものにして、この点においては永く学問上の一進歩として維持せらるべきものなり。この新研究の有力なる代表者はドイツの学者リッケルトにして、その説を布演《ふえん》し、その論を法律学に応用したる者にラスクあり、経済学に応用せんと勉《つと》むる者にドイツにシュテフィンガーあり、我が邦に左右田喜一郎博士あり。共にリッケルトを出発点として、更に独創の研究を進め、経済学の学問としての性質を考うるについて寄与する所少なからず。さらにマックス・ウェーバーに至っては、嶄然《ざんぜん》として儕輩《せいはい》の間に卓越せる研究を試み、その豊富なる史的修養を基礎とし、天才的の哲理思索を縦横に往来せしめ、新機運の劈頭《へきとう》に立ってまさに、経済学に一紀元を招かんとする概ありしも、業央《なか》ばにして早世したるは、斯学《しがく》のため痛惜に堪えざる所なり。吾人学に従うもの、向後の研鑽を進むべきは、実にウェーバーが暗示したる方向に存せりと云うも不可ならじ。

そもそも唯物観と唯心観の争いは、学問あると共に存し、向後といえども決して消滅するものにあらざるべし。一九世紀の後年自然科学が驚くべき進歩を致し、社会科学の進歩これに伴わざるや、およそ学問は皆自然科学の如くならざるべからずとの念学者を支配するに至り、殊にフランスのコントに至っては、最も有力に社会科学を自然科学と同性質のものたらしめんとの傾向を作れり。進化論の偉大なる発見は、この傾向を促進すること大にして、自然科学者にしてまた哲学者たるドイツのヘッケル、オストヴァルト等は、ほとんど極端までこの種思想を鼓吹し、ついに宗教の範囲にまで立ち入らんとするに至れり。ヘッケルを中心とする唯物論者は唯物論なる名称を厭《いと》い自ら称して「モニスト」（Monist. Monismus（一元論者））と云う、名はかく異なれりといえども彼等は畢竟《ひっきょう》一種の唯物論者なり。経済学においてはヘーゲルより分岐するマルクスの一派は、唯物史観の説を主張して侮《あなど》るべからざる勢力を作れり。我が邦にてもこの一元論なるものは一時勢力あり、黒岩周六氏の如き『天人論』なる書を作り、万古の疑案を一元的に解決し得たりと主張し、その論一世を風靡《ふうび》するの勢いありき。歴史学者にては近く物故せるドイツの文明史家カール・ランプレヒトの如き、極端なる立場を代表し、歴史をことごとく進化論的自然科学的に改め作らざるべからずとなし、これまた祖述者を見出すこと少なからず。マーシャルは別に一元論を公には採用せずといえども、経済学を自然科学に出来得るだけ接近せしむべきものなりと主張し、以上の大勢に洩れず。予は経済法則をことごとく自然法則とするの不可なることはかつて極力これを論じたり。―『改定経済学研究』七一頁以下―

しかるにドイツ、殊に南方ドイツの学者間には、この一般の傾向に反対する潮流はやや久しき以前より存したりしが、リッケルトに至って、ここに有力にこの新傾向を促進することとなり、学問の本質、殊に人文科学の本質について著しき異説を樹《た》てて、自然科学万能の時代思想に反省を促したり。リッケルトの最代表的なる著述は、題して『自然科学的概念形成の限界』（*Die Grenzen der naturwissenschaftlichen Begriffsbildung*, 3.–4. A., 1921）と云う、すなわち自然科学的に概念を作ることは無限なるを得ず、自ずから制限あり、然るをその制限を無視して、あらゆる学問にこれを推及せんとするは誤りなりと云う趣意を評論したるものなり。氏はその大要を一小著述に集約しその書を『人文科学と自然科学』（*Kulturwissenschaft und Naturwissenschaft*, 4.–5. A., 1921）と名づけたり。氏の主張する所は一元論を排して再び二元論を恢復するにあり、まず認識論の上より、殊に「概念」の研究によりて、その業を開始すべしと云うにあり。これによりて、社会科学は必ずしも自然科学の如くなるをもって目的とするを要せず、その自らの研究法より特有の概念形成法あることを立証するなり。したがってまた社会科学において云う法則は、自然科学の法則と同一種に属せず、それ自らの特質を有すとなす。この点については、左右田氏に『経済法則の論理的性質』（*Die logische Natur der Wirtschaftsgesetze*, 1911.（*Tübingen staatswissenschaftliche Abhandlungen*, 17. Heft））なる著作ありて詳密の研究を載せたり。予はリッケルトの論を学ぶこと未《いま》だ甚だ不十分なるものなれば、ここにこれを詳述せず、ただ目下予の抱く所の見解を未熟ながら次に開陳しおくに止《とど》めんとす。

学問の本質は、その研究の客体が内容的に一貫的統一を有することと、この客体を認識することが精密なるとの二条件を具備せざるべからず、この点、本書の本文においてマーシャルに基づきてほぼ解説しおきたり。今経済学の論理的性質を論ずるは、主としてその第二の条件たる精密性に関するものにして、今日まで学問の精密性を最も多く具《そな》えたるものは、自然科学中のあるもの（たとえば物理学、化学または星学の如き）なることは誰人《たれびと》も疑わざる所なり。したがってある科学を精密なりと認むる標準は、これら自然科学に接近すること多きことと同意義に解釈するを常とせり。その接近と云うことは、主として論理的性質について云うものにして、これを実現するものは一は研究法にして、一は研究法の運用によりて打ち立てらるる所の法則これなり。すなわちある一科の学の研究法が、自然科学、殊に星学、力学、物理学、化学等に近ければ近きほど、その学は精密的なりと看做《みな》され、その形成する所の概念が自然科学の概念の如く、打ち立つる所の法則がいわゆる自然法則に類すれば類するほど、その学の学としての性質は十分なるものと認められたり。元より人間社会の現象は、到底自然界の事実と同じきを得ざれば、ただ接近し類似すと云うに止《とど》まりて、全然同一となる事能《あた》わざるは誰人も争わざる所なれども、これその学の進歩未《いま》だ不十分なる所以《ゆえん》にして、吾人は全力を尽して一日も早く自然科学へ接近・類似の度合を増進せしめざるべからざるものとせられ、したがって社会科学において概念を形成するには、出来得るだけ、これを自然科学的に取り扱い、一切の社会現象をあげて、すべてこれを概念に帰着せしめ尽す程度まで進まざるべからず、非概念的・非合理的・後天的要素は勉《つと》めてこれを排除するに勉むべしとせられたり。かく大体の方針を立つるも、その実行の問題を考うるに至っては、かの正統学派経済学の如く、僅々《きんきん》の概念と法則とを打ち立てて、一切の経済現象をその中に圧搾《あっさく》することの不可なるは学者の悟る所となり、歴史派の勢力大を加うるとともに、経済学の自然科学化はこれを力学の如き程度まで進むることは到底不可能なり、すべからく生物学の程度まで進むるをもって満足せざるべからずとするもの、漸く多数となれり。マーシャルはイギリスにありて最後までこの説を力説しつつありて、多数の賛成者を有せり。生物学の如くすると云うことは、主として生物進化の埋法を経済現象に適用することにして、ドイツの学者が組織としての経済（ある学者は更に極端まで進みて有機体としての経済ありと主張す、我が邦にては金井博士すなわちこの説を執る）なるものの解説に主力を傾注するは、これに基づけり。この思想を豊富ならしめたるは、前章紹介したる経済発展階段説なり。すなわち経済を経済生活と見、この生活が進化的に漸次に発展して今日に至れる順序を、いくばくかの発展階段に盛り分けて、不十分ながら発展史的なる概念を形成せんとする企て、これなり。シュモラー、ビューヒャー両氏は、主としてドイツの歴史について、かくの如き階段説を立てたること前に紹介する如く、史学者にありてはランプレヒトの心理的階段説あり（ランプレヒトは象徴時代・模型時代・仮設時代・個人時代・主観時代（Symbolismus, Typismus, Conventionalismus, Individualismus, Subjektivismus）の五段階を分つ、拙著『改定経済学研究』一二六頁及び桑木博士の近著を見よ）。これらの説は暗示に富む奇抜なる試みとしては甚だ歓迎すべきものなりといえども、それ以上の価値を認むるは困難なり。すべての国民、すべての文明について主張し得べき概念たる能わざるはもちろん、ドイツのみについても実際の歴史を解説するに必ずしも妥当なりと云い難く、殊にランプレヒトの説に至りては一種の「ファンタジー」たるの感なきを得ず。歴史派の成績かくの如きものに止まるならば、その当初の高言に相応せざる遠きものとの誹《そし》りを免るる能わず。畢竟《ひっきょう》するに、これらの説たる、ひたすらに自然科学への接近を勉むるに急にして、その間打ち破り難き堅壁の存するを無視したるものと云わざるを得ず。ここにおいて、吾人は再び踵《きびす》を旋《めぐ》らして、まず吾人自らの出立点を精査しみるの必要を感ず。果して自然科学の論理方法が唯一の方法にして、その法則が唯一の法則たるべきや否や、社会科学（人文科学の全体についても）には自ずから他の論理方法あり、他種の法則存するにあらざるか否か、これ吾人当面の問題たるに至れり。他の語をもって云えば、学問の根本的条件たる精密性とは、自然科学的たることのほかにもまた別の存せざるや否や、これなり。

予の今抱く所の考えは極めて未熟浅薄にして自ら甚だこれを危ぶむものなりといえども、先覚諸学者の説を学びたる結果、少なくともそのあるいは可能ならんことを覚えざるを得ざるものなり。ただリッケルトの説にはまだ徹底せざる所あるが如し。すなわち氏は、第一には自然科学と歴史とを二個の対立物となすに、更にまた第二に自然科学と人文科学とを対立せしめ、前者は研究方法上の対立にして、後者は研究客体上の差なりとす。前者における自然科学と歴史との差違は、一は普遍的行程を取り、一は個別的方法を取るにありとし、さて後者における自然科学にも、人文科学にも普遍的と個別的との両行程存すとす。しかれば第一の場合における自然科学と第二の場合における自然科学とは、名は均《ひと》しけれどもその実は異なるものならざるべからず。この点に関する氏の説は、予の寡聞をもって判じたる処にては、甚だ不徹底のものたるが如し。しかれども、これはあるいは予の推考甚だ未熟なるがためなるやも計られず。とにかく普遍的方法と個別的方法との二者あり、自然科学においては前者主として用いられ、人文科学においては重《おも》に後者を採用すべきことは十分に諒解し得る所なり。－シュモラーは、リ氏の説を浮薄誇張の見（schiefe Ueberreibung）と評せり。『原論』第一巻、一〇六頁－ しかして氏は特に経済学について左の如く云えり。

Den grössten Raum werden die allgemeinen Begriffe in den Kulturwissenschaften einnehmen, welche das wirtschaftliche Leben zum Gegenstande haben, denn soweit solche Bewegungen sich überhaupt isolieren lassen, kommen ja hier in der Tat sehr oft nur die Massen in Betracht, und das für diese Kulturwissenschaft Wesentliche wird daher meistens mit dem Inhalt eines verhältnismässig allgemeinen Begriffes zusammenfallen. So kann z. B. das historische Wesen des Bauern oder des Fabrikarbeiters in einem bestimmten Volke zu einer bestimmten Zeit ziemlich genau das sein, was allen einzelnen Exemplaren gemeinsam ist und daher ihren naturwissenschaftlichen Begriff bilden würde. Das mag also das rein Indivieduelle zurücktreten und die Feststellung allgemeiner begrifflicher Verhältnisse den breitesten Raum einnehmen. Es ist hieraus übrigens auch verständlich, warum das Bestreben, aus der Geschichtswissenschaft eine generalisierende Naturwissenschaft zu machen, so häufig mit der Behauptung Hand in Hand geht, dass alle Geschichte im Grunde genommen Wirtschaftsgeschichte sei. Rickert, *Kulturwissenschaft und Naturwissenschaft*, 4.-5. A., 1921. S. 129-30.

右を意訳すれば左の如し。

　人文科学のうち経済生活を研究の対象とするもの（すなわち経済学）においては、普遍的概念は最も広く用いらるべし。何となれば、人文生活のうち、特に経済的運動の分別せられ得る限り、いずれも大数《たいすう》に関するものなるべく、したがって経済学という人文科学の本体は、最も多く比較的に普遍的なる概念の内容と一致すべければなり。たとえば、一定の国、一時の時代における農民または工場労働者の歴史的性質は、すべて他の同種のものに共通なるものなるべく、したがって自然科学的にその概念を形成し得べく、純個別的特性は顕れず、一般的概念的事情の設定最も広く行われ得べし。この理により歴史科学を普遍的自然科学となさんとする企ては、一切の歴史をあげて経済史となすべしとの主張と相伴うこと、しばしばなる所以《ゆえん》を諒解し得べきなり。

いわゆる唯物史観はかく一切の歴史を経済史とし、したがってこれを自然科学の一たらしめんとする最極端を代表し、社会多数の労働者のみを普遍的に認め、個人の殊別的作用を全然度外に置かんとするものにして、その不当なること多言を要せずといえども、その間自ずから経済現象の普遍性多きことを立証するものとす。かくて自然科学と歴史との対立は、主として論理方法については主張し得べきも、実際現在の学問の本体については、かく厳密なる対立を認むる能《あた》わざること明白たるべし。人文科学といえども、その普遍的なる部分については、自然科学的に概念を形成し、したがってまた自然法則に近き人文法則を立て得べく、経済学はすべての人文科学中、かくの如き普遍的部分を有すること最も多きものなり。ただ経済学に個別的部分ありて、これは自然科学的に取り扱うべからず、自然科学の概念を強制すべからず、したがってこれについて立つる所の法則は自然法則と大に異なることは必ず知らざるべからず。左右田氏は「因果律の意味における経済法則なるものあり得べからず（中略）経済法則は上下的及び左右的両様の意味における規則正しきことの定式に外ならず」（*Die logische Natur der Wirtschaftsgesetze*, 1911. S. 126.）と主張し次の一表を示せり。

- 歴史法則……（歴史的経験法則）
- 自然法則
  - 自然律的または自然科学的経験律
    - 人文科学的経済的概則
    - 自然科学的経験的概則（経験律、規則正しきこと）
  - 因果律（最固有義の法則）

（歴史法則および人文科学的経済的概則）→ 経済法則

右は精細なる研究の結果に成るものにして、今これを論評すること容易ならざるも、以上言う所の卑見は遥かに簡略にして、およそ左の一表をもってこれを示し得べきなり。

- 法則
  - 経験律……（歴史律・史的発展律）→ 経済法則
  - 因果律
    - 厳密ならざる因果律（傾向の記述）
    - 厳密なる因果律（自然法則）

少なくともマーシャルの意味する所は右と大差なきものにして、他日は知らず今日現在においては、予はかく単純に考うるも大過なきを信ずるものなり。

右の説に対し、左右田氏は現在の混沌たる状態にある経済学のみについて云えばこれを認むべしといえども、かくの如きは厳密に経済学の科学的性質を定むる所以《ゆえん》にあらず、畢竟《ひっきょう》現在の状態における経済学は一の混合体なり、

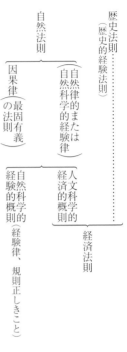

吾人は一日も早くこの状態を脱し、純一なる研究客体と方法とを有する経済学を打ち立てざるべからず、その打ち立つべき新経済学は寸毫《すんごう》も自然法則または因果律を含有せざる人文科学的法則のみを認むる経験的・歴史的人文学ならざるべからずと主張す。したがって、この点については右に引きたるリッケルトの一言も左右田氏の難ずる所ならん。しかれども、左右田氏の主張は畢竟一の理想論「ゾレン」論にして、経済学をかくの如きものとなさざるべからずとするにありて、現在実際の経済学はかくありとの事実を説明するものにあらず。氏といえども、かくありとの解説のみに限るときは、経済学には、傾向の記述の意における因果律と経験律との両者の併存することを拒むものにあらざるべし。されば、氏と予とはこの点について大なる懸隔《けんかく》を有するものにあらず、ただ氏はこの現状に満足せざること甚だしく、直ちに改造の業を始めて厳密なる人文科学としての経済学を打ち立つべきを熱心に主張し、予は這箇《しゃこ》改造の事は自ずから学者の研究熟し、学問の内容充実する暁にあらざれば、猝《にわか》にこれを企つるもその詮なしと信ずるものなり。

＊　＊　＊　＊　＊　＊

従来経済学の研究法に関する論争甚だ紛糾せる裡《うち》に、自ずから二大派を画するを得べし、演繹学派・帰納学派、これなり。演繹学派の最も重《おも》なるものはイギリスの正統学派にして、帰納学派の主たる代表者はドイツの歴史学派なり。しかして今日大多数の進歩せる学者の帰一する所は歴史学派にあるや勿論なりといえども、歴史学派のみ正しき研究法を独占し、従来の正統学派の所論はことごとく謬《あやま》れりとするは妄断もまた甚だし。然《しか》のみならず、正統学派はことごとく演繹論法のみを執り、歴史学派は帰納論法のみによるものにあらず。リカード、ミルの両学者は正統学派の二大泰斗と看做《みな》さるれども、専ら演繹論法に偏倚《へんい》したるはリカードのみにして、ミルに至ってはその研究法に関する主張においては、演繹法を盛んに称揚したれども、その実際履《ふ》みたる跡についてこれを見れば、帰納論法を用いたること決して少なしとなさず。リカードも、またそのひとたび立てたる大体論を運用するにあたりては、専ら演繹論法によりたるは疑うべからずといえども、その大体論を得るにはイギリスにおける実際事実に基づきて帰納したるものなり。アダム・スミスに到りては、演繹法を用ゆるとともに、また盛んに帰納法を用いたることは、今日すべての進歩せる学者の斉《ひと》しく認むる所にして、他方においては、歴史学派を標榜する学者また演繹法を用ゆること少なからず。されば演繹学派と帰納学派との区別は程度の問題にして、いずれを多く用いたるやに従いて仮に命名するのほか意味なし。今日においては、イギリスならびにフランスの旧派（これをイギリスにて正統学派と云い、フランスにては一般に自由学派と云う）は多く演繹学派に属し、アメリカ学者、イタリア学者またこれに近きもの少なからず。ドイツの学者ならびにその流れを汲むものは一般に帰納学派に属するものと云うべく、いわゆるオーストリア学派と称せらるるカール・メンガー一派のオーストリア学者もまた前者に属すと云うべし。されども、昔日の意味においての演繹学派と称すべきものはほとんど全くその跡を絶ち、皆帰納法をも併《あわ》せ用ゆるものと観察して大過なし。されば、今日においては演繹学派・帰納学派の区別を設くるは、かえって妥当を欠くものと云うべし。

予の見る所をもってすれば、およそ学問に学派なるものあるべからず。学派あるはその学説の未《いま》だ真理に到達せざる証《あかし》にして、学問が学派の争いに腐心したるは、未だ一科の学問として十分に発達せざる状態には免るべからざることなれども、ひとたび独立独歩、一科の学理を成就するに到れば、学派の異同は自ずから消滅すべきものにして、もし強いて学派を分つべしとならば真派・偽派の二ありと云うべきのみ。経済学は前に述べたるが如く種々の長き変遷を経て今日に到り、漸くにして一科の独立なる科学の地位を占め得たるものにして、この発達の行程のうちにおいて発生したる学派の異同は今や漸く消滅して、ここに共同帰一の域に達せんとしつつあり、演繹・帰納、正統・歴史等と分ちて党同異伐したるは須臾《しゅゆ》にして過去の夢たらんとす。ドイツ新歴史学派の泰斗として人も許し自らも許すグスタフ・シュモラーは曰く、「演繹法も帰納法も経済学の研究に相ともに欠くべからざること、なお人の双脚の如し」と。イギリス学者中、大体において正統学派を継承し、多くの点においてその弁護に勉《つと》むる斯学《しがく》現時の碩者《せきしゃ》たるアルフレッド・マーシャルは、またシュモラーのこの言をもってその意を得たるものなりと公言す。

両派の先覚、既に然り、他の祖述唱和するものの如き、多く言わずして可なり。

大体の趨向《すうこう》はかくの如し、しかれどもまた人各々天稟《てんぴん》の差あり、趨向また同じきを得ず、されば各その長ずる所に従いてその才能を発揮するは、学問の進歩に最も多く寄与する所以《ゆえん》ならざるを得ず。今、経済学現在研究の状態について汎《ひろ》くこれを見れば、学者の態度において、その傾向において、自ずから二大潮流の流れつつあるを見るべし。この二大潮流は演繹・帰納の学派争いに胚胎し、いずれの学問においてもこれあるを見る。学者あるいはこの二派の一を呼んで抽象学派とし、他を呼んで現実学派（または実験学派）と云うといえども、この称は多少褒貶《ほうへん》の意を含むを免れざるがゆえに穏当と云い難し。是非軽重の意を少しも寓することなく、ただその傾向の趨《おもむ》く所を取りて仮に名となし、一を演理を主とする学者、他を記実を主とする学者と呼ぶ、最も当を得るに庶幾《ちか》からん。

ドイツの学者が、経済学の分科なるものに大に力を用い、煩雑難渋なる種々の標準を設け、経済学中、各種の部門をそれぞれ種類に従いて分類するに勉むるは、学究に特有の通弊とは云いながら、学問の進歩に貢献すること甚だ少なき事業に無益の労を惜しまざるものなり。およそいずれの部分にありても、まず事実を観察し、これを記述することより始めざるべからず、続いて必ず概念の形成を欠くべからず、更に進んで一貫の理法に到着することなくして已《や》むものは学問研究の中段に止《とど》まるものなり。されば記実を主とする学者、演理を主とする学者併存するは学問研究上、分業の利を収むるものなり。記実せざる演理あるべからざるが如く、演理に及ばざる記実またあるべき理なし。ただ人生れて自ずから長あり短あり、習慣教育また予《あずか》りてその嗜好《しこう》その傾向を左右す。学者はただ最もよくその才能を伸べその知見を発揮し得べき事業に勉むべきのみ。自らひとり高しとして他の傾向、他の嗜好を有するものを軽視するを許さず。これを譬《たと》えて云わば斉しく富士山に登るもののうち、まず途上の風景を十分に楽しみて後、頂上に到らんと欲するものあり、途上の風景は途上の行程の進むに任せ、一に山巓《さんてん》の風景を専らにせんとするものあるが如し。二者共についに達する所は必ず頂上ならざるべからず。途上の風景を探るに全力を竭《つ》くしてついに頂上に達せずして已《や》むものは、富士山の全景を談ずる資格なきが如く、ただ頂上あるを知りて途上の風景を全く顧みざるもの、また未《いま》だ富士山を知れりと云うべからず。頂上に達せんとする者、必ず困難を忍び苦労に耐えて山路を辿《たど》り行かざるべからず、しかも永く途上に彷徨して前進することを思わざれば、ついに山巓《さんてん》に達するの期を失うべし。演理の完全を期せんとせば必ず記実を軽視すべからず、記実を好むものまた演理の業を辞するを得ず。経済学の現状において、学者の態度未だこの辺の用意において欠陥なきを得ざるは、向後の進歩を待ちて改むべき所なり。

しかれども同一事実を蒐集し、これを按排《あんばい》して一定の解釈を下さんとするにあたりて、確定不動一ありて二なき定式の存するものと思うべからず。マーシャルはこれをチェスに譬《たと》えて、局に対する毎にその下す所の手必ず異ならざるを得ず、初めより終りまで必ず相同じき定法あることなしと云えり。要する所は終局の勝を占むるにあり、これに到る方法は千変万化なるべし。されば、経済学の研究法においても始めより必ず一定の成案を設け、学者皆必ずこれに準拠せざるべからずとなすが如きは、学問研究の要を失するもまた甚だしきものなり。チェスの例をもって云えば、「女王」の操縦を主とするものあり、「馬」の進退に得意なるものある如く、経済事実を按排・分合するにおいて、その組合せ、その比較、その連絡は千趣万態なるものあり。ただ要する所は、記実演理共にその一に偏すべからず、富士山に登るものの行きゆきて、ついに極まる処は共に山頂なるが如く、事実の研究はこれより一貫の関係を発見し得るによりて、はじめてその用をなすものなり。従来の演繹と云い、帰納と云い、交々《こもごも》派を分けて相鬩《せめ》ぎたる学者は、途上の奔命《ほんめい》に疲れ、ついに頂上に到らずして畢《おわ》るものならずんばあらず。

ミルは、経済上の現象は他の社会現象よりも演繹論法に適するもの甚だ多しと云えり、これ一理なきにあらず。経済上の現象は概《おおむ》ね貨幣額によりて秤量、測定、比較し得るものなるがため、他の社会現象に比しては、その精確その定質遥かに勝れるものあり。しかれども、ミルはこの点を過重視し、経済上においては関係を同じうする二個の事実存するときは、その他に経験観察を要することなく、常に必ずこれのみに基づいて因果関係を推論し得べきものとせり。社会上に起る経済現象は千趣万様なれば、中にはまたかくの如きものあるや疑いなしといえども、その然らざるものまた多々あり。物理上の現象においても、単に演繹法のみを間断なく応用し、その間、他に観察・経験を試むるを要せざるは、多くは試験室内のみに限り、実際の自然界においては幾多の錯綜せる他の現象その間に混在し、一気に演繹法の連鎖のみをもって繋ぎ尽すを得ざるを思うべし。いわんや経済上の現象は自然界の現象よりも遥かに不確定なるを常とするのみならず、経済上の現象のよりて起る材料は、自然界の物質に勝りて常に進化変遷して已《や》む所なきものなるをや。さればある一定の形態の下において応用して誤りなかりし推論も、これを他の形態に応用するときは全くその用を失すること、しばしばあり。殊に人種上の差異は大なる影響を人間社会の現象に及ぼし、国を異にし民族を異にするによりて、原因結果の関係に甚だしき異同生ずるを免れず。これら諸種の点を網羅せんには、詳しく事実を観察し、現在における経験に照らし、過去の変遷発達に鑑《かんが》みざれば、経済学の理論は机上の架空論に止《とど》まるべし。この点において、歴史派の起りて、従来の正統学派の誤りを指摘攻撃したるは、学問の進歩に大に寄与する所ありしものと云うべし。

しかれども実際事実の観察と歴史の研究とは直ちに全体の真理を供給するものと思うべからず。かくして得たる事実はまた厳密なる推理的の吟味を経ざるべからず。学者間々《まま》歴史の教ゆる所かくの如し、あるいはかくの如くならずと云う。しかもその謂《い》う所、歴史の教訓とは、その学者が歴史上の事実について自ら試みたる推断を指すものに外ならず。その推断には正しきものあるとともに、正しからざるものもまたこれあるべし。一見して歴史の教ゆる所と見ゆるものも、更に深くこれを究むるときは、かえって反対の結論に到達せざるを得ざるもの、またあらん。あるいはまた当然生ずべかりし結果の他の事情の障碍《しょうがい》する所となりて、かえって一定の原因より生ずべきものと反対なる結果を生じたることなきを保たせざるべく、殊に隠れたる関係については、観察する人を異にするによりて、現在における事実といえどもその見解を同じうし能《あた》わざるもの少なからず、いわんや遠く過去に溯《さかのぼ》りて推論を試むるにおいてをや。学者多くは云う「歴史は繰り返す」と。これ確かに真理なり、しかれどもこの警句はまた甚だしき誤解を惹起《じゃっき》することあり。およそ歴史上の出来事にして、すべての点において全く相同じきもの、ほとんどこれあることなく、なんらかの点において必ず多少の差異の存するものなり。されば歴史は繰り返すと云うはその大同の点のみを見たるときの事にして、小異の点あればこそ歴史は繰り返すと云うこと意味あるなり。繰り返すものは多くは人にして、事実そのものにあらず。その同じと云うは等しと云う意味を強めて言い表したるに外ならず、ただその差異の点は甚だ軽微にして、姑《しばら》くこれを度外に措《お》くも妨げなしとするのみ。しかれども軽微なる差異も数重《かさ》なればついには重大の相違となるべく、ある事柄にとりて軽微なる差異も他の事柄との関係においては重大なることあり。人と時と処とを異にするとき、また同様なる変動を生ずることも同じく予《あらかじ》め覚悟せざるべからず。

されば歴史を応用して、今の経済現象に関する理法を推断せんとするには、細心綿密の注意を要するものにして、単に歴史的研究法を取ると号するのみにして、理論上の解剖を怠るものは、演繹論法に偏して、事実の観察、実際の経験を軽んずると等しく正鵠《せいこく》を失うものなり。マーシャルは、イギリスの北部における永小作制度の普及と農業進歩との因果的関係を例証して、歴史上の論定の軽々しく下し得べきものにあらざるを説き、また名同じく実異なれる事実、名異なりて実同じき事実あるを記せざるべからずとして「レント」を例証したり。

シュモラーは、その経済原論にラサールの言を引きて曰く「材料は思想を欠きてもなおそれ相応の価値を有するも、材料に基づかざる思想は全く妄想たるに過ぎず」（'Der Stoff hat ohne den Gedanken immer noch einen relativen Wert, der Gedanke ohne den Stoff aber nur die Bedeutung einer Chimäre.' — *Grundriss*, 1. S. 104.）と。これ現在における進歩せる学者の態度を示すものなり。しかれどもシュモラーの率ゆる歴史学派なるものが、この格言を守りて一の過《あやま》つ所なきものなりやと云うに、必ずしも然る能《あた》わず。近来経済学の研究法に関して最も学界の耳目を聳動《しょうどう》したる論争は、シュモラーとメンガーとの間に起れるもの、これなり。メンガーの率ゆるいわゆるオーストリア学派が、シュモラー等の歴史派学者の記実を偏重すること極端なる過ちを指摘したる効は認めざるを得ず、その他の論点は今日においてこれを見れば、言辞上の論詰《ろんきつ》多く、行き掛り上の論戦に力を傾倒するものにして、学問の進歩に貢献したる所、さまで重大なりと云い難し。メンガーの論ずる所、シュモラーの答うる所、その正しきものは取りてもって経済学者の共同財産となすべく、真理の闡明《せんめい》においては、オーストリア派もシュモラー派も共に偕《とも》に、最後の結論を一、二にすべきものにあらず。

されば、演繹と云い、帰納と云い、正統と云い、歴史と云う、正しき結論に達せるあり、謬《あやま》れる結論に止《とど》まれるあり。今日吾人の要とする所はこれら学派の異同にあらず、その正しき結論はいかにしてこれを得、その謬れる論断は何故に生ぜるやを知るにあるのみ。正しき結論に到達したるは、学派として標榜する所の如何《いかん》にかかわらず、まず準備を事業として事実の蒐集・観察・記述に勉《つと》め、その備え十分に成りて後、慎重公平の論法を用いてこれを解釈し、これを定義し、これを分類し、しかしてその間に存する一貫の関係を闡明したるときにあり。アダム・スミス然り、リカード然り、ミル然り、ロッシャー然り、シュモラーまた然り。これに反し、これらの用意を怠りたるときは、歴史派と云わず、正統派と云わず、その得たる結論は半成不備に止まるか、または誤謬《ごびゅう》に陥《おちい》れり。かく適当なる用意を欠かしむ事情自ずからその間にあり、人間の弱点としては寛容せざるを得ずといえども、学問研究の上に向上の歩を進めんと欲するもの、厳に戒心を加うるを要す。

その事情とは他なし、慎重公平なるべき学術的研究に政策的傾向を加味すること、これなり。正統学派の謬論はその演繹論法偏重のためなるよりも、リカードならびにその祖述者が当時イギリスの経済上の実際政策に関与すること深く、その学理論を取って直ちに政策上の実際問題を左右せんとしたるに帰因するもの多し。歴史学派が、大体においてその研究の方法・態度・用意、正統学派の上に一歩を進めたるにかかわらず、しばしば他の学者の指斥《しせき》を免るる能わず、メンガーの如き有力なる反対論者を見る所以《ゆえん》は、政策論に熱中して、ために間々《まま》累《るい》を学理論に及ぼすことあるがためならずんばあらず。この点においては、両者とも昔日のマーカンティリズムの程度を未《いま》だ全く脱却せざるものなり。リカード時代のイギリス、シュモラー一流の起れる時代のドイツにおいて、実際上の国情が学者に悠々従容《しょうよう》ひたすらに学理の研究に耽《ふけ》るを許さず、図書堆裡の人、また時あってか起って時務の急に干与せざるを得ざるものありしがためにして、必ずしも深く咎《とが》むべきにあらず、かえってその国を念《おも》い、その時を憂うる誠《せい》衷《ちゅう》は諒《りょう》とせざるべからずといえども、後の学者は取ってもって自ら鑑《かんが》み、自ら戒むるの資料となすを怠るべからず。現今我が邦にあって経済学の研究に従事するもの、またその周囲の事情をこれと均《ひと》しくするものなるは、ここに絮説《じょせつ》するまでもなき所にして、政策論を喜んで純理論を疎《うと》むの弊に対して最も厳重なる注意を要すること、我が邦現時の学者の如きは多からず。

もとより経済学の研究によりて得たる結論は、これを実際生活に移して行動の指針とすべきものなるや云うを待たず。しかれども経済学当然の職分として、政策当面実際政治の討究を要すとなすは当を得ず。学問の職分は一貫統一の理法を発見するをもって終る、それ以上になす所は学問当然の職分としてなす所にあらず。マーシャル曰く、「経済学者はある一定の行動の経過が、与えられたる条件の下に正しきものなりや否やにつきてその意見を公表する自由を有すること、すべての人に異ならず、殊に問題の性質が主として経済上の現象に渉《わた》る時は、経済学者は多少の権威をもって論弁するを得べきなり。しかれども概してこれを云えば――今日学者間にこの点に関して多少の異論あるは勿論なれども――経済学者が実際の時事問題に向かって是非の判断を下す時は、一私人の資格においてこれをなすを可とし、決して藉《か》るに経済学の権威をもってすべからざるものなり」と。シュモラーもまた曰く、「経済学者は経済上の実際問題の判定が、常に実験的基礎の上に立つべく、党派ならびに利害関係、先入の僻見《へきけん》・感情等によりて左右せられざるを勉《つと》め図らざるべからず。しかして学者自ら時事問題の論争にあまり主動的に干与するときは、よくこの目的を達すること能《あた》わざるべきなり」と。学者は学問のために学問に従事すべく、その実際上の功過如何《いかん》は自ら他の人を待ちてこれを定むべきなり。しかれども、かく云うは決して経済学研究の一部門として経済政策の研究あるを否定するものにあらず。経済政策論の研究は原理論と相まって斯学《しがく》に欠くべからず。さりながら、経済学者の経済政策を研究するは、実際政治上の綱領を定め、一定の政略的立場を自ら確立せんがためなるべからず。「かくあるべし」「かくなさざるべからず」と主張するときは、既に学問の第一義より下りて第二義に落つるものにして、学者の経済政策論を研究するは原理論におけると同じく、一貫関係の発見を期するものに外ならず。すなわち各国各時代、実際上に起る経済政策の事実を観察し、記述し、これを解釈して、その内より一貫の理法を闡明《せんめい》するを要とすべきのみ。この点より云えばドイツの学者が経済学を二分して、理論経済学・実地経済学となすは人の誤解を招く虞《おそれ》あり。いわゆる理論経済学においても、各国各時代において実際施設せられたる政策上の事実を度外に措《お》きては、万全なる推論に到達すること能わず。実地経済学において期する処は、実地上の画策ならびに綱領を得るにあらず、等しく一貫の理法の発見以外に奔逸《ほんいつ》すべきものにあらず。イギリス経済学者の内には、間々《まま》学としての経済論、術としての経済論の区別を設けんとするものあり。はたまた経済学は果して学なりや術なりやとの問題をさえ提出するものあるは、ドイツ学者と同じ謬見《びゅうけん》に陥《おちい》れるものと云わざるべからず。

また純正経済学・応用経済学の区別を施さんとするものあり。いわゆる応用経済学はイギリス学者の「術としての経済論」と云い、ドイツ学者の「実地経済学または経済政策」と称するものを意味すとなす。しかれどもこの論は学問の要を誤解せしむること、また右に述べたる所に譲らず。およそ純正・応用の区別は、詮ずる所、単に程度の問題にして、マーシャルの引例せる如く、力学は幾何学より見れば一の応用学に過ぎずといえども、工学は力学の応用学と云う、しかるに鉄道工学はまた一般工学より云えば応用学たるが如く、経済学の問題とする所は、すべて実際上に存在する不確定・不規則なる現象なれば、この意味においては、経済学はその全部を挙げて応用科学なりと云わざるべからず。しかるに、他方には、農業経済学・商業経済学または商業学等経済学より見れば明らかに応用学たるものあり。しかれども、いやしくも科学をもって自ら標榜する以上は、実地行動の指針とすべき命令・教訓・処方的立論はその分とする所にあらず、実地と云い、応用と云い、術と云うも、その本来の目的は斉《ひと》しく一貫関係の発見以外に存すべきにあらず。

されば学者が経済学の部門として画定する所も、単に研究の便宜上、仮に分って順序を定むるの外あるべからず。その研究の方法に到っては一あって二なきものなり。その当面の対象は、実際の経済生活とその現象とのほかに出づべからず。純正・応用、理論・実地、学術等の区別は、研究もしくは講説の便を図ってこれを設くるものとすれば必ずしも排すべからずといえども、名のために実を掩《おお》い、研究の対象ならびに方法にかくの如き根本的区別の存する如く思わしむるは、学者の勉《つと》めて避くべき所にして、この用意より見れば、かくの如き名称はむしろ全く廃するにしかず。

経済学の名称に関しても学者また区々の見解を立つるものありといえども、実質にして具《そな》わる以上は、学問の名称の如きは力を傾注して論争する価値なき問題なり。イギリスにては長き間「ポリティカル・エコノミー」（political economy）すなわち政治経済なる称を用いたるに、近来マーシャルは「エコノミー」は経済を云うものにして経済学を意味すべきにあらざれば、すべからく改めて「エコノミックス」（economics）とすべしと唱え、出来得べくんばこれに「ソーシャル」（social（社会的））なる形容詞を加えて、その研究する所は個人的経済現象にあらずして社会的経済現象なることを明らかにすべしと云う。フランスにても「エコノミ・ソシアル」（économie sociale）なる称を取る学者あり、ドイツの学者またこれに賛同して「ゾツィアルエコノミック」（Sozialökonomik）とすべしと論ずるもの少なからず（フランスのギュイヨー、ドイツのディーツェルの如きはその著にこの新名称を付せり、近くは、ドイツ学者共同の大集作たる書にも『社会経済学大系』なる題を着けたり、またスウェーデンの大家グスタフ・カッセルの原論も『理論的社会経済学』と称せり）。ドイツにては在来「ナツィオナールエコノミー」「ナツィオナールエコノミック」または「フォルクスヴィルトシャフツレーレ」（Naticnalökonomie; Nationalökonomik, Volkswirtschaftslehre）すなわち国民経済学なる名称、最も汎《ひろ》く行わる。我が邦にては従来単に経済学と呼び来りしが、金井延博士その著を名づけて社会経済学とせし以来、この称またやや行われ、国民経済学なる名を冠する書もまた出でたり。（明治三十六年刊の拙著はこれを『国民経済原論』と名づけたり。その後、津村秀松博士著『国民経済学原論』刊行せらる。）全体の名称としては、やはり旧によりて最も短くして、また人の容易に解し得る経済学なる称をもって最も当を得たるものとすべく、ある点に重きを置きて論を立てんとする時、その事情に応じて社会を冠する可なり、国民を冠する可なり、世界を冠すること、また差支えあるべからず、必ずしも拘泥の論をもって追従し非難すべきにあらず。

次に経済学の分類についても、ドイツ流の学者は博詞宏弁を費やすを好むといえども、無用の長物たらざるを得るもの少なし。そのうち、フィリッポヴィッチが経済学を分けて、（一）、経済誌、（二）経済史、（三）経済理論、（四）経済政策となしたるは、まず現在の状態については要を得たり。ただその一の経済誌と称するものは、今日未《いま》だ一科の独立せる部門を成さず。近来ドイツにて「ヴィルトシャフツクンデ」（『経済事情誌』とも訳すべきか）なる名称を付して各国の経済事情を蒐集記述するに勉むるものあり、商業学校等の科目にこれを加え、その教科書用としてドイツ商業教育協会にて編纂せる大部の著述出でたりといえども、未《いま》だ学術上独立の価値あるものと見做《みな》されず。イギリスにてもバーミンガムならびにマンチェスター等に商業大学の設立せられたるに伴い、アシュレー、その他学者の力を添えて重要産業の現状を記述したるものに甚だ有益の出版物あり、されど、これらをあげて一科の部門とするは尚早に失するの嫌いあるを免れず。経済統計も性質上同じく経済誌に属すべきものなれども、これまた未だ進歩の初段にありて一科を成すに到らず。されば今日実際研究の現状においては、単に従来の慣習に基づきて成り立ちたるものをもって経済学の部門となすの外あらず、この点イギリスとフランスとドイツと各々その国情を異にし、殊に大学学制の系統を同じうせざるがために異なるなきを得ず。イギリスにてはまず経済原論あり、続いて銀行論・貨幣論・外国貿易論・外国為替論等あり、これらと相並んで財政学・統計学等ありて一通りの経済教育の順序を成すものなれども、近来ドイツ学問の流れを汲みて新たなる科目を加うるもの少なからず。ドイツにては一般経済学または理論経済学を始めとし、特殊経済学または実地経済学これに続く。特殊経済学はこれを経済政策学と呼ぶを常とせり。これを普通、農・工・商ならびに交通論に細分す。また貨幣論・銀行論・取引所論・保険論・植民論・救貧論（皆概《おおむ》ね政策の文字を加う）等を別に設くるあり、社会政策を全く独立の部門とすることもあり。その他、財政学・統計学（これをまた細分して人口統計・経済統計・社会統計等とす）あるは勿論なれども、近来経済史を特別の部門として大学に講座を設くるもの少なからず、殊にミュンヘン大学における一八九九年以来のブレンターノ教授の講義、その後を承《う》けたる故マックス・ウェーバーの講義―近来遺稿を整理して刊行せり―の如き、その模範的なるものなり。イギリスにても近来経済史の一科に甚だ重きを置き、アメリカにても経済史の講座を設くることハーヴァード大学におけるが如きあり。これら皆多くは学制上の関係と、学者の配置とより来れることにして、必ずしも学術的の部門をもって目《もく》すべきものにあらず。経済生活は有機的の活物にして、すべての生物と同じく絶えざる進化発展の流れの中にありて、その経過も成態も共に間断なく変遷する歴史的産物に外ならず。現在吾人の生存しつつある経済組織、この組織内に活動する人間の経済行為は、斉《ひと》しく最近の現象にして、その特質また極めて新しき成立に属す。産業自由の原則は、近世文化の賜《たまもの》にして、その確立は近世的国家の建立と時期を同じうし、その進歩の頂上に立つイギリスにおいて最も早く発達し、今日において最も完全の発展を遂げたるものにして、他の進歩遅れたる国はまたその発展において一日の弟たるものなり。かくの如き経済生活の経過と成態とを研究の対象とする経済学も、また永き史的発展の行程を経て今日に到り、漸くにして時務的・変動的学説の域より脱して、一科の独立なる科学たらんとするものにして、その研究の範囲は曩日《のうじつ》の学説的時代に比して著しく拡《ひろ》まり、学者業にこれに従うもの、また該博なる識見と豊富なる思想とをもって臨まざるべからず。さればその研究法として取る所、またこの範囲の全体に渉《わた》り、洩れなく偏するなく、あらゆる学術的器具を応用し、党同異伐の弊を戒め、客観公平の態度を持して、一時的・政策的利害関係のために左右せらるることなく、記実と演理とふたつながらこれに勉《つと》め、経済生活を支配する一貫法則の発見をもって最高の標的として進まざるべからず。

今この要求に応じ、現今経済学者の研究して得たる結果は、第二編以下において講述せんとする所にして、要求の大なるに比し、今日までに成し遂げ得たる所は大なりと言うを得ずといえども、区々末葉に関する論戦討究のまず収まりて、学者の歩調およそ帰一するに到りしは、極めて最近時の事なるを思えば、向後斯学《しがく》に従事するものの前途は希望洋々たるものありと云わざるべからず。今グスタフ・シュモラーが、経済学者が現在において、学者が一般に一致して共同の立場と認むる所は左の如しと云えり（Schmoller, *Grundriss der allgemeinen Volkswirtschaftslehre*, T. 1, 1919. S. 124.）。

一　進化発展の理法を経済学研究の根本とすること。
二　心理・倫理の研究をもって基礎の概念を定め、昔日の学者の架空に抽象せる「経済人」の如き仮定を捨つること、したがってその主たる問題としては
一　近世の産業自由の原則は歴史的産物なるを認識し、原則としては、個人ならびに所有権自由の存続を主張するとともに、共同主義の作用を認め、これに伴う所得分配の新制度・新形態の研究を忽《ゆるが》せにせざること
二　社会階級の分岐は社会進歩の要件なるを認むるとともに、その過超は吾人の現在を脅《おびや》かすものなるを認め、これを矯正すべき大規模の社会改良を期すること
三　極端なる宇宙主義の誤りなるを認むるとともに、国と国とは必ずしも利害常に衝突するものにあらず、対外経済政策（商業政策）は敵対的の思想を根本とすべきものにあらず、これによりて国際間の協調を進め、いわゆる世界経済の建立に寄与するを勉むべきこと

＊　＊　＊　＊　＊　＊

経済学の目的は、知識を知識のために得るを第一とし、これを実際の問題に適用することは第二たり。吾人は学問の研究に従事するにあたり、その要用如何《いかん》を慎重に考慮するを要するはもちろんなり、しかれども実際の要用如何をもって吾人研究の方針を定むべきにあらず。実際の要用を眼目とするときは、時々の必要のみを考慮することとなりて、学問の第一義たる一貫的総合を遂ぐること能《あた》わず、単に断片的なる知識を追求し、これを実際の必要という一事によりて非学問的に総合するに過ぎざることとなるべし。かくては学問上の真理に到達する日の来らんことは、ついに期すべからず。学問上の系統を立つるには、相互相均《ひと》しき事実及び論証のみを集大成せざるべからず。かくしてその中より系統あり、一貫せる真理を探出することを得るなり。

今試みに、マーシャルが経済学研究問題の重《おも》なるものとして列挙する所を見るに次の如し。

一　近世の社会において富の消費・生産・分配及び交換、産業及び貿易の組織、卸売及び小売、外国貿易、雇主及び雇人の関係を左右する原因は何なりや、これらの運動はいかに働き、またいかに反動するや。その終局の傾向は直接の傾向といかに異なるや。

二　いかなる制限の下に、ある物の価格はそれに対する願望の尺度たりや。社会のある階級の富における一定の増加が生ずべき直接の安寧《あんねい》増進の程度如何《いかん》。一階級の産業能率（Industrial efficiency）はその所得の不十分なるにより、いかなる程度まで害せらるるや。一階級の所得の増加はひとたび起るの後は、いかなる程度までその能率と営利力（earning power; Erwerbsfähigkeit）との増進によりこれを維持するを得るや。

三　産業自由の影響はいかなる度まで及ぶや。いかなる他の影響が有力なりや。これらの結合せる作用如何。産業の自由はいかなる程度まで協業及び独占（combinations and monopolies）を作るに予《あずか》って力ありや、その作用如何。社会各階級はこれがためにいかなる影響を被るや。税利の転嫁（shifting of systems of taxation）如何、それが社会に対する負担如何、国家に持ち来す実収如何。

以上を根本問題として、これより実際上の問題生ず。これは時と国とによりそれぞれ異なるものなりといえども、今欧州諸国現時の主要なる問題をあぐれば、およそ左の如し。

一　産業自由の善き影響を増進し、悪しき影響を減ずるにはいかにすべきか。富の分配をより多く均分ならしむるを可とすれば、そのため私有財産制度にいかなる変化を加うべきか。富の減少を忍んでも自由企業に制限を加うべきや否や、その程度は如何。租税の負担を社会各階級にいかなる割合をもって分配すべきや。

二　分業の現状は果して満足すべきか、人民の大多数が性格を高むる力なき性質の業にのみ従うこと必要なりや。労働者の間に高尚なる仕事に対する能力を具《そな》うべく教育を施すこと可能なりや、殊に労働者に対し協業による企業を起すを得べきよう教育を施し得るや。

三　個人的活動と共同的活動との適当なる関係如何。いかなる事業はこれを国営または公営に委《ゆだ》ぬべきや。独占的性質を帯ぶる業務は、いかなる程度までこれを私企業に委ぬべきや。この点において私有財産制度の現状はそのまま維持すべきや、はたまた多少の変化を必要とするや。

四　富の使用に関する現時の状態は欠点なきものなるや。国家の干渉かえって害ある場合に輿論《よろん》の制裁を用ゆる道如何。国と国との経済上の義務は、一国内個人間のそれに比していかに異なりや。

かく経済学の問題は政治的・社会的また個人的生活に関連すといえども、その最重要なるものは人間の社会生活に関するものなり。換言すれば、今日現在における経済学の実際問題は、第一次においていわゆる社会問題の解決に資するものを主要なるものとすと。

第六章　補　　論

経済学研究法に関する著書はほとんど無数にして、いずれの経済原論にも論及しあらざるはなし。イギリス学者の作中、まず最も薦むべきは、経済学の範囲の章において、マーシャルも引用したるケインズの著なり。その着題左の如し、

Keynes, *The scope and method of political economy*, 2. ed., London, 1897.

これをケアンズの著

Cairnes, *Character and logical method of political economy*.

と共に読むべし。次に昔に溯《さかのぼ》りて最も研究すべきはミルの論理学

Mill, *Logic*, 9. E., 1875.

の第六巻これなり。これを前すでに引きたるディルタイの

Dilthey, *Einleitung in die Geisteswissenschaften*, 1883.

と併《あわ》せ読むべし。

これに続いて必ずジェヴォンズを読むべし。

Jevons, *Studies in deductive logic*, 1880. — *Theory of political economy*, 1871.

次にイギリスにおいて歴史的研究法を主張せるクリフ・レズリーを欠くべからず。

Cliffe Leslie, *Essays in moral and political philosophy*, 1879. 2. E., 1888.

現在英米における歴史的研究法の最も有力なる唱道者としては、アシュレーの『歴史的・経済的研究』（原名前に出づ）また読まざるべからず。

ドイツ歴史派の方法論の権威にして、学者必読の書はクニースの左の著なり。

Knies. *Politische Oekonomie vom geschichtlichen Standpunkte*, 2. A., Braunschweig, 1883.

シュモラー、メンガー両氏の論争は載せて左の諸書にあり。

Schmoller, *Über einige Grundfragen der Sozialpolitik und der Volkswirtschaftslehre*, Leipzig, 1898.

Schmoller, *Zur Litteraturgeschichte der Staats- und Sozialwissenschaften*, Leipzig, 1888.

Menger, *Untersuchungen über die Methode der Sozialwissenschaften und der Politischen Oekonomie insbesondere*, 1883.

Menger, *Irrthümer des Historismus in der deutschen Nationaloekonomie*.

またシュモラーの『原論』第一巻「経済学の方法」の章は簡潔にして甚だ要を得たり。

その他ブレンターノ（*Klassische Nationaloekonomie*, 1888）、ワグナー『原論』第一巻第一冊五四節以下は必ず併せ参照すべきものなり。

金井博士『社会経済学』（二七一―三〇八頁）は研究法を論ずる詳密丁寧なり。しかれどもそのシュモラーを貶《おと》し、メンガーを挙ぐるは予の服し難き所なり。そのミルに下せる評論は公平にして、いわゆる応用経済学において帰納法のみにより、純正経済学においては演繹を専らとすべしとするの誤りなるを論ずる、また甚だ要を得たるものにして、予の推重する所なり。しかれども純正・応用の別を設けて別々に論を立つること、イタリアのコッサに似て、かえってせっかくの論旨を累《るい》する嫌いあるものの如し。河上博士『経済学原論』（二六六頁）には追って後巻に述ぶべしとして一言するをも惜しみ、かえってクラインヴェヒターのために数頁を割愛して、その論旨を尽さしめたれども、元来クラインヴェヒターはコンパイレーション（編集〔compilation〕）のみを成して自家の説をなすこと少なければ、博士の親切はそれ有難迷惑とする所なるべし。

河上博士はその『経済学原論』において言及せざりし各種の問題について、すこぶる有益なる研究を発表し、経済学の科学としての地位と、その研究法とに関し、従来の経済書において聞くを得ざりし深遠の説を提供し、兼ねて予が本章における所論、ならびにその他において公にせる意見を論評せらるること甚だ詳なり。予が眼に触れたるもの左の如し。

一　帰納的真理の価値の大小（『国民経済雑誌』七ノ二）
二　真理の進化（同上七ノ四）
三　経済学研究法に就て福田博士の教を乞ふ（同上七ノ五）
四　学理は凡て仮定に立つ（『京都法学会雑誌』五ノ二）

右等諸論文において博士が提出せらるる問題は、科学の根本問題に関するものにして、単に経済学のみに限られたるものにあらず。しかしてその論は、ひとり博士専用のものにあらず、博士と同様なる疑問を懐きて、そもそも科学存在の根底に向かいて大斧鉞《ふえつ》を下さんと欲する学者その数決して少なしとなさず。されば博士と予とは、共に孤立せる論点を維持するものにあらずして、両者間の異論は、やがてすべての科学に共通なる大問題に関連するものなり。ゆえに博士と予とこれらの点についていかに論争するも、その決定を見るの望みついに存せず、必ずまずこれを世界学問の一般の趨勢《すうせい》の赴《おもむ》く所に鑑《かんが》みて決着するのほか道なきものなり。しかして、博士も予も厳密に云えば、この資格を欠くものなり。元より経済学者といえども、また科学の根本問題について云為《うんい》する権利を有するものなりといえども、それは経済学者としてなす所にあらず、別に哲学の修養、論理学の研究を十二分に積みたる後においてそれによりて得たる知識に基づきて論弁すべきものなり。しかるに、博士と予とは経済学の上においてこそ共通の地盤を有すれ、哲学・論理学の上においては、予の如きはわずかにヴントに師事したるほか、なんらの素養なきものにして、河上博士と相共に哲学上の問題を広識する資格は一もこれを有せざるものなり。されば、予はこの種討究の専門学者より見れば、一場の児戯に終るべきを信ずるものにして、今妄《みだ》りに軽々の言を弄するの勇気を欠くものなり。ゆえに経済学その物ならびにその研究方法については、あくまで博士と共に討究の事に従うべきも、この狭き範囲の外に奔逸《ほんいつ》することは全くこれを避けんとす。ただ博士の懇篤《こんとく》親切に酬《むく》いんため、予が所論に向かって下されたる批評については、今次に限り一言を敢えてしおかんと欲するものなり。

さて、博士が予の所論に対して下されたる評論は、約して左の三点に存するものの如し。

（一）　すべての現象は進化す、この進化する現象に関する真理もまた進化す。しかるに予が絶対的真理を云々するは誤りなり。博士すなわち曰く「たといいかなる研究法によるも一切の学理は、すべて仮定に立つものなり、ゆえに一切の学理は、すべて仮理にして真理にあらざるなり、ゆえに学者の任務は、畢竟《ひっきょう》この仮定を改良してますます正確ならしむるの外なく、したがってまた科学の進歩とは、所詮迷信の発達を指すに過ぎざるものなり、しからば畢竟いかにするも吾人は、到底絶対の真理を悟了するに由なきか、答えて曰く、然り、科学の範囲においては吾人は、到底これを悟了するに術なきなり」と。

今右に対し、まず博士に問いたきは、博士のいわゆる科学とは哲学を含むものなりや否や、博士が真理は科学以外において得べしと云うは、哲学においてこれを求め得べしとの意か、または宗教においてすべしとの意か、近来博士の文禅家の語調を藉《か》るもの多きに徴すれば、博士はあるいはいわゆる「悟」の中に真理求め得べしとなすこと、近重博士の『禅学論』に説く所に同ずるものなりや、博士が予の絶対的真理と云えるものを否定せらるること、もしこの意におけるものなりとすれば、予もまた博士とほぼ同様の見解を有するものなるを告白せざるを得ざるなり。しかれども、かくの如きは博士も云う如く、科学者としての議論の範囲を脱するものなれば、予はここに論及するを避け、単に科学、殊には経済学研究者としての予の管見を述べんに、既に「現象は進化す」「現象に関する真理は進化す」と博士の云えるもの、すなわち科学に絶対普遍なる這箇《しゃこ》の真理を認容するものにして、然る以上、この真理に基づきたる科学的知識は、またそれと同じき意味においては、普遍絶対なるべきなり。しからざれば「現象は進化す」「現象の真理は進化す」と云うこと、それ自ずから絶対普遍の真理ならずして、博士がこの根基の上に立ちてなせる一切の議論は、皆仮定論たるに終り、これをもって他を評隲《ひょうしつ》すること無用の詮議たるに止《とど》まらん。言詮も及ばず、棟択《とうたく》を嫌うをもって絶対の真理となせば「進化す」と云い、「進化せず」と云う、既に絶対の理にあらず、普遍の論にあらず、今、言を切にしてこれを云えば「学理は仮定に立つ」という博士の「ポスチュレート」〔postulate〕もまた仮定に立つものなるなきを得んや。

普遍の真理と云い、絶対の真理と云うは、いわゆる科学的研究法を用ゆる科学の上について云うに過ぎず。しかしてそれは言詮を容《い》るるの意において、仮定の上に立つと云う、あるいは不可ならず。「心」を仮定する真理学あれば「勢力不滅」を仮定する物理学ありと云う意において、一切の経済学はまた仮定の上に立つと云う不可ならじ。すなわち「現象は進化す」「真理は進化す」との仮定の上に立てたる博士の議論をもって、経済学よりひいて一切の社会科学、否すべての科学の性質を議定することの差支えなきが如し。しかれば、予が普遍の真理と云い、絶対の真理と云うもののすべてが、仮定の上に立つものなりとの博士の評言は、予は謹受するものなり。予はこの点について博士と論弁せんとするものにあらず。しかして予が『経済学研究』において絶対的真理を云える、またこの意においてせるものにあらざることは弁明の要なからん。予はただ他のすべての科学におけると同一の意味にての普遍的真理、絶対的真理の我が経済学においても、また求め得べく、否、求めざるべからざるものなるを云えるに過ぎざるなり。すなわち「時と処に従いて、その原理原則を二、三にすべきものにあらず、不偏不党、各種の利害と消長との上に超然としてよく客観的の理法を示すべきものの謂《いい》なり、彼の主観的の理想と判断とによりて、一是一非し、その代表する利害の如何《いかん》によりて、左支右吾《さしゆうご》すべきものにあらざるなり」－『経済学研究』五七三頁－と云えるは、この意味を言うに外ならず。しかして予は「我が経済学は今日といえども未《いま》だ完全なる意味においては、かくの如き程度に達したるものにあらず」－同上書五七四頁－と信ずるなり。ただ学者勉強して一日も早くこの状態に到らしむるべきものと思惟す。しかるに博士はかくの如きは到底達し得られざる空想迷信なりと嘲笑せり。ピラトは「真理とは何ぞや」とキリストに問えり。キリスト黙して答えず。真理はこれを求むるもののみこれを得べく、ピラトに向かいて百万言するも、畢竟《ひっきょう》無用なりとキリストの思惟したるは、微笑を洩らせる迦葉《かしょう》に伝えて、博詞宏弁の阿難ついにこの一大事を承《う》けずとせると同じからん。予は自ら終生勉強して、なおかつこれを得ずとするも、真理はこれを求むるもののついに得べき所なるを確信して疑わず。博士と予とこの点において、あるいはその立つ所を異にする者ならん。しかれば百の陳弁、畢竟人を煩わすに過ぎず。河上博士の如くせば、到底は一切の科学の存在を否定することとならざるを得ば幸いのみ。しかれども博士もまた「真理は進化す」「現象は進化す」との信条を立つる以上、否定せんとして否定し尽す能《あた》わざるものあるにあらざるか。しからば異日同所に落ち来るの望み全くこれなきにはあらず、予は忍耐してその日の来るを待たんのみ。氏あるいは云わん「現象は進化す」と云う、元より絶対的真理にあらずと。しからば絶対的ならざるこの真理を提げて、絶対的なる真理の有無を論究すること、いかにして可能なりや、予は惑《まど》いなき能わず。

＊　＊　＊　＊　＊　＊

予は以上、旧版に記しおきたる処をほとんどそのまま保存したり、さりながら、今（大正一三年七月）校訂に際して、翻《ひるがえ》りて河上博士の諸文を商量するに及び、予が右答弁を草したるとき、未だ我が経済学の問題となりおらざりし一大時弊に対し、博士はその独特の第六感によって、予《あらかじ》め痛棒を下しおかれたるかの感を禁ずる能わず。一大時弊とは、学問、殊に哲学万能の臆説の流行これなり。カントの哲学上に功績の偉大なることは、予などのくだくだしく云うを待たざる所なれども、近来カントの虎威《こい》を藉《か》りて、耳食の徒しきりにア・プリオリの絶対権威をもって一切の実証科学の根底を破壊し去らんとするものあり。ロッシャーがかって、経済学は哲学的方法のために大なる誤謬《ごびゅう》に陥《おちい》れりと絶叫して蹶起《けっき》し、歴史的方法の重んずべきを、野に叫ぶ人として提説したるは、既に七、八十年の昔にあり。吾人は今日の一知半解の哲学万能論、エピゴーネンによって誤伝せられたるカント哲学濫用の流行に対して、転《うた》たロッシャー当年の感慨を追懐せざる能わず。実証科学はもちろんのこと、哲学もまた河上博士の云わるる如く、すべて仮定に立つものにして、博士の言を藉りて云えば、その絶対普遍妥当のア・プリオリなるものも、また畢竟は仮理にして真理にあらず、哲学の進歩とは所詮迷信の発達を指すに過ぎず。博士の言を更に借りれば、畢竟いかにするも吾人は到底絶対の真理を悟了するに由なきか、答えて曰く、然り、科学・哲学の範囲においては、吾人は到底これを悟了するに術なきなり。然るを、哲学のみひとり絶対の真理を教ゆるものの如くに主張する一部耳食の徒に対しては、河上博士のこの言は、さながら万斛《こく》の冷水を極熱頭上に注ぐの概なくんばあらず。

イギリスの大学者フレーザーは、三十年苦心の大著述『黄金の枝』一二巻を完成し、しかしてその最終において自己の業績と、自己の研究の題目とを総括して、実に左の如く云えり。

Yet the history of thought should warn us against concluding that because the scientific theory of the world is the best that has yet been formulated, it is necessarily complete and final. We must remember that at bottom the generalisations of science or, in common parlance, the laws of nature are merely hypotheses devised to explain that ever shifting phantasmagoria of thought which we dignify with the high-sounding names of the world and the universe. In the last analysis magic, religion, and science are nothing but theories of thought; and as science has supplanted its predecessors, so it may hereafter be itself superseded by some more perfect hypothesis, perhaps by some totally different way of looking at the phenomena — of registering the shadows on the screen — of which we in this generation can form no idea. The advance of knowledge is an infinite progression towards a goal that for ever recedes. *The Golden bough.* Ab. ed., 1922. pp. 712-3.

さりながら、思想の歴史は、吾人に戒めて、世界に関する学問的理論が、今まで形つくられたるもののうち最善のものなりとて、これをもって、必然的に完全にして最終なるものとなすべからざることをもってす。吾人は記憶せざるべからず、畢竟《ひっきょう》する所、学問の概括、または、普通の用語を藉《か》れば、自然の法則なるものは、吾人が、世界と云い、宇宙と称する尊称をもって権威付くる所の、思想の常に交代して息《やす》まざる幻灯を説明すべく案出せられたる単なる仮定に過ぎざることを。結局において、魔術、宗教及び学問は、単に思想の諸理論に外ならざるものにして、あたかも学問が、その先輩（魔術及び宗教を云う）に代位したりし如くに、学問そのものは、また他日、あるより完全なる仮定、恐らく吾人が現代において夢想だもし得ざる、ある全然異なりたる現象考察の方法——すなわち幕に映ずる影を記録する方法——によって駆逐せらるることあり得べきなり。知識の進歩とは、絶えず後退する標的へ向かっての無限なる前進の謂《いい》なり。

『黄金の枝』節約版　七一二—三頁

この謙遜にして篤実なる態度を持したればこそ、フレーザーは彼が如くの大なる業績を挙ぐるを得たるなり。これをア・プリオリ哲学の虎威《こい》を藉りて、傲然として他に臨み、節を屈して異説を聴くことを恥とする耳食学者の態度に比す、その差千里も啻《ただ》ならず。

＊　＊　＊　＊　＊　＊

（二）　演繹・帰納学派の別は畢竟程度の問題なりとの予の論は誤れりと云うこと。

河上博士のこの点の評論は、終始抽象的にして経済学史の史実を全く無視す。氏は食事の例を抜き来りて、順序の一問題なり云々《うんぬん》と言われたれども、それは演繹・帰納両論法の性質論なり。予は論理学上の這箇《しゃこ》の問題を論ぜるにあらず、主としてイギリス及びドイツの経済学史上の沿革において、いわゆる演繹学派・帰納学派の論争は、畢竟程度の問題に過ぎずと云えるにて、事実に基づきて立論したるに過ぎず。経済学史の実際に徴するときは、河上博士の云う如く、常にすべての題目について、まず演繹論法を用い、帰納論法は必ず第二段においてのみ使用したる（使用すべしと主張したるの意にあらず）学者なく、またその反対に帰納論法を常に始めに用い、演繹論法はその後においてのみ用いたる学者、またこれなし。リカードといえども、その生産論におけると、交換論におけると、分配論におけると、順序同一ならず、また各論中の各頭目に関する研究法それぞれに異なれり。されば河上博士の云う如く、常に「スープ」より始めてコーヒーを最終に喫するが如きものは、経済学の全般においては絶えて存することなきなり。もし河上博士の如く、経済学の一切について、スープより始むるものを演繹学派とし、コーヒーより始むるものを帰納学派と云わんとするならば、経済学には、演繹学派も帰納学派も共に存せざるなり。これに反し、経済学史の実際の事実においては、この両学派は肉を多く食わんとするものと、パンを多く喫せんとするものあるが如く、演繹論法を多く用いんとする者を演繹学派とし、帰納論法を多く用いんとするものを帰納学派とするものにして、肉を多く喫するもの必ずしもまず肉を食い、終りにパンを喫すと云うべからず、パンを食う者また必ずしもその食事を始むるにパンよりすと云うべからざるが如きなり。河上博士の如く云えば、パンを多く食するものといえども、食事の始めに肉を取り、次いでパンに及ぶものは、これを目《もく》して肉食者となさざるを得ざることとならん。この理あるべからず。予は抽象的に両派の本質を論ぜざるものにあらず、経済学史の実際において演繹学派と称し、帰納学派と称せるもののなす所を見て、両者の差は畢竟程度の問題たるに過ぎずと云えるものにして、河上博士の批評は、全く標的とする所を異にせるもの、予は今において、なおさきに本書において説きたる所を改むるべき所以《ゆえん》を見る能《あた》わざるものなり。

（三）　歴史は文学なり、しかして経済史は科学たる経済学の補助要具なり。しかるに予がこれを科学たる経済学の一部門とせるは誤りなりと云うこと。

予が経済史をもって経済学の補助科学なりとする見解を取らざること、本文中に論述しおける所なり。経済史はそれ自らにおいて、いわゆる発展の法則の発見を勉《つと》むるものにして、単に記述を事とするのみにあらず。世上あるいは歴史哲学なるものをもって、歴史の上に立つべき科学なりとし、史学はあくまで単に記述を主眼とする程度の学なりとする学者なきにあらず。史学発達の現状においては、あるいは然るが如きものあらん。しかれども予は、史学そのものもまた一の独立せる科学たり得るもの、たらしめざるべからざるものなりと思惟するものにして、歴史哲学と云うことに対して、未《いま》だ多大の信仰を捧げ得ざるものなり。しかして経済史はそれ自らにおいて経済現象発展の法則を見出すを目的とする科学なり。もし単に記述に限るとするときは、古今東西に渉《わた》りて普《あまね》く一切の現象を記述するが如きは、到底人間のなし能《あた》う所にあらず、その記述は、畢竟《ひっきょう》史的発展の理法を闡明《せんめい》するに必要なる程度に止《とど》まるものならざるを得ず。この意においては、経済史も多く仮定の上に立つとの非難を被ること、また已《や》むを得べからず。

*　*　*　*　*　*　*

以上、単に河上博士の論評に対する答弁の一端に過ぎず。もしそれ更に深く根蔕《こんたい》に溯《さかのぼ》りて立論せんと欲せば、この種論争は、単に断片的の論文もしくは著書の付録においてすべきものにあらず、別に特殊の研究を総括する一書を作《な》さざるべからず、この事あるいは遠き将来に期し得べしとするも、今はその時にあらず。予は右述べたる管見に基づきて、まず経済学そのものの進歩発達を期し、斯学《しがく》の学理の討究に潜心する外なく、途上の奔命に疲れて、予が業のついに半成に了《おわ》らんこと、常に自ら戒めてなさざる所なり。幸いに河上博士の諒察を乞う。

なお同博士の「学者政策を論ずるの権威ありや」なる論文については、本章本文において卑見を尽しあり、参照を乞う。予は学者としては政策を論ずる権威なしと確信すること今（大正一三年七月）なお昨に渝《かわ》らず（本書旧版には右のほか、更に河上博士の因果理法云々《うんぬん》の論に関する答弁を載せたり。この点、拙答誤りあり、よって今省きて載せず）。

*　*　*　*　*　*　*

経済学上の法則

『改定経済学講義』第一巻第三章を収録す。ゆえに前段と重複の点、若干あり。

学問の要はその対象の何たるを論ぜず、一貫統一の理法を発見するにあり、すべてこの目的のために普く事実を蒐集し、これを適当の順序に排列し、これを解釈・説明し、これよりついに一貫の理法の推断に及ぼすべきなり。シュモラー（Schmoller, *Grundriss der allgemeinen Volkswirtschaftslehre*, T. I. SS. 101–112）が観察・記述・定義・分類の四をもって、経済学研究の準備過程なりと云えるは、すなわちこの意に外ならずとして、マーシャルもまた同ずる所なり。シュモラーはその意を布演《ふえん》して曰く、経済学の研究に三個の不可欠過程あり、一は事実を汎《ひろ》く観察し、これを正しく記述す、二はこれに基づいて定義し分類して、洩らす所なく謬《あやま》りなき概念を構成す、三はこれより平準を見出し、その原因を究めて、ついに因果的結論に到達すと。これらの事業たる、いずれも必要不可欠研究の過程にして、三者そのいずれを欠くも完全を期することと能わざるものとす。然り、然りといえども、吾人、研究最終の到達点は一貫理法の発見にあり、他の過程はこの目的を達する手段たり方法たること決して忘るべからず。いやしくもこの目的を到達するに必要なるものは、演繹論理たると帰納論理たるとを問わず、均《ひと》しく採用すべきなり。したがって経済学にのみ特有なる研究法あることなく、吾人はすべての科学に共通なる研究法に従うの外なきものとす。然りといえども吾人、研究の問題の異なるに従い、事実の考証に重きを置くべき場合あり、または反対に事実相互間の関係の推究に主力を注ぐべき場合あり、必ずしも千篇一律なるを得ず。

従来経済学においては、研究法に関する論争甚だ盛んにして学者各々区々の見解を持して下らず、甲論《こうろん》乙駁《おつばく》ほとんど底止《ていし》する所を知らざるの観あり、局外者をして適従する所を得るに苦しましめたり。人あるいは直ちにこの事実を捉えて、畢竟経済学は未だ一科の独立科学たる資格なしと苦言する者あり。しかして経済学者自らその半生の心血を絞りてひたすらに研究法の論争に従事し、かえって本来の研究そのものを忽《ゆるが》せにするものまた少なからず。いわゆる学派と云うものも、多くは経済上の学理そのものについて見解を異にするより起るにあらず、単に研究法の異同に基づきて離合集散するものなるやの観あり。これ、ある度までは学問発達の道行き上免るべからざる一の階段にして、論難紛争の間また一条の光明の自ずから認むべきあり。経済学の現状は未《いま》だこの過渡時代を脱却し了《おわ》らざるものなりといえども、今日において最も進歩せる学者の間には自ら相一致し相認承する点の定まるあり、また曩日《のうじつ》の混沌たる状態と同一視すべきにあらず。もとより国を異にし人を異にするにより趣向必ずしも同一轍《てつ》に出づるを得ざるも、これらの小異によりて左右せられざる大同の傾向の存すること、また否定すべからざるに至れり。

すべての科学中、進歩の最も著しきものは精密科学（exact science; exakte Wissenschaft）にして、自然科学（natural science; Naturwissenschaft）は多くこれに属せりといえども、自然科学は今日において、いずれも皆完全なる意味の精密科学たる状態にありと思うは非なり。しかれどもおよそ科学たる以上は自然科学たると人文科学（Kulturwissenschaft（Rickert））たるとを問わず、いずれも精密科学たらんことを期するもの、期せざるべからざるものなり。精密科学たらんには、多数の観察材料を一定の記述（statement）の下に置くを得るものならざるべからず。この一定の記述は、しばしば他の現象、他の事実をもって吟味するによりいよいよ確かめられて、ある度まではこれに基づいて未然の出来事を予測し得るに至るべく、かくてここに科学上の法則（scientic laws, wissenschaftliche Gesetze）なるものを生ず。されば学問の進歩とは、詮ずる所、これら法則の数を増加し、その精密の度を加うることに存すと云うべきなり。ひとたび得たる法則は、これを吟味するにいよいよ厳密なる考査をもってし、その範囲を拡張し、その結果、適用の範囲狭小なる小法則は漸くに廃れ、その範囲の広き大法則これに代るに至りて、科学の資格は完全なるを得るなり。この程度に達するときは、吾人は法則の運用によりて権威ある予測を未然将来に関して下し得べきなり。研究者の数加われば加わるほど、各種の方面に渉《わた》りて既存法則を精密に吟味すること多く行われ、また新たなる法則の見出さるるに至り、後代の学者はよく前代学者研究の結果を利用し得、必ずしも自ら初めより研究に着手するに及ばず、前人の研究終る所より研究を継続して、常に何物かを新たに付加し得るなり。経済学の現状はまだこの程度に達しおらずといえども、その期する所はこの種科学の列に入らんとすること、これなり。経済学の測定は十分に精密なるを得ず、また最終確定のものたらずといえども、学者の努力は精密の度を増し、法則適用の範囲を拡張しつつあり。

およそ与えられたる原因はこれを妨ぐる事情なき限り一定の結果を招致す。この両者の関係を言い表すもの、すなわち法則なり。科学上の法則中、引力の法則（law of gravitation）の如きは最も精確にして、これを疑うべき余地毫《ごう》も存せざるが如し。しかれども実際の自然界の出来事にして、引力の法則のみの支配を受くるもの一もこれあらず、いずれもこれを妨げ、これを支うる事情あり。すべての物は地に落つと云うも、空気よりも軽きガスは、かえって反対に浮揚す。されば精密一点の疑いを容《い》れざる引力の法則といえども、要するに、一定の傾向の記述（statement of tendencies）にして、実際起る現象をそのままに言い表すものにあらず。しかれども数学者はこの法則に基づきて種々の計算を立て、その計算は寸分の差なく、これをすべての場合に適用して戻らず、謬《あやま》らざるなり。経済上の法則は決してかくの如き精密を有する法則にあらず、しかれども自然現象の法則といえども引力の法則の如き精密を有せざるもの多々ありて、経済上の法則と相似たり。マーシャルは潮の高低をもってこれに比し、経済上の法則は星学の法則よりも、潮の高低に関する法則に近しと云い、また生物学上の法則（biological laws）に似たりとも云えり。

従来経済学において法則と称せらるるものその数少なからず。しかれどもその法則なるものに関して、学者の所論一致するものむしろ少なく、そもそも法則なるもの経済学にあるべきや否やは重大なる宿題として、今日未だ十分なる解決を見ず。殊に歴史学派は法則なるものに対して重大なる疑いを抱き、あるいはその存在を全然否定するものあり。これ法則なる文字の意味を解すること、人によって異なるより起る所にして、法則ありと主張するものと、法則なしと主張するものと、その説く所の内容必ずしも異なれるにあらず、所詮は名称の争いに過ぎざる場合少なしとせず。

法則と云うにおよそ四の意義あり。一は慣習上行為の常規（Gewohnheitsgesetze）の意にして、英語にて law of conduct と云う、いかの場合には人はいかの行為をなすを当然とすと云うことを一定の形において言い表す、その最も整えるは商慣習・民事慣習等、これなり。二は法律（Rechtsgesetze）の意にして、公の制裁の下に定めたる人間行為の拘束なり。三は道徳律（Moralgesetze）の意にして、人はかくなすべきものなりとの命令、ドイツ語にていわゆる「ザイン、ゾレン」のことなり。四は因果理法または一貫関係の傾向記述（statement of tendencies）の意にして、この原因あれば、かの結果ありと云うことを定式的に言い表すこと、これなり。経済上にて云う法則は、第一・第二・第三の意味においてするものにあらず、第四の一貫関係の傾向記述のことなり。いかの場合に何をなすべきやを定むるは慣習上の法則なり、権利義務の関係を定め、これに公の制裁を付するものは法律なり、何は善事なりなすべし、何は悪事なりなすべからずと教うるは、道徳律なり。経済上の法則は、これらと異なり、いかなる原因あるとき、いかなる結果生ずるや、これに他の原因加わるときは、いかなる作用起るや等、事実と事実との関係を述ぶるに過ぎず、かくなすべし、かくするは善事なり等の命令・教訓を与うるものにあらず。いわゆる経済政策上の法則も、また直ちに人間の行為に準律を下すにあらず、政策上における施設と作用とについて、一定の関係を説明せんとするものなり。この一貫関係の理に基づきて、行為の標準を立て、実際政策の方針を画し、法律を制定し、または道徳上是非の判断を下すは、政治家なり実際家なりのなす所にして、法則の関する所にあらず、経済学者が学者として与《あずか》る所にあらず。しかれども法則と云うも引力の法則・勢力不滅の法則（law of the conservation of energy）の如きものにあらず。ゆえに学者、あるいは経済上の法則は moral law（道徳的因果律）なりと云う、その意、命令・教訓を含む道徳律の謂《いい》にあらず、道徳的存在たる人間動機の働きに関する法則の義なり。ドイツの学者はまたこれを経験律（Erfahrungsgesetz; empirisches Gesetz）または歴史律（historisches Gesetz）、発展律（Entwickelungsgesetz）等と云い、イギリスにおける歴史派の代表者たるアシュレー（Ashley, *Economic history*, vol. 1, pt.

1. 1894. Preface xii）は law of social development 史的発展律なる語を用ゆ。経済学現時の要求としては、歴史律または史的発展律の発見は最も重要なりといえども、経済史研究の未《いま》だ幼稚なるこれより歴史律を打ち立て得るには材料甚だ闕如《けつじょ》たり。従来の正統学派が、経済上の法則をもって第一義における自然法則、すなわち引力の法則・勢力不滅の法則等と全然同一種のものとしたるは当を得ず。歴史学派起りてその誤謬《ごびゅう》を指摘し、主として史的発展律の意における法則に重きを置き、また人間動機の作用の大なるを明らかにするため、道徳界の自然法則と云う意味にて moral law なりと唱道し、更に近来これを目的律（teleologische Gesetze）と称する者あり。いずれもそれぞれ相当根拠を有する主張なり。

法則とは、精密確定の度にそれぞれの差違ある傾向の記述、一般的前提の謂に外ならず。ゆえにいずれの学問においてもこの意味の法則存せざることなし。しかれども一般的傾向の言い表しは、直ちにことごとく法則たるにあらず。吾人はそのうち、法則の名を下すべきものと然らざるものとを分別せざるべからず、その分別の標準は一《いつ》に科学的要求にのみ基づくべし、断じて実際上、政策上の考慮を加味すべからず。また一部の独断臆説を執りて他を排すべきものにもあらず（この点において吾人は、一部学者のア・プリオリ論に賛同することを得ず）。

今定義を下さんとならば、社会上の法則とは、社会的傾向の記述、すなわち一定の条件の下に、一定の社会団体の部員について、期待すべき一定行為の記述なりと云うべく、経済上の法則とは、経済的傾向の記述、すなわち社会的傾向のうち、その主たる動機の強さを貨幣価値をもって称量し得る行為に関するものの記述なりと謂《い》い得べきなり。されば経済上の法則と然らざる社会法則との間の区別は、截然《せつぜん》分界せられ得べきものにあらず、貨幣価値をもって測定し得る動機のみに関する社会法則と、貨幣価値の測定を全然許さざる動機に関する社会法則との両極端の間には、不断多数の中間現象あり。いずれの点において一端終り、他の一端始まるやを確知すること容易ならず。

法則に準拠する現象を法則的あるいは規範的現象（Normal phenomenon）と云い、然る行為を法則的あるいは規範的行為（normal action）と云う。経済学においてはこれら法則的現象・法則的行為を論ずる場合甚だ多し。その意味は一定の条件の下に、一定の経済社会の部員について期待し得べき、一定の行為行程と云うことにして、その条件の変じ、その属する経済社会異なれば、その行為行程の同じからざるべきは勿論なり。具体的条件と社会状態とを離れて法則行為を論ずるは無意味にして誤謬《ごびゅう》なり。今日経済上にて云う法則的行為とは、今日の文明国において、殊に産業の自由・私有財産・交換・及び分業（economic freedom, private property, exchange and division of labour）の発達せる社会において行わるる所を云うものにして、この前提の具備せざる社会については必ずしもそのままに適用し得べからず（この点、坂西教授の論推服すべし。近刊『神戸高等商業学校開校二十周年記念講演及論文集』六九―九六頁所載「価格生活の理論」を見よ）。普通今日の産業社会の常態を自由競争の社会と云う、しかれども法則的行為の中には、自由競争の前提の下に行わるるものあり、この前提なくして行わるるものあり。然るを法則的経済行為と云えば、必ず自由競争の前提の下に立つものと解釈するは誤りなり。また経済上の法則には、寸毫《すんごう》も善悪是非の判断を含まざるものなれば、法則的行為と云うも、決して道徳上正しき行為の謂《いい》にあらず。言い換えれば法則的行為と云うは、人はその行為をなすべきものなり、またはその行為をなすを正しとすとの意を寸毫も含まず、かくかくの条件の下には、かくなす傾向を有するものなりとの意を表すに止《とど》まる。ゆえに学者あるいは難じて曰く、経済上の法則はすべて仮定的（hypothetical）なり、法則的行為と云うも皆仮定的行為なりと。しかれどもその意味にては、すべての科学は皆仮定の上に立ち、すべての科学上の法則は仮定的なり、絶対的法則なるものあるべからず、いずれも一定の条件の下においてのみ行われ得るに止まるものなるを知らざるべからず。殊に社会科学にありては、「他に妨ぐる事情なきとき」または「他の事をすべて同一なりと推定して」（Ceteris paribus: other things being equal）と云うことの常に相伴うものなり。経済上においてはこの事、殊に必要にして、学者は常にこの事を繰り返し、聞く者をして常にこの推定の伴うものなるを忘れしむべからず。いわゆる正統学派・演繹学派（deductive school）の誤りの多くは、この事を繰り返すを煩わしとして省略に従いしより起れり。殊にリカードに至って然りとす。然り、しかして与えらるる条件は絶えず変遷し、経済現象の起る社会状態は常に進化して已《や》まず、されば一時において法則的行為たりしもの、他時に至りてはその資格を失うもの少なしとせず、各時代はそれぞれに特有なる経済問題を有し、各文明国はそれぞれに固有なる経済現象を有す。経済学はこれら問題、これら現象の異なるに従い、殊にその進化発展に伴い、その学理をこれに適応し行くものにして、今日イギリスを中心とする欧米文明国に著しく行わるる経済学説は、イギリスが経済上の優勢を占めたる過程に伴いて漸次に開展して今日に至れるものにして、この状態の変ずるに従い、学説もまた変化することを免れず。吾人は勉《つと》めて研究の範囲を広くし、材料の蒐集を大にして、かなりすべての状態、すべての事情に通じて適用し得らるべき法則の発見を期せざるべからず。経済学の現状は未《いま》だこの要求に副《そ》わざるもの多々あり、然りといえども吾人の将来に期する所は、実に我が学をしてこの状態に到達せしむるにありとす。

総論付録

経済学研究の栞《しおり》

およそ一科の学問を研究するに多読と精読と二の道あるべく、そのいずれを執るべきかは、人の天稟《てんぴん》の同じからざる事情を等しくせざる、ならびに目的の一ならざるによりて一様に答うること能《あた》わず。ただ予一個の従来の経験を語りて学者の参照に供せんに、概して多読よりは精読の方、益多きが如く、殊に自己が満腔《まんこう》の尊敬と同情とを傾注するを得べき、ある一家の書を取りて熟読玩味し、その文字以外の精神を捉《とら》うることに勉むるをもって学者第一の業とす。決して第二流以下のものを択《えら》ぶべからず、書名の如何《いかん》、出版年月の新旧は暫くこれを措《お》き、第一流の学者の第一流の書のみを読むべく、ただかくの如きものを欠く時、はじめて第二流以下に下るべし。単に書名の嶄新《ざんしん》なると、目次の体裁の整えると、出版年月の新しきとを喜びて、著者の誰なるかを問わざるは、初学の通弊なりといえども、かくの如きは学問の進歩に害ありて益なし。学問に流行を競うべからず、研究に追従を事とするなかれ。今まずこの意をもって経済学の研究に従事せんとするものの読むべき、斯学《しがく》現今の最も進歩せる立場を代表する学者の書を求むるに、その数多からず。予はその書としてマーシャルの大著（原文を解せざる人は大塚教授の邦訳、大正八年四月刊行『マーシャル経済学原理』を見るべし）を躊躇《ちゅうちょ》なくすべての人に薦めんとす。原題及び版次左の如し。

Marshall, *Principles of economics: an introductory*, volume 1, 1890.－2. ed., 1891.－3. ed., 1895.－4. ed., 1898.－5. ed., 1907.－6. ed., 1910.－7. ed., 1916.－8. ed., 1920.

ただこの著を初学の用に供するには左の点に注意を怠るべからず。

一　氏の文体ややもすれば冗長に流れ、その要領を捉《とら》え難きこと、しばしばあること。されば初学の士これを読む時は、一切他の雑念を去り、一意全心精力を集中するを要すること、

二　氏は反対論に対しても決して疾呼《しっこ》してその非を鳴らさず、諄々《じゅんじゅん》としてこれを自己の立場と対照するを倦《う》まざること。されば読む者、間々《まま》氏の定論の那辺に存するかを看極め難きこと、

三　氏は大体において従来のイギリス学者、殊にジョン・スチュアート・ミルの立場を守持するに勉《つと》むること。氏はドイツの学者の所論は元よりフランス、イタリア、オーストリア学者の研究に精通すれども、かなり新奇の観を避けんことに意を用い、新しき学説を古き説明法をもって包むに力を尽したること。されば、これをドイツ学者の論と対照すれば、外観甚だ異なる所あるが如くなれど、その実はドイツ学者に更に一歩を進めたる新説もまた少なからざること。したがって読む者、眼界を広く保ち、頭脳を緊張するにあらざれば、宝の山に入りて手を空しくして帰るの虞《おそれ》あること、

これなり。なお右書の続篇として、その後刊行せられたるものは左の二書にして、恐らくこれをもってマ氏の大著

は、事実上完結せるものなるべし。－果して、本書校訂中、氏は八十余歳の高齢をもって、ついに易簀《えきさく》［有徳の人の死］したり。－第一にあげたる『産業と貿易』は邦訳書、既に市に上れり。

Marshalll, *Industry and trade: a study of industrial technique and business organization, and of their influences on the conditions of various classes and nations*, 1919. 3. E., 1920.

Marshall, *Money credit and commerce*, 1923.

次に薦むべきはシュモラーの新著なり。原題左の如し。

Schmoller, *Grundriss der allgemeinen Volkswirtschaftslehre*. 1. Teil, 11.-12. Tausend, ergaenzt und vermehrt, 1919.……2. Teil, 7.-12. Tausend, ergaenzt und vermehrt, 1919.

氏は最も新しき立場を代表すること勿論にして、殊にその書の編次、従来のいずれの書とも異なりて、全然新案に成れり。しかれども一見して甚だ新奇なるものも、詳《つまび》らかにその内容を吟味すれば、必ずしも然らず。氏の著の最も勝れたるは、その歴史的叙述に係る部分にして、その最も劣れるは演理的部分なり。この点においては、長短をマーシャルの著と正反対にするものと云うべくして、両々相補うに最も可なり。ある学者がシュモラーの新著を評して「経済学の存在を否定する最も有力なる書」と痛言したるは、この意を極端に表したるに過ぎず。されば、マーシャルの書と同じく、初学の士、直下にこれを取りて読むは可ならず、明眼の師家を得て授述を待つべきものとす。

次に予は国別に従い、その国学者の著述せる経済原論の書の重要なるものを紹介すべし。

ドイツ学者の手に成るもの

フィリッポヴイッチ『経済原論』

Philippovich, *Grundriss der politischen Oekonomie*. 1. Bd. *Allgemeine Volkswirtschaftslehre*, 14. Aufl., 34.-39. Tausend, 1919.

この書はしばしば版を改めて、最新事実と最新学説とを網羅すること甚だ懇切なり。気賀勘重《きがかんじゅう》氏の訳本はまだ完璧と云うべきにはあらざるべしといえども、ドイツ語を解せざる人のためには甚だ歓迎すべきものにして、文辞暢達《ちょうたつ》、編次整備、邦訳経済書中有数のものとす。ただし原書新版の改訂に従って、校訂の必要あり。

ワグナー『理論社会経済学』

Wagner, *Theoretische Sozialoekonomik, oder, Allgemeine und theoretische Volkswirtschaftslehre: Grundriss tunlichst in prinzipieller Behandlungsweise*, 2 Bde., 1907 u. 1909.

ベルリン大学の学生に講義参考用として従来私刷配布したりしものを増訂し、はじめて一書として公にしたるものにして、同氏の大著『経済原論』（原名前に出づ）を読む手引となすに便あり。一九〇九年、第二巻出でて全部完結せり。あるいは簡潔摘要の点においては、これ彼に勝るものあらん。氏の『経済原論』は大著述にして、シュモラーの書出づるまでは斯学《しがく》第一の書とまで云われたるものなれども、編次繁雑、定義分類の形態に力を傾け過ぎて、内容これに副《そ》わず、初学者の読むには適せず。氏を評して「プログラム倒れ」と言うものあるは、氏の学風の純ドイツ学究的なるを嘲《あざけ》りたるものなるべし。しかれども今日においても、なお甚だ敬重すべき一代の巨作なることは、人の普《あまね》く認めて渝《かわ》らざる所なり。

コーン『経済原論』（原名前に出づ）

文字簡潔・清楚、シュモラーの絢爛《けんらん》、ワグナーの綿密なると相対して、特色を発揮す。その行わるること割合に狭きは、教科書向きならざるがためなるべく、また材料の豊富の点において遠くフィリッポヴィッチに及ばざる故もあるべしといえども、試験用・体裁用以外ただ学問の楽に浴せんがため、経済書一、二冊を読まん程の心掛けをもってする人には、ドイツ書中にては、最も薦むるに適せるものなり。これコーンの学風、身はドイツ学者にてありながら、イギリス学者に私淑する所甚だ多きがためなるべし。予はこの書を愛読する者なり。

コーンの著と同様の意味にて推薦し得べく、しかもそれに比すれば、遥かに多く新研究を含み、更に理論の方面において勝れるものは左の書なり。

Lexis, *Allgemeine Volkswirtschaftslehre.* (*Die Kultur der Gegenwart: ihre Entwickelung und ihre Ziele,* herausgegeben von Paul Hinneberg, Teil II, Bd. 16) 2. Auflage, 1913. Later edition unchanged.

この書はコーンの書に較《くら》ぶれば、いささか難解の感なきにあらず。それは著者の文体極めて簡潔にして、豊富なる学理をわずかの紙数に満載したるがためなり。されば、この書を読むものは、薬精を水に解く如き心得をもって、十分に自己の思考力を働かせつつ読み行くときは、啓発する所甚だ大いなるべし。

右書とは趣を異にすれども、簡潔の文をもって、精緻該博なる組織を披瀝《ひれき》したるものに左の一書あり。殊にマルクス評論の節の如きは、僅少の文字をもって、雄勁《ゆうけい》なる批評を試みたるものなり。この書、人のこれを論ずるもの少なきがため、その価値十分に認められざるは、甚だ惜しむべきことなり。これ一には、著者が名聞を好まざる篤学の人たるがためなるべし。予はこの人のこの著を顕すの義務あるを痛感するものなり。

Platter, *Grundlehren der Nationalökonomie: kritische Einführung in die soziale Wirtschaftswissenschaft,* 1903.

右三書とは、正反対に、博詞宏弁、一切の問題に渉《わた》りて、娓々《びび》として説いて尽きず、しかもフィリッポヴィッチの如く、主として他人の説を蒐《あつ》むるのみをもって事とせず、自家の研究を経《たていと》として、他人の研究を緯《よこいと》とし、縦横に論究して、ほとんど余蘊《ようん》なきものは、左の書なり。

Pesch, *Lehrbuch der Nationalökonomie.* 5 Bde., 1909–1923.

通計五巻より成り、第五巻は極めて最近に刊行せられ、ほとんど十五ヶ年を経て大成したるものなり。行文は平易なれば、通読難事ならず。著者はエズイットの僧徒にして、その立場より経済生活を研究したるため、教外のものにとりては、往々興味を感ぜしめざる論述もあれども、その論必ずしも狭隘《きょうあい》なる教理に囚《とら》われざるが故、敢えて障碍《しょうがい》となるまでのことあらず。否、時には、尋常経済学者より聞く能《あた》わざる独得の観察を知ることを得、我等の狭き専門臭を打破するの妙用もあり。

極めて簡単なれども、要領をあげてほとんど漏らす所なき書は Fuchs, *Volkswirtschaftslehre* なり。その甚だ汎《ひろ》く行わるるは誠に当然なり。予は『国民経済原論』において、その梗概を祖述しおきたり。その他コンラートの *Grundriss zum Studium der politischen Oekonomie*、クラインヴェヒターの *Lehrbuch der Nationalökonomie* ありといえども、いずれも第一流の書にあらず、また苦心の作とも覚えず。予は敢えてこれらを推薦する勇気を欠くものなり。

イギリス学者の手に成るもの

Flux, *Economic principles: an introductory study*, 1904.

マーシャルとほとんど同じ立場に立つものなれば、マーシャルの大著の手引として最も適す。新奇を衒《てら》わず、所論穏健、甚だ要を得たり。ただし自家独創の見を立つることは少なし。

マーシャル経済要論に次の二種あり。前者は夫妻の合著にして最も早く刊行したるものなり。

Marshall, *The economics of industry*, 2. ed., 1884, later editions.

Marshall, *Elements of economics*. Vol. I. *Elements of economics of industry*, 4. ed., 1907, later editions.

後者は『原論』の摘要なり。予かつてこの書を教科書に用いて甚だ失望したり。著者自ら作りたる摘要なれば、必ず宜しかるべしと信じたるに、多くは、『原論』の抜萃に止《とど》まり、その省略せる部分の事は全く大要をも知ること能《あた》わず、抜萃せる箇所になお省略すべき箇所少なからざるを発見したればなり。思うにマーシャルの長所は説き釈《す》て余蘊《ようん》なく、両端を叩《たた》き、賛否を尽さしめ、娓々《びび》として及ばざらんをこれ恐るる辺にあり。されば、この要論は氏が得意の作と言うべき物にあらざらん。しかれども『原論』の浩瀚《こうかん》なるに躊躇《ちゅうちょ》する人にして、一応マーシャル自らの言にてその論を学ばんとする者は、必ずこの書によるべきは勿論なり。この要論に邦訳あり、訳文難渋、英語を解する者には字引を藉《か》るの労を忍びても、『原論』による方、労遥かに少なし。

次に薦むべきは左の諸書なり。

Cannan, *Elementary political economy*, 3. ed., 1903. Later editions unchanged.
Cannan, *Wealth: a brief examination of the causes of economic welfare*, 1914.
Chapman, *Outlines of political economy*, 3. ed., 1917.
Chapman, *Elementary economics*, 5. impression, 1923.
Chapman, *Political economy*. (*Home University Library*)
Hobson, *The science of wealth*, (*Home University Library*), 〔Rev. ed.〕, 1914.
Nicholson, *Principles of political economy*, 3 vols., 2. ed., 1902-1925.

第一にあげたるもの、形小に、着題通俗を標榜すれども、所論必ずしも平易にあらず、初学者には、多少困難あらん。第二のものは、大阪高商の伊藤教授の邦訳あり。簡明にして要を得たる書なり。チャップマンの書いずれも、有益の書なれども、平易と云う点より云えば、必ずしも理想的のものにはあらず。殊に『アウトラインズ』は通読に困難を感ぜしむる節多し。第三のものは、最も平易なれども、内容必ずしも豊富ならず。されども、キャナンと云いチャップマンと云い、目今イギリスにおける有数の経済学者にして、殊にチャップマンは理論に鋭き人にして、少なくともイギリス経済学の最新の立場を知らんとする人は、必ずその書を見ざるべからず。ホブソン、また有力のイギリス学者にして、ある部分においては、チャップマンを凌《しの》ぐ鋭さを有せり。その書また一読を要す。ニコルソンは、ある意味においては、マーシャルの論敵にして、その評論必ずしも皆妥当とは云い難けれども、両々併《あわ》せ読む者は益する所少なからざるべし。

アメリカ学者の手に成れるもの

予は左の数書を薦めんとす。

Carver, *Principles of political economy*, c1919.
Clark, *Essentials of economic theory as applied to modern problems of industry and public policy*, 1907.

Davenport, *Outlines of economic theory*, c1896.
Davenport, *Outlines of elementary economics*, 1908.
Fetter, *The principles of economics: with applications to practical problems*, 1904.
Fetter, *Economic principles*, 1915.
Fisher, *Elementary principles of economics*, 1911.
Seager, *Principles of economics: being a revision of Introduction to economics*, c1913. Later editions.
Seligman, *Principles of economics: with special reference to American conditions*, 4. ed., 1909. Later editions.
　邦訳あり。
Taussig, *Principles of economics*, 2. rev. ed., 1915. Later edition.

クラークは、かつてアメリカ経済学の巨匠たりし故ウォーカーを凌駕《りょうが》すとも云うべき人にして、アメリカ経済学者の第一人なり。その研究必ずしも、経済学の全般に渉《わた》らず、その最も得意とする所は分配論にあり。右にあげたる書も、経済学通論の書としては、行き渡りたるものにあらず。されどアメリカ学者の重鎮の手に成る一書は必ず読まざるべからず、その目的のためには、右にあげたるものを見るべし。ダヴェンポートの書には、長所と短所とあり。その長所はかなり著しきものなるとともに、短所もまた軽視を許さざるものあり、ゆえに初学者の卒読には適せず、相応の指導の下に読むべきものとす。然る時には、読者の益を享《う》くるもの決して鮮少ならざるべし。氏もまたクラークとほぼ同一の傾向を有し、分配の理論を得意とす。セリグマンの『経済原理』は、著しくドイツ流の体裁、殊にシュモラーの編次を加味したる跡ありて、最新の立場を示さんと勉《つと》めたるものなり。書中統計ならびにダイアグラムを多く挿入し、各章毎に参考書を掲げ、また巻頭にビブリオグラフィーを載せたる等、アメリカ学者の著書中第一等の書なり。しかれども未《いま》だ学者一般の普《あまね》く認めざる異説を斟酌《しんしゃく》なく所々に繰り返して、非難を招くこと少なからず。殊に同僚なるクラークの一種の新学説をあたかも斯界《しかい》の定論の如く説きたるは、初学の士にまず読ましむべき教科書としては、穏当を欠くものにして、タウシッグの如きはこの書をもって全然失敗の作なりと評せり。教科書中に新説を載するは、決して不可にあらず、ただそれが斯学上の一説なる由を明記し、必ずその心をもって説明すべく、これを他の定論と介在せしめて分界を紊《みだ》れしむべからず。タウシッグの酷評はその他の点にも及びて欠点を指摘したれども、それはいずれの書にも多少は免れざる所、これをもってこの書が大体において近来の名著たるを否定する理由とするは、コロンビア、ハーヴァード両大学の学閥争いの余波にあらずやと思わる る程にて、決して公平なる論評と云うを得ざるなり。とにかくこの書も適当の講説の下に読むに適して独習者に便ならずと云うべきか。

タウシッグの書は、あたかも右セリグマンの書の好敵手と云うべしといえども、一の成書としては、遥かにこれに及ばず、反対に著者が自家の説を述べたる点は、著しく多し。ただしタウシッグその人の主張する説は、学者間に異論少なからず、決して定説をもって目すべきものにあらずと知るべし。ゆえに初学の士にとりては、セリグマンの書の方、適当なるは言うを待たざるとともに、やや進みて研究せんとする者には、タウシッグの書は一種の学説をかなり力強く説きたるものとして一読の値あり。

フェッター *Principles of economics*, 1904 は嶄新《ざんしん》独創の見、書中に充《み》つ、有益の書なり。殊に理論に強く一読痛快を覚ゆ。されど初学者の独習には適せざらん。この書を改版したるものは第二にあげたる *Economic principles* なり、著者の精励、勉めて倦《う》まざるは敬服に堪えざる所なり。カーヴァーの書は、これよりも理論の鋭さにおいては劣れりといえども、問題の取扱い、広汎にして、内容もまた豊富にして、所論穏健なり。

シーガーの書はさきに刊行したる *Introduction to economics* を全部改訂し、書名をも改めたるものにして材料豊富、論述要を得たり、教科書としては第一位に推して可なり。右書を更に節略したるものに *Economics: briefer course* と云う一九〇九年の出版にかかるものあり。

フランス書によるものに対しては、左の数書あり。

Ansiaux, *Traité d'économie politique.* (*Bibliothèque internationale d'économie politique*) 3 vols., 1920-1923.
Antoine, *Cours d'économie sociale*, 1921.
Beauregard, *Éléments d'économie politique*, 9. éd., 1906.
Cauwès, *Cours d'économie politique*, 3. éd., 1893.
Colson, *Cours d'économie politique professé à l'École polytechnique et à l'École nationale des ponts et chaussées.* 6. livres avec supplément aux livres Ⅳ, Ⅴ et Ⅵ. Liv. 1, édition définitive, revue et considérablement augmentée, 1916.—Liv. 2, édition définitive, 1917.—Liv. 3, édition définitive, 1918.—Liv. 4, édition définitive, 1920.—Liv. 5-2. édition, 1909.—Liv. 6-2. édition, 1910.—Supplément aux liveres Ⅳ, Ⅴ et Ⅵ, 1918.
Gide, *Principes d'économie politique*, 24. éd., 1923.
Gide, *Cours d'économie politique*, 7-8. édition, 1923. 2 vols.
Gide, *Premiers notions d'économie politique* (*Cosmos: petite bibliothèque de culture générale*).
Journé, *Précis d'économie politique.*
Leroy-Beaulieu, *Précis d'économie politique*, nouvelle édition par A. Liesse, 1922.
Leroy-Beaulieu, *Traité théorique et pratique d'économie politique*, 6. éd., 1914. Later editions.
Perreau, *Cours d'économie politique*, 1914-1916.
Truchy, *Cours d'économie politique, ouvrage couronné par l'Académie des sciences morales et politique.* Tome 1., 2. éd., 1923. Tome 2., 1921.

右の内、まず最も薦むべきは、ジードの諸書なり。第一にあげたる *Principes* は説明巧妙、措辞《そじ》流暢《りゅうちょう》、よく他国学者の研究を網羅して、しかもコンパイレーション（編集）に陥《おちい》らず、自家の立場を確定し新奇を衒《てら》わず。版を重ぬる数次、その度毎に改正を施すに怠らず、読むに愉快にして、いささかの難渋を見ず。著者の手腕敬服に堪えたり。さればその流布すること甚だ広く英語にも翻訳せらる。初学者独修の入門としては余りに簡潔に過ぎたるやの感あれども普通の素養あるものの読むに甚だ可なり。これを前掲シーガーの『通論』と併《あわ》せ読まば、遺憾なきに庶幾《ちか》し。一九〇九年、著者は右書の外、更に別著 *Cours* を公にせり。旧著よりはやや詳密にして簡潔の点においてはあるいは劣るべきも、大体においては旧書の長所を兼ね備え、更に最新の研究を網羅したるものにして甚だ有要の新著と云うべきものなり。前者、飯島幡司《まんじ》氏の手に成る邦訳あり、訳文快達甚だ便なるものなり。第三にあげたるものは、更に右書を摘要したるものとす。

コヴェスはジードと共に、フランスにおける新派の巨擘《きょへき》にして、右にあげたるは、その最傑作と称せらるるものなり。内容の豊富なることジードの書に勝り、論旨井然《せいぜん》、新派の手に成りしものとしては本日までに至る最大の権威たり。内容の豊富の点において、これよりも更にその上に出づるものは、コルソンの書にして、数年に亙《わた》りて続々刊行せられ前後六巻、これに付録を添え尨然《ぼうぜん》たる大冊なり。されど、コルソンは旧派に属し、自由主義を固執し、またその従事する職の工学方面にあるがため、技術的見地に囚《とら》わるること少なからず、したがって、経済原論の書として必ずしも重きを成さず。されど著者の見識極めて該博、実際生活の事実を傍証すること甚だ広汎、しかして、その著述の趣意は、工学生に経済学の一般的知識を与えんとするにあれば、法律・政治等の関連事項についても、親切に説明を加えたり。ゆえに博《ひろ》く他の書を読まず、ただ一書によりてフランス旧派経済学の一斑、フランス現下の経済事情の大体とを知らんとする者にとりては、最も適当の読本なりと云うべし。さらに旧派の権威たる書は、ルロワ‐ボーリュウの *Traité* にして、その摘要は *Précis* なり。ボールガールの書は、教科書として広く行わる。アンシオー、ペロー、トリュシー三氏共にパリ大学の教授にして、その著はいずれも同一規模のものなり。これその著作の目的がいずれも大学生参考書ならびに文官試験準備用書たるがためなり。しかしてその学術的価値も兄たり難く弟たり難し。アントアーヌの書もほぼ同性質のものなれども、いささか趣味を異にする所あり。ジュルネの書は最も簡単なるものなり。

イタリア、オランダ、ロシア、スウェーデン諸国学者の手に成るもの
左の諸書はいずれも価値あるものなり。

Cassel, *Theoretische Sozialökonomie.* (*Lehrbuch der allgemeinen Volkswirtschaftslehre in 2 selbständigen Abteilungen.* Ⅱ. *Abteilung*) 2. Auflage, 1921.

Cassel, *The theory of social economy*, translated by J. McCabe, 1923.

Gelesnoff, *Grundzüge der Volkswirtschaftslehre.* Nach einer vom Verfasser für die deutsche Ausgabe vorgenommenen Neubearbeitung des russischen Originals übersetzt von E. Altschul, 1918.

Graziani, *Istitutione di economia politica,* 1904. 3a editione rivedutà ed accresciutà, 1917.

Greef, *L'économie sociale d'après la méthode historique et au point de vue sociologique: théorie et applications,* 1921.

Pantaleoni, *Pure economics,* 1898.

Pareto, *Manuale di economia politica con una introduzione alla scienza sociale* (*Piccola biblioteca scientifica 13*), 1909.

Pareto, *Manuel d'économie politique*, traduction française, 1909.

Pietri-Tonelli, *Lezioni di scienza economica razionale e sperimentale,* 2. ed., con prefazione di Vilfredo Pareto, 1921.

Pierson, *Leerboek der staathuishoudkunde,* 2. druk, 1896-1897.

Pierson, *Grondbeginselen der staathuishoudkunde*, 4. druk., 1896.

Pierson, *Principles of economics*, English translation by Wotzel, 1902 & 1912.

Pinsero, *Economia sociale: esposizione critica delle dottrine socialiste,* 1921.

Supino, *Principi di economia politica*, 2. edizione, 1905.

Wicksell, *Vorlesungen über Nationalökonomie auf Grundlage des Marginalprinzips,* 1913 & 1922.

Witte, *Vorlesungen über Volks- und Staatswirtschaft*, 1913.

パレートは現代イタリア学者の雄にして原論の著あり、その名外国に聞ゆ。この通論は袖珍《しゅうちん》本にして一見些々《ささ》たるものの如くなれども、同じ体裁のドイツ書フックスの経済学（Fuchs, *Volkswirtschaftslehre*. Göschen'sche Sammlung）と同一視すべからず、殊に現今における数学的経済学最新の立場を代表するものとして甚だ歓迎すべきものなり、一九〇九年、この書のフランス語訳出でたり。国際経済学文庫の一冊として Alfred Bonnet の訳出せるものにして、間々《まま》著者自ら筆を加えたり。第二にあげるものは、簡単なる節約書なり。これまた見るに堪うるものなり。

スピーノの著は小形五〇〇余頁の小著なれども、文章簡潔、説明穏当なり。著者はイタリア少壮学者中の白眉にして、ドイツの最新研究に精通す。コッサの同種類の著 *Economia sociale*（邦訳あり）に比して遥かに勝れり。最も初学者に適す。

スウェーデンのカッセル及びヴィクセル、オランダのピールソン、ロシアのゲレスノフ及びヴィッテ、イタリアのパンタレオーニの数氏はいずれもその国第一流の学者たるのみならず、世界有数の巨宿なり。カッセルの書、最も新しく、英訳もまた近く刊行せられたり。理論に強く、ある部分においては、マーシャルの上に出づるものあり。学者必ず一度は繙読《はんどく》せざるべからざるものとす。ゲレスノフの書は、内容極めて豊富にして叙述また甚だ適切なり。もと著者の講義を筆録したものにして、行文甚だ明暢《めいちょう》一読快を覚ゆ。著者の力量凡ならざるを窺見《きけん》するに足れり。グラツィアーニ、グレーフ両氏の書は、平易にして、難解の恨みなし。パンタレオーニの書は、著者独得の見解を述べて甚だ暢達なり、ただしその論必ずしも学界の定論を代表するものにあらず、初学者の読むに適したるものにあらず。ピールソンの書は、その一部『価値論』かつて、河上、河田両博士によって邦語に訳出せられたることあり、それは英訳の重訳なり。著者はオランダ第一の経済学者たるのみならず、有数の政治家にして、再度蔵相に歴任し、また首相たりしこともあり、オランダ自由党の総裁として、永く政界に馳駆《ちく》せり、しかして、その書たる尋常教科書の類にあらず、理論の方面に専ら力を注ぎたるものにして、この点において、オーストリアのベーム - バヴェルク（同じく蔵相たりしことあり）とその出処甚だ相似たり。ロシアのヴィッテは普《あまね》く人の知る有名の政治家にして、しかして経済学の造詣また浅からず、ただし氏の著は、理論の方面甚だ弱し。ヴィクセルの書は、限界原則の上に立ちて理論を述べたるもの、力作をもって目すべきものとす。ピンセロの書は主として社会主義の経済理論を評論するを趣意としたるものなれども、慥《たし》かに一読に値せり。

＊　＊　＊　＊　＊　＊　＊

さて一通り経済学現在の研究に通暁したる後は、直ちに古《いにしえ》に溯《さかのぼ》って斯学《しがく》の大作名著を渉猟《しょうりょう》せざるべからず。まず必ず第一に読むべきは、言うまでもなく、

アダム・スミス『諸国民の富』（略して『国富論』と言う原名、前に出づ）

この書には版本数多あり。日本にて広く行わるるはラウトレッジ版とボーン版なり、次いではラボックの『百良書』の版本ならん。皆価の安きを主としたるものにして、欠点多きものなり。ある学者はラボックの『百良書』は「百悪書」（hundred bad books）の謂《いい》ならんと苦言したることあり、それは悪版の意なり。やや古く我が邦に舶載したるはマカロック版にしてこれはやや良し。その他ブキャナン版あり、マレー版あり、ロジャーズ版あり、ニコルソン版あり、ホェートリー版あり、ウェイクフィールド版あり、その他類本少なからずといえども、その最も汎《ひろ》く行われたるはマカロック版なり。しかるに近年イギリスの学者キャナン（Cannan）諸種の版本を対照校訂し二冊として出版せるもの（ロンドン、一九〇四年刊行）ありて、はじめて学者による所を知らしめたり。この書の邦訳本は、さきに石川昭《ママ》〔三上正毅〕氏のものあり、近くは竹内謙二氏の手に成るものあり、この訳本、忠実親切、若干点を除きては甚だ推称するに足るものなり。中国訳は『原富』と題して刊行せられたるものあり、忠実なるものとは云い難し。次には

マルサス『人口論』Malthus, *An essay on the principle of population*, London, 1798.

なり。これもしばしば版を改め、殊に第一版と第二版とは非常に相違あれば、専門に研究せんには少なくとも、第

一版・第二版は最後版と共に参照せざるべからず。近頃アシュレー『経済名著集』（*Economic classics*）中に両版の要領を抜萃して

Parallel chapters from the 1st and 2nd editions of An essay on the principle of population, 1798 and 1803, New York, 1895.

と題して袖珍《しゅうちん》本を出せり。甚だ便利、有益の挙として感謝すべし。『人口論』の最終の版は一八七八年に出でたる第八版なり。しかれども著者生存中に公にしたる最終版は一八二六年に出でたる第六版にして、第八版はその再刷に過ぎず。我が邦に舶載せるもの種々あれども、ロンドンのワード・ロック商会出版の版本は、第六版の再刷にして、価最も廉《れん》なり。この書石川《（ママ）》〔三上〕氏の邦訳（ただしアシュレー節約本の）あり、完訳も近く市に上れりと聞く。

リカード『経済及び租税原論』。同『論文集』

Ricardo, *Principles of political economy and taxation*, 1. E., 1817. 2. E., 1819. 3. E., 1821.

The same edited, with introductory essay, notes and appendices, by E. C. K. Gonner, London, 1891.

Ricardo, *Economic essays*, edited with introductory essay and notes by Gonner, London, 1923.

The works of David Ricardo with a notice of the life and writings of the author, by J. R. McCulloch, new edition with a portrait, London, 1888.

『原論』の版本種々あれども右に掲げたるもの最も信憑《しんぴょう》するに足れり、ただし第一・二・三の原版は容易に得難し。従来は、マカロックの全集版は著者生時の最終版たる第三版の『原論』と、諸論文とを集成し、別にその伝記と著述解題とを添え最可版として知られたり（ロンドン、ジョン・マレー書店発行）。『原論』は断片的にして、系統整わず、故にリカードの学説を知るには、必ずその諸論文、殊に「農業保護論」と「通貨論」とを参酌するを要す。マカロックの全集はこれらを皆収録せり。残る所はホランダー編刊の新聞投書類のみなり。しかるに近来ゴンナー教授、姉妹篇として、『原論』第三版と『論文集』とを二冊の書として編纂刊行し、綿密なる解題・索引・参考書目

等を添えたれば、あたかもキャナン版のスミス、アシュレー版のミルにおけるが如く、最良の形におけるリカードをいずれも廉価に入手し得ることとなれり。また、近来フライブルク大学のディール教授、右『原論』のドイツ語訳に添うるに詳しき校訂注釈の一書をもってせり。題して *Sozialwissenschaftliche Erläuterungen zu David Ricardo's Grundsätze der Volkswirtschaft u. Besteuerung*, 2. A., 1905と云う。

ミル『経済原論』Mill, *Principles of political economy, with some of their applications to social philosophy*, London, 1848.

この書はアダム・スミスの著に次いで最も広く行われたれば、版本の多きこと彼に譲らず、悪版また多し。最悪版は同じくラボック『百良書』版なり。一九〇六年のイギリス経済学協会の雑誌中に詳しき考証論を試みたるものあり。その最も汎《ひろ》く行わるるはPeople's editionと称する略版なり。この版は処々に改竄《かいざん》を試み字句までをも改めたる処あれども、大体において第六版に基づくものなり。第六版はピープルズ・エディションと同時に一八六五年に出で、最終版なれども、あるいは第六版をもって第二版（一八四九年）にしかずと云うものあり。バーミンガム大学のアシュレー教授近く諸版を校訂し注釈を加え、また書尾に参考書解題を付してこの書の新版を公にせり。爾今《じこん》以後キャナンのアダム・スミス本と同じくアシュレーのこの本を藍本《らんぽん》と見て可なり。しかしてその価の甚だ廉《れん》なる（五シリング）殊に喜ぶべし。出版は一九〇九年、出版書肆《しょし》はロンドンのロングマン商会なり。初学者のために、この書の要領を摘録し、学習用の設問を付したるものに左の一書あり。

Oldershaw, *Analysis of Mill's Principles of political economy*, Oxford, 1915.

ジェヴォンズ『経済学理論』（Jevons, *Theory of political economy*, London. 1. E., 1871. 3. E., 1888.）

これは版本一種あるのみ、この書を近頃ある人の編集して出したる *Principles of economics*（一九〇五年、ロンドンにて出版す）と混同すべからず。今日においても純理論の書としてはこの書の右に出づるもの多からず、学者潜心研究に値す。小泉教授の邦訳あり。『経済学純理』と題す。

ヘルマン『国家経済学研究』（Hermann, *Staatswirtschaftliche Untersuchungen*, 1. A., 1832. 2. A., 1870.）第二版は第一版とは遥かに面目を改めたり。ただし第二版は著者自ら出せるにあらず、著者の駙馬《ふば》にして現時統計学の泰斗たるゲオルク・フォン・マイアが著者の高弟兼同僚たりしヘルフェリヒと共に遺稿を編集校訂して出せるものなり。この書、現在本甚だ少なく、殊に第一版に至りては有名なる図書館に欠く所さえあり。

ロッシャー『経済原論』（原名、前に出づ。）『経済全書』の第一巻、版を重ぬること二十二、最新版はペールマンの増訂せるものなり。流布の汎《ひろ》きスミス、ミルを除いては、経済書中の第一位にあり。各国語の翻訳あり、英訳はLalorの手になり二冊に分つ。日本訳は全書の第二巻・第三巻はあれども（非常なる悪訳にして、かつ甚だ不親切なり）『原論』の巻にはなし。翻案には駒井重格氏『経済考徴』（『専修学校講義録』中にありしと記憶す）その他あり。

ワルラスの諸著

Walras, *Elements d'économie politique pure ou théorie de la richesse sociale*, 4. éd., 1900.

Walras, *Études d'économie politique appliquée (théorie de la production de la richesse sociale)*, 1898.

Walras, *Études d'économie sociale (théorie de la répartition de la richesse sociale)*, 1896.

ワルラスは、クルノー、ゴッセンと相並んで、数理経済学の明星にして、右諸著は、いずれも初学者の繙読《はんどく》には適せざること勿論なりといえども、少しく進んで経済学を研究せんとする者は、必ず節を屈して、熟読玩味せざるべからざるものなり。近来予の研究室における手塚寿郎教授の『ゴッセン研究』の後を承《う》けて、ワルラス、パレート等の研究に従事する中山伊知郎君あり。予は多大の期待をもって同君研究の大成を祈りつつあるものなり。数理的傾向を帯び、しかして、マーシャルの後を承けて、厚生経済学の見地より、若干問題を取り扱いたる左の一書は、ある意味にては、現在経済学の最高点を代表するものと云うことを得べし。その書必ずしも難解にあらず、元より今日遽《にわか》に、完備を求むべきものにあらずといえども、著者の将来は実に刮目《かつもく》して期待すべきものなり。この意味において、予は、最も熱心にこの書の一読を薦めんと欲するものなり。

Pigou, *The economics of welfare*, 1920.

最後に、以上諸書とは、その系統を著しく異にするものにして、学者の往見を切望すべきものあり。ただし、その書、今存するもの極めて稀《まれ》にして、これを入手すること、ほとんど不可能なるは、くれぐれも遺憾の極みなり。同著者の『フランス社会主義史』近来重刷本出でたれば、それと同様の企て左の書についても望ましきものなれども、それは恐らく実現せらるるの日はなかるべきか。

Stein, *Lehrbuch der Nationalökonomie*, 3. umgearbeitete Auflage, Wien, 1887.

経済学研究者の座右に置くべき、辞書・叢書及び雑誌類の主なるもの左の如し。

一、辞　書

Elster, *Wörterbuch der Volkswirtschaft*.

Conrad, *Handwörterbuch der Staatswissenschaften*.

Palgrave, *Dictionary of political economy*, 1894-1908. The new edition, edited by Henry Higgs. Vol. 2. F—M, 1923.

Say & Chailley, *Nouveau dictionnaire d'économie politique*, Paris, 1891-1897.

エルスターの『経済辞書』は、編纂の体裁甚だ宜しきを得、価もまた割合に廉《れん》なり。最新版は、一九一一年刊行の第三版なり。

『コンラート辞典』は、目下第四版刊行中、AよりHに至る諸分冊（ただし必ずしも順を追わず）既に出でたり。この書浩瀚《こうかん》雄大、斯学《しがく》第一の重宝なり。専門学者はもちろん、一般に経済学を研究せんとする人は、エルスター、コンラートのいずれか一を備え置かば、その便甚だ大なるべし。パルグレーヴ、セー等は場合によりては欠くとも、以上二書の一は必ず座右に置くべきものとす。

パルグレーヴ『経済辞書』は右両書に較《くら》べては甚だ劣れりといえども、ドイツ語に通ぜざるものはこの書をもって、補いとなさざるべからず。編纂必ずしも統一せず、執筆者必ずしも感服すべき人のみにあらず、殊に参考書の引掲甚だ区々かつ穏当を欠くもの少なからざるは、イギリス学界のために甚だ惜しむべき所なり。近来付録を添えたる新版の企てありて、目下第二巻だけ刊行せり。ただし本文は旧版と寸毫《すんごう》も異なる所なし。戦後の疲弊と闘いつつ第三版を全部改訂して、第四版を発行しつつある『コンラート辞典』に比して、この点においてもまた甚だしく劣れりと云わざるべからず。イギリス、ドイツ勤怠の相違、たまたまこの事をもって想見し得べきか。

セー『経済学新字書』は以上三書のうち、その一にても具《そな》うるものはこの書を欠きて可なり、フランスの学問のイギリスにもドイツにも遥かに劣ることの有力なる招牌《しょうはい》としては興味あり。同じくフランスに『商・工・銀行字書』あれども、これはまた更に劣れり。邦書にては、同文館発行の『経済大辞書』あり、故内田博士その東洋の部を、予はその西洋の部を監修したるものなれども、予自ら決して、満足しおるものにあらず、ただ目下の我が邦の事情としては、これ以上のものを編纂せんこと、甚だ困難なり。補遺文または改訂によりて、若干の補欠をなさんことを希《ねが》って已《や》まざるものなり。

二、叢　書

叢書の類、その重《おも》なるものを記せば、左の如し

1. *Bibliothek der Volkswirtschaftslehre und Gesellschaftswissenschaft*, 20 Bde.
2. *Collections des économistes français et étrangers*, 16 vols.
3. Custodi, *Scrittori classici italiani di economia politica*, 50 volumi.
4. Diehl und Mombert, *Ausgewählte Lesestücke zum Studium der politischen Ökonomie*, 16 Bde., 1911–1923.

5. *Grundriss der Sozialoekonomik.* – Abteilung 1. Wirtschaft und Wirtschaftswissenschaft. – 2. Die natürlichen und technischen Beziehungen der Wirtschaft. – 3. Wirtschaft und Gesellschaft. – 5. Die einzelnen Erwerbsgebiete in der kapitalistischen Binnenpolitik im modernen Staate. 1. Teil: Handel 2. Teil: Bankwesen. – 6. Industrie, Bergwesen, Bauwesen. – 7. Land- und forstwirtschaftliche Produktion, Versicherungswesen.

6. *Hand- und Lehrbuch der Staatswissenschaften in selbständingen Bänden.*

7. Jastrow, *Textbücher zu Studien über Wirtschaft und Staat*, 6. Bde.

8. Schönberg, *Handbuch der politischen Oekonomie*, 1882. 4 Bde., 4. Auflage, 1896-1898.

9. *Sammlung älterer und neuerer staatswissenschaftlicher Schriften des In- und Auslandes*, herausgegeben von L. Brentano und E. Leser.

10. *Collection des économistes et des réformateurs sociaux de la France*, 12 vols.

11. *Sammlung sozialwissenschaftlicher Meister*, herausgegeben von H. Waentig.

(2)(3)は斯学《しがく》名著の大集成にして、斯学の宝典なり。(4)は大学研究練習用として、問題に分ちて、主要なる学者の関係の所説を摘録論集したるものにして、その編纂間々《まま》当を欠くも大体において、便利調法、価廉《れん》にして、初学者の講読に適す。(5)は、ドイツ経済学者多数の合著にかかる『社会経済学大系』にして、現今最も進歩せる立場における諸学者の研究を集大成したるもの、未《いま》だ全部の刊行を見ずといえども、『コンラート辞典』と相待って、世界経済学の宝典と云うべし。(8)は、その前駆とも見るべきものにして、当時の学問の立場を知るには必要のものなれども、今日においては、既に時代遅れとなるものも少なからず。(6)も今日においては、学問の進運に取り残されたる観ある部分少なからず、しかして、第一流学者の執筆にかかるもの多からず、(7)は(4)と同様の趣意をもって、しかして異なれる結構に成り、学生練習用として有用なり。イギリスにては、アシュレーの編にかかる *Economic clas-*

sics あり、アメリカにはスミスの編にかかる *Readings in economics* あり、いずれも⑷⑺同様の目的に出で、初学者の便を得ること多きものなり。⑼は稀覯《きこう》書を多く集め有益なる解題を付す。⑽も全くフランス書の稀書集なり。⑾は通俗向けにして、外国書の独訳多し。⑴はこれに類せり。その他ホランダーの稀書重刷集 *Hollander's Reprint of economic tracts* ありて、今日までに八部を刊行し、爾来《じらい》計画を発表したるまま中止しおれるは惜しむべきことなり。

我が邦にては、神戸博士主宰『経済全書』ありて、諸学者の新研究を集大成せんと企てたりといえども、今日の立場より云えば、もはや時代遅れの感なきにあらず。慶應義塾同人の計画に成る『名著邦訳集』は、未だその企てあるを聞くのみにして、今日までには刊行の運に至らず。同文館の『世界経済叢書』もまた、今や多くの人の忘る所となり了《おわ》れるが如し。

三、雑　誌

斯学の進運に遅れざらんには、一、二の雑誌を時々参考するを要すべし。その類甚だ多しといえども、イギリスにては、

Economic journal（三月・六月・九月・一二月、年四冊刊行）はイギリス経済学協会の機関として第一位にあり。アメリカにては年四回発行の

Quarterly journal of economics はハーヴァード大学の機関にして、ある点にては『エコノミック・ジャーナル』に勝れるものなりしも、次記のもの改造して面目を改めたる以来、学者多く彼に赴《おもむ》き、この誌甚だ不振の状に陥《おちい》りしは惜しむべし。

American economic review はアメリカ経済学協会の機関にして同じく年四回発行のもの、一九一一年改造改題以来、とみに面目を改め、現今にてはアメリカ経済学雑誌中の白眉たり。

ドイツにてはコンラート主幹の

Jahrbücher für Nationalökonomie und Statistik.

は月刊にして、シュモラーの編纂する

Jahrbuch für Gesetzgebung, Verwaltung und Volkswirtschaft.

は不定期なれども一年間に四冊を出す。前者は断片的の雑録と経済事情録取るべく、論説には近来格別のもの顕れず、新刊書の批評また人を服する程のものなく、要するに整頓せる編纂事業としては敬すべきも、学術上の価値は遥かに後者に劣れり。後者は経済学雑誌中の王として可ならん。その他ドイツには良好なる雑誌類少なからず。例せば、ベローの主幹する『社会・経済史雑誌』（年四回）は経済史専門唯一の雑誌にして、またゾンバルト等編輯の『社会学・社会政策雑誌』（年四回）

Archiv für Sozialwissenschaft und Sozialpolitik

は、社会主義・社会政策については絶好の雑誌にして、近来は、経済学の理論方面に関し、有力なる論文を集載することも多く、優にシュモラー年報の塁《るい》を摩《ま》するの観あり。

フランスの雑誌は、イギリス、ドイツいずれに比するも、学術的価値も編纂の整備も共に著しく劣れり。他の語を知らざるもの已《や》むを得ずして読むべく、これに多くの費と労を抛《なげう》つは惜しむべし。その重《おも》なるものは旧派の *Journal des économistes* 新派の *Revue d'économie politique* なり、またベルギーにて近頃出す *Revue économique internationale* あり。イタリアには *Giornale degli economisti* あり。あるいはフランスの類名のものに勝らん。

邦文の経済学雑誌には『国民経済雑誌』はやや古く、その近刊書一覧は学者の便利とする所なり。『経済論叢』は右よりは新しけれども、有益の研究を載すること少なからず。最も古きものは恐らく『国家学会雑誌』なるべしといえども、古きこと必ずしも価値多きことと一致せず。経済事実を報じ、兼ねて経済論説を併載するものに『東洋経済新報』あり、『ダイヤモンド』あり、『財政経済時報』あり、『エコノミスト』あり、なかんずく、『東洋経済新報』は体裁最も整えり。『東京経済雑誌』は故田口先生の創刊にかかり、我が邦雑誌中の長老なれども、近来はその存在すら忘れられたり。田口先生の遺憾《いかん》察するに堪えたり。

＊　＊　＊　＊　＊　＊

我が邦の経済書にては、福沢諭吉氏『民間経済録』、田口卯吉氏『日本経済論』、天野為之氏『経済原論』の三者は最も古くまた最も流布したるものにして、我が邦に経済学の思想を普及したる功、没すべからず。神田孝平《たかひら》氏に『経済小学』あり、翻案書の嚆矢《こうし》とも称すべし。

最近の研究を備えたるものにては、金井延博士『社会経済学』最も広く行わる。その他には田島錦治博士に『経済原論』あり、小林丑三郎博士に『経済学評論』あり、河上肇博士に『経済学原論』あり、前者最も古く、後者最も新し。田島博士の書は簡明直截、しかして間々《まま》著者独特の見識を吐露《とろ》せるものあり、小林博士の書もまた苦心の作と云うべし。河上博士の『経済学原論』は上巻序論の部に止《とど》まれども、これを我が邦従来の経済書の多数と比較するに、確かに一段の進境を示し、斯学《しがく》の新潮流を紹介するに忠実ならんを期するものの如し。ただ引照交渉甚だ煩雑にして、初学者をして適従《てきじゅう》に苦しましむるものあるは惜しむべく、その引照も交渉も間々権衡《けんこう》を欠き、クラインヴェヒターの如き中流のために、広き座席を設けながら、第一流学者の第一流の論を尽さざるは穏当と云い難かるべし。その他、経済原論・概論・通論・教科書・要義・綱要等の名称を付して顕れ出でたるもの十をもって算すべしといえども、皆大同小異なり。その中について、津村秀松博士に『国民経済学原論』あり、巻帙浩瀚《かんちつこうかん》、材料豊富、行文また流暢、初学者のまず読むものとしては適当ならん。ただし純理論の上においては独創の見多からず、諸般の記述また必ずしも肯綮《こうけい》に中《あた》れりと云うべからず。如何《いかん》にやと思わるる節なきにしもあらず。この点においては、金井、河上両博士の著あるいは勝れり。されば、この書と金井博士の旧書を併《あわ》せ読まば、まずもって要を得るに庶幾《ちか》からんか。さらに新しきものに、山崎覚次郎博士の『経済原論』、河田嗣郎博士の『経済学要義』あり。山崎博士の著は極めて簡潔なるものにして、所説穏健、貨幣・利息等に関しては、卓越なる見識を述べたり。河田博士の著は、やや詳細に亙《わた》りて論述しあり。両者共に津村博士の書よりは、簡略のものなれども、学者安心して読み得るの点においては、かれこれ甲乙なし。

なお各特殊の問題に関する参考書は、各章中ならびに補論において論評を加えて掲げおきたれば、ここに挙げず。

第二編　経済学の根本概念

第一章　緒　　論

そもそも経済学を説き起すに種々の組立法あるべしといえども、多くはこれを説く者の個人的嗜好《しこう》によりてその趣を異にするに過ぎず、必ずしも一定不動の範疇《はんちゅう》存する次第にあらず。今小異を捨てて大同に付き、各種の異説を大別するときは、従来の所説いずれも左の三者その一を出でざるものと云うて可なり。

一　経済行為の原因たる人間の動機に論を起すもの、（欲望本位論）

二　経済行為の結果にして人間動機の対象たるものに論を起すもの、（財または富本位論）

三　経済行為そのものに論を起すもの、（経済行為本位論）

前編において、経済学とは富と人との関係を考究の主題なりとするマーシャルの説を演《の》べたり。今その意を更に詳《つまび》らかにせんに、人間の欲望とそれを充《み》たさんとする人間努力のうち、貨幣額に見積られ得べき限りを対象として研究する学問を経済学と云うなり。されば経済学の取り扱うべき題目は、

一　欲望――努力――富（または財）

二　富（または財）――努力――欲望

三　努力――富（または財）――欲望

の三形式のいずれか一におらざるべからず。第一の形式はまず欲望の存在を論定し、この欲望を充《み》たさんがために努力を生じ、努力の結果富の発生を招くと論じ、第二の形式はここに富あり、これを得んとして人間の努力起り、この富を得て欲望を充足すと論じ、第三の形式は人間の努力ありて富生じ、もって欲望を充足すと論ずるものなり。今この三形式をマルクス流に換言すれば左の如くならん。

（1）B—S—W　（2）W—S—B　（3）S—W—B

Bは欲望。Sは努力。Wは富（または財）を表す。

しかるに右三形式の第三は仔細にこれを検すれば、実は第二の形式の一種に過ぎざるを発見すべし。けだし第二の形式はその実

W—S—W—B

となすべきものなり。富（W）ありて努力（S）を生じ、その結果富（W）を生産して、欲望（B）を充足するものなれば、第三の形式は、論を半途《はんと》より起せる第二の形式と見得べきものなり。

今右の三形式に加うるに、交換の現象の形式として、マルクスの説きたる

W—G—W　貨物—貨幣—貨物

G—W—G　貨幣—貨物—貨幣

をもってするときは、左の新形式を得べし。

（1）B—S—W^2—G—W^1

（2）W^1—S—G—W^1—B

（3）S—W^2—G—W^1—B

一は欲望ありて、努力起り、その結果富（財・貨物）を生産し、これを売りて貨幣を得、その貨幣をもって自己欲望の用に供すべき富（財・貨物）を買う。**二**は欲望を充たすべき富ありて、これを得んがためまず努力し、努力の

結果貨幣を得、この貨幣に換えて富を得、この富をもって欲望を充たす。三は努力して富を得、この富を売りて貨幣を得、これをもって富を買い、欲望を充たすものなり。

今（W^2）なる財はこれを名づけて交換財（ドイツ語 Tauschgut 英語 exchangeable goods もしくは goods in exchange と称す）と云い、（W^1）なる財は消費財（ドイツ語 Verbrauchsgut 英語 consumable goods または goods for consumption と称す）と云う。マルクスが説きたる如く、第一位にある貨幣（G）と第二位にある貨幣（G）との間には、かくの如く品質上の差違あるなく、単に数量上の差違あるのみ。今経済学の主題とする所は、この三形式の行程の研究にあり。しかしてマーシャルの如く（及び大多数のイギリス・フランスの学者の如く）、経済学をもって専ら力を経済行為の研究に集中すべきものなりとする立場においては、これら行程中、人間の努力（すなわちS）に属する部分を中心とするものなり。カーヴァーはその『富の分配』なる書中にその意を明言して云わく、

Prof. Marshall has aptly defined economics as the study of man's actions in the ordinary business of life. Since the ordinary business of life consists in getting a living, it was easy to modify this definition, so as to read, Economics is the study of man's efforts to get a living. Either of these definitions would imply that the science is concerned more with man's economic activities than with the things towards which those activities are directed; more with the ways of getting and using wealth than with the nature and forms of wealth. As a matter of fact, the student of economics cares only incidentally for a description and classification of the things which constitute wealth, but he wishes primarily to know the methods by which wealth is procured and utilized. In other words, economic activities, rather than economic goods, form the subject-matter of the science.—Carver, *The distribution of wealth*, New York, 1904. Introduction.

マーシャル教授が、経済学をもって、人生日常生活の業務における人間の行為を研究する学問なりとの定義を下せるは誠に当を得たり。しかして人生日常生活の業務は、生活の資を得るをもって第一となすものなるが

故に、この定義を言い換えて、経済学とは生活の資を得んとする人間の努力を研究するものなりとも言い得べし。この両定義は共に、経済学をもって人間の経済行為を研究の主題とするものにして、経済行為の対象たる貨物（富もしくは財を指す）を主題とするものにあらず、富の性質及び形態の研究よりも、むしろ富を得、ならびに用ゆる方法を研究せんとするものなる意を含むものなり。もちろん経済学者は富を構成する貨物の記述及び分類を試みざるにはあらざれど、それは事のついでに論及するに過ぎず、その専ら心を注ぐ所は人間が富を得、これを使用する方法如何《いかん》にあり。されば経済学研究の主題は経済行為にありて、経済財にあらずと言うべきなり。（『富の分配』一九〇四年　緒論）

カーヴァーのこの言は真によくマーシャルの真意を道破したるものにして同時に英米学者現在の立脚地を明らかにして遺憾《いかん》なきものなり。その立場はすなわち前述三個の研究法のうち、その三の経済行為本位論に属するものなり。

左に図解をもって右説明を補うべし。

甲　図

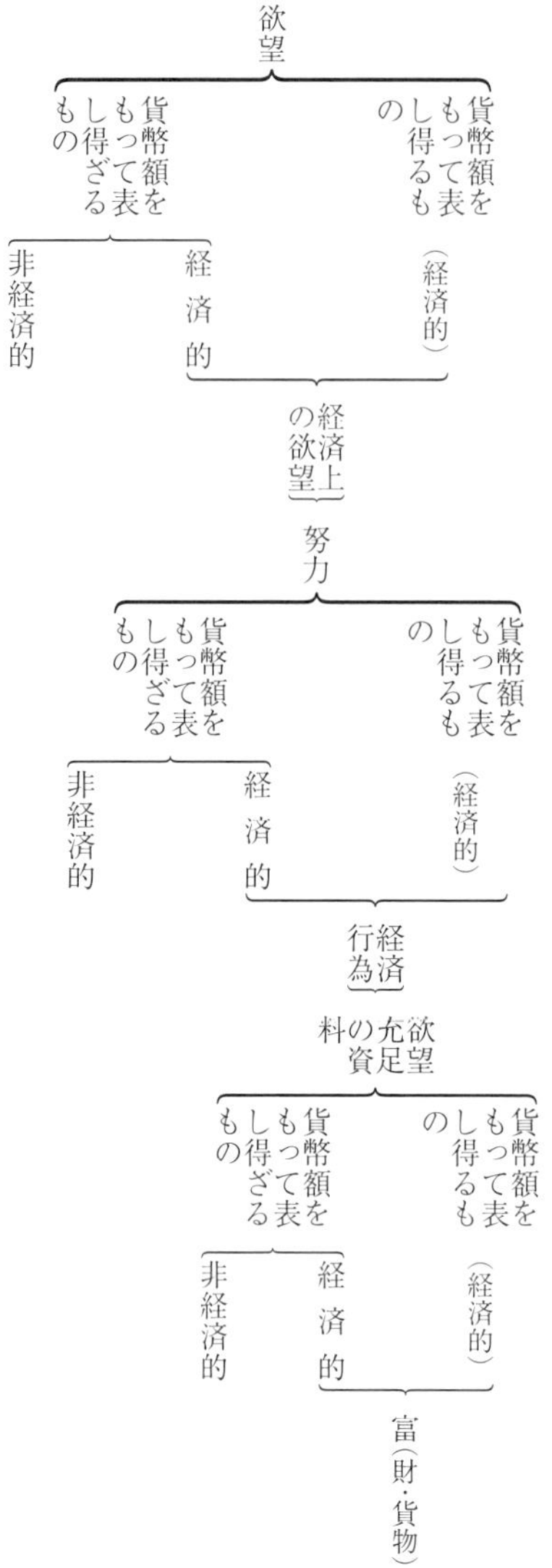

乙図

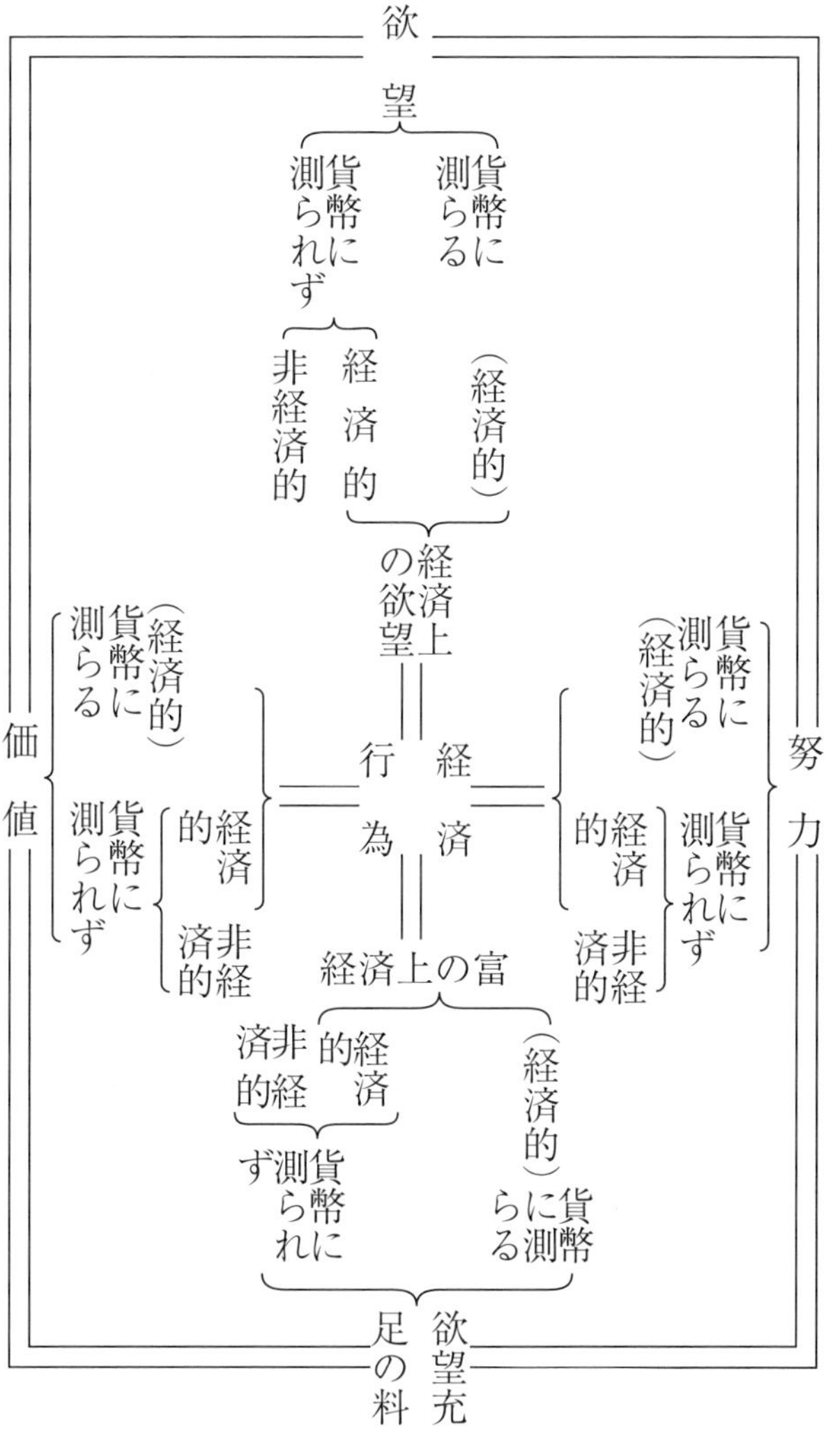

マーシャルはその書の結構を説いて

We have seen that economics is, on the one side, a science of wealth; and, on the other, that part of the social science of man's action in society, that deals with his efforts to satisfy his wants, in so far as the efforts and wants are capable of being measured in terms of wealth, or its general representative, *i.e.* money. We shall be occupied during the greater part of this volume with these wants and efforts, and the causes by which the prices that measure the wants are brought into equilibrium with those that measure the efforts. For this purpose we shall have to study,

(1) Bk. III. Wealth in relation to the diversity of man's wants which it has to satisfy,

(2) Bk. IV. Wealth in relation to the diversity of man's efforts by which it is produced.

吾人は既に経済学とは一方において富の学問たるものにして、他方においては人間の社会における行為の学問たり、人間が欲望を充《み》たさんがためにする努力のうち、富またはその一般代表物たる貨幣の称呼において測られ得る限りを論究するものなるを論ぜり。吾人は本書の大部分において専らこれらの欲望と努力とを論題とすべく、ならびに欲望を測る物価が努力を測る物価と、均衡を得る原因について研究すべし。今この目的を達するために、吾人は

(一)　第三編においては富と富によりて充たすべき人間欲望の種々相との関係を論ずべく

(二)　第四編においては富と富を生ずる人間努力の種々相との関係を論ずべし。

と云えり。今この意を表にて示せば左の如し。

富 ｛欲望を充たす＝＝＝需要論（第三編）
　 ｛努力によって生産せらる＝＝供給論（第四編）

すなわち共に第二の形式により経済行為の結果にして欲望の対象たるもの、すなわち富に論を起す富本位論にして、しかしてその中心は経済行為そのものにあるが故に、第二形式の一種たる第三形式の経済行為本位論とも認むべし。

しかして第三編は第一形式の態を取りて、

B ── S ── W

の行程を究め、第四編に至りて

W—S—B　と　S—W—B

の行程を尋《たず》ねんとするものなり。しかして第三・第四両編の準備として、この第二編根本概念論は、まず欲望の対象にして努力の結果（欲望を充たし、努力によりて生産せらるる）たる富そのものの性質を定めんとす。されば一見する所、カーヴァーが経済学は富の研究にあらず、富を得んとする努力の研究なりと云うに反対の立論法を取るが如く見ゆべし。しかれどもこれマーシャルの真意にあらざることは、既に第一編において縷述《るじゅつ》したり。しからばなぜマーシャルはその真意を反対に解せらるべき説明法を用いたりやと云うに、一は氏が思想の明瞭を欠くによること疑いなし。この点より云えば氏の立論の結構は決して巧みなりと云う能《あた》わず。しかれどもその理由は更に深きものあり。他なし、第三の形式が到底独立の地位を占むべき価値なく、単に第二形式の一種に過ぎざるがためのみ。けだし経済行為本位論は到底富本位論の範疇《はんちゅう》を脱する能わざること前提の形式に顕るる所の如し。されば経済行為中心論を執るマーシャルも詳細の説明を下さんとするにあたりては、図らず力を富本位論に藉《か》らざるを得ざるに至れるなり。予が従来経済学立論の趣は千差万別なりしとも、畢竟《ひっきょう》は第一・第二両形式の外に出でざりきと断言するはここに基づくなり。

B—S—W,　W—S—B

の二形式以外何の形式あるべからざること、交換の形式の

W—G—W,　G—W—G

の二者を措《お》いて他にあらざるに均《ひと》しと云うべし。

マーシャルは第二編の結構を叙して云う、

We have to inquire which of all the thing that are the result of man's efforts, and are capable of satisfying man's wants, are to be counted as Wealth (1); and into what groups or classes they are to be divided (2).

右邦訳

吾人の研究すべきは次の如し

一　人間努力の結果にして、人間の欲望を充《み》たすに適するすべての物のうち、富と認むべきものは何なりや。（すなわち富の本質論）

二　しかしてこの富はいかなる部類または階級に分別せらるべきや。（すなわち富の分類論）

これを表示すれば、

甲　表

人の努力の結果にして人の欲望を充たすに適する諸物
- a 富たるもの（富の本質論）
  - その分類（富の分類論）
- b 富たらざるもの

乙　表

欲望 ―の対象たるもの→ 物
物 ―を充たすに適するもの→ 欲望

物
- 富たるもの
  - その種類
- 富たらざるもの

マーシャルはかくの如く、まずその論を富より起すについて多少不安の念ありしものと見え、その理由を弁明して云う。

For there is a compact group of terms connected with *Wealth* itself, and with *Capital*, the study of each of which throws light on the others……while the study of the whole together is a direct continuation, and in some respects a completion, of that inquiry as to the scope and methods of economics on which we have just been engaged.

吾人がかくする理由は、富そのものならびに資本と関連する一括の術語の部類あり、されば富及び資本をまず論ずるは、これら諸概念を明らかならしむる効あり……しかしてこの種の研究は第一編において斯学《しがく》の範囲及び研究法を論じたる部分の続論と見るべく、またこれに結論を与うるものと見るべきがためなり

しかして論を欲望に起さざる理由として

And, therefore, instead of taking what may seem the more natural course of starting with an analysis of wants, and of wealth in direct relation to them, it seems on the whole best to deal with this group of terms at once.

ゆえに一見むしろ自然的立論法なるが如き、欲望ならびにこれと直ちに関連して富より説明を始むるよりは、この種概念（富及び資本ならびにこれに関連する諸概念）に関する論を初めに置く方、大体において勝れりと云うべし

と云えり。すなわち氏といえども、欲望本位論の立論法の方、より自然的なるが如き感を人に与うるものなることを思わざるにあらざるを知る。氏の立場やや透徹を欠くの状、もって見るべきなり（予自身の立場に関しては補論に述べたり、ついて見よ）。

ゆえに氏は直ちに右順序を多少変更することあるべしとして、曰く

吾人は本編においても欲望及び努力の種類について、多少前提する所なかるべからず……しかれども一見明瞭にして常識をもって知り得べき範囲に止《とど》め、それ以上なんらの推定をも要求せざるべし

と、その常識と云い、一見明瞭と云うもの、果して真に然りや否や、既に多少なりとも前提を設くる以上は、なぜ進んで学術的に欲望と努力とを説くをなさざるや。全然富を発足点として論を立つる、また一見識たるを失わず、しかるにマ氏は富を発足点とすと明言しながら、なお右顧左眄《うこさべん》欲望及び努力についても多少の前提を要すなどと打消し的態度を執るは、予輩の感服し難き所なり。以下、氏の論述常にこの筆法を免れず、学者をして適従《てきじゅう》に苦し

ましむるものあり。氏のために惜しみてもなお余りあり。

氏は更に弁明の辞を重ぬらく、

The real difficulty of our task lies in another direction: being the result of the need under which economics, alone among sciences, lies of making shift with a few terms in common use to express a great number of subtle distinctions.

吾人の事業の真の困難はここにあらずして他にあり、すなわち他のすべての科学と異なり、経済学のみは、日常生活に用いらるる僅少の用語をもって精緻《せいち》なる区別を言い表すべき必要を有するがためなりと。しからばなおさらもって始めより精確厳密の用語例を開くべきにあらずや。かつまた日常生活の用語を学術語として用いるがため、経済学は人の誤解を受くという苦情は、マ氏以前多くの経済学者の繰り返したる所なれども、吾人をもってこれを見るに、かくの如き苦訴は一向その理由なきものなり。日常生活の学問たる経済学が、日常の用語をそのまま襲踏するは理の当然にして、もし架空に新造語を使用するときは、経済学はその存在の理由の一部を失うの外なからんのみ。

マ氏はこの点においては、経済学は教えを生物学に仰ぐべきものなりとし、ダーウィンが各生物の生活の習慣、ならびに天然界におけるその一般の地位を定むべき構造の部分は、その由来に関し最多の光明を与うるものにあらず、かえって最少の光明を与うるものなりと云い、各生物がその包囲に順応するに最も適せる性質は、多くは比較的近時に発展したるものなりと云えるは、また経済現象にも適用するを得べき至言にして、現時においてその職分に応じて最も肝要なる地位を占むる経済制度は、多くは、最近の発生に係るものにして、雇主と労働者との関係、仲間商人と生産者との関係、銀行とその貸主及び借主との関係の如き皆然り。利子の如き、労働者間の分業の如き、地代の意義の如きまた皆然らざるはなしと云い、しかしてまた同時に吾人はその用語の沿革を研究するを忘るべからず、たとい目前の用のために経済学を研究するにしても、なるべく用語を過去の慣用と背馳《はいち》せざらしめ、これによって吾人の祖先がなしたる経験を教訓とするを得るを勉《つと》めざるべからずと云う。その他、氏のミルを引照しバジョットを挙ぐる、別段紹介の用を見ず、多くは氏が彼に偏せず、これに党せず、イギリス流の客観主義も可なり、ドイツ流の主観主義も不可なし、行為論も執るべし、動機論も捨つべからず、専ら現在生活を対象とするも、また歴史的研究法も加味すべしという、折衷主義の立場を反覆《はんぷく》するものと見て大過なし。行論の行程に別段の加うる所あるを見ざるなり。吾人の切に氏より聞かんと欲するは、かくの如き常識談にあらず、厳正なる科学的立場より見たる経済学講究の順序如何《いかん》に関する氏の見解これなり。しかるに本章において氏の論ずる所は、到底吾人の望みに副《そ》うものにあらず。されば以下第二章以降において、氏が富その他の根本概念を論ずる条について、更に仔細に氏の所懐を窺《うかが》うの外なし。

第一章　補　論

経済学の立場は何をもって始むべきやは、古来学者間に種々の論あり。その重《おも》なるものを挙ぐれば、

一　ラウその他旧派の学者は多くは財の概念より始む、ロッシャーも『原論』第四版までは、財より始め、第五版以後は人間そのものより始むべしと改め

二　ワグナーは人類の経済的本性より始め

三　シェフレは人間そのものより始め

四　リントヴルム及びシュモラーは経済の概念より始め

五　ディーツェル及び半ば旧派の学者は多く経済行為の概念より始め

六　フックスは経済と経済行為を併立して始むるが如きこれなり。

これに対して予はかつて欲望より始むべきを主張せり。曰く

「これらの説明の方法はいわゆる循環法になってそのいずれから始めても、つまり最後に何か説明を要せないで分ったとしてある前提が一つ残ってしまう。たとえば財をもって出立点として経済行為とは財を得ることである、経済とはかくの如き経済行為の総称であると云うときは、しからば財とは何であるかとの問に答えなければ充分の解答でない。しかるに財とは人間の欲望を充《み》たすものであると答える。そうすると欲望とは何であるかとの反問が起らざるを得ない、また人類の経済的本性をもって出立点としてもその通りである。経済的本性に駆《か》られてする行為が経済行為であると説明しただけで、経済的本性なるものの何であるかが分らない間は、ことごとく半成の説明に止《とど》まるのである。しかるに経済的本性とは何であるかと問い詰めてみれば、人類の欲望を充たさんとする衝動と同意義になってしまう。その他人間そのもの、経済そのものをもって出立点とするときは、分らないものをもって分らないものに答えることとなる。すなわち一の未知数の値は他の未知数であると云うことになる。殊に人間そのものと云うは極めて幼稚な説明の仕方で、経済学は人間に関する学問たるは元より言うまでもないことを忘れたものである。経済学は人間のすべての方面を研究するのでなく、ただその経済生活に発現している処を研究するのである。換言すれば、経済学は人間の経済的方面を研究するのである。さればこの経済的方面とはいかなる方面を云うやと問うことを要する。ところが経済的方面はすなわち経済行為なり、経済なりとして、これらをもって説明の出立点とするときは、人間百般の行為中、特に経済行為となるものとその然らざるものとは、何によりて判別するかの問が出て来る。経済行為とは人類の経済を営む行為なりと答えれば、しからば経済とは何ぞやとの問が出て来て、つまり段々堂々巡りをして元の処へ戻って来るの外は無くなる。しかるにこの経済とは何ぞやとの問に答えるには、経済のよって起り、経済行為なるもののよって発動し来る淵源がなければならぬ。そこでこれを名づけて人類の欲望と云っている。すなわちそのいずれから説明を始めるにしても経済の概念の出立点であり、到

達点たるべきものはただ一つ、この欲望である。経済行為と云う概念はこれから出立して帰納的に逆進してはじめて解答し得るのである。」（『国民経済原論』第一巻）

故滝本美夫教授はよく予輩の真意を諒解せられて、「福田君は津村君や、河上君や予などとは、経済学の基礎観念を論ずる、その説明の仕方が違っているのであって、吾々は欲望の次に財を説き、その次に経済行為を説くのであるが、福田君は欲望の次に、経済行為を説き、その次に財を説く」云々《うんぬん》と云えり。―『一橋会雑誌』四九号一一七頁。―これ実に予が立論法の用意なり。すなわち予が執る所の形式は第一のB―S―Wにして、滝本・津村・河上諸君の執る形式はB―W―Sすなわち第三の形式たるS―W―Bを前後したるものにして、経済行為本位論を逆に欲望本位論としたる一形式なり。予の見る所にてはこの形式は第三形式に勝らず、かえってその欠点を共通に有するものなり。欲望ありとも直ちに財を生ぜず、まずその道行きとして努力（経済行為）を喚起して後、財を生じもしくは贏得《えいとく》するなり、努力なくして直ちに財生ずるの理は予において解すること能《あた》わず。予は三氏と説を異にするは遺憾とすれども、にわかに旧説を改むべき理由を見ざるものなり。

近来ワグナーはその『理論的社会経済学』なる新著においてこの問題を論じ、経済学出立点に関する論争は、要するに、

一　個人をもって始むるもの、社会をもって始むるもの

二　欲望をもって始むるもの、財をもって始むるもの、人間をもって始むるもの

の二点に帰着すべしと云えり。―右書二二頁。―しかして氏自らは個人をもって始むるものに与《くみ》し、個人の経済的本性なるものに論を起すべしとの旧説を維持せり。昨年出版の『精神科学としての経済学』なる書において、ヴォルフは欲求（Begehrung）をもって説明を始むべしとして、曰く、

Motiv (nicht Kraftquelle) wie aller bewussten Menschentätigkeit so auch der Wirtschaft sind 'Begehrungen' des Menschen, seine Bedürfnisse, Ansprüche und Wünsche. S. 4.

すべての意識的人間行動ならびに経済の動機（力源にあらず）は人間の欲求すなわち、その欲望、要望及び願望これなり（右書四頁）。

しかして欲求を分けて

一　動物的・植物的欲求

二　官能的欲求

三　想像及び理性的欲求（ブレンターノ教授もまた無限の欲望は想像の欲望あるのみとす）

の三となして立論せり。この論やや予が意を得たり。

＊　＊　＊　＊　＊　＊

以上は、本書旧版において、記しおきたる所を若干字句を修正したるものなり。しかるに、この欲望本位論は、端《はし》なくも、その後数年にして、ドイツより帰朝せられたる左右田博士によって、いとも痛激に駁撃《ばくげき》せられたり。その論、載せて博士の『経済哲学の諸問題』にあり。しかして、予自らも、欲望本位論の旧説は、よし博士の言わるるが如き謬説《びゅうせつ》たらずとも、また決して妥当の見解ならざるを知り、既に『国民経済講話』においては、博士の説を待つまでもなく、やや異なりたる説明を用いたり。詳しくは、読者の同書に往き見られんことを切望せざるを得ず。ただしその書の説明をもってするも、左右田博士の賛同を見出すことは不可能なるべし。何となれば、博士の非難せらるるは、単に、欲望をもって本位とすること、その事にのみ止《とど》まるにはあらず、ア・プリオリに出立せざる立論一切を斥けらるるものなればなり。この点において、予は、いかに考うるも、未《いま》だ博士の説に服従すること能《あた》わず。殊に、博士は、経済学という特殊科学そのものについて、何がそのア・プリオリたるべきやを、判然と説示せられざるが故に、予等は適従する所を見出すを得ず。単にア・プリオリをもって出立すべしとだけにては、経済学を他の科学と分別すべき標準は与えられず。博士の論は、経済学にも、法律学にも、政治学にも、はたまた社会諸科学の一切に共通の点のみを説かれたるものにして、その特に「経済哲学」と標榜せらるべきものは、ついに発見し能わざるなり。博士は、貨幣の概念をもって、経済学にての文化価値とするも可ならんとの一の仮定説を提出せらる。かくの如きは、本書において、予が既に力説したる所なること、読者自ずからこれを知らん。マーシャルもまた貨幣秤量の標準ということには、大に力を用いて説明しおれり。左右田博士説は、古き商品に新しき商標を貼付したるに類せざるか、疑いなき能わず。概念とその形式に全力を傾倒すること、予の断じて服し難き所なり。

＊　＊　＊　＊　＊　＊

本章参考書は、右『国民経済原論』に掲げたるもののほか、すべての経済原論の首部を見るべし。ワグナーの書の原名は、

Wagner, *Theoretische Sozialökonomik*, Leipzig, 1907.

ヴォルフのは

Wolf, *Nationalökonomie als exakte Wissenschaft*, Leipzig, 1908.

新刊書にては

Schumpeter, *Das Wesen und Hauptinhalt der theoretischen Nationalökonomie*, Berlin, 1908.

あり、併《あわ》せ見るべし。

第二章　富

イギリス、アメリカの学者が wealth と云い、フランスの学者が richesses と云い、イタリアの学者が richezza（あるいは patrimonio ただしこの語はむしろドイツ語の Vermögen すなわち財産に該当す）と云うは、皆これを邦語に訳して富とすべし。ドイツ語にて富を言い表す語は Reichtum なれどもその用法は英語・フランス語・イタリア語におけると異なり、富有なる状態の意に用ゆること多く、したがってイギリス・アメリカ・フランス・イタリアの学者が富なる語を用ゆる処には、概《おおむ》ね Gut すなわち財なる語を用ゆ。イギリス・アメリカ・フランス・イタリアの学者も稀《まれ》には財なる意の語（英 goods 仏 biens 伊 beni）を用ゆることなきにあらざれども多くは富なる語を採る。されば富なる語と財なる語とは全く同義なりやと云うに然らず。しかして両語の異同もまた必ずしも一定せず。近来イギリス、アメリカの学者もドイツ流に倣いて財なる語を用ゆることやや多く、殊にマーシャルはしばしばこの語を用ゆ。普通の解釈に従えば、多くは富なる概念は総括的にして、財なる概念は特定語なりとし、一は広く、一は狭き意義を有すと倣《な》すものの如し。殊にドイツ語の富は一の状態（富有なる状態）を言い表すものにして、その内容は甚だ広汎なるに、財なる語は特に指名し得べきもの、殊に実体的存在を意味するものの如し。しかるにマ氏が説はその反対に出で、財なる語は汎《ひろ》く、富なる語は狭く解釈すべきものとなせり。すなわち前章において単に欲望の対象にして、努力の結果たるものと言いしものをもって財となし、そのうち富たるものと然らざるものとありと論ず。曰く

In the absence of any short term in common use to represent all desirable things, or things that satisfy human wants, we may use the term *Goods* for that purpose.

汎く願望の目的たるもの、もしくは人間の欲望を充《み》たすものを言い顕すべき常用語なきにより、吾人は財な

る語をこの義に充て用ゆべし

と。しかして氏は謂《い》えらく、富とは直接または間接に欲望を充たすものより成り、したがって富は汎く願望の目的たるものまたは人欲を充たすものより成るものなれども、願望の目的たるものの全部が富たるにあらず。友人の愛情の如きは人生の幸福に肝要なる要素なりといえども、これを目して富と云う能《あた》わず。さればまず汎く願望の目的物たる財の概念を正し、次いで財のうち富たるべきものの何なりやを究めざるべからずと。

氏はまず財に有形財と、人的財または無形財との二種あるを云う。有形財とは有形物はもちろん、この有形物を保持、使用し、または収益し、ならびに将来において有形物を得るすべての権利を言うものにして、自然の物質的賜物、すなわち土地・河海《かかい》・空気・気候・農業・鉱業・漁業・製造業の産物・建物・機械・器具・抵当権・その他債権・公私会社の株式・独占・専売権・版権及び地役《ちえき》権、その他の習慣に基づく権利等を含み、旅行の機会・好風景を楽しむの便・博物館に入るの便宜等もまた厳密に云えばこのうちに入るべきものとせり。この列挙は極めて雑《ざっ》駁《ばく》にして一定の系統なきは、マ氏の常套《じょうとう》にして如何《いかん》ともし難し。この点、ドイツ学者の精確にしかざる所なり。それは姑《しばら》く恕《じょ》するとするも、氏が有形財の内容をかく定めたる標準は、そもそも何処《いずこ》より取り来りしや一向説明なし。有形物と有形物に対する権利とを全然同一種に計上すること、予輩の到底服従し能わざる所なり。そもそも権利が財または富と見做《みな》さるべきや否やは、経済学者間に異論ある所にして、予輩は、権利は財と称すべきものにあらずとの説を執るものなり（詳細は補論に論ぜり）。仮に一歩を譲りて権利をもって財に算入すべきものなりとするも、それは無形財の一種たるべきものにして、到底有形物と同一種に属せしむべきものにあらざることは、多くの学者の認むる所なり。然るをマーシャルひとりこれを有形財に入るるからには、必ず相応の理由ありての上の事なるべきに、その理由を示さざるは、いささか不充分の憾《うら》みなき能わず。いわんや最後に、旅行の機会・好風景・博物館を楽しみ得るの便宜等まで加うるに至りては、不透徹の論と言わざるを得ず。これらは有形物そのもの（汽車・汽船・風景好き土地・博物館の建物に）直ちに関連するものにあらず、これに関連して、人と人との間の約束すなわち社会的設備あるによりて起る一種の有価事件たるに過ぎず。有形物と同一視すべき論拠は、いかに付会の弁を弄《ろう》するも、これを見出すことを得ざるなり。

無形物に関するマ氏の所論もまた同一筆法に出づるものにして、非難の余地を存すること少なしとせず。氏曰く、非有形物財は二種に分つべし。

一　行動及び享楽に向かっての人間の性質及び才能

商業的技能、職業上の熟練、読書または音楽より楽を享け得べき才能等、これなり。この種のものは皆人間自身に具《そな》わるものにして、したがってこれを名づけて内界の財と云う

二　は一に対して外界の財と称するものにして、人と人との関係より成り、人の用を達するものなり。傭役《ようえき》及び体僕その他の隷属者より要求すべき人的勤務の如きこの種に属するも、これらは過去にのみ存し現時においては存在せず。今日においては得意の関係、商業上の取引関係等この種の適例なり。

この一節の脚注にマ氏はヘルマンの左の一句を引照せり

For, in the words in which Hermann begins his masterly analysis of wealth, 'Some goods are internal, others external, to the individual. An internal good is that which he finds in himself given to him by nature, or which he educates in himself by his own free action, such as muscular strength, health, mental attainments. Everything that the outer world offers for the satisfaction of his wants is an external good to him.'

ヘルマンは富に関する名論を始むるに左の言をもってせり。曰く財に内界の財あり、外界の財あり、内界の財とは、人が天然より与えられて己に有するか、または自己の自由行動によりて修養したるものにして、体力・健康・知力の如きものを云い、外界の財とは人の欲望を充《み》たすべく外界が人に与うるすべての物を云う。

この引照は氏の説を確かむるの効なし。外界が人にその欲望を充たすべく与うるものは、マ氏のいわゆる外界の財のみならず、否、その大部分はむしろ第一種の有形財より成るものなり。マ氏は同頁の脚注第二においては外界の

財なるものを分ちて二とし、有形財及び無形財の第一種（すなわちここに外界の財と称するもの）を包含せるものとなせり。この説は当を得たり。マ氏は果していずれの説を本《もと》とするや、茫漠の誹《そし》りを免れず。思うに氏の意は、外界の財は無形財の第二種と、有形財のすべてとより成るものなりとなすにあらん。しかるに以上説く所はその反対に出づ。読者注意を要す。

氏は次にまた、財を分って譲渡得べき財と譲渡得ざる財の二とす。しかして譲渡し得ざる財は

一　人の才能・性質、すなわち内界の財

二　個人的信任に基づく営業関係、すなわち売り渡し得べき得意関係の一部として他人に譲渡すことを得ざるもの

三　気候・光線・空気等の与うる便益ならびに市民の特権・公財産を使用する機会及び権利等を含むものとなす。

譲渡し得ざるもの、豈《あに》ひとりこれらのみならんや。氏自らもまた次の表においては有形財にも譲渡し得ざるものあるを明示せり。氏が列挙法、甚だ不精密なりと云うべし。

氏は以上の分類を示すべき一表を脚注中に掲げたり。左はすなわちこれなり。

甲表

財
- 外界の財
  - 有形財
    - 譲渡得る財
    - 譲渡得ざる財
  - 人的財（すなわち無形財）
    - 譲渡得る財
    - 譲渡得ざる財
- 内界の財――人的財――譲渡得ざる財

乙表

財
- 有形財―外界の財
  - 譲渡得る財
  - 譲渡得ざる財
- 人的財（無形財）
  - 外界の財
    - 譲渡得る財
    - 譲渡得ざる財
  - 内界の財――譲渡得ざる財

今試みに右表を図解すれば左の如し。

甲　図（甲表に当る）

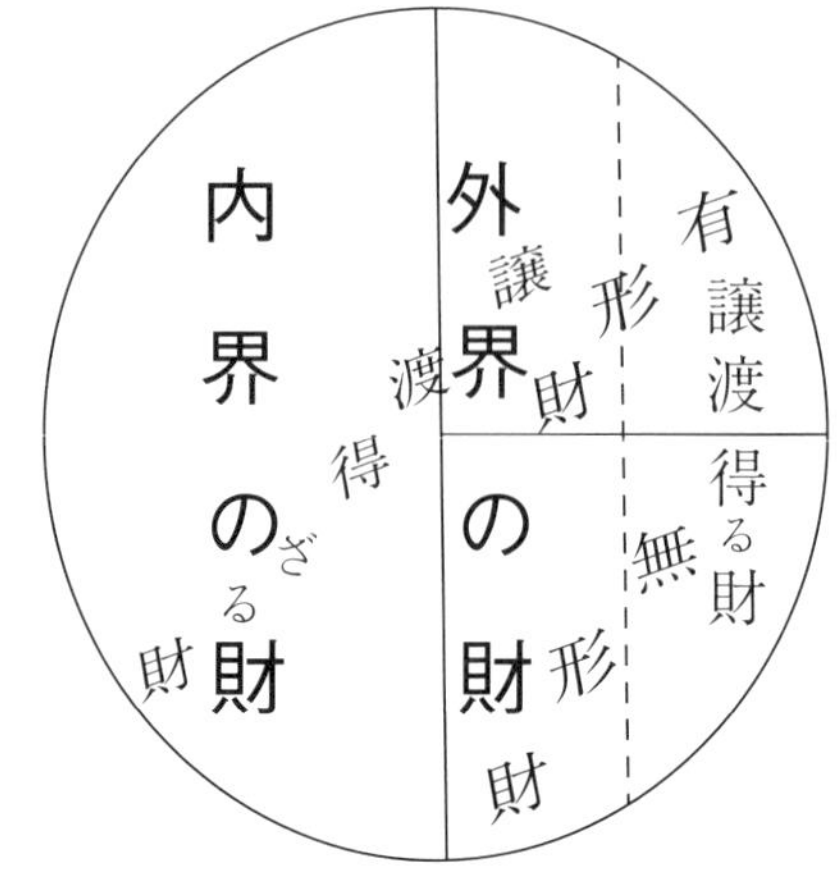

乙　図（乙表に当る）

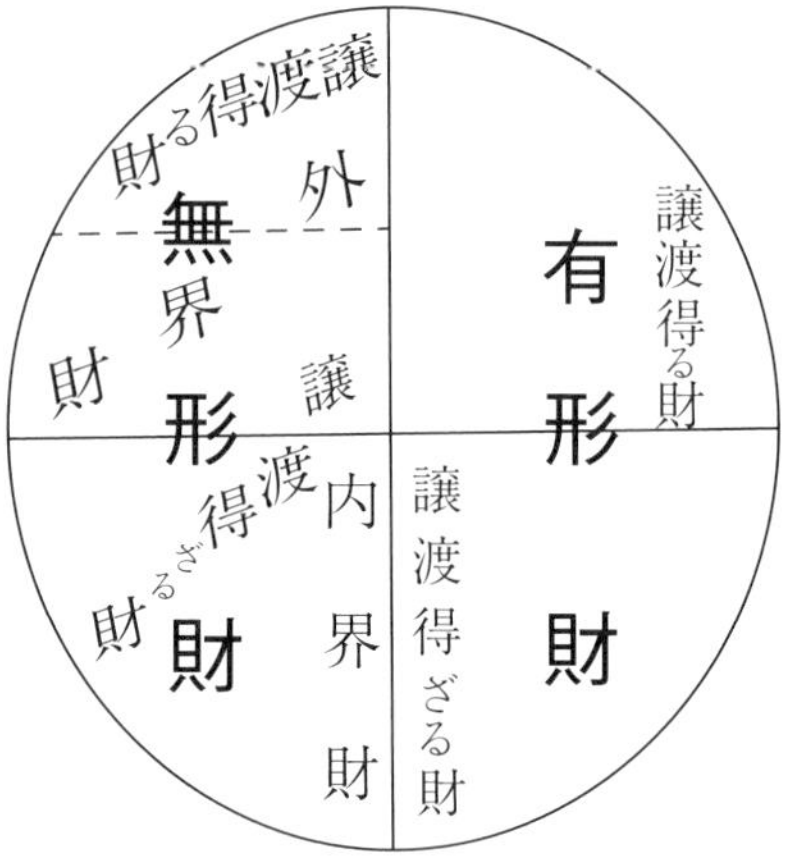

マーシャルは次に自由財なるものを論ぜり。曰く人の占有せず、また人の努力を要することなく、天然より与えらるるものを自由財と云う。土地は元来自由財なり、しかれども現今においては、個人の立場より見ては、土地はもはや自由なる天然の賜《たまもの》と云うべからず。ブラジルの原始林における樹木は今日といえども、自由財なり、河海《かかい》の魚は一般に自由財なり、しかれども漁場区域を独占し、殊に外国人の漁業を禁ずるが如き処にありては、然らず。人工によりて作られたる牡《か》蠣《き》養殖地はいかなる意味においても自由財と云うべからず、自然に繁殖する牡蠣床は、その占有せられざる限りは、自由財なり。その占有せらるる場合においても国民全体より見れば、なお自由財と云うべし、ただ国家がその権力をもってその専用をある個人にのみ許すときは、個人の立場より見れば、自由財にあらず。しかれども自由の賜たる土地に耕種せられたる小麦、自由なる河海《かかい》より漁獲せる魚は自由財にあらず、何と

なればその耕種、その漁獲には人間の労働を費やしたるものなればなり。

今右の意を表示すれば、

甲表

物 ｛ 占有せらるるもの――非自由財
　　 占有せられざるもの――自由財

乙表

物 ｛ 労働を費やしたるもの――非自由財
　　 労働を費やさざるもの――自由財

経済学普通の定論によれば、非自由財はこれを経済財（独 wirtschaftliche Güter、英 economic goods）と云う。すなわち財はこれを自由財と経済財の二種に大別すべしとなすものなり。マーシャルはこの条下において別に経済財なる語を用いざるが故に、自由財ならざるものをもって直ちに、皆経済財なりとなすものなるや否や明瞭ならず。しかれども前後に照応して氏の意を測るに、氏は自由財なるもの必ずしも皆経済財なりと認むるにあらざるが如し。

経済財は必ず占有せらるべきものなることは、言うまでもなき処なり。しかれども個人の占有し能《あた》わざる、または占有せざるもの、皆自由財なりと云うべからず。すべての公共物の如き経済財にあらず、しかもまた自由財にあらず。個人はあるいはこれを享楽し、これより利益と便宜とを受くるの権を有すべし、これを占有すること能わず。これをもって天然の自由なる賜と同一視すべきにあらざるや勿論なり。またマ氏がここに使用する労働なる語は、経済上の労働のみを指すか、汎《ひろ》く一般に人の身心の活動を指すか明《めい》ならず。もし単に経済上の労働の意義に使用したりとせば（しかして経済書において労働なる語を用いるときは、まず経済上の労働の意においてすべきは当然なり）氏の所説は、誤謬《ごびゅう》たるを免れず。非自由財は必ずしも経済上の労働によりて得らるるものと限らず、また必ずしも経済的に占有せられず、予のかつて引例したる如く、非常の辛苦を嘗《な》めて植物学者が高山に登り得来れる草花は、非自由財には相違なけれども（その存在するときは自由財なり、これを得来るに多大の労を費やしたるによりて非自由財と成る）決して経済財にあらず。これに反し、植物商が市場に鬻《ひさ》ぐため採集し来れる草花は、経済的に占有せられ、経済的労働を費やしたる非自由財にして、しかして経済財なり。もしまた氏にして労働なる語を汎《ひろ》く一般に心身の労働の意に解すとせば（氏の文意を察するにその真意は然るものの如し）、一般的意味における労働を費やしたるものをもって非自由財とするは当を得たりといえども、この非自由財は直ちに経済財をもって目《もく》すべきものにあらず。今この理を表示せんに左の如くなるべし。

甲　表

- 財
  - 占有せらる――労働を費やす――非自由財
    - 経　済　財（経済上の労働を費やす）
    - 非経済財（経済以外の労働を費やす）
  - 占有せられず
    - 労働を費やす――非自由財
    - 労働を費やさず――自由財

乙　表

- 財
  - 労働を費やす――非自由財
    - 占有せらる
      - 経　済　財（経済的に占有せらる）
      - 非経済財（経済的に占有せられず）
    - 占有せられず
  - 労働を費やさず――占有せられず――自由財

これに対してマーシャルの前段の所説を表示すれば左の如し

財
- 自由財
  - 占有せられず
  - 労働を費やさず
- 非自由財
  - 占有せらる
  - 労働を費やす
  - 経済財(?)

しかるにマ氏は非自由財をもって直ちに経済財となさざること、次に説く所を見て察すべし（なお自由財、経済財の区別については補論に論究しあり）。

マーシャルは次に個人の富（a person's wealth）なるものを論ず。曰く、人の有する財のうち、その人の富と認むべきものは何なりや、この問に対しては、学者の答うる所帰一《きいつ》せずといえども、かれこれ酌量《しゃくりょう》して大体次の如く答うるをもって当を得たりと信ず。

単に個人の富とのみ言いて、別に注釈を付せざる時は、左の二種の財より成るものなり。

一　所有権の目的物にして、したがって譲渡ならびに交換し得べきもの

土地・家屋・家具・機械・その他すべての所有物ならびに株式・債券・抵当権、その他、他人をして貨幣または物品を交付せしむるを得る各種の債権。

他人に対する負債は右の反対に消極的の富とすべし。したがって個人の富を計上するときには、その内より控除するを要す。

勤労その他、入るとともに直ちに消滅する貨物は、個人の富の一部たらざるは勿論なり。個人的信任または関係に基づく商事会社における持分は、第二種の外界的個人財に属すべきものにして、この種に属せず。

二　個人に属し、彼をして有形財を得るを得せしむべき外界の無形財。すなわち個人的性質、才能等は、たとい

生活の資を得るの用をなすといえども、この種に属せず、これらは内界財なればなり。また直接に経済的価値を有せざる個人的友誼《ゆうぎ》もまたこのうちに入らず。これに反し、営業及び職業的関係、営業の組織、また昔時にありては、奴隷の所有権・傭役《ようえき》徴収権の如き、またこの種に属す。

右の如く富なる語を解釈するは日常生活の慣用と合するものなり。しかしてまた第一編に述べたる経済学の範囲中に属するもののみを包含するの便あり。すなわちこれを称して経済財と云うて可なり。ゆえに経済財はすべて外界の財より成り、左の二種を含むと云うを得べし。

一　個人に専属し他人の有たらざるもの。

二　貨幣をもって測り得るもの。貨幣は一方において、これら財を生ずるに要したる努力及び犠牲を測り、他方においては、これをもって充足する欲望を測る。

これマ氏の説く所なり。これによりて観《み》れば、氏は非自由財のすべてをもって経済財なりとなすものにあらず。すなわち

財
- 非自由財（占有せらる　労働を費やす）
  - 内界の財
  - 外界の財
    - 非経済財（所有権の目的たらず　貨幣価値を有せず）
    - 経済財（所有権の目的たり　貨幣価値を有す）
- 自由財（占有せられず　労働を費やさず）

右の所説の如くんば、予は全然氏に同意するものなり。すなわち占有せられ、または労働（広き意味にての）を費やしたるもの直ちに経済財たるにあらず。その占有が金銭的意義を有し、その労働が貨幣価値を有するときにおいてのみ、これが対象たり、これが産物たる財は経済財となるなり。しかして経済的とは畢竟《ひっきょう》するに、貨幣価値

を有するものの謂《いい》に外ならず、されば所有権の目的物たり、労働の成果たる財と云うに代えて、経済的に占有せられ、経済的労働の成果たるものと、予が謂《い》いたるとその意全く相均《ひと》し。

しかるにマ氏は右の如く正解を下しながら、直ちにこれを打破すべき論弁を続けたり。曰く、ある目的に向かっては、時として富なる語を更に汎《ひろ》き意味に用ゆること必要なり。ただしその場合には混同を防ぐため、特に付言を要す。その広き意味とは、大工の熟練が直接には他人の欲望を充《み》たすの手段たるのみにして、自己の用に供せられず、ただ間接にのみ（これを用いて賃銀を得）自己の欲望を充たすこと、彼が使用する大工道具に均しきが如き場合に、これを富のうちに包含せしむるが如きを云う。すなわち、かつてアダム・スミスが論じて以来多くの学者が襲踏する「人的富」なる語を用いて、経済上の用に供せらるる心身の力・才能・習慣ならびに前項第二種の無形財を言い表して差支えなかるべし。しかのみならず経済上に用ある才能はまた間接には貨幣をもって測り得るものにして、汎き意味においてこれを富と做《な》す、敢えて不可ならざるなり。されば従来学者がこの種のものを富と見做すべきや否やを、重要なる原則的問題なるが如く論争したるは、吾人の与《くみ》し能《あた》わざる所にして、畢竟するに一の便宜問題たるに過ぎざるものと云うべきなり。ただ注意すべきは、この種のものを包含して富と云うときは、特に明言を要することこれなり。単に富と云うときは、職業的才能はこれを含まざるものとせざれば、混同を免れず。ゆえにこの意を表さんがためには、特に付言して「有形及び無形（人的）の富」と云う語を用ゆれば、敢えて差支えあるべからざるなりと。

次にマ氏はまた「共同的富」なるものを論ず。すなわち私有権の目的物にあらずして経済上における人生活動に有用なるもの、たとえば国民たるより得る種々の便宜、身体財産の安固・道路・ガス・教育等の便宜、また汎く云えば、人生に適する気候風土の如きを「共同的富」と云うと。かく氏は極めて範囲広く解釈し、殊に一国民と他国民とを比較するにおいて、一方がすべてこれらの便宜を有するときは、またこれをもってより富みたる国民と見做すべきものなりと云う。すなわち自由なる天然の賜《たまもの》といえども、国民全体としてこれを見れば、その国民のみに与えられたる専有物として、これを他国民に対して富となすべしと云うなり。ここにおいて氏は更に論歩を進めて、個人の立場より見たる富、社会の立場より見たる富を論ぜり。すなわち個人の立場より見て富ならざるも、社会の立場より見れば富たるものとして、公共道路・運河・建物・公園・ガス・水道等を引例し、またテムズ河の如きも、イギリス全体として見れば慥《たし》かに富と云うべきものなりと云い、その他、学術上の知識・発明・音楽・文学、ついには国家の組織までを挙げ、これに対しては、外国に対する公債・私債は消極的富として、控除すべきものなりと云えり。

しかして社会的（または国民的）富の個人的富と異なるが如く、ここに「世界的の富」なるものありて国民的富と相対す。国内における各人間の貸借は、国民的富を計算するにあたりては、全然計上せざるが如く、世界的富を計算するには、国際間の貸借もまた計入せず、河川が国民の立場より見て富たる如く、大洋は世界の立場より見ては富なり。要するに世界的富とは、国民的富の概念を拡張したるものに過ぎずと云う。

およそこれらの論究は、予をもって見れば、いわゆる概念の遊戯たるに過ぎず、実際において学術的講究の価値少なきものなり。されば、ここに論評の必要を見ず、ただマ氏所説の梗概を紹介しおくのみ。

この章最終の問題として、マ氏の論ずるは、価値の概念なり。これは第四版までは、第一編総論の処にありて、予も本書上巻の第一版に訳出したけれども、後思う処ありてこれを取り消し、第二版に至りては全くその項を削除しおきたり。しかるにマ氏は第五版においては本章の末尾にこれを転じたり。今その大意を紹介せんに、氏はアダム・スミスが価値なる語に二の意義あり、一は物の利用を意味し、一は購買力を意味すと云いしは、その当を得ず、価値なる語はスミスのいわゆる第二の意味にのみ専用すべきものなりと云い、左の如き定義を下せり。

> The value, that is the exchange value, of one thing in terms of another at any place and time, is the amount of that second thing which can be got there and then in exchange for the first. Thus the term is relative, and expresses the relation between two things at a particular place and time.

価値すなわち一定の時と所において、他物の称呼にて言い表されたるある物の交換価値とは、これに対してその時その所において、交換せらるる対手物の一定量を云う。すなわち価値なる語は相対的にして、一定の時と所とにおける二物間の関係を言い表すものなり

しかして今日現在の文明国においては、金または銀を貨幣として流通するがゆえに、その関係は常に貨幣の称呼をもって言い表さる。すなわち物の価値は常に一定の貨幣額をもって称せらる。かく貨幣に言い表さるる価値を名づけて価格（物価）(price) と云うと論ぜり。

マ氏のこの定義は、近来学者間に多く行わるる所と甚だ異なれり。殊にドイツ、オーストリアの学者の価値なる語を解するは、全く異なる意義をもってせり。今その理由を詳述するは、本章の範囲外なりといえども、その最も根本的理由を考うるに、ドイツ系統の価値なる語、すなわちドイツ Wert　オランダ waarde　イギリス worth と、ラテン系統の価値なる語、すなわちイギリス value　フランス valeur　イタリア valore とは、そもそも語源において同じからず、一は主として主観的概念より成り、一は専ら客観的物能を意味す。予はかつて前者は邦語の「ねうち」に当り、後者は「あたえ」に当ると論じたることあり。その意、前者は人がある物を見て、我が欲望を充《み》たすの度合を測るを示し、後者はマ氏の言う如く、物と物との比較関係を云い表す。アダム・スミスが第一の用法と云いしは前者に該当し、第二の用法と云いしもの後者に該当す。しかして実際上価値の語を用うるも、またこの二様の意義を付するものの如し。マ氏がスミスをもって当を得ずと云いしもの、かえって当を得ず。スミスこそよく真意を尽したるものと云わざるべからず。しかしてなぜマ氏がこの謬《あやま》りに陥《おちい》れるかと尋《たず》ぬるに、イギリス正統学派は、常に経済現象の客観的方面に重きを置き、物の働き、物の関係を見るに専らなるがため、大体において正統派の流れを汲むマ氏も、また価値を解するに全然客観的眼孔をもってしたるがためなり。これに反してドイツの学者、殊にオーストリアの学者は経済現象を見るに、全く主観的眼孔をもってするが故に、価値を目《もく》して全然主観的概念なりとなすなり。

予をもってこれを見るに、両者ともにその好む所に偏するものにして、価値に主観的方面あり、また客観的方面あり。必ずしもその一に専らなるべからざるものなり。ただ概念として云うときは、価値はまず主観的概念なり、その客観的方面は主観的概念より伝来せる第二次的現象なり。さればアダム・スミスの説を改竄《かいざん》すべしとならば、むしろ第一の意義を存して、第二の意義をこそ捨つべけれ、マ氏の如く第一を捨てて、第二をのみ採ること、その意を得ず。マ氏は以下価値定義論を試むることなし。よってここに一言、予が自己の立場を明らかにしおくものなり。

第二章　補　論

ドイツの学者は、イギリス、アメリカの学者が富なる語を用ゆる場合に、財産なる語を用ゆることあり。イタリアの学者もまた本文に述べたるが如く、ドイツ学者に倣い、財産なる語を用ゆるものあり。今ドイツ学者の説中、最も代表的なるものを挙ぐれば、ノイマンの如きこれなり。曰く

Das Vermögen Jemandes ist der Inbegriff der Güter, über die derselbe in seinem Interesse verfügen kann.
——Neumann. *Grundlagen der Volkswirtschaftslehre*, Tübingen, 1889. S. 106.

ある人の財産とは彼が自己の利益のために処分し得る財の総称なり

自己の利益のために処分し得ると云うは、本文において経済的に占有すと云い、マ氏が所有権内にあるものと云うと、語異なりて意はすなわち同じ。

ノイマンは財を定義して云う、

Güter sind Dinge, die dem Interessen, Bedürfnissen, Wünschen, Absichten, Neigungen. u. s. w. Jemandes zu entsprechen geeignet erscheinen.

財とはある人の利益・欲望・願望・見込・嗜好に応ずるに適すと認めらるるものを云う

または

Güter sind Dinge, die den Interessen Jemandes zu entsprechen geeignet erscheinen.

財とはある人の利益に応ずるに適すと認めらるるものを云う

すなわち右両定義を合して財産の定義を下せば、

財産とはある人が自己の利益に応ずるに適すと認むるものにして、彼が自己の利益のために処分し得るものの全体を云う

となるべし。されば、ノイマンは、マ氏と反対に、富をもって総括的の概念となし、財をもってその構成要分となすものにして、これやがて大多数の学者（殊にドイツ、オーストリアの学者）の執る所の見解なり。ただその単に利益に応ずるに適し、利益のために処分し得るという一箇条のみをもって、財ならびに富の特徴となすは、余りに簡に失して尽さざるの嫌いなきにあらず。氏はかく簡単に定義するについて、種々の論弁を費やすといえども、予はにわかに服従すべき所以《ゆえん》を見ず。氏の構思明晰にして、その説明また透徹せりといえども、いささか好む所に偏するの傾きあるは、否定すべからず。ゆえに予は本文において、やや冗長に渉《わた》る説明を敢えてしたり。ただその富をもって総括的とし、財をもって構成分なりとするは、予の全然同意する所なり（マ氏の a person's wealth と云うは財産に該当す）。

イタリアの学者にして新進学者中、最も俊秀の聞え高きスピーノは、財を定義して曰く、

Le cose *utili* (da *uti* servire), che, cioè, hanno la capacità di soddisfare ad un bisogno, si discono beni ―― Supino, *Principi di economia politica*, Napoli, 1905. p. 33.

利用あるもの（利用に供せらるるもの）すなわち一の欲望を充《み》たすべき資格を供うるものを財と云う

氏はまた財の財たるには、左の要件を具《そな》うるを要すと説く、

1) L'esistenza di un bisogno.

2）Che la cosa abbia proprietà, tali da estinguerlo.
3）La conoscenza di queste proprietà.
4）L'accessibilità della cosa.
（一）これに対して欲望の存すること、
（二）この欲望を除却するの性能を有すること、
（三）この官能を人が認識すること、
（四）この財をもって欲望充足に供すべき便宜の与えられること、

その一と二は従来すべての学者（殊にイタリア学者）の説く所に異ならざれども、三と四とを付加したるは、氏の卓見と云うべし（以下引用するカール・メンガーの説はなはだ相似たり、あるいはスピーノはメンガーを承《う》くるものなるやも計り難し、メンガーは既に一八七一年に、以下引用する説を公にしおればなり）。すなわち三はノイマンの「応ずるに適すと認めらるる」なる文句に該当し、四は「利益のために処分し得るもの」と云うに該当す。単に欲望の存在し、これを充《み》たす性能を具備したるだけにては、未《いま》だ財の財たる所以《ゆえん》を尽したりと云うべからず。人がこの性能を認識し、かつその認識を実現し得る社会的の約束ありて、財ははじめて財たるものなり。予かつてこの意を説きて左の如く云えり。

「人類がかく外界の力に須《ま》ってその欲望を充たすと云う以上は、その欲望を充たすべき所のものを外界から得来らなければならぬ、かくの如き外界のものであって、人類が一定の欲望を充たすに適すと思惟するところの特定物を称して、『財』と云う。………それ自身が人類の欲望を充たすに足る性質を具《そな》えておるだけでは未だもって人類経済行為の目的物とはならない。その特定財が真に欲望を充たすに足る性能を有していることを、人間が認めるによってはじめて経済行為の目的物となるのである。」（『国民経済原論』、『経済学全集』第一集所収）

予はなお右の注釈中に数多の引照を掲げたり、右書二二五頁以下を見るべし。

これを要するにノイマン以下のドイツ・オーストリア学者（以下引用するメンガーまた然り）、ならびにスピーノ等は皆財の財たるには、主観的要素与《あずか》りて大に力あるを認むるものにして、予の全然同意する所なり。しかるにマ氏は本文中かつてこの辺に論及せず、これ本文に云える如く、氏が客観的方面に専らなるイギリス正統派を継承するがためなり。―ただしアダム・スミスはgoodsとstockとを分ち用ゆることドイツ、オーストリア学者に同じ。―

次に有形財と人的財すなわち無形財を分つは、間然すべき所を見ずといえども、権利をもって有形財中に算入するは、予の到底同じ難き所なり。そもそも権利は財なりや否やの問題は、学者間に異論ありて、ノイマンは前掲書七二頁より九〇頁に渉《わた》りてこれを詳論す。けだしこの問題に関して最も価値ある研究として、斯界《しかい》に重んぜらるる所なり。

しかれども予は氏の説に服する能《あた》わず、氏は権利をもって財なりとす。曰く、

Verneinen muss diese Frage, wer—wie die meisten—bewusst oder unbewusst lediglich dem allgemeinen Sprachgebrauch folgt. Denn nach letzterem pflegen wir wohl von Rechten an Gütern zu sprechen, nicht aber Rechte selbst als Güter zu bezeichnen. Und verneinen mag jene Frage auch, wer annimmt, dass nur was 'als Zweck' nicht was 'als Mittel' nützlich ist, ein Gut zu nennen sei. S. 72.

権利を財とすべきや否やの問は、有意識的または無意識的に日常の用語例のみに従うものはこれを否定せざるを得ざるべし。けだし日常の用語法にては「財に対する権利」なることを言うも、権利そのものをもって直ちに財なりとなさざればなり。また財とは客体たるもののみを云い、手段たるものを云わずと主張するものも、またこの問を否定するなるべし

と。予は常に学術語もかなり日常の用語法に準拠すべきものなりと信ずるものにして、また財は客体たるもののみを指し、手段たるものを含まずとすること、ノ氏の言うが如くなる故に、その結果としてこの問を否定して、権利

は財にあらずと主張するものなり。ノ氏は実物を所有せず、これを他人に与えて、自己はこれに対する所有権のみを有するものをもって、実物のみを所有するものより富まずと云うは、矛盾ならずやと云えども、「富有なる状態」は、必ずしも、財を多く有するの謂《いい》のみにあらず、されば、これは一向差支えなきものと信ず。次に述ぶるが如く、氏は勤労は財ならずと云う、しからば物を所有せず、勤労のみを享有するものは、物のみを所有するものより富まずと云うか。氏にして勤労も財なりと云うならば、この論はとにかく始終一貫するが故に、また一見解として支持するを得べきも、勤労は財ならずと云う以上は、財を有するのみをもって富たりと云う能《あた》わず、氏が論旨は一貫を欠くものにあらずや。

ベーム‐バヴェルクはノ氏に反し、権利は財ならずと主張す。その論は *Rechte und Verhältnisse vom Standpunkte der wirtschaftlichen Güterlehre*, 1881.『経済財論の立場より見たる権利及関係』―今は氏の『論文集』一九二四年刊、一より一二六頁に収む― に詳述しあり。

メンガーは、その『原論』の第二版において（第一版になし）、主観的権利は財とすべきものにあらざるを論じて左の如く云えり。

Die Frage, ob subjektive Rechte als Güter zu betrachten seien, ist zu verneinen. Ein Ding wird nicht erst dadurch zum Gute, dass es zum Objekte eines Rechtes wird. Damit ein Ding zum Gute werde, darf es nicht ausserhalb der menschlichen Verfügungsgewalt stehen; dass es sich in der Verfügungsgewalt einer bestimmten Person befindet, ist indes schon mit Rücksicht auf die sogenannten freien Güter wie auch in Rücksicht auf die isolierte Wirtschaft keine Voraussetzung der Güterqualität eines Dinges. Nicht die subjektiven Rechte auf die Güter, sondern die Güter selbst stehen in dem die Güterqualität begründenden Verhältnisse. Sowohl die Meinung, dass nur den subjektiven Rechten auf Güter, als auch die Meinung, dass diesen Rechten, zugleich aber auch den Objekten derselben die Güterqualität zukomme, ist unhaltbar. Die

Frage, ob ein subjektives Recht auf ein Gut selbst ein Gut sei, ist etwa jener zu vergleichen: welcher Kulturart die Grenzlinien der einzelnen landwirtschaftlichen Besitze angehören, ob diese Grenzen Aecker, Wiesen, Wälder, Weingärten etc seien? Menger, *Grundsätze der Volkswirtschaftslehre*, 2. A. SS. 13-14.

主観的権利を財と認むべきや否やの問は、これを否定すべし。一物は一の権利の客体となるによりてはじめて財となるものにあらず。一物が財となるには、人間の処分権力以外にあるものたるべからず。一物が一特定人の法律上の処分権力内にありという事は、いわゆる自由財に関しても、はたまた孤立経済に関しても、決してその物の財たる性質の前提にはあらず。財たる性質を決定する事情は、財に対する主観的権利にあらず、財そのものなり。財に対する主観的権利のみをもって財たる性質を定むるものなりとする説も、または主観的権利ならびにその客体共に財たる性質を有すとなす説も、共に支持し難し。一財に対する一の主観的権利が財なりや否やを問題とするは、あたかも、個々の農業所有地、すなわち耕地・草地・森林・葡萄畠間に横たわる限界線は、そのいずれに属するやを問題とするが如し。

予のかつて論じたる所は左の如し。

「私有財産制度と人格の自由の認められている今日にあっては、財に似寄った性質を備えている所のもので、しかも財と混同してならぬものがある、すなわち諸々の権利及び関係これである。これらは決して経済上の財と看做《みな》すべきものでない。けだし、これらのものは経済上の財を得るための間接の手段であって、財そのものではない、ただ今日の私有財産制度の下にあっては、これらは経済上の価値、殊に一定の貨幣額をもって見積られいるものたるのである、決して財そのものではない。」（『国民経済原論』）

マ氏の無形財に関する所論の服し難きは本文に述べたり。氏は内界の財もまた富たることありと云う。ノイマンは経済上にて云う財は全然外界の財のみより成り、内界の財は包含せずとして曰く、内界の財をもって経済上の財に算入せば、これらの財を得る方法もまた経済学において論究するを要す。しかるに未《いま》だかつて学力を得る方法、音楽を習修する方法、体力養成法等を経済論中に試みたるものあるを聞かず、教育学・音楽学・衛生学等は決して経済学の一部を成すものにあらずと。

ただ、いわゆる人と人との関係、殊に商業上の関係の如きは内界の財にあらざるが故に、これを経済財なりとするもの多し。予はこの説を執らず（この点、予は少しく説を改め「関係」そのものをもって、直ちに財となすべきものにあらずと信ずること、「権利」におけると同一なりといえども、これら「関係」を生ずべき行為もしくは働きは、財と認むべしと信ずるに至れり。後段を見よ）。ノイマンはかつて関係は財なりと主張したるも後、改説せり。『国民経済原論』に引照せり。ついて看《み》よ。

次に論ずべきは自由財と経済財との異同これなり。マーシャルは自由財ならざるものを直ちに経済財なりとなすものにあらざること、本文に述べたり。これ予の私見に合す。しかるに多くの学者は自由財ならざるものは皆経済財なりとなすものの如し。その一例として故滝本教授の説を挙ぐるを得べし。

一、自由財と経済財との区別如何《いかん》、

一、財とは吾人がもって吾人の欲望を充《み》たし得べしと信ずる所の外界の有形財なり（この定義は予の全然同意する所なり）

二、経済財とは人をしてこれを排他的に自己の占有の下に置かんと欲せしむる如き財を云う、ゆえに財が経済財たるには左の二条件を具備せざるべからず

イ、その存在が比較的に少なきこと、

ロ、その財が占有し得べきものなること、

（イは欠くも可なり、これに代えてその占有が経済的なるを要すること、ならびに経済的労働を費やすものなることを加うべし）

三、経済財にあらざる財は自由財なり

（その反対は自由財にあらざる財は経済財なりと云うことと成る）（『一橋会雑誌』第四九号）

読者これをもって本文の論述と対照せよ。マ氏の説は少なくともこれよりも勝れり。財の経済財たるには存在の量必ずしも少なきを要せず。ノイマン曰く

Selbst vom Urwaldbewohner, auf den man in Fragen wie den vorliegenden so gern Bezug nimmt, darf letzteres behauptet werden, sobald er sich im Überfluss befindliches Urwaldholz aneignet, um sich Geräte zu fertigen. S. 16–17.

人の好んで引例する原始林に無限に存在する樹木といえども、これをもって器具を製せんがために、人が占有するときは、これは自由財にあらず、経済財なり

しかしてこの点より見て、自由財なる語はほとんど無意義なりと主張せり。然り、いやしくも人の欲望の用に供せらるる以上は――殊に今日の私有財産制度の下にありては――自由財なるものは存在せず、皆非自由財なり。何となれば人の用に供せらるる以前、まず占有せられざるべからず、その占有は労働を費やすを要すればなり。マ氏のいわゆるブラジル森林の樹木、または河海《かかい》より漁獲する魚、予の高山の草花、すなわち皆ノイマンの謂《い》う所に当れり。滝本氏が存在の量比較的少なきことをもって経済財に不可欠要件となすは、通説に従うものなるべけれども、その通説は当を得ず。存在量無限なりとも経済財たることあり、存在量比較的に（その意味茫漠たり）少なくとも、自由財たるものあり。滝本氏は津村教授を攻撃して云う。

「海水浴場主はこの大海に存するままの水に対して銭を払うのであろうか、………通常の人が買うのは、大海に存する水にあらずして、海水浴場の門口あるいは浴槽の傍らまで持ち来されたる水である、すなわち無限に存するものをわざわざ買うのではなくて、有限のものを買うのである、もしその無限に存する場所へ、主人自ら出張してこれを汲んだなら、銭を払う必要は絶無である」

津村君の説明は銭を払う云々《うんぬん》をもって要件とするものにして、論点当を得ず。しかれども滝本君の説もまた俄《にわか》に感服し易《やす》からず。無限に存する海水を主人自ら汲む場合においても、その汲む労働は営利の目的をもってするが故に経済行為なり（経済上の労働なり）、しかしてこの海水を浴場に汲み入るるときはこの海水はまた経済的に占有せられたる浴場主の所有物件なり。滝本君は予をもってこの場合の海水は経済財にあらずと認むるものならんと言われたれど、それは予にとりては贔屓《ひいき》の引倒しなり。この場合の海水は一点の疑いを容《い》れざる経済財なり。予は銭を払う有無をもって経済財と否との区別をなすべしと論じたること未《いま》だこれあらず（貨幣価値をもって測らると云うは貨幣を支払うの意にあらざるは言うまでもなし）。経済的に占有せられ、経済的の労働を費やしたる事をもって経済財なりとなすなり。すなわち氏は学生の答案において、（一）存在の量無限にても、経済財たり得、（二）存在量有限にても経済財ならざることありとの所論あるをもって、誤謬《ごびゅう》なりと断定せられたれども、予はむしろ教師たる滝本君に同ぜずして、その門下たる学生に与《くみ》せんと欲するものなり。誤謬はかえって教授にありて、正解はその門生にありと信ず。いわんや氏の認めて正解となす所は、自由財ならざるものは直ちに経済財たり、経済財たらざるものは皆自由財となすにおいてをや。予は断じてこの説に服する能《あた》わず。

最後に、マ氏の論ずる価値については別に詳論を要す。読者まず『国民経済原論』について予が私説の一端を知りおかんことを希望す。

本章の参考書としてまず最も推奨すべきはノイマンの著書なり。すなわち前後引照せる

Neumann, *Grundlagen der Volkswirtschaftslehre*, Tübingen, 1889.

ならびに同氏の寄稿を載せたる

Schönberg's Handbuch der politischen Oekonomie, Bd. 1, Tübingen, 1896. SS. 146–186. Wirtschaftliche Grundbegriffe.

Zeitschrift für die gesamte Staatswissenschaft, Bd. 25.（1869）, Bd. 28.（1872）, Bd. 36.（1880）.
を見るべし。次にはベーム‐バヴェルクの書
Böhm-Bawerk, *Rechte und Verhältnisse vom Standpunkte der volkswirtschaftlichen Güterlehre*, Innsbruck, 1881. 今収めてその論文集にあり。
ディーツェルの
Dietzel, *Theoretische Sozialökonomik*, *Leipzig*, 1895. SS. 149 ff.
最も読むべし。その他経済原論の書にはすべてこの問題を論じあり。なかんずくメンガー、ザックス、ヴィーザー等のオーストリア派学者ならびに正統学者の著書参考すべし。ドイツ学者の原論、殊にシュモラーの原論はかえってこの点については参考すべきもの少なし。ただワグナーはかなり詳密《しょうみつ》の議論を試みたれども、独創の意見多からず。また純歴史派の貢献はほとんど見るべきものあらず、甚だ惜しむべきなり。
以上、予は旧版に記したる所、一、二字句を修正したるのみにて、そのままに掲げおけり。しかるに、予は、既に『国民経済講話』において述べたるが如く、財の定義については、その後説を改め、労務給付その他の働きも、それが価値対象たるときは、また財と認むべしとするに至れり。

有形たると無形たるとを問わず、生活維持に関して、我々が目的を立て、その目的を達する手段として、選ぶものは、皆経済に関係があるのであります。これを学問上の術語で、財（または富）と名づけます。財とは、西洋の言葉では、善と云うのと同じ字をもって表しております。（中略）つまり、我々人間の生活を進むるもの、または我々の生活に害あるを取り除くもの、これが善でありまして、財とは、その手段たるものを云うのであります。（中略）また、富とは、我々の生活が充実した有様を云うのであります。すなわち生活の維持が十分に出来ている状態が富であります。これと同時に、かくの如き状態を作り出す手段をも、また富とも申し

ます。ゆえに、経済は、財（または富）に関係する事なりと申す世間普通の書物によく書いてある定義も、まんざら当らない訳ではありません。ただ甚だ言い足らぬのであります。

右説明は本書旧版に引用したる『国民経済原論』の説と異なるものにして、殊に同書において、労働給付（勤労）を財ならずと断言したる一節は、全然これを改めざるべからず。今その理由の一端を示すべく、カール・メンガーの財論を次に紹介すべし。

メンガーは、一八七一年出版の『原論』第一版と、昨一九二三年、その子が遺稿を整理して刊行せる第二版とにおいて、諸所において、著しく、説を改めおれり。財論においてもまた然り。しかして総論の部における彼の改説はあたかも予の本書におけると同じく、第一版において、「因果関係」と云いたる所をことごとく改めて、あるいは全くこれを削除するか、あるいは、「目的関係」と改めたり。財論においても、また然り。さらに、細目の点に至っては、第二版の説明は、第一版に比して遥かに込み入りおりて、かえって明瞭透徹を欠くものあり。財論において、その事殊に甚だし。されば、予は、主として、理路一貫せる第一版の所説を紹介し、兼ねて第二版における改説に言及することとすべし。

メンガーは、第一版において、財を定義すること左の如し。

Diejenigen Dinge, welche die Tauglichkeit haben, in Causal-Zusammenhang mit der Befriedigung menschlicher Bedürfnisse gesetzt zu werden, nennen wir Nützlichkeiten, wofern wir diesen Causal-Zusammenhang aber erkennen und es zugleich in unserer Macht haben, die in Rede stehenden Dinge zur Befriedigung unserer Bedürfnisse tatsächlich heranzuziehen, nennen wir sie Güter. ——

Carl Menger, *Grundsätze der Volkswirtschaftslehre*, erster allgemeiner Theil. Wien, 1871. SS. 1–2.

人間欲望の充足と因果関係に置かれる能性を有する諸物は、これを「利用」と名づく。吾人が、この因果関係を認識し、しかしてその問題となる諸物を、吾人の欲望充足に事実上拉《らっ》し来ることを得る限りにおいて、これら諸物を財と名づく。

第二版においては、右を改めて左の如くせり。

Diejenigen Dinge, welche die Tauglichkeit haben, ein menschliches Bedürfnisse zu befriedigen, sind im Sinne unserer Wissenschaft Nützlichkeiten. Sofern eine Nützlichkeit als solche erkannt und verfügbar ist, nennen wir sie ein Gut, und Güter im Sinne unserer Wisssnschaft sind also zur Befriedigung menschlicher Bedürfnisse als tauglich erkannte und für diesen Zweck verfügbare Dinge. 2. Aufl. 1923. SS. 10.

「一の人間欲望を充《み》たすべき能性を有する諸物は、経済学において云う『利用』なり。一の利用が、利用として認識せられ、しかして処分し得べきものなるとき、これを一の財と名づく。経済学にて云う諸財とは、人間欲望の充足に適せりと認識せられ、しかしてこの目的のために処分し得らるる諸物の謂《いい》なり」（一〇頁）

メンガーは更に、財の前提四ヶ条を挙ぐ、

一、一の人間欲望

二、この欲望の充足と因果関係に置かれ得るに適せしめる物の性質

三、この因果関係を、人間が認識すること

四、この物を処分して、その欲望の充足に事実上充用せしめ得ること

第二版においては、

一、一の人間欲望の認識、もしくはその予見

二、欲望の充足を実現するに適すべき物の客観的性質

三、この能性の認識

四、この物の処分、すなわちこの物を一の、人間欲望（一の将来の、しかして他の、諸財の助けによりてのみなる場

合たりとも）の充足に充用し得べきようなるその物と、吾人との関係

第一版においては、メンガーは、以上四項について説明を加え、次にいわゆる「仮想財」を論じたる後、「関係」は財なりや否やを考えて曰く、

「学問上特殊の趣味あるは、ある学者等が『関係』という名称の下に、一の特殊なる財の範疇《はんちゅう》と認むる諸財、これなり。この目の下に計上せらるるものは、商号・得意・独占・出版権・専売特許・レアル・ゲヴェルベ・レヒト・著作権等にして、さらに若干の学者は、家族・友情・恋愛の諸関係・教会的ならびに学術的団体等をも算入せり。これら関係の一部分が厳密なる意味における財の性質を有せざることは、これを認めざるべからずといえども、他の一部分、たとえば、商号・独占・出版権・得意、その他これに類する諸々のものは、事実上財たること明《めい》なることは、吾人が流通場裡において数多くの場合において、これを見出すという事情だけにて立証することを得べし」（六・七頁）

と。しかして、彼は、その論を総括して左の如く云えり。

「利用ある行為もしくは行為の停止にして、吾人がこれを処分し能《あた》うこと、たとえば、得意・商号・独占諸権の如く、事実上然るものなるときは、これに対して、財たるの性質を認めずして、『関係』という曖昧なる概念の下に置きて、一の特殊なる範疇として、他の諸財に対抗せしむべき理由は、毫《ごう》も発見せられず、否、予は信ず、財の全体は、これを二種に分ち、一は物質財《ザハギューター》（財たる限りのすべての自然力を含みて）とし、二は利用ある行為《ニュッツリヘ・ハンドルンゲン》（もしくは行為の停止《ウンテルラッスンゲン》）とし、二のうちの最肝要なるものを労務の給付とすべきものなるを」（七頁）

と。予は、メンガーの四前提なるものを必要ならずと信ず。ただし、これとほぼ同説なるスピーノについて、本書旧版（前段に掲げたり）において下したる程の意にては、これを認むべきものなりと信ず（スピーノは処分を云わずして「アクチェシビリタ」欲望充足に供し得べき便宜性を云う、メンガーに比して劣れり）。四前提中、必要なるは、

一・三・四にして、二は決して必要ならざればなり。ただし、一は決して直接消費者の欲望たることを要せず、商人が自己の欲せざるものに高き価を払うは、自己消費の欲望を認めもしくは予見するがためにあらず。これに反し、メンガーが第一版において、総括的に言明したる右の最後の一節は、予を促して、前云える改説をなさしむるに、大いに参考となりたるものなり。しかるに惜しむべし、第二版においては、メンガーは甚だ不徹底なる蛇足説を加えて、その態度を晦渋《かいじゅう》ならしめ、かえって右にあげたる明瞭なる総括の辞は、全くこれを削除して、態度を漠然たらしめたり。予はこれを一の退歩と認めざるを得ざるものなり。

そもそも、経済学において、財という概念を要用なりとする所以《ゆえん》は、欲望充足の手段たり、経済行為の対象たり、吾人の占有及び処分の目的物たり、有償的獲得の客体たり、したがって、吾人の価値判断・価値比較の客体たるものを、一言をもって云い表さんがために外ならず。換言すれば、価値対象《ヴェアトゲーゲンシュタント》と云う意を的確に言い表さんがためなり。ゆえに、財の概念を狭く物質財（ザハギューター）のみに限る時は、そのほかに、財たらずして、しかも、価値対象たるものを一括的にもしくは列挙的に指示すべき、他の語もしくは概念を要することとなるを免れず。しかして、かく財と財以外の価値対象とを二つの別の概念とすることによって、果して概念の明確を増すやと云うに、事実は決して然らず、かえってその晦渋を将来する結果を見るに過ぎず。それは、実にメンガーが次の言によって道破したるが如くなるのほか、これあらざるべし。

Wenn nichts destoweniger derjenige Theoretiker, welcher sich am eingehendsten mit diesem Gegenstand beschäftigt hat, zugesteht, dass die Existenz dieser Verhältnisse als Güter etwas auffälliges an sich habe und dem unbefangenen Auge wie eine Anomalie erscheine, so liegt der Grund hiervon, wie ich glaube, in der Tat etwas tiefer, als in dem unbewusst auch hier wirkenden realistischen Zuge unserer Zeit, welche nur Stoffe und Kräfte（Sachgüter und Arbeitsleistungen）als Dinge, und somit auch nur solche als Güter anerkennt.

Es ist von juristischer Seite schon mehrfach hervorgehoben worden, dass unsere Sprache keinen Ausdruck für 'nützliche Handlungen' im Allgemeinen, sondern nur einen solchen für 'Arbeitsleistungen' habe. Nun giebt es aber eine Reihe von Handlungen, ja selbst von blossen Unterlassungen, welche, ohne dass man sie Arbeitsleistungen nennen kann, doch für bestimmte Personen entschieden nützlich, sind, ja einen sehr bedeutenden wirtschaftlichen Werth haben. Der Umstand, dess Jemand bei mir seine Waren einkauft, oder meine Dienste als Advocat in Anspruch nimmt, ist sicherlich keine Arbeitsleistung desselben, aber eine mir nützliche Handlung, und der Umstand, dass ein wohlhabender Arzt, der in einem kleinen Landstädtchen wohnt, wo sich ausser ihm nur noch ein anderer Arzt befindet, die Praxis auszuüben unterlässt, ist noch viel weniger eine Arbeitsleistung des Ersteren zu nennen, aber jedenfalls eine für den Letzteren, der hierdurch zum Monopolisten wird, sehr nützliche Unterlassung. ——

Was man demnach Kunden-Kreise, Publikum, Monopole etc. nennt, sind, vom wirtschaftlichen Standpunkte aus betrachtet, nützliche Handlungen, beziehungsweise Unterlassungen anderer Personen, oder aber, wie dies zum Beispiel bei Firmen der Fall zu sein pflegt, Gesammtheiten von Sachgütern, Arbeitsleistungen und sonstigen nützlichen Handlungen, beziehungsweise Unterlassungen. Selbst Freundschafts- und Liebsverhältnisse, religiöse Gemeinschaften u. dergl. m. bestehen offenbar in solchen uns nützlichen Handlungen oder Unterlassungen anderer Personen. 1. Aufl. SS. 5-7.

しかるにもかかわらず、この問題を最も立ち入りて研究したる学者（アルベルト・シェフレを云う）がこれらの「関係」の財としての存在は、異様の観を与え、囚《とら》われざる人にとりては一の変態の如く見ゆと告白したるは、材料と力（物質財と労務の給付）とのみを物と見、したがって、これらのもののみを財と認むる現代の現実的傾向が、この問題についても無意識の間に作用すと云うよりも、更に深き根拠を有することと予は信ず。

法律家がしばしば指摘したるが如く、吾人の言語は「労務給付」に対する成語を有するのみにて、一般に「利用ある行為」を言い表すべき成語を欠けり。しかるに、労務給付と名づくる能《あた》わざるものにして、しかも、特定の人々にとりて、確かに利用あり、否、著しき経済価値を有する行為、または単なる行為の停止の場合数多くあり。ある人が予が店に来りて、その欲する商品を買い、または弁護士たる予に事件を依頼するという事情は、確かに労務の給付にあらず、しかも予にとりては利用ある行為なり。田舎の小都会において一人の富有なる医師が、その業務を罷《や》め、その都会に残る所は今一人の医師となるときは、その人は独占者となるべし、前者の業務停止は決して労務の給付にあらず、されど後者にとりては甚だ利用ある行為停止なり。（中略）したがって、得意・公衆・独占等と名づけらるるものは、経済上の立場より見るときは、他人の利用ある行為もしくは行為停止なるか、もしくは、商号等の場合におけるが如く、物質財・労務給付、及びその他の利用ある行為もしくは行為停止の一体なり。友情・恋愛の関係・宗教的団体その他の如きも、明らかにこの種の吾人に利用ある他の人々の行為もしくは、行為停止なり。

メンガーは、ここに結論を下して、前段示したる如く、財を二種に小分して（一）物質財、（二）利用ある行為または行為停止（その最重要なるものは、労務給付）なりとし、「関係」を利用ある行為と見、特に「関係」の目《もく》を立つる必要なしとせり。メンガーの利用ある行為もしくは、行為停止（nützliche Handlungen oder Unterlassungen）と云うは、畢竟《ひっきょう》価値対象たる行為もしくは行為停止の謂《いい》に外ならず。すなわち言葉を改めて、これを云えば、

価値対象══財｛物質（有形財）
行為または行為停止（労務給付をその重《おも》なるものとす）｝

となるべきなり。第二章本文の説明は、この解釈と必ずしも抵触せず、ただ補論において、旧著『国民経済原論』の権利・関係・勤労すべて財にあらずという説を裏書したる点は、右解釈と相容《い》れず。しかして、予は、メンガー

がその『原論』の第一版において述べたる説をもって、妥当なりと認むるに至れるものなれば、補論のこれと矛盾する部分は、これを改め『国民経済講話』における説明の如くせざるべからず。ただ、予は、予の思考の経路を明らかにしおかんがため、本章補論を、まず旧版に従いて、これを掲げ、その改めたる部分を後に示すこととしたるなり。

なお参考のため、最新刊たるディールの『理論的国民経済学』第二巻「生産理論」の財論を挙ぐれば、左の如し。

Die wirtschaftlichen Güter. — Die mit Hilfe der menschlichen Tätigkeit erzeugten Dinge nennen wir Produkte. Dabei ist zu beachten, dass 'Produkte' ein technischer Begriff ist. Erst wenn wir diese Produkte unter wirtschaftlichen Gesichtspunkten betrachten, nennen wir sie Güter. Die Produkte bilden einen Teil der grossen Kategorie der wirtschaftlichen Güter überhaupt. Der Begriff des Gutes geht über den der produzierten Güter hinaus; denn Güter sind alle Dinge, die zur Befriedigung menschlicher Bedürfnisse geeignet sind. Zum besseren Verständniss des Begriffes Gut sind einige terminologische Feststellungen erforderlich. Wir unterscheiden:

1. Gebrauchsgüter und Verkehrsgüter:
2. Freie und wirtschaftliche Güter:
3. Materielle und immaterielle Güter:

Auch insofern geht der Begriff Gut über den der Produkte hinaus. weil zu den wirtschaftlichen Gütern nicht nur greifbare materielle Sachgüter gehören, sondern auch immaterielle und unkörperliche Dinge. Güter sind auch Naturkräfte, wie die Wasserkräfte, Wasserfälle usw. Ebenso gehören zu den Gütern persönliche Dienstleistungen, wie z. B. die des Arztes, des Rechtsanwaltes usw. Sehr umstritten ist die Frage, ob auch gewisse Rechtsverhältnisse, wie z,. B. Monopole, Erfinderpatente, Verlagsrechte usw. zu den wirtschaftlichen Gütern gehören. Diejenigen, welche solche Rechtsverhältnisse zu den wirtschaftlichen Gütern rechnen, argumentieren so : Solche Patent- und Verlagsrechte z. B. haben Wert und Preis, werden ge- und verkauft, figurieren in den Bilanzen mit festen Geldsummen, unterscheiden sich daher nicht von den übrigen wirtschaftlichen Gütern.

Ich möchte mich dagegen aussprechen, solche Rechtsverhältnisse zu den wirtschaftlichen Gütern zu rechnen. Denn was bedeuten diese Rechtsverhältnisse? Auf Grund eines Patentrechtes hat der Patentihaber das Recht, gewisse Artikel allein herzustellen und zu verkaufen. Das Verlagsrecht sichert dem Autor das Recht, bestimmte Leistungen allein zu vertreiben. Es geht aber nicht an, mit demselben Begriffe Güter selbst und gewisse Rechtsverhältnisse, auf Grund deren man Anspruch auf Güter und Leistungen hat, zusammenzufassen. Ich halte es daher für zweckmässiger, diese Rechtsverhältnisse aus dem Kreise des Güter auszuscheiden und dort, wo wir ihnen begegnen, den Ausdruck geldwerte Rechte zu setzen. Bei der Definition, von Vermögen sagen wir daher : Vermögen ist der Inbegriff der Güter und geldwerten Rechte, über die jemand frei verfügen kann.

4. Verbrauchbare und dauerbare Güter.
5. Genussgüter und Produktionsgüter.

Karl Diehl, *Theoretische Nationalökonomie*, 2. Bd., Jena, 1924. SS. 36-38.

経済財。

人間行為の助けによりて作り出されたる諸財を「産物」と名づく。ここに注意すべきは、「産物」とは、技術的概念なること、これなり。これら産物を経済的見地より考察するとき、はじめてこれを「財」と名づく。産物は経済財という大なる範疇《はんちゅう》の一部分を成すものにして、財の概念は、生産せられたる諸財という概念以外に亙《わた》るものなり。何となれば、財とは、人間欲望の充足に適する一切諸物の謂《いい》なればなり。財という概念をよりよく諒解せしめんため、若干の用語を確定しおく必要あり。

一、消費財と流通財（下略）

二、自由財と経済財（下略）

三、有形財と無形財

財という概念が産物という概念以外に亙《わた》る理は、経済財には、捕捉し得べき有形の物質財のみならず、同時に無形・無体物をも含むことによりて知り得べし。水力・瀑《ばく》等の如き自然力もまた財なり。また医師・弁護士等の人的勤労給付もまた財なり。大に議論の存するは、ある種の法律関係、たとえば、独占・専売特許・著作等の如きものが、果して財なりや否やの問題これなり。これらの法律関係を財に計上する論者は曰く、専売特許権・著作権の如きは、価値と価格とを有し、売り買いせられ、確定の貨幣額をもって貸借対照表に計上せらる、したがって他の経済財と、なんら分つ所なしと（ベーム‐バヴェルク『国民経済的財論の立場より見たる権利及関係』、インスブルック、一八八一年刊を＝一九二四年刊、同氏『全集』第一頁以下に収む＝見よ）。

予は右の説に反対して、この種法律関係を財に計上するを非とするものなり。何となれば、これら法律関係は、そもそも何を意味するか。一の専売特許権を有するものは、これによりて、ある種の品物を、自己のみ作り出し販売し得る権利を有するものなり。著作権を有する著者は特定の給付を自分一人にて営む保障を与えらるるものなり。されば財そのものと、財及び給付に対する権利を与うるある種の法律関係とを、同じく財という概念の下に包含するは当を得たるものと云うを得ず。予はこれらの法律関係を財以外に分離し、これを「貨幣価値を有する諸権利」と名づけんと欲するものなり。したがって、財産を定義するにあたりては、財産とは、ある人が自由に処分し得る諸々の財と貨幣価値を有する諸々の権利との総体なりとすべきものなり。

四、消費財と永続財

五、享楽財と生産財

ディールの右説はほぼ上述の私説に近しといえども、彼は、生産に、技術的生産と経済的生産の別ありとし、技術的生産には、定義を与えたれども、経済的生産は、ただこれを迂回的に「生産能性」「収益性」について論ずるに止《とど》まり、ついに明確なる定義を与うることなく、その困難を回避したり。財の定義における、またこれに似たり。今一々これを評論せず、読者、前述の予の説と比較して、自らこれを判ぜよ。

右ディールの説に比するときは、一八八七年において、既に左の如く道破したるシュタインの卓見は、敬服に堪えたるものと云わざるを得ず。

Das Gut ist demnach, seiner formalen Definition nach, das bestimmte natürliche Dasein, das durch Wille und Tat der Bestimmung der Persönlichkeit, welche in dem Bedürfniss empfunden wird und dem bestimmten Gegenstand gegenüber Zweck heisst, unterworfen ist und damit das persönliche Leben neben seiner natürlichen Kraft zum Inhalte empfängt und dasselbe erfüllt.

Das Gut ist daher nicht eine Sache, sondern es ist vielmehr nur eine ganz bestimmte Beziehung der Sache zur Persönlichkeit. Das was wir das Gut nennen, ist zugleich ein Gegenstand, eine Sache, ein Besitz, ein Eigentum, und anderse, das Wort 'Gut' bedeutet neben allen jenen Begriffen nur diejenige Qualität des Objektes, vermöge deren es dem persönlichen Zwecke entspricht. Es kann daher etwas ein Gut sein und kein Gut sein obgleich es als Gegenstand oder Eigentum absolut dasselbe bleibt ; denn das Gut ist nur das Verhalten des Gegenstandes zu einem Zwecke der Persönlichkeit. Dieses Verhältniss, das nie im Wesen des Gegenstandes liegt, wird nur erzeugt durch die persönliche Kraft in welcher das Bedürfen und seine Entwickelung sich an ihm bethätigen. Das Gut ist mithin seinem Wesen nach ein Werden ; sein Name bedeutet einen Prozess dessen Inhalt die Güterbildung ist und dessen Auflösung in seine Momente den Begriff desselben zu einem organischen macht.

Die Lehre von dem gegenseitig bedingten Verhältniss seiner einzelnen Momente zu einander aber bildet die Lehre oder die Wissenschaft von dem Gute und der Güterbildung an sich, in ihrer Unterscheidung vom wirklichen Gute, welches letztere erst durch die Besonderheit der Individualität und der natürlichen Kraft erzeugt wird.

Ist demnach das Gut in der Tat ein in einem Worte zusammengefasster Prozess, so enthält es die drei Momente desselben, die Produktion, die Consumtion und die Reproduktion als Einheit ; jeder dieser Begriffe — das ist jedes Stadium jenes Prozesses ist wieder ein organischs Ganze für sich ; das Gut ist in keinem derselben für sich erschöpft ; die Gesammtheit der Elemente seiner Bewegung aber nennen wir die Güterbildung.

Lorenz von Stein, *Lehrbuch der Nationalökonomie*, 3. Aufl., Wien, 1887. SS. 99–100.

財とは、その形式的定義に従えば、一定の自然的存在にして、欲望において感ぜられ、しかして一定の対象に対して目的と称せらるる人格の決定に、その意思と行為とによって、服従せしめられ、これによって、人格生活を、その自然的力と相並んで、その内容として受け入れ、またこれを充実するものなり。ゆえに、財とは単純なる物の謂《いい》にあらず、物の人格に対する一定の関係を謂《い》うものなり。換言すれば、吾人が呼んで、財となす所のものは一の対象たり、一の物たり、一の占有たり、一の所有たるものなり。「財」なる語は、以上の概念と相並んで客体を人格の目的に適応せしむべき性質を意味す。されば、対象または所有としては絶対的に同一たりとも、場合によりては財たることあり、また財たらざることあるものなり。何となれば、財と云うことは、人格の目的に対する対象の関係の謂に外ならざればなり。この関係たる決して対象の本質に存するにあらず、人の欲求とその発達とが対象に作用する人格の力によって作り出さるるものに過ぎず。したがって財とは、その本質において一の生成にして、その内容は諸財の形成にして、その要素への解消は、その概念をして、有機的のものたらしむる一過程の謂なり。財の個々の要素の相互制約関係を考究する理論は、財と財の形成そのものの理論または学問にして、これと分つべきは、個人性及び自然力の特殊性によって作り出さるる現実財の理論、これなり。

かく、財とは一の過程を一語にて言い表したるものにして、生産・消費者及び再生産の三要因を一の統一体とするものなり。これらは、以上の過程のそれぞれの段階にして、その概念は、それ自らにおいて一体をなすものなり。しかしてそのいずれも、財の概念を網羅し尽するものにあらず。財の運動の諸要素の全体は、右いずれの語をもってしても尽されず、されば、吾人はこれを財の形成という語をもって言い表さんとす。（『経済学教科書』第三版九〇―一〇〇頁）

なお、

Platter, *Grundlehren der Nationalökonomie : kritische Einführung in die soziale Wirtschaftswissenschaft*, Berlin, 1903.

には、開巻劈頭《へきとう》に財論を掲げ、勤労及び関係（権利を含めて）を財なりとする説に対し、簡潔なれども論鋒鋭き評論を試みたり。同書一―一一頁をみるべし。

第三章　生産・消費・労働

人は有形物を創造する能《あた》わず、思想上においては新思想を創造することを得るも、有形物は然らず。有形物を生産すと云うは、物の創造にあらず、努力または犠牲を供するにより、有形物の形態を変じ、またはこれを排列して、欲望をよりよく充《み》たすべく適応せしむるを意味するに過ぎず。すなわちその生産せらるるものは、物それ自らにあらず、物の利用、これなり。この点より云うときは、商業は生産なりや否やの問題は、畢竟《ひっきょう》無意義と云わざるべからず、商業もまた時と所の上における努力または犠牲によりて、物の利用を増殖し、またはこれを生産するものなること、他の業務と異ならざる一の生産業なり。近来アメリカの学者中、中古学者の説を襲踏し、商業を不生産的なりと主張するものあり。その意、商業は社会に益なき無用物なりとするにあり。これ畢竟商人の数必要以上に多く、他業に転ずれば、社会の益をなすものが、いたずらに商業にのみ集まる時勢の風潮に慨《がい》する所あるがためなるべし。しかれども工業にても農業にても、必要以上の人数これに従事する時は、その過剰人数は均《ひと》しく無用のものたるべし。商業に限りて、無用なるにあらず。論者は現時の商業組織、殊に小売業組織の不完全をこそ非難攻撃すべけれ、商業そのものをもって直ちに長物《ちょうぶつ》なりとし、これを生産行為にあらずと論ずるは議論の正鵠《せいこく》を失えるものなり。狭き意味における生産業（農工業を云う）は、物の形態と性質とを変化し、商業及び運送業は物の外的関係を変化するものにして、均しくこれによりて、利用を生ずる生産業なり。

以上マ氏の説く所、果して当れりや否や。氏が思想界において創造あり、物質界に創造なしと云うは、かえって自殺的論法に陥《おちい》るものにあらざるか。物質界の生産は利用を創造すること、思想界の生産の思想を創造すると、何の異なる所かある。また商業を生産にあらずと云うは、必ずしも商業を蔑視《べっし》するの意にあらず。学者の著述は必ずしも経済上の生産にあらず、これを売りて貨幣を得るときのみ経済上の生産なり。新思想を創造し、これによりて経済上の利益を得るとき（発明・発見・新機械の案出等の如き）は、これまた経済上における生産にあらずや。予はまた通説の利用を生ずるをもって生産なりと説くに直ちに首肯する能《あた》わざるものなり。マ氏は本文において利用の意味を詳述せず、後に第三編第六章に至りてこれを論ずといえども、利用なる語の内容を明示することなし。単に利用を生ずるもの決して経済上の生産にあらず、学者の研究は学術的利用を生じ、音楽家の技能は美的利用を生じ、宗教家の布教は道徳的利用を生ず。しかもこれらは直ちに経済上の生産とはならず。されば利用なる語をもって、生産の意義を限定するには、それは常に経済的利用の意に解するものならざるべからず、しかるに経済的利用はすなわち価値なり。ゆえに予は生産をもって経済的価値を生じまたは増す行為なりとする一派の学者の所論は、少なくとも、マ氏の右定義に勝れるものと信ず。要するに単に生産と云うのみにては、ほとんど意味を成さず、productive of what「何の生産なりや」の問題を予《あらかじ》め定めおくを要す。この問題は、これに答うること容易ならず、予は姑《しばら》く、マルクス以下諸学者に従って、生産とは wertschaffende Tätigkeit「価値を生ずる行為」なりと言わんとす。しからば生産と経済行為の別如何《いかん》。経済行為は皆生産なりや、生産は皆経済行為なりや。答う、生産は皆経済行為なり、経済行為は必ずしも生産のみに限らず。

経済行為 ｛ 生産たるもの
　　　　　 ｛ 生産たらざるもの

生産たらざる経済行為の重《おも》なるものは、射倖《しゃこう》行為の如き、これなり。人あるいは謂《い》わん、射倖行為もまた価値を生ずるものなり、株の売買によりて利を営むものは、価値を生ずるものなりと。予はこの説に与《くみ》せず。しかれども一般にこれを云えば、経済行為と生産とは、多くの場合において同義語と解して差支えなし。フックス曰く

Der Zweck ist bei Arbeit im wirtschaftlichen Sinn der Zweck der wirtschaftlichen Tätigkeit; die

Güterbeschaffung. Arbeit als Begriff der Nationalökonomie ist daher die mit Kraftaufwand verbundene Güterbeschaffung oder 'auf Wertschaffung gerichtete Tätigkeit.' *Volkswirtschaftslehre.* S. 62.

経済上の労働の目的は経済行為の目的と同じく財の獲得（すなわち生産）これなり。ゆえに経済学にて云う労働とは、力の費用を要する財の獲得または価値発生を目的とする活動なりと云うべきなり

と。この言、予が所論に近し。

マ氏は次に消費を論ず。曰く、消費は積極的生産なり。生産せらるるものは利用なるが如く、消費せらるるものもまた利用のみ、物それ自らを消費するにあらず、すなわち消費とは生産の反対に、物の按排《あんばい》または変形によりて、その利用を滅却する行為を云う。しかしてまた消費には必ずしも利用を消滅せず、単に利用あるものを使用するがため、これを保持する場合あり。シーニア曰く

They are destroyed by those numerous gradual agents which we call collectively time.

総称して時と名づくる数多の漸次的動因によりて破毀《はき》せらるるもの

これすなわち物の持続的所持を消費と称するの意なりと。予は消費を解して次の如く言わんとす。消費とは価値を減じ、または消滅せしむる行為を云う。

マ氏は次に消費財と生産財との別を論じたれども、既に前々章において述べたる所に加うる所なく、氏もまた別段の必要なしと云うが故に、ここに紹介せず。

次にマ氏の論ずるは、労働の概念なり。労働とはすべてある結果を生ずる目的をもってするものなり。娯楽のために遊戯に従事するは力作（exertion）を要すといえども、これは労働にあらず。されば労働は左の如く定義すべし。

「労働とはその自分より直接に生ずる快楽のためにせず、一部もしくは全部間接の利益のためにする心身の力作を伝う」

すなわち労働の要件は

一　心身の力作なること

二　その自分のためにせずある他の目的に向かっての手段として営むこと

これなり。しかして元来労働はその目的を達せず、したがってなんらの利用を生ぜざるときのみ不生産的にして、その他の場合には皆生産的と云うべきものなり。しかれども生産的なる意義は、種々の変遷を経て、今日においては、直接ならびに一時的享楽のためにするものを含まず、蓄積せられたる富を生産するものを生産的と呼ぶに至り、殊に現在の欲望のためにするものを除外して、ただ将来の欲望に供えらるるものを生産するのみを生産的と云うを慣例とするに至れり。もちろん現在一時的の欲望のためにするよりは、将来の永久的欲望のために労働する方、大体において社会の富を増進するに与《あずか》って力あり。されば、生産的なる語を専ら将来のためにする場合のみに限るは不当ならずといえども、多くの学者がこの点を過重視して極めて狭隘《きょうあい》の説を主張し、したがって一時的の用に供する多くの職業を不生産的なりとして、これを貶《けな》するに至れるは可ならず。たとえば家内的勤労に従事する僕婢《ぼくひ》の如き、この種論者は看做《みな》すに不生産的労働をもってす。元より過剰の家内的労働は無用なり、しかもいわゆる狭義の生産的労働者にも過剰無用のものあり。家内労働者を目《もく》するに、ことごとく不生産的労働者をもってするは非なり。

ゆえに単に生産的という語を用ゆるときは「生産要具及び永久的享楽の基たるものを生産する」の意に解すべきものなり。しかれども元来この語の意義は漠然たるものなるが故に、精密の議論には漫《みだ》りに使用するを戒むべきものなり。しかしてここに謂《い》う意味と異なりて、この語を使用するときは、必ずしかく明言するを要す。たとえば「必要品を生産する」の意において生産的なる語を用ゆる場合の如き、これなり。

次に生産的消費なる語あり。この語を術語として用ゆるときは「新たなる富の生産に富を充用する」の意ならざるべからず。したがって生産的労働者の消費は皆生産的消費と云うべからず、そのうち生産力を維持するに必要なる部分のみを生産的消費と云うべきなり。この語は富の蓄積を論ずるにあたりて、有用なる語なれども、誤解せられ易《やす》きを免れず。けだし消費は生産の目的なり、終局なり、しかして健全なる消費は皆なんらかの利益を生産するものならずんばあらず、しかもその多くは直接に物質的富を生産するものにあらずと。

予は、既に生産的なる語を前に定義したり。マ氏が将来の欲望の用に供すべき蓄積したる富を生産するをもって生産的とし、さらにこれを詳述して、生産要具を生産し、または永久的享楽の基たるものを生産するの意なりとするは、狭隘《きょうあい》に失するの憾《うら》みあり。実際において、以下マ氏の所論ならびに大多数の学者の所論において生産的なる語を用ゆるには、決してかくの如き狭隘の内容をもってせず、より広き意においてす。ゆえに予はマ氏の定義に服する能《あた》わず。汎《ひろ》く経済的価値を生ずる労働は、皆生産的労働なり、家内勤労の如きは無論生産的労働なり。

予は価値を生ずと云いて、利用を生ずとは言わず。すなわち均《ひと》しく「パン」を焼く行為にしても、「パン」焼職人のなすは、もちろん労働なり、家内の「クック」の焼くもまた労働なり。しかれども主人自ら、もしくは主婦自ら「パン」を焼く行為は労働にあらず、何となれば前者の「パン」を焼く行為は、これによりて経済的価値を生じ、したがってこれに対する報酬を得るがために、その労働に従事するものなるも、後者の「パン」を焼くは、そをもって直ちに食用に供せんがためにするものにして、その労はそれ自らに終るのみにして、報酬を得んがためにするものにあらざればなり。けだし経済上の労働はマ氏の説くが如く、直接にそれによりて欲望を充《み》たすものを謂《い》うにあらずして、他の目的のための手段として営み、間接に欲望を充たす行為を云うものなればなり。マ氏はその脚注中にジェヴォンズが力作のうち苦痛を伴うもののみをもって労働となすを駁撃《ばくげき》せり。予はかえってジェヴォンズに与《くみ》するものなり。すなわち予は労働を定義して左の如く云わんとす。

労働とは

一　心身の力作（exertion）なり、

二　その力作はそれ自ら目的たらず、他の目的のための手段として営まるるものなり、

三　その他の目的とは貨幣価値を有するものなり、
四　したがってこの力作は苦痛を伴うものなり、

しかして予は、労働はすべて皆生産的たるべきもの、不生産的労働なるものなしと断言せんとするものなり。今、表をもって示さんに

経済行為 ┬ 生産行為 ── 労働
　　　　 └ 非生産行為 ── 非労働

となる。

心身の力作は、普通これを分けて、（一）労働（二）遊戯となす。フックス曰く、

Arbeit im technischen Sinne bedeutet im allgemeinen Kraftäusserung, Umwandlung einer Energieform in eine andere; so spricht man auch von einer Arbeit des Tieres, der Maschine. Im engeren Sinne bedeutet Arbeit die des Menschen, unterschieden vom Spiel durch den äusseren Zweck. ── Fuchs, *Volkswirtschaftslehre*, 4. Aufl., Leipzig, 1922. S. 67.

技術上の意味にて汎く労働と云うときは、力作すなわち一の「エネルギー」態を他の態に変化することを云う、したがって獣畜の労働、器械の労働等と云う。狭き意義にて云うときは、労働は人間の力作にのみ限る。しかしてその遊戯と分つ所は在外目的の如何《いかん》にあり

しかれども力作にして労働ならざるもの、直ちにことごとく遊戯たるにあらず、文学者の著作、学者の研究、美術家の製作は、これを遊戯と名づくべきや。元よりシラーがかつて用いたる意味にては、これら皆遊戯なるべし。しかれどもそれは文学的意味において然るものにして、直ちに取って学術的の用法とはなし難し。

心身の力作の労働たるには、他の目的のための手段として営まるるを要することは、マ氏もまたジェヴォンズに

倣いてこれを認む。全然予の私見に合する所なり。しかるに氏は、その苦痛を伴う力作なること（painful exertion）を否認し、またその他の目的なるものは、貨幣価値をもって測られ得べきものなることを言わず。苦痛とは必ずしも心身を損害するの謂《いい》にあらず、氏はジェヴォンズを駁《ばく》して、無為はかえって苦痛なりと云う。心身の力作が苦痛を伴うとは、力作そのものが苦痛なりとの意にあらず、それ自らより直ちに快楽を得ず、他の目的を達して快楽を得るがための手段として、まずその心に欲せざる力作をなすこと、その事情は苦痛を伴うものにあらずや。人あり、一襲《かさね》の美服を得んとす、その美服を得るはすなわち彼に快楽を与う。しかれどもこれを得んには、まず貨幣を得ざるべからず、貨幣を得んがためには、数日間力作せざるべからず、この力作は直ちに快楽を与えず。もしこれをなすを要せずして、直ちに美服を得るを得ば、彼はもちろんこの力作に従事せざるべし。すなわちこの力作は一の「必然の悪」としてなすものなり。これをしも苦痛を伴わずと云うか。その理あるべからず。

他の目的なるものが、貨幣価値を有せざれば労働にあらず。学者・文学家・音楽家の力作は、貨幣価値の収得を目的とせざるときは労働にあらず。否、商人・職工の力作といえども、貨幣価値を有する目的に向かっての手段たらざるときは労働にあらず（商人が商人として営むにあらざる力作はもちろん、商人として営む力作にても、たとえば時に得意の顧客を招待して饗応《きょうおう》するが如き、饗宴自らが目的にあらずして、自己商店の広告のためになすときといえども、その目的は直接には貨幣価値を有せざれば、そのために奔走する労は経済上の労働にあらず）。しかして労働なる力作が苦痛を伴うは、多くはその目的が貨幣価値の収得に存するがためなり。同じ労にても貨幣贏得《えいとく》のためにすとの自覚は、大抵の人に快からざる感を与う。貨幣に関係なきときは、それに数倍する労にても、なお人に快感を与え、楽しき刺激となること多し。学者の著述に従事する、純粋に真理の究明を目的とするときは、寝食を廃してこれに従事して、なお甚だしき疲労を覚えず、否、多々ますます彼を刺激すべき快感を喚起するも、金銭を得んがためにこれをなすときは、業遅々として進まず、わずかの労務直ちに彼を倦《う》ましめ、彼を疲らしむるにあらずや。労働の概念中、苦痛ならびに貨幣価値の収得の二要件、決してその一をも欠くべからざること知るべし。

次にマ氏は生産的消費なるものを説く。これ多くの学者の執る通説なり。これに対してマルクスは消費的生産なるものを説けり。しかれども両者共に多くの学術的価値を有せず、詳論の要を見ず。マ氏はなおこの章において必要物なる概念を提げて、やや詳細の説明を与えたり。その論一《いっ》に常識論の範囲を出でず、ゆえに全くこれを省く。

第三章　補　　論

生産の概念と消費の概念とは、全然正反対なるが如く本文に説けり。しかれども仔細にこれを考うるときは、その限界必ずしも明確ならず。普通家内において食物を調理し、衣服を作り、食物を喫し、衣服を被《かぶ》る行為は、これを消費と云う。しかれども米を耕作する農夫、これを運送する車夫、これを精白する精米業者、これを売る商人のなす所は、畢竟《ひっきょう》するに、この米をもって食用に供せらるべき状態に持ち来すがために外ならず。しかるに米商より買いたる米は、これを磨《と》ぎ、これを炊き、これを飯櫃《めしびつ》に納《い》れ、これを食器に盛り、これを口中に運び、これを咀《そ》嚼《しゃく》し、これを消化してこそ、はじめて人を養うの用をなすなり。しかるに米商のなす所までは生産行為にして、それ以後は全然正反対なる消費行為なり、前者は利用を生じまたはこれを増すものにして、後者は利用を減じまたはこれを消滅せしむるものなりと云う、一見甚だ奇なる区別を設くるは、その意を得難し。田舎より都会の米商へ米を運送するは、その利用を増すものにして、米櫃より釜へ米を運ぶは、その利用を減ずる行為と云う、籾《もみ》を変じて米となす農夫は利用を生ずるものにして、米を変じて飯となす下婢《かひ》は利用を消滅せしむるものと云う、玄米を精白するは生産にして、白米を磨ぐは消費なりと云う、甚だ服し難きに似たり。マ氏が本文に説く所に従えば、すなわちこの奇妙なる結論に到達せざる能《あた》わず。しかるに予の所論よりすれば、この難問はこれを撤することは容易なり。

利用の発生、または消滅が生産と消費との区別の限界にあらず、消費もまた多くは生産に均《ひと》しく利用を増し、またはこれを発生せしむるものなり。ゆえに利用を標準とするときは、すべて生産あるのみ、消費なるものあるべきにあらず、米を磨《と》ぎ、これを炊き、これを喫する、皆その利用を増進する行為なり、しかもこれらの行為は生産にあらず、消費なり。なぜ然るや。農夫・車夫・米商・精米業者は皆貨幣価値を生ずるの目的をもってその行為に従事す。これらは皆その米を食わんがために力作するものにあらず、その力作は一つの手段のみ。その営む力作はその米に体現せらるる貨幣的価値を生じまたは増すをもって目的とす。ゆえに予が本文に下したる定義に従って、生産なり。しかるに家内にありて、これを磨ぎ、これを炊き、これを喫するは、米の利用を増加せしむるも、その貨幣的価値を減じまたは滅却《めっきゃく》せしむるが故に消費なり。されば、同一の行為にてもそれが貨幣的価値を増し、もしくは増さんことを目的とするときは、消費にあらず、生産なり。たとえば飲食店において客に供えんがために米を炊くは、生産行為にして、消費行為にあらず。すなわち生産と消費との分界とは、貨幣的価値に対するその地位をもって定むべきものなり、利用をもって定むべきものにあらず。今これを表示すれば左の如し。

a′ b′ c′ d′ e′ f′ g′ h′ i′
a b c d e f g h i
は、貨幣的価値を示す

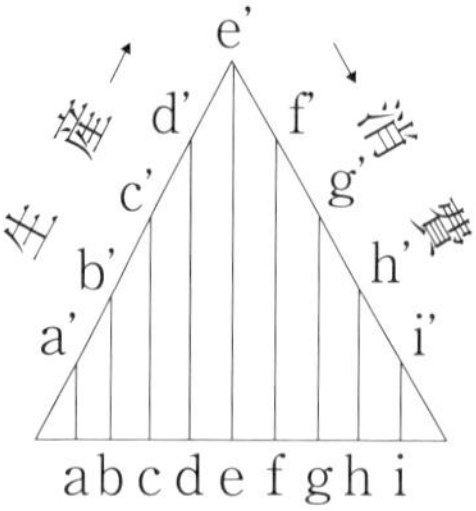

しかしてマ氏が論ずる物の保持または永続的使用の場合もまた同じ。すなわち米商がその倉庫に他日販売せんがため保持する米は、生産的に保持せらるるものにして、これを購《あがな》いたる人が、他日の食用に供せんため米櫃《こめびつ》中にこれを保持するは、消費的保持なり。貨幣価値を増さんために永続的に使用するは生産的使用なり、然らざる使用は消費的使用なり。

- 保持使用
  - 生産的
    - 保持
    - 使用
    - 貨幣価値を目的として保持または使用す
  - 消費的
    - 保持
    - 使用
    - 貨幣価値を目的とせずして保持または使用す

氏はこれに反して、保持及び永続的使用はすべて消費なりとするものの如し。予はその説を採らず。

経済学普通の区別に従えば、生産・交換・分配・消費の四あり。しかるにマ氏は根本概念として、生産と消費のみを論じて、交換と分配とを説かず。その真意那辺《なへん》にありや知るべからずといえども、予は氏のなす所をもって、当を得たりと信ずるものなり。けだし生産と消費とは、第一次的概念なり、これに反して、交換と分配とは、第二次的概念なり。生産・消費の二概念、否、むしろ生産だけの概念さえ定まれば、交換・分配の概念は、これを定むること容易なり。生産の概念こそ最も根本的なり。予が前段に論ずる所、一《いつ》に生産の概念を定むればもって足れりとせるはこの故なり。しかれば今日においては、経済行為は生産と然らざるものとに、二大別すれば足れり。これを四小分するの必要なし。殊にいわゆる交換・分配の経済行為たるものは、多くは、そのうち生産行為と称すべきものに属するものなり。されば、

- 経済行為
  - 生産行為
    - (一) 狭義の生産
    - (二) 交換 ┐流通
    - (三) 分配 ┘
  - 非生産行為
    - 消費行為
    - 消費以外の行為

右表の如く解して概《おおむ》ね差支えなし。何となれば、交換と云い、分配と云う（両者を一括して流通と云うべし）、多く

は同じく貨幣価値に関係ある経済行為なればなり。

かく解したる生産行為と労働との関係如何《いかん》と云うに、労働は多くは狭義の生産に属す。すなわち

狭義の生産 ｛労働たるもの
　　　　　　 労働たらざるもの

なりと云うを得べきなり。しからば狭義の生産中、労働たるものと、労働たらざるものとの別如何と云うに、実際においては、労働とは心身の力作をなすに、自己の創意をもってせず、また自己のためにせずして、他人の創意を受け、他人のためにする場合を云うものなり。すなわち労働を営むものは、その労働を他人に給付するなり、ゆえにドイツ語にては特に「労働の給付」（労働給付とも云う）Arbeitsleistung と云い、英語にては「勤労」（または勤務）service と云いてこの意を表示す（ただし英独二語必ずしも全然同義なりと云い難し）。

狭義の生産 ｛他人の創意に基づき、他人に給付する力作＝労働
　　　　　　 自己の創意に基づき、自己のためにする力作＝非労働

とするを得べし。この意味における労働は、通説において、多く財と看做《みな》さるるも（ノイマンは然らず）、予は本書旧版及び『国民経済原論』においては、その説に従わざりしも、今はすなわちその説を取る。予が新旧両説の大要については、前章補論を旧著『国民経済原論』と比較してこれを知るべし。

労働は力作（ドイツ語 Kraftäusserung、英語 exertion）すなわち力を発現すること、換言すれば一の「エネルギー」態を他の「エネルギー」態に転換するものなることは、マ氏も、ジェヴォンズもこれを認め、フックスもまたこれを認む、予の全然服従する所なり。

＊　＊　＊　＊　＊　＊　＊

本章の参考書は前章に掲げたるものを見るべし。その他には

Julius Lehr, *Produktion und Konsumtion in der Volkswirtschaft*, herausgegeben und vollendet von Kuno Frankenstein, Leipzig, 1895.

新刊のものにては、

Diehl, *Theoretische Nationalökonomie*, II. Bd. : *Die Lehre von der Produktion*, Jena, 1924.

Castberg, *Production*.

古きものにては、左の書を見るべし。

Torrens, *An essay on the production of wealth : with an appendix in which the principles of political economy are applied to the actual circumstances of this country*, London, 1821.

第四章　所得と資本

およそ経済学の根本概念は、皆貨幣価値をもって測らるという標準をもって限定すべきものなることは、既にしばしば述べたる所にして、この点においてマーシャルの所論は全然予が私見と合するものなること、またこれを言えり。殊に現今の経済生活においてその最も根本たる富もしくは財の概念は、貨幣価値の評量なくしては、到底これを一定し能《あた》わず、したがって生産ならびに消費の意義もこの点を準拠として相分つべく、その他の説明は実際生活の現象を解釈するの力なきこと、また前章において論究したる所なり。今富の一種たる資本とその成果たる所得を論ずるについても、この標準を離るべからず。しかるに原則として貨幣評量を立論の基礎とするマーシャルが、本章において説く所、主義の一貫を欠くもの少なからず。しかして現時経済学純理論中、学者間に論争の最も喧《やかま》しきものまた同じく資本の本質如何《いかん》の問題にあり。然る所以《ゆえん》はマーシャルと同じく、ひとり資本及び所得については、貨幣評量なる標準を認めざるに基づくもの多し。予をもってこれを見るに、資本の本質に関する疑義の多くは、吾人のひとたび採りたる根本主義を一貫すれば、これを解くことさまで困難ならず。富・生産・消費・労働・経済行為・経済法則等を観《み》ると同一の眼孔をもって、資本ならびに所得の本質もしくは存在の理由を説明せざればこそ紛糾を生ずるなれ。元来資本及び所得の性質が他の根本概念と異なりて、これを究むること難きがためにあらず。しかれば何故にひとり資本に関して原則の一貫を破り、種々の難問を生ずるに至りたるか。この問に対する答は容易なり。曰く資本及び所得は富・生産・消費の如き抽象的解釈を容《い》れざる現在生活の具象的概念なり、一は第一次的根本概念にして、一は第二次的根本概念なるが故なり。富の概念は、学理的論究の上においてこそ重要なれ、実際上の問題には、ほとんど全くこれを疎外《そがい》するも敢えて差支えを見ず。否、富の実際生活における発現は、多くは資本の態を取る、資本ならざる富の如きは、経済問題の範囲に入り来ること稀《まれ》なり。さらに極端にこれを云えば、経済問題として学者の講究するは、概《おおむ》ね生産論と流通論とにして、消費論はほとんど問題とならず、ゆえに一部の学者は消費論をもって、全然経済学以外に立つものなりとせり。しかして生産の立場より見たる富は常に資本の形態においてのみ現る。されば単に富と云うときは、多くは消費の対象たる富（これを消費的富（consumption wealth）または消費財（consumption goods）と名づく）の意に解せられ、生産用の富の意を寓《ぐう》せず。しかして消費は経済問題として考究せらるること稀《まれ》なれば、消費的富の意に解せらるる富は、具象・現実の概念としては、経済学中に重きをなさず、単に抽象的意義においてのみ根本概念と認めらる。されば富に関する経済学説は専ら力をその抽象的方面にのみ注ぐがため、実際生活における用語法もしくは内容のために煩わさるることなく、よく一貫の説明を保つを得。これに反して資本の概念は、単に学理的・抽象的の術語として用いらるるのみならず、実際生活において慣用せらるる通俗語なり。したがって実際生活がこの語に与うる種々の異なれる内容は、学術語としての資本に付着することを免れず。殊にその関連概念たる所得の語に至って然りとす。これ、この両語に関しては、学者の説明が一貫の主義を維持する能わざる所以なり。以下マ氏の論述を解釈する、まずこの点に注意するを要す。

今まずここに挙げざるべからざるは、資本に関して異説甚だ多しといえども、これをもって生産の用に供せらるる富なりとするに至っては、諸説皆その揆《き》を一《いつ》にすること、これなり。

富 ｛ 資本たるもの――――生産の用に供せらる
　　 資本たらざるもの――生産以外の用に供せらる（多くは消費の用に供せらる）

あるいは簡単明瞭の区別を施すときは、左の如くなすを得べし。

富（広義における）｛ 資本
　　　　　　　　　　 富（狭義における）

しかして資本の本質如何《いかん》に関する論争は、生産の用に供せらるるもののすべてが資本なりや否や、あるいはその一部のみが資本なりや、もししからば生産の用に供せらるる富のうちいかなる部分を認めて資本となすやの問題に集中するなり。この問題はその称して生産と云うものに関する見解の異なるに従いて異なる。予は既に前章において生産とは貨幣の秤量に見積られ得る価値の発生または増加なりと定義せり。この定義を一貫する以上は、吾人は躊《ちゅう》躇《ちょ》なく、生産（営利生産の意において）の用に供せらるるものは皆資本なり、資本とは、生産の用に供せらるる富の全部なりと答うるを得べし。したがってまた資本とは、貨幣価値の発生もしくは増進を得んがために充用せらる る富なりと断言して毫《ごう》も差支えを見ず。しかして所得とはこの資本の充用によりて生ずる貨幣価値を有する成果なりと云うべし。この定義はまたこれを反対に言い表して、資本とは所得を生ずる目的をもって充用せらるる富なりと称するも差支えなし。実際においては、この後の定義こそ、資本の何なるやを知るに最も簡便なる標準を与うるものなり。すなわち

富 ｛ 所得を生ずる富 ＝ 資本（営利の手段）
　　 所得を生ぜざる富 ＝ 非資本（営利の手段たらざるもの）

これ実に資本に関する諸説中、卓然《たくぜん》として群説を抜く、アダム・スミスの有名なる定義の真意なり。曰く、

But when he possesses stock sufficient to maintain him for months or years, he naturally endeavours to derive a revenue from the greater part of it; reserving only so much for his immediate consumption as may maintain him till this revenue begins to come in. His whole stock, therefore, is distinguished into two parts: That part, which, he expects, is to afford him this revenue, is called his capital. The other is that which supplies his immediate consumption; and which consists either, first, in that portion of his whole stock which was originally reserved for this purpose; or, secondly in his revenue, from whatever source derived, as it gradually comes in; or, thirdly, in such things as had been purchased by either of these in former years, and which are not yet entirely consumed; such as a stock of clothes, household furniture, and the like. ── Adam Smith, *Wealth of Nations*, edition Cannan, 1904. Vol. I. p. 261.

わずか数週もしくは数日を支うるだけの資産（stock）を有するものは、これを自家消費の用に供して余す所無かるべし。これに反し、数月もしくは数年を支うるに足る資産 ‐stock、ドイツの財産 Vermögen とほとんど全く同義にして、後世イギリス学者の富 wealth と云うものに該当す‐ を有するときは、彼は当然その大部分より収入を得んと勉《つと》むるなるべし。しかしてその余りは彼がこの収入を得るまで、彼が生活を支うるに足るものだけを留むるに過ぎざるべし。かくて、彼の資産は二部に大別するを得べし。すなわち一は彼がこれより収入を得んと期待する部分にしてこれを資本と云う。一は彼の直接の消費の用に供せらるるもの、これなり。これはまた三小分するを得。（一）初めより消費用に向かいて留保せられたるもの、（二）時々入り来る収入、（三）以上二種をもって買い入れ、まだ消費し尽されざるもの、たとえば衣服・家具その他の如きこれなり

この定義は今日に至り既に久しき年所を経たるも、なおその価値を失わざる卓説と云わざるべからず。殊に今日の実際生活においては、旧文明国は多く、富または資本物件を評価するにその収入価値（rental value）をもってして、資本価値（capital value）をもってせざること、セリグマンのその『経済原論』において論ずる如くなるが故に、資本の観念はまず所得の概念を定めて、しかして後に知るべきものなり。プルードン曰く、資本を捉《とら》えんには、アルキメデスが龍を捕えたる如くせざるべからず、すなわちその尾を捕うべし、資本の尾とは、利潤所得すなわちこれなりと。『改造』大正一三年七月号拙稿「自由獲得社会より資本的営利社会へ」を見よ。

今、本章におけるマーシャルの説明を見るに、また出発点をまず所得の概念に求め、これより帰納して資本の概念に至る。その論述の方法は予の全然推服する所なり。しかれども氏は所得の概念を定むるに、以上述べたる貨幣価値の標準のみをもってせず。これ予の与《くみ》し難き所なり。

氏曰く、幼稚なる経済社会 －ドイツ学者のいわゆる自然または自足経済時代の意－ においては、自ら耕し、自ら食い、自ら織り、自ら着るのみ、したがってその収入の大部分は貨幣の態を採らず。ゆえにこの時代において所得と云うときは、資本と資本ならざるものとの区別なし。しかるに貨幣経済（氏はここにおいては、ドイツ学者の用語を用いて money economy と云う）の発達するに従い、所得をもって貨幣の態における収入のみに限るの傾向生じ、ただこれに加うるに物品払い（payments in kind）、たとえば家屋の自由使用、石炭・ガス・水の自由供給等、貨幣の支払に代えて使用人に供給するものを含ましむるのみに至れり。この故に学者あるいは自然経済時代と貨幣経済時代との間には、根本的性質上の差異あるが如く説くものありといえどもこれは当らず、一定の根本概念は常に両者に共通なり、異なるはただその発現の態のみと。しかしてこれより氏は資本を論じて、

In harmony with this meaning of Income, the language of the market-place commonly regards a man's Capital as that part of his wealth which he devotes to acquiring an income in the form of money; or, more generally, to acquisition (Erwerbung) by means of trade. It may be convenient sometimes to speak of this as his *trade capital* which may be defined to consist of those external goods which a person uses in his trade, either holding them to be sold for money or applying them to produce things that are to be sold for money.

右の所得の意義に応じて実際社会においては、ある人の資本と云うときは貨幣の態における所得を得るに供する富を意味す。さらに汎《ひろ》くこれを云えば、営利の用に供せらるる富を一般に資本と称す。これを名づけて営業資本（ドイツ学者の営利資本）Erwerbskapital と云うも可なり。すなわち営業資本とは、貨幣に換えて売り、もしくは貨幣に換えて売るべきものを生産する目的をもって営業に用いる外界財より成ると定義するを得べし。と云えり。しかしてその内容は、工場その他営業用の設備、すなわち機械・原料・労働者に給する衣食住の料及び営業上の得意株等にして、更にこれに加うるに、所得を生ずべき各種の権利をもってすべく負債はこれを控除すべしと云い、さらに曰く

This definition of Capital from the individual or business point of view is firmly established in ordinary usage, and it will be assumed through the present treatise whenever we are discussing problems relating to business in general, and in particular to the supply of any particular group of commodities for sale in open market. Income and Capital will be discussed from the point of view of private business in the first half of the chapter; and afterwards the social point of view will be considered.

資本に関する右の定義は、個人的・営業的の立場より見たるものにして、実際生活における確定不動の用語法に基づけるものなり、ゆえにこの書において営業一般、殊に公の市場において販売せらるる物品の供給を論ずる時は、全くこの用法に従い、資本なる語を用ゆべし。本章前半において資本及び所得を論ずるは私的営業の眼点よりすべく、しかして後に至りて社会的眼点を考察すべしと。すなわち氏は資本をもって個人的資本・社会的資本の二つに分つべきものとし、以上に論じたる所は、一《いっ》に全く個人的資本・個人的所得について言うに過ぎざるものにして、別に社会的資本の論をもって、これを増減せざるべからずとなすものなり。この論全く通説に従う。殊に近来資本に関する最も該博深邃《がいはくしんすい》の研究をもって著《あらわ》るるオーストリア派の泰斗ベーム‐バヴェルクの所論に従うものなり。予はこの説に同ずる能《あた》わず。マ氏の個人的立場より見たる資本に関する説明は、予において多く間然すべき所を見ざるも、別に社会的資本の概念を構成して、これに加えんとするは、論詳密《しょうみつ》を増すに似て、実はその透徹を打破するものと信ず。この点においては、方今《ほうこん》大多数の学者の通説とする所に対して、予はあくまでも私説を守らんと欲するものなり。

今まず個人的立場より見たる資本より推論して、純所得・利子・利潤・企業利潤・賃子・準賃子・資本の区別等に関し、マ氏の論ずる所を聞かん。

一　純所得。純所得とは営業の総所得より生産に要したるすべての支出を控除したるものを云う。しかしてこれは多く貨幣の態を採るは論を須《ま》たざるも、なお時に貨幣の態を取らざるものをもこの種に算入するを要することあり。すなわち他人をしてこれをなさしめば、貨幣を支払うを要することを自らなしたる場合には、この労務は自らこれに服したる人にとりては、一の所得なり。自ら園圃《えんぽ》に耕し、家屋を修理し、衣服を裁縫するもの、もし他人をして代ってこれに当らしむるとせば、相当の賃銭を支払わざるべからず。しかるに自らこれを営むときは、金銭を支払うを要せず。しかもその人の受くる利益は同一なり。自ら営みたるがため、より貧しく成るものにあらず。しかるにこの労務を所得に算入せざるときは、他人をしてその事に当らしめ、自らはその時間をもって他に貨幣を得るの業を営みたる人の方、所得多く、自らの時間と労務とを費やしてこれを営みたるものの方、所得少なきこととなるべし（自己所得の家屋に住まう人と、自己所有の家屋はこれを他人に賃貸し、自己は別に家賃を支払いて、他人の家を賃借して、これに住まう人との場合、またこれに同じ）。これ正当にあらず。よってマ氏はこの種の所得を言い表すに「純便益」なる語をもってせんとて左の如く云えり。

The need for it (the word net advantages) arises from the fact that every occupation involves other disadvantages besides the fatigue of the work required in it, and every occupation offers other advantages besides the receipt of money wages. The true reward which an occupation offers to labour has to be calculated by deducting the money value of all its disadvantages from that of all its advantages; and we may describe this true reward as the *net advantages* of the occupation.

かくの如き語（純便益なる語を云う）の必要なる所以《ゆえん》は、各業はこれに要する疲労以外の不便益を要することあり、貨幣賃銀以外の便益を供することあるによる。ゆえに一業が与うる真正の報酬は、貨幣の価に見積らるる、一切の便益より、同上一切の不便益を差し引きたるものにして、これをその業の純便益と名づく

二　利子。一定の期間資本を他人に貸し付けたるに対し支払を受くる報酬は、その貸付資本に対する一定の比例率をもって表さる、これを利子と云う。また資本より生ずる所得全体の貨幣価値をも名づけて利子と称することあり。両者共に資本額に対する一定の比例率をもって言い表さる。百ポンドを貸し付けて年四歩の利を収む

るときは、その利子額は年四ポンドなり。一万ポンドの資本を投じて営業し年四百ポンドの所得あるときは、その利率は年四歩と称す。ただしこの場合その投下資本の価値に変動なきものと推定するは言を俟《ま》たず。

三　利潤。いやしくも営利の業に従うものはその全体の利益がその当時普通の利子率を超過するの望みあるにあらざればこれを営むことなかるべし。この全体の利益を名づけて利潤と云う。資本に対する利潤の割合を利潤率と称す。

四　企業利潤。利潤より普通利率に見積りたる資本利子を控除したるものを企業利潤とす。

五　賃子及び準賃子。家屋・ピアノ・裁縫機械の如き物を他人に貸し与えて得る報酬を普通に賃子（賃貸料）（rent）と称す。学問上においても、個人の立場より云えば、かく言いて差支えなし。しかれども社会全体より見れば、賃子なる語は、天然の自由なる賜《たまもの》、すなわち土地にのみ限りて使用するを勝れりとす。しかして土地以外のものに対する賃子はむしろこれを準賃子と称すべし、これを単に利子と称するは穏当ならず。百ポンドの価ある器械が一ヶ年四ポンドの利益を生ずるときは、その割合は年四歩なれども、器械の価が八十ポンドに下落するときは、その割合は年五歩なるべし。すなわちこの四ポンドの利益は器械そのものより生ずるものなるに、利率をもって言い表すときは常に器械そのものにあらずして、器械の貨幣価値を標準とするものなり。されば単に報酬または利益をその貨幣額にて称して何ポンドと云うときは、これを認めて利子となすべからず、賃子の一種なる準賃子となすべきものなり。

六　資本の種類。普通資本の種類を分って、（一）消費資本、（二）補助または要具資本となす。これは実際上便宜ある区別なれども、その意義漠然たるを免れず。今この二語に定義を下せば、およそ左の如くなるべし。

一、消費資本。直接に欲望を充《み》たすべき態にある財の総体を云う。食料・衣料・家屋等の如し。

二、補助または要具資本。生産上労働を補助する資本を云う。器具・器械・工場・鉄道・船渠《せんきょ》・船舶ならびに各種の原料等を云う。

しかれども労働者は労働に従事するに衣服を要す。この点から云えば、衣服もまた一の補助資本なり。さりながら普通これらは消費の用に充《あ》つるものと看做《みな》さる。

また資本に固定資本・流通資本の別あり。その意義はかつてミルの下したる定義をもって定むるを得べし。すなわち固定資本とは、永久的の態を有し、これに対する報酬はまた長期に渉《わた》りて連続して入り来るものを云い、流通資本とは一回の使用をもってその用をなし了《おわ》るものを云う。

以上マ氏の説く所大体において、異議を容《い》れず。ただし準賃子なる語は必ずしも必要ならず、英語においてこそ賃子（レント）なる語は、多く土地の賃子すなわち地代の意に用いられ、大陸諸国の語においては地代はこれをフランス語 rente foncière、ドイツ語 Grundrente、イタリア語 rendità fondiaria、すなわち土地賃子と称すれば、「レント」なる語は、土地ならびに動産に対する賃子の総称として用いて一向差支えを見ず、しかして、かくする方かえって精確なり。

固定・流通両資本の定義はむしろ左の如く改むべきか。一生産経過中にその用を尽し終る目的をもって充用せらるる資本を流通資本と云い、然らざるものを固定資本と云う。これミルの定義と大差なきが如しといえども、永久的と称する時期の長短漠然たり、必ずしも永久的ならざるもまた固定資本たるを妨げず、ゆえに以上の如く改むべし。

以上をもって個人的立場より見たる資本の説明を終り、マ氏は次に進んで、社会的立場より見たる資本を論ず。その論やや詳細に渉るといえども、その真意を要すれば、一言をもって尽すを得べし。曰く、貨幣価値のみを標準とせず、汎《ひろ》く一般に人に利益を与うるの点より見て所得及び資本を論ぜんとすること、これなり。氏自ら曰く

That is, let us revert nearly to the point of view of a primitive people, who are chiefly concerned with the production of desirable things, and with their direct uses; and who are little concerned with exchange and marketing.

これを要するに望ましき諸物の生産と、その直接の使用とのみに従事し、交換、売買を営まざる幼稚なる人民（すなわち自然経済時代の人民）の立場に立ち返ってこの問題を論ぜんとするなりと。すなわち貨幣経済の立場を離れ、所得も資本も、その貨幣価値の方面よりせざる、自然経済的立場より見んとするなり。

今この意義における所得はこれを所得と称するは、やや混雑を招くの嫌いあるにより、これを名づけて、用益（usance）と云うを勝れりとす。用益とは

Include the whole income of benefits of every sort which a person derives from the ownership of property however he applies it.

その使用法の如何《いかん》にかかわらず、すべて財産の所有よりある人が受くる各種便益の総所得を称す。ただし所得なる語も実際上必ずしも前述べたる狭き意義（すなわち貨幣の態における収入）のみに限られず。たとえば所得税賦課に際し、自用家屋の賃貸価値を所得に計上することしばしばあるが如き、これなり。—前段をみよ。—

ジェヴォンズが汎《ひろ》く消費者の手にあるものを資本と称すべしと云いて以来、学者間にその説を祖述して論争するものありといえども、かくの如きは重要なる問題と看做《みな》すべからず。汎き意味すなわち社会的立場より見たる資本は、ここに云える用益を生ずるものと云うとせば事足れり。しかしてこの汎き意味にて資本なる語を用ゆるは、いわゆる生産三要素の一としての資本を論ずる時に多し。この意味にては、すべて収益を生ずるもののうち土地のみはこれを除き、その他のもののみを資本と称するを妥当なりとす。すなわち

All other things than land, which yield income, that is generally reckoned as such in common discourse, together with similar things in public ownership, such as government factories.

土地以外のものにして、すべて普通に所得と認めらるるものを生ずる物、ならびに公有物にして同性質のも

の（たとえば政府工場の如き）を称して資本と云うと。しかして、かく解するは資本対労働の問題を論ずるときに、資本なる語を用いる意義に最もよく相応す。さらに一国民の富を秤量するには国民的富をもって標準とするよりも、むしろ国民的所得を標準とするを勝れりとす。この国民所得はなお後に説明すべき理由により、これを国民的分配元資と称するを得べし。けだし国民的富の中には直接消費の用に供せらるるもの多くを含むが故に、直ちにこれを標準としてその国民の富を測るは、誤解を招き易《やす》く、これに反して所得を標準とするときは、各国特殊の事情はすべて相平均し、その真相を窺《うかが》うに便あり。マニトバとケントとの両地における土地一「エーカー」の価の差は、小麦一「ブッシェル」の価の差よりも大なり。これ消費財は生産財よりも、運搬の便多く、したがって世界各地におけるその価の差違少なければなりと。

予が社会的資本なる語もその内容も採り難しとする理由は既に述べたり。マ氏のいわゆる用益なる語また多くその必要を見ず。けだし所得税賦課に際して、貨幣所得以外のものを算入するは、いずれも、それがなんらかの方法によりて貨幣額に見積らるるを得ればなり。予の既に説ける如く、狭き意義に解する所得といえども、決して単に現に貨幣額として収得する所得のみを言うにあらず、貨幣価値の秤量をもって見積られ得るもの全体を指して云うなり。されば自用家屋の如きは、その賃借する場合における貨幣価値を推定し得るものなるが故に、当然この意味における所得中に含まるるものなり。別段用益なる新語を設けて、これを特称するを要せず。されば、いかなる点より考うるも、社会的資本・社会的所得等の概念はその必要を見ず。かえって一語に付するに二の異なれる意義をもってするにより、混同と誤解とを惹起《じゃっき》すの危険あり。予は断じてその説を採らず。なおマ氏は本章末項に生産性・予見性の二心理的要素が資本を発生し、その存在を維持するものなるを説くといえども、別に論究の要を見ず。

第四章　補　論

近来アメリカの学者クラークは、資本（capital）と資本財（capital goods）との別を設け、その異同を論ずること詳なり。曰く、資本と資本財とは区別すべきものなり。資本は貯水の如く、資本財は流水の如し。一は一定不変にして、一は変化定まる所なし。一定の比例率にて現さるる利子は資本に対するものにして、資本財に関係するものにあらずと。この事、予かつて「不変の資本、可変の資本」と題して論じたることあり。－『経済学研究』一七頁以下。－けだしクラークのかく論ずるは、マルクスの不変資本（konstantes Kapital）可変資本（variables Kapital）の別に関する所論と、その根底を一《いっ》にす。繰り返して再生産せらるるものは不変資本なり。その価値は常に変動せず。しかるに実際生産の用に充《あ》つるものは有形物にして、皆いつかはその形態を変ず、原料は製品となり、籾《もみ》は米となり、器械は銷《しょう》磨《ま》せらる。その新しき生産物に移りて変らざるものは、価値のみ、具象の形態は必ず変ず。これを可変資本とす。クラークの資本財と称するものはこれなり。人あり百万円を投じて紡績業に従事す、この百万円と称するは、百万円の貨幣価値なり、これを具体するものは一定せず、あるいは五十万円を建物に投資し、三十万円を器械に投資し、十万円を原料に、十万円を賃銀支払に充つるものあらん。しかも全体の資本額は百万円なり。すなわちこの百万円と云うは資本にして、建物・器械・原料・賃銀資金は、資本財なりと。この説に対しては資本論をもって著名なるベーム‐バヴェルク熱心に反対し、*Quarterly journal of economics* 誌上数回に渉《わた》りてク氏と学界稀《け》有《う》の大論戦を闘わせたり。しかも予はむしろクラークに与《くみ》せんとす。しかしてかく二種の別を設くる必要は、分配論を説くにあたりて殊に著しと信ずるものなり。利子には一定の比率あり、しかるに労銀にも、地代にもはたまた企業利潤にもこれあるなし。利子は何割何歩をもって言い表すも、地代・労銀・利潤は一定の貨幣額をもって示さる。何故にこの別あるや。他なし、地代・労銀・利潤は実在確実の報酬なり。利子は然らず。一万円の貨幣を他人に貸して年五歩の利子すなわち五百円を収むる場合に、借りたる人がその一万円をもって家屋を買いたるに、間もなくその価八千円に下落せりとせよ。彼はなお五百円の利子を支払わざるべからず、これ年四歩に当らず、年五歩に当ることマ氏の設例せる所の如し。すなわち資本財は八千円に下落したるなり。資本は然らず、その価値は依然として一万円なり。これその貸したるものは、家屋なる資本財にあらず、一万円と称する貨幣価値を有する不変資本なるが故のみ。したがってこの資本に対する利子率は、資本財たる家屋の価値下落するも毫《ごう》も軽減すべき理由無し。これに反し一万円の価値を有する家屋を人に貸し、その賃子（賃貸料）を年二割と定めたりとせよ、その額は二千円なるべし、しかるにこの家屋の価八千円に下落したりとせよ、賃子は八千円の二割すなわち千六百円に減ぜざるべからず。これその貸したるものは、可変なる資本財にして、不変なる資本にあらざるが故なり。資本の有する価値は、一定不動なる貯水池中の水の如く、この価値を具体する資本財の価値は、変遷極まらざること河に流るる水の如し。ヒルデブラントかつて曰く、資本はその大きさ（すなわち価値）より云えば不変なり、その形より云えば可変なりと。これ、つとにその意を道破したるものにあらずや。しかして、マ氏もまた本章脚注中にクラークの説を掲げ、この論は幾多の困難を有すといえども、多少の変更と斟酌《しんしゃく》とを加うるときは、甚だ有益なる説となるべしと云えり。予はマ氏に賛同せざる能《あた》わず。

資本を別《わ》けて固定・流通の二とするは、斯学《しがく》の定論にして、また実際生活において多く用いらるる所なり。ドイツの学者はなおこれに加うるに、flüssiges Kapital と festes Kapital の別を設く、その語、固定・流通に甚だ似たるが故に、これを邦語に訳出することやや困難なりといえども、姑《しばら》く前者を融通資本、後者を不融通資本と称しおくべし。直ちにその形態を換うるを得る資本、殊に貨幣に具体せられたる資本を融通資本と云い、然らずして特定の形態にありて容易にその態を換うる能わざる資本を不融通資本と云う。この区別はその用語、固定・流通の別に甚だ相似て混同の虞《おそれ》あり、これを改めて貨幣資本（Geldkapital）と商品資本（Waarenkapital）となすこと、マルクスの如くする方、遥かに勝れり。

＊　＊　＊　＊　＊　＊　＊

本章の参考書その類甚だ多し。その最も著名なるものは前文しばしば引用せるベーム‐バヴェルクの著 Böhm-Bawerk, *Kapital und Kapitalzins*, Jena, 4. Aufl., 1921 これなり。その反対論としては Clark, *Distribution of wealth*, New York, 1920 及び同氏の *Essentials of economic theory*, New York, 1907 を見るべく、他 Fetter, *Principles of economics*, New York, 1904. pp. 46–170 あり。またクラークに反対の立場を取るを専らとせるタウシッグ著 Taussig, *Wages and capital*, New York, c1896 を参考すべし。その他、経済原論の書いずれも資本を論ぜざるなし、特に資本理論を取り扱いたるものにて必読のものは、左の如し。

Rae, *Sociological theory of capital: being a complete reprint of the New principles of political economy 1834.* Edited by Mixter, 1905.

Carl Menger, "Zur Theorie des Kapitales" in *Conrad's Jahrbücher für Nationalökonomie u. Statistik*, Bd. 17, 1888.

Irving Fisher, *The nature of capital and income*, 1906.

Spiethoff, "Die Lehre vom Kapital" in *Entwicklung der deutschen Volkswirtschaftslehre im 19 Jhdt.*, Th. I, No. 4.

資本に関する最大著述は云うまでもなく、マルクスの『資本論』なり。ただしその書難解初学者には薦め難し。その原名左の如し。

Marx, *Das Kapital*, Hamburg, 1867-94.

その注解とも見るべきものにして、薦むべきは、

Hilferding, *Das Finanzkapital*, 2. Aufl., 1920.

Luxemburg, *Die Akkumulation des Kapitals*, 1913.

なり、その論と必ず対照を要するは、プルードン及びロートベルトゥスの書なり。原題左の如し。

Proudhon, *Théorie de la propriété*, édition posthume, Paris, 1866.
Rodbertus, *Das Kapital*, neue wohlfeile Ausg., 2. Aufl., 1913.

第三編　欲望とその充足（需要論）

第一章　緒　論

従来の通説によれば、経済学とは、富の生産・分配・交換・消費を論ずる学を云うとなせり。しかるに近来研究の進歩するに従い、この四者のうち分配と交換とは甚だ密接の関係ありて、これを二個の別々なる部門に分って講究するは、当を得ざること認めらるるに至れり。—ゆえに『国民経済講話』においては、これを流通の目《もく》に統一して考察す—これに反して、需要と供給との関係に関する研究は、価値に関する実際問題の根底にして、経済学の講究はまずこの問題を中心とすべきものなること明白となれり。しかしてこの根本の研究を更に具体的に布演《ふえん》するものは、分配及び交換の問題にして、需要・供給論は分配・交換論の準備と看做《みな》して差支えなきなり。ゆえに本書においては、この二者をもって説明の二要点となす。すなわち本書第五編には「需要供給の一般原理」を論じ、第六編に至りて「分配交換すなわち価値論」を試みて終結を告げんとす。これマ氏独得の結構に成り、従来の部門に関する旧套《きゅうとう》を全く打破せんとするものにして、慥《たし》かに一大進歩と認むべきものなり。新学派たるドイツの歴史学派もその総論においては、旧慣を捨てて、全然新結構に成る論述を試むれども、本論に入りては名称の上において多少の出入する所あるに過ぎず、その内容に至りては、生産・分配・交換及び消費なる分類法を改むることなく、殊にロッシャーの如きは、全然旧套を墨守して、毫《ごう》も新説を出すことなし。シュモラーの如き最新学者に至りても、その『原論』

は該博豊富なりといえども、それは従来経済原論に属せざりし、倫理・心理・社会・歴史・法制史等の学に属する見聞を旁証《ぼうしょう》博引《はくいん》したるに過ぎず、経済学の原理を説くにあたりては、ほとんど全く通説に従うものなり。しかるにこの間に立ちてイギリス学者たるマ氏が全然新工夫を凝らせるは、甚だ推服すべし。しかして氏は第五・第六編に入るに先だって、まず第三編において需要の本質を論じ、第四編において供給の本則を説く。今、氏の叙述法を表示すれば左の如し。

経済学
- 一、総論
- 二、根本概念論
- 三、需要論
- 四、供給論
- 五、需要供給調和論
- 六、価値論（分配交換論）（（第五版以降は単に「分配論」と改む））

これを順序を立てて排列すれば左の如し

経済学 {総論・根本概念論} {需要論・供給論} 需要供給調和論 ＝ 価値すなわち分配交換論

しかして氏は第一版においては、第三編を「需要論」、第四編を「供給論」と名づけたれども、後版を重ぬるに従い、これを改めて、第三編を「欲望及びその充足」となし、第四編を「生産要素すなわち土地・労働・資本及び組織」とせり。同時に（第五編を「需要・供給及び価格の一般関係」、第六編を「国民所得の分配」とす）、これ、その内容を表すには、前者に勝ること万々なれども、これがために、せっかく氏がこの書を編むにあたりて苦心して得たる独創の見解を捨てて、かえって通説に近づき来るに至れるは、予の深く遺憾とする所なり。これによりて、第三編は旧来のいわゆる消費論とほとんど選ぶ所なく、第四編はいわゆる生産論と全くその趣を同じうするに至れり。もっとも第一版においては表題こそ新規なれ、内容に至っては、この嫌いあるを免れざりしものなれども、予等は版を改むるに従い、氏が嶄新《ざんしん》の結構はますますその特色を発揮し、ついには名実相合う新見地を斯学の上に立つるに至らんことを期待したり。しかるに事はかえって反対に出で、内容において、新機軸を出すを見ざるのみか、表題も改まりて、旧説に近づき来れるは、予をして甚だしく失望せしめたり。

本章は、右の区分に従い、需要の説明として、欲望及びその充足を論ず。すなわち消費論に該当するものなり。通説はまず生産論をもって始め、消費論は、これを最終に置くを常とせり。マ氏の新案は、これに反し、まず消費を論じ、次いで生産論に入る。予はこの点において氏の見地に服するものなり。マ氏は、従来の学者がややもすれば、消費の研究を軽視し、甚だしきはこれをもって正当に経済学の範囲に属せずと主張するを非難して、その甚だ重要なるを主張せり。しかして従来学者がかく消費の問題を忽諸《こっしょ》に付したる原因を論じて曰く、消費の現象は事多く個人の所為に属す、されば、これを学理的に取り扱うこと困難にして、かえって世故に長じたる者の常識の判断によるを勝れりとす、学者が論究到底それ以上に出づること能《あた》わず、これ消費を学術的に論述するの必要少なしと看做《みな》さるる所以《ゆえん》なりと。しかして氏は、輓近《ばんきん》消費論の研究が斯学《しがく》に重きを成すに至れるは、左の三原因に基づくものなりと云う。

一　リカードが経済現象の説明にあたり、生産費なるものの地位を過重し、交換価値は一《いっ》にこれによりて支配せらるるが如く説きたるは、大なる害を貽するものなるを学者が認識するに至れること。リカード及びその重《おも》なる承継者は必ずしも、需要の作用を度外視したるにあらざれども、その意を述ぶる精到明白ならざりしが故に、深く心を潜《ひそ》めて読む者にあらざれば、全くその意を解する能わざりしこと。

二　経済学者が精密なる思索法の要を認むること漸く深くなるに伴い、議論の前提を明確に論定するに注意を注ぐに至り、殊に数学を応用し、数学の式をもって説明を下すこと流行するに従い（数学を複雑なる経済現象に適用するの可否は別問題として）、まず議論の目的たる問題の意味を確定するに意を用いるに至り、その結果として需要の現象を研究せざるべからざるを認むるに至れること。今日需要の研究は未《いま》だ幼稚の状態にあるを免れざれども、既に消費に関する各種の統計材料を蒐集して、種々の難問を解釈するに多大の裨益《ひえき》を得るに至れることを看過すべからず。

三　吾人は今日いかにして富の増殖をして、なおより多く社会一般の幸福を進むるに足るを得せしむべきかの問題に注意を注ぐに至り、その結果として公共及び個人の使用する富の交換価値が、一般の幸福といかなる程度まで合致するやの必要を痛切に感ずるに至れること。

右の説明はやや漠然たりといえども、畢竟《ひっきょう》するに近来マ氏高足《こうそく》の門弟ピグーの主張し、しかして予の衷心より賛同する厚生経済の見地を言明するものなり。今要点を簡単に言い表せば、（一）リカード流の生産費本位論に換えて、その反対の需要の方面の研究重んぜざるべからざるを認むること。（二）大体論をもって安んぜず、具象的事実的研究を重んじ、実際生活においては、生産のみならず消費の問題重要なるを認むること。（三）生産は手段にして、交換価値も畢竟するに、欲望充足の力あるがために重視せらるるものにして、生産の研究と共に消費の研究に勉《つと》めざるべからざるを認むることの三項となすを得べし。しかしてこれは全く予の私見に合する所なり。しかれどもこれになお加うべき一項あり。否、これら三個の原因のまた根本原因とも看做《みな》すべきものあり。他なし、輓近《ばんきん》社会問題の大に起り、下層人民の状態に、研究の眼を注ぐに至れること、これなり。言を換えて云えば、従来の経済学は生産者の経済学なり、企業家の経済学なり。資本を投じ土地と労働とを借り受けて、営利の業に従事する者の貨殖学なり、致富学なりき。しかるに学者見地の進むに従い、経済学に更に富の充用という最終の目的より観察せる方面（すなわち厚生経済）の研究を怠るべからず、生産の学たるとともに、充用の学なり、貨物を作り出すことを論ずるとともに、いかにこれを使用し、これを充用するかを説くべき学なり、企業家の学たると同時に、労働者の学なり、生産費を研究すると同じく生産財に対する需要（利用）を研究する学なること、漸次に認識せらるるに至れること、これなり。この点マ氏の言いささか明瞭を欠く、ゆえに敢えて私見を加うるものなり。

なおマ氏は末項に本編の要旨を掲げたりといえども、読者をしてかえって適従《てきじゅう》に苦しましむるの虞《おそれ》あり、ゆえに省きて載せず。

第一章　補　　論

ロッシャー『原論』の編成左の如し。（第二二版による）
一、緒論。根本概念、他学との関係、研究法。**二**、財の生産。**三**、自由及び財産。**四**、財の流通。**五**、財の分配。**六**、財の消費。**七**、人口。
シュモラーのは左の如し。
一、緒論。心理的・倫理的基礎、学史、研究法。**二**、土地、人民、技術。**三**、国民経済の社会的組織。家族、住地、団体経済、分業、所有及びその分配、階級、企業。**四**、財の流通及び分配の社会的行程。交換、競争、度量衡、貨幣、価値及び価格、財産、資本、信用、銀行、労働事情、救貧、保険、労働周旋、職工組合、所得及びその分配。**五**、経済生活の発展。
一と**五**とは新案に属す。**二**は生産論、**三**・**四**は分配交換論にして、**一**は消費論（欲望論）に当る。ゆえに**五**のみ全然新工夫に成るものと云うべし。
なおコーンのを参考のため掲ぐ。
一、緒論。**二**、経済生活の要素。自然、人口、需要、労働、資本。**三**、経済生活の形態。**四**、経済生活の行程。生産、交換、分配。

三はやや新案なり。**二**と**四**とは全然旧套《きゅうとう》を襲うものなり。右に反しピールソンのはマ氏とも異なりて、独創の点多し。

一、緒論。**二**、交換価値。**三**、交換要具（貨幣）。**四**、生産。**五**、国家の歳入（財政学の一部）。各章の編次も嶄新《ざんしん》の工夫多し。

＊　＊　＊　＊　＊　＊　＊

本章の参考書としてはケインズの『経済学研究法』、コッサの『経済研究入門』、ワグナー『経済学原論』の首章、シュモラー同上等を薦む。原名、皆前に出たり。

第二章　欲望と経済行為

欲望の研究は心理学ならびに倫理学に属す。経済学はこれら二学が研鑽して得たる結果を前提として、その上に論を立つるのみ。しかして従来経済学において欲望を説く、甚だ簡単にして、その議論また甚だ浅薄、ほとんど学説としての価値を有せず。マ氏が本章に論ずる所またこの範囲を脱せず。この点においては、上はヘルマンより下は近くシュモラーに至るドイツ学者の研究、遥かに精到綿密なり、殊に最も新しく欲望の研究を試みたるブレンターノ先生に至って然りとす。

マ氏が本章において論ずる所は、詮ずる所、左の二項に帰着す。

一、人類の欲望は、文明の進歩に伴い、分量よりもむしろ種類及び品質の上において増進す、しかしてこれに伴って欲望そのものを充《み》たすよりも、声聞《せいぶん》の欲を充たさんとの念によって支配せらるること強くなる。

二、右と同じく文明の進歩に伴い、欲望が活動（経済行為）の原因たるよりも、むしろ活動が欲望の原因たるに至る。

氏曰く、文化の程度低き人民の有する欲望は、野獣の有する欲望と多く択《えら》ぶ所なし。文明の進歩に伴い欲望は漸次増進するも、その増進は一物の多量を意味するにあらずして、より良き品質のものを求むると、種類のより多からんことを意味す。その嫌う所は、欠乏にあらずして単調にあり、殊に口腹の欲望に至っては、人間の体質上分量の増加を必要とせず、趣の異なり、価貴きものを得んことに専らならしむ。しかれども、これはついに声聞《せいぶん》の欲にしかず。シーニア曰く

Strong as is the desire for variety, it is weak compared with the desire for distinction ; a feeling which if we consider its universality, and its constancy, that it affects all men and at all times, that it comes with us from the cradle and never leaves us till we go into the grave, may be pronounced to be the most powerful of human passions.

種類の変化を求むる念は甚だ強きものなりといえども、しかもこれを声聞《せいぶん》を求むるの念に比するときは弱しと云わざるを得ず。げに声聞を求むるの念はその普《あまね》きこと、その常住不変なることにおいて、種類の変化を求むる念の到底及ぶ所にあらず、人生れて死するまで、この念はすべての人の上に、すべての時において、常に働きて息《やす》むことなし。さればこれをもって人欲中、最有力なるものと言うは当れりと。これはもとより真理の全面にあらずといえども、半面の真理としては、最も推薦すべき言なりとて、マ氏はこの理を食料衣服等について説明せり。その所論は単純なる常識論に過ぎず。予はかくの如き事を学術的著述に叙するの可なる所以《ゆえん》を知らず。これをもってシュモラーまたはブレンターノ先生の研究に比較すれば、その差霄壌《しょうじょう》も啻《ただ》ならざるものありと言うべし。シュモラーが Anerkennungstrieb（認識を求むる衝動）として論ずる所、汎《ひろ》く社会心理の根底について立論せるものにして、甚だ敬重《けいちょう》に値す。しかして氏は認識の衝動は、文化の程度低き人民においても、甚だ有力なる所以を論じて、左の如く云えり。

Kein Mensch kann ohne die Billigung eines gewissen Kreises leben ; und je niedriger er steht, desto mehr ist er in jedem Schritt, den er tut, von dem Urteil seiner Umgebung abhängig. Der Mensch isst und trinkt, er kleidet sich und richtet seine Wohnung so ein, wie es seine Freunde, seine Standesgenossen für passend halten. Jeder fürchtet sich in erster Linie vor dem, was man von ihm sagen werde ; erfürchtet die Sticheleien, er fürchtet, sich lächerlich zu machen.Viele geben Feste über ihre Mittel, weil sie fürchten, sonst getadelt zu werden. Die arme Witwe ruiniert sich und ihre Kinder, um dem Mann ein auständiges Begräbnis zu verschaffen, d. h. ein solches, wie sie glaubt, dass es die Nachbarn erwarten. —Schmoller, *Grundriss*, 1, 1919. S. 30.

人として一定の範囲の同類の認識を得ずして生活し得る者はあらず。その文化の程度低きほど、そのなす所の一挙一動皆周囲の人々の判断に依頼するものなり。人はその食、その飲、その衣、その住、皆その朋友・同胞が適当と認むるようになすものなり。人は皆、他人の外聞なるものを第一に憚《はばか》る。人は他人より笑われんことを最も怖る。多くの者はその資力不相当の饗宴を張りても他人の嘲《あざけ》りを招かざらんことを勉《つと》む。貧しき寡婦も世間の嘲笑を免れんがために、その夫のために華麗なる葬式を行いて、己と己の子とを零落《れいらく》の淵に沈むるを辞せざることあり

と。マ氏が文化の発達に伴い声聞を求むるの念増すと云うに比すれば、遥かに事の真を得るに近し。

ブレンターノ先生もまた曰く、

Tatsächlich ist dieses Bedürfnis (nach Anerkennung durch Andere) weit dringlicher und tritt geschichtlich weit früher hervor als andere Bedürfnisse, welche die Betrachtung über das Seinsollende diesem Bedürfnis vorauszustellen pflegt. —Brentano, *Versuch einer Theorie der Bedürfnisse*, München, 1908. S. 19.

事実上においては他人の認識を得んとの欲望は他の欲望よりも、遥かに強く、また歴史上遥かに早く起るものにして、多くの学者が他の欲望をもって先なりとするは、事実に基づかず、単に理想的に「かくあらざるべからず」という、架空の構想に基づく謬論《びゅうろん》なり。

マ氏またこの謬想に陥《おちい》るもの甚だ惜しむべし。

次に氏が活動は欲望に先だつ所以を論じたるは、甚だ当を得たりといえども、これまたシュモラー等が説く行動の衝動（Thätigkeitstrieb）の論に比すれば、論旨幼稚の嫌いあるを免れず。マ氏曰く

Speaking broadly therefore, although it is man's wants in the earliest stages of his development that give rise to his activities, yet afterwards each new step upwards is to be regarded as the development of new activities giving rise to new wants, rather than of new wants giving rise to new activities.

ゆえに汎《ひろ》く言うときは、人類発達の程度低き時においては、欲望ありて後活動起るものなれどもそれ以後は、向上の一歩毎に、新欲望が活動を惹《ひ》き起すよりも、むしろ新活動が新欲望を招致すること、いよいよ発達するものと認むべきなり

と。しかるにシュモラーは曰く。

Wir beobachten den Thätigkeitstrieb schon beim Kinde, das mit Bauklätzchen ein Haus baut, das sägen und reimen, pappen und malen will……

行動の衝動は既に幼童において存するを見る、家を作り、木を鋸《き》り、詩を作り、紙細工し、画を描く、皆行動の衝動の然らしむるにあらざるはなし。

文化の進歩は行動の進歩を多様ならしめ、その目的を複雑高尚ならしめこそすれ、衝動そのものは、文明人と野蛮人とを支配するの度合において異なるものにあらず、マ氏の論はわずかに一斑を捉《とら》えて全豹となすものなり。

しかしてマ氏は以上の立論に基づいて断案を下して曰く、

It is not true therefore that 'the Theory of Consumption is the scientific basis of economics (Banfield)': For much that is of chief interest in the science of wants, is borrowed from the science of efforts and activities. These two supplement each other……But if either, more than the other, may claim to be the interpreter of the history of man, whether on the economic side or any other, it is the science of activities and not that of wants.

以上云う所を総合すれば、バンフィールドがかつて主張したる「消費論は経済学の根底なり」との論は真ならざるを知るべし。何となれば欲望論において重要なる研究は、多く努力及び行動に関する学理より借り来るものにして、この両者は相互に補うものなり。さりながら両者の内いずれか人類歴史を解釈するにおいて重しとするかと云わば、経済上においてもその他の方面においても、そは欲望の学理にあらずして行動の学理なればなり

と、したがって氏は本編において論ずる欲望の理論は、単に形式的性質のものに止《とど》まるものにして、欲望に関する最終の研究は経済学の始めに来るべきものにあらず、最尾に来るべきものなり、否、経済学の範囲を超越するものなりと云いて、脚注中にハーンの「プルートロジー」について数言を費やして本章を結べり。これ第一章において既に示せる如く、マ氏は正統学派の旧套《きゅうとう》を脱せず、欲望の研究は、経済学以外にあるべきものなりとの見地を執る当然の結果にして、行動すなわち経済行為及びその結果のみに重きを置きて、経済行為の淵源なる主観的方面を軽んずるは、マ氏の如く従来の客観主義を守るものにおいては、敢えて異とするに足らず。本編の全部はマ氏のこの立場を十分諒解したる後にあらざれば、その真意を汲み難し。読者、まず心をここに用いよ。

右のマ氏の見解に反対するは、主観学派たるドイツ、オーストリア学者のほとんど全部（ディーツェルを除く）の執る所の説なり。ブレンターノ曰く、

Ausgang aller Wirtschaft ist das Bedürfnis. Der Mensch empfindet Bedürfnisse. Diese rufen seine wirtschaftliche Thätigkeit hervor. Ihr Ziel ist die Befriedigung der Bedürfnisse. Mit Recht ist daher zu sagen: die Theorie der Bedürfnisse ist die wissenschaftliche Grundlage der Wirtschaftslehre. (Banfield) S. 1.

すべての経済の出立点は欲望なり。人は欲望を感じ、経済行為ここに起る。経済行為の目的は欲望の充足にあり、ゆえに欲望は経済学の学理的基礎なりとバンフィールドの云えるは至言と言わざるを得ず。

この言は、今日の価格経済、殊に資本主義経済については、そのままこれを受入るること能《あた》わず、むしろマーシャルの見解の方、当れるを認めざる能わず。その他方において、近来ピグーの唱え、マーシャルもまた時に暗示したる厚生経済の見地に立つときは、確かに、一部の真理を道破したものと云わざるを得ず。ただしバンフィールドの如く、欲望の理論をもって直ちに経済学の基礎なりとするは、今日の研究これを承認せず、目的論的の解釈の方、むしろ正鵠《せいこく》を得るに庶幾《ちか》しとせざるべからず。ゆえにバンフィールドの欲望を改めて、利用とせば、ほぼ当を得たりとなすを得べし。

第二章　補　論

マ氏の脚注中にヘルマンの欲望の分類を挙げ、かくの如き区別は価値多からずと云う。この論、予の全く従う所なり。ヘルマンは

一、絶対的欲望　相対的欲望。**二**、高等欲望　劣等欲望。**三**、急切欲望　延し得べき欲望。**四**、積極的欲望　消極的欲望。**五**、直接欲望　間接欲望。**六**、一般欲望　特殊欲望。**七**、常住欲望　間欠欲望。**八**、永久欲望　一時欲望。**九**、経常欲望　非常欲望。**十**、現在欲望　将来欲望。**十一**、個人欲望　団体欲望。**十二**、私的欲望　公共欲望。

の区別をなせり。経済学の諸教科書皆その顰《ひそみ》に倣い、あるいは精神的欲望、肉体的欲望、絶対・相対等の種々の種類を挙ぐるを常とすれども、予はマ氏と同じく全くその説を執らず。これに反し、シュモラーが衝動より見て立てたる分類論は、予の服する所なり。氏はまず快不快の感情に論を起し、続けて（一）自存衝動、（二）性的衝動、（三）行動衝動、（四）認識衝動、（五）競争衝動、（六）営利衝動の別を論ず。しかして氏も従来の欲望分類法を非難す、その言に曰く、

Es will mir scheinen, dass mit der blossen Einteilung der Bedürfnisse in einige Kategorien nicht viel gewonnen sei. S. 23.

予をもって見る、欲望を単に二、三の部類に分別するは学理の上に得る所少なしと。けだし至言なり。

ブレンターノ先生は、欲望の順次をその緊切《きんせつ》の度より観察して左の如くなりと論ず。

一、生命維持の欲望。二、性的欲望。三、声聞《せいぶん》を求むる欲望。四、死後の計に対する欲望（宗教上の欲望）。五、保温の欲望。六、将来の計に対する欲望。七、療養を求むる欲望。八、清潔を求むる欲望。九、学問技芸に対する欲望。十、創造せんとの欲望（すなわち行動の欲望）（同上『欲望論』一一より至三五頁）

欲望の種類を分つこと学者の随意なれども、そのすべてを通じてシュモラーが認識（声聞）を求むる衝動と称するもの、すなわちブレンターノが第三に置く所のもの、マーシャルが desire for distincnion と云うものこそ、今日実際生活において欲望の限度を定むるものなることは、これを認めざるべからず。ブ氏のいわゆる最緊切の欲望たる生命維持の欲望も、その最下位に置く学問技芸に対する欲望も、単に生命を維持し、学理を尋求《じんきゅう》するをもって止《とど》まるものにあらず、一定の社会団衆の認識を得べき標準ありて、人は皆この標準に達せんと勉《つと》むるものなり。単に飢えを充《み》たし、渇《かつ》を医《いや》すをもって甘んずるものあるなし、必ずや自己の身分に応じ、一般の認識を受け得べき食物飲料を一般の認識を受け得べき時・所・方法において得んと勉むるものなり。この点より云えば、声聞の欲望こそ今日の経済生活における欲望の根底たり、中心たり、また発足点たり、到達点たるものと云うべきなれ。しかもこれと共に常に働きて已《や》まざるものは、シュモラーの行動の衝動と名づけ、ブレンターノの創造の欲望－左右田博士の「創造者価値」はこれに該当するものか－と称するものこれなり。人は何をもなさずして一日も過し得るものにあらず。その心は思い、その手は動きて何事をかなし、何物をか作り出さんとして息《や》まざるものなり。無為の生活ほど人に苦痛を与うるものはあらず。人は何をも求めず、何をも望まざるとき、なお動き、働かんと欲す。動き働きて後に至りて欲望はじめて生ずること、しばしばあり。マーシャルが行動はむしろ欲望に先だつと云えるは、この意に解すべきなり。

＊　＊　＊　＊　＊　＊

本章参考書は前文中に掲げたるシュモラー、ブレンターノ両氏の著書のほか、

Banfield, *Four lectures on the organization of industry*, London, 1845.

あり。その他見るべきものは左の如し。

Kraus, *Das Bedürfnis*, Leipzig, 1894.

Čuhel, *Zur Lehre von den Bedürfnissen*, Innsbruck, 1907.

Ehrenfels, *System der Wertteorie*, Leipzig, 1897–1898.

Meinong, *Psychologisch-ethische Untersuchungen zur Wertteorie*, Graz, 1894.

Hermann, *Staatswirtschaftliche Untersuchungen*, 2. A., 1870. S. 78 ff.

福田徳三　企業心理論　『改定経済学研究』七五一頁以下

福田徳三　企業倫理論　『続経済学研究』五八頁以下

なおマーシャルの引用せる

Hearn, *Plutology, or, The theory of the efforts to satisfy human wants*, London, 1864.

Jevons, *Theory of political economy*, 1871.　4. ed., 1911.

等を見よ。

第三章　消費者需要増減の理

汎《ひろ》く人生の立場より見るときは、消費は目的にして、生産は手段なり。生産の起るは、消費あるべきを予定するによる。したがって最終の需要は常に消費者の需要を措《お》いて外なく、生産者または商人の需要は消費者の需要を基とする第二次的需要なり。今日の営利経済において、一物を生産し、一財を買入るる生産者・商人は、常にこれより生ずべき貨幣価値称呼の利益を目的とす。この利益は投機的見込及びその他の原因によりて定めらるるものなることは、後に説く所の如しといえども、人間生活の本義よりこれを見るときは、そのすべては、消費者がその生産物または商品に対して支払う価によりて定めらるるものなること、論を須《ま》たず。言い換えれば、消費者の需要は、すべての階段における需要の根本たるものと云うべし。本編はこの意味において、最終需要たる消費者需要について論ぜんとするなり。マ氏曰く、消費者の需要は営利的需要（trader's demand）を支配すと。語簡にして尽せり。

消費者の需要は利用となりて顕る。経済学において云う利用は、原則として貨幣価値によりて言い表され得べきものに限ることは、前編これを論ぜり。すなわち今消費者の需要を論ずるにあたりては、その貨幣価値に顕れたる利用より推《お》してこれを測定す。元より財の人に与うる満足の度合は必ずしも、皆ことごとく貨幣価値に顕るるものと断ずべからずといえども、大体において物の価格は、その利用と相照応するものと見て差支えなし。価高き物利用多く、価低き物利用少なし。これを譬《たと》えて云えば、なお形と影との如し。影の長さは物の長さにあらず、しかも一定時において影長きときは、形長く、影短きときは形短し。利用は形なり、価は影なり。今この理を図解すればほぼ左の如くならん。

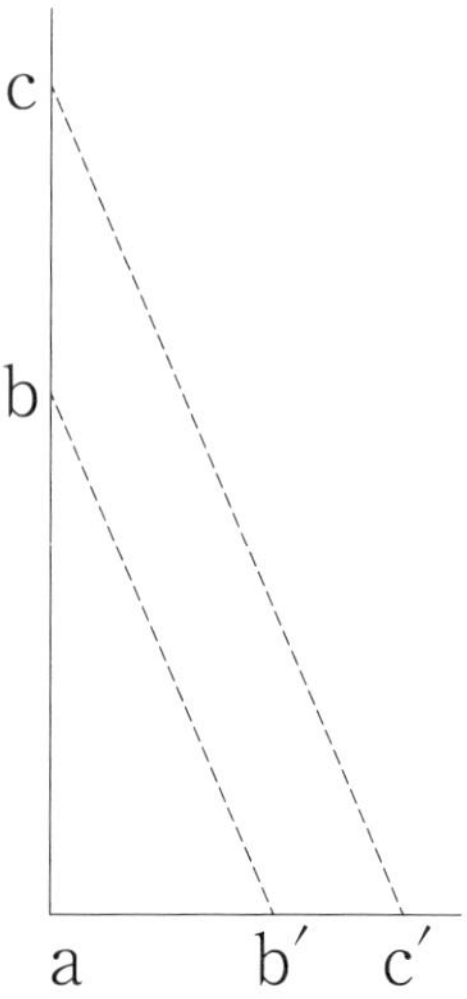

(一) ab なる利用は ab′ なる価となりて顕れ
(二) ac なる利用は ac′ なる価となりて顕る
(三) ab の長さと ab′ の長さとは同じからず
(四) ac の長さと ac′ の長さとは同じからず

人の欲望は無限なり、しかもまた有限なり。無限なりと云うは欲望そのものについて見るときにして、有限なりと云うは、欲望の対象より見たるときなり。欲望そのものについて見るときは、得るに従って多々ますます弁じ、いわゆる隴《ろう》を得ば蜀《しょく》を望む、決して限界あることなし。しかるに特定の対象に対する、特定の人・特定の時・特定の場所・特定の事情について見るときは、欲望は極めて有限的なりと云わざるを得ず。されば欲望無限の原則あり、欲望有限の原則あるは、決して矛盾にあらず。経済学においては、従来多く欲望有限の原則を説き、無限の原則に及ばず。しかれども経済上すべての進歩の有力なる原因は人類の欲望無限にして、絶えて満足し終ることなきによるものなることは、学者のつとに説く所なり。ただそれ無限に弥《わた》る欲望そのものは、むしろ倫理・心理の研究に属し、これを経済学において説く、あるいはその所ならざるに似たり。これに反し、欲望有限の原則は厳密に経済学の範囲に属す。既に前に説ける如く、多くの学者は、そもそも経済なる概念を定むるに有限性、または稀少性（存在量の限られたる財）を主なる要素となすは、畢竟《ひっきょう》これがためと云うべし。

欲望有限の原則は、経済学においてこれを「利用逓減《ていげん》の法則」「欲望飽実の法則」または「快感逓減の法則」と云う。マ氏の law of diminishing utility または law of satiable wants と称し、ドイツ学者の Gesetz des abnehmenden Reizes と称するもの、すなわちこれなり。マ氏曰く、欲望の種類は限りなしといえども、各個の欲望には限界ありと。言い尽さずといえども、意はすなわち右述ぶる所に同じ。マ氏は利用逓減の法則を左の如く定義せり。

The *total utility* of a thing to anyone（that is the total pleasure or other benefit it yields him） increases with every increase in his stock of it, but not as fast as his stock increases. If his stock of it increases at a uniform rate the benefit derived from it increases at a diminishing rate. In other words, the additional benefit which a person derives from a given increase of his stock of a thing, diminishes with every increase in the stock that he already has.

特定の人に対する特定財の全部利用（すなわちその与うる快楽その他の便益の総体）はその財の分量の増すに従って増すといえども、その比例は同じからず。財の分量一定率に従って増すときは、これより生ずる便益は逓減率において増す。換言すれば、一定財の一定増量より生ずる便益の増加は、その財を有する分量多きほど逓減するものなり。

すなわち財の増加は、全部利用を増加すれども、個々の増量の利用は、かえってかわるがわるに減少し行くものにして、ついには増量より得る利用はこれを得るがために費やす費用（価）または労働の犠牲を償う能《あた》わざるに至る。然る場合には、原則としては、増量を得んとするの念を絶つべし。費やす所得る所に超過せず、したがって、なおこれを得んと欲する需要の起る最低限を称して、マ氏は「限界購入分」（marginal purchase）と云う。この点を限界とし、それ以下の利用の増加にてはもはや購入の念を絶つべきが故にかく名づくるなり。しかしてこの「限界購入分」の与うる利用を称して「限界利用」（marginal utility）と云う。自己自ら生産する場合においては、限界利用は限界生産量の利用なり。今この限界利用の語をもって前述の利用逓減の法則を改め言うときは、特定の人に対し特定物の与うる限界利用は、その人の既に有するその物の分量の多きに従い減少す、となすを得べし。

ただしこの法則には一の前提条件あり。すなわちその特定人・特定物はまた一定の時間の下にあるべき事、これなり。時を異にするときは、人の嗜好に変化を生じ、したがって多々ますます弁ずることありて、この法則は行わ

れず。マ氏すなわち云う

It is therefore no exception to the law that the more good music man hears, the stronger is his taste for it likely to become; that avarice and ambition are often insatiable; or that the virtue of cleanliness and the vice of drunkenness alike grow on what they feed upon. For in such cases our observations range over some period of time; and man is not the same at the beginning as at the end of it. If we take a man as he is, without allowing time for any change in his character, the marginal utility of a thing to him diminishes steadily with every increase in his supply of it.

されば右の法則と矛盾するが如き多くの事例もその実矛盾にあらず。たとえば音楽を聴くことといよいよしばしばにして、これに対する趣味のますます加わるが如き、貪欲《どんよく》・名誉心の絶えて飽き足ること無きが如き、清潔の美性、飲酒の悪癖の多々ますます増進して已《や》むなきが如き、これら皆一定時における出来事にあらず、長き時間に渉《わた》りて起ることにして、時を経るに従い、人の性格とその趣向とに変化の生ずるがために外ならず。さればこれを一定時に限りて観察するときは、音楽を終日聴くものは厭《あ》き、飲酒多量に及べば陶然として弁ぜざるに至るべくして、利用逓減《ていげん》の法則必ず行われ、限界利用は、その得る量の多きに従って逓減すること、疑いなきものなり

と。これ、すなわち予が前段に欲望無限の法則と有限の法則とは決して撞着するものにあらず、観察点を異にするに従い、あるいは一、あるいは他の原則支配するものなりと云えると、言異にして意同じきなり。ただマ氏がこれを一の前提条件なりとし、また単に時間の経過の如何《いかん》をもって両者を説明し去らんとするは、いささか服し難し。否、欲望無限の原則は、有限の原則と相対立する同位原則なり、単に一の前提条件たるに止《とど》まるものにあらず。欲望無限の原則まずありて、有限の原則その意味を成すものなり。欲望そのもの無限なるにあらざれば、利用逓減の法則なるもの、ほとんど存在の理由なし。無限なる欲望の働きて止《や》まざればこそ、個々の対象、個々の時、個々の

事情の下において、利用逓減の現象起るものなり。何となれば、利用逓減とは、畢竟《ひっきょう》物自らの性質に変化あるを意味するにあらず、物に対する主観的欲望の減少を云うなり。したがって厳密に云う時は、逓減するものは、物に付着する利用性にあらず、これに対する人の欲望なり。変ずるものは人の心にして、物の性にあらず。何故に人の欲望は得る事いよいよ多くして、いよいよ減ずるやと云うに、それが無限にして、一物を得ば、更に他物を得んとし、綿服を得るものは、絹衣を欲し、米を食うものは、魚を欲し、酒を飲むものは肉を望み、したがってその既に得たるものを更に付加せられんよりは、その未《いま》だ有せざるものを得んとの念強く、その結果、既に有するものに対する欲望逓減して、ここにその特定物に対しては、利用逓減の作用起るものなればなり。ゆえに曰く、欲望無限の原則ありて、欲望有限の原則その働きを生ず。たとい時間の経過あらざるも、欲望無限の原則は、有限の原則の根源として常にその働きを廃することなしと。ただし時間の経過あるときは、無限の法則の働作は表面に顕れて発動し、容易に人の注意を惹《ひ》くに至るものなることは、マ氏の論ずる処当れり。

　利用は経済上においては価によりて言い顕さるること前に説けり。今利用逓減の法則を細説せんには、価の上に表れたるその働作を見るにしかず。マ氏はこれを日常生活必需品の一なる茶について例証せり。左にこれを示さん。

茶　一ポンド　この価　二シリング
この茶に対し需要者が支払わんとする最高の価　一〇シリング
この茶無料なるとき需要者が得んとする最高量　一ヶ年に　三〇ポンド
しかるに実際需要者が価二シリングの場合に買う分量　一ヶ年に　一〇ポンド

とせよ。この場合においては第九ポンドと一〇ポンドとより得る満足の差額は、価に言い表して二シリングなるべき理なり。これと同じく第一一ポンドは二シリングを支払うべきだけの利用なき理なり。すなわち二シリングなる価は限界購入分（すなわち第一〇ポンド）の利用（すなわちこの場合における限界利用）を言い表すものなり。しかして限界購入分に対して支払わんとする価、換言すれば限界利用を貨幣額にて言い表したるこの二シリングなる価は、これを「限界需要価」（marginal demand price）と称して可ならん。よって左の定義を得るなり。

人の有する一物の分量多き程、彼が更に加えて得んとする増量に対して支払わんとする価格は少なし。換言すれば、これに対する需要価格は逓減《ていげん》す。ただしこの場合において他の事情すなわち貨幣の購買力、買手の所有する貨幣の額いずれも均《ひと》しきものと前提するはもちろんなり。

さりながらここに忘るべからざるは、需要が需要としてその働きをなし得るは、この需要価格（すなわち買手が買わんとする価）において、売らんとする売手あるときに限ること、これなり。したがって右の法則の行わるるには、常に貨幣すなわち一般購買力の限界利用における変化如何《いかん》を度外視すべからず。貨幣の限界利用に変化生ずるときは、需要価格は同一金額をもって表さるるともその働きは同じからず。しかれども一定の時、一定の所、一定の事情の下においては、貨幣の限界利用また一定なるがゆえに、貨幣額の多少は直ちに利用の多少に相応ずるものにして、一円の需要価格あるものと、一〇円の需要価格あるものとは、その利用の差また一と一〇との関係にあるものと推定して差支えなし。

貨幣の限界利用は時を異にし、所を異にするによりて、同一人にとりてもまた差違を生ずるは、元より言を俟《ま》たざる所なれども、ここに特に忘るべからざることは、貨幣の限界利用もまた物の限界利用に均しく、一定人が既に有する分量多きに従い、その限界利用少なきこと、これなり。これを名づけて「貨幣利用逓減の法則」となす、あるいは不可ならじ。マ氏、故に曰く、貨幣の限界利用は富者よりも貧者に向かいて大なりと。百円の収入ある人と三百円の収入ある人と均しく乗るに、前者は一ヶ月二十回乗り、後者は五十回乗るとせよ。前者の二十回の乗車の限界利用、後者の第五十回の乗車の限界利用、ともに四銭なる貨幣額によりて言い表さる。しかも前者にとりて四銭なる貨幣額の有する限界利用は、後者にとりて同額の有する限界利用よりも大なり。すなわち人富めば富むほど、貨幣の限界利用を減じ、したがって一定の利用に対し支払わんとする価格は増す。これに反し、貧しきほど貨幣の限界利用多く、したがって一定の利用に対して支払を肯《あ》えてする価格は減ずと。

されば、利用逓減の法則は、常に両面より観察を下すを要するものなり。

一　有する財の量多きほど、その財の限界利用減ず。

二　有する貨幣の額多きほど、貨幣の限界利用減ず。

財を有すること多きも、貨幣を有すること少なきもの、財を有すること少なきも、貨幣を有する多きものの両者は同一価格の限界利用を表さず。すなわち財の量と貨幣の額とは、逓減の法則の上において、常に反対の作用を有す。時及び所の同一なるときにおいても、この両個の反対作用は、利用逓減の法則の働きを支配するものにして、一を取りて他を捨つること能《あた》わざるものなり。

今、図解を下せば左の如し。

甲　図

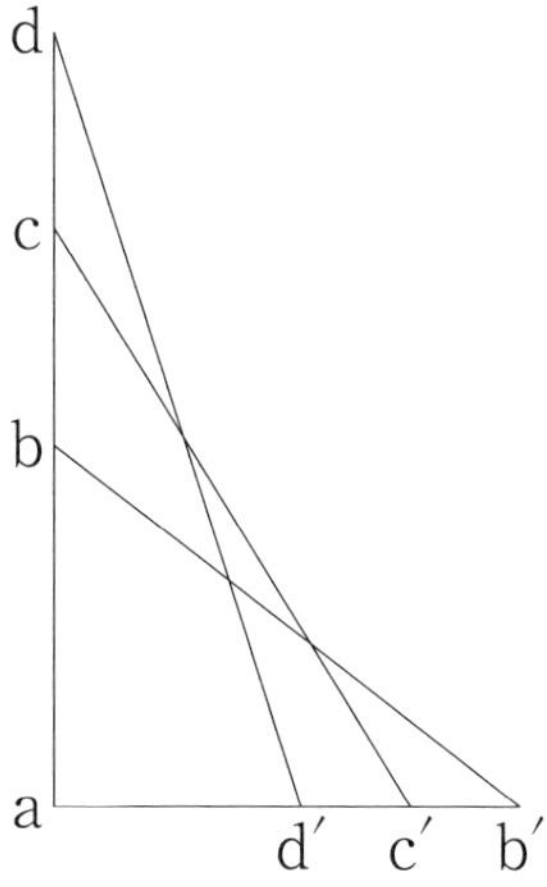

㈠ ab量の財を有するものに向かいてのその財の限界利用はab′なり

㈡ ac量の財を有するものに向かいてのその財の限界利用はac′なり

㈢ ad量の財を有するものに向かいてのその財の限界利用はad′なり

乙　図

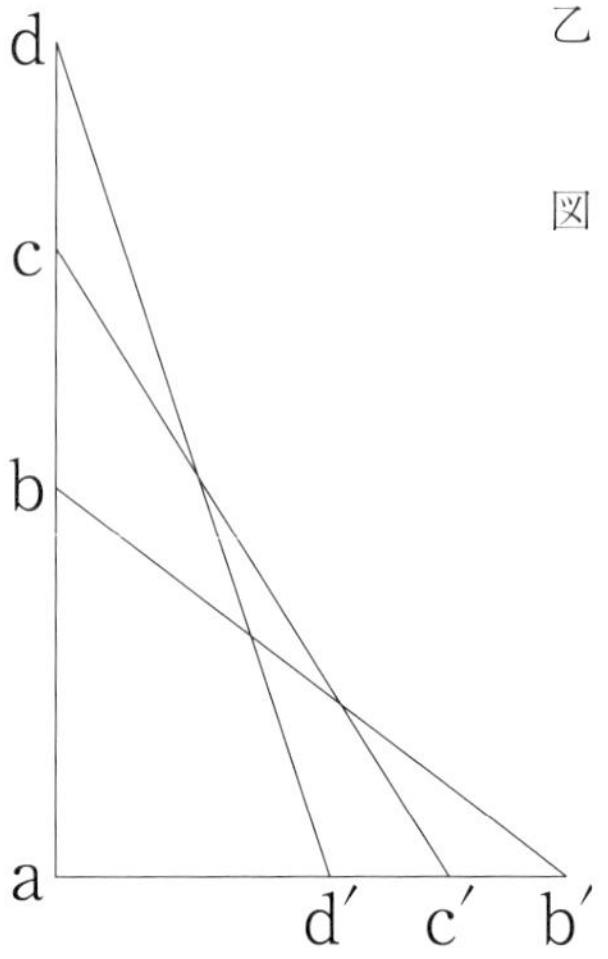

(一) ab額の貨幣を有するものの貨幣の限界利用はab′なり
(二) ac額の貨幣を有するものの貨幣の限界利用はac′なり
(三) ad額の貨幣を有するものの貨幣の限界利用はad′なり

丙　図（甲乙両図を併《あわ》せたるもの）

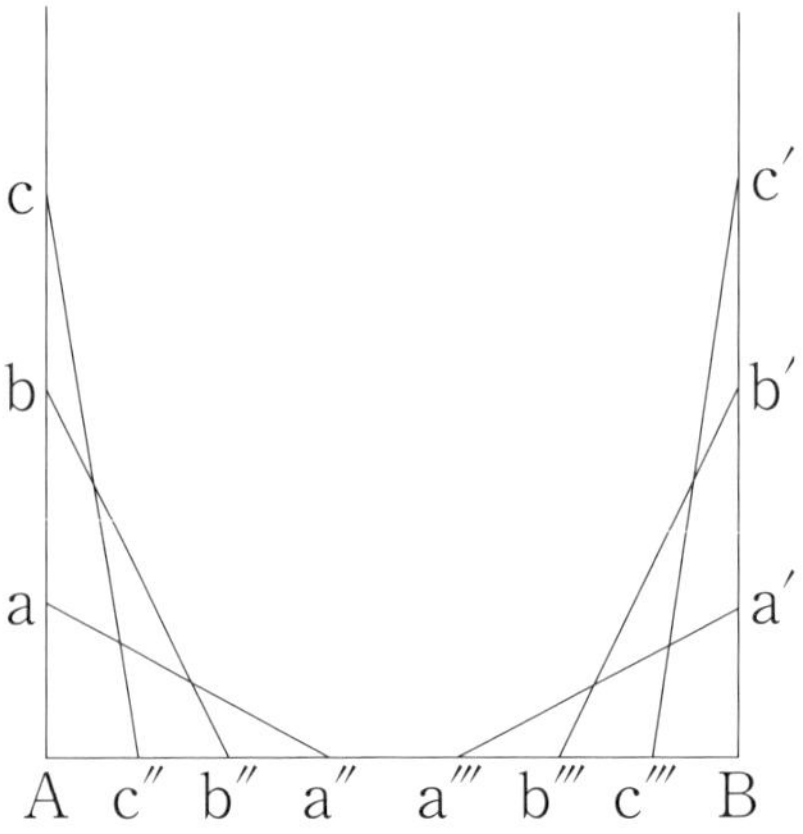

(一) Aa Ab Acは物の所有量にしてAa″ Ab″ Ac″はその各の限界利用を示す
(二) Ba′ Bb′ Bc′は貨幣の所有額にしてBa‴ Bb‴ Bc‴はその各の限界利用を示す
(三) Aa量の物を有しBc′額の貨幣を有するものはAa″の限界利用とBc‴の限界利用とによりその需要価格定められ
(四) Ab量の物を有しBb′額の貨幣を有するものはAb″の限界利用とAb‴の限界利用とによりその需要価格定められ
(五) Ac量の物を有しBa′額の貨幣を有するものはAc″の限界利用とBa‴の限界利用によりてその需要価格定めらる。

その他これに準じて知るべし。

マ氏は以上の理を更に茶の例について細説せり。その大要左の如し。

価格の高低に従い、人がその物を買わんと欲する分量異なる。今若干の価格を設け、これに対する需要の量を示したる表を名づけて「需要定表」（demand schedule）と云わん。引例せる茶について左の如く仮定するときはこれを茶の需要定表と云う。

価格	需要量	価格	需要量
五〇ペンス　なるとき	六ポンド	四〇ペンス　なるとき	七ポンド
三三ペンス　〃	八ポンド	二八ペンス　〃	九ポンド
二四ペンス　〃	一ポンド	二一ペンス　〃	一一ポンド
一九ペンス　〃	一二ポンド	一七ペンス　〃	一三ポンド

今需要の増加と云うときは、その意

一　価に変動なき場合には、買わんとする分量の増加することを意味し

二　価騰貴する場合には、従前に同じき分量を買うことを意味す

すなわち右例において茶一ポンドの価一七ペンスにして変動なき場合には、一三ポンドは増加して一五ポンドとなり、または茶一ポンドの価一九ペンスに騰貴するも、なお一三ポンドを買うを云うなり。これに反し一定の時価において買わんとする分量の増加するのみならず、需要定表の全体に渉《わた》りて支払わんとする価の増進して、たとえば

需要量	支払価格	需要量	支払価格
六ポンド	五一ペンス	七ポンド	四一ペンス
八ポンド	三四ペンス	九ポンド	二九ペンス
一〇ポンド	二五ペンス	一一ポンド	二二ペンス
一二ポンド	二〇ペンス	一三ポンド	一八ペンス

となるが如き場合は、これを一般的の需要増加と云う。

以上は専ら個人の需要について立論する所なりといえども、茶の如き一般的必需品の場合には、一般市場における需要増減の理は、個人の需要より推《お》して論及するを得べし。しかれども物によりては必需品なりとも、個人需要変動の理は直ちに移して、一般市場需要を説明するに適せざることあり。いわんや必需品ならざるものをや。しかれども個人的性癖《せいへき》・嗜好《しこう》・特色より起る需要の差違は、一般市場に顕るるときは、多くは相殺《そうさい》・平均するものにして、この点において個人的需要の法則は、一般市場需要の法則と多く異ならざるものと認めて差支えなし。マ氏は、すなわちすべてを一貫する需要の法則を定義して左の如く云えり。

The greater the amount to be sold, the smaller must be the price at which it is offered in order that it may find purchasers, or, in other words, the amount demanded increases with a fall in price, and diminishes with a rise in price.

売るべき分量の多き程、買手を得んがために提供せらるる価格は低し。換言すれば、需要の量は、価格の下がるに従いて増加し、昇るに従いて減ず。

ただし両者の比例は必ずしも合致するものにあらず。価一割下落して、需要は五分増すことあり、四分の一増すことあり、または二倍となることあらん。ただ分量増すとき価下り、価昇るとき需要減ずるの一事は疑いを容《い》れずと云うのみ。

以上は一定の時、一定の事情の下において見るときに限れり。事情異なり、時を隔《へだ》つるときは、右の理適用すべからず。なかんずく競争品の起るとき（茶に対するコーヒー、ガスに対する電気の如き）は、需要の変動は全く右の理をもって説く能《あた》わざるものなり。

右紹介せるマ氏の需要増減に関する理論は、畢竟《ひっきょう》するに、後に説く所の「収穫逓減《ていげん》の法則」（law of diminishing return）を応用して、オーストリア学派の限界利用説を布演《ふえん》したるものなり。その特殊の点と認むべきは、利用そのものは直接に秤量するを得ず、貨幣価値におけるその発現より推及して間接に測定すべきものなりとする、これなり。この論は既にしばしば説きたる原則を一貫して維持するものにして、予またこれに和するものなり。しかれども、今本編は欲望とその充足とを究めんとするものにして、価格論を試むるにあらず。マ氏の説く所は、多くの学者が価値、価格論において論ずる所を採り来れるものにして、いささか立論の順序を紊《みだ》するの嫌いなきにあらず、読者これを商量せよ。

第三章　補　論

本章論ずる所の問題は、数学的に取り扱うに甚だ適当し、またかくするによりて、研究の便を得ること少なからざるものなり。すなわちマ氏は脚注ならびに付録においてこれを試みたり。予はすべての経済現象を数学的に取り扱うべしとするいわゆる数学派経済学者の主張に与《くみ》する能わざるものなれども、本章の問題に至りては、論者に服するを禁ずる能わず。ただ予自らすべての数学的素養を欠くがために、これを企て得ざるは深く自ら愧《は》ずる所なり。

そもそも数学的経済研究を始めたるはフランスの学者クルノーにして、その著す所に *Recherches sur les prin-*

cipes mathematiques de la théorie des richesses, 1838 あり。近来に至りてはフランスの学者にして永くスイスの大学に教授たりし Walras その門弟 Pareto ならびにイギリスの学者 Jevons 最もこの種研究をもって顕る。しかれども、予の見る所をもってすれば、数学を応用して経済現象を論究し、ほとんど今古独歩の功を立てたるものは、ドイツの学者 Hermann Heinrich Gossen なり。マ氏の云う如く、ゴッセンの業は世人に忘れられ、その著を読むもの甚だ少なしといえども、今日においてなお寸毫《すんごう》もその価値を減ぜざるものは彼なり。殊にゴッセンは本章論ずる問題について甚だ深遠なる研究を遂げたり。その著は

Entwickelung der Gesetze des menschlichen Verkehrs, und der daraus fliessenden Regeln für menschliches Handeln.

『人類交通の法則の発展並に是より生ずる人類行為の原則』

と称し、一八五三年出版せられ、一八八九年ベルリンの書肆《しょし》プラーガー、版本絶えて久しきを慨《なげ》き、原版をそのまま重刊せるものあり。しかもこの重刊本また流布甚だ少なく、今に至りて学者の顧みるもの多からざるは、甚だ惜しむべき所なり。予は幸いに一本を得てこれを読むこと一次にとどまらざれども、今に至りてその真意の究め難きを嘆ぜざるを得ず。―ジェヴォンズはこの本を入手する能《あた》わざりし事情をその著序文中に詳述せり。当時イギリスには大英博物館にただ一本ありしのみと云う。予が指導の下に、ゴッセンを特に研究したるは、小樽高商の手塚教授なり。その著『ゴッセン研究』は篤学の業として薦むるに足る。―

近来イギリス、アメリカにおける数学派経済学者、皆その思想の源をゴッセンの古き泉に汲む。殊にジェヴォンズに至りては、ドイツ文をそのまま英文に言い改めたるにあらずやとまで認めらるる所あり。マーシャルまたしばしばゴッセンを引用し、近く『欲望論』を著したるブレンターノ先生もゴッセンの所論より取る所少なからず。源泉深くして汲めども尽きず。思うに向後「ゴッセンに帰れ」と云う者あるいは出でん。ゴッセンはその序文中に自己の創説をもってコペルニクスに比せり。その抱負の大なる想見すべく、しかして言必ずしも自己過信に出づるも

のにあらず。

今日オーストリア派の新説として世に知らるるものの多くは、ゴッセン既にこれを五十年の前に道破せり。本章説く所、利用逓減《ていげん》の説の如き慥《たし》かに然り。今その証左として左にゴッセンの一節を掲げん。

Darum bleibt als ein allgemein gültiger Satz bestehen: dass die einzelnen Atome eines und desselben Genussmittels linen höchst verschiedenen Werth haben, und dass überhaupt für jeden Menschen nur eine bestimmte Anzahl dieser Atome. d. h. eine bestimmte Masse Werth hat, eine Vermehrung dieser Masse über dieses Mass hinaus aber für diesen Menschen vollkommen werthlos ist, dass aber dieser Punkt der Werthlosigkeit erst erreicht wird, nachdem der Werth nach und nach die verschiedensten Stufen der Grösse durchgegangen………dass mit Vermehrung der Menge der Werth jedes neu hinzukommenden Atoms fortwährend eine Abnahme erleiden müsse bis dahin, dass derselbe auf Null herabgesunken ist. S. 31.

ゆえに次の一般的原則生ず。一定の消費料の個々の原子は甚だ異なれる価値を有し、個人にとりてはこの原子の一定数（一定量）のみが価値を有するものにして、この定量以上に増加するときは、その人に向かっては全く価値を有せざるに至り、しかしてこの無価値点は、価値が逓次《ていじ》に各種の大きさを経過したる後に到達す。……分量を増加するときは、すべての新たに加わる原子の価値は絶えず減少し、ついには絶無に帰するに至る。

ジェヴォンズはすなわちこれより total utility（全部利用）、final utility（最終利用）、なる新術語を作り出し、オーストリア派は Grenznutzen（限界利用）なる熟語を作りしに過ぎず、その内容は全く右に尽きたり。しかしてゴッセンのここに原子と称するものはマ氏の marginal dose（限界部分）と称するもののよって出づる所なり。

次にゴッセンは人類行為の根本原則として左の数者を論ぜり。

一　消費の按排《あんばい》は、これによりて人間一生の享楽の総量が最大なるべきを期せざるべからず。

二　人間はその一生の享楽の総量が最大なるべきようにその行為を企画す、

しかして

一　同一享楽の大きさは絶えずこれを継続するときは、逓次《ていじ》に減少し、ついに飽実の点に至りて已《や》む。

二　かつて得たる享楽を繰り返すときは、その享楽の大きさは同じく逓減す。しかして、繰り返されたる享楽そのものが減ずるのみならず、これを始むるときの享楽の大きさも前よりは少なし。また享楽を享楽として感ずる時間の長さも一回よりは二回、二回よりは三回において短く、飽実点の到来すること早く、繰返しの速くなるほど、その享楽の大きさも時間も共に減ず。

しかしてまた次の三原則生ず。

一　享楽繰返しの繁閑《はんかん》は、その総量を最大ならしむるを得んことを目的として定められ、したがって個々の享楽の種類・方法を左右す。最大量を得たる後にありては、その繰返しの繁閑を問わず必ず減少す。

二　多くの享楽併存するも時間これを許さざるときは、その享楽を一部に止《とど》め、その各部より得る享楽の均一ならんことを期す。

三　享楽の総量を増すを得るや否やは、新たなる享楽を見出すか、既にある享楽を自己の改進または外界への作用によりて増進するを得るや否やによりて定まる。

ゴッセンは以上の原則を立証し、説明するにことごとく数学の方式を用い、終りに至りて、断言して曰く、以上論じたる原則を究め、これより人間行為の根本原則を立ててこれを守るときは、地球には天上の楽園に存するもの、一として欠く事なきに至らん。人よ、まず思いを潜《ひそ》めて、予が言を玩味せよ、汝の前に大なる幸福の福音横たわれり、取りて、汝自らを幸福ならしめ、またこれを世に施せよ。

と。細字二七七頁、章節の区分なく、表題なく、目次なし。自ら云う、これは二十年間沈思熟考の産物なりと。ただこの一巻の書を留《とど》めて、自ら喜び、自ら安んず。誠に稀有《けう》の事に属す。ゴッセンを深く研究し、欲望論の通説に一歩を進むること、予はただこれを遠き将来に期し得べきのみ。―その後ドイツにありては、リーフマン、ゴッセンを研究して、我等を教うる所少なからず。読者須《すべか》らく往見してこれを知るべし。[1]

＊　＊　＊　＊　＊　＊　＊

本章の参考書は前章に掲げたるものを見よ。

第四章　需要伸縮の法則

需要の増減は、これを充《み》たすべき財を有する多少によりて支配せられ、財多きとき需要減じ、財少なきとき需要増すの理は、前章これを明らかにしたり。これと同じく、貨幣を有すること多きもの需要多く、少なきもの需要少なきこと、またこれを論ぜり。今、次に考究すべきは、この需要の増減に緩急・遅速の差異あること、これなり。ある種の需要は著しく増し、もしくは減じ、ある種の需要はその増すこと、減ずること、共に甚だしからず。これを名づけて需要の弾力性（伸縮性）と云う。すなわち増減の著しきものは、弾力性大なりと云い、著しからざるものは、小なりと云う。しかるにここに直ちに起る問題は、この弾力性はいかにしてこれを知るを得るや、これなり。

およそ経済上の現象は、直ちに原因について究むること困難にして、多くは顕れたる結果より推及して測るの外なきことは、前章しばしば論じたる所なり。今需要の弾力性も多くは、顕れたる作用より推《お》してその大小を知るの外なきこと、他の経済現象に異ならず。価昇るも、需要額減ぜざるとき、もしくは価変動せずして需要額増すとき、これを需要の増加と云う。需要の弾力性は、この二の場合において発現す。すなわち価の騰落に対して、需要の増減の著しきか否かによりて、その需要の弾力性大なるか小なるかを知り得る如く、価変ぜざるも、需要額の増減著しきか否かによりて、その需要の弾力性の大なるか、小なるかを知り得べきはずなり。しかるに、価変ぜずして、需要額増減する場合は、その原因甚だ多く、これに一定の説明を下すこと、ほとんど不可能なり。したがってこの場合における需要の増減についてその弾力性を究むること困難なり。これに反し、価に変動ありて、需要額増減する場合は、その原因は価の変動という一定のものなるがゆえに、これより推して、その需要の弾力性を知ること難事にあらず。需要の弾力性そのものは、右いずれの場合においても存在するものにして、価の変動ありてはじめてこの性質発生するにあらざるは勿論なり。ただ価の変動あるとき、この性質は顕著に表面に発動して、人のこれを知ること容易なるなり。価の変動は需要の弾力性を顕れしむること、なお熱の物体におけるが如し。熱度高まりて物体伸び、下がりて物体縮む、しかもその伸縮の度は物体によりて異なれり。吾人はその異なる伸縮性を知るに、熱の高低をもってす。価が需要の弾力性におけるもまた然り。価の高低により伸縮する度合の異なるを見て、吾人はその需要の弾力性の大小を推測す。しかれども物体の伸縮は熱度のみによらざるが如く、需要の弾力性も価の高低のみによるにあらず。今マ氏が本章において、需要の弾力性を論ずる所は、偏《ひとえ》に価の高低のみをもって、これを測らんとするものに似たり。予は異論なき能《あた》わず。

マ氏曰く、財の供給増すに従い、これに対する欲望減ず、この欲望減少の度に速やかなるあり、遅きあり、遅きものにありては、供給著しく増すも、これに対して支払わんとする価下がること少なく、または価わずかに下がるとき、購《あがな》わんとする分量著しく増す。これに反し、その速やかなるものにありては、価少しく下がるのみにては、購わんとする分量増すこと少なし。前の場合は、価の下落より来るわずかの刺激も購わんとする需要を著しく左右す、すなわち欲望の弾力性大なるものなり。後の場合は、価の下落より来る刺激は、購買の念を左右することわずかなり、換言すれば欲望の弾力性小なるものなり。しかして価の下落により、伸縮すること大なる需要は、価の騰貴により、伸縮することもまた大なり。この理は個人の需要についても、市場における需要についても渝《かわ》ることなし。よって需要の伸縮に関する一般法則は左の如く定義することを得べし。

一市場における需要は、価における一定の下落に対し、その増加すること多きもの弾力性大にして、少なきもの小なり。価における一定の騰貴の場合また同じ。

すなわちマ氏は、供給の多寡《たか》と欲望減少の度合との関係を、価における下落（ならびに騰貴）の一現象のみについて説明せんとするものなり。価に変化なくして需要に増減ある場合は、全くこれを度外に置けり。しからば氏はこの場合は、毫《ごう》もこれを考究するを要せずやとなすものなるやと云うに然らず。氏は右に続いてかくの如き場合を論ずること、やや詳なること、後段紹介する所の如し。しかしてマ氏の右説明において予の取らざる所は、価の高低をまず前提して、需要の増減を後に置くこと、これなり。けだし需要の弾力性の大小は、その結果を見てはじめて知るものなるは前に云える如くなりといえども、弾力性そのものは、価に高低ありてはじめて生ずるものにあらず。物体に弾力性あり、ただこれに熱を加うるにより伸ぶること多きものあり、少なきものあるが如く、需要はそれ自らに弾力性を有す、ただ価高低するとき、多く増減するあり、少なく増減するものあるのみ。マ氏の論ずる所ややこの理を誤解せしむるの嫌いなきにあらず。ゆえに予は需要伸縮の法則を左の如く云い改めんと欲す。

弾力性大なる需要は、価の騰落に対して、その額著しく増減し、弾力性その小なる需要は、少しく増減すならびに

弾力性小なる需要にありては、供給増加するも、支払わんとする価下がること少なく、弾力性大なる需要にありては、供給増すときは、支払わんとする価は、著しく下落す

あるいはまた結果より推《お》して原因に到達するの意を言い表さんためには、

価の騰落に対し著しく増減する需要は、弾力性大にして、わずかに増減する需要は、弾力性小なり。

供給増加するも、支払わんとする価格の下落すること少なき需要は、弾力性小にして、その下落すること著しき需要は、弾力性大なり。

今、以上の理を試みに左に図解す。

甲図（伸縮なき場合）

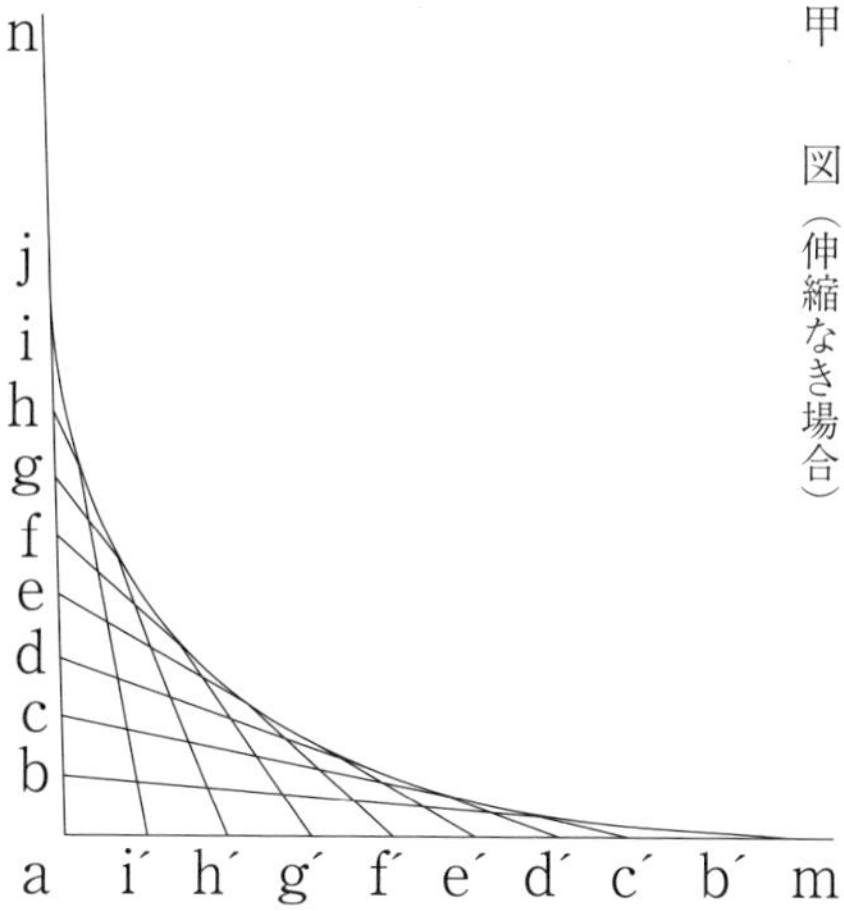

乙図（価に高低ある場合の伸縮）

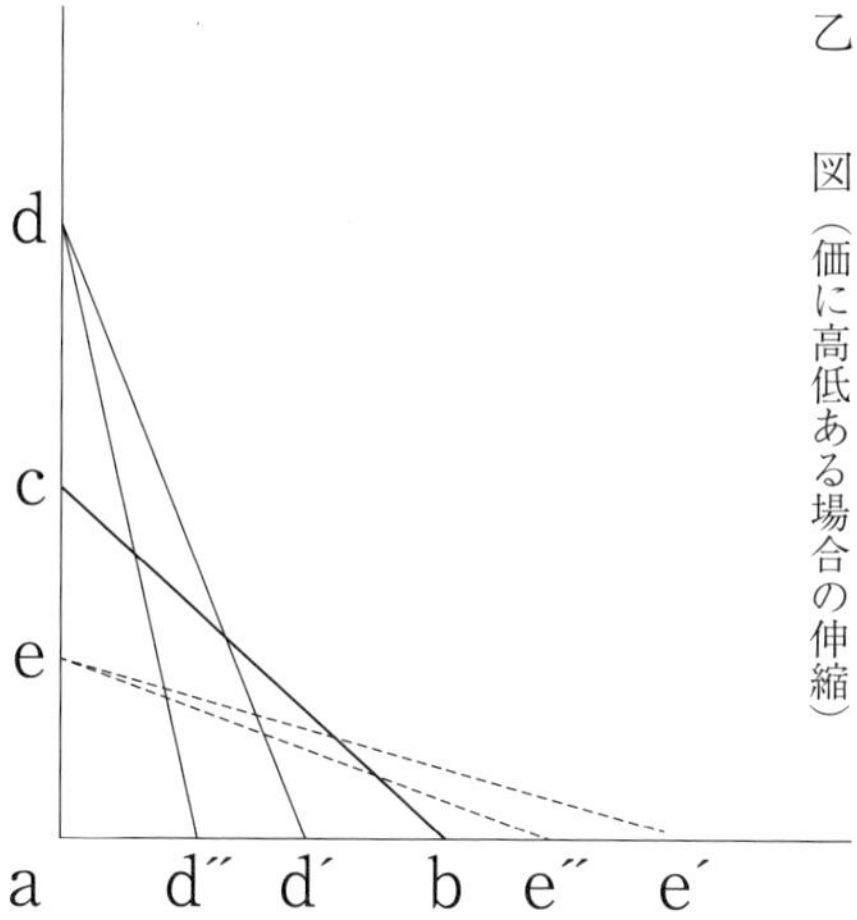

㈠ am線上の長さは需要額。 an線上の高さは価格を示す
㈡ ab ac ad ae af ag ah ai は個々の財の価格を表し
㈢ ab′ ac′ ad′ ae′ af′ ag′ ah′ ai′ はこれに応ずる個々の需要額を表す
㈢ aj はいわゆる prohibitive price 禁止的価格を示す、すなわち
am線上における需要額は零無となる

ac の価のとき ab の需要額あるもの
㈠ その価 ad となるとき需要額 ad″ となるもの、その価 ae となるとき
aé となるものは弾力性大なり
㈡ ad となるとき ad′ となり、 ae となるとき ae″ となるものは、弾力性
小なり

丙　図（供給増加する場合の伸縮）

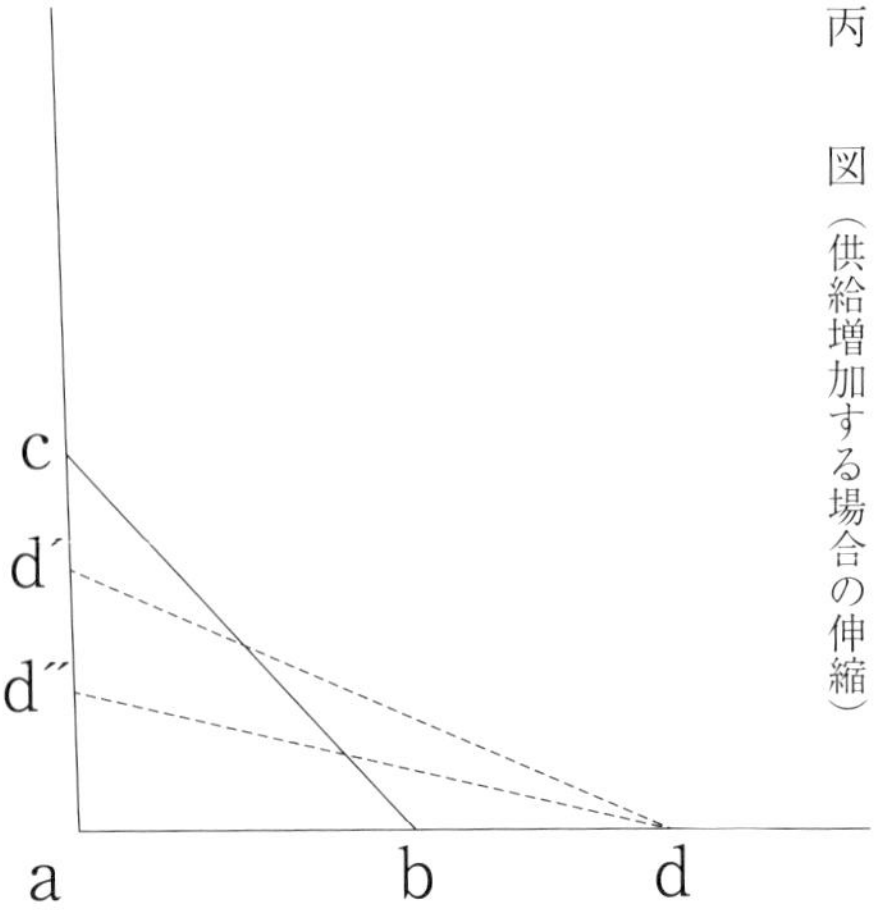

abの供給あるときacの価を支払わんとするもの
その供給増してadとなる場合に支払わんとする価
㈠ ad´となるものは弾力性大なり
㈡ ad˝となるものは弾力性小なり

需要伸縮の一般法則は右の如し。しかるにこの法則はまた他の法則に支配せらる。すなわち高価なるものに対する需要と、廉価《れんか》なるものに対する需要とは、その伸縮の度合を同せざること、これなり。同一物にても、その価高き時において、生ずる価格の変動に伴う需要の増減は、その価廉《やす》き時において、生ずる価格の変動に伴う需要の増減とは異なれり。この法則はこれを名づけて「需要伸縮不等の法則」と云う。マ氏はこの法則の内容を左の如く説明せり。

需要の伸縮は高き価に対しては大なり。これに次ぐ価に対しては大なるか、または、少なくとも著し。低き価に対しては小なり。その下落が飽実点に達するときは伸縮なきに至る。

試みに図解せば、

（需要伸縮不等の法則　図解）

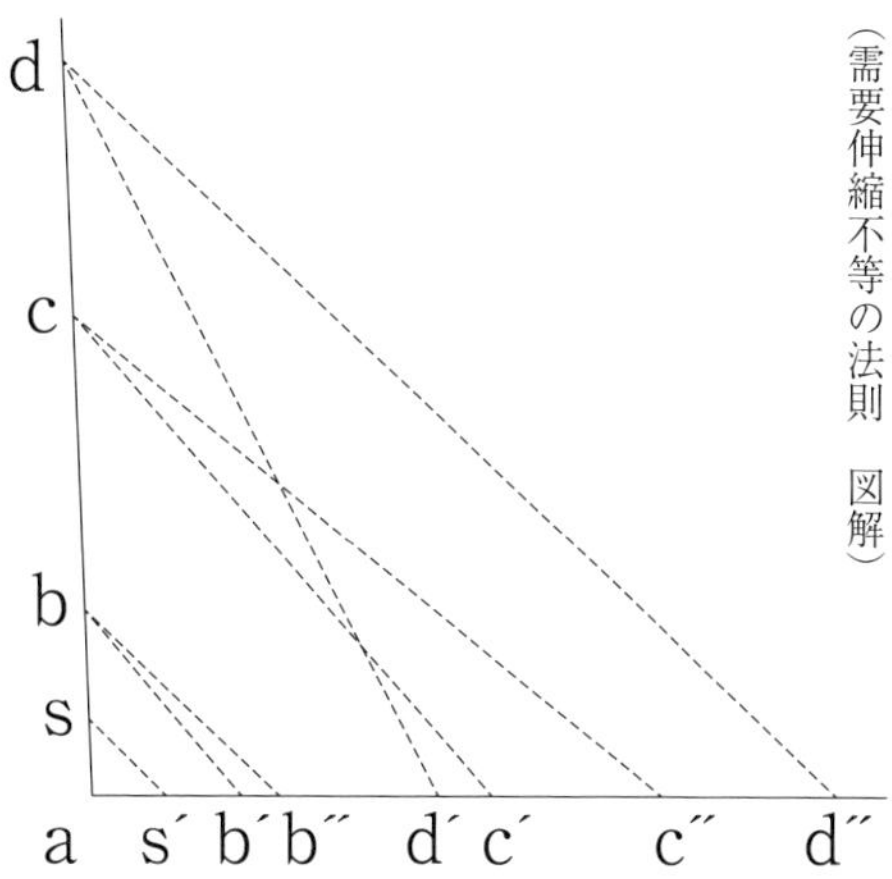

(一) adなる高き価に対する需要伸縮の大きさはd′d″なり
(二) acなるその次の価に対する需要伸縮の大きさはc′c″なり
(三) abなる低き価に対する需要伸縮の大きさはb′b″なり
(四) asなる飽実価に対する需要は弾力性を有せず、常にas′なり。

しかるに右に云う「高き価」、「次なる価」、「低き価」、「飽実的価」は絶対的のものにあらずして、相対的のものなり。すなわち

一　人を異にするによりてその意異なり
二　物を異にするによりてその意異なる

一　人を異にするうち最も著しきものは、貧者と富者との別これなり。マーシャル曰く、貧者にとりてほとんど禁止的に高き価も、富者にとりては低き価たるべし。貧者はかつて葡萄酒を飲まず、富者はほとんどその価の高低如何《いかん》を問わず飲まんと欲するだけは飲む。その貧と云い、富と云うにもまた幾多の階段あり。ゆえにこの場合、価の高低と云うは、常に一定の社会階級の立場より見たることにして、社会全般における高低を云うは意味を成さずと。

二　物を異にするとは、主として、その物が容易に飽実せらるべき欲望の対象たるか、飽実の点に達すること遠き欲望の対象たるかの差異を云う。マ氏曰く、ある貨物は容易に人の欲望を飽実し、ある貨物（主として体裁用に供せらるるもの）に対する欲望はほとんど無限なり、後者に対する需要は、価下がること甚だしきも、なおその伸縮すること大なり、前者に対する需要は、価低落するとき、ほとんど全くその弾力性を失うと。

マ氏は右の理を説明して次の如く云えり。貧者に対しても、なお価低き物あり、たとえば塩、香料、廉価《れんか》なる薬剤の如き、これなり。これらの物その価下落するも、その消費高を増すこと多からず。すなわちその価低きが故に、需要の伸縮ほとんどこれなきなり。肉、乳、バター、羊毛、タバコ、外国産果実、または普通の医療の如きは、その価の騰落に従い、労働階級及び中等階級の下部の消費高増減すること著しといえども、富者はこれらの物の価いかに下落するも、これに対する消費高を増すこと多からず。すなわち、これらの物の価は前者にとりては、やや高き価なるが故に、これに対する需要の伸縮著しく、富者にとりては、低き価なるが故に伸縮なきこと、貧者における塩に均《ひと》しきなり。しかしながら世に富者の数は少なく貧者の数は多し、ゆえに貧者富者均しく消費する価低き物にありては、貧者の消費額は無論富者の消費額よりも大なり。したがってこの種の物に対する需要は、一般に見るときは、弾力性甚大なり、近き頃までイギリスにおける砂糖はこの種に属し、その価、社会大多数にとりてはやや高き価なりしが故に、全体において砂糖に対する需要は著しく弾力性を有せり。しかるに現今においては、砂糖の価大いに低落して、大多数人民にとりても低き価となりしにより、その需要は伸縮することほとんどなきに至れり。ただしこの場合、競争品代用品の有無ならびにその価の変動如何《いかん》によりて、右説く所は著しく、影響せらるるものなるを忘るべからず。その物のみにて見るときは、伸縮甚大なるが如きも、その実は代用品のために地位を奪われたるに基づくことしばしばあり。たとえば、コーヒーの価騰貴するとき、これに対する需要著しく減ずることありとせよ、この一事のみを見ればコーヒーに対する需要は甚だ弾力的なるが如くなりといえども、その実はコーヒーの価高まる時は、従来飲まざりし茶を購《あがな》いてこれに代えたるがためなる事あるべし。牛肉に対する豚肉、ビールに対する酒、木綿に対する絹、バターに対するマーガリン、ガスに対する電気等、類例を挙ぐれば甚だ多し。

また価や高き奢侈品《しゃし》（高価なる果実、魚の如き）に対しては、中等階級の需要は甚だ弾力的にして、価下がる時は著しく増加す。しかるに上等階級も下等階級もこれに対する需要は多く伸縮せず。けだし上等階級にとりてはその価は低き価なるがため伸縮せず、下等階級にとりては、その価は高価に過ぎ、価下がればとて、これを購うの力なきが故、その需要増すことなきが故なり。

次に珍奇なる葡萄酒、季節以外の果実、名医、または有名なる弁護士の招聘《しょうへい》等は、その価甚だ高くして、富者にあらざれば、これを需要することなし。しかしてこの種需要は、時として甚だ著しく伸縮す。高価なる食料品はむしろ体裁のために求めらるるものなれば、その需要はほとんど飽実の際限なし。

マ氏は次に生活必需品に対する需要を論ず。曰く、この場合は例外に属す、小麦の価甚だ高きときと、甚だ低きときにおいては、需要は伸縮すること甚だ少なし。ただしこの場合小麦は価いかに高くも、なお食料として最廉《さいれん》のものにして、価甚だ低くとも食料以外に用いらるることなしと前提しての事なり。四切パン一個六ペンスのもの、四ペンスに下落したりとて、その需要はほとんど増すことなし。極端なる騰貴の場合は、イギリスにおいては穀法廃止以後これあるを見ざる故、これを例証し難しといえども、不作の年の経験を総合して、供給の減少十分の一・二・三・四・五なるとき、価は、十分の三・八・一六・二八・四五の比例にて騰貴するものと見て大過なからん。－これグレゴリー・キングの創見にかかる所と認めらるる所にして、通例、この理を称して、キング法則と云う。しかれども、キングの著中、これを見出さず、かえって載せてダヴナントの著にあり。（*Davenant works* II, 1771. p. 224）－　しかしてこれよりも大なる価の変動起ることまた稀《まれ》ならず。しかれども価格の変動これよりもなお大なるは、必要品ならずとも、その性質上容易《たやす》く用に堪えざるに至るものにして、これに対する需要、弾力的ならざる物において見るべし、たとえば魚の如し。今日甚だ価高きも二、三日の後は、ほとんど価なきに至る、その価格の変動甚だ大なり。

高低とも種々の異なれる価において観察し得ること、水の如きは少なし。非常に高き価あり、全く価無きことあり。しかして相応の価においては、水に対する需要は著しく伸縮す。しかれども水に対する需要は極めて有限にして、一定時においては、全く飽実の点に達するものなり、したがってその価無料に近づくに従い、需要は全く弾力性を失う。塩もまた水に似ること多し。イギリスにおいては、塩の価甚だ廉《れん》なるがため、食用としての需要は、ほとんど伸縮することなし。これに反し、インドの如きその価高き所にありては、その需要は比較的に弾力的なり。

住居の価は著しく下落する場合は、不景気その他の事情によりその土地を去る人多き時を除いては、ほとんどこれを見ず。社会の状態健全にして、進歩を妨ぐる事情なき所にありては、住居に対する需要は、常に大なる弾力性を有す。

衣服については、栄耀《えいよう》のためにするものにあらずして、実用に供するものにありては、需要は飽実す。すなわちその価低き時は、需要はほとんど弾力性を有せず。

必要品ならずして、品質精良なるものに対する需要は、人の感情によりて左右せらるること甚だ大なり。人を異にするによりその嗜好《しこう》異なり、同一人にても、時を異にし、所を異にし、包囲の状態を異にすれば、その趣味同じからず。これ多くは、感情の作用によるなり。

終りにマ氏の論ずるは、使用の種類多きと少なきとに従い、需要伸縮の作用また異なること、これなり。曰く、一般に云えば、多くの異なりたる使用に供せられ得るもの、弾力性また大なり。たとえば、水は、まず飲用に供し、次に割烹《かっぽう》用に供し、洗濯の用に供す。水の供給乏しからず、しかも一々分量を量りて買入るる場合にありて、貧者もなおかつその欲するだけ飲用するに差支えを見ざる程その価低しとも、割烹用には、同一の水を二回使用し、洗濯用には大いに節約を加うることあらん。中等階級は割烹用に二回使用せざるも、洗濯用にはやや使用量を節すべし。しかるに水管にて水を供給し、メートルにて極めて低価を徴するに過ぎざるときは、洗濯用にも惜気なく使用するに至らん。一ヶ年些少《さしょう》の定額を課するときは、水はすべての使用に向かいて飽実点まで使用せらるべし。以上と反対に、

一　絶対的必要品

二　富者の奢侈品《しゃし》にして富者にとりてはその価甚だしく負担を感ぜしめざるものについては、一般に云えば、需要は弾力性を有すること甚だ少なし。

以上説く所はいずれも皆時間の上に経過なしとの前提の上に立論せるものにして、時間の経過あるときは、需要伸縮の法則は、甚だ異なりたる作用を有す。何となれば他の事情同一なりとの前提は、時を異にするときは到底これを維持するを得ず。人においても、物においても、皆その状態を変ずるが故に、同一需要も異なりたる伸縮をなし、同一物に対する弾力性の発現また区々たり。今その重《おも》なるものを挙げれば、

一　時間経過するに従い、貨幣の購買力変動す

二　景気の好否異なり、したがって社会全体の総購買力変動す

三　一国の人口及び富力異動す

四　習慣・流行・趣味に変遷を生ず

五　新たなる代用品及び競争品起る

六　短き時間なれば一時見合し得べき欲望も、長き時間に渉《わた》るときは然るを得ず、衣服その他、長時に渉りて使用せらるべき物において殊に然り。

しかして以上に加えて需要額及び需要価格に関し精確の統計を得るの困難なるがため（多くはほとんど不可能なるがため）伸縮作用を的確に知悉《ちしつ》すること容易ならず。また販売のための需要の増加と、直接消費のための需要の増加（すなわち伝来的需要の増加と第一次的需要の増加）とを判別すること困難なり。けだし統計に表るるものは多くは伝来的需要の増減なり。しかるに第一次需要の増減は必ずしもこれと合致せず、否、関税増徴に際しての見越輸入、消費税新設に際しての見越し購入は、多くの場合には、営利的需要を増進せしむるも、第一次的需要はかえって減少するを常とす。しかしてまた品質の変ずるがため真相を誤ることあり、分量は減ずるも、より良き品質の物需要

せらるるに至るときは、数字の上にては、その需要は減ずるが如く見ゆれども、その実増進せることしばしばこれあり。弱き中国茶の需要廃《すた》れて、強きインド茶のこれに代るが如きこれなり。

以上、マ氏の説く所よく要を得て、増減の要を見ず。セリグマンは需要弾力性極めて小なるものに

一　これに対する需要の不変的性質を有するもの、すなわち塩の如き、

二　元来利用少なきも、価甚だ廉《れん》なるため需要せらるるものにして、価少なく騰《あ》がるときは全く需要なきもの、すなわちマーガリンの如き、

の二種ありと云えり。マ氏の所論と対照するに益あり。詳しくは同氏『経済原論』（第三版二三七頁以下）を見よ。

第四章　補　論

本章説く所、需要伸縮の法則は、説明法と用語とこそ異なれ、その内容に至りては、ゴッセン既にこれを五十年の前に詳論せり。マーシャルに新案と見るべきは、弾力性（elasticity）なる語を創《はじ》めたること、これなり。ゴッセンの論はその書一三三頁下段以降にあり。

ゴッセン曰く

「以上の点より見て享楽（Genüsse）を分けて

一　欲望（Bedürfnisse）

二　狭義の享楽（Genüsse im engeren Sinn）

の二となすの必要生ず。しかして、各個人の欲望の範囲は、その所得増進するに従い、ますます拡張する現象を説明するを要す。富人は日々飽実の点まで肉を食する事を欲望の一に数え、貧者は祭日に炙《あぶり》肉一片を得ば喜ぶ。その理由は他なし。一物の価の変動はE（所得）が最高点または最低点に達する限界の前後における変動にP（労働）が先だち、この変動によりてその限界を超越せざるによりて生ずる作用と正反対なり。Pがこの限界より大なると

きは、購入に充《あ》てらるる額に変動起るとき、価騰貴する物についてはその額は小となり、その他の物については大となる。Pがその変動以前において限界を示す数より小なるときは、その作用反対なり。欲望とは価の騰貴に際し、他の享楽物の消費の減少を強制する力ある享楽を云い、その反対なるものを狭き意義にて享楽と云う。

前者の場合には、その充足はある点までは絶対に要求せられ、人の意志はために束縛せられ、後者の場合には、価の騰貴は使用の節約を意味し、また貨幣の節約を要するなり。」

ゴッセンの所論を普通の語に言い改め、これに実例を加うるときは、すなわちマーシャルの論となる。

*　*　*　*　*　*　*

本章参考書は

イタリア学者パレート及びパンタレオーニ両氏の著あり、殊にパンタレオーニはゴッセンを祖述してやや要を得たり。

Pareto, *Manuale di economia politica*, 1906. — *Cours d'économie politique*, 1897.

Pantaleoni, *Principi di economia pura*, 1889.（Eng. translation : *Pure economics*, 1898.）

次いでは

Jevons, *The theory of political economy*, 3. E., 1888.　p. 45, p. 71.

Auspitz und Lieben, *Untersuchungen über die Theorie des Preises*, 1889.

Brentano, *Entwickelung der Wertlehre*, 1908.　S. 46. f.

を見るべし。

*　*　*　*　*　*　*

なおマ氏は本章付録として消費統計論を載せたり。今略す。

第五章　限界利用均等の法則

物の限界利用は供給の増すに従い逓減《ていげん》するものなることは既に説けり。しかるにここに続けて考究すべきは、物の使用法ただ一途《いっと》にあらずして、種々なる場合における限界利用の問題これなり。たとえば米はこれをもって**一**　食用に充《あ》つべく、**二**　酒を造るべく、**三**　菓子を作るべく、**四**　家畜を飼養するを得べし。今、**一**　食用に充つる場合に

供給	その限界利用	供給	その限界利用
一石　なるとき	一〇	二石　なるとき	九
三石　〃	八	四石　〃	七
五石　〃	六	六石　〃	五
七石　〃	四	八石　〃	三
九石　〃	二	一〇石　〃	一
一一石　〃	〇		

の割合に逓減し、**二**　造酒用に充つるとき

供給		その限界利用
一石	なるとき	七
三石	〃	五
五石	〃	三
七石	〃	一

供給		その限界利用
二石	なるとき	六
四石	〃	四
六石	〃	二
八石	〃	○

の割合に逓減し、**三**　菓子を作るとき

供給		その限界利用
一石	なるとき	五
三石	〃	三
五石	〃	一

供給		その限界利用
二石	なるとき	四
四石	〃	二
六石	〃	○

の割合に逓減し、**四**　家畜を飼養するとき

供給		その限界利用
一石	なるとき	三
三石	〃	一

供給		その限界利用
二石	なるとき	二
四石	〃	○

の割合に逓減《ていげん》するものと仮定す。

この場合、米五石ありその全部を食用に充《あ》つるときは、限界利用は下がりて六となるべしといえども、四石を食用に充て、残る一石を酒造用に充つるときは、その限界利用は上がりて、七となるべし。米十石あり、その全部を食用に充つるときは、利用は下がりて一となり、造酒用に充つるときは零となるべきも、六石だけは食用に、三石を造酒用に、一石を菓子用に充つるときはその利用は昇りて五となるべし。米十七石あり、全部を食用に充つるも、造酒用に充つるも菓子用に充つるも、限界利用は共に零となるべけれども、食用に八石、造酒用に五石、菓子用に三石、家畜用に一石を充当するときは、その限界利用は均《ひと》しく三となるべし。

かくの如く用途種々ある物については、使用法の異なるに従い、その限界利用異なること、実際上多く見る所なり。しかして利用逓減の法則に支配せらるる物にありては、供給の増加する結果として漸次利用の逓減するに従い、新たなる使用法を喚起し、また与えられたる供給の分量については、これを各種の使用法に按排《あんばい》配当して、全体について、最大の限界利用を生ぜしめんと勉《つと》むるは、他に妨ぐる事情無き限り（もっともその事情は甚だ多く、かつしばしば起る）原則としては人の有意、無意に期する所なり。これに背くものは物の使用法の選択を誤れる浪費者、冗費者たるの誹《そし》りあるを免れず。マ氏はこれを名づけて「同一物の異なれる使用法の選択の理」と云う。すなわち以上の仮例において十七石の米をことごとく食用に供するか、または食用と造酒用とに折半《せっぱん》して充当する者の如きは、経済の道を失するものにして、四個の使用に分当して、その全体の上において最大の限界利用三を得るものは、その道を得たるものと云う。

言を換えて云えば、幾種の異なれる使用法ある物については、原則としては、人は皆その充当する各部分が均等なる限界使用を生ずるよう勉むるものなり。これを「限界利用均等の法則」と名づけて差支えなからん。マーシャルはこの法則を定義して左の如く言えり。

「幾多の使用法に充つるを得る物を有する人は、すべてにおいて同一の限界利用を有すべきように配当す。一の使用法が他の使用法より大なる限界利用を有するときは、その少なき用法より移して、大なる用法に充つるを利とすべければなり」

と。この理はマ氏の創説に属せず、オーストリア学派これを詳に説き、オーストリア派の前、ジェヴォンズこれを論ぜり。しかしてオーストリア派にもジェヴォンズにも先だつ久しき以前、ゴッセンこれを説きてほとんど余蘊《ようん》なし。創案の名は確かにゴッセンに帰すべきものにして、他は皆これを祖述し、これを布演《ふえん》するのみ。すなわちゴッセンは

「人は一生の享楽の合計が最大なるように、その行為を定むるものなり」（前掲書第三頁）と云うをもって、根本原則となせること既に述べたるが如くにして、しかして彼は、この根本原則より論及して、断案を下して曰く、

Wenn seine Kräfte nicht ausreichen, alle möglichen Genussmittel sich vollaus zu verschaffen, muss der Mensch sich ein jedes so weit verschaffen, dass die letzten Atome bei einem jeden noch für ihn gleichen Werth behalten. S. 33.……Es folgt daraus: dass ihre Beschaffung in einem solchen Masse vorzunehmen ist, als die Production der nach dem Obigen als vernünftig erscheinenden Quantität der Genussmittel es wünschenswerth erscheinen lässt. S. 34.

人はすべてのある限りの享楽資料を得るの力なきときは、その各個の最終の原子が彼に向かいて均しき価値を保持する限りの点まで、各資料を得るを勉めざるべからず

……したがって生ずる原則は、享楽資料の獲得は以上云う所に準じて、合理的と認めらるべき分量を生産することを期する程度において行わるべきものなり

と。ゴッセンは更にこの理を布演して、各題の所得について、数学的に細論せり。その最終の原子と云うは、今日の通説において限界分と称せらるるものにして、最終原子の価値と云うは、すなわち限界利用の事なり。限界利用均等の法則は、疑いもなくゴッセンの認むる所なること、もって知るべし。

予は米の例をもってこれを説明せり。マ氏は婦女が羊毛をもって衣を作り、靴下を作る例を用いたり。しかれどもこの例は domestic production（家内の生産）の例にして、domestic consumption（家内消費）の例にあらざること、マ氏自ら脚注中に弁疏《べんそ》するが如し。吾人はここに問題とするは、言うまでもなく、需要・消費の問題にして、生産の問題にあらず。しかれども限界利用均等の法則は、同じ前提の下には、生産にも行わる。ゴッセンは享楽資料について云うのみならず、生産についても云うこと、右第二段引照句の示す所の如し。マ氏に惜しむべきは、引例のやや妥当ならざるの点これなり。利用均等を得べく、物の各種異なれる使用間に選択を行い得ること、流通経済の発達し、貨幣経済の普及せる現今の経済生活において、また最も発達せり。自足経済時代においては、自らの経済内にて生産せる物のみについて選択し得べきのみ、その数は限られ、その範囲は甚だ狭し。交換いささか起るに及んで、この範囲はやや拡張し、今日の世となりては、ほとんど無限となれり。ゆえに自足経済時代においては、ゴッセンのいわゆる人間一生の享楽を最大にし、今日の語にて、いわゆる最大の限界利用を按排《あんばい》収得すること能《あた》わず、人間欲望の充足は甚だ限局せられあり。今日においては、自足時代と同一の所得を有する者が按排配当より得る限界利用の合計は甚だ大なり。すなわち一定の欲望に対し一定の物を充《あ》つるにしても、数多《あまた》の使用間に選択の余地多く、また一欲望を充足するに数多の異なれる物あるにより、按排の行われ得る範囲大なり。これやがて経済生活進歩発展の最も大なる賜《たまもの》と云うべし。しかして貨幣は、この選択・按排を最も正確に、最も合理的に行われしむるに不可欠要具たり。けだし限界利用はこれを貨幣価値にて言い表すにより、はじめて真に比較・秤量をなし得るものにして、貨幣なくしては、その選択は人の趣向により、時の状態により、甚だ複雑困難にして、あるいは全く不能なることなきに限らず。貨幣経済存在の理由は、まずこの点において、有力なる根拠を有するものと云わざるを得ず。貨幣経済の世にありては、数多の物と物との間の選択はもちろん、同一物の一の使用と他の使用との間の選択、また皆一定の貨幣額の充当に対する限界利用の秤量となりて実現せらる。すなわち米十七石を何々の使用に按排すべきやの問題よりも、むしろ貨幣（十七石の価を仮定して）八百五十円の配当の問題となる。八百五十円中、たとえば四百円を食用に、二百五十円を造酒用に、百五十円を菓子用に、五十円を家畜用に充当するとき、その限界利用すべてに均等ならんを勉《つと》む。しかして物と物との間の選択もかくするによりて、貨幣なる同一物の異なれる使用間の選択に変形するに至る。すなわち米麦豆の三者をいかに按排せば、そのすべてより最大の限界利用を収得し得べきやの問題は、与えられたる貨幣額、たとえば百円を使用するに、何円を米に、何円を麦に、何円を豆を買うに充つるをもって、百円の最大限界利用を収め得るかの問題となりて現る。米に費やしたる五十円は三の限界利用を有し、麦に費やしたる三十円は三の限界利用を有し、豆に費やしたる二十円は三の限界利用を有するとき、百円の按排は、その当を得たるものと認めらる。換言すれば、各支出が他の支出によりて得べき限界利用より少なき限界利用を生ぜんとする点において、その支出を転じて他の支出に移すこと、経済の要に合うものとせらる。他により多き限界利用を生ずべき用法あるに、なお同一の支出を継続して改めざるものは、理財に拙なるものなり。絶えざる注意と巧みなる選択により、その費やす一銭一厘もなおかつ与えられたる時と所と事情の下において、すべて同一の限界利用を生ずるようなすものは、理財の道に達せるものなり。人の世に処し家にいる、その経済上の行動は、他に妨ぐる事情なき限り、常にその費やす所の限界利用の合計が最小にして、得る所の限界利用が最大なるを期すべきものなり。家計の要、財政の妙、これを措《お》いて望むべからず。ゴッセンは、これをもって人類処世の倫理上の法則の根底たるべき常理なりと云えり。貯蓄（資本形成）の原理は、限界利用均等の法則より出で来る。家計予算・家計簿記は人がこの法則に従わんがための補助者たり、助言者たり、指導者たるものなり。リーフマンは本書旧版刊行以後数年、初めてこの理を力説して学者の注意を惹《ひ》けり。（Robert Liefmann, “Theorie des Sparens und Kapitalbildung.” *Schmoller Jahrbuch*, Jahrg. 36, 1912. SS. 1565 ff.)

限界利用均等は、右説くが如く、**一** 物と物との間の選択・按排、**二** 同一物の異なれる使用法についての選択・按排のほか、なお **三** その充用の時の上についての配当ありて、その作用を全くするものなり。時の上についての配当を、マ氏は即時の使用と、繰り延べられたる使用との間の選択と名づく。すなわち現在において使用するより生ずる限界利用が、将来において使用するより生ずる限界利用よりも、大なりや、小なりや、はたまた同一なりやは決して一定せず、ゆえにその間適当の按排《あんばい》によりて、時を異にする使用について、合計の限界利用最大にして、その各時に充当せられたる欲望充足が、すべてにおいて均等なる限界利用を有すべきように配分するは、経済の本則の要求する所なり。しかるに将来の使用の与うる限界利用とは、将来の一定時における限界利用を云うにあらず。時を異にすれば、限界利用の秤量異なるが故に、厳密に云えば、その使用の時における現在の限界利用あるのみ、将来の使用の限界利用を現在の使用の限界利用と比較する標準なし、ゆえに両者の比較は不可能なるべき理なり。したがってここに云うは、将来の使用のその将来の一定時における限界利用にあらず、将来の一定時における使用が、現在においてその人に対して有する限界利用の意ならざるべからず。換言すれば、現在の使用と将来の使用との選択とは、現在その物を使用するより生ずる限界利用と、将来においてその物を使用するがためこれを保蔵確保することより生ずる限界利用とは、いずれが大なるやの問題について、選択するの意に外ならず。百円を有するものその五十円をもって即時に飲食の費に充《あ》つるとき、その限界利用は十なり、それ以上費やすときは、利用は五に下がると仮定せよ。残りの五十円を貯蓄して老後の安全を図るに充つるときその限界利用十なりとせよ。この五十円を直ちに使用するものは限界利用を得ること少なきをもって満足せざるべからず。合計において最大の限界利用を得んには、残る五十円は将来の用のために積み立て、その積立金の与うる限界利用が現時の使用の与うる限界利用と均《ひと》しきを期すべきなり。しかるにかく将来の使用を現在の使用と比較秤量するには、二個の条件の存するを記せざるべからずとは、マ氏の説く所なり。二個の条件とは

一　客観的性質に基づくものにして、人によりて異なることなきもの、すなわち将来の使用の現在の使用に比して不確実なること

二　主観的性質に基づくものにして、人を異にするによりて、その性格、その事情の如何《いかん》により異なるもの、すなわち将来の使用と現在の使用との各人に対する価値の差違

を云う。

将来の使用を与うる利益が、現在における同一の利益に均《ひと》しき限界利用を有するものならば、物の按排はすべての時に渉《わた》りて均一に行わるべきはずなり。しかるに事実においては、原則として将来の使用の与うる便益が現在において有する価値は、現在の使用の与うる便益の価値よりも少なきを常とす。すなわち将来の使用は現在の利用として秤量するには割引せらるるを例とするものなり。この割引は現在を隔《へだ》つる時の長きに従い増すものなり。しかしてその割引の割合は、人によりて同じからず、思慮深く将来に具《そな》うるの念強き人は少なく割引し、忍耐力乏しく先見の明なき者は多く割引す。「宵越《よいご》しの銭を使わぬ」と云う人は、ほとんど全額を割引するものにして、身を奉ずる極めて薄くひたすら貯蓄を楽しむものは、ほとんど割引せざるものと見るべし。同一人にありても、時・所・事情を異にするによりて、その割引の割合同じからず。ある時は多く割引し、ある時は少なく割引す。ただしこの割引より控除すべきものあり、他なし、他日の使用を待つ楽の与うる利用これなり。また必ずしも他日の使用を期するにあらずして、保蔵その事、貯蓄そのものを楽しみ、これより多くの限界利用を受くる事あり。いわゆる「溜《たま》るほど汚く」、単に貯うるのみにて、一生中これを使用するの望みを持たず、またその機会無きになお現在の使用を極度まで切り詰めて自ら喜ぶものは、必ずしも将来の楽しみを大なりとするものにあらず、現在における保蔵そのものが与うる満足を甚大と秤量するものなり。－この点左右田博士の論文「貨幣概念を中心として」における貨幣限界利用非認説に根本的の誤解あるが如し。これに反し、坂西教授の「価格生活の理論」における評論は、少なくとも経済理論としては正鵠《せいこく》を得たり。－　また、ただに所持によって大いなる満足を購《あがな》い得るものあり、土地の如きは、地主たるがために、社会上の名誉多く、殊に選挙権の資格条件とせらるる場合においては、これを使用するより生ずる以上の限界利用ありとせらる。利回りの点より云えば他に勝るものあるにかかわらず、利率低き事業の株券を購入するが如き、その限界利用は、所持の与うる余分の限界利用あるがためと知るべし。一生中ほとんど使用する機会なき家具・書籍の類を蒐《あつ》めて喜ぶもの、前後ただ一回着用するに過ぎざるウエディング・ドレスに数百金を費やして惜しまざるものの如き、畢竟《ひっきょう》これを所有すとの安心が、その人に与うる満足に多大の限界利用を見出すがためなり。虚栄心強く、世間体をのみ顧慮する小人・婦女の如きは、この種の満足に大なる限界利用を見出すこと、到底物の実質をのみ見る男子の諒解し難き点にまで及ぶものなり。これいわゆる声聞《せいぶん》の欲望の最も強く働くがためにして、声聞の欲寡《すく》なき者が、これを見て、無下《むげ》に浪費なり、冗費なりと断ずるは、已あるを知りて、他あるを知らざるものと称すべきのみ。これを fictive value「架空の価値」と称するも中《あた》らず。架空なるものと、然らざるものとの区別は、その標準をどこに求むべきや。されば限界利用均等の法則は、根本原則としてはこれを論ずる困難ならずといえども、実際生活において一々その作用を立証せんこと、容易の業にあらざるを知るべし。

将来の使用と現在の使用とを比較して、その取捨選択を決定するにあたりては、更になお一の困難なる事情あるを思わざるべからず。他なし。異なれる時において享有する利益は、これを数量的に比較すること能《あた》わざること、これなり。前例において限界利用を示すに数量をもってしたるは仮設に過ぎず、実際生活においては、かくの如き事は到底成し得られず。けだし即時の消費を繰り延ぶるはその実享楽そのものを繰り延ぶるにあらず、現在の享楽を捨てて将来の享楽をもってこれに代うるを云うなり。換言すれば、繰延べと言うは実は中らず、将来をもって現在に換うる一の転置、代位なり。将来の享楽そのものは、今廃する所の現在の享楽より必ずしも大なりと断ずべからず。また小なりと断ずべからず。この点はオーストリア派の泰斗ベーム‐バヴェルクの利子論の大いなる欠点とすべき所なり。けだし氏は資本の利子を生ずるは、現在の使用より将来の使用の方、常に価値少なきがゆえに、その差違を補塡《ほてん》すべく、元資に加うるに利子を支払うを要するがためなりと説く。たとえば今百円の金を貸し付けて、一ヶ年後にその返済を受くる場合ありとせよ。今直下に百円を自己の消費に供するに代えて、一ヶ年の後この百円を用ゆるときはその額は同じ百円なれども、直下に用ゆる時より、将来に用ゆる方価値少なし。ゆえに別に利子を添えて、一ヶ年を延したるがため減じたる百円の価値を補うを要すと説けり。これ真理の半面のみ、現在の使用よりも、将来の使用の方利用大なること、しばしばあり。わずかに文字を解する者が、高尚なる書籍を読みたりとて何の益なし、数年を経て、学進み、知加わりて、これを読む時は益すること大なり。年壮に収入多き時の百円は、一ヶ月の生計の一小部に過ぎざるに、年老け収入少なき時までこれを貯蓄しおきて、後はじめてこれを使用する時は、あるいは数ヶ月の生活を支うるを得べし。－その反対の場合もまた必ずこれあり、年少収入少なきときに生命保険に加入するもの、その掛金のために忍ぶ苦痛は大なり。しかるに収入多く、また物価騰貴せる老年に入りて、保険金の支払を受くるは大なる限界利用を捨てて小なる限界利用を取るものに等しかるべし。－将来の享楽そのものが現在の享楽より小なるにあらず、将来の享楽が現在において有する限界利用が小なるなり。この二者同じきが如くにしてその実甚だ異なれり。－その他なお考うべきことに、貨幣価値の変動あり、貨幣価値低き時、百円の使用を繰り延べて貯蓄しおき、その価値高まるとき、これを用うる場合には将来の限界利用の方遥かに大なるべし。－

されば将来に享《う》くべき利益を割引すと云うも、その利益の数量的大きさを確定したる上にあらざれば、その割引の歩合は、これを知ること能《あた》わず。マ氏はこの点において二の推定をなすによりこの歩合を略定するを得べしと云う。二の推定とは、

一　その人がその将来においても現在と富有の度、同一なりとすること

二　一定の貨幣額にて表さるる利益より得るその人の享楽の力変ぜざるものとすること（個々の点においては増減ありとも妨げなし）

この二つの推定を許容しおきて、今一ポンドを貯蓄しおきて一ヶ年の後に一ポンド一シリングを得んと欲する人ありとせよ。この人の将来を割引する歩合は（その将来は、人間常命《じょうみょう》の上において確実なるものと推定して）、一ヶ年五分なりと云うを得べし。これ彼が将来を割引する歩合にして、しかして金融市場における割引歩合、またこれによりて定まるものなり。

以上は一時限り使用せらるるものについてのみ説明したれども、長期に渉《わた》りて使用せらるるものについてもその理異ならず。すなわち各個々の使用の合計が、その物の存在する限りの全体の利用となるものにして、以上の理は、

個々の使用について正しきが如く、その合計についてもまた正し。マ氏が右論ずる所、またゴッセンのつとに唱導せる所なり。ゴッセン曰く

Die Gegenstände der zweiten Klasse haben nur Werth, insofern sie in der bestimmten Vereinigung wie Genussmittel wirken, in ihrer Gesammtheit findet daher das über die Werthbestimmung der Genussmittel Gesagte unmittelbar Anwendung. S. 32.

第二類の物（長期使用せらるるもの）は、一定の結合において享楽資料と同一の作用を有するによりて価値を有するのみ。ゆえにその全体についても、個々の享楽財について云える理、直ちに適用せらる、と。

なお時を隔《へだ》てたる使用は、その時を隔つるにより利用逓減《ていげん》の法則の作用に異動を生ずることを注意するを要す。即時に使用するとき一定の逓減の率を有する二物を、ある時期の後使用するときは、その利用逓減の割合同じからざるに至ることあり、またその時期の長短に従い、この割合に大小の差違を生ずることあり。以上、各種の異同作用ありて、法則の発動を妨碍《ぼうがい》すること、甚だ多きが如くなりといえども、人・時・所・事情を同じうするときは、原則として、人の欲望充足は常に均等なる限界利用をすべての部分において得んことに趨向《すうこう》すること、水の水平を求むるが如くなると渝《かわ》ることなし。限界利用均等の法則は、自然傾向の体現なるとともに、また目的論的立場より見たる一の倫理法則なること、誠にゴッセンの言の如くなり。

第五章　補　論

近来我が邦に勤倹貯蓄論流行し、これを倫理学的に立論せんとするもの少なしとせず。しかも経済学の立場より、学術的にこれを講究するものは稀《まれ》なり。ゆえに本章は、やや贅言《ぜいげん》をこの点について費やしたり。読者これを諒《りょう》せよ。

ブレンターノ先生曰く

Kapital ansammeln ist ein mittelbares, aber kein zukünftiges Bedürfnis. Kapital anzusammeln wird in der Gegenwart als Bedürfnis empfunden um eines Vorteils willen, der allerdings erst in der Zukunft zur Reife gelangt, dessen Sicherung für die Zukunft aber in der Gegenwart bereits Lust bereitet. S. 10.

資本を蓄積するは間接的の欲望たるには、相違なけれども、これを目《もく》して将来の欲望とするは中《あた》らず。資本を蓄積するより生ずる利益は無論将来において円熟するものなれども、これを将来に向かって確保する事それ自らが、現在において人に快感を与うるがため、現在において一の欲望として感ぜらるるものなり（『欲望論』第一〇頁）

すなわち厳密に云うときは、限界利用の比較、選択には、将来と云うことなし、常に与えられたる人に対し、与えられたる物の与えられたる使用が、与えられたる一定時において有する限界利用が対照せられ得るのみ。ゆえに時間の差違は、欲望充足の方法に関する第二次的条件のみ。その問題となる第一次的の欲望は皆現在におけるものならざるべからず。ベーム‐バヴェルクが単に時間の差のみをもって資本を説明し、利子存在の理由を論証せんとするは、この点よりのみ見ても、到底服従し難き議論なり。

時の差違をもって重大なる要件として、欲望充足に別を立つる以上は、その他の差違すなわち人を異にし、事情を異にし、購買力を異にし、所を異にするより起るすべての差違は、また皆これを要件として、細目を立つるを要す。しかも、かくするは、議論を錯綜《さくそう》せしむるのみにて、利する所少なし。

＊　＊　＊　＊　＊　＊

時の差違をもって、価値の差違を説かんと試みたるは、ベーム‐バヴェルクに始まれるにあらず。彼以前、既に幾多の学者これを論ずるものあり、殊に「スコラ」哲学の泰斗トマス・アクィナスこれを論じて甚だ精到なることは、予これを「トマス・ダキノの経済学説」において示したり（『経済学研究』五七一より七一一頁を見よ）。ベーム‐バヴェルクが「現在の財は、原則として、同種同数の将来の財より価値多し。この原則は予が利子論の極意にして中心点たるものなり」と言えるは、本文云える如く謬説《びゅうせつ》たるのみならず、またもって前人の功業を没するの嫌いあり。バヴェルクは、前人中ひとりアダム・スミスが「現在の享楽と将来の利益」(present enjoyment and future profit)を論ずる条を引用せり。この句バ氏引用の『国富論』第二巻第一章になし。その章においてはアダム・スミスは流通・固定両資本の別を論じ、流通資本は財を作り、または買いて売るに用ゆる資本にして、所有主の手に存し、または形を変ぜざるときは、利益を生ぜざるものなりと云い、固定資本はその形を変ぜずして利益を生ずるものを云うと説けるのみ。しかして

No fixed capital can yield any revenue but by means of a circulating capital (Edition Cannan I. p. 266).

固定資本は流通資本の助けあるにあらざれば利益を生ぜず

と云いて、マルクスの不変資本は価値を増さず、可変資本あるによりて余剰価値を生ずと云える思想の先駆をなせる一節を載せたり。バ氏の云う所はこの章に見当らず。恐らく引照に誤りあるならん。

それはさて置き、時間論を試みしもの、バ氏の前にジェヴォンズあり、シーニアあり、ミルあり、否、ミルの引照せるレイあり（ミル曰く、資本蓄積の問題については、予自らの論を述べんより、既に先人これを論じて余蘊《ようん》なきものあり。すなわち余り世に知られざるドクトル・レイの『経済学新論』これなり。蓄積はすべて、将来の利益のために、現在の利益を捨つることを云う。しかして将来を現在と比較秤量するにあたり、最重要の要素は、その不確実なること、これなり。しかるに不確実の度は決して均一ならず云々《うんぬん》（『原論』第一巻第十一章二節の初め））。

バ氏と時を同じうするものにザックスあり、メンガーあり、ただ時間をもって利子を立論する唯一の根拠とせるは、ひとりバ氏あるのみ。しかしてこれは真理の全部にあらざるのみならず、将来の財なる概念は全然誤謬なり。バ氏に残る所、甚だ多からずと云うべし。

＊　＊　＊　＊　＊　＊

本章参考書は既に掲げたるゴッセン、ジェヴォンズ、ブレンターノのほか

Böhm-Bawerk, *Kapital und Kapitalzins*, 2 v., Innsbruck, 1884–1899.　3. A., 1909–1914.　4. A., Jena, G. Fischer, 1921.

——— *Capital und Capitalzins*, 2. Aufl., 2 v., Innsbruck, 1900–1902.

Menger, *Grundsätze der Volkswirtschaftslehre*, Wien, 1871.　2. A., Leipzig, 1923.

Patten, *Theory of dynamic economics*, Philadelphia, 1892.

Rae, *Sociological theory of capital, being a complete reprint of "the New principles of political economy, 1834"*, edited by Mixter. New York, 1905.

Sax, *Grundlegung der theoretsichen Staatswirtschaft*, 1887.

Launhardt, *Mathematische Begründung der Volkswirtschaftslehre*, 1885.

等に散見する所を参考すべし。

第六章　価格と利用

物を生産し、購入する、いずれもこれによりて利用を増進せんがためなり、すなわち物を生産するは、これがために費やすすべての労費すなわち生産費よりも、生産の結果たる生産物の方利用多きがためなる如く、物を購入するは、代価として支払う所よりも、購入して得る物の方利用多きがためなり。しかして多くの場合においては、物の価格は、その最高利用の点まで達することなく、已《や》むを得ざる場合にはこの点までは支払うを辞せずと認むる価を支払う場合は稀《まれ》にして、大抵はそれ以下の価格をもって購《あがな》い得るものなり。今支払わんとする最高の価格と、実際支払う価格との差額を称してマーシャルは「消費者余剰」と名づく。氏曰く、消費者余剰は、購買によりて得る「余分の満足」を代表するものなりと。

この余剰の高《たか》は物によりて同一ならず。ある物は支払わんとする最高価格に比し、実際支払う価格甚だ低く、したがってその与うる消費者余剰、甚大なり。たとえばマッチ・塩・新聞紙・郵便切手の如きは、これなければ不便を感ずること甚だしきが故、その供給少なき場合には、余程の高価を支払いてもなお買わんと欲すべき物なれども、実際売買せらるるその価格は甚だ低きが故、購買者はこれを購うにより、甚だ大なる消費者余剰を得るものなり。

マ氏は本章において、この「消費者余剰」なる概念を鎖鑰《さやく》として価格と利用との関係を解明すべしとなせり。しかれども、予は氏の「消費者余剰」論に服し能《あた》わざること既に久しく、思索を重ぬる数年、今日に至りてなおその説を改むべき所以《ゆえん》を見ず。消費者に余分の満足あれば、生産者にもまたこれあるべき理なり。しかしてこれは交換論において詳説すべき性質のものにして、今、需要・欲望を論ずる編中に入るべきものにあらず。しかれどもマ氏既にこの論をここに試むる以上、予もまた一応自説を陳述するの要あるを感ず。

生産も、交換も、売買も皆、余剰価値の発生を目的とす、これによりて価値の新たに発生し、もしくは既存価値の増進することなくんば、生産も、交換も、売買も行わるるものにあらず。一〇の生産費を費やして一二の新生産物を得、一〇の物を与えて一二の物を交換し得ればこそ、生産も、交換も成立するなれ。しかしてその両者の比較は客観的交換価値に基づくものにあらずして、主観的なる使用価値に基づくものなり。今、図をもってこの理を説かんに、

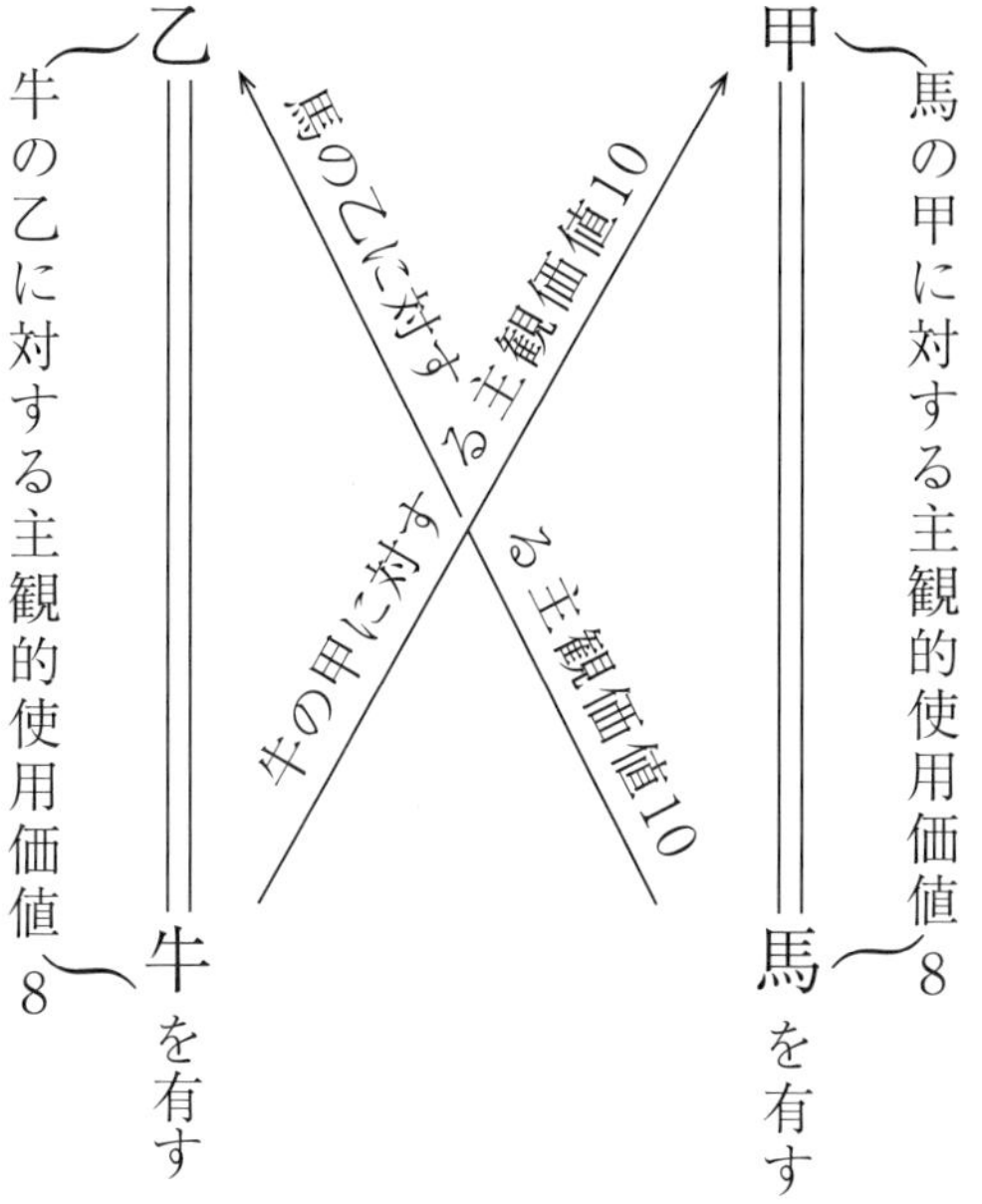

甲は己に対し、8の主観的使用価値を有する馬を乙に与え、己に対して10の主観的使用価値を有する牛を得るが故に、この交換によりて2の余剰価値を得。

乙は己に対し、8の主観的使用価値を有する牛を甲に与え、己に対して10の主観的使用価値を有する馬を得るが故に、この交換によりて2の余剰価値を得るなり。すなわち甲乙両者ともに主観的使用価値の少なきものを与えて、

その多きものを得るが故に、この交換は成立するなり。

今この物々交換の例を代えて、売買の例となすもその理、異なることなし。次図をもって説明せん。

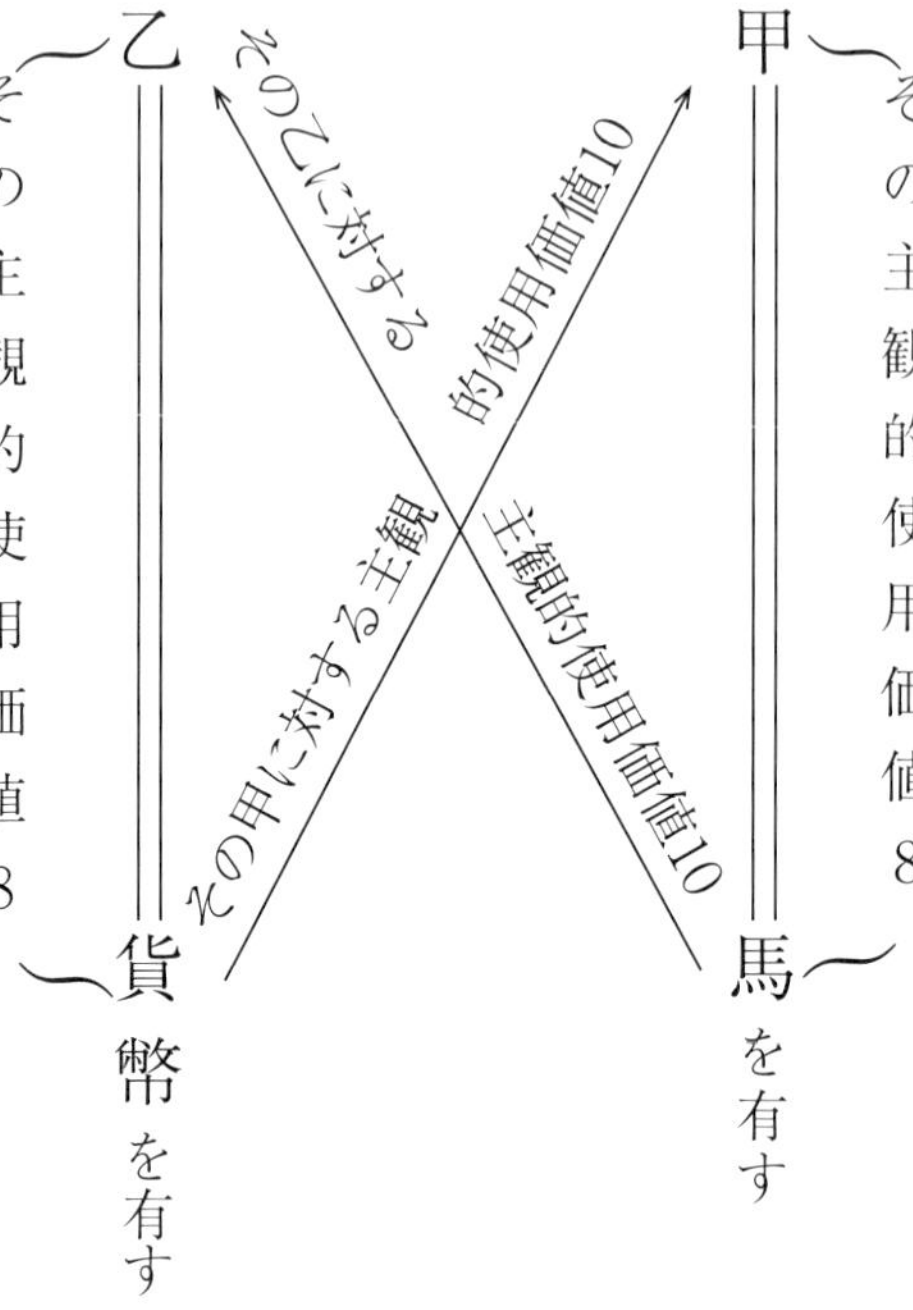

一〇〇円をもって馬一頭を売るものは、その時、その所、その場合においては、一〇〇円の貨幣の方その馬一頭より価値（マ氏の利用）多しとするが故にして、これを買うものは支払う一〇〇円の貨幣よりもその一頭の馬の方の価値（マ氏の利用）多しとするが故のみ。すなわち余分の満足を得るものは、ひとり買手のみならず、売手もまた同じく余剰の価値を得るものなり。されば、もし「消費者余剰」なるものありとせば、「生産者余剰」なるものも、またなかるべからざる理なり。しかるに、マ氏はその一方のみを説きて、他方に及ばず、理、然るべからず。
何故にマ氏はこの睹易《みやす》き道理を看過せしや、その故他なし、氏はこの編において、需要すなわち消費者を論ずる

のみにして、生産論をなさず。ゆえに「消費者余剰」のみを説くなり。されば氏が立論の結構は妥当を欠くものにして、この種問題はこれを一括して価値論下に説くべきを、わずかにその半面をここに捉《とら》え来れるが故に、その論不備たるを免れざるなり。しからば、何故氏はかくの如き早計に陥《おちい》れりやと云うに、前に述べたる如く、氏はまず価格を前提し、これに対向して需要の現象を説くに止《とど》め、直ちに需要そのものに肉薄して論究するをなさざるがためなり。

換言すれば、結果たる価格をかえって原因の地位に置くものなり。予は断じてこの法を取る能《あた》わず。しかれども氏においてかく構論する以上、暫《しばら》く氏に従いて以下その論ずる所を尋ねざるべからず。

需要の強弱は、支払価格によりて数的に言い表さる。一〇〇円を支払うと一〇円を支払うとは、その支払者の需要に一〇〇と一〇との比例差違あるがためなりとは、マ氏の常に推定する所なり。

しかるに実際支払う価格は、この意味において需要者需要の強弱に比例せず。ある物に対して一〇〇の需要力ありながら、わずかに一〇の価を払うて足ることあり、ある物に対しては五〇の需要力あるに止まるに二〇の価を払うを要することあり。すなわち支払価格と最高需要価格との関係は常に一定せずして、種々異なる比例に立つものなり。ゆえにマ氏の前提は破壊せられざる能わず、すなわち特にこの一章を設けて、その比例差違の理を究めて前提の維持を図らんとするが氏の真意なり。

氏はこの理を尋究《じんきゅう》するにまず仮例を設けて、その大要を述べたり。

茶一ポンド価二〇シリングなるときは一ヶ年一ポンドを買わんとす
茶一ポンド価一〇シリングなるときは一ヶ年三ポンドを買わんとす
茶一ポンド価　四シリングなるときは一ヶ年五ポンドを買わんとす
茶一ポンド価　二シリングなる現在において一ヶ年七ポンドを買う

茶一ポンド価一四シリングなるときは一ヶ年二ポンドを買わんとす
茶一ポンド価　六シリングなるときは一ヶ年四ポンドを買わんとす
茶一ポンド価　三シリングなるときは一ヶ年六ポンドを買わんとす

ものと仮定せよ。この場合において生ずる余剰はいくばくなりや。

一ポンド二〇シリングなるときにおいて一ポンドを買うという事実は、その一ポンドの与うる満足は、他物を買うに費やす二〇シリングが与うる満足と全然同一なることを明示す。しかして価一四シリングに下落するになお一ポンドのみを購《あがな》うに止《とど》むるときは、二〇シリング払わんとするものを一四シリングにて購い得るものなるが故、その得る余剰は

$$20 - 14 = 6$$

六シリングに相当するものなり。すなわちこの場合の余剰価値は、貨幣額六シリングをもって言い表され得るものなり。

しかるに右の仮例により

　価一四シリングに下落するときは二ポンドを買う

ものなるが故、この第二ポンドは少なくとも一四シリングの利用ありと認めらるるものならざるべからず。すなわち、一四シリングなる貨幣価値は第一ポンドに付加して買い入るる第二ポンドが彼に与うる余分の利用を顕すものなり。すなわち

第一ポンドの利用 20 + 第二ポンドの利用 14 = 34

合計二ポンドの茶は彼に対して合計三四シリングという貨幣価値をもって言い表さるる利用を有すと認めらるるものなり。しかるにその支払う価は毎ポンド一四シリングなるにより

$$14 \times 2 = 28$$

二ポンドに対し二八シリングに止まる。よって得る余剰は前と同じく少なくとも、

$$34 - 28 = 6$$

六シリングなるべし。

次に価一〇シリングに下落する場合には、一四シリングの場合の如く二ポンドだけを買うに止むるを得べし。然るときは、一〇シリングの二倍の価

$$10 \times 2 = 20$$

二〇シリングをもって、少なくとも三四シリングの利用ありと認むる茶二ポンドを買い得るものなるが故に

$$34 - 20 = 14$$

一四シリングの余剰を生ず。しかるに右例にては価一〇シリングの時は三ポンドを買う。よって

第一ポンドの利用 20 + 第二ポンドの利用 14 + 第三ポンドの利用 10 = 44

三ポンド合計にて少なくとも四四シリングの利用あるものを

$$10 \times 3 = 30$$

三〇シリングにて購い得るが故

$$44 - 30 = 14$$

少なくとも一四シリングの余剰を得ること第二の場合に異ならず。以下すべてこれに準ず。

一ポンドの価下落して二シリングとなりたるときは、合計七ポンドを買うものなれば、その七ポンド全体の利用は

第一ポンド		第二ポンド		第三ポンド		第四ポンド		第五ポンド		第六ポンド		第七ポンド		
20	+	14	+	10	+	6	+	4	+	3	+	2	=	59

五九シリングなり、しかして支払う価は、

$$2 \times 7 = 14$$

七ポンドに対し一四シリングなり。よって

$$59 - 14 = 45$$

余剰の総計四五シリングとなる。この四五シリングは茶一ポンドの価二シリングという市場の事情のために、購買者（需要者）が享得《きょうとく》する所の余分の満足なり。他物を購《あがな》うべきか茶を購うべきかを決定する標準はこの余剰を得ることといずれの場合多きかに存す。マ氏はこれを名づけて「市場事情（conjuncture）より享《う》くる消費者の利益」と称す。

以上は個人の需要について観察する所なれども、更に進んで市場需要について見るも、その理異なることなし。ただしこの場合貨幣の限界利用の人によりて異なることを度外に置くを要す。然らざれば多くの異なる人より成る市場における価格は、また甚だ異なりたる作用を生じて、到底一貫の説明を下し能《あた》わざればなり。そのほか、人々の趣向の差違、貧富の差違等もまたその作用を複雑ならしむる原因なり。しかれども汎《ひろ》く一市場または一都会を見るときは、大抵はかくの如き個々の小異は大同のために包含せられ、区々の差違は相殺《そうさい》して、原則としては同一の変動は同一の作用を生じ、一人の享くる余剰は他のすべての人の享くる余剰と大略《たいりゃく》均等なるものと見て差支えなく、したがってこの問題を一般市場について研究するは、学理上甚だ有益にして、趣味深き事たるなり。

ただしここに注意すべきは、二物の総利用はその二物別々の総利用の合計に同じからざること、これなり。茶と塩とを合せて一円だけ買う場合の総利用は、茶七〇銭のみを買い、塩三〇銭のみを買う、二の場合の総利用を合計

したるものに同じからざるが如き、これなり。

次に特言を要するは、ある人が物を買いて貨幣を費やすこと、いよいよ多きに従い、その人の購買力はいよいよ減じ、したがって貨幣の限界利用いよいよ大となるの理と、右説く所の余剰との関係、これなり。この理は常に働きてその作用を已《や》むることなしといえども、大体について見るときは、これはすべての場合に同様に働くものなるが故に、価格と利用との差額たる余剰価値は、購買力の増減ならびに貨幣の限界利用の多少のために、左右せらるることなしと見て大過なく、常に同一比例を保つものと推定するを得。ただしこれにも例外の場合なきにあらず。すなわちギッフェンの説きたる如く、パンの価の騰貴は時として、かえってその需要を増加せしむるの力あること、これなり。パンは必要品にして、その価騰貴するときは、他の食料品に費やすべき余裕減ず。しかるに価いかに高くとも、パンは食料として最廉価《れんか》品なり。ゆえに他の食料を買う能わざるときはパンをより多く食してその不足を補うの要あり。すなわちパンに対する需要は、その価の騰貴によりてかえって増進するなり。しかれどもかくの如きは稀有《けう》の事に属するが故、原則としては、これを度外に置きて差支えなきなり。

統計学者ベルヌーイは、所得より享くる満足は、生活を支うるに足るだけを得るときより始まり、以上所得を増す毎に逓増《ていぞう》し、以下これを減ずる毎に逓減するものと見るべしと論ぜり。

以下、マ氏が四・五・六の三節において論ずる所は、本章の主題に直接の関係なき消費論に関する常識談にして、なんら純理上の価値あるを見ず。よって省略す。

右マ氏の論ずる余剰論は慥《たし》かに真理の一面を伝えたるものにして、マルクスの余剰価値論と対照してこれを察するときは、興味深き種々の問題を暗示す。しかれどもマ氏の論じたる所だけにては論旨むしろ浅膚《せんぷ》に失し、ニコルソンをして「百ポンドの所得の利用は千ポンドなりと云う何の益かある」―同氏『原論』第二版（一九〇二年刊）五八頁―と評せしむるに至れり。茶一ポンド二シリングなるに、もし一ポンド百ポンドにて買わんとする人ありとせば、その余剰は莫大《ばくだい》なるべしといえども、かくの如きは実際に寸益なき空談に外ならず、ゆえにマ氏は、かくの如き設例は実際市価と余り懸隔《けんかく》せざる仮定価格についてのみ意味を有し、これを離るること遠ければ、全く架空的（conjectural）たるに過ぎずと自白せり。すなわちこの問題は需要消費の側より研究するよりも、実際生活に起る売買について、その市価と価値との関係を研究するところにおいて精査するを要するものなり。

第六章　補　論

本章の問題は本文に述べたる如く、流通経済論において詳論するを要するものなり。ゆえに今、補論せず。

第四編　生産の動因（供給論）
土地・労働・資本及び企業

第一章　緒　　論

第三編において需要論の問題として欲望及びその充足を論じて、従来経済学において「消費論」と称するものに該当する研究を終りたり。さればこれに続けて供給論を試むべきはずなり。マーシャルは第一・二版においては、第四編を名づけて「供給論すなわち生産論」となし、第一章緒論において供給に関する総論を載せたり。しかるに第五版以降においては、第四編は、「生産動因すなわち土地・労働・資本及び組織」と改題し、第一章における研究総論の順序を変更せり。これ予が前編首章において指摘したる如く、マ氏が年所に経るに従い説を改めて、かえって通説の四分法（生産・交換・分配・消費）に後戻ししたるものにして、予が氏のために惜しみて措《お》かざる所なり。さもあらばあれ、第二章より第十三章に至るその内容についてこれを見る時は、氏の変化はむしろ言辞の上にのみ止《とど》まるものにして、実質においては、多くの異動あるを見ず。すなわち第一版においても、「供給論」なる表題を掲げながら、その専ら考究するところは「生産論」なること、第五版以下におけると毫《ごう》も異なる所なし。しかして、従来経済学において「生産論」と称せらるるものは、その実、生産要素または生産動因論にして、生産そのものについての議論は甚だ少なく、生産の要素と認めらるる、土地・労働・資本に関する研究その要部を占め、しかしてその研究は、これら要素の増減をもって中心の問題となせり。ゆえに適切にこれを云うときは、生産論と称するよりも「生産要素増減論」と称すべきものなり。すなわち土地を論じては、主としてその面積の増減の余地ほとんどこれなきを云い、経済上における土地の増減とは、主としてその性質上の増減を云うものにして、専ら土地の豊否の問題を研究すべしとなし、ここに収穫逓減《ていげん》の法則なるものありて、この問題を解答するに最も重要なりとし、これと関連して収穫増減の法則及び収穫不変の法則を論ずるなり。労働に関しては、一 数量上の増減と 二 性質上の増減ありとし、一については、マルサスの人口の法則なるものを主要の問題として論究し、二についてはかくの如き著名なる学説なきが故に、一、二実際見聞に基づく常識論をもってこれに答う。資本については、再び専らその数量上の増減を問題とし、資本はいかにして成立し、またいかにして増殖するやの題目に力を罩《こ》め、貯蓄をもって資本増殖及び発生の主要因なりとして、その問題を考究す。かくして生産論の議論完結するものと見做《みな》さる。しかして通編未《いま》だかつて生産そのものについてなんらの法則、なんらの学理あるを見ず。生産論の名に重きを置きて、これを学ばんと欲するものは、必ず失望せざる能《あた》わざるなり。しかして、かくの如きはひとり正統学派の学者のみならず、ドイツの新学派たる歴史学派また皆然らざるはなし。経済学四分法を排斥する新派の学者も、事実においては、また全くこの旧套《きゅうとう》を襲うのみ。予輩不平なき能わず。今、転じてマーシャルを見るに、第四編生産動因論一三章の論ずる所、また多くこの亜流たるを免れず。すなわち氏は本編に表題して、「土地・労働・資本・及び組織」と云う。ただ氏はこの全体を名づくるに「生産論」なる称をもってせず、「生産動因論」なる称をもってす。これ内容を正直に標榜するものにして、従来の名実に過ぐるの誹《そし》りを避くるを得るものなり。しかも氏が生産動因論も、またその内容において生産動因増減論その大部分を占むるは惜しむべしといえども、氏が第四因として付け加えたる「組織」すなわち企業に関する研究に至っては、ひとり狭き増減論の範疇《はんちゅう》に限局せず、企業の性質・種類・活動について、広汎該博《がいはく》の研究を試みたるは、甚だ喜ぶべき所なり。

今、第一章におけるマーシャルの所論を紹介するに先だち、生産なる概念と、いわゆる生産要素なる概念の成立について、大要を叙するの必要あり。

＊　＊　＊　＊　＊　＊　＊

生産及びこれと関連して分配なる語のイギリス経済学において用いられたるは、一八二一年以後の事なり。経済学の父と称せらるるアダム・スミスは未だこの分類法を採らず。スミスに先だつ九年に公にせられたるステュアートの『経済学原論』Steuart, *Principles of political economy* にもまたこの説を用いあらず。ステュアートの書は

一 人口及び農業　**二** 貿易及び工業　**三** 貨幣及び鋳貨　**四** 信用及び負債　**五** 租税及びその適用

の五篇に分てり。アダム・スミスは人の知る如く、その書を五篇に分って、

一 生産力の増加及び生産物分配の順序　**二** 元資（資本財産）の性質、蓄積、使用　**三** 各国富力進歩の差違　**四** 経済政策の諸派　**五** 国家の収入

となせり。生産的、生産力、生産物の語は「分配さる」なる動詞と共にしばしば彼の用ゆる所なれども、術語の名詞として「生産」なる語はどこにも見当らず。しかるに一八一一年に出版せられたるボアローの経済書 Boileau, *Introduction to the study of political economy, or, Elementary view of the manner in which the wealth of nations is produced, increased, distributed, and consumed* は動詞として明らかに、生産、分配、消費の三項を書名に題したり。その書の分類は左の如し。

一 諸国民の富の性質及び淵源　**二** その増加　**三** その分配　**四** その消費

すなわち生産なる語は「増加」なる語をもって換えられあり。これに遅るる六年、すなわち一八一七年に出でたるリカードの『原論』はこの点においては全くなんらの系統なく、秩序なきものにして

一 価値　**二** 地代　**三** 自然価・市場価　**四** 労働　**五** 利潤　**六** 外国貿易　**七** 地代　**八** 地租　**九** 家屋税

等の如く、得るに任せて章を設けたるものなり。一八二〇年出版のマルサスの『原論』は、

一 富及び生産的労働の定義　**二** 価値の性質及び秤量《ひょうりょう》　**三** 地代　**四** 労銀　**五** 資本の利潤　**六** 富と価値との区別　**七** 富の増進の原因

の七篇を設くるのみ。すなわちボアローを除きては、四分法はもちろん生産論なる特別の部門を設けたるものすらなきなり。しかしてボアローはドイツ学者ヤーコブの書 *Grundsätze der National Oekonomie*, Halle, 1805 に拠ることを言明し、ヤーコブはフランスの学者ジャン・バティスト・セーを祖述する旨を告白しおれり。ゆえにキャナンがその『イギリス経済学における生産及び分配の諸理論』において、あたかもボアローが、三分法の創設者たるかの如く述べおれるは、考証未《いま》だ到らざるものと云わざるべからず、三分法の創始者はボアローにあらずセーなり。本書旧版はキャナンの説に同じたりしも、今はその誤りなるを認めこれを訂正しおくものなり。

一八一四年刊行のジャン・バティスト・セーの『経済原論』第二版 J. B. Say, *Traité d'économie politique* は篇を分つ三、左の如し。

I. De la Production des richesses.　富の生産
II. De la Distribution des richesses.　富の分配
III. De la Consommation des richesses.　富の消費

交換論を認めざることボアローに同じ。しかして右はその書第二版の分類にして、一八〇三年に出版せるその第一版は、その篇次をかく形式の上に顕して三分しあらず、これキャナン誤解のよって起る所なり。しかれども、内容は明らかに三分法を執りあり、ドイツのヤーコブこれに倣い、更にイギリスのボアローこのヤーコブに倣いたるなり。―『国民経済雑誌』四二年八月第七巻第二号の拙文はこの意味において訂正を要す。―

しかるに一八二一年に至りて、明らかに四分法を取り、生産論をもってその一部門となせる書出でたり。ジョン・スチュアート・ミルの父ジェームズ・ミルの『経済要論』James Mill, *Elements of political economy* これなり。この書四章より成る。すなわち

I. Production　生産
II. Distribution　分配

学《がく》の定説となりて今日に及べり。
　III. Interchange　交換
　IV. Consumption　消費

これなり。三の交換の名称、後世 Exchange と改められたるのみにして、その他はこの分類法とその名称は全然斯《し》学《がく》の定説となりて今日に及べり。

かく生産論を独立の一部門となしたるはジェームズ・ミルなりといえども、その『経済要論』の第一版にては、What are the laws which regulate the production of commodities「貨物の生産を支配する法則如何《いかん》」と題する一章はわずかに四頁に止《とど》まれり。第二版に至りてはいささか紙数を増加しやや詳論を下したり。これに反し生産論に多くの力を傾注したるはトレンズの『富の生産についての考』Torrens, *Essay on the production of wealth*, 1821 にして全篇四三十頁を挙げて生産論を試む。しかして彼を承《う》けて、生産論を独立の問題として大成せるは、シーニア及びジョン・スチュアート・ミルなり。

生産の要素なる概念もまた右の変遷に伴えり。その濫觴《らんしょう》はまたアダム・スミスにあり。スミスは曰く、社会の収入に三種あり、wages of labour（労働の賃銀）、profits of stock（元資・資本の利潤）、rent of land（土地の地代）これなりと。彼はこれを分配に与《あずか》る点より論じたる者にして、生産の要素または動因として論じたるにあらざれども、生産論において二・三または四要素を論ずるは、事実において分配論における地代・賃銀・利子・利潤を「アンチシペート〔anticipate〕」（予定）するがために外ならず。この点、学者の注意するもの多からざるは惜しむべし。生産要素の概念の成立は分配論に始まりて後に生産論に移り及ぼせるものなることは、最近の生産要素論を諒解〔する〕にもまたその本質を究むるにも共に忘るべからざる所なり。

しかして、生産三要素の語を術語として確定したるはまたジャン・バティスト・セーなり。曰く

L'industrie, les capitaux et les agents naturels concourent, chacun en ce qui les concerne, à la production ; nous avons vu que ces trois éléments de la production sont indispensables pour qu'il y ait des produits créés. J. B. Say,

Traité, 2. É., 1814. vol. 1. p. 35.

労働・資本及び天然各その分を尽して生産のために共働す、生産物あり得るためには、この生産の三要素は不可欠ものなり。

ボアローもまた土地・労働・資本の共同作用云々《うんぬん》を論ぜり。しかるにジェームズ・ミルは労働と資本の二要素を認むるのみ。子なるジョン・スチュアート・ミルも二要素のみを認むるも、それは労働と土地にして、資本は第二次的要件なりと説く。シーニアまた然り。これに反し、トレンズは三要件を認む。曰く

The land which supplies the primary materials of wealth, the labour by which these materials are appropriated, prepared, augmented, or transferred, and the capital that aids these several operations, are all instruments of production. — Torrens, *Production of wealth*. p. 66.

富の原始材料を供する土地、この材料を占有し準備し、増大しまたは移転する労働、これらの種々の作業を助くる資本、これら皆生産の要件なり。

しかるにトレンズに遥かに遅れて（一八四八年）出でたるミルの『原論』は二要素のみを認むること前云えるごとし。三要素論の定説と成れるは極めて新しきことなることもって知るべし。しかしてその後においても資本を要素中に算入せざるもの間々あり。

最近時に至りては、生産要素を改めて経済生活もしくは経済組織の要素をなすこと、やや流行す。シュモラーは、土地、人民及び技術の三をもって国民経済の三要素 Elemente der Volkswirtschaft なりとし、セリグマンその流れを汲みて天然の包囲と人口とをもって、経済生活の基礎 foundations of economic life なりと説けり。

経済行為中心論より云えば、生産または分配の要件たるもの、経済組織中心論より見れば、全体の組織または生活の要素と成るは、理の当然なり。別に新案にあらずまた創設にもあらず。かえって付会の跡を掩《おお》い難く、感服し兼ぬる点少なからず。なお斯学《しがく》向後の発達を待つべきものなり。

＊　＊　＊　＊　＊　＊　＊

以上、生産及び生産要素の概念の沿革を略叙し終りたれば、進んで第一章におけるマーシャルの所論を窺《うかが》うべし。氏の緒論は二部に分つを得。**一**は生産要素総論にして、**二**は供給総論なり。まずその**一**より始めん。マ氏は生産三動因 -要素と云い、要件と云い、動因と云う語は異なれど、意は概《おおむ》ね同じ。要素は element 要件は requisite または instrument 動因は agent（ドイツ語にては Faktor と云う者多し）の訳なり。ただしそのうち element と agent（Faktor）とは多少意味に差あり。要素は構成部分と云う程の義、動因は動作原因または発動力源と云う程の義なり。プレンターノ先生は生産の動因は唯一労働すなわち人間のみなりと云う。その意は人ありてはじめて生産あり、人なくんば生産なしと云うにて、発動力源と云うことに重きを置きての論なり。しかれども通例かくまで重き意味をこの語に付するものほとんど無しと云うべきか。- は、通例土地・労働・資本より成ると見做《みな》さると云いて、この三者に定義を下せり。

曰く

一　土地とは水・陸・空気・光線・熱の態において天然が自由に人間を助くるために与うる材料及び力を云う。

By Land is meant the material and the forces which Nature gives freely for man's aid, in land, and water, in air and light and heat.

二　労働とは手または頭をもってする人の経済上の働きを云う。

By Labour is meant the economic work of man, whether with the hand or the head.

三　資本とは物質財の生産及び通例所得の一部を成すと認めらるる便益を得るためのすべての蓄積せられたる準備資料を云う。

By Capital is meant all stored-up provision for the production of material goods, and for the attainment of those benefits which are commonly reckoned as part of income.

（以上の定義、予はこれを執らざること既に前編に細論せる所なり、ついて看《み》るべし）

しかして氏はこれに加うるに、更に第四の動因として組織（企業）をもってすべしと云う。曰く

Capital consists in a great part of knowledge and organization : and of this some part is private property and other part is not. Knowledge is our most powerful engine of production ; it enables us to subdue Nature and force her to satisfy our wants. Organization aids knowledge ; it has many forms, e. g. that of a single business, that of various businesses in the same trade, that of various trades relatively to one another, that of the state providing security for all and help for many. The distinction between the public and private property in knowledge and organization is of great and growing importance : in some respects of more importance than that between public and private property in material things ; and partly for that reason it seems best sometimes to reckon organization as a distinct agent of production.

資本は大部分知識及び組織より成る。そのうち私有財産たるあり、然らざるあり。知識は生産の最有力機関なり。吾人はこれによりて天然を従え、これを強制して吾人の欲望を満足せしむ。組織は知識を助く。組織に種々の形態あり。たとえば単独営業、同業中の異なれる諸営業、異なれる業相互の関係、国家の経営等これなり。知識及び組織における私有と公有との区別は大に肝要にしてその肝要の度また増しつつあり。ある点においては、有形物に対する公有・私有の別よりも肝要なり。しかして一部分この理由よりして、ある時には、組織を一の独立なる生産動因と認むるを最も可と認めしむるものありと。すなわち氏は公有・私有の点を主として、組織を生産の一動因と認めんとするなり。

氏はかく生産の四要因を認むれども、またある意味においては、生産の動因は天然と人との二あるのみと云うべしとて、ミルの旧説を承継す。しかして二者のうち、また人こそ最中心たるべしとて、ブレンターノ先生とほぼ同説を唱う。曰く、資本も組織も共に人間の働き（天然の助けを藉《か》りること勿論なり）の結果にして、人が将来を予測する力、及びこれに向かって具《そな》うる用意によりて左右せらる。しかして人そのものはまた包囲の天然によりて形造

らるるものなり。ゆえにいずれの点より見るも、生産及び消費の中心たるものは人間そのものにして、生産消費の関係より生ずる問題たる交換及び分配の研究も、また人を中心とせざる能《あた》わずと。

人間は経済学研究の最終目的にして、その数・健康・体力・知識・技能・性格の富における進歩は、その最高の問題なり。ゆえに経済学においてこれら問題を論ずるは最終篇においてなすべきや当然なり。近来ドイツの学者中、人口論を経済原論の最終に置くもの往々これあり。－最も著しき例は、ロッシャーなり。フックスまたこれに倣う。－　マ氏曰く、この意において、人口の問題については、経済学はその全部を尽し得るものにあらず、またこれを論ずるも、最終部に置くべきものなり。しかれども生産論をなすには必ず人口の問題を度外に置くを得ず、ゆえに通説に従い生産の点より見たる人口論を生産論中に置くは便宜の問題に外ならず。然り原則の問題としては、人間を取り扱うに単に生産要素の一としてのみするは甚だ当を得ず。必ずすべての上に立つものとして、これを論究するを要す。この意味においては、シュモラーの如く、経済学の首部に経済心理・倫理論を置きて、まずすべての経済現象の唯一動源としての人間を研究するをもって当を得たりとす。また消費論を始めに置き、その処において人間論を詳《しょう》悉《しつ》するも可なり。ただ通説の人口論は主として数の増減に関するものにして、労働力の供給という観察点より論を立つるものなれば、その意味における人口論は当然生産論に入るべきものなり。

*　*　*　*　*

以上をもって、本章におけるマ氏論点の第一を終れり。第二の論点は供給に関する総論なり。その大要左の如し。マ氏はまず需要と供給との関係を論ず。曰く、需要と供給すなわち消費と生産との関係を詳論するは、今その所にあらず、かえってあるいは誤解を惹起《じゃっき》する虞《おそれ》なきにしもあらず。しかれども価格と利用との関係を前章に論じたるに引き続いて、価格と非利用との関係を詳論するは必ずしも無益の業にあらず。非利用（disutility）とは、欲望の対象たる財を得んがため打ち克たざるべからざる困難を云う。これは後編に至って更に詳論を要するものにして、吾人のここに論ずるは、単にその一端に過ぎず。

需要は財を得んとの念に基づくものなること、前に述べたるが如し。今これと対向する供給は、これを得るに要する困難 discommodities を忍ぶを欲せざる念慮によりて制せらる。この困難は分って二とす。すなわち一 労働、二 即時の消費を繰り延ぶる犠牲これなり。労働には企業の労務含まれあり。この点、予は服せず、後段を見よ。犠牲には生産要具の蓄積に要する忍耐含まれありといえども、それは今ここに論ぜず。単に普通の労働について見るに、労働が困難 discommodity と感ぜらるるは、それが肉体及び精神上の疲労を伴い、または健康を害する状態の下において好ましからざる朋輩と共にし、または娯楽その他の要務に費やすを得べき時間を犠牲とするを要するより起る。困難の形態は、かく千差万別なれども、その度合は労働の激しさ及び時間の長さを増すに従い増すをもって通例とす。ただしこれらの疲労は他のための手段としてにあらずして、単にそれ自らのためにこれを敢えてすることあり。たとえば山に登り、遊戯に耽《ふけ》り、その他文学・技芸・学問に従事するが如き皆然り。また他人を利せんがため困難なる労務に服することあり。しかれども大多数の場合における労務は、これによりて物質的利益を自己のために得んとする動機によりて営まるるものなり。しかしてこの物質的利益は現在の経済生活においては、一定の貨幣額となりて顕るるものなること、すでにしばしば説けるが如し。元より他人に雇われて労働する時といえども、その仕事自らに興味を覚え、これより愉快を得ることなきにあらず。しかれども他人のためにし、またある他の目的を達すべき手段として営むという事実は、原則として苦痛を伴うものにして、休息の時間の来るを楽しみ待つは、すべての人の情なり。職なく業なき時は、かえって退屈を感じ、たとい報酬を得ざるも、なおかつ働かんと欲することなきにあらずといえども、しかも需要せられざる労働を提供して、市場を乱さんより、むしろその供給を差し控ゆること、商人が需要少なき場合には、その商品の売り出しを見合すと事情ほとんど同一なるべし（この点は後編に至り更に詳論すべし）。今この供給限界の点を名づけて、労働の「限界非利用」marginal disutility と称するを得べし。

既にある職業に従事する者が、更にその力作を増すを欲するや否やを定むる事情は、人間心理の上に一定の根拠を有するものにして、経済学においては、これを既定の事実として認むるものなり、この点については、ジェヴォンズはやや緻密の論究を試みて、その『原論』の第五章「労働の理論」に掲げたり。曰く、およそ事を始むるにあたりては、これに取り掛ると云うこと既に多少の困難を感ぜしむ、いよいよ事を始むるにもまた多少の抵抗と戦わざるべからず、事ようやく進むに及び、この抵抗と困難とは漸次減少し、ついには零無となり、愉快かえってこれに伴う。この愉快は逓次《ていじ》に増進して、一定の最高限に達するときは、再び減少し始め、ついには零無に帰し、ここに再び困難を生じ、この困難はまた逓増す。ただし精神上の労務にありては、業進むに従い愉快増進するの一方あるのみにて、必要または思慮によりてこれを止むるにあらざれば、多々ますます進みて停《と》まらざることなきにあらず。

けだし、人の心身の力には一定の限度ありて、無限にこれを充用するを得ず。力の支出がその収入（休息睡眠等による力の回復）に超過するときは、力源の破壊を来す。労働者に増賃して時間以外に働かしむることある度以上に及べば、かえって生産力の損減を来すことは確定の真理なり。－この点は後段詳述すべし、なお『労働経済論』及び『国民経済講話』労働の部を併せ見よ。－　けだし、人労役すること、いよいよ多ければ、休息の必要またいよいよ大となる。一定限以外の過労は、仕事の増量よりも大なる比例において疲労を惹起《じゃっき》す。これを「疲労逓増の法則」と名づく。

右の事情はこれを後章に叙述するに譲りて、大体の原則について見るときは、ジェヴォンズの説きたる所、よく要を得たり。曰く、労働者の力作はこれに供する報酬の大小に従って、増減すること、貨物の供給が提供せらるる価の多寡《たか》に伴って増減すること、その理異なることなし。一定の貨物に対し買手を誘致する価を名づけて「需要価格」と称せし如く、一貨物の一定量を生産するに要する力作を招致する価は、これを名づけて「供給価格」supply priceと云うを得べし。

And if for the moment we assumed that production depended solely upon the exertions of a certain number of workers, already in existence and trained for their work, we should get a list of supply prices corresponding to the list of demand prices which we have already considered. This list would set forth theoretically in one column of figures various amounts of exertion and therefore of production ; and in a parallel column the prices which must be paid to induce the available workers to put forth these amounts of exertion.

今生産が全く既存成熟の労働者の一定数のみによりて営まるるものと推定するときは、既に前編に説きたる需要価格定表に相応する、供給価格表なるものを作るを得べし。この表は、一方においては、力作の数種異なれる量すなわち生産額の異なれる各種を掲げ、これと相対して、これらの量及び額を招致するに要する価格を掲ぐる一の理論的定表なり

と。しかして氏はこの種、定表はこれを実際生活に適用するには、種々の困難あるべきを予想せり。すなわちかく定表を作るには一定の貨物の生産に従事する労働者の数、一定不動のものと推定するものなれども、実際においては、かくの如き事は到底あり得べからず。極めて短かき時間についてのみ、やや望み得べきのみ。人口の数は絶えず増減し、したがって労働者の数変動す。元より労働に対する供給価格たる賃銀の多少は、この変動を左右する有力の一原因たるや疑いなしといえども、この他にも種々の原因ありて、その作用は不規則的なるを常とす。ゆえに賃銀の増減のみをもって、労働供給の増減を律せんは、実際の事実に遠かるの虞《おそれ》あり。

さもあらばあれ、種々の職業間における人口の分配は、主として経済上の原因によりて定めらるるものなることは原則としてこれを認めざるべからず。すなわち長き時期に渉《わた》りて観《み》るときは、一職業における労働の供給は大体においてこれに対する需要に伴うものにして、親がその子を教育するにあたり、常に需要の多き業の準備を与うるを勉《つと》むるは、畢竟《ひっきょう》これがためなり。さりながら労働の供給と需要の調和は決して絶対完全に行わるるものにあらず。これを妨ぐる事情はその数多く、また絶えず起り来るものにして、その研究は後編を持たざるべからず。本編は主として、記述的方面に限り、これらの複雑なる問題を交えざるを主眼とすと。以上マ氏の説く供給総論には、予輩の服し難き点一、二にして止《とど》まらず。

一　供給の考察を単に生産に要する力作、すなわち労働の供給のみに限ること

二　したがって、供給額を労働の供給額とほとんど同意義なるが如く説くこと

三　単に需要・供給調和の点のみを論じ、そもそも供給の本質の何たるやに論及せざること

等は殊に欠点と見るべし。しかして本章においてマ氏の説く所は、単に問題の一端に過ぎずして、後に至り皆それぞれ詳論を要するものなり。すなわち氏は、本章元来の問題はこれを閑却《かんきゃく》し、問題外なる準備論をもってこれを補うこと、議論の順序を紊《みだ》すの嫌いありと云わざるべからず。

生産の唯一最高の動源は人間なること云うまでもなし。したがって供給の問題もまた人をもってその中心となすべきは勿論なりといえども、消費に対する生産、需要に対する供給は、むしろ物の側に多くの問題を有し、供給論中、労働の供給は、かえって他の生産要素の供給と異なる特殊の点を有すること多し。ゆえに労働供給論をもって、供給論の全体を推論し得べしとするは謬《あやま》れり。予の見る所にては、供給論は、むしろ物の供給の問題を主として論じ、そののほか別に趣を異にするものとして、人の供給すなわち労働の供給を研究すべきものなり。マ氏が労働供給論を供給論全体の中心に置くは、全くジェヴォンズの旧衣を襲踏するものなり。ジェヴォンズは「愉快と苦痛」の均衡をもって、経済学の鎖鑰《さやく》とするものなるが故、かくすること多少の理由なきにあらざれども、マ氏の如く汎《ひろ》く一般に渉りて、供給論を試みんとするものにありては、この論法は全然不適当なり。けだし、需要においては主観的要素主として働き、供給においては客観的要素専ら顕る。経済現象は人と物との相互作用に成る。人は需要の負担者、欲望の体現、消費の主体として活動し、物は供給の代表者、欲望充足の対象生産の実現としてこれに呼応す。かくてあらゆる経済現象は、各その宗《むね》とする所を得、その研究に一定の秩序あり、体系あり、組織あるを得るなり。

元より供給もまた人の営む所にして、その動源は人の意志の中に存するや、論を須《ま》たず。一定の供給を誘致する原因は、まず心理的作用を有するものなり。しかれどもその心理的作用は、労働誘致の作用にあらず、否、労働の誘致者はむしろ充《み》たされんとする欲望なり、応ぜられんとする需要なり。賃銀が人をして力作を肯ぜしむるは、得

たる賃銀がなんらかの既存または将来の欲望を充《み》たし、消費を営ましむるを得ればなり。賃銀は人より観《み》れば目的にあらず、手段のみ。供給を誘致する心理的作用は労働力作の動源たる上に存せず。しからば何に存するや。答えて曰く、企業の動源たる上に存す。人が供給の動因たりと云うことは、生産を創《はじ》め、これを掌《つかさど》り、これを完成する企業行動の誘致者としてのみ意味を有す。営利的資本制組織においては、この理甚だ顕著にして詳説を要せざれども、自足経済組織においては、やや明瞭ならざるの感あり。マ氏はすなわちこの点において誤謬《ごびゅう》に陥《おちい》れるなり。自足経済において、物の生産と云うときは、直ちにその生産者において労働力作を意味す。マ氏はこれを目《もく》して労働となせるなり。これ謬《あやま》りなり。たとい自ら労務力作に従事するも、供給の動因としては、この労務力作そのものが問題たるにあらず、この労務力作を創意し、立案し、計画し、実現し、完結することが問題となるなり。これらの事業は労働者としてなすにあらず、企業者としてこれをなすものなり。すなわちこの場合には、労働と企業とは同一人の手に結合せらるるものなり。現時の経済生活においては、この二者は明らかに分界せられあり。しかして供給の動源は企業者としての人にして、労働者としての人にあらざることは、斯学《しがく》の定理敢えてここに冗論の要なし。マ氏所論の不透徹、到底弁護の余地なし。

ゆえに曰く、供給論は終始一貫企業の立場よりすべきものなり、労働供給増減の眼点より立論すべきものにあらず。労働は土地資本と共に企業の手において結合せられ、その指導経営の下に、生産の部分的職分を尽すのみ。マ氏のごとくするときは、ついに全く労働生産唯一要件論の謬見に陥るの危険あり。生産の立場より見れば、労働は種々の要件中の一のみ、供給そのものの負担者にあらず、また代表者にもあらず（労働そのものの供給より云えば、労働者もまた一の企業者なることは、マルクスの論ずる所、動くべからざる真理なり）。なお本編、論歩を進むるに従い、この理明瞭なるを得ん。

第一章　補　論

生産・生産要素の語の沿革については

Cannan, *Theories of production and distribution.*（前に詳掲せり）を読むべし。

企業が供給の動源なることについては

Sombart, *Der moderne Kapitalismus*, Bd. I., 3. A., München u. Leipzig, 1919.

坂西由蔵　『企業論』

福田徳三　『経済学研究』二四一頁以下を見よ。

ジェヴォンズの説は *Theory*. 4. E., 1911. 一七〇頁以下にあり。なかんずく一八三頁より一八九頁を精読すべし。

マルクスの説（労働の供給すなわち売手としては労働者もまた企業者なり）は

Das Kapital, I. 4. A., 1890.

の四九七頁以下にあり。

生産論のことは、いずれの原論の書にもこれを論ぜざるはなし。特に生産のことを取り扱いたる書は第二編第三章補論にあげたる以外の重《おも》なるもの、左の如し。

Hasbach, *Güterverzehrung und Güterhervorbringung.*

v. Wiese, "Die Lehre von der Produktion und Produktivität," (*Entwicklung der deutschen Volkswirtschaftslehre im 19. Jhdt.*, Teil 1., III., 1908.)

その他、最近刊のディールの『原論』第二巻（原名前に出づ）、ペシュ『原論』第四巻（原名前に出づ）三〇三頁以下を見るべし。

第二章　生産要素としての土地の特質（不変性）

生産要素を二なりとする学者も、三なりとする学者も、はたまた四なりとする学者も、その一として必ず土地を算入せざるものなし。げに土地と労働とはほとんどすべての学者が生産の第一次要素と認むる所なり。しかるに「土地」なる語の内容如何《いかん》の問題については必ずしも定説あるにあらず。殊に「資本」と分別して「土地」なる語を用ゆるにあたり、両者の分界をいずれに定むべきやは、学者間に論争の絶えざる所にして、最近の説においては、土地と資本とを区別するの必要を疑うもの少なからず。曰く、土地もまた一の資本なり、不動産という一の財産なり、事業経営の立場より見れば、投下せられたる資本は、それが土地なると、建物なると、機械なると、原料品なるとにおいて、なんらの差違を有するものにあらず。これら皆一様に一定の貨幣価値に見積られたる生産要具なり、そのうち、ひとり土地のみを離隔し、これを特殊なる生産要素として取り扱うこと、その意を得ず。ただ土地は自由に所在を転換し得べからざる不動産なることのみを特異の点とす、その他に生産要素として土地のみに特色とすべき所を見ずと。予もまた多くの点においてこの説に賛同するものなり。しかもなお土地を資本と分別して、これを一の独立なる生産要素と認めんとする旧来の通説も、また存在の理由を有すること否むべからずと信ず。ただ通説が土地の特質なりとする所、予において服し能《あた》わず。通説が土地に固有なりと認むる特質は

土地の　一　豊度　二　地位は

一　自然的要件にして、人間の力によらず

二　不可壊性を有す

と云う点にあり。この説はリカードの説を祖述するに外ならず。リカードは地代を論じて曰く、

Rent is that portion of the produce of the earth which is paid to the landlord for the use of the original and indestructible powers of the soil.

* * * * * *

……for it is found, that the laws which regulate the progress of rent, are widely different from those which regulate the progress of profits, and seldom operate in the same direction.

In the future pages of this work, then, whenever I speak of the rent of land, I wish to be understood as speaking of that compensation, which is paid to the owner of land for the use of its original and indestructible powers. *Principles. Works.* p. 34-35.

地代とは、土地の本来固有にして不可壊的なる力の使用に対して、その所有者に支払わるる土地の生産物の部分を云う

地代の進歩を支配する法則は、利潤の進歩を支配する法則とは甚だ異なるものにして、同一の方向に働くこと稀《まれ》なり

ゆえに予はこの書において土地地代と云うときは、その固有不可壊の力の使用に対して地主に支払わるる報酬のみを意味するに限らんとす云々《うんぬん》

と。すなわちリカードは土地の分配における特質は

一　本来固有的　original

二　不可壊的　indestructible

の二に存するものとなす。しかるに後の学者は分配論を移して生産論となすこと、前章すでに説く如くなれば、リカードがかく分配論において論じたる土地の特質を直ちに生産論に応用し、土地の特色は、**一** 本来固有の力にあり、人間労働の結果にあらず **二** 不可壊不可変また増減し得べからざること、他のすべての生産物と撰を異にすと説きて、これを **一** 人間労働の結果としてはじめて発生し、**二** 可変・可壊、人力をもって増減し得る資本と区別

せんとするなり。しかれども、分配論において、リカードの説の到底維持し難きが如く（後段詳述するを見よ。）生産論においてもこれを祖述する通説は、応用の道を謬《あやま》れるものと云わざるべからず。

土地の本来固有の力とは何ぞや。農業に用いるも住地として用いるも、現在存在する土地は皆人力の賜《たまもの》に待つこと著しきものなり。開墾・耕作・灌漑《かんがい》・疏水《そすい》はもちろん、肥料を施して地質を改良し、その欠点を補いてこそ、土地は収穫を供するなれ。天然そのままにして使用せらるる土地なるもの、ほとんどこれあるを見ず。他方においては、疑いもなく人力の結果として認めらるる生産物にして、人力を藉《か》りること甚だ少なきものあり。マ氏の比例せる煉瓦の如きは、土に加工することわずかにして成るものにして、これに比すれば、菜圃《さいほ》の如きは、遥かに多くの人力を注ぎたるものなり。ゆえに本来固有の力云々と云うこと、到底実際生活の事実と相応せず。市街住地の価高きは、その本来固有の力に待つこと甚だわずかにして、大部分は人文の発達交通の進歩の結果なり。ゆえにセリグマン曰く、

Without the dykes of Holland and the irrigation works of arid America the land would be worthless. In some garden plots on the European continent the tenant on leaving is permitted to take with him several inches of soil, —the value of the land is as much or as little a product of labor as in the case of other things. It may be contended, however, that the value of urban land at least is not a product of labor. But how about the value of a newspaper, or a banking business? As the country town becomes a properous city, the newspaper, like the corner plot, becomes more valuable, even though the editor works no harder than before.—*Principles* (1907) p. 300.

オランダの堤防、アメリカの疏水設備、皆これありて、はじめて土地の価を生ぜしむるものにあらずや。欧州大陸のある菜圃においては、借地人はその土地を返還するにあたりて、上層数インチの土壌を持ち去るを許さる。土地の価は他の貨物と同じく労働の結果なること、これをもって知るべし。人あるいは云わん、市街の

　住地の価だけは少なくとも人力の結果にあらずと。しかれども新聞紙または銀行業もその土地の繁昌に従い、その価値を増すこと、角の地面と毫《ごう》も異なるなきを思え云々《うんぬん》

と。

土地の不可壊力についてもまた同じ。セリグマン曰く

　It is a commonplace that the chemical ingredients of the soil need to be constantly renewed. The best agricultural land may become the worst, and the worst, the best, after a few generations of exploitation or thrift, as the case may be. p. 301.

　土地の化学的性分は絶えず更新を要するものなるは人の普《あまね》く知る所なり。数代に亙《わた》りて、あるいは土地を濫耕し、あるいはその利用にあたり節約を守るによりて、最豊の地も最貧地となり、最貧地かえって最豊地となることあるものなり

と。これを資本と比較して、土地の方より不可壊的なりと云う能《あた》わず。また社会的事情の変遷如何《いかん》によりて、経済上における土地の価値は容易に破壊せられ得べきものなり。セリグマンはこの理を推《お》して土地に不可壊的性質なるもの全くこれなしと云う。然り、**一** 豊度についても、**二** 地位についても、固有本来及び不可壊の特性なるものは、到底これを認むるを得ず、二者ともに、**一** 人力に依りて増減せられ **二** 壊るべく新たに興し得べきこと、他の資本と毫も異なる所なきものなり。通説がこの点をもって、土地の特質とするは謬《あやま》れり。

　しからば土地は全然他の資本と同一種類に属すべきものにして、土地のみに特有の性質なるものなきや如何。答えて曰く、あり、大にあり。土地は他の資本と異なる一大特質を具備し、したがってこの点より土地を経済上において、一の独立なる生産要素と認めざるを得ざるものなり。その特質とは、すなわち土地は延長（Extension, Ausdehnung または surface, Fläche 地面と云う）を有するものなること、これなり。この属性は土地に特有にして、資本に欠く所なり。土壌の物理的・化学的の力は人力をもって左右し得べきこと、他の資本と毫も異なることなし、ひ

とり延長なる特質に至っては、天然に与定せられたる不変不動の属性にして、人はこれを如何ともする能わざるものなり。この特性あればこそ、土地は生産要素として資本と相異なりて、独立の地位を占むべきなれ。しかしてこの特質は誠にリカードの云える如く、本来固有にして、また不可壊的のものなり。セリグマンは

But surely, it will be said, the qualities of extension or location are indestructible. Even here, however, it must be observed that the two things are not identical. The mere extension of land is indeed indestructible, but it gives no value. All land is alike in extension,—the worthless and the valuable. Location is extension plus situation, just as fertility is extension plus chemical ingredients. Location gives value to land, but location is not indestructible as an economic factor. p. 301.

人必ず答えて云わん、延長または地位なる性質は不可壊なりと。しかれどもこの両者同一視すべからず。土地の延長の不可壊性を有するは誠に論者の言の如し。しかれども延長のみにては、価値は生ぜず。高価の土地も価値なき土地も均《ひと》しく延長を有す。土地の豊度は延長と化学的成分とより成る如く、土地の地位は延長と位置とより成る。地位は土地に価値を与うるも、そは経済的動因として決して不可壊のものにあらず

と云いて、延長を特質とすることに重きを置かず。予をもって見る、この論謬れり。一単に価値発生の点のみより土地の特質を論ずるは、前提においてすでに誤謬《ごびゅう》なり。二豊度は、延長 ＋ 化学的成分 より成り、地位は、延長 ＋ 位置 より成ること、氏の云うが如くなれば、土地の延長は常に要因として働く特質なるを否定するは、論理上許すべからず。けだし、土地の特質たる延長は、化学的成分と結合してはその豊度となり、地理的人文的の位置と結合してはその地位となるが如く、常に生産要素としての土地の作用を体現するものなり。豊度は一定の延長ありて、はじめて意味をなし、地位もまた一定の延長がある位置にあればこそ経済的動因となるなれ。延長なくしては、土地の存在も作用も共に意味無きものとなる。一定の延長がある度の化学的成分を体現し、またはある位置にありて、ここに生産要素としての作用起る。この作用は常に延長によりて限定せられ、負担せられ、保持せらる。これ、

土地が他の生産要素と異なる所なり。

資本の作用、労働の効程は土地の豊度または地位と均《ひと》しく、人力をもって左右し得る可変的条件なり、しかしてなおこれに加えて資本はその額を増減し、人口はその数を増減す。ひとり土地に至りては、その延長は始終一定にして増す能《あた》わず、減ずる能わざる不変的要件なり。この不変的性質は資本になく、労働になし、これを土地の特質と目《もく》せずして何とか云わん。従来の通説この点を説く充分ならず、セリグマン一派は反対の極端に走りて、全然土地の不変的特質を否定せんとす。予はそのいずれにも与《くみ》する能わざるものなり。セリグマンはわずかに

While the differences between land and other things that constitute capital are thus differences in degree rather than in kind, it remains none the less true tīat land may usefully be put into a separate category. This is due to the fact that an increased supply of other things in general involves a duplication of the thing itself while the increased supply of land involves a difference in location or fertility. p. 302.

資本中、土地とその他の物との差は、種類の差よりもむしろ度合の差に過ぎざること、以上説く如しといえども、なお土地だけはこれを別類とする方、適当なるは論なし。その故は、他物の増加は物それ自らの増加なるに、土地は然らず、地位または豊度の変化を意味するに外ならざるによる

と説くのみにして、延長の確定不動なるがために「物自らの増加」duplication of the thing itself「同種倍加」multiplication of the kind なる現象、土地について起らざる理を説かず。豊度及び地位の変動よりのみ土地供給の増減起り得ること、セ氏説く所の如しといえども、その然る理由は、延長なる特質存するにあるを知らざれば、この現象はその真相を究め得べきにあらず。

マーシャルは土地の特質をもってその延長にありとなすこと、全く予が見解に同じ。今、左に第二章第一節における氏が所説の梗概を叙して、これを示さん。

マ氏曰く、通説は、人力によりてその要用を得る有形物を資本と名づけ、然らざるものを土地と称す。しかれど

もこの区別は精確ならず。煉瓦は土に少しく加工せるもののみ、しかるに旧文明国の土地の大部分は、人の力を藉《か》りること甚だ多く、その現在の形態においては、全く人力の結果と云うべきものなり。然りといえども、土地と資本とを区別するは、学理上根拠ある原則に基づくものなること否定すべからず。けだし人は物質を創造する能わず、ただこれを人生に有用なる形態に変ぜしめて、利用を作り出すを得るのみ。この利用は需要の増すに従い、その供給を増すことを得るものにして、供給価格を有す。しかるに人力をもって供給を左右し能わざる利用あり。すなわち自然的に一定量において与えらるるのみにして、需要に応じて増加する能わず、供給価格を有せざるものあり。経済学において土地と称するは、これらの増減し能わざる利用の不変、永久の淵源を総称するものにして、必ずしも狭義の土地のみに限らず、河海《かかい》・日光・雨・風・瀑等を兼ね含むものなり。リカードが「土地の本来固有にして壊るべからざる力」と云い、フォン・テューネンが der Boden an sich「土壌そのもの」（『孤立国家』一、一ノ五）と名づけたるは、これを指すなり。

今、土地と土地の産物たる有形物と相異なる点如何《いかん》と云うに、土地の根本的属性は、その延長 extension にあり。一片の土地を使用する権利は、地球表面の一定部分に対する支配を与う。しかるに地球の面積は確定不動なり。その一部と他の部分との幾何的関係また確定せり。人はこれを左右すること能わず、需要の増減はこれに影響することなく、生産費なるものまたなく、その生産を誘致すべき供給価格あることなし。

人は何事を営むにも、かく限定せられたる地球表面の一定面積を使用せざる能わず。人はこれによりその活動の所を得、熱・光・空気・雨のその面積に与えらるるものを享受す。他の人、他の所に対する距離と関係とは、またこれによりて定めらる。マ氏すなわち結論して曰く、

We shall find that it is this property of 'land,' which, though as yet insufficient prominence has been given to it, is the ultimate cause of the distinction which all writers on economics are compelled to make between land and other things. It is the foundation of much that is most interesting and most difficult in economic science.

土地のこの特質（延長を云う）は従来余り重きを置かれざりしも、知らず識《し》らずの間に、学者が土地と他の物との間に施すべく余儀なくせられたる区別の最終原因なるを知るべし。しかして経済学において最も興味あり、しかも最も困難なる問題の根底ここにあり

と。けだし、至言と云うべし。

ブレンターノ先生またマ氏とほぼ同様の論を主張す。ただ先生は、土地の特質はその独占的性質を有する点にありとし、独占的性質は、**一** 地面 Fläche **二** 地位 Lage の二において存在すと説くこと、左の如し。

Als Produktionselement trägt der Boden einen doppelten ökonomischen Charakter. Er ist einmal ein Produktionselement monopolistischer Art; d. h. er ist nur in beschränkter Menge vorhanden. Diese Menge kann durch menschliche Thätigkeit gar nicht oder nur unerheblich vermehrt werden. Er hat zweitens aber auch Eigenschaften, welche durch menschliche Thätigkeit produziert werden können.

生産要素として、土地は二様の性質を有す。

一 土地は独占的生産要素なり。換言すれば土地の存する量は有限なり。この量は人の力により全く増すを得ざるか、または極めてわずかに増し得るのみ。

二 土地は人力によりて生産せられ得べき性質を有す云々《うんぬん》

しかして、

Der Boden ist ein Monopol in doppelter Hinsicht—als Fläche und nach seiner Lage.

土地は二の点において独占たり。**一** 地面として **二** その地位によりて、これなり

と云えり。（以上 *Agrarpolitik*, Stuttgart, 1897. S. 5 にあり）

一の地面と云うは、予が延長と云い、マ氏が extension と云うものに該当し、ブ氏の説く所、全く予の服従する所なり。これに反し、**二**の地位をもって独占的なりとする師の所論、予は従い難し。その説に曰く、

Allein nicht jede Fläche, nicht jedes Stück Erde ist in gleichem Masse geeignet, sowohl die Nutzbarmachung der menschlichen Arbeitskraft als auch die Ausnützung der genannten freien Naturgaben zu ermöglichen. Das Mass, in dem die eine wie die andere möglich ist, hängt ab von der geographischen Lage des einzelnen Flächenstücks. S. 6.

しかれどもただ地面あり、一片の土地ありとて、それは人力及びいわゆる自由なる天然の賜《たまもの》を利用するに均《ひと》しく、適せるものにあらず、その適否の度は、各地面の地理的地位によりて定まるものなり。しかしてこの地位は、一　気候の関係、二　経済上の関係の二において、土地の生産効程に重大の関係ありとし、結論を下して曰く、

Also: der Boden ist ein monopolistisches Produktionsinstrument, einmal insofern er als Flächenstück nur in begrenzter Menge vorhanden ist, und zweitens insofern die geographische Lage des Bodens die Zahl der vorhandenen Flächenstücke, die technisch und wirtschaftlich nutzbar gemacht werden können noch bedeutend verringert. S. 8.

すなわち土地は二様の意において独占的生産要具たり、一　土地の面積は有限量においてのみ存在すること、二　土地の地理的地位は技術上、経済上、生産用に供せられ得べき土地の数を更に著しく減少すること、これなりと。しかるに地位とはセリグマンの言う如く、畢竟《ひっきょう》するに延長と位置との相合して成るものにして、延長と相対立するものにあらず。豊度と同じく第二次的要件たるものにして、いわゆる本来固有のものにあらず、また不可壊のものにもあらず。一　気候の関係は地味の豊否と同じく土地に存するとは云え、その利用は、人の力をもって左右し得る所なり。否、人は気候に順応して、その与えられたる気候において、その力を発揮することを勉《つと》む、気候の影響を受くる人は、選択の自由を有すること、土地面積選択の自由を有するに均し。二　経済上の関係に至って

は、全然人間的・社会的産物にして、本来固有のものにあらず、また不可壊のものにあらざること、セリグマンの言の如し、これをもって土地のみに特有なる性質となすべき理は、これを知るに苦しまざるを得ず。所詮、独占的なるものは延長のみ。この延長と結合するものは、皆独占せらる。土壌の化学的成分は延長と結合して、独占せられたる豊度となり、位置は延長と結合して、独占せられたる地位となるなり。気候は独占するを得ず、吾人は一定の気候を有する土地の面積を独占し得るのみ。土壌の成分そのものが独占性を有せざるが如く、地理的位置もまたそれ自らにおいては、なんらの独占性を帯ぶることなし。ブレンターノ先生が地位を独占的なりと云えるは、延長ありて、はじめて独占せらるるものなる事実を度外に置くの嫌いあり。けだし、師は通説が豊度と地位とを土地の特質なりと説くに影響せられたるものなるべし。師すでに独占的性質と云う以上、独占の内容を充《み》たすに旧説の特質をもってするの不可なるを思わざるべからず。予はこの点において師説に背くの已《や》むを得ざるを信ずるものなり。

第二章　補　論

参考書

Brentano, *Theoretische Einleitung in die Agrarpolitik*（*Agrarpolitik*. I. Theil）, Stuttgart, 1897. SS. 3－14
Thünen, *Der isolierte Staat in Beziehung auf Landwirtschaft und Nationalökonomie*, 3. Aufl., heausgegeben von Schumacher-Zerchlin, III. Theil, Berlin, 1875.

＊　＊　＊　＊　＊　＊

歴史派の学者は、ブレンターノ先生を除くのほか、本章論ずる問題に重きを置かず、殊にシュモラーの如きは、経済地理的雑話を詳説しながら、一向この点に及ばず、予の同じ難き所なり。マ氏及ブ氏が純理を重んずる用意、後進の範たるべきものなり。

ただブレンターノ先生が独占的という意を存在量有限と同義なりとするは、いささか当を得ず。有限なるもの必ずしも独占せられず、否、経済上にて云う生産要具は皆有限なり、土地のみひとり有限なるにあらず。コーンはよくこの意を明らかにし、一方において、土地が有限なるが如く、他方においては労働もまた極めて有限なることを詳論せり。曰く

Beschränkt gegeben im Vergleiche zu unserm Bedarf—ist aber nicht nur ein Stück der äusseren Natur: diese ist blos das eine Element, in welchem das Wirtschaftliche sich entfaltet. Das andere Elment ruht in dem Menschen selber; es ist der, psychologisch zu würdigende, Trieb zur Thätigkeit, welcher, in den anstrengenden Dienst eines vernünftigen Zweckes gespannt, 'Arbeit' heisst.

—Cohn, *Grundlegung der Nationalökonomie*, Stuttgart, 1885. S. 192.

吾人の欲望に比較して有限に与えらるるものは外界天然の一片たる土地のみにあらず、これは経済的（すなわち有限性）という現象の顕るる一要素のみ。第二の要素は人自らにあり、すなわち心理的に測らるべき行動の衝動にして、一の合理的目的を達するために発動するとき労働と称せらるるもの、これなり（『経済原論』一九二頁）

と。予は、有限性をもって直ちに「経済」の特色とする論を採らざること前に述べたる如くなれども、有限と云う以上は、土地のみひとり然るにあらず、労働また然るものなる理を主張するにおいて、コーンと全く同説なり。ブ師がこれをもって土地の特質を言い表さんとすることの不可なる、これをもっても知るべし。いわんや師の云う意味にては、労働力もまた労働者毎に、そのために独占せらると云わざるべからざるにおいてをや。近年に至り、リーフマンは、その鋭き論法をもって、有限性の最も著しきは物質財にあらず、かえって労働なることを痛論し、また予が本書において主張したると同じく、有限性をもって経済の特色とする論を駁撃《ばくげき》して余蘊《ようん》を残さず。予は氏

が、予の本書に遅れること数年にして、同一の説を、かくも有力に主張するを見て甚だ会心に堪えざるものなり。同氏『原論』第一巻第三編以下を見よ。

これを要するに、一 有限と無限、二 独占と非独占、共に土地の特質を示すに足らず、一と二とを同義とするは、混雑を増すのみ。土地の特質は唯一延長にあり、この特質こそ土地のみにありて、他の要素になきものなり。その他の論弁は多く正鵠《せいこく》を失せり。

＊　＊　＊　＊　＊　＊　＊

マ氏の第二章を二分し、その前半を本章とし、後半は第三章に譲れり。議論の内容まさにかくあるべしと信ずるによる。

第三章　土地の豊度（可変性）

土地はその特質として固有不変の延長性を有すること前章に説きたり。しかれどもただ延長ありと云うのみにては生産は起らず、これに加うるに可変の性質あるを要す。土地が生産要具として有するこの可変の性質を総称して、その「豊度」fertility と云う。けだし生産要具としての土地の用は種々ありといえども、これを耕耘《こううん》して収穫を収むる農業の用、その重要なるものなるが故に、専ら農業について用らるる豊度なる語をもって汎称とするに至れるなり。豊度は延長に体現せらる、延長を離れて豊度を論ずること能《あた》わず。ゆえに豊度の力を得て農業収穫を得んとする者は、必ずまず一定の延長を有する土地（すなわち一定の土地面積）を占有するを要す。

土地の豊度は二要素より成る

一　土地の物理的性質

二　土地の化学的性質

これなり。今マーシャルはこの二項を説くこと、左の如し。

一　物理的性質の重《おも》なるもの

(a)　土壌は植物の根を自由に発育せしむるべき程度において、柔軟ならざるべからざるとともに、しかもまた植物の根を支持するに足る程度において緊固なるを要す。

(b)　水の流通自由に過ぐること砂地の如くなるべからず、乾湿過不及しては共に植物を成育する能わず。

(c)　その反対に、水の流通困難なること粘土の如くなるべからず、水と空気の絶えざる供給は植物の成長に欠くべからず。けだし水及び空気の供給ありて、土中に存する無用有害の鉱物及びガスも、なおよく植物の養料となるを得るものなり。

新鮮なる空気・雨・霜の作用は、自然的耕耘《こううん》の用をなすものにして、人力の加わるなくとも、この天然の作用のみにて、相応の豊度を保つものなり。ただし雨または急流によりて土壌の流さるることなく、一度形成せられたる場所にその土壌の止《とど》まるを要す。この点より見るときは、土地の物理的性質は天然的の一与件にして人力の成果たらざるものなり。然り、然りといえども実際においては、この天然的なる物理的性質も農耕の用に供せらるるには、人力の助けを欠く能《あた》わず。すなわち人は土地を耕耘して、土壌が植物の根を緩《かん》に、しかも確と保つを得せしめ、空気及び水の流通を自由ならしめて、これら天然の作用を促進し、補助するを要す。肥料を施すも単に化学的成分を変化せんためのみにあらず。土壌の物理的調理またその目的とする所なり。たとえば粘土はこれを細分してより軽くより寛《ゆる》やかならしめ、砂土はこれを緊固ならしめて、植物の根を保持するの力を得せしむるなど、いずれも肥料の力に待つ所多きものなり。

二　化学的性質とは、植物の根が吸収し得べき態における無機物を保有するを云う。この化学的性質は、人力をもって変化し得ること甚だ大にして、人がその働きにより土地の豊度を増すことを得るは、主としてこの点にあり。一定の土壌中に不足するある化学的成分を加うるにより、その豊度を著しく増加するを得る場合稀《まれ》ならず。殊に種々の態における石灰、近世化学の産物たる諸種の化学的人造肥料はこの目的に向かって用いらる。

＊　＊　＊　＊　＊　＊

以上の物理的及び化学的性質は、人力によりて増減せらるる可変的のものにして、この意における土地の豊度はほとんど全く人間労働の結果と云うべし。人は適当の労力を土地に加うるによりて著しくその物理的ならびに化学的性質を変化し、瘦土《そうど》を化して膏腴《こうゆ》の地となすを得、土壌を改造して、従来その地に適せざりし種物を繁殖せしむるを得、また輪栽法によりて地力を維持しならびにこれを増進せしむるを得、疏水《そすい》を行い、その地に不足する化学的成分を加うるによりて、土壌の性質を全然変ぜしむるを得るなり。しかしてこれらの方法は過去においては未《いま》だ十分に行われたりと云うべからず、発達の余地未だ甚だ多し。近き将来において蒸汽力と機械とを応用する大仕掛の土壌改良法の行われんこと期して待つべきなり。しかれども今日においても既に旧文明国の土壌は大部分人間生産の成果なり。土地の上層はほとんど皆人間労働の産物にして、この意味において、純然たる資本の性質を具備するなり。リカードが謂《い》える固有本来にして不可壊の力を有する天然の自由なる賜《たまもの》は、いずれも人力によりて著しく変造せられたるものならざるはなし。ゆえに曰く、今日現在の（少なくとも旧文明国における）土地については、土地の豊度は延長という不変性に付加せられたる可変性にして人力の結果なりと。

しかるに土地が生産の用をなすには、豊度と相ならんでなお一の不可欠要件あり。気候の関係これなり。土地の一定の延長は、その上に天然の与うる熱・光・空気・雨等を享《う》くることなければ、動植物の生命を維持すること能わず。この気候的関係は大体において人力をもって左右し能わざる不変条件なり。ブ師曰く、

Allerdings kann der Mensch in gewissem Masse auch die klimatischen Verhältnisse beeinflussen: durch Anbau oder Abholzen der Wälder, durch Entwässerung und Bewässerung. Aber auch in dieser Beziehung ist das, was er zu leisten vermag, gering im Vergleich zu den durch die Natur geschaffenen klimatischen Grundbedingungen, wie sie die geographische Lage mit sich bringt. Von den klimatischen Verhältnissen aber hängt es ab, in welchem Masse Wärme, Licht, Luft und Fruchtbarkeit auf einem einzelnen Flächenstück zur Verfügung stehen, und davon hängt es ab, ob und was auf einem Flächenstück produziert werden kann……*Agrarpolitik*. S. 6.

……Diese klimatischen Eigenschaften sind ebenso, wie die Ausdehnung und Tragfähigkeit inhärente Eigenschaften der einzelnen Flächenstücke. Der Mensch kann nur wenig daran ändern. *Agrarpolitik*. S. 7.

もっとも人間はある程度までは、森林を新たに造り、または既存林を伐採するにより、疏水により、灌漑《かんがい》によりて気候的関係を左右し得べし。しかれどもこの点においても人間の成し得る所は、地理上の位置において天然が与定せる気候上の根本条件に比するときは、甚だ微々たるものなり。しかして、かく専ら天然によりて

定められたる気候的関係は、また一定の面積が享《う》くる所の温度・光・空気・及び豊度を定め、しかして、またこれによりてその一定の土地に栽培すべき種物の種類定めらるるなり。『農政学』六頁

ゆえに土地の気候的性質は、延長及び負担能力と共に一定の土地に固着本来の性と云うべく、人のこれを変じ得ること誠にわずかなるものなり。『農政学』七頁

と。マ氏もまた曰く、

Every acre has given to in by nature an annual income of heat and light, of air and moisture; and over these man has but little control. He may indeed alter the climate a little by extensive drainage works or by planting forests, or cutting them down. But, on the whole, the action of the sun and the wind and the rain are an annuity fixed by nature for each plot of land. Ownership of the land gives possession of this annuity: and it also gives the space required for the life and action of vegetables and animals; the value of this space being much affected by its geographical position. 8th ed., p. 147.

土地の一定面積は必ず天然がこれに賦与《ふよ》する熱・光・空気及び湿度の一定量の年分所得を有す。人はこれに対してほとんどなんらの力を及ぼすこと能《あた》わず。もっとも人は大仕掛の疏水《そすい》、または森林の造植もしくは伐採によりて、少しくは気候に変化を起さしむるを得ざるにはあらざるも、大体についてこれを見るときは、太陽、風及び雨の作用は、一定地面に対し天然が定めて与うる一定の年分所得なりと云わざるべからず。土地を所有するものは、同時にこの年分所得を享有するを得ること、動植物の生活及び行動に要する空間に同じ。しかしてこの空間の価値は、その地理的地位に依る年分所得の多少によりて大いに左右せらるるものなり。

と。誠に然り、土地の気候的関係は、人力をもってしてはほとんど如何《いかん》ともする能わざる不変的条件なり。この点より見てブレンターノ、マーシャル両氏が気候は土地に特殊なる不変性なりと云うは、不当の論にあらず。然り、然りといえども、この不変的条件は、延長の如く土地そのものに固有本来の性質にはあらず。ただ一定の延長を有

する土地が受動的に享受する天然的条件たるのみ。これを延長と同一視して、土地本来固有の特性と云うは非なり。ブレンターノ師の言、この点において当を得ず。マ氏の如く一定の面積すなわち延長の土地を有するものが、必然的に享受する外来的所得なりと云うこと、遥かに真相を得たり。気候は不変的の天然条件なりと云うは、土地そのものの不変性の意にあらず。この点において気候はまた豊度とも異なる。豊度は土地そのものの収穫力を意味す。気候は直ちに土地そのものの力にあらず。これを譬《たと》えて言わば、なお海岸に別荘地を買うものが海上の眺望を享受するを得るが如し。海上の眺望は、その別荘地の性質にあらず、ただこれを享受し得る機会がその一片の土地に対して付与せらるるのみ。両者決して混同すべからず。マーシャルのこの点に関する所論は包括的に過ぎて、この区別を没するの嫌いなきにあらず。曰く、

We may then continue to use the ordinary distinction between the original or inherent properties, which the land derives from nature, and the artificial properties which it owes to human action; provided we remember that the first include the space-relations of the plot in question, and the annuity that nature has given it of sunlight and air and rain; and that in many cases these are the chief of the inherent properties of the soil. It is chiefly from them that the ownership of agricultural land derives its peculiar significance, and the Theory of Rent its special character, 8th ed., p. 147.

ゆえに吾人は土地の性を天然より享受する本来固有の性と、人力をもって得たる人為の性とに分つ通説を襲踏して差し支えなかるべし。ただ前者の中には、土地の面積関係（すなわち地理的の地位を云う）と、天然の与うる日光・空気・雨の年分所得とを含むものにして、土地固有本来の性と普通に云うときは、専らこれを意味するものなるを記憶するを要す。農業用の土地の所有が特殊の意義を有し、したがって、また地代に関する学理が特別の性質を具《そな》うるは、主としてこれら年分所得存するによる。

と。この論服し難し。

土地の所有が他物の所有と異なる特殊の性質を具《そな》え、したがって地代が他の種類の所得と異なる原則を有するは、直接にこの「年分所得」存在の結果と認むべからず。一定の延長を所有するという事実こそ特殊の性質を付与するなり、年分所得はこの延長と関連して土地所有者が享受するもののみ。延長の所有と云うことの内容はこの年分所得にあること、まさにマ氏の言う如くなれども年分所得そのものが、直ちに土地の所有に特殊の意義を付するにはあらず。年分所得は延長に体現せられ、これに内容を与うるものにして、したがって間接には、土地所有に特殊の原則を生ぜしむるものなりといえども、直接には延長の所有の作用あるのみ。ゆえに年分所得を享受するという事実を目《もく》して、直ちに土地の不変性と云うは事実に反し、また論理に合わざるものなり。

マ氏が最終節に論ずる問題はこの不変性と可変性、換言すれば、天然の力と人間の力との厚薄大小これなり。曰く、土地の豊度の天然の力によると、人間の力によるとの多少は、必ずしも一様ならずして、植物の種類によりて異なるものなり。ある種の植物は人力によりて著しく収穫高を増すを得、あるものは人力が収穫高を左右する余地甚だ少なし。後者の適例は森林の樹木の如きこれなり。樫は一度適当に栽培し、十分の空間を与うるときは、それ以上人力を加うべき余地ほとんど無く、自然に成長するを待つべきのみ。土質豊沃にして、疏水《そすい》宜しきを得たる河《か》床《しょう》に生長する草の如き、また人力に待つことなくして繁茂す。永久的牧地はこれに比すれば豊沃ならざるも、また人力を藉《か》りること甚だ少なし。しかるに耕地に至りては、天然の力に一任すること能《あた》わず、人力を要すること大なり。すなわち種物の性質に応じて地床を準備し、種を播き、雑草を除くに多大の労力を要す。なかんずく人力を要する最も多きものは、果実・花卉《かき》及び種改良用の動植物これなり。人は自己の用に最も適する種を選みて培養し、発達せしむ。天然に任すときは、天然はその自らに最も適せる種を生存し、発展せしむるも、それは人間の用に対しては必ずしも最適種にあらざること多し。ゆえに人はこの間に干渉して、自己の用に供して最も適せる種を育てざるべからず。かくて人の用に供して最も肝要なる現存の動植物の種類は、ほとんど皆人間粒々辛苦の結果として得たるものにして、天然そのままのものは一も存することなし。

土地の豊度について、天然の働きと人間の力との厚薄多少の差ある、かくの如しといえども、そのいずれの場合においても、人間は、その働きを土地に加うること無限無終なるものにあらず。その働きを加うるによりて得る増収、彼が労と資とを償うに足らざるに至れば、その働きを停止して、全然天然の力に一任するに至る。これを称して収穫逓減《ていげん》の作用と云う。請う、章を改めてこれを論ぜん。

第三章　補　　論

本章参考書

Roscher, *System der Volkswirtschaft*, I. S. 35.

Detmer, Wilhelm, *Handbuch der gesamten Landwirtschaft*, II, Tübingen, 1889. S. 3.

Pesch, *Lehrbuch der Nationalökonomie*, IV. Bd., 1 u. 2. Aufl., 1922. SS. 441.

Schmoller, *Grundriss*, 11–12 Tausend, 1919. SS. 127 ff.

この書には詳細の参考書目掲げあり、ついて看《み》るべし。

＊　＊　＊　＊　＊　＊

本章はマ氏『原論』第二章の二・三・四節に該当す、これを前章と分割せるは、内容の性質上必要と認めたるによれり。

第四章　収穫逓減《ていげん》の法則

土地の豊度は人力をもって増加し得べき可変条件なること、前章ほぼこれを明らかにせり。しかるにここに続いて考うべきは、この増加もまた無限なる能《あた》わず、ある程度以上に及ぶときは、人力を加うるいよいよ多くして、増加の量いよいよ減ずるの理、これなり。これを収穫逓減の法則と名づく。マーシャルはこの法則の要旨なりとして曰く、

An increase in the capital and labour applied in the cultivation of land causes *in general* a less than proportionate increase in the amount of produce raised, unless it happens to coincide with an improvement in the arts of agriculture.

土地の耕作に用いらるる資本及び労働の増加は、農業技術の進歩これに伴うにあらざる限り、大体において比例以下の生産額増加を惹《ひ》き起す

と。換言すれば土地に加うる資本及び労働を増すも、その増したる割合だけの増収は起らず、総量においての増収は、比例の上においては、かえって減収となる傾向を指して、土地収穫逓減の傾向と云うなり。ただしこの傾向はある程度までは、かえって反対の傾向のために打ち消さるることあり、反対の傾向とは収穫逓減に対して「収穫逓増の傾向」と名づくべきものにして、土地に加うる人力の高《たか》多きに従い、収穫は総量の上においてのみならず、比例の上においても増加するを云う。新たに土地を開墾するとき、もしくは粗放耕作より集中耕作に移るときの如きは、一反歩に加うる資本・労働の量を増すにより、著しく収穫を増すは、収穫逓増の傾向の作用なり。然れども収穫の逓増はある点に至りては必ず停止し、ついには反対に収穫逓減の傾向顕れ来るは、土地において免るべからざる現象なり。けだし地力に限度あり、人力を加うることいかに多くとも、この限度以上の収穫は土地これを生ずる

の力なし。ゆえに資本・労働の増加を絶えず継続し行くときは、晩《おそ》かれ早かれ、いつか一度は必ず逓減傾向の働き来るを免かるる能わざるものなり。経済学の通説において、この理を説明せんとして、一エーカーの土地をもってイギリスの全人口を養う能わざるは、収穫逓減の働きあるによると説くは、この意味を強めんと欲するに過ぎずといえども、かく云うときは、一台の織機をもって、イギリス国民全体の一ケ年の衣服を織り出す能わざるも、一人の労働者にてこれを縫い終り能わざるも、また共に収穫逓減の働きによると云わざるべからず。かくの如きは到底無用の冗弁たるを免れず、マーシャルはややその嫌いある説明を試みたり。曰く、

Were it not for this tendency every farmer could save nearly the whole of his rent by giving up all but a small piece of his land, and bestowing all his capital and labour on that. If all the capital and labour which he would in that case apply to it, gave as good a return in proportion as that which he now applies to it, he would get from that plot as large a produce as he now gets from his whole farm; and he would make a net gain of all his rent save that of the little plot that he retained.

この収穫逓減の傾向だになかりせば、すべての農夫は極小面積の土地を耕し、これにその資本と労働の全部を傾注することとし、その余りの土地はこれを地主に還付すべければ、従来支払い来れる地代のほとんど全部を節約するを得べきなり。この場合において、彼が用ゆる資本・労働が現在用ゆる場合と同一比例の収穫を生ずるものとせば、その極少面積より得る収穫高は、現在の耕作面積全部より得る高と同一なるべく、したがって農夫はその極少面積地の地代以外の地代全部を純益として収得するを得んと。しかれどもかく言うときは、土地のみ然るにあらず、資本についても、労働についても、吾人は同一言を繰り返して、たとえば

「収穫逓減の傾向だになかりせば、すべての工場主は極少数の機械のみを使用し、これに原料と労働との全部を傾注することとし、その余りの機械はこれを売却すべければ、従来機械に投下したる資本の利子のほとんど全部

を節約するを得べきなり。この場合において彼が用ゆる資本・労働が現在用ゆる場合と同一比例の生産高を見るものとせば、その極少数の機械より得る生産高は、現在使用機械総数より得る高と同一なるべく、したがって工場主は、その極少数の機械に対する利子以外の機械投下資本の利子全部を純益として収得するを得ん」

と云い、または

「収穫逓減《ていげん》の傾向だになかりせば、すべての雇主は極少人数の労働者のみを使役し、その余りの労働者はこれを解雇すべければ、従来支払いたる労銀のほとんど全部を節約するを得べきなり。この場合において、彼が使役する労働の生産高が現在の生産高と同一比例を有するものとせば、その極少人数の労働者の生産効程は、現在の多人数の効程と同一なるべく、したがって雇主は、その極少人数の労働者に対する労銀以外の労銀全部を純益として収得するを得ん」

とも云い得べきはずなり。しかして近時の学者中、間々《まま》かくの如き辺まで収穫逓減の法則を拡張せんと欲するものなきにあらず。セリグマンの如きこれなり。曰く

The law of diminishing returns is indeed the foundation of the law of rent……In every case he will reach the extensive or intensive margin of the utilization of land. This, however, is not peculiar to the landowner. The capitalist will also reach a point where it will not pay him to buy more machines of a certan kind, or to build another factory devoted to some particular product; and the laborer will reach the point where he cannot profitably work any longer. The law of diminishing returns is universal, and applies to everything that possesses value. If it explains the rent of land, it will equally explain, as we shall see, the interest of capital and the wages of labor. —— *Principles*, § 160, 4. ed., 1909. p. 373.

収穫逓減の法則は疑いもなく地代の法則の根底なり。…………いずれの場合においても彼（地主）は、土地利用の外延的または内延的限界に到達すべし。しかれどもこれは地主のみに特有なる事柄にあらず。資本家も

またある一種の機械をより多く買い、もしくはある特定の生産品に限られたる工場を増設するに、収支相償わざるを見る点に到達すべし。労働者もまたより多くの機台を引き受くるに不利なる点に達すべし。されば収穫逓減の法則は一般的にして、いやしくも価値を有するすべてのものに行わる。したがってこの法則が土地の地代を説明する以上、またこれと同じく資本の利子及び労働の賃銀をも説明するを得べきものにして、後段これを立証せんと欲す。

しかして氏は利子及び労銀にも収穫逓減の法則を適用して説明を試みたり。氏においては誠に論理一貫するものにして敬服すべき所なり。予もまたかつてセ氏の著未《いま》だ世に出でざる前同様の考えを抱きて、立論したることあり。近くは地代余剰論について、この論法を用いて、通説の基礎に一撃を加えんと欲したることあり。（『国家学会雑誌』二五四号「地代は余剰なりや」、今は『続経済学研究』二二一―三二一頁に全文を収録す）

今、参考のため右論文の末項一節を左に摘記す。

「しからばすなわちリカードの地代論は破れたるか。曰く未だし。リカードが地代のみをもって余剰なりとしたるに、なお一の場合あり。同一地にても耕作の進歩に伴いまた余剰を生ず、この余剰はすなわち地代なりと説く、これなり。曰く、人口増加し未耕地なきに至れば、更に既耕地について穀物の増穫を図らざるべからず。しかるに一定の限度までは、その増穫は増費（資本及び労働の）と比例を維持すべしといえども、それ以上は逓次にその比例を減ずべし。これを収穫逓減の法則と云う。収穫逓減の法則は言い換えれば、生産費逓増の法則なり。生産費逓増とは最高の生産費と称するものの逓増することを言うなり。（すべての生産費の逓増にあらず）最高生産費高まれば、この点において定めらるる穀価はまた騰貴す。穀価高まれば最劣等地以外の他の土地の収益これに応じて増加す（収穫は異ならざるもこれを貨幣に換えたる額多きが故）。この増収益はまた競争の結果として、他に事情なき限り、皆土地の所有者すなわち地主の有に帰す。すなわち、この場合においても地代はまた余剰なりと。

しかれども同じ前提の下には、労銀も、利子も、利潤もまた皆同じく余剰なり。ゆえに残る問題は収穫逓減《ていげん》の法則は土地のみに行われ、資本・労働・企業に及ばざるや否や、これのみ。しかして近来の通説は、収穫逓減の法則は土地のみに行わるるものにあらずして、与えられたる条件の下には、普《あまね》く行わるるものなるを主張するにおいて一致す。しかしてまた収穫逓増の法則なるものも一般に存すと認めらる。土地の収穫はリカード以後今日まで、大体においては減少せずしてかえって著しく増加したることは、誰人《たれびと》も否定するを得ざる現成の事実なり。しからば地代のみが余剰なりとの主張は、到底これを維持すべからざるを知る。」

マ氏もまた云う

If a manufacturer has, say, three planing machines, there is a certain amount of work which he can get out of them easily. If he wants to get more work from them he must laboriously economize every minute of their time during the ordinary hours, and perhaps work overtime. Thus after they are once well employed, every successive application of effort to them brings him a diminishing return. At last the net return is so small that he finds it cheaper to buy a fourth machine than to force so much work out of his old machines; just as a farmer who has already cultivated his land highly finds it cheaper to take in more land than to force more produce from his present land. Indeed there are points of view from which the income derived from machinery partakes of the nature of rent: as will be shown in Book V, 8. E., p. 168.

たとえば一製造家が三台の機械をもって生産に従事する場合に、その生産高を増加せんには勉《つと》めて時間を節約しまたこれを延長すべし。かくて力を加うることいよいよ多きに従い、生産の増加は逓減すべく、ついにはその増加甚だ少なくして、それ以上の力を三台に加うるより、更に一台の機械を増設するを利とすべき点に達すること、農夫が一定の土地に更に資本労働を増し加うるよりは、新たに耕地を付け加うるを利とする点の至るとその理同一なるを見ん。さればこの意味において、機械より生ずる所得は、地代の性質を具備すと認むるを得べきなり。この点は後段第五編において詳論すべし。

マーシャルの立場は明確を欠くもの多し。氏はただ専ら土地のみについて、収穫逓減を論ずるに、右に掲げたる如き大体論を敢えてす。予はこれに与《くみ》する能《あた》わず。マ氏の不統一はこれに止《とど》まらず。氏はすでに需要論において「利用逓減の法則」を論述したること、予の示したる所なり。しかるに「利用逓減の法則」は畢竟《ひっきょう》する所、収穫逓減の法則の変態に外ならず。否、収穫逓減の法則の働きは「限界利用均等の法則」を根拠とするものなることは、マ氏もこれを認むるものの如し、

氏云う、

But if he has made his calculation rightly, he is using just so much ground as will give him the highest return, and he would lose by concentrating his capital and labour on a smaller area.

これに反し彼（農夫）が計算を謬《あやま》らざるときには、彼は最高の収穫を与うべきだけの土地を耕しつつあるべきなり。さればこの場合にはより小なる面積にその資本と労働とを集中するによりかえって損を招くべきなり。

「最高の収穫を与うべきだけの土地」とは、「最大の限界利用を有する土地」と同意義なり。農夫は常にその耕す土地に最大の限界利用を求むればこそ、収穫逓減の法則に触るるなり。いわゆる耕作の限界 margin of cultivation 後段を看《み》よ とは、土地利用の限界を言うものに外ならず。耕作の限界は、農夫にとりての均等的限界利用点なり。利用に逓減なければ限界利用なるもののなきが如く、土地収穫に逓減なければ、耕作の限界なるものあることなし。しかれば収穫逓減の法則とは、利用逓減の法則の土地に適用せられたるものに外ならざること、一点の疑いを容《い》るる余地なきを知らん。マーシャルは一面、近時の学説たる利用逓減論を採りながら、他面には、リカード一流の伝説を擁護せんとの矛盾的態度を取る結果、かくの如き透徹せざる論述をなすの已《や》むなきに至れるものにして、氏の根本的の病、予が繰り返して遺憾とする所なり（ただし氏は後段、産業組織論において収穫逓減・逓増の両法則を再論す）。

さもあらばあれ、近時の新説たる「利用逓減」論は「収穫逓減」論の換骨奪胎《かんこつだったい》のみ。後者は源にして、前者は流

れなり。マ氏が重きを源に置き、流れを軽く見るは、学説発展の行程においては決して不当の処置にあらず。何故一般的原則としての利用逓減《ていげん》の法則が公認の学理となること、かくの如く晩《おそ》く、かえって特殊的応用の一場合たる収穫逓減の法則の早く認められたりや。この問に答うること容易なり。およそ社会の複雑なる現象を研究の対象とする学問、そのうちにても殊に経済学においては、真理はまず部分の具象的事物について見出され、一般的総括現象についての定理となること遥かに遅るるを常とするものなり。土地、殊にその農耕的使用の上における利用（収穫）逓減の現象は、最も顕著なる実際上の具象的現象にして、いやしくも心を農事に用ゆるものは、これに着眼せざる能《あた》わず。マ氏自ら云う

……the fundamental idea, which it（law of diminishing return）expresses, has been the common property of every one who has had experience of agriculture whether arable or pastoral, since the world began. What economists did for the law a century ago, was not to discover it; but to give it definiteness, and to deduce inferences from it. — *Note on the law of diminishing return*, 5. E., p. 170.

収穫逓減の法則の言い表す根本的思想は、世界の始めより耕作にせよ、牧畜にせよ、農業に従事したるものの普《あまね》く知悉《ちしつ》せる所にして、一世紀前の経済学者がこの法則に関してなしたることは、はじめてこの法則を発見したるにあらず、ただこれを精確に言明し、またこれより推論を下したる事にあり

と。誠に然り。農夫が日常の経験において知悉せるもの、チュルゴ、アンダーソン、ウェスト、マルサスを経てリカードに至りて「収穫逓減の法則」となれるなり。しかして利用逓減の傾向のうち、今日においてもなお土地収穫逓減の傾向は人の注意を惹《ひ》くこと著し。これ経済学において、土地についてこの法則を説くに重きを置く所以《ゆえん》にして、それは必ずしも失当と云うべきにあらず。

然り、しかして収穫逓減の法則が十九世紀の初めにおいて、イギリス学者によりて学問上の公理として建設せられ、爾後《じご》各国の学者の祖述する所となりしには、特に学者の注意を要する事情ありて存せり。それは他にあらず、

収穫逓減の法則の理論は、一九世紀の初葉におけるイギリスの実際上の国情に胚胎して起り、殊に彼の有名なる「人口過剰の問題」と相関連して、経済学の範囲に入り来れるものにして、単独に一の純理論として忽如《こつじょ》唱道せられたるものにあらざること、これなり。この事情を念頭に置かざれば、収穫逓減の理論は、興味索然たるものとなるべし。キャナン曰く、

If we knew nothing of the previous history of the question we should be at a loss to conceive why Mill should be at the trouble of developing a law which
(1) does not come into operation at a very early date in the history of society:
(2) is liable to temporary supersessions; and
(3) has been made head against by an antagonizing principle, namely, the progress of civilisation, throughout the whole known history of England. — Cannan, *Theories of production and distribution*, 2. E., p. 177.

収穫逓減の法則は
一　社会の歴史の初期においては行わるることなく
二　（行われて後もなお）しばしば中断せらるることあり
三　イギリス歴史の全期を通じて、その反対の原則すなわち文明の進歩によりて対抗せらるるものにして（これを一般の学理とする価値なきものなるに）、ミル（の如き学者）がその論述に力を惜しまず腐心するは、この問題の以前よりの沿革を知らざれば、誠に解し難き所なるべし

と。予はこの言を移して、更にミル以後の諸学者、なかんずくマーシャルに適用せんと欲す。経済学正統派の擁護者にして、殊にイギリスの学者たるマーシャルが収穫逓減の法則に甚だしく重きを置きて、利用逓減の法則を忘れたるが如き態度を取ること、この問題の歴史、殊にイギリスにおける発生当時の事情を知るものは、その解釈に苦まざるべし。しからざれば、マ氏の立場は、余りに守旧的、余りに学究的にして、その真意の存する所を察し難か

らんなり。今、以上の用意をもって、以下マ氏の説く所を聴かん。

＊　＊　＊　＊　＊　＊　＊

収穫逓減《ていげん》の傾向は、合理的に農業を営むすべての農夫の必ず認めざるを得ざる所なれども、人間に免れざる虚栄心のため、耕作地面の広きを誇らんとして、その力に及ぶ以上の面積を耕作する農夫少なしとせず。アーサー・ヤング以後、農学者が常にこの弊《へい》を指摘して農家を警《いまし》めつつあるをもって知るべし。耕作面積を狭くせよと警告するは、必ずしもこれによりて総収穫高の増すがためにあらず。土地を狭くするによりて得る地代の節約が多少の減収を償いて余りあるとき、すなわち純益高の増すべきときは、面積を減ぜよと云うなり。たとえば

一　収穫高の四分の一を地代として支払う場合において

二　面積を減ずるにより一エーカーに付き従前の収穫高の四分の三以上の増収あるときは、面積減少を利とする

と云うが如きなり。

また耕作法の改良進歩起るときは、資本労働を増加して、かえって逓増的収穫を得るの余地多く、イギリスにおいても、すべての農民が最上の農民の程度にありたらんには、今日現在の二倍の資本・労働を土地に傾注するも、なお逓増の利益あるべし。しかれどもこれは仮想に過ぎず、実際イギリス今日の状態においては、耕地面積を減じて、より少なき面積に資本・労働を集中するときは、収穫逓減の傾向起るを免れざるものと云うて可なり。

右云う収穫とは実物の収穫を指すものにして、貨幣価値の額を云うにあらず。すなわち穀価の変動より起るすべての作用は、直接には、収穫逓減の法則と関係なきものなり（ただし、その実際上の作用については、大いに関係あることもちろんなり）。

よってこの法則を要言するとき、大体においてなる制限を加えたるの意をここに明言するを得べし。収穫逓減の法則は、生産技術の進歩ならびに地力の偶発的増進によりて、暫時その働きを中断せらるることあるべし。しかれども土地の収穫物に対する需要が際限なく増進する以上は、晩《おそ》かれ早かれ一度は免れざる傾向なり。よって、この

法則の定義は、二部に分つこと、左の如くするを得べし。

一　農業技術の進歩改良は、資本・労働の一定量に対し、土地が一般に与うる収穫の割合を高むることあるべく、ある土地にすでに用いられたる資本と労働の量、従来甚だ少なかりしため全地力を出さしむるに足らず、したがってその量を増すときは、農業技術に改良進歩起らずとも、比例以上の増収を見ることあるべしといえども、これらの事情は旧国には稀《まれ》に起る現象なり。されば、これら事情の存せざる所にては、土地に資本と労働とを加うること多きに従い、（耕作者の熟練増進せざる以上）生産高の増加は比例以下に落つべし。

二　将来において農業技術いかに発達するとも、土地に資本・労働を増加して已《や》まざる時は、ついには、一定の資本と労働の増量によりて得べき増収に減少を招致せざる能《あた》わず。

さて、ジェームズ・ミルがかつて用いたる語を襲踏するときは、土地に充用せらるる資本と労働とは、均一なる継続的諸「定量分」equal successive doses より成るものと云うを得べし。すなわち収穫逓減の傾向をこの語を用いて言い表さんには

初めの若干の定量分に対する収穫は小にして、更に増し加うる定量分に対する収穫は比例以上なることありて、継続的定量分に対する収穫は、あるいは増し、あるいは減ずることあるべしといえども、晩かれ早かれ（無論耕作技術に変化起らざるものと仮定するときは）、その後の増加定量分は、従前の定量分に対するより低き比例における収穫のみを与うる点に到達す

と云うを得べし。

しかして耕作者にとりて、あたかも収支相償う点の定量分を称して「限界定量分」と云い、これに対する収穫を「限界収穫」と称するを得べし。収支相償うのみにして、地代となるべき余剰を毫《ごう》も生ぜざる土地ありて、限界定量分はこの土地に加えられたるものと仮定するときは、この土地は「耕作の限界」にありて、限界定量分は耕作限界にある土地に加えられたるものと云うもまた妨げず。ただし事実において、かく耕作の限界にある土地存すとの

意にあらず。しかしてまた限界あるいは最終定量分 marginal, or "last" dose と云うとも、それは時間の上においての最終の意にあらず。適用行程の順序においての最終段の意なり。時の上より云えば、最終定量分、かえってその前の定量分に先だつことあり。肥料の最終定量分よりは、刈り入れに用ゆる資本・労働の定量分の方、時の上においては、遙かに後なるが如き、これなり。

マ氏は次に限界利用の理論をこの定量分に応用して、左の如く云えり。

Since the return to the dose on the margin of cultivation just remunerates the cultivator, it follows that he will be just remunerated for the whole of his capital and labour by as many times the marginal return as he has applied doses in all. Whatever he gets in excess of this is the *surplus produce* of land. This surplus is retained by the cultivator if he owns the land himself.

耕作の限界における定量分に対する収穫は、耕作者にとりて、あたかも収支相償うものなるが故に、その結果として、彼がその用いたる資本と労働とに対し、あたかも収支相償うべき収穫は、限界収穫に乗ずるに、充用したる定量分の総数をもってしたる高《たか》に相当すべし。この高以上に彼が得る所は、これを名づけて土地の「余剰収穫」と云う。耕作者自らその土地を所有するときは、彼はこの余剰収穫の全部を収得す。さらに、耕作者と地主と人を異にするときには、この余剰収穫はある条件の下には、地主が地代として収得することあるべし。ただし地代はこれのみにて成るものと限らずと。

マ氏はリカードを擁護せんとして、リカードは専らイギリスについて立論したるものなるが故に、最初の定量分に対する収穫を最大と仮定し、以下直ちに逓減《ていげん》傾向顕るるものと論じたり。けだし、旧国については、開墾の業は既に成し終りたるものと推定するは当然にして、定量分を増すによりて、収穫逓増するが如き程度を脱したるものと見て差し支えなければ、リカードがイギリスの如き旧国については、収穫逓増の作用を全然考慮外に置きたるは至当なりと弁ぜり。これはいささか強弁の嫌いなきにあらざれども、一概に不通の論として排すべきにあらず。ただこの論をとって直ちに実際生活に応用せんとするは不可なり。実際においては、開墾の時代を距《へだ》つる遠き土地にありても、収穫逓減の傾向行わるるや否やは、個々の場合について観察するを要するものにして、リカードの謂《い》えるが如き意においてこの法則行われいるものと推定するは甚だ謬《あやま》れり。

マーシャルは次に収穫逓減ならびに逓増の割合を論ず。曰く、天然の力と人の力との生産における割合は、土地の性質、生産物の種類、ならびに耕作方法によりて同じからず。概してこれを云えば、人力の割合は、森林において最も少なく、牧地これに次ぎ、耕地に至りては大に増加す。耕地の中にても plough land より spade land の方多し。これ収穫逓減の作用が森林において最も大にして、以下減じ行くが所以《ゆえん》なり。

土地の豊度には絶対的の標準なし。生産技術になんらの変化起らざるときといえども、生産物に対する需要の増加する事情だけにて、甲乙両地の豊度を転倒することなきにあらず。耕耘《こううん》せざるとき、またはわずかに耕耘するとき、豊度低かりし土地が、十分耕耘せらるるに及びて、従前豊度高かりし土地よりもかえって豊度高くなることあり。換言すれば、粗放耕作のときと、集中耕作のときと、豊度かえって転倒することあり。牧地を変じて耕地となす場合、あるいはその反対の場合、水多き沼地に疏水《そすい》を行う場合の如きにおいてこの事はしばしば起る所なり。すなわちこれより生ずる結論は、収穫逓減の傾向一度起る後といえども、必ずしも、この傾向のみ続いて行わるるものにあらず。その中断せらるることあり、反対に収穫逓増の傾向起ることありて、収穫は逓減し、逓増し、また逓減するが如く、相交錯すること、これなり。土地はなお連鎖の如し。連鎖の力はその最弱の鎖の力によりて定めらるる如く、土地の力はその最貧要素の力によりて定めらる（この理を農業経営学にては、最小律と称す。稲垣乙丙《いっぺい》博士に『最小律の展開漸減則の充実』なる有益の研究あり。ついて見よ）。しかれども余裕ある人々は、一、二の脆弱《ぜいじゃく》なる鎖あるも全体は強き連鎖を選び、その脆弱なる鎖を強き鎖と換えて、ために著しく力強き連鎖を得べしといえども、修復の期間を待つ能《あた》わざるものは、全体の力さまで強からずとも、特に脆弱なる鎖なき連鎖を択《えら》ぶなるべし。土地もまた然り、まず新国につきて、土地を開墾するものは、全体の豊度さまで高からずとも、著しき欠点を有せざる土地を択《えら》んで耕すべしといえども、開拓の業やや進むときは、耕作者に資本と労働の余裕あるが故に、著大なる欠点ありとも、この欠点をさえ除却すれば、高き豊度を生ずべき土地を求めて、これを耕耘《こううん》するに至らん。これ農業史上しばしば多少の改良により、突然著しく収穫の増収する場合ある所以《ゆえん》なり、アメリカにおいては、殊にかくの如き事例を見ること稀《まれ》ならず。されば土地の豊度なるものは、絶対的のものにあらず、時と所とに従う相対的のものなるを知るべし。吾人は、**一**耕作者の熟練・能力**二**その供し得る資本と労働の量**三**その生産に対する需要の多少等を知るにあらざれば、甲地は乙地より豊度高きか低きかを判定する能《あた》わず。特定の時と所における特殊の事情と関連せずしては、豊度なる語は、なんらの意味を成さざるものなり。かく限定したる上にても、なお豊度なる語の用法一定せりと云うべからず、殊に、

一　集中耕作に対し十分の収穫あり、一定面積（たとえば一エーカー）の収穫総高多きを豊度高しと云うと、

二　総収穫高は多からずとも、余剰生産高すなわち地代額多きを豊度高しと云うときとの二個の著しく相異なる用法あり。イギリスについて云えば、耕地の豊度高しと云うは**一**の意味において云うものにして、牧地の豊度高しと云うは、**二**の意味において云うものなり。しかれども多くの場合においては、両者の別、さまで重きを置くに足らず、いずれの意にて云うも同一なりと見て、さしたる差支えなし。

また耕作方法の変遷及び穀物の相対的価格の変動によりても、各種の土地の豊度の高低に変化を生ず。一八世紀の終り、コークが、地質軽き土地はまず苜蓿《もくしゅく》clover を植えて後、小麦を播くときは収穫増すべしとの理を発見したるがため、従来豊度勝れりとせられたる粘土よりも、軽土の方豊度高くなりしが如きは、耕作方法の変ずるにより、豊度の順序転倒したる一例なり。また中央ヨーロッパにおいて、燃料として、また建築材料として、木材に対する需要増進したるにより、松山の価格は、他のすべての他種に対して増進したる実例あり。しかるにイギリスにおいては、燃料としては、木の代りに石炭を用い、造船用材には鉄を用い、また木材を輸入する便あるため、かくの如き騰貴を見ざりき。また米及び黄麻《こうま》の耕種を始むるときは、他の種物には水分多きに過ぐる土地かえって価格

騰貴す。イギリスにおいて穀法廃せられてより以後は、肉及び乳産物の価は穀物に比して騰貴せり。しかして大体においては人口の増加して食料に対する需要増加するに従い、価格の騰貴すること、貧地の方かえって富地よりも多し。かくて地価は均一に帰するの傾向あり。けだし土地に対する需要増すに従い、従来欠点多しとして捨ておかれたる土地に改良行われ、したがって地力を増進するに至るもその理由の一なり。その反対に近来アメリカの競争のためにイギリス農業の不況に陥《おちい》れる結果は、富地よりも貧地の価格を著しく下落せしめたり。殊に資本・労働を多く費やすときは相応の収穫あるも、これを減ずるとき、収穫著しく減ずる土地は著しくその価格を減じたり。

以上縷述《るじゅつ》せる所により、土地の豊度には絶対的標準なきことを知るべし。今、耕作についても然り。耕作の良否と云うは相対的の語にして、絶対的には意味を成さず。海峡諸島の最豊地の最良耕作とは、一エーカーに対し、非常に多額の資本労働を費やすの謂《いい》なり。これら諸島はイギリスの市場に近く、本土よりは、早収を得べき気候を独占す。しかるに天然のままにては、その土地は二個の大欠点（リン酸の不足とポタッシュの不足）を有するため、収穫甚だ乏し。しかるに人力の助けにより、殊に海岸の海草を肥料とするときは、この欠点を補いて、その豊度は非常に高きものとなるを得。かくて一エーカーより「走り」の馬鈴薯価格百ポンドを収穫するを得るなり。しかれどもこれは走りの馬鈴薯を価高く買うイギリス市場近くにあるがため、かくの如き「良き耕作」を行うを得るものにして、同一の耕作法を西部アメリカに行わんか、収支到底償わず、すなわち良き耕作にあらずして、悪き耕作法たらんのみ。耕作方法の良否も、畢竟《ひっきょう》時と所とに応ずる相対的事情によりて、判定すべきものにして、各地各時代を通じて耕作法の良否を論ずることは不可能なり。

マーシャルは以下五・六・七の三節においてリカードを擁護し、その所論の欠点と認めらるるものは、解釈の如何《いかん》によりては必ずしも欠点たらざること、ケアリーの彼に対する攻撃は多くは誤解に基づくこと、ケアリーの所論にも執るべき所あることなどを述べ、続いて耕地以外の他種に行わるる収穫逓減《ていげん》の傾向を論じ、海・鉱山・住居用の土地について、耕地と趣を異にする点を挙げたりといえども、今細説の要を見ず、ゆえに省く。章尾の補注またこれに準ず。

第四章　補　論

収穫逓減《ていげん》の法則が経済学上の定理となりしは、フランスとの大戦争中におけるイギリス特有の事情に基づけるものにして、殊に後章に説くべき人口増加の問題と密接の関係を有するものなること、本文に説けり。今この事情を叙述して、最も明確精緻なるはキャナンの論なり。載せて

Theories of production and distribution, 2. E., 1903.…………（後版異同なし）一四七頁以下一八二頁までにあり。ついて見るべし。

キャナン曰く、

It is impossible to read West's pamphlet without seeing that the form in which the 'law of diminishing returns' was subsequently taught, and the phraseology in which it was expressed, are far more due to him than is imagined by those who only know him as the subject of a civil reference in Ricardo's preface. But for securing the 'law of diminishing returns' the prominent place which it has occupied in English political economy, not West but Malthus and Ricardo are responsible. p. 160.

ウェストの書を読むものは、「収穫逓減の法則」として後世教えらるるその形式、ならびにこの法則を言い顕す用語も共に、リカードの序文中にある鄭重《ていちょう》なる引照の主体としてのみウェストを知る人の想像より以上に彼（ウェスト）の賜《たまもの》なることを悟らざる能《あた》わざるべし。しかれども「収穫逓減の法則」をしてイギリスの経済学上かくまで顕著なる地位を得るに至らしめたるは、ウェストにあらず、マルサス及びリカードの責任に帰

すべきものなり

と。ここに云うウェストの書とは一八一五年に公にしたる左の小冊子なり。

Essay on the application of capital to Land, with observations shewing the impolicy of any great restriction of the importation of corn and that the bounty of 1688 did not lower the price of it, by a fellow of University College, Oxford.

『土地に対する資本の充用に就ての考、付たり、穀物の輸入を甚だしく制限するの不可なる理由、及一六八八年制定の奨励金は穀価を低下せしめざりしことに就ての観察』

しかしてキャナンの云う鄭重なる引照とはリカード序文中の左の一句なり。

In 1815, Mr. Malthus, in his "*Inquiry into the nature and progress of rent*," and a fellow of University College, Oxford, in his "*Essay on the application of capital to land*," presented to the world, nearly at the same moment, the true doctrine of rent ; without a knowledge of which, it is impossible to understand the effect of the progress of wealth on profits and wages, or to trace satisfactorily the influence of taxation on different classes of the community ; particularly when the commodities taxed are the productions immediately derived from the surface of the earth.

一八一五年にマルサス氏はその著『地代の性質及進歩』において、オックスフォードのユニヴァーシティ・カレッジの一校友と署名せる人（ウェスト）はその『土地に対する資本の充用に就ての考』において、ほとんど時を同じうして、地代に関する真正なる学理を世界に示したり。これを知らざれば富の進歩の利潤及び労銀における作用を了解する能わず、また租税の社会各階級に及ぼす影響を満足に究むること能わず、殊に課税物件が直接に土地の表面より得る生産物なるとき然り。

この書、単にオックスフォードの「ユニヴァーシティ・カレッジ」校友とのみ署名し著者の名を顕さず。この書

は近頃マルサスの *Nature and progress of rent* と同じく、アメリカ・ジョンズ・ホプキンス大学助教授ホランダー *A reprint of economic tracts* なる叢書中に収めて重刊せるものありて、誰人《たれびと》も容易に一読し得る便あり。全篇わずかに五十四頁より成る。

そもそも土地に収穫逓減《ていげん》の傾向あるを唱え出したるは、フランスの学者チュルゴなることは、マーシャルも脚注中に明言する所なり。しかれどもキャナンの言う如く、これは後世の学説の発展にほとんどなんらの影響を及ぼすことなくして已《や》めり。ゆえに右掲げるウェストの小冊子こそ、収穫逓減の法則を学理として建設したる最初の書と目《もく》すべきものなれ。しかしてこの書を出版したるウェストの趣意は、その年のイギリス議会においてまさに制定せんとする穀法に、過重なる保護的穀価を輸入許可価と定むることなからしめむため、穀価の人為的引上げの害あるを切論して、議員及び輿論《よろん》の反省を促さんとするにありき。

ウェスト自らその著の巻頭に云って曰く、

The chief object of this essay is the publication of a principle in political economy, which occurred to me some years ago ; and which appears to me to solve many difficulties in the science, which I am at a loss otherwise to explain.

On reading lately the reports of the Corn Committees（"Report from the Select Committee on petitions relating to the Corn Laws of this Kingdom ; together with the minutes of evidence, and an appendix of accounts, ordered, by the House of Commons, to be printed, 26 July, 1814"）, I found my opinion respecting the existence of this principle confirmed by many of the witnesses, whose evidence is there detailed. This circumstance and the importance of the principle to a correct understanding of many parts of the corn question, have induced me to hazard this publication before the meeting of parliament, though in a much less perfect shape than I think it would have assumed had I been less limited in point of time. I shall first proceed to prove this principle and shall then shew some of the consequences which flow from it. The principle is simply this, that in the progress of the improvement of cultivation the raising of rude produce becomes progressively more expensive, or, in other words, the ratio of the net produce of land to its gross produce is continually diminishing.

By the gross produce I mean, of course, the whole produce without any reference to the expense of production ; by the net produce, that which remains of the gross produce after replacing the expense of production.

In the progress of cultivation both the gross produce and the net produce must be constantly increasing ; for additional expense or capital would not be laid out on land, unless it would reproduce not only sufficient to replace the capital laid out, but also some increase or profit on that capital, which increase or Profit is the net produce. But the proposition is, that every additional quantity of capital laid out produces a less proportionate return, and consequently, the larger the capital expended, the less the ratio of the profit to that capital. Thus suppose any quantity of land such that 100*l.* capital laid out on it would reproduce 120*l.* that is 20 per cent. profit, I say that a double capital viz. 200*l.* would not reproduce 240*l* or 20 per cent. profit, but probably 230*l.* or some less sum than 240*l.* The amount of the profit would no doubt be increased, but the ratio of it to the capital would be diminished. pp. 9-10.

この論文の主たる目的は、数年前予が心付きたる経済学上の一原則を世に公にせんとするにあり。この原則は予の見る所にては、他に説明の道なき経済学上の多くの難問を解釈するものの如し。

近頃穀法準備委員の報告を読むに、予はこの報告中に詳述しある証言の多くによりて、この原則の存在に関する予が宿論の確められあるを見出したり。この事情及び穀物問題の多くの部分を正しく諒解するに、この原則の必要なることにより、予は議会召集前この出版を敢えてするに至れり。ただし時間乏しき故、その態は予が期する所よりは遙かに不完不備のものたるを免れず。その原則とは他にあらず、耕作改良の進程において総生産の収得は累進的に費用多くを要す、換言すれば、土地の純生産のその総生産に対する割合は絶えず逓減《ていげん》し行くものなりという事これなり。もちろん総生産とここに言うは、生産費に関係なく全生産を総称するものにして、純生産とは、総生産より生産費を控除したる残額を指して云うものなり。

耕作の進歩するに従い、総生産も、純生産も絶えず増加す、支出したる資本を回収するに足るのみならず、なおこの資本に対し増加すなわち利益を生ずるにあらざれば、余分の費用または資本を土地に注ぐものなかるべき理なり。この増加すなわち利益は純生産額に当るものなり。しかるに予の主張するは、支出する資本増すに従い、これに対する収穫の比例は減じ、したがって資本多ければ多きほど、資本に対する利益の割合少なくなると云うこと、これなり。たとえば、一〇〇ポンドの資本を注ぐとき一二〇ポンドの収穫あり、すなわち利益率二割なるに、その倍額二〇〇ポンドを注ぐに二四〇ポンドの収穫はなく、二三〇ポンドまたは二四〇ポンドよりは少なきその他の額の収穫あるのみにて、二割の利益なきが如きを云う。換言すれば、利益の額はもちろん増加すれども、資本に対するその割合は減ずるなり

これによりて、イギリスの生産のみに食料を仰がんとする時は、勢いこの収穫逓減の原則の働きを早く招致し、穀価をいよいよ高からしむるの不利益あるを証明し、穀法の保護的傾向を幾分にても防止せんとすること、すなわちウェストの真意なりしなり。初めより単純なる一の純理的原則として主張せしものにあらず。この事情は収穫逓減の法則の功過を論ずるにあたって必ず考慮の外に置くべからず。一片の純理論なれば、その理論上の価値のみによりて、直ちに採否を決定するを得べけむ。実際上の必要に基づきて起れるものは、必ずしも然る能《あた》わず、簡単なる一の法則の中に複雑重要なる歴史的発展の含まるればなり。けだし一片の理法として見るときは、収穫逓減の法則は、余りに常識的、余りに平々凡々にして、ほとんどこれを学理論中に収容すべき価値なきが如し。しかるに穀価の騰貴は人口の増殖と最も密接なる関係を有し、マルサスの人口論における人口過超の憂いは、人為の輸入制限に

より収穫逓減の作用を早からしめ、したがって穀価を高からしむるときは、また必ずしも一片の杞憂《きゆう》たるに止《とど》まるものにあらず。げに「収穫逓減」「人口過超」「地代の騰貴」という正統派経済学上の三大問題は、皆一九世紀初頭のイギリス特有の国情、すなわち英仏戦後におけるイギリス地主の跋扈《ばっこ》、穀物の輸入制限の政策の下において発生したるものにして、この事情に照らし見て、はじめて真の意味を成すものなり。穀法廃止後、自由貿易の世となりては、この事情は全然一変したるに、なお旧《ふる》き理論をそのまま襲踏したればこそ弊害を生じたるなれ、その唱道せられたる当時においては、これら皆十分に存在の論拠を有したるものなること必ず記憶せざるべからず。

マルサスはウェストとほとんど同時に、収穫逓減の作用を公唱せり。すなわちウェストの書と同年なる一八一五年に公にしたる

Grounds of an opinion on the policy of restricting the importation of foreign corn, intended as an appendix to "Observations on the Corn Laws".

（この書はブレンターノ、レーザー両氏主幹の『内外古今経済論集』、第六冊にドイツ文に訳したるもの収めあり）

及び同じ年出版の

An inquiry into the nature and progress of rent, and the principle by which it is regulated.

（この書は右論集中に独訳あり、原文はホランダーの「リプリント」中にも収めあり）

の二書においてこれを見るを得るなり。今、後者より左の一節を掲げてこれを示さん。

I have no hesitation in stating that, independently of irregularities in the currency of a country, and other temporary and accidental circumstances, the cause of the high comparative money price of corn is its high comparative real price, or the greater quantity of capital and labour which must be employed to produce it : and that the reason why the real price of corn is higher and continually rising in countries which are already rich, and still advancing in prosperity and population, is to be found in the necessity of resorting constantly to poorer land—to machines which require a greater expenditure to work them—and which consequently occasion each fresh addition to the raw produce of the country to be purchased at a greater cost—in short, it is to be found in the important truth that corn, in a progressive country, is sold at the price necessary to yield the actual supply; and that, as this supply becomes more and more difficult, the price rises in proportion. Original, pp. 40-41. Reprint, pp. 35-6. Deutsch. S. 63.

予は次の如く言うを憚《はばか》らず。一国の幣制の不規律その他一時的、偶発的事情をほかにして、穀物の比較的貨幣価格高きは、その比較的の実際価格の高きによる。換言すれば、これを生産するに用いらるる資本と労働の量多きがためなり。しかして穀物の実際価格が富裕にして、繁栄と人口との増進する国において高く、また絶えず騰貴しつつある所以《ゆえん》は、絶えずより貧しき土地を耕し、余分の費用を要する機械を用ゆるの必要に迫らるるによる。これによりて国の総生産額の増加はますます高き費用を要するに至る。すなわち進歩的国においては、穀物は実際の供給を招致するに必要なる価において売らるるものにして、この供給が漸次困難を加うるに従い、価格はこれに応じて騰貴するなり。

リカードはウェスト、マルサス両人の右説を継承し、更にこれを布演《ふえん》したるものなることは、前に引照せる序文の一節に自ら明言する所なり。しかるに後世、収穫逓減《ていげん》の法則はほとんどリカードの創設に係るものの如く認めらる。リカードの説に対してケアリーその他の学者が種々の議論を試みたる、これまたその当時、その場合においては、相応の理由ありたるものなれども、今日においてそれら詳細の点を繰り返すは理論の上にも、実際の上にも、ほとんど寸益なき無用の業と云わざるを得ず。予が本文においてマ氏のリカード弁護論、ケアリー評論等をことごとく省略に付したるは、この理由によるものなり。

＊　＊　＊　＊　＊　＊　＊

本章参考書は本文補論等に引用したるもの、殊にキャナンの著書を看《み》るべし。

第五章　人口の法則

人口の問題は経済学の書いずれもこれを論ぜざるはなし。しかれどもこれを論ずるにいかなる観察点よりすべきや学者の立場甚だ明瞭ならず。近来やや流行の組織的立場より立論するものにありては、人口は国民経済の要素の一として考究すべしとすること、ほぼ異論なきものの如し。すなわちシュモラーは、土地・人民・技術の三をもって「国民経済の要素」なりとし、セリグマンは自然包囲と人口との二をもって「経済生活の基礎」なりと説く。その他の学者にありては、土地と人口とは必ずこれを要素とすること、一般にして、異論の存するは、第三以下の要素に関するのみ。経済行為の立場より観察する旧来の通説においては、土地と人口とは、生産の二要素と認められて異議を容《い》るることなく、ただ第三の要素として、資本を参入すべきや否や、また更に第四・第五の生産要素を認むべきや否やに関してのみ、学者見る所を異にするなり。新派の学者が国民経済もしくは経済生活の要素と称するは、旧説の生産要素を言い換えたるに過ぎざること、前すでに述べたり。一は静態の観察を主とし、他は動態の観察を主とするが故に、「要素」の地位についてかく異なれる名辞を付すといえども、その趣意の存する所に至っては、多く懸隔《けんかく》する所あるを見ざるなり。しかるに国民経済ないし経済生活の要素と云うときは、単に生産増進の原因として土地もしくは人口の増殖を論ずること旧説の如くにては、不足不備の感起るを免れず。人口そのものについて、また単に動態（増減）のみならず、静態（分布・疎密等）についても考究するを要すとするは、むしろ当然なり。ここにおいて曩時《のうじ》の人口増減論（主として増殖論なり。マーシャルはその第四章に題して、Growth of population「人口の増殖」と云う）は拡張せられて、人口に関する一般的叙述となり、人口統計の大要全部、経済原論中に収容せられんとする傾向起る。セリグマンの新著の如きは著しくこの新傾向を代表するものと云うべし。しかるにかく人口論の範囲を拡張するときは、経済学の人口論と、統計学の人口論ないし、いわゆる民勢学（デモグラフィーまたはデモロジー）とは、ほとんど相分つ所なきに至る。土地についても、単に供給の動因、生産の一要素として見るのみならず、汎《ひろ》く一般に土地について論究せんとの傾向やや起りて、地理・地文、もしくは土壌論・地質学までをも経済学に収拾し来らざるべからざるに至れり、シュモラーの『原論』の如きは、明らかにこの趨勢《すうせい》に囚《とら》われたるものなり。かくして、経済学は一定の統一的知識より成る一科独立の学問たる性質を失い、やがて「ポリヒストリー」の班に落ちんとす。そもそも国民経済（もしくは経済生活）の要素として、土地と人口とを挙ぐるは、土地・人口そのものをもって、国民経済に特有なる要素を成すとの意なるべからず。いやしくも人集まりて社会を成し、国を建て、一定の秩序的生活を営む以上は、土地と人口との両者が欠くべからざる要素なることは言を俟《ま》たざる所にして、社会・国家の概念、また土地・人民なる二要素を欠くべきにあらず。ただこの二要素を結合すべき第三以下の要素ありて、ここにはじめて土地と人口とは、あるいは社会そのものの要素と認められ、あるいは国家の要素と認められ、あるいは国民経済の要素と認めらるるなり。直下に土地と人口とそのものについてのみこれを見るときは、両者はこれらの限定を超越する与定事件なり、そのいずれかに特占せらるべき部分現象にあらず。今試みにこの理を図解すれば上の如くならん。

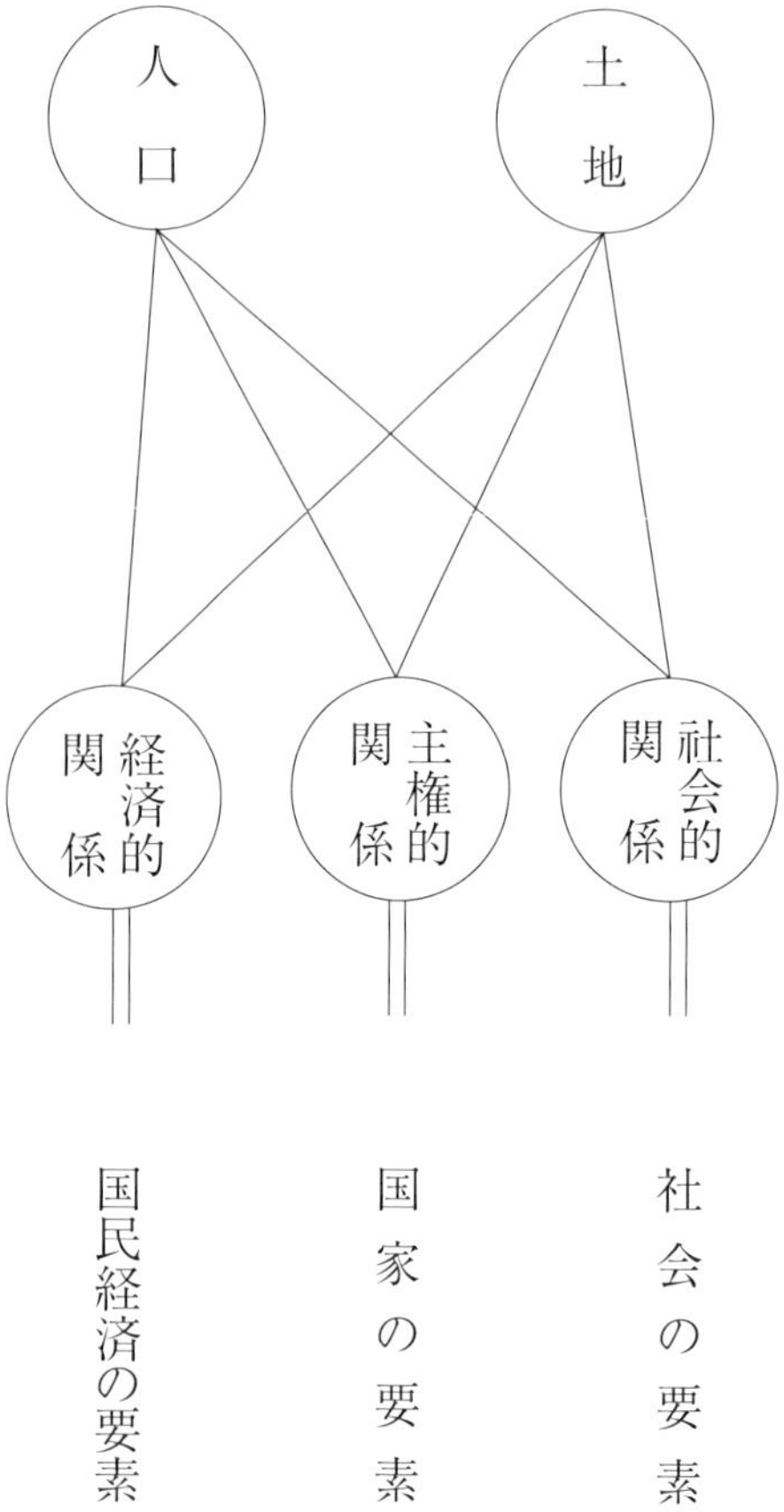

ここに謂《い》う経済的関係とはいかなるものなりや、土地と人口とが国民経済の要素となるべく、これを結合する要素とは何なりや。新説においても、旧説においても、この点明確なる解釈あるを見ず。ただ旧説は新説よりも漠然たること、やや少しと云う差あるのみ。けだし旧説においては、土地も人口も共にこれを活動の要因、供給増加の要件、すなわち生産の要素として論ずるものにして、組織体の要素なりと云わず。その活動は、富の生産という限局せられたる活動なり。今その意を推《お》して云うときは、旧説は

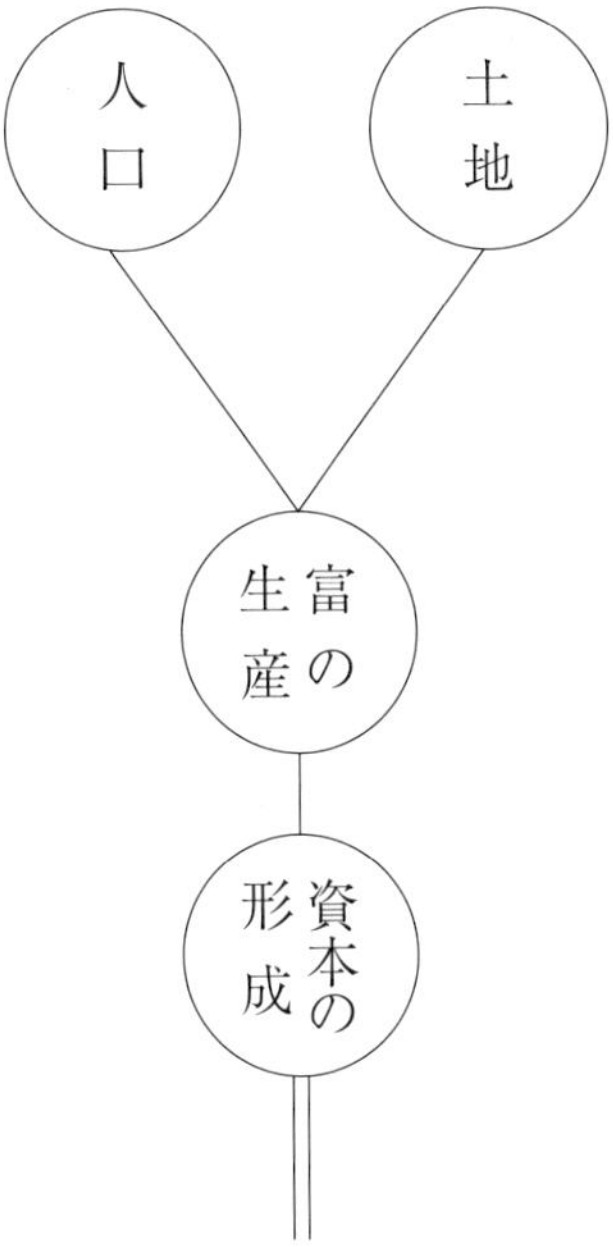

生産三要素

と観察するものなり。その説の当否はしばらく措《お》き、立論の趣やや系統あり、憑拠《ひょうきょ》ありと認むべし。これに反し、新説においては、セリグマンの如く、第三以下の要素を加えず、単に土地と人口とのみを経済生活の基礎なりと説くものあり、シュモラーの如く、やや新案を試みて、技術をもってこの両者を結合する第三の要素と見るものあり、あるいは組織論の立場に立ちながら、資本をもって第三の要素とし、これに国家・文化の如きを第四・第五の要素として付加せんと欲するものあり、諸説紛々定まる所を見ず。これ畢竟《ひっきょう》標榜のみいたずらに新しくして、内容は旧説襲踏以外多く改まる所なき、根本的欠陥の致す所なりと云うべし。

そもそも経済学において土地と人口とを論ずるに至れるは、理論上の必要よりも、実際上の必要に促されたるも

のならずんばあらず。土地の経済論は延長論にあらず、豊度論にあらずして、収穫逓減論《ていげん》こそその眼目なれ、しかしてこれは一九世紀初葉におけるイギリス特殊の国情これを促したるものなること、既に言えるところなり。今、人口についてもまた然り。否、土地収穫逓減の法則を考究せしむるに至れると同一の事情こそ、土地の収穫により て養わるべき人口の問題、殊にその増殖の原則の考究を余儀なくしたるなり（ただしマルサスの人口論は収穫逓減論に先だって起れるものなり、しかも彼の人口の法則が斯学《しがく》に重きをなせるは、彼が後年において自らも心付き、またリカード等によりて更に完成せられたる収穫逓減論あるがためなり。両者その一を離れては、ほとんどなんらの意味を成さず、この点、近来の学者多くこれを説かず）。しかるに歴史的研究を呼号する新派の学者、かえってこの歴史的沿革を無視し、人口論をなすに、その発生の事情を全く度外に置くは、自家撞着と云わざるを得ず。しかしてその結果は重大なり。一定の関係において説く経済学上の人口論をこの関係より切断する結果、その論、単に漠然たる一般の人口統計論と成り、民勢学と成り、ついになんら独立の価値を有せざる贅弁《ぜいべん》に化し了《おわ》る。予は断じてこの新傾向に追従する能《あた》わず。世上一派の学者あり、経済学の社会的科学たる地位に疑いを挟みて曰く、経済学において、法則と称せらるるものに、全然社会現象の法則たらずして、単に自然界の法則を社会事情に適応して言い表すに過ぎざるものあり、収穫逓減の法則の如きその適例なりと。然り、今の新派の学者の説の如くんば、この疑いは正しき論拠の上に立つものなり。しかれども前章云える如く、自然現象の観察に基づきて立論せる収穫逓減の法則は、他に人口増殖の問題ありて、穀価高低の問題の基礎となり、しかして当時イギリスにおいて最も重大の政治問題たりし穀法賛否論の出立点として斯学に入り来りたればこそ、かく重要の理論と看做《みな》さるるに至りたるなれ。この事情をほかにして見るときは、そもそも収穫逓減の法則の如きは詮ずる所、常識論の範囲を多く出づるものにあらず。また元より社会現象としての経済生活の上に、さまで重大なる発見と云うべきものにあらず。人口の法則もまた然り。経済学上の人口論は、収穫逓減の法則と関連し、またイギリス当時特殊の国情と照応してこそ意味をなすものにして、収穫逓減の法則と人口の法則とは、一他を離れては、到底考え定むべからざるものなり。しかして、マルサス及びリカード両学者の名は、この両法則に関連し、この両問題の立脚地より見るときは、永久に絶つべからず、忘るべからざるものなり。後の学者、二人者を評論する、断じてこの事情を度外に置くべからず。

＊　＊　＊　＊　＊　＊　＊

旧派の学者はもちろん、これを襲踏する新派の学者皆いわゆる「経済の本則」なるものを説く。曰く、最小の労費をもって最大の効果を収むと。曰く、「経済的」とは、「有限」と云うことと同一義なりと。（前段三三五頁引照せるコーンの説を参照せよ）。曰く、経済上の価値は、人の欲望無限にしてこれを充足する資料限りあるより起る、曰く、価値は物の稀少性に根蒂《こんたい》を有す云々《うんぬん》。今これらの意を推《お》して考うるときは、

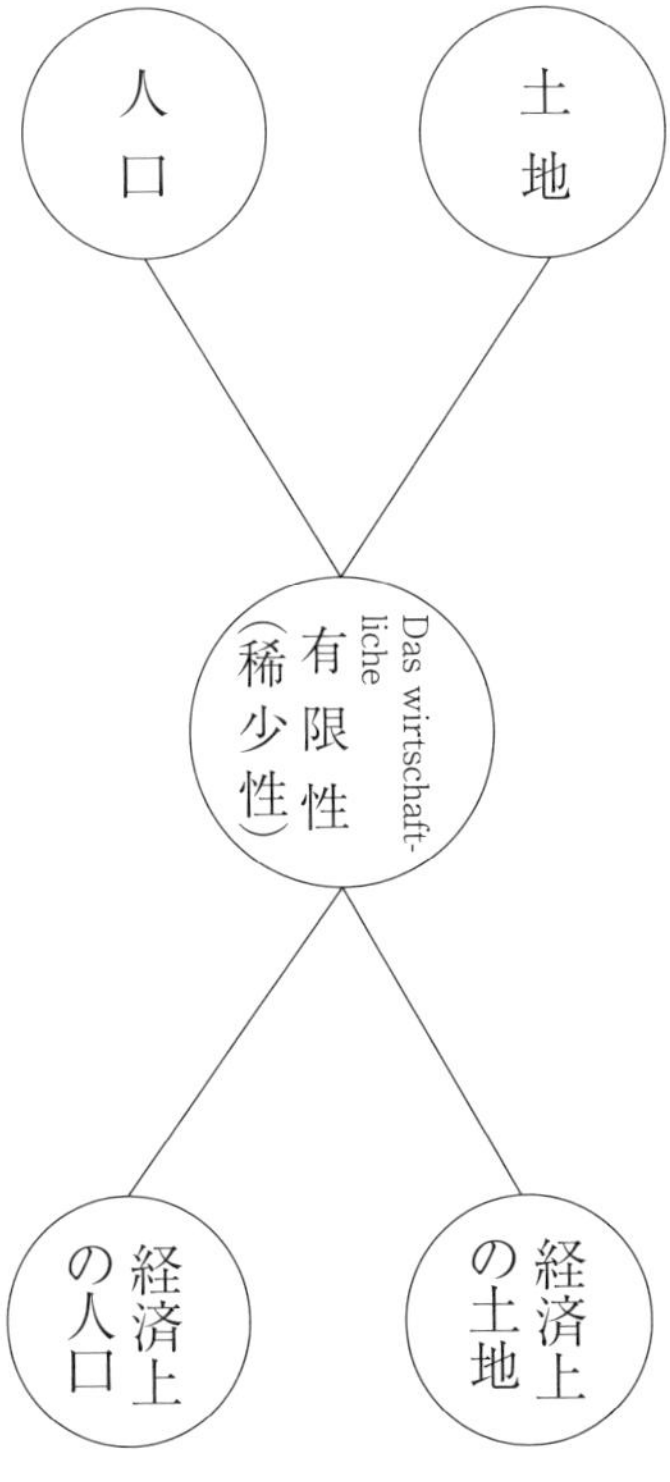

となりて、予がさきに漠然「経済的関係」と云えるもの、やや明らかに限局せらるるを得べし。新派の学者のこの点に関する見解如何《いかん》は、別問題として、旧説において、土地と人口とを論ずる真意は、ややこれによりて窺《うかが》い知るべきが如し。更に少しく詳説せんか、土地は極めて有限にして、人口はほとんど無限に増殖する傾向を有す。ここにおいて、この有限と彼の無限とを調和するの要、起る。「経済」とはすなわちその調和の方法なり。有限の土地

を支配する根本原則は収穫逓減《ていげん》の法則なり、無限の人口増殖を支配する原則は、すなわちマルサスの発見せりと称するいわゆる‘principle of population’「人口の法則」（この語に特別の意味あることは、ボナー、キャナン両氏ともに論じて余蘊《ようん》なし）これなり。ゆえにすべての経済現象研究は、まず両法則の考究をもって始むべし。土地と人口とが最根本的なる生産要素とせらるる所以《ゆえん》ここにあり。土地・人口の両要素が各全く相反対する二個の原則によりて支配せらるるにより、有限をもって無限に充てんとする人間の「経済的活動」ここに意味あるものと成る。両者均《ひと》しく有限なるか、均しく無限なるか、経済・経済的活動（経済行為）の大部分は存在の理由を失う。予が前編欲望論において、欲望無限の原則あり、また有限の原則ありと云えるもの、この意を要言したるに過ぎず。人は数において絶えず増殖し、しかしてその欲望は絶えず向上し、増進す。これ欲望無限の法則の起る所以なり。しかも経済生活に現れて要用を惹《ひ》き起す欲望は、目的を前提し、結果を動機とする Zweckbedürfnis（Bedarf）目的欲望（要用）なり。しかるにこの目的欲望の目的・対象は、まずその最重要の根底たる土地において極めて有限なり。ここにおいて経済的活動の動源たる欲望は、この対象のために限局せられて、有限ならざるを得ず。欲望有限の原則ここにおいてか生ず。しかして貨幣とは、この有限性の具象なり。経済行為とは貨幣の秤量《ひょうりょう》をもってその範囲を限定すべきものなりと予が繰り返して説くの真意ここにおいて明瞭なるを得べきか。今試みにこの理を明らかにせむため図解を示さば、左の如くなるべし。

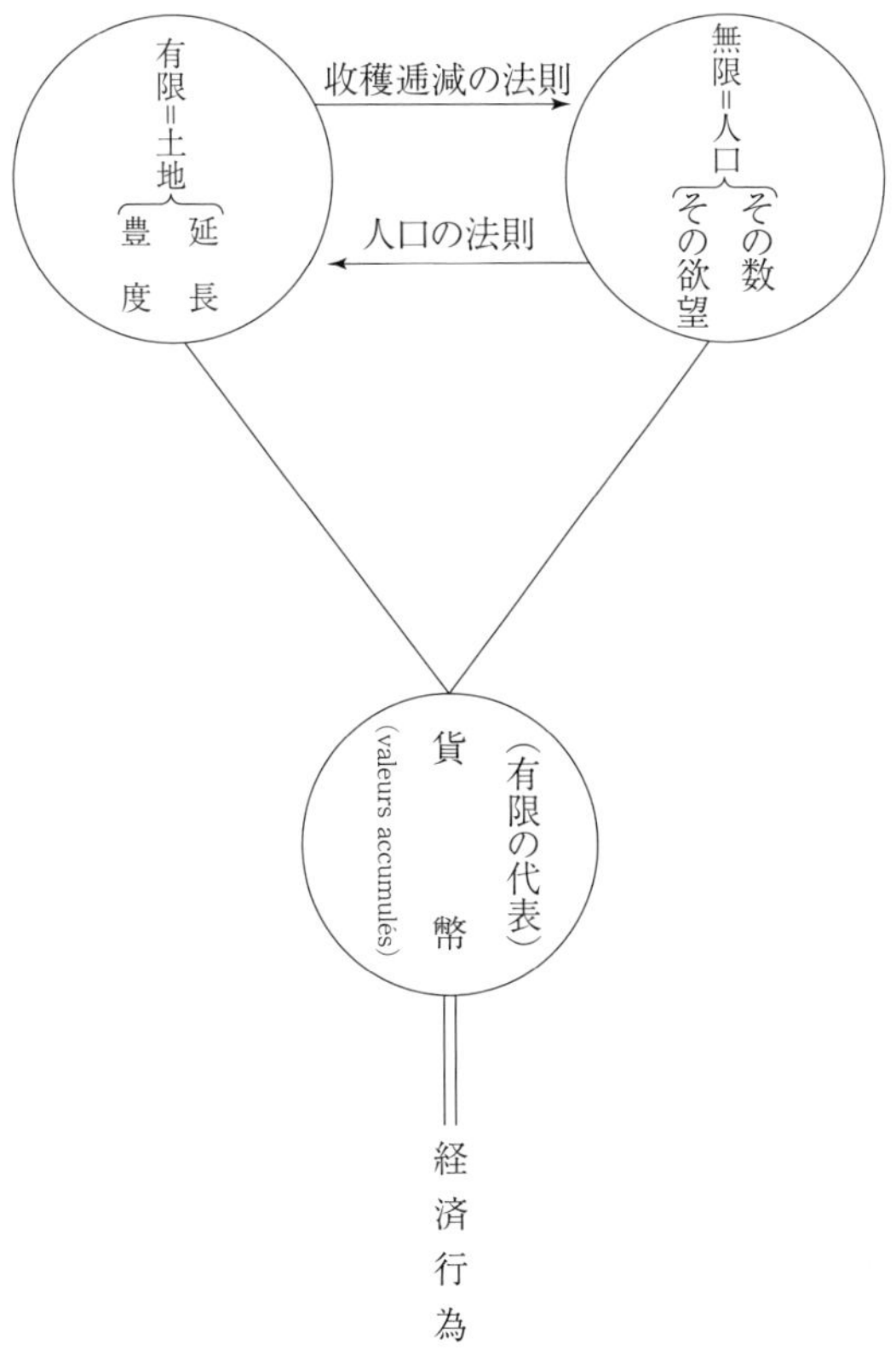

（旧派の資本と称するものは、その実貨幣価値に測らるるものとの意なり、なお資本を valeurs accumulés とすることは後段解説す）

しかれば、今本章の問題たる人口の増殖に関する理論は、人口統計学・民勢学におけるものと、全然その着眼点を異にするものならざるべからず。人口増殖の理論は、単純なる計算の問題にあらず、また数量の研究にあらず、欲望無限の原則の一作用として考究すべきものなり。土地はすべての有限を代表し、人口はすべての無限を代表す。マルサスの「人口の法則」を評論せんとするもの、まず眼をここに着けざるべからず、単純なる人口理論・統計論をもって、これを目《もく》するものは、そもそも学説発展の大勢を無視するものなり。

＊　＊　＊　＊　＊　＊　＊

さて経済学における人口論は皆マルサスの人口に関する学説をもって出立点となす。マルサス人口論の骨子は彼自らの言をもって云わば左の三点にあり。

1. Population is necessarily limited by the means of subsistence.
2. Population invariably increases, where the means of subsistence increase, unless prevented by some very powerful and obvious checks.
3. These checks, and the checks which repress the superior power of population, and keep its effects on a level with the means of subsistence, are all resolvable into moral restraint, vice, and misery.

Malthus, *An essay on the principle of population, or, A view of its past and present effects on human happiness, with an inquiry into our prospects respecting the future removal or mitigation of the evils which it occasions.* 7 th edition, London, Reeves & Turner, 1872. pp. 12-3.

または *Parallel chapters from the first and second editions of An essay on the principle of population,* (*Economic Classics*, edited by Ashley), London, 1895. p. 96.

一、人口は必然的に生存の資料（食料）によりて制限せらる、
二、生存の資料増す処においては、あるいは甚だ有力にして顕著なる抑制によりて妨げられざる限り、人口は必ず増殖す、
三、これらの抑制ならびに人口の勝れたる力を圧抑しその作用を生存資料と相和せしむるすべての抑制は、これを分って、道徳的抑制、罪悪及び窮困の三となすを得。

この三条を主張するについては、マルサスは

The constant tendency in all animated life to increase beyond the nourishment prepared for it. p. 2. *Parallel chapters*. p. 78.

すべての生物はこれに向かって具《そな》えらるる食料以上に増加する傾向を有すとの前提を置くなり。彼はその書の第一版において左の如く明言せり。

I think I may fairly make two postulate.

First, That food is necessary to the existence of man.

Secondly, That the passion between the sexes is necessary, and will remain nearly in its present state. *Parallel chapters*. p. 6.

予は信ず、予は次の二個の前提をなすを得べしと、

一、食料は人の生存に必要なり

二、両性間の性欲は必要にしてまたほとんど現状を維持すべし

しかして食料増加の割合は等差的にして、人口増加の割合は等比的なりと説くこと、人の普《あまね》く知る所の如し。曰く、

That population has this constant tendency to increase beyond the means of subsistence, and that it is kept to its necessary level by these causes, will sufficiently appear from a review of the different state of society in which man has existed. But, before we proceed to this review, the subject will perhaps be seen in a clearer light, if we endeavour to ascertain what would be the natural increase of population, if left to exert itself with perfect freedom ; and what might be expected to be the rate of increase in the productions of the earth, under the most favourable circumstances of human industry.

In the northern states of America, where the means of subsistence have been more ample, the manners of the people more pure, and the checks to early marriages fewer, than in any of the modern states of Europe, the population has been found to double itself, for above a century and a half successively, in less than twenty-five years.

*　　　*　　　*　　　*　　　*　　　*　　　*

According to a table of Euler, calculated on a mortality of 1 in 36, if the births be to the deaths in the proportion of 3 to 1, the period of doubling will be only twelve years and four–fifths.

Sir William Petty supposes a doubling possible in so short a time as ten years.

But, to be perfectly sure that we are far within the truth, we will take the slowest of these rates of increase, a rate in which all concurring testimonies agree, and which has been repeatedly asccertained to be from procreation only.

It may safely be pronounced, therefore, that population, when unchecked, goes on doubling itself every twenty–five years, or increases in a geometrical ratio.

If it be allowed that by the best possible policy, and great encouragements to agriculture, the average produce of the island could be doubled in the first twenty-five years, it will be allowing, probably, a greater increase than could with reason be expected.

*　　　*　　　*　　　*　　　*　　　*　　　*

It may be fairly pronounced, therefore, that, considering the present average state of the earth, the means of subsistence, under circumstances the most favourable to human industry, could not possibly be made to increase faster than in an arithmetical ratio.

*　　　*　　　*　　　*　　　*　　　*　　　*

Taking the whole earth, instead of this island, emigration would of course be excluded ; and, supposing the present population equal to a thousand millions, the human species would increase as the numbers 1, 2, 4, 8, 16, 32, 64, 128, 256; and subsistence as 1, 2, 3, 4, 5, 6, 7, 8, 9. In two centuries the population would be to the means of subsistence as 256 to 9; in three centuries as 4096 to 13, and in two thousand years the difference would be almost incalculable.

In this supposition no limits whatever are placed to the produce of the earth. It may increase for ever, and be greater than any assignable quantity ; yet still the power of population being in every period so much superior, the increase of the human species can only be kept down to the level of the means of subsistence by the constant operation of the strong law of necessity, acting as a check upon the greater power. Bk. I. ch. i. pp. 2-6

人口はかく生存資料以上に増加すべき絶えざる傾向を有し、またこれらの原因によりて必要なる水平に保たるることは、人類が経過せる社会の各種の状態を一覧するによりて、充分に知るを得べきなり。今この点に向かって論歩を進むるに先だち、人口が完全なる増加の自由を有するときは、その自然的増加の程度如何《いかん》、ならびに人類産業の最も便宜なる事情の下においては、地球の生産増加の割合いか程なるべきやを確かむるときは、この問題の本質、一層明瞭なるを得ん。

*　*　*　*　*　*

アメリカ北部諸州は欧州の近世諸国よりも生存の資料より豊富、人民の風俗より純潔にして、早婚の制限より少なし。しかして人口は一世紀半の間、連続的に毎二十五年以内において二倍するを見るなり。

*　*　*　*　*　*

オイラーの表によれば、死亡率は人口三十六に対する一にして、出産数と死亡数との割合三対一なるときは、人口二倍に要する時間はわずかに十二年五分の四なり。

*　*　*　*　*　*

サー・ウイリアム・ペティは人口は僅々十年にして二倍するを得べしと推測せり。しかれども事実に近きを確かにせんため、吾人はすべての証言の一致し、かつ出生よりのみ来ること、繰り返して確められたる最緩の増加率を取りて論ぜん。

すなわち人口は制限を被ることなきときは、毎二十五年に二倍しつつ行く、すなわち等比的に増加すと断言して差支えなかるべし。

＊　＊　＊　＊　＊　＊　＊

出来得る限り最良の政策を執り、ならびに農業に大なる奨励を与うるにより、イギリスの平均生産額を始めの二十五年に二倍するものを得るものと想像せんか、これは正当に期待し得る以上の増加なるべし。

＊　＊　＊　＊　＊　＊　＊

地球現在の平均状態について見るときは、人類産業に最も便宜なる事情の下において、生存の資料は等差的以上の割合にて増加することは望むべからずと断言し得る。

＊　＊　＊　＊　＊　＊　＊

今イギリスに代えて全地球を例に取るときは、移出民の問題は無論消滅すべし、しかして全地球の人口総数を仮に十億とするとき、人類増加の割合は一・二・四・八・一六・三二・六四・一二八・二五六なるべく、食料の増加は一・二・三・四・五・六・七・八・九に過ぎざるべし。すなわち二世紀の後には人口二五六に対し食料はわずかに九にして、三世紀の後には四〇九六に対する一三となるべく、二千年の後にはその懸隔《けんかく》はほとんど不可算的なるべし。

以上の推定をなすにあたり、吾人は地球の生産に限度を設けず、すなわち地産は永遠に増加し得るものにして定量をもって表し得る以上たり得と前提せり。しかも人口の力は常に食料よりも優勢にして、人口増加の大勢はこの優力に対する制限たる「必要」の大則の絶えざる働きあるによりてのみ、人口の増加は食料の水準に引き止められ得るものなり。

しかして、かく人口と食料との増加を調和する制限に種々あり。すなわち客観の側より云えば、その制限は積極的制限と予防的制限とに分れ、主観の側より云えば、罪悪、窮困及び道徳的抑制の三に分る。

These checks to population, which are constantly operating with more or less force in every society, and keep down the number to the level of the means of subsistence, may be classed under two general heads—the preventive and the positive checks.

The preventive check, so far as it is voluntary, is peculiar to man, and arises from that distinctive superiority in his reasoning faculties, which enables him to calculate distant consequences. The checks to the indefinite increase of plants and irrational animals are all either positive or, if preventive, involuntary. Bk. I. ch. ii. 8th ed. p. 7. *Parallel chapters*. p. 87.

すべての社会において多少の力をもって絶えず働き食料と同程度に人口数を維持する諸制限は、大別して予防的、積極的の二となすを得べし。予防的制限はそれが任意たる限りは、人類にのみ特有なるものにして、人類の理性の著しく秀《ひい》づるため遠き将来の結果を慮《おもんぱか》るより起る。植物及び理性を有せざる動物の無限増加に対する制限は、積極的なるか、もしくは予防的なりとせば、そは不任意的なり

主観の方面より見たる制限については曰く、

On examining these obstacles to the increase of population which are classed under the heads of preventive and positive checks, it will appear that they are all resolvable into moral restraint, vice, and misery.

Of the preventive checks, the restraint from marriage which is not followed by irregular gratification may properly be termed moral restraint.

Promiscuous intercourse, unnatural passions, violations of the marriage bed, and improper arts to conceal the consequences of irregular connections are preventive checks that clearly come under the head of vice.

Of the positive checks, those which appear to arise unavoidably from the laws of nature, may be called exclusivery misery ; and those which we obviously bring upon ourselves, such as wars, excesses, and many others which it would be in our power to avoid, are of a mixed nature, They are brought upon us by vice, and their consequences are misery. *Parallel chapters*. p. 90. 8th ed., p. 8–9.

以上積極的、予防的の二に分ちたる人口の制限を精査するときは、また分れて道徳的抑制、罪悪及び窮困の三となるを見るべし。予防的制限にして伴うに不規則なる追楽をもってせざる婚姻よりの抑制こそ適当に道徳的抑制と云うべきものなれ。乱雑なる性交、不自然的欲情、婚床の乱用その他、不規則的結合の結果を掩《おお》わんとする種々の不当なる方法は、予防的制限にして罪悪の項に属すべきものなり。自然の大則より不可避的に起る積極的制限はことごとく窮困に属す。吾人自らこれを招く戦争、乱行その他、すべて避け得べきものは罪悪と窮困と混合す。その起る所について見れば罪悪たり、その結果について見れば窮困なり。

今右の意を表示して諒解に便ならしめん（参考のため第一版の説をも示す）。

第二版以後の説

客観的　　**主観的**

- 人口増加の抑制
  - 積極的抑制
    - 避くべからざるもの ― 窮困
    - 避け得べきもの
      - 結果 ― 窮困
      - 原因 ― 罪悪
  - 予防的抑制
    - 不正行為の伴うもの ― 罪悪
    - 不止行為の伴わざるもの ― 道徳的抑制

第一版の説

客観的　　**主観的**

- 積極的抑制
- 予防的抑制

→ 窮　困
→ 罪　悪

右の分類について世上謬伝《びゅうでん》あり、積極的制限は窮困と罪悪とより成り、予防的制限は道徳的抑制と全然同一なりとする、これなり。かくては三の区分は二の区分の小区分たらんのみ。マルサスの意は然らず、二の区分と三の

区分とは異なれる方面より見たる異なれる二個の独立せる分類なりとなすにあり。この点はボナーこれを明白に弁ぜり。曰く、

We have here a twofold alongside of a threefold division of the checks to population. The division of checks into positive and preventive has regard simply to the outward facts. The division of them into vice, misery, and moral restraint has regard to the human agent and his inward condition, the state of his feelings and of his will

―Bonar, *Malthus and his work*. p. 81.

人口の制限は二分法と三分法と併立す。積極的、予防的の区分は、単に外形の事実について施せるものなり。罪悪、窮困、道徳的抑制の区分は、人間とその内界の事情、その感情、その意思の状態について施せるものなり

しかるに、セリグマンの如きすら、なお流行の謬説に陥《おちい》れり。曰く、

This pressure of population on food, unless removed by preventive agencies, will lead to the positive checks of misery, vice and crime……p. 61.

人口の食料に対する圧迫は予防的制限によりて除去せられざるときは、窮困、罪悪及び犯罪という積極的制限を招致す

と。これに反し、ブ師は正しき見解を下せり。曰く、

Diese Ausgleichung könne in doppelter Weise erfolgen : entweder praeventiv ― so dass mam eine überschüssige Bevökerung gar nicht entstehen lässe ― oder positiv (repressiv), so dass die entstandene auf irgend eine Weise wieder weggeschaft werde. Der allgemeine Ausdruck für die Macht, durch welche das letztere geschehe, sei das Elend. Das erstere aber könne sowohl durch lasterhafte Lebensweise und ihre Folgen als auch durch moralische Enthaltsamkeit erreicht werden. Elend, Laster und moralische Enthaltsamkeit, das seien die drei Hebel, welche das Gleichgewicht zwischen Menschenzahl und Nahrungsmitteln immer wieder aufrecht erhielten. Brentano, *Die Malthussche Lehre und die Bevölkerungsbewegung der letzten Dezennien*, München, 1909. S. 569.

この調和は二様の方法によりて行わる。一は予防的すなわち過超の人口を始めより生ぜしめざるを云う。一は積極的（圧抑的）すなわち生じたる過超の人口をなんらかの方法にて除き去るを云う。後者の行わるる力を一般に名づけて窮困と云う。前者には不道徳的行為及びその結果によるものと、道徳的抑制によるものとあり。すなわち窮困、罪悪、道徳的抑制の三は人口数と食料との権衡《けんこう》を保つ方法なり

マルサスがかく客観的に二制限をあげ、主観的には三方法をあげたるは一八〇三年の第二版以後の説にして、そのはじめて『人口論』を公にしたるときは、「道徳的抑制」は毫《ごう》もこれを論ぜざりしなり。すなわち第一版においては罪悪と窮困とのみを挙げたり。しかるに第二版以後に至りては、この両者よりも道徳的抑制なるものに重きを置くに至れるは、彼が学説の発展において看過すべからざる変遷なり。ブレンターノ師曰く

In der ersten Auflage seines Versuches waren es, wenn nicht ausschliesslich, so doch nahezu ausschliesslich Laster und Elend, welche die Ausgleichung zwischen Zunahme der Nahrungsmittel und Zunahme der Bevölkerung bewirkten. Es mag eine Folge der erwähnten Korrespondenz mit Godwin sein, der sich hiegegen wandte, dass in den späteren Auflagen die Bedeutung des vorbeugenden Hemmnisses, der sittlichen Enthaltsamkeit mehr hervortrat. S. 570.

彼の論文の第一版においては、人口の増加と食料の増加との権衡を保つものは（ことごとくとにはあらざるも、ほとんど）罪悪と窮困とのみとせり。しかるに第二版以後において予防的制限、道徳的抑制をもって重しとするに至れるは、ゴドウィンの反対に会いしたるがためならん

と。この点はマルサスの人口学説の価値を判定する上に甚だ肝要なり。その故、他なし、マルサスの『人口論』は

これによりて二の明らかに区別すべき論点を含むことを知るを得ればなり。二の論点とは、

一　生物無限増殖の理を闡明《せんめい》すること（第一版の主要論点）

二　人口は他の生物と異なり、人為的にその増殖を制限し得るものなること。したがって人口の増殖はひとり自然界の現象なるのみならず、社会上の現象にして、人口の法則は社会上の法則たり得ること、ならびに人口の増殖は、理論の問題たるのみならず、政策の問題たり得るを明《めい》にしたること（第二版以後の主要論点）

これなり。したがってマルサスの所論の価値を判定し、その当否を考察するには、この二の異なれる眼点よりするを要するなり。マルサスがはじめてその人口論を唱出したる時には、専ら第一の論点の闡明に力を用い、第二版以後においては、これに反して、第二の論点に主力を傾けたるなり。

そもそもマルサスがその『人口論』を公にしたるは、一八世紀の極末におけるイギリス特有の国情と、これに関連して続発せる諸種の社会改良論、なかんずくウィリアム・ゴドウィンの『政治的正義』なる著書と密接の関係を有す。ゴドウィンは後世の無政府主義の鼻祖とも称すべき人にして、当時イギリスにおける諸種の社会上、政治上の難問題は、皆現存の社会及び政治組織の根本的欠陥より来れるものとなし、殊に人為的政策をもって妄《みだ》りに人民の生活を束縛する政府をもって害悪の淵源となし、これらすべてのものを撤去するときは、神の摂理に合せる黄金社会現出するを得べしと主張せり。マルサスの父はこの説に賛同し、常の如く子なるマルサスとこれを討論の題目となしたるに、子マルサスはゴドウィンの説を一は自信より、一は父との討論上反対の立場を取る必要より盛んに駁撃《ばくげき》し、ついには討論を自己家庭の裡《うち》に止《とど》めず、その得たる思想を更に纏《まと》めて一冊の匿名《とくめい》著述として公にしたるもの、すなわち彼が『人口論』の第一版なり。さればマルサスは第一版においては、主としてゴドウィン所論の要所を破壊せんことに主力を用い、イギリス現在の難問は決して人為政策または政府の悪政の結果にあらず、人類自然の約束上免るべからざる所なりとし、その然る所以《ゆえん》は、人口は無限に増殖するに、食料の増加これに伴わざるより、これを調和せんとて起る種々の制限が、これらの社会上、政治上の害悪となりて顕るるものにして、これを矯正せ

んには人為の制限、すなわち予防的制限を人口の増殖に加うるによりてのみその目的を達すべく、ゴドウィンの如く政府を廃し、人為の政策を撤するが如きは、その病所を診するにおいて全く正鵠《せいこく》を失せるものなりとの説を主張せんとしたるなり。ゆえにその主力を注ぎたるは、人類無限増殖の理法の闡明《せんめい》にあり。無限に増殖する人口を養うべき食料は、これを生産する土地の極めて有限なるため有限なり。ここにおいてマルサスの人口の法則起る。しかして自然の理法として無限に増殖すべきはずなる人口は、実際においては無限に増殖せず、すなわちここに各種の制限あるを知る。しかもマルサスがはじめてその人口論を成したるときには、この制限もむしろ自然的のものなりと観察したれども、彼はその研究を進むるにしたがい、またゴドウィンその他の反対論出づるに及んで、人為的制限の力、大なることを悟るに至れるなり。ボナーこの点を論じて曰く、

In the first edition the bulk of his work consisted of an attempt to show that the necessary checks all produce vice or misery, and therefore offer an invincible obstacle to indefinite improvement. So in the second edition, which he regarded as a new work, Malthus abandoned the attempt to show that vice and misery are the only possible checks to the growth of population.

'Throughout the whole of the present work,' he says in the preface, 'I have so far differed in principle from the former, as to suppose another check to population possible which does not come under the head either of vice or misery.'

第一版において彼が主力を用いたる所は、必然的なる制限はすべて罪悪か窮困かを生ずるものにして、したがって無限の進歩に対し打ち克ち難き妨碍《ぼうがい》を与うる理を主張するにあり。しかして彼が自ら全く新著述と認めたる第二版に至りては、マルサスは、人口増殖の制限は、罪悪を窮困とのみなりとの説を捨てたり。彼自らその序文中に曰《い》えり、この書の全部を通じて、予は第一版に取りたる所と主義を異にし、罪悪または窮困の項目に属せざる他の制限をもって可能なりとする説を採れりと。

しかして、マルサスが「道徳的抑制」と名づくるものは、単に出産を制限するの意にあらず、一切の性交より遠ざかることを意味するなり。彼はこの両者を明らかに区別せり。すなわち曰く、

It will be observed, that I here use the term *moral* in its most confined sense. By moral restraint I would be understood to mean a restraint from marriage from prudential motives, with a conduct strictly moral during the period of this restraint; and I have never intentionally deviated from this sense. When I have wished to consider the restraint from marriage unconnected with its consequences, I have either called it prudential restraint, or a part of the preventive check, of which indeed it forms the principal branch. 8th edition, p. 8. Footnote.

予がここに用いる「道徳的」という語は最も狭く限られたる意味におけるものなることを注意せんとす。すなわち予が道徳的抑制なる語をもって言い表さんとするものは、思慮ある動機より婚姻を抑制するにあたって、その抑制期間厳密に道徳的なる生涯を送ることこれなり。予は故意にこの意味より遠ざかりたること決してこれなし。その結果如何《いかん》に関係なき婚姻よりの抑制を考察せんと欲するときには、予はこれを思慮的抑制と名づくるか、もしくは、これを予防的抑制の一部分――その主要部分を成す――と名づけたり。第八版八頁脚注。

換言すれば、出産制限の目的をもって、しかして、厳密に道徳的生涯を送りつつ、婚姻を差し控えることのみを、マルサスは「道徳的抑制」と名づくるものにして、「その結果如何に関係なき婚姻の抑制」とは、婚姻を見合せて出産を防ぐといえども、その結果、厳密なる道徳的生涯を送らず、不道徳なる性交を継続しつつ人為的産児制限によって、出産防止の方法を講ずるが如きもの（彼はそれを不規則的結合の結果を掩《おお》わんとする不当なる手段と呼べり）を意味するものにして、彼は、明らかにこれを道徳的抑制と認めず、単に思慮的抑制もしくは予防的抑制の一部と看做《みな》すなり。マルサス主義の名の下に、産児制限を主張するが如きは、マルサスの極端に意外とする所にして、彼を地下より起して、この事を聞かしめば、彼は必ずや決然として、その非を痛撃すべきこと疑いなし。さらに婚姻生活中における産児制限も、マルサスは、これを「婚床の乱用」の名の下に明らかに罪悪の項に帰すべきものとし

たり。

マルサスは、その第二版に至りて、第三の制限方法として、この厳格なる意味における道徳的抑制の可能、否、有力なるべきを認むるに至り、その立論の趣きは著しく変じたり。初めの説は、自然の大勢不可抗の理を主眼とし、後の説は人為により、人間の徳行によりてこれと調和すべき実行の必要を要旨とす。後のマルサスを論ずるもの、この区別を弁《わきま》えずしてその説を評論するがため、多く無用の弁《あらそ》いに陥《おちい》れり。キャナン、故に曰く、

It is in great measure the result of this change between the first and the later editions that the soundest economists will hesitate if asked directly, 'What is the principle of population as understood by Malthus ?' p. 136.

最も真面目なる経済学者が「マルサスの説きたる人口の法則とは何ぞや」と直下に質問せられたるとき、答に躊躇《ちゅうちょ》するは、大部分第一版とその後の版との間にこの変化起れる結果なりと。マルサス『人口論』の「誤謬《ごびゅう》」を指摘する学者その数甚だ多し。しかもそのいわゆる誤謬なるものがマルサスの誤謬にあらずして、かえって論者の誤謬たらざるを得るもの、よく幾干《いくばく》かある。キャナンの言、誠に中《あた》れり。

今マーシャルの本章におけるマルサス評論はこの謗《そし》りを被るべきものにあらず。マーシャルはマルサス『人口論』の要点は

一　労働の供給に関する説。すなわち人口無限増殖の傾向

二　労働の需要に関する説。食料を天然が労働に対する需要と見る

三　人口の将来に関する説。すなわち人口過超の憂い

なりとせり。しかして**一**に関する説は今日においても大体において真理たるを失わず、**三**に関してはマルサスの予測せざる多くの事件その後に起りて論拠を失わしめたりと云う。予もまた、ほぼしかく信ずるものなり。詳しく云えば、彼が説の**一**は大体において打破し難き真理を伝うるも、その**三**の人口政策に関する所論は今日においては、

むしろ反対の事実を認めざるべからずと信ず。否、彼が生物無限増殖の法則を唱出したるは、ひとり経済学の上のみならずすべての学問の上に永久に没すべからざる大功業なり。しかるにこの点において彼の誤謬を見出さんとするもの、その類少なからず。今そのすべてを挙げて評隲《ひょうしつ》するは、到底煩《はん》に堪えず。ひとり師ブレンターノ先生の「マルサス評論」において彼が誤りなりと指摘せられたるもの甚だ有力なり。曰く、第一の誤りは統計上にあり、彼が二五年をもって人口倍加すとなせる、これなり。第二の誤りは心理上にあり、（甲）人類は生殖欲を有す（乙）この欲は常住不易なりとせる、これなりと（前掲書五七一－五七九頁）。予もまたこの見解に服従せざる能《あた》わず。しかれどもこの誤謬ありとて、彼が人類無限増殖の傾向ありという大体論は決して破らるるものにあらず。倍加年限の論においてはボナー、キャナン両氏もまたその謬《あやま》りなるを評論せり。これ、けだし争うべからざる統計上の事実にして、ブレンターノ師の示したる如く（補論付表三八九頁を見よ）、倍加年限は最も短きニュージーランドにつして見るも三〇・五年にして、最も長きフランスは三一六・九、メキシコは実に三四六四・一年なり。また第二の誤謬たる生殖欲常住不易の前提は、実際において維持し難きこと言うまでもなし。人間は性交欲を有す、生殖欲を有せずとのブ師の論また然るならんと思わる。しかも性交欲減少の原因として、ブ師の挙げたるもの多くは、マルサスの道徳的抑制かまたは不道徳的抑制（避妊その他）に基づくものなることは、これを知らざるべからず。すなわちブ師は

一　生活準備の向上。**二**　家族を養う困難。**三**　婦人の地位の上進。**四**　他の楽の競争。**五**　配偶を得るの困難（五八八－九〇頁）

の五をもって結婚数減少の原因なりとせり。これマルサスのいわゆる道徳的抑制を余儀なくする作用に外ならず。次に出生数減少の原因としてブ師が

一　生殖病。**二**　精神病。**三**　生殖欲の減少（避妊等）

の三を挙げたるも、これいずれも皆不道徳的積極または予防制限の項目に属すべきものにあらずして何ぞや。

予をもって見るにマルサスの誤謬《ごびゅう》はこれらの点についていかに多くとも、それは彼が人口論の根底を覆《くつがえ》すの力なし。その要とする人口の増加は無限の原則を代表すという大真理は炳《へい》として存す。しかして土地有限の法則・収穫逓減《ていげん》の法則が大体の傾向を示すものにして、実際生活においてはその作用を遮《さえ》ぎる幾多の事情存する如く、人口無限増殖の法則も実際上の活動を現前するものにあらず。吾人の見る所は人口有限増殖の事実のみ。マルサスはこの点の解釈においては確かに幾多の誤謬に陥《おちい》れること、後の学者の呼号する所の如し。しかれども解釈は事実にあらず。解釈正しきにせよ、誤れるにせよ、事実はすなわち事実なり。マルサスの功は正しき解釈を下したることに存せず、事実を正しく看取したることにあり。マルサスの真の誤謬はここに存せずして他にあり。すなわち人口の将来に関する説これなり。彼は己の時代に事実上存したる人口過超の傾向をもって、永遠不易の傾向なりと速断せり、これ彼の大なる謬《あやま》りなり。しかも彼の誤りは恕《ゆる》し得べし。今日新マルサス主義と称する者は、マルサスの正しき第一の説を祖述するにあらず、徹頭徹尾誤れるその第二の説を伝承する者なり。ワグナーの如き、ややこの類に属す。今日の実際においては、人口増加の率高きは憂うべきにあらず、否、むしろ喜ぶべきなり。その低きフランスの如きこそ大に憂うべき状態にありと云わざるを得ず。低き出生率、更に著しく低き死亡率、しかしてその差として生ずる高き人口増加率こそ最も歓迎すべきものなることは、人口学上の動くべからざる真理なり。否、人口増加率高きは、これを養うの力その国に存する結果と見るべし。その低きはこれを養うの力乏しき表章なり。人口に対する需要多ければこそ、その供給は増加するなれ、しかして人口に対する需要多きは、その国生産力の大なるを意味す。今日世界の現状において、誤り伝えられたるマルサス主義の杞憂《きゆう》の如きは到底容《い》るるの余地なし。「生めよ、殖《ふ》えよ、地に充《み》てよ」これ人類に対する天の命なり。人口制限政策は這箇《しゃこ》の天理に背くものなり。人は生みて、殖えて、地に充たんとす、しかも地は行く所限りあり、ここにおいて人の努力生じ、向上の路拓《みちひら》け、進歩ここに起り、改良ここに成る。退嬰《たいえい》して地を狭くし、人を寡《すく》なくするものは、ついに滅亡を免るるを得ず。予は断じて新マルサス主義に与《くみ》する能《あた》わざるものなり。しかも新マルサス主義の杞憂は事実となり得るものなり。政策の上に建てるマルサスのこの議論は、実際の政策がその前提を充たす時、事実となるは当然なり。何をもって爾云《しか》う。答えて曰く、農業関税の激増なり、保護主義の拡張なり。換言すれば、マルサス時代のイギリスにおける如く、食料の供給に人為的の制限を設くることこれなり。これらの政策は確かに新マルサス主義の杞憂とする人口過剰の事実を現成すべし。何となれば、これらの政策は、有限の土地をより有限のものとなし、人口を養うの力を減殺すればなり。有限の土地をもって無限の人口を養うの必要に迫らるればこそ経済上の進歩起りて、この間に調和を齎《もたら》すなれ。しかるに人為の政策をもって妄《みだ》りにこの調和を破るときは、国の土地はその人口を養う能わざるに至り、ここに食なき過剰の人口生ずるは当然のみ。マルサスの『人口論』こそ、かくの如き政策を謬れる所以《ゆえん》を最も有力に明示するものなれ。この理を忘れていたずらに「人口論の誤り」を指摘して得たりとなす、予は断じて同ずる能わず。人口の法則は永久の真理なり、ダーウィンの進化論、これより出で自然現象の尋究に空前の光明を放てり。しかればまた社会現象の上においても、この法則を深く究めて、更により大なる法則の発見に導くこと、経済学将来の任務ならずとせんや。マルサスの誤りはその時代に囚《とら》われたる点にあり、彼が説きたる根本の真理に至りては、今なお昔の如く否定すべからず、覆すべからざるなり。

第五章　補　　論

予は本章において人口論の説明をなすに、従来の学書に普《あまね》く用らるる方法を捨てんと欲せり。ゆえに人口統計に関する各種の詳述はすべて省略に付せり。マーシャルの第四章には人口増加の沿革ならびに人口政策の変遷、人口統計の大要等を論じたるも本章一もこれを紹介せず。これらのいかなる経済書にも大抵載せあれば、今更絮説《じょせつ》の必要なしと信ず。もし詳しきことを学ばんとするものあらば

G. v. Mayr, *Bevölkerungsstatistik*, 2. A., seit 1922.
R. Mayo-Smith, *Statistics and sociology*, 1895.
R. Mayo-Smith, *Statistics and economics*, 1899.

の三書を繙《ひもと》くべし。津村秀松博士『国民経済学原論』及び金井延博士『社会経済学』にもやや詳しき人口論あり、併《あわ》せ看《み》よ。－ただし津村博士の説明はマルサス説を正しく伝えず、殊に道徳抑制の論を無視す。金井博士また両分、三分の別を明《めい》ならしめず。共に惜しむべし。－

さてマルサスの『人口論』の原名は

第一版は

An Essay on the principle of population, as it affects the future improvement of society, with remarks on the speculations of Mr. Godwin, M. Condorcet, and other writers, London, 1798.

『人口の法則に関する考え、それが社会の将来の進歩に及ぼす影響、ゴドウィン氏、コンドルセ氏、その他学者の所論に対する評論』

と云い、第二版は、

An essay on the principle of population, or, A view of its past and present effects on human happiness : with an enquiry into our prospects respecting the future removal or mitigation of the evils which it occasions, A new edition, very much enlarged, by T. R. Malthus, A. M. Fellow of Jesus College, Cambridge, London, 1803.

『人口の法則に関する考え、一名、人類幸福に及ぼす過去現在の作用一斑、付たり、これより生ずる弊害を将来取り除くに関する吾人の案についての研究』

第一版と第二版との内容の相違はその書名にも顕れたるを見るべし。

マルサス評論の数は非常に多く、いずれの経済書を繙きてもなんらかの評論なきはなけれども、そのうち最も勝

人口倍加年数表

国　　　　名	I 調査ノ年	II (人口一万ニ付)平均出生超過数	III IIヨリ算出セル倍加ニ要スル年数
1．ニュージーランド	1861 － 1905	230	30.5
2．ニュー・サウス・ウェールズ	1860 － 1905	216	32.4
3．ウルグアイ	1882 － 1903	214	32.7
4．サウス・オーストラリア	1861 － 1905	214	32.7
5．クイーンズランド	1860 － 1905	208	33.7
6．アルゼンチン	1895 － 1905	183	38.2
7．ヴィクトリア	1854 － 1905	179	39.1
8．ウェスト・オーストラリア	1861 － 1905	173	40.4
9．タスマニア	1861 － 1905	172	40.6
10．ブルガリア	1881 － 1905	170	41.1
11．ロシア（欧州）	1871 － 1900	151	46.2
12．セルビア	1861 － 1905	142	49.1
13．ノルウェー	1841 － 1905	140	49.8
14．ザクセン	1841 － 1905	132	52.9
15．スコットランド	1856 － 1905	128	54.5
16．イングランド及びウェールズ	1841 － 1905	123	56.7
17．プロイセン	1841 － 1905	122	57.2
18．デンマーク	1841 － 1905	120	58.1
19．バーデン	1841 － 1900	119	58.6
20．ミシガン	1868 － 1902	117	59.6
21．スウェーデン	1841 － 1902	112	62.2
22．ドイツ	1841 － 1902	112	62.2
23．オランダ	1841 － 1905	111	62.8
24．フィンランド	1841 － 1900	107	65.1
25．ヘッセン	1841 － 1900	105	66.4
26．ハンガリー	1876 － 1905	105	66.4
27．ヴェルテンベルク	1841 － 1900	102	68.1
28．ベルギー	1841 － 1905	97	70.3
29．ルーマニア	1861 － 1905	96	72.5
30．ポルトガル	1886 － 1900	96	72.5
31．イタリア	1866 － 1905	92	75.8
32．ハンブルク	1851 － 1900	91	76.5
33．日　本	1879 － 1903	88	79.1
34．バイエルン	1841 － 1905	84	82.9
35．スイス	1871 － 1905	83	83.8
36．オーストリア	1841 － 1905	79	88.0
37．マサチューセッツ	1849 － 1905	76	91.5
38．アルザス・ロレーヌ	1841 － 1905	73	95.2
39．コネチカット	1853 － 1903	71	98.1
40．ギリシャ	1864 － 1905	69	100.8
41．アイルランド	1864 － 1883	66	105.6
42．スペイン	{1861 － 1870, 1881 － 1905}	64	108.6
43．ロード・アイランド	1874 － 1900	55	126.4
44．チリ	1880 － 1905	54	128.7
45．メーン	1892 － 1904	46	151.0
46．バーモント	1871 － 1900	46	151.0
47．フランス	1841 － 1905	22	316.9
48．メキシコ	1895 － 1901	2	3464.1

れたるものは、本文にしばしば引用せる左の二英書なり。

Bonar, *Malthus and his work*, London, 1885.

Cannan, *Theories of production and distribution.*（全名前に出づ）pp. 124-147.

本書起稿中、予が接手せる左書は、最新のマルサス評論として、必ず読まざるべからざるものなり（本文中引用せり）。

Brentano, *Die Malthussche Lehre und die Bevölkerungsbewegung der letzten Dezennien,*（*Abhandlungen der historischen Klasse der K. Bay. Akademie der Wissenschaften.* XXIV. Bd., Ⅲ. Abt.）, München, 1909.

この書は豊富なる各種の統計表を付録したれば、最近各国の人口状態を知るには、マイアの統計学にも勝りて便あり。ブ師が近来続いて公にせる純理論の短篇中第一位に推すべきものならん。

今右書に付録せる数表の中、人口倍加年数に関する表の一部を前頁に摘録して参考に供す。表は右書付録六、七頁に収めあり。

前頁表によれば、イギリスは人口倍加に五六年一〇分の七、ドイツは六二年一〇分の二を要し、我が日本は実に七九年一〇分の一を要するなり。人口増加少なきをもって著しきフランスに至りては三一六年一〇分の九を要す。アメリカ全体についての調査はこれを欠くも、その挙げたるうち、増加最も速やかなるミシガン州にてすら、なお五九年一〇分の六を要す。しかれども二五年倍加説の実際の事実たらざること見るべきのみ。ただしマルサス時代のアメリカと今日のアメリカと同一視すべきにあらざるや言うまでもなし。さりながら、この統計をもって直ちにマルサスの誤謬《ごびゅう》を立証し得たりと思うものあらば、それは速断の甚だしきものなり。

＊　＊　＊　＊　＊　＊　＊

我が邦における人口増殖の有様如何《いかん》なりしや、その詳なることは元より知り得べからずといえども、故横山由清氏『古書旧記』について詳しく考証したるもの、明治一二年九月印行の『学芸志林』に掲げあり。題して「本朝古来戸口考」と云う。その後、井上瑞枝氏「大日本国古来人口考」一篇を物して『統計学雑誌』二一三・一四両号に載せたり（明治三七年一月・二月刊行）。今横山氏の考えたる「全国戸口数一覧表」を左に示さん。

時　　代	戸　数	口　数
弘仁　十四年	—	3,694,331
貞観　以　降	188,800	3,762,000
天暦　以　降	176,666	4,416,650
文治　以　降	650,000	9,750,000
延享　元　年	—	25,682,220
寛延　元　年	—	25,917,830
宝暦　六　年	—	26,061,830
文化　元　年	—	25,621,957
明治　六　年	—	33,300,675

井上氏の「大日本国古来人口考」は甚だ詳密に渉《わた》るものなるが、そのうち合計の掲げあるもののみを挙ぐれば左の如し。

御代	年紀（神武天皇）	人口数
崇峻天皇 二年	1249	3,931,152 4,031,050 4,988,842
推古天皇 十八年	1270	4,990,000 4,969,899
元正天皇 養老五年	1318	4,584,893
聖武天皇 自神亀元年 至天平二十年	1384-1408	8,000,000 2,000,000 4,899,620 8,631,074 4,508,551 8,631,770
嵯峨天皇 弘仁四年	1473	3,694,331
清和天皇 貞観以後 醍醐天皇 延喜以前	1520 以後 1560 以前	3,762,000
醍醐天皇 延長元年	1583	1,128,167
村上天皇 天暦以後 一条天皇 正暦以後	1610 以後 1650 以後	4,416,650
宇多天皇 弘安年間	1938-1947	4,484,828
奈良天皇 天文二十二年	2213	22,330,996
霊元天皇	2325-2346	24,000,000

御　　代	年　紀 （神武紀元）	人　口　数
東山天皇	2348-2366	24,994,606
中御門天皇		
享保六年	2381	26,065,422
同　十一年	2386	26,508,998
同　十八年	2392	26,921,816
桜町天皇 延享元年	2410	26,153,450 26,162,230 25,682,220
桃園天皇 寛延三年	2410	25,926,720 25,917,830 25,920,830
宝暦元年	2411	26,080,000
同　六　年	2416	26,061,830
光格天皇		
寛政四年	2452	24,891,441
同　十　年	2458	25,471,033
文化元年	2464	25,621,957 25,455,842 24,417,729
仁孝天皇		
文政十一年	2488	27,201,400
天保五年	2494	27,063,907 31,441,646
弘化三年	2506	26,602,110
孝明天皇		
嘉永五年	2512	27,201,400
安政三年	2516	25,000,000
明治天皇 明治五年	2532	31,866,389

右両表の数字はいか程まで信を置くべきものなりや遽《にわか》に考定し難しといえども、多少参考に資すべきものなるは言を須《ま》たず。醍醐天皇延長元年の百余万を除きて、他は後宇多天皇の朝、すなわち西暦一三世紀までの数字は皆三

百万の間を出入し、ひとり聖武天皇の朝において八百万なる異数を載せたるのみ。されば欧州の中古前葉に該当する時期における我が邦の人口数は五百万人を超過せざりしものと見て大過なかるべきか。シュモラーの『原論』によれば、ドイツ（今日の面積に引き直して）の人口はカエサル時代には二、三百万の間、一二五〇年より一三四〇年の間には、約千二百万、一六二〇年頃には千五百万、一七〇〇年頃同じく千四、五百万、一八〇〇年には二千二百万ないし二千四百万なりしならんと云う（新版、巻一、一七三頁）。我が邦にても後奈良天皇の朝、すなわち一六世紀の半頃には二千二百有余万人とあり。その後の数字はかつて二千万台を降《くだ》ることなし。天保五年の異数三千百余万を除いては、皆二千四、五、六百万の間を出入りするを見る。すなわちドイツと比較するときは、一三世紀頃はかの千二百万に対して五百万以下なれば、我が邦の人口数は甚だ少なきを示すも、それは面積の元より同じからざれば、疎密の比較を立て難し。一六世紀以降に至りては、面積においても彼我《ひが》やや同位に立つためならんか、我が邦の方人口多きを見るべし。まず一九世紀初頭のドイツ人口数と一七、八世紀における我が人口数と大約同じ如く見ゆ。元よりこれらの異同は邦土の広狭を精査して考えざれば、一場の空談に過ぎざれども、またその間多少の消息の窺《うかが》うべきなきにあらず。もし我が邦にして右に推測する如くドイツよりも人口やや多きこと事実なりしとせんか、その原因の一は彼には黒死病及び三十年役の如き、著しく人口を減少せしめたる事件あり、しかるに我が邦には戦乱は少なからざりしも、皆国内戦にして三十年役と比すべきものなく、また元より黒死病のなかりしことに存せざるか。姑《しばら》く記して識者の精考を待つ。

＊　＊　＊　＊　＊　＊

本庄栄治郎博士は、本年（大正一三年）二月発行のその著『徳川幕府の米価調節』に、英文をもって草したる「徳川時代の人口」なる有益の研究を付載し、その中に、小宮山（「近代の人口幷人口と天時との関係」）、勝（『吹塵録』）、西山（『官中秘策』）諸氏の考証に基づき、江戸時代の人口数を集計して一表を掲げたり。本文、横山、井上両氏の作表と参考するに甚だ有益なり。その大要を摘録すれば左の如し。

年　　代	西　暦	人口総数	指　　数
享保十年	1721	26,065,425	89.07
享保十一年	1726	26,548,998	100.00
享保十七年	1732	26,921,816	101.02
延享元年	1744	26,153,450	98.51
寛延三年	1750	25,917,830	97.24
宝暦六年	1756	26,061,830	98.16
宝暦十二年	1762	25,921,458	97.25
明和五年	1768	26,252,057	98.88
安永三年	1774	25,990,451	97.51
安永九年	1780	26,010,600	97.57
天明六年	1786	25,086,466	94.49
寛政四年	1792	24,891,441	93.71
寛政十年	1798	25,471,033	95.93
文化元年	1804	25,517,729	96.11
文化十三年	1816	25,621,957	96.50
文政十一年	1828	27,201,400	102.45
天保五年	1834	27,063,907	101.93
弘化三年	1846	26,907,625	101.35

第六章　資本の増殖

通説において生産の三要素と云えば、土地・労働・資本を指すものなり。生産論においては、主としてこれら三要素の供給増加を考究す。マーシャルはこの意味において生産論をもって「供給論」となすべしと考う。この見解は甚だ狭隘《きょうあい》に失す、経済学の供給論は生産物の供給、すなわち財の供給を論ずべきものにして、生産要素の供給はその手段たるべきのみ。しかるに通説及びこれを襲踏するマ氏は、要素の供給は、畢竟《ひっきょう》財の供給と同一事なりとするものの如し、これ謬《あやま》りなり。要素の供給増加は多くの場合において、財の供給増加を惹《ひ》き起すべしといえども、これによって直ちに両者を同一物視するは、原因をもって結果となす速断に陥《おちい》れるものなり。要素の供給増加は決して直ちにこれと同一比例において、財の供給増加を齎《もたら》すものにあらず。時としては、要素の供給増加するも、財の供給増加せざることあり、たとい増加してもその比例に応ぜざることあり。けだし財の供給は、間接には要素の供給増加の作用を受くべしといえども、直接には企業の力のみこれを支配するものなり。すなわち要素を配合按《あん》排《ばい》して、これを生産の用に充当するものありて、ここにはじめて生産は起るなり。要素の供給いかに増加すとも、それは直下に生産の増加を意味せず、否、生産の起ることすらも意味せざるなり。要素を配合按排して生産を起すものは企業なり。されば直接には供給の増減を掌《つかさど》るものは企業あるのみ。供給論は企業において、はじめてその完結を見るべきものなり。しかるに通説においてはこの点を論ぜず、あるいは論ずるも趣旨貫徹せず、企業をもって第四の生産要素なりとして、土地・労働・資本と同一の作用を認むるのみ。その理由は前章すでに一言したる処の如しといえども、特にかくの如き謬説《びゅうせつ》を生ずるについては、資本の増殖の問題最も関係あり。否、従来の経済学における資本論は、根本におけるこの誤謬のために甚だ累《るい》を被れり。―ジョン・スチュアート・ミルが「商品に対する需要は労働に対する需要にあらず」と云えるは、この意に解するときは一面の真理を伝うるものなり。―

供給の本質についてかく誤れる見解の行わるるは、生産要素論成立当時のイギリスの国情、甚だ密接の関係あり。当時のイギリスは国運勃興《ぼっこう》の時代にありて、経済上においては、人口は増殖し、食料の供給に困難を感じ、いかにしてその調和を保ち、いかにして国富を増加すべきやの問題、最も切実なりし時なり。ゆえに学者はひたすら供給増加論に重きを置き、生産要素を論じては、一意に要素増減（殊に増加）の問題に潜心したり。しかして供給増加と云うも、土地はその不変条件たる面積については、増加と云うこと問題とならず、その増し得るものは可変条件たる豊度あるのみ。人口の増殖はその傾向においては無限なり。この人口を養うべく豊度を増進し、収穫逓減《ていげん》の法則の働き来るを免るるの道は、土地の改良、農業技術の進歩によるの外なし。しかるに土地を改良し、農業の進歩を図らんとするには、主として資本の力を藉《か》らざるべからず（労働効程増進の問題は未《いま》だ重きを置かれざりき）。すなわち有限をもって無限に調和せしむる第三の要素たる資本の増減は、やがて供給の増減を支配する最大動因と看做《みな》さるるに至りしは、思想の推移として誠に当然に属せり。かくて資本は、土地と人口との二要素が生産要素となり、経済上の進歩の動因として活動するに欠くべからざる結合者にして、その増殖の問題は生産論の骨子たり、供給増加論の真髄と認めらるるに至れり。これに加うるに、実際上看過すべからざる一事情あり。急激の勢いをもって農業国より工業国へ驀進《ばくしん》しつつありたる当時のイギリスにおいては、不動産に対する動産の重要大に加わり、いわゆる landed interest に対して monied interest の勢力著しく上進するを免れず、したがって土地は収穫逓減の法則のために生産動因として、文明の進歩とともにその重要を減じ行くに、この傾向の作用を蒙《こうむ》ることなしと推定せられたる資本は、生産動因として、学者をして多大の希望をこれに繫がしむるに至れり。されば、生産論をもって増殖論となすの傾向は、また資本論において最も著しく顕れたるは偶然にあらず。従来の経済学の資本論は、この眼孔より観察して、はじめて正しく諒解せらるべきものなり。しかるに経済学の進歩に伴い、資本を観察するに、単にかく狭き見地よりし、増加の動態にのみついて研究するは不可にして、更に汎《ひろ》く資本全体について研究し、その静態をも十分に考察するを要すること、学者の注意する所となり、マルクスよりベーム‐バヴェルクを経て近時クラーク以下諸学者の資本学説を生じ、現在の経済学において議論の紛糾《ふんきゅう》せること、資本論の如く甚だしきはなき有様にまで変化し来れり。さもあらばあれ、生産の動因としての資本、供給の要件としての資本については、旧来の通説の方、少なくとも理路の一貫せる点において、最新の資本学説に勝れり。今の混沌たる資本論は、一方において旧時の結構を打破したれども、他方には、未《いま》だこれに代わるべき適当なる地位を資本に与えず。ゆえに予は、以下マ氏を紹介するに旧来の通説の根底の上に立ち、その当然帰着すべき地位を示すを主とすべし。ゆえにこの章、題して単に「資本」と云わず、「資本の増殖」と云う。けだし資本の本質論はこれを措《お》き、専ら動態について観察するの意を明らかにせんとするがためなり。

生産動因としての資本は、一方に富と関連し、他方に貨幣と相接す。換言すれば、有限の土地の生ずる所をもって、無限に増殖する傾向ある人口を養わんとする人間の努力は、まず資本なる態において発動するものなり。既に前章示せる如く、今日現在の立場において、予は貨幣こそこの作用をなすものと信ずるなり。しかも単に貨幣と云うときは、具象的なる貨幣素材のために局限せられて、吾人の観察を妨ぐるもの少なからず。正統派の学者必ずしもこの理に想到せざりしにはあらず。否、すべての正統派の起る遠き以前、アダム・スミスに先だつ約百年の前において、イギリスの哲学者ジョン・ロックは明らかにこの理を道破せり。曰く、

This is certain, that in the beginning, before the desire of having more than men needed had altered the intrinsic value of things, which depends only on their usefulness to the life of man, or had agreed that a little piece of yellow metal, which would keep without wasting or decay, should be worth a great piece of flesh or a whole heap of corn, though men had a right to appropriate by their labour, each one to himself, as much of the things of Nature as he could use, yet this could not be much, nor to the prejudice of others, where the same plenty was still left, to those who would use the same industry. John Locke, *Two treatises on civil government.* Bk. II ch. V. Of property. § 37. *Works,* vol V, 1823. p. 359. Routledge edition. p. 209.

人がその要する所より以上のものを有せんとする念のために、人世に向かっての有用性に基づく物の固有価値変更せられ、または消費もしくは消滅せらるることなき金の一片が、多くの肉片または穀物の大量と同一価値を有すべしと協定するに至れる以前の時代においては、人は自ら用い得る限りの天然物をその労働によりて占有し得たりとも、その高《たか》は多からず、しかして、同一の労を厭《いと》わざるものに対しては、同様に充実せる物が残されあるにより、それは他人を害することなかりしは確かなり。

ロックは予が主張する所の理を反対の方面において道破したるものなり。すなわち貨幣なる手段起りたるため、人はその直接欲望充足の用に供すべきより以上のものを私有するに至れりと説く。この理を反対の側より見れば、貨幣あるによりて、人は時を隔て、所を異にする生産の結果たるものを、自己の好む所と時とにおいて、欲望充足の用に供するを得るものにして、したがって現在現所において与えられたる有限の生産物のみに局限せらるることを免かれ、その無限の欲望をよく調理し行き得るものなりと云うを得べし。すなわち貨幣とは、人が有限のものをもって無限の欲望を充《み》たさんとする必要に促されて、発明したる一手段たりとも云い得るなり。この意において、予は貨幣は有限性の代表なりと云えり。この事はなお別に詳論するに譲りて、今正統派の資本の概念は、すなわちこの有限・無限調和の手段たる貨幣の意を寓するものにして、具象的なる貨幣素材のために限局せられざらんため、貨幣価値の embodiment（体現）として資本を論じたるなり。ゆえにこの意を推《お》して、資本とはすべて「貨幣価値を有するもの」の謂《いい》なりと云うものあり、けだしその意を得たるものと云うべし（資本の定義としては、その不当なることは前すでに論じおきたり）。あるいはまた富なる語をもこの意に用ゆるものあり。－アダム・スミスの stock フランス学者の valeurs accumulés またこの意を寓ず。－ ジェヴォンズは、よくこの種学者の真意を洞察したり。（*Principles of economics*, London, 1905. p. 16. J. S. Mill on the definition of wealth）を見よ。すなわちミルが富の定義として susceptibility of accumulation（蓄積可能性）なるものを挙げたるは、ロックが貨幣について云える所と根本の思想を同じうするものなり。「蓄積せられたる有限」は、幾多の時、所、人、使用の間に配合按排《あんばい》せられて、よく無限の用に応ずるを得、富の存在はすなわちこの必要に応ずるにありとなすものなり。しかれどもジェヴォンズが指摘する如く、「蓄積」を富に繋ぐるときは、論理上幾多の困難を生ず。ここにおいて後の学者は、（否、ミル自らさえ他の場所においては）富について「蓄積」を云々《うんぬん》することを已《や》め、これに代うるに資本をもってし、資本とは「蓄積せられたる富」もしくは「過去労働の蓄積」を云うと定むるに至れり。これは資本の定義としては、甚だ謬《あやま》れること、予すでにこれを論ぜり。されど従来この種定義の汎《ひろ》く行われたるは、それが資本の本質について、また実際経済生活における資本の作用について、観察したる結果にあらず、生産要素として、土地と人口との結合要件たる概念を論理上定むる必要あり、この必要に応ぜんため、たまたま「資本」なる語を捻出し来りてこれに充当したるものなり。この点より見て、はじめて従来の資本論が主として蓄積論たるに止《とど》まりし真因を窺《うかが》うを得。「蓄積」とは過去を現在の用に供する事なり。有限を無限に配合按排《あんばい》する事なり。これありて、はじめて有限・無限の調和行われ、これありて、はじめて土地と人口とが特に「経済的」に結合せられて、生産要素（もしくは近時の学説の国民経済の要素）となるを得るなり。資本はただ手段なり。しかもこの手段の増殖こそ、この経済的調和をいよいよ十分ならしめ、よってもって人の欲望充足をより十分ならしめ、供給の増加をもって需要の増加に応ぜしむるを得るなれ。これを国富増進の唯一法とすること、これ通説の資本増殖論の骨子なり。「蓄積増殖」ここにおいて人間経済活動の眼目となる。

今マ氏が本章において論ずる所は、この立場より考察するときは、十分にその意を諒《りょう》し得べし。氏はまず第一節より第六節に至る間において、「蓄積」（氏はミルの顰《ひそ》みに倣い、これを富と名づけ、富と資本との区別はこの点においてこれを施すを要せずと主張す）の成立をやや歴史的に叙述し（ただし、その叙述は甚だ不十分なり）、次に貨幣経済の発生に論及し、ついに蓄積の動機を説いて、自己のためにするよりも家庭的愛情のためにする場合多きを指摘す。しかして第七節に至りて、蓄積の淵源を論じ、続いて需要論の所説に関連して、物の異なれる使用の選択はすなわち蓄積に導くの理を説き、終りに蓄積増進の割合を考究す。この結構は、すなわち予が上段論ずる所を明らかに立証するものにあらずや。第一ないし六節は議論の要旨にさしたる関係なく、その説く所極めて皮相的なるをもってこれを省き、第七節以下の大要を左に紹介して、更にその然る所以《ゆえんめい》を明ならしめん。

＊　＊　＊　＊　＊　＊　＊

蓄積の淵源。貯蓄の力は必要なる支出以上に剰《あま》る所得の高《たか》によりて定めらる。されば富者こそ貯蓄の力を多く有するものなれ。イギリスにおいては資本は主として大所得より生ずるものにして、小所得より生ずるものは少なし。しかして一九世紀の初め（すなわち生産要素論成立の当時）のイギリスにおいては、貯蓄の習慣の最も普及せるは、商業階級にして、地主及び労働階級は遥かに劣れり。これらは、従来のイギリス経済学者をして、貯蓄と云うときは、直ちに資本の利潤を思わしめ、その他を顧みるを忘れしめたる原因なり。

しかれども、近代のイギリスにおいてすらも、自由職業の所得、労働者の賃銀は、蓄積の淵源として重要のものに属す。文明の程度低き時においては、これらは最も重《おも》なる淵源なりき。殊に考うべきは、中等階級なかんずく自由職業者は、貨財において蓄積をなさずとも、子の教育に多大の資を投じ、この態において大なる蓄積をなすため、自らを制すること甚大なるを常とせり。労働者も自らその得る所の賃銀の大部分をさきて、その子の健康・体力に投資するものなり。従来の経済学者は、人間の才能が生産の手段として、他の種類の資本に、その重要劣ることなき肝要のものなる所以を度外に措《お》けり。予はこれに反して主張す、富の分配に変動起りて、労働者により多くを与え、資本主により少なくを与うるときは、他の事情均《ひと》しき限り、有形生産の増加を促進すべき傾向を有するものにして、しかも有形の富の蓄積は、これがために敢えて碍《さまた》げらるることなきものなりと（この点、予は確信をもってマ氏に賛同す、近来ピグーはこの理をその『厚生経済学』において詳《つまび》らかに考究したり。なお拙著『社会政策と階級闘争』一六九頁以下を見よ）。もとよりその変化余りに急激にして、公の安全に打撃を与うるが如き場合には、他の事情同じきを得ざるべし。しかれども有形の富の蓄積は、ために一時的にいささか停止せらるることありとも、純然たる経済上の立場よりのみするも、それは必ずしも損失をもって目《もく》すべからず。静かにまた妨害を喚起することなく行われ、しかしてその結果、人民の大多数により良き機会を与え、その生産力を増進し、また子の時代に至りて、遥かに生産力に富める労働者を起すべき作用を有する善良なる習慣を涵養《かんよう》するを得るときは、利は損を償うて優に余りあり。何となれば、これによりて全体においては、かえって有形の富の増殖をも促進すべければなり。

物の現在の使用と将来の使用との選択と蓄積との関係。需要論の条下に、物はその幾多の異なれる使用を按排《あんばい》配合するにより、より多くの限界利用を生ずべく、しかして限界利用均等の法則の実現はこれによりて確めらるるものなるを説けり。物の現在の使用と将来の使用との選択もこの理に従うこと、また既に云えり。ただこの場合には一　将来の使用は、現在の使用に比して不確かなること　二　人間普通の情として、大抵は同一の享楽を与うるものについては、将来の使用よりも、現在の使用を欲するものなることの、二の事情を併《あわ》せ考えざるべからざること、読者の記憶する所ならん。この点、蓄積の多少と密接の関係あり。

思慮深き人は、同一の資料が生涯のいずれの時代においても同一の快楽を与うべしと信ずる時は、その有するものを全生涯を通じて均一に配分すべし。しかして将来において（老年に至り）、彼が所得を得るの力減少すべきを知る時は、彼は必ずこの将来に対してその幾分を貯蓄するなるべし。彼の貯蓄をなすは、これによりて増殖を得る（利子付加するにより）場合のみに限るものにあらず、現在よりもその高かえって減少するに相違なきを知るときといえども、なおこれをなすべし。果実もしくは鶏卵を冬季の用のために蓄積するときは、その味は、現在直ちに食するよりも必ず劣るべしといえども、冬季にはこれを得ること難きを知るが故に蓄えおくが如き、これなり。銀行に貯蓄金を預けて利殖するの道存せざるときは、これを自ら保蔵する煩《はん》と労をも辞せざるものあるべし。されば預金に対し多少の手数料を徴するも、喜んでその貯蓄を託すべし。すなわち利率は消極的なる場合必ずあり得るなり。されど今日普通の場合は、貯蓄は、現在を将来のために犠牲とする謂《いい》にして、かく将来まで待つという犠牲に対しては、消極的に利子を生ずるを常例とす。この「待つこと」を経済学において従来多くabstinence（節制）と名づけたれども、これは誤解を惹《ひ》き起し易《やす》し。節制と云うは、その貯蓄せらるるものについてのみ云うものにして、貯蓄する人について言うにあらず。最も多くの蓄積をなすものは、富者なり、しかれども富者は一般に節制を守るものと云うべからず、極めて華美なる生活をなしつつ、なお貯蓄するなり。マルクス、故にこの意における節制を嘲《あざけ》って、豪奢《ごうしゃ》なる生活を営むロスチャイルドは節制を守るものにして、貯蓄の余裕なきはもちろん、その日の生活にも窮するものは節制を守らざる者なるかと皮肉の言を発したるは、この誤解に基づくものなり。富者がその所得の全部を消費し尽さずして、幾分を貯蓄するは、すなわちその部分については節制を守る者なり。貧者については節制と云うことは始めより問題とならざるなり。さもあらばあれ、かく誤解せられ易き節制なる語は勉《つと》めてこれを避くるを要す、予はこれに代えて単に「待つ」waiting と云わんと欲す（マ氏はベーム・バヴェルクがマ氏をもって「節制学説」Abstinenztheorie を執るものとするは曲解なりとて、他の所において弁解の辞を費やしたり）。

　利率と貯蓄との関係。一般に云えば、利率高きほど貯蓄多き理なり。その反対に、利率低きとき貯蓄心また少なし。しかれどもこの原則には例外あり。第一はサー・ジョサイア・チャイルドの云える如く、利率高き国においては、富を貯蓄するものは早くその業を已《や》め、すでに貯蓄したる富を貸付けて、その利子に衣食せんとする傾向あり、これに反し、利率低き国にては、商人は永く商人としてその業を継続し、利息生活に隠退せざるため、国全体としては、利率高き国よりもより多くの富の蓄積を見る場合、これなり。その二は、一定の所得を生ずべき金額を貯蓄して老後もしくは家族のために計をなさんとする場合の如き、これなり。すなわち一ヶ年四百ポンドの所得を生ずべきだけの貯蓄をなさんとする者ありとせよ、利率一ヶ年五分なるときは八千ポンドを貯蓄すれば足れり。しかるに利率四分なるときは一万ポンドを貯蓄するを要す。すなわち利率低きときは多く貯蓄し、高きときは少なく貯蓄するに止《とど》まるべし。

　かく例外の場合ありといえども、大体の原則としては、利率高きときは貯蓄を促進すること多く、低きときは少なきは明《めい》なり。しかして高き利率はひとり貯蓄心を高むるのみならず、貯蓄力を高むるものにして、利率高きは生産力の増進を表すものと云いて差支えなきこと多し。しかれども従来の学者が専ら重きを利率の高低に置き、労働者の所得を減殺するを顧慮せざりしは誤りなり。有形物の貯蓄ひとり尚《たっと》ぶべきにあらず、労働者が子の教育・体力に投ずる蓄積の力の大なること、決して忘るべからず。しかしてまた年々の資本の増殖は、既に存在する資本全額より見れば、むしろ一小部分にして、たとい利率高まりて、ために資本の蓄積増進すとも、資本全額は、未《いま》だ著しき増加を見るものと速断すべからざるなり。

以上、マ氏の説く所、平々淡々なんらの奇なしといえども、単に供給増加の点より見たる従来の資本論の要旨は、これに尽きたり。

＊　＊　＊　＊　＊　＊　＊

第六章　補　論

資本に関する著書甚だ多し。その一、二は前編すでに掲げたり。ついて看《み》よ。なお近来資本の本質及びその増殖に関して最も精細の研究をなすものは、アメリカの学者アーヴィング・フィッシャーなり。その著

Irving Fisher, *The nature of capital and income*, 1906. — *The rate of interest*, 1907.

の二書の所論は、更に他の所において論究すべし。

この章の根本思想はアダム・スミスすでにこれを定めたり。『国富論』第二編「資本の性質、蓄積及び使用」（キャナン版二五八頁ないし三五四頁）のうち、特に第三章は必ず読まざるべからず。有名なる「資本は節倹によりて増加す、生産によりて増加せず」'Parsimony and not industry, is the immediate cause of the increase of capital.'（三二〇頁）という奇言は、この章の要旨を道《い》えるものなり。

第七章　労働効程の増進と分業

蓄積せられたる富は資本という生産要素として、過去を現在に、現在を将来に、按排《あんばい》配合する手段となり、ここに有限の土地が無限の人口を養う調和の道与えらる。しかれば生産要素論はこれをもって尽きたるか。それ然り、豈《あに》それ然らんや。資本の増殖は生産増進、供給増加の物的方面を代表するのみ。一八世紀の末葉より一九世紀の初めに渉《わた》り、富の増殖における物的手段として資本の重要甚だ大にして、学者必ずまずここに着目せざる能《あた》わざりしことは既に説く所の如しといえども、しかもこれと同時に富の増殖における、生産の促進における、人的方面の急激著明なる変化、また識者の注意を逸する能わず。過去労働の蓄積いよいよ多くして、現在の労働の及ばざる所を補う力の大なるを見るとともに、現に生産の用に供せられつつある労働の力の増進また大なる、これを看過する能わず。労働供給の増加は、まず数量の上における増加について人の注意を引けり。マルサスの人口の法則は、すなわちこの理を説きて、労働の数量上の増加は無限なる供給を現すべき傾向を有し、これに対する需要（生産上の業務の上に顕れ、また食料の供給の態において顕るる）よりも、遥かに速やかに増進するものなるを示せり。されば労働の数量的増加は、生産供給の動因としてよりも、むしろ生産需要の動因として観察せられざるべからず（人は生産の目的にして、手段にあらずとの浅薄なる議論は姑《しばら》く措《お》きても）。ゆえに国富増進の立場より見ては、労働の数量的増加は unmixed good「無雑なる善事」と看做《みな》すを得ず。ここにおいて人口の増殖はかえってこれを喜ばざるの傾向生じ、ひたすらに富の蓄積たる資本の増殖において、この難関を透過せんことを求むるに至れり。しかも資本の増殖いかに著大なるも未だこれのみをもって、この難関を解決し得ること能わず、学者は更に眼を他の方面に転じ、資本の増殖と相提携して、有限無限調和の手段たり、国富増進の動因たるべきものの研究に志ざすに至れるは、決して偶然の出来事と云うべからず。他の方面とは、すなわち生産力増進の人的方面を云う。換言すれば、生産要素としての労働の数量の増進ならずして、品質上の増進これなり。予はこれを名づけて労働効程（能率）増進の問題と云わんとす。均《ひと》しく労働の力の増加なり、しかも数量の増加と品質（生産能率効程）の増進とは、経済学において、甚だ趣を異にせる取扱いを受く。その理由は疑いもなく、前者は経済学者によりて多く悲観せられ、後者は楽観せらるるによるものなること論なしといえども、しかも両者の根本的性質においてまた理由の存するを見出さざるを得ず。けだし労働の数量的増加は、元来それ自らの問題にあらず。厳密に云うときは、生産の動因としての人口の数量増加なるものなし。人口は生産の動因たるが故に増し、あるいは減ずるものにあらず。労働者の数は必ずしも一国人口の多少と比例するものと云うべからず。人口増加するも労働の供給必ず増すべしと云い難し。すなわちマルサスの人口の法則は、単に生産要素たる労働について立論したるものにあらず。しかるに労働効程の増進は、かくの如き広汎なる一般的問題にあらず、生産増加に特殊なる問題なり。否、生産要素の一としての労働者は、マルサスの人口の法則と直接に関連するものにあらず。しかるにマルサスの人口論の普《あまね》く行われ、斯学《しがく》の公認せる学理と成るや、経済学はあたかも機械的細分法の支配の下に立ち、アダム・スミスの創《はじ》めたる哲学的の広き論述法の漸次閑却せられんとする時にありて、人口論はその適当の位置を斯学の中に与えられず、単に生産要素論の一隅に限局せられ、生産要素としての労働の研究は、人口論のために、ほとんど全くその地位を奪い去らるるに至りぬ。これがために累《るい》を受くるものは人口論のみならず、労働論もまたこの巨人の跋扈《ばっこ》に制せられて、身所を伸す余地なく、極めて不具なる発達を遂ぐるに至れり。近来に至り、学者あるいはここに想到するものあり。キャナンの如きは、人口論を労働論より分離し、かえってこれを生産要素論中、土地の条下に移せり。予は氏の果断を喜ぶ。氏の用意は堅固なる論拠を有す。しかも予は、これをもっていささか極端に馳せたるものならざるかを疑うものなり。近来ドイツの学者は、人口論を全然生産要素論の範囲外に置く者あり。前段を看《み》よ。セリグマンは経済生活の基礎としては、自然包囲と人口とのみを論じ、後段に至りて別に生産論を設け、労働（人口論を離れたる）・土地・資本・企業の四要素を説けり。我が邦にても、最新経済書たる津村秀松氏の『国民経済学原論』はこれと類似の編次を立てたり。これ慥《たし》かに一見識たるを失わず。しかも予はこの説に服従すべき所以《ゆえん》を見ざるものなり。故、他なし、人口論は生産論を離れては、ほとんど存在の理由を失う、土地が有限を代表し、人口が無限を代表して相対立し、この両者を調和するの必要ありて、ここにはじめて経済行為起り、ここにはじめて生産論成る。生産の動因として人口の問題必ず説かざるべからざるなり。これを離れたる人口論は、人口統計学の人口論と何の択《えら》ぶ所かある。経済学が「ポリヒストリー」をもって自ら甘んずべきものならば已《や》む、然らざる限り人口論はその出生の地を離れて空虚の天に繋がるべきものにあらず。

今日の大多数の学者はこの点において極めて漠然たる立場に立ち、労働論を分って、数量論、品質論の二となし、人口論をもって前者に充て、後者については漫然たる常識談を羅列して空白を埋む。予の服し能《あた》わざる所なり。

マーシャルの結構またこの嫌いあるを免れず。氏は、第四章に「人口の増殖」と題して数量論としての人口論を説き、第五章は「人口の健康及び力」第六章は「産業上の習練」と題し労働品質論をなす、しかもその所論は到底常識談の水平以上に昇らず。ゆえに予は第五・第六の両章は全然これを捨てて顧みず。別に「資本増殖」の後にこの第七章を創置するを勝れりと信ぜり。けだし学説発展の順序かくの如くなりしが故なり。マルサスの人口論に続けて学者の最も心を傾けしは資本増殖論なりき。しかも資本の力のみにては国富増殖動因の論究尽さざるものあるを知るに及び、転じて労働効程増進の問題の研究勃然《ぼつぜん》として起れり。しかして企業論の発生直ちにこれと関連す。かく観察してこそ学理発展の有機的体系明瞭なるを得べけれ。みだりに私意を挟みて剪裁《せんさい》加除したるものは、この発展の行程を無視するものにして、一家の私論としても、なお不十分なるを免れず。

＊　＊　＊　＊　＊　＊　＊

労働効程増進の問題は幾多の事情を包む。マ氏の論じたる、体力・健康・智力の増進、産業上の習練の増加の如き、近来の学者の皆説く所なり。ブ師はこれを大別して、**一**　労働力の増減と、**二**　労働心の増減の二となし、**一**についてはもっぱら人口統計論を試み、人口の年齢・体性・健康・職業・熟練等を論じ、**二**については心理論をなし、社会・法律・制度等の作用より、労働条件の良否、殊に賃銀と労働時間との関係、終りに賃銀制度の適否を考う（賃銀制度論をここに入ること、予はその可なる所以《ゆえん》を悟る能《あた》わず）。―ブ師議論の梗概は津村氏の新著これを伝えて要を得たり、ついて看《み》るべし。―　学者各信ずる所あり。その論ずる所の千差万別なる、もとよりその所なり。

然り、然りといえども、これらすべての問題は皆後世に至り、学者その好む所に従い、随所に加減配分したるものにして、そもそも経済学において、資本増殖の問題と関連し、供給増加の最大動因として考究せられたるものは、これらにあらず、別に一大問題あり。何ぞや、曰く、分業すなわちこれなり。他の問題を否定するにあらず、ただ分業の問題の甚だ重大なるがため、掩《おお》われて顕れざりしのみ。しかしてその責任はまた分業論を唱出したるアダム・スミスにあり。

アダム・スミスは、その書の巻頭に明言すらく。

According therefore, as this produce, or what is purchased with it, bears a greater or smaller proportion to the number of those who are to consume it, the nation will be better or worse supplied with all the necessaries and conveniencies for which it has occasion.

But this proportion must in every nation be regulated by two different circumstances; first, by the skill, dexterity, and judgement with which its labour is generally applied; and, secondly, by the proportion between the number of those who are employed in useful labour, and that of those who are not so employed. ―― Introduction and plan of the work. Cannan's edition. p. 1.

この生産物またはこれをもって購《あがな》わるるものの量が、これを消費する人口の数に対する比例多きか少なきかにより、一国民はそれに対して機会を有する一切の必要物及び有用物をもって、十分に供給せらるるや否や定めらるるものなり。

さりながら、この比例は各国において二個の異なれる事情によりて支配せらるるものなり。第一は労働を充用する熟練、習練及び判断にして、第二は有用なる労働に従事する者と然らざるものとの数の割合、これなりと。しかるにアダム・スミスは、かく自己の結構を予言しおきつつ、実際においてはその第一については別に細論をなさず、第一編第一巻の初めにおいて、左の如く概言するに止《とど》まる。

The greatest improvement in the productive powers of labour, and the greater part of the skill, dexterity and judgement with which it is anywhere directed, or applied, seem to have been the effects of the division of labour. p. 5.

労働の生産力における最大の進歩及びいずれの処においても労働を向け、もしくは応用する熟練、習練、判断の大部分は分業の結果たりしものの如し。

しかしてその第二については、マルサス出づるまでなんらの定論なかりしことは前すでに説けり。かくてアダム・スミスは、「労働の生産力増進の原因」と題するその第一編においては、分業論をもって終始するのみにて、他の原因に論及せず。しかして一九世紀前半の経済学者皆アダム・スミスの跡を追うのみ。これ彼等が一様に「労働効程増進論」をもって、直ちに分業論と同一物なりと看做《みな》すに至れる所以なり。

経済学の定論たる分業論は、かくして発生し、かくして普及せるなり。この事情を度外視して、アダム・スミスを論評しならびに後の分業論に加除を試むるものは、皆中《あた》らず。

アダム・スミスは分業論をなすに、単に労働行程の分割と云うが如き狭き範囲に限りたるものにあらず、たまたま止針の例が有名となりしため、後人はこの点をもってスミス議論の要点と思惟《しい》するに至れりといえども、スミスにありては、これはその真意にあらず、社会の全般に渉《わた》る職分の分掌による一国生産力の増進を主眼としたるものなり。この点において近来ビューヒャーが、アダム・スミスのいわゆる分業は「労働の分割」Arbeitszerlegung の現象に過ぎずとなし、別に広義の分業を論ぜざるべからずと主張するは、自説を唱うるに急にして、他の功業を没するの嫌いなきにあらず。これに反し、アダム・スミスの分業論は広義に解すべきものなりとするキャナンの論、

極めて公平なり。曰く、

By the division of labour he did not, of course, understand merely the division of labour which takes place within the walls of a single factory, or within the limits of a single business. The celebrated example of the pin factory, with which he begins his exposition of the subject, was only an endeavour to make 'the effects of the division of labour in the general business of society' 'more easily understood by considering in what manner it operates in some particular manufactures.' He includes in the division of labour all that is sometimes called the separation of employments; it is not over the manufacture of pins, heads that he waxes eloquent, but in the paragraph at the end of chapter I, where he shows how each article of 'the accomodation of the most common artificer or day labourer in a civilised and thriving country' 'is the produce of the joint labour of a great multitude of workmen.' op. cit. p. 44.

彼は分業の名の下に、単に一工場内または一営業において行わるる分業のみを意味したるものにあらず。彼が分業論の劈頭《へきとう》に挙げたる止針工場の有名なる引例は、社会における一般の業務における分業の作用を、特殊の工業における作用を示すによりて、より容易《たやす》く諒解せしめんために選みたるものに過ぎず。彼の分業と云うものには、いわゆる職業の分立も含む。彼が最も意を用いたる所は、止針の製造その事にあらず、第一章の終りにおいて、文明繁華の国においては、最も平凡なる工人、日雇稼ぎの生存必要品といえども、数多き労働者の協働の産物なるの理を説明したる所、これなり

と。これ、ビューヒャーが広き意味における分業として論ずる所と何の異なる所かある。予は必ずしも、ビ氏をもって不詮索の論を成せりとするものにあらずといえども、近来ビ氏を祖述するものの多くが、そもそもアダム・スミスの分業論の大要をだも窺《うかが》わず、ただ追従を事としてみだりに彼を非難するが如くなるを嘉《よみ》する能《あた》わざるものなり。

アダム・スミスが分業に三大利益ありと説けるは、人の普《あまね》く知る所なり。三大利益とは、今彼自らの言をもって示せば左の如し、

This great increase of the quantity of work, which, in consequence of the division of labour, the same number of people are capable of performing, is owing to three different circumstances; first, to the increase of dexterity in every particular workman; secondly, to the saving of the time which is commonly lost in passing from one species of work to another; and lastly, to the invention of a great number of machines which facilitate and abridge labour, and enable one man to do the work of many. op. cit. p. 9.

分業の結果として、同数の人がなし得る仕事の分量の大に増加するは、三の異なれる事情より起るものなり。第一は各労働者の熟練の増進、第二は一業より他業に転ずるにあたり徒費する時間の節約、第三は労働を便にし、省略し、よってもって一人をして数人の仕事をなすを得せしむる多数の機械の発明、これなり。

ウェイクフィールドは『国富論』の注に、分業はco-operation協業の一部と認むべきものなりと主張して以来、後の学者皆これを祖述し、殊にジョン・スチュアート・ミルはCo-operation, the combination of labourなる一章をその『原論』中に置けり。マカロックは労働生産力増加にまず最も欠くべからざるはsecurity of property「所有の安固」なりとせり。ミルは更に付加するに

1. Greater energy of labour
2. Superior skill and knowledge
3. Superiority of intelligence and trustworthiness in the community generally

一、労働のより大なる力

二、優れたる熟練及び知識

三、社会一般に智慧及び信用の優れること

の三をもってせり。かくして今日現在の労働効程増進論の基礎は置かれたるなり。

マーシャルはその第九章において産業組織論の一部として、分業と機械の影響とを論ず。曰く、千篇一律常に同一事を繰り返す工業的行程は、晩《おそ》かれ早かれ必ず機械によりて担任せらるるに至るべし。ただしその間、遷延あり、困難あるはもちろんなり。しかれども仕事の規模相応なるときは、資力と発明力とにより必ずこの移転行わるべし。かくて機械の進歩改良と、分業の発達とは、ある程度まで相関連するものなり。しかれどもこの関係は普通人の思う如く密接なるものにあらず。分業の発達を促す重要の原因は、市場の大なること、同一種類の貨物に対し大量の需要起ること、これなり。しかして機械改良の重《おも》なる作用は、すでに分業せられたる仕事をより廉価《れんか》に、より精密ならしむるにあり。

機械が精密なる仕事をなすにより新たに起れる現象は、いわゆる system of interchangeable parts「代替部分式」なるもののいよいよ普及すること、これなり。代替部分とは、機械のいずれの部分も容易に修繕のため、代替するを得、また一の機械の部分を他の機械の部分として充用するを得ることを云う。これ最も精確に同一物を全く同一型において製作する機械なくしては望むべからざる所なりと。かくしてマーシャルはその新案に係る external economies「外部の経済」と internal economies「内部の経済」との説を述ぶ。曰く。

Those dependent on the general development of the industry —— external economies.

Those dependent on the resources of the individual houses of business engaged in it, on their organization and the efficiency of their management —— internal economies.

産業の一般的発達に原因するもの —— 外部の経済

個々の企業者の資源ならびにその組織及び経営の能率に原因するもの —— 内部の経済

これによりて見る、マーシャルは労働効程の増進を単に分業と労働者の体力・健康・産業上の習練との上のみに止《とど》めず、更に進んで汎《ひろ》く外部の周囲事情の内に求め、また企業組織の体系とその活動との内に求めんとするものなり。

これやがて今日最も進歩せる学者の立つ所の立場にして、しかして企業論の研究の勃興《ぼっこう》し来れる所以《ゆえん》、実にここに胚胎するなり。これを資本の増殖に尋《たず》ねて満足する能《あた》わず、進んで労働の生産能率、殊に分業の発達に求めてまた十分とせず、労働者の体力、智力、健康、熟練に帰して足らず、ここに経済学は一九世紀の末葉に至り、供給の真の淵源、国富増進の最大動因を究めて、これを企業の組織に得たり。しかして実際経済界における企業振興の時代、またこれと時を同じうす、学説の発展地を離れて天空に翺翔《こうしょう》するものにあらざること悟るべきなり。

第七章　補　　論

本章参考書として、予はまず旧訳『労働経済論』を挙げんとす。かの書に論じたる処、本章全く省略に付したればなり。−なお拙著『国民経済講話』第五編、「労働経済講話」を見よ。− その他は一般の労働論及び分業論を原論の書について看《み》るべし。その重《おも》なるものはセリグマン『原論』第一二三節（第三版二八五頁）に掲げたり、参考せよ。恩師ビューヒャーの分業論は近時学者中、出頭の作、普《あまね》く祖述せらるる所なり。その論、載せて師の

Entstehung der Volkswirtschaft, 12. u. 13. Aufl., 1919.

英訳

Industrial evolution.

の七、八、九の三篇にあり。必ず参考すべし。

第八章　マーシャルの企業論

労働効程（能率）増進の原因の研究はまず分業論を喚起したり。しかるに分業の現象は深く根底を社会組織の中核に有す。分業は協業の一種なりとの発見は、更にこの両者の淵源に溯《さかのぼ》るの必要を感ぜしめざる能《あた》わず。企業論ここにおいてか起れり。マ氏はその産業組織論の劈頭《へきとう》において云う。

Writers on social science from the time of Plato downwards have delighted to dwell on the increased efficiency which labour derives from organization. But in this, as in other cases, Adam Smith gave a new and larger significance to an old doctrine by the philosophic thoroughness with which he illustrated it. After insisting on the advantages of the division of labour, and pointing out how they render it possible for increased numbers to live in comfort on a limited territory, he argued that the pressure of population on the means of subsistence tends to weed out those races who through want of organization or for any other cause are unable to turn to the best account the advantages of the place in which they live.

プラトン以降、社会科学の学者は、労働が組織によりてその効程（能率）を増進するものなるを説くもの少なからず。しかれども他の点におけると同じく、この点においても、アダム・スミスは旧来の学説を説くに、哲学的深遠をもってし、これを例示するに実際上の知識をもってしたるがため、これに新たにしてより大なる意義を与えたり。彼は分業の利益を述べ、これによりて、限りある領土の上に増殖する人口が不自由なく生活し得るものなるを示したる後、人口の食料に対する圧迫は、組織を欠くにより、またはその他の原因により、その住む所の供する利益を十分に活用する能わざる民族を滅亡せしむる傾向あることを論ぜりと。しかしてアダム・スミス以降、学者はいよいよ土地と人口、有限と無限との調和の必要を見るや、資本の増殖、労働効程（能率）増進の最高の問題として、否、これらすべてを包含する生産の動因として、企業組織の研究に心を潜《ひそ》むるに至り、ついに企業をもって土地・労働・資本と相併立すべき一の生産要素なりと認むるに至れり。しかれども企業を一生産要素とすることは、種々の点において困難なる問題を伴うを免れず。土地・労働・資本は皆具象の有形物なり（資本と資本財との区別論は当時まだ起らず）。しかるに企業は具象の有形体と云う能わず、企業の機関は多く有形体より成るといえども、そもそも生産に与《あずか》って大なる力となるは、これら有形体にあらず（否、これら有形体はそれ自らにおいては、企業のために充用せられたる資本なり）、生産の動因となるものは、無形の組織、人的結合関係なり。これをもって一方には企業の大なる力は十分に認むるも、これを一生産要素とするを欲せざる学者あり、他方には、無形の組織たる企業をもって生産要素と看做《みな》す以上は、国家文化の如き、また皆生産要素たらざるべからずと主張するものあり。今予をもって見るに、これら諸説、皆浅薄皮相の見《けん》たるを免れず。そもそも企業は組織たりと云う以上、これを他の生産要素の班に伍し、同一対立の地位を占めしむるは甚だ中《あた》らず。有形・無形の標準に拘泥《こうでい》して、生産要素とすべし、なすべからずと論ずる、また未《いま》だ企業の真相を究めたるものにあらず。企業の本質は、すべてのいわゆる生産要素を手段として成るものにして、生産要素が生産要素たるは、企業のために利用せらるるや否やによりて、はじめて決定せらるべきものなり。されば企業こそ真正純粋の意義における生産の動因たるものにして、供給増減のよって出づる最先の淵源なり。一国の生産を興廃し、これを増減する最高最終の決定者はひとり企業あるのみ。いわゆる生産要素なるものは皆その手段たりその要具たるのみ。しかれば、手段の研究に始まりたる供給論、生産論は、企業の研究において完結を得べきものなり。近来の組織論的立場に立つ学者は、ほぼこの意を会し、企業を生産論の範囲外に置くこと、シュモラーの如きありといえども、これはまた他の極端に馳《は》せたるものにして、予は与《くみ》する能わず。企業論なき生産論は首脳なき体躯のみ。けだし企業の研究は、経済上における組織の力の大なるをいよいよ認めしめ、やがて経済行為論の狭き局面より脱して、汎《ひろ》く組織を中心としたる新たなる経済学を建設せんとの希望を学者に抱かしむるに至れりと云うも、大過なかるべし。マーシャルの如く常に折衷的態度を執る学者が、その生産要素論においては伝来の行為本位の見解を取りつつ、企業論に至り、俄《にわか》に態度を改めて組織論的観察を試むるもの、またもってこの辺の消息を伝うるものならずんばあらず。

マ氏は第五版の序文に云えり、

The Mecca of the economist lies in economic biology rather than in economic dynamics. But biological conceptions are more complex than those of dynamics; a volume on Foundations must therefore give a relatively large place to mechanical analogies; and frequent use is made of the term 'equilibrium,' which suggests something of statical analogy.

経済学者の最終の目的地は経済動学（予が経済行為論と称するもの）よりもむしろ経済生物学（経済組織論・経済生活本位論）にあり。しかれども生物学的概念は動学的概念よりも複雑なり。したがって『原論』の書においては比較的多く力学的類似を挙ぐるは已《や》むを得ざる所なり。すなわちこの書においては、静学的類似に近き意を寓《よ》せる「均衡」なる語をしばしば用いたる所以《ゆえん》なり

と。氏の立場はよくこの一言に顕れたり。しかして氏はこの第四編において組織としての企業を論ずること甚だ詳細にして、全編十三章の内、六章をこれに費やせり。すなわちまず第八章において「産業の組織」と題して、組織が生産力を増進するの理は古来より認められたる所なれども、アダム・スミスに至りてその理、明確に闡明《せんめい》せられたりと云うことに論を起し、続いて生物界の原則は、また経済界にも適用し得らるべきものにして、殊に生存競争の理法は、生物の発展を支配する如く、経済組織発展の根本原則たる所以を明《めい》にし、社会上においては、生存競争の厳格なる作用は世襲習慣によりて緩和せらるるものなりと云いて、古《いにしえ》の「カースト」、今日の社会階級に論及し、次に分業に基づく社会産業の組織にもまた欠点あることを指摘し、アダム・スミスはよくこれに注意を怠らざりしも、後世の祖述者は、分業の利益を掲ぐるに急にして、その弊害をほとんど度外に置きたるため、幾多の誤謬《ごびゅう》を生じたるを示し、なかんずく器官は使用によりて発達すという生物学上の根本理を忘れたるは、甚だ不可なりと云

い、終りに結論を下して云うよう

It is needful then diligently to inquire whether the present industrial organization might not with advantage be so modified as to increase the opportunities which the lower grades of industry have for using their mental faculties, for deriving pleasure from their use, and for strengthening them by use; since the argument that if such a change had been beneficial, it would have been brought about by the struggle for survival, must be rejected as invalid.

されば現在の産業の組織を変更して、産業の下級にある者（労働者を云う）が、その知能上の能力を用い、これを使用するより快楽を得、またその使用によりて、彼等の力を強むべき機会を増すべきように改善し得ざるや否やを熱心に研究すべき必要あり。何となれば、かくの如き変化にして利あるものならば、生存競争の理法により既に行われたるべきはずなりとの論は、不妥当なればなりと。これ、やがて以下数章における氏が所論の眼目とする所と云うべし。第九章はすなわち分業及び機械論にして、予が前章に示したる諸問題を詳論す。第十章はこれに続いて、「特殊工業の特殊地方における集中」、すなわち地方的分業論なり。第十一章は「大仕掛の生産」を論じ、大経営の企業における利害得失を詳論す。しかして第十二章に至り「営業の経営」と題し、最も狭義における企業論を試み、終りに第十三章は以上諸章の要旨を更に重言して結論となし、企業における収穫逓減《ていげん》・収穫逓増の両法則の作用について数言を費やして、ここに筆を第四編供給論・生産動因論に擱《お》く。

以上、六章に渉《わた》るマ氏の所論は、他の部分の所論と大いに趣を異にし、まず根底を生物学に求め、この上に建設するに、多くイギリス現時の産業組織の実際に基づきたる事実的解剖の詳説をもってす。しかれどもこれを供給論の中心として見るときは、氏の結構は、前後透徹せざるものと云わざるを得ず。氏の所論の内容より云えば、むしろ近頃シュモラーの試みたる如く、国民経済の機関としての企業論とすべきものにして、マ氏が新旧両派の分水嶺に立つこと、その企業論において最も明白に看取するを得るなり。しかして氏が企業論の内容豊富にして、よく近時斯学《しがく》の要求する現実的研究の旨を得たるは、たまたま氏がこの点において、いわゆる歴史的研究法に接近し来れる好証さと云うべきなり。

マ氏企業論の性質、右の如し。されば予が本書において終始執り来れる評論的叙述に適せず。かえって第五、六編において、予がまさに執らんとする解剖的説明を要す。以下、流通論において更にその業を継続せんとす。

第八章　補　　論

後段再論すべきにより、今は補論を加えず。

第五編　流通総論（以下『続経済学講義』を収録す）

第一章　緒　　論

本編以下はその全部を挙げて流通の理論の説明に充てんとするものにして、経済学の理論を二分したるその後半に当るものとす。今日の経済生活を観察するには、一はこれをその基礎条件と構造についてし、一はその活動の状態についてすべきことは、およそ学者の見解一致する所にして、第一編から第四編は、すなわちその前半についてほぼ説明を尽したり。ただし右第四編においては、普通前者に属すと認めらるる企業理論は、単に生産動因論中におけるその地位を示すに止《とど》めたり。これ熟考の結果に出づるものにして、企業の理論は経済生活活動の研究の劈頭《へきとう》に来るべきものにして、生産論の終末に置くべきものにあらずと信ずるによれり。その理由は両項に分けて、これを挙ぐることを得。すなわち

一　企業は土地・資本・労働と同一の観察を下してこれを一生産動因と見るべからず、かの三者は今日の経済生活の基礎的要件として、ほとんど一定不易の性質を有するも、企業はその形態においても、その運用においても著しく変遷しつつあるものなり。

二　しかして今日現在の経済生活活動の「アルファ」にして「オメガ」たるものは、ひとり企業なり。土地・資本・労働は企業の手において結び付けらるるによりて、はじめてその意義を有し、企業のために運用せらるる

によりて、はじめて経済生活に用をなす。ゆえに経済生活活動の解剖は、まず企業の理論を正しく理解することより始めざるべからず。これとともに、現時経済生活に対し批評を試み、その改造を案ずるものは、流派の何たるに関せず、必ずまず企業の批評または非難をもって論を起すの実あり。

しかるに従来の経済学にありては、「いかに国富を充実すべき」をもって研究の出立点とする往時の思想の影響を脱するを得ざりしが故に、限りある土地に労働を加えて、人間欲望の充足を得るにあたり、まず資本起りてその調和を図り、労働力の増進に著しく寄与するものなりとの点を主として研究し、続いてその資本の運用は、企業という組織を産み出すによりて更にその効果を増大するものなりとの見解を立つるに至れり。マーシャルも幾多の点において新しき試みをなしたるにかかわらず、企業理論の取扱いについては未《いま》だ従来の旧套《きゅうとう》を捨つる能《あた》わざりしため、やや不調和なる配置をなすことを免れざりしは、前編の終章において指摘しおきたる所なり。予はまずこの根本の問題について十分の考慮を重ねたる結果、今や断然心を決して従来の結構を改むるの可なるを悟れり。すなわち本編においては、まず企業の理論を劈頭《へきとう》に置き、以下の説明は、ことごとくこの根本的立場よりしてこれを下さんと欲す。―『経済原論教科書』においては旧来の立場をそのままに継承しおけり。―

さて以下を一括してこれを流通の理論と名づくるについては、予は幾度か躊躇《ちゅうちょ》せざるを得ざりき。近来社会学の研究盛んとなり、経済学もまたその影響を受けてシュモラーの如き新案を産み出し、ひいて、経済学理論を静学と動学とに二分せんとする傾向著しく、近くはオッペンハイマーの如く「純正経済学」と「政治経済学」との別を立てて、前者をもってほぼいわゆる基礎理論の研究に充て、後者は現実の政治組織・社会制度の範囲内に限り適用せらるべき動態の理論に充つるあり、またシュンペーターの如く「経済発展の理論」を特に設けんとするものあり。ブレンターノ師またその講義を二分し、前篇を「経済生活の基礎条件論」とし、後篇を「今日の経済組織論」とせり。思うにかくの如きは、最もよく経済理論の性質に合う区分なるべし。さてマーシャルの区分は一見する所、大いにこれと異なるものの如くなりといえども、心を潜《ひそ》めて熟考玩味するときは、氏が見る所もまた大体においてこの傾向の外に出でざるものと断言して大過なし。すなわち氏の第五編「需要・供給、価値の一般関係」と第六編「国民所得の分配」とは、従来の経済学四分法において「交換論」と称するものと「分配論」と称するものとに該当するものたるや勿論なれども、すでに前編詳述したる如く、氏は

需　要　論（第三編）
供　給　論（第四編）｝需要供給調和論（第五編・第六編）（前段二四五頁を見よ）

とする第一版における結構を大体において一貫しつつあるものにして、しかして氏自らその書の主要部分が需要供給調和の状態に関する研究に存するを公言するに徴して、その真意推知すべし。曰く

But in fact it is concerned throughout with the forces that cause movement: and its key-note is that of dynamics, rather than statics.

しかれども実際はこの書を終始一貫して研究の主題とする処は運動を惹《ひ》き起す力にあり、しかして中心の考えは動学の側にありて静学に存せず。

（第六版　一九一〇年刊行の序文　八頁）

また曰く、

The main concern of economics is thus with human beings who are impelled, for good and evil, to change and progress. Fragmentary statical hypotheses are used as temporary auxiliaries to dynamical — or rather biological — conceptons: but the central idea of economics, even when its Foundations alone are under discussion, must be that of living force and movement.

経済学の主題は、善《よ》かれ悪《あし》かれ変化と進化とに促し推さるる人間これなり。断片的なる静学的仮定を用いざ

るにあらざるも、畢竟《ひっきょう》動学的―またはむしろ生物学的―概念を一時的に援助するの具たるに過ぎず、経済学の中心観念は―基礎論の考究においても―必ず活《い》きたる力と運動の観念ならざるべからず。（以上　九頁）

さればこの活力と運動との研究に集中する氏の第五、第六両編が、氏の研究中の白眉《はくび》にして、その精力を傾注してこれを完成するに勉《つと》めたる次第なれ。

しかれども予は、この編以下に題するに動態の名をもってするを欲せず、その故は簡単なり。経済学全部、動態の研究たるべきは前諸編を読みたる人の知る所なるべく、殊に需要・供給の本質は、運動の力としてこれを見るにあらざれば、その真相を捉《とら》うること能《あた》わず（生産が活動なることは言うまでもなけれども、経済学の生産論は生産そのものを論ぜず、専ら生産の動因条件を研究するものなれば、これらは仮に静態と仮定して論を立つるものなりとも云い得べし。この点よく弁別するを要す）。ただ前編は研究ならびに論述の態度において、主として記述的・平置的なるを常とするに、後者、すなわち今本編以下において取り扱わんとする部分は、その題目も活動そのものなれば、研究の態度もまた活動の経過に対するものならざるべからず。ゆえに予は熟考の結果、特に動静の区別にのみ重きを置かず、主として本編以下の題目とする所の統一的表徴を求めて、その流通の一事にあることを認め、これをもってその問題を言い表しおかんと欲するものなり。しかして流通は、従来の経済学における交換と分配との二者を総括するにあたること、なおマ氏の第五、第六両編におけるに同じく、ブ師が「今日の経済組織」と云い、シュモラーが「財の流通及び所得分配の社会的行程」と云うもの、またほぼこれに当れり。ただシュ氏は企業論をその『原論』の第二編「国民経済の社会的組立、その発生、その器官、その現状」の末部に置くこと、マ氏と全く同様にして、専ら企業の形態の説明に力を用いたるは、予が今執る所の見解とは全く異なれり。これに反し、ブ師はその講義において企業の説明を第二編の初めに置き、「誰が生産者なりや」の一項において、今日の経済活動の源は企業にのみある所以《ゆえん》を説きたり。師の小著『企業者論』の趣意また全くこれに同じ。予が多年思考の結果、幾度か彷徨《ほうこう》してついに再び師説に帰着したるは、そもそもその故なしとせず。これやがて予が流通理論なる統一的名称の下に、交換・分配によりて活動する経済生活の一切を一貫して論述すること最も当を得たりとなす理由にして、さきにほぼ確定の見解を得たるものとして小著『経済学教科書』－今『経済原論教科書』と改題す－において梗概を叙述しおきたる所なり。ゆえに本書の読者にして予《あらかじ》め卑見の大要を知りおかれたき人は、かの小冊を一覧せられなば便利なるべし。－『経済学全集』第一集一二五三頁以下に収む－　しかれども、かの書は単に筋道を示すに止《とど》めて、その理由については言及する所なければ、予が新たに得たる立場について多少の疑いあるを免れざるべし。ゆえに今この一章において、やや詳しくこれを述ぶるの要ありと信ず。

経済学に科学的研究法を定め、またその体系を立つるについては、アダム・スミスに次いではリカード与《あずか》って最も力ありて、今日行わるる経済学の成立とその研究の状態とに関係ある点より云えば、後者は遥かに前者を凌《しの》ぐものなることは、学者の一般に認むる所なり。さてリカードがその『原論』において中心の問題としたるものは、分配の問題にして、彼はこれを彼が主張する価値の根本原則の適用として考究したり。彼の学説中、最も多く後世に影響を与えたるものは、実にこの分配の行程における価値の運用論、すなわちマ氏がその旧版において「所得分配者としての価値」と名づけたるもの、これなり。リカードの経済理論はその『原論』の初めの六章においてほぼ尽したるものにして、以下の諸章は断片的に各種の問題に渉《わた》りて布演《ふえん》論及したるに過ぎず。その六章において彼が説く所を見るに、まず初めに価値の本質を定めて

The value of a commodity, or the quantity of any other commodity for which it will exchange, depends on the relative quantity of labour which is necessary for its production, and not on the greater or less compensation which is paid for that labour.

（『原論』第三版一頁）

一財の価値、すなわち一財に換えて得らるべき他の財の分量は、その財の生産に必要なる労働の相対量によるものにして、その労働に対して支払わるる報償の多少によるものにあらず

とせり。すなわち後世のいわゆる労働即価値説にして、労働を要すること多きもの価値多く、その少なきもの価値

少なしとの根本義を立てたるものなり。ただし普通、経済学の書にリ氏の説を論ずるものは、ただこの一点のみを捉《とら》うるに急にして、右の定理中に更に第二の重要なる主張を含むものなることを忘るるもの多し。リ氏は「価値は財の生産に必要なる労働の相対量による」と主張すると同時に、「その労働に対して支払わるる報償の多少によるものにあらず」と特言したるものにして、氏が理論の全体より見れば、この否定的主張こそ、かえって遥かに重要なり。リ氏の真意は、単純に価値の定義を下して労働の分量によりて定まるとなすにあらず、価値の定まるは労銀の多少にかかわるにあらず、現に費やさるる労働の分量の多少によると云うにあり。換言すれば、価値の定まるは労働の分量分配の行程に関係なく、ひとり生産の行程においてすとするなり。ゆえに氏の意、現に生産に施さるる労働の分量と、その労働に対して支払わるる労銀の額とは、必ずしも相伴うものにあらず、両者の関係は区々にして、多き労働の分量に対して少なき労銀の支払わるることあり、少なき労働の分量に対して多き労銀の支払わるることあるを認むべしとするものなり。したがっていわゆるVerteilende Gerechtigkeit「分配の正義」の存在は、氏の認めざる所たるとともに、価値の定まる所以《ゆえん》は、毫《ごう》もこれに関係なきを明瞭に主張するものなり。氏にとりては、価値の定まるは分配の行程と毫も関連することなく、ただ生産の行程とのみ関連す。これ氏の学説の真意を解するに肝要不可欠点なり。しかるに後世の学者、ただ労働をもって価値の決定原因とするの可否のみについて論究し、這箇《しゃこ》重大なる問題の別に存するを忘れたるは、遺憾この上なきことと云わざるを得ず。この重大なる欠陥あるがため、氏の説の爾余《じょ》の部分は甚しく誤解せられ、また曲用せらるるに至り、殊にその地代論の真意は全く諒解せられざりしやの観あるに至れり。リ氏は右の根本主張を樹《た》てたる後、更にその否定的主張を革固にせんがため

Labour of different qualities differently rewarded. This no cause of variation in the relative value of commodities.（以上一五頁）

種類を異にする労働はその受くる所の報償も異なる、しかれどもこれは決して財の相対価値の差異の原因たらず

の一節を設けて反覆説明する所あり。しかして曰く、

As the inquiry to which I wish to draw the reader's attention, relates to the effect of the variations in the relative value of commodities, and not in their absolute value, it will be of little importance to examine into the comparative degree of estimation in which the different kinds of human labour are held. We may fairly conclude, that whatever inequality there might originally have been in them, whatever the ingenuity, skill, or time necessary for the acquirement of one species of manual dexterity more than another, it continues nearly the same from one generation to another ; or at least, that the variation is very inconsiderable from year to year, and therefore, can have little effect, for short periods, on the relative value of commodities.（同上　一五頁）

予が読者の注意を惹《ひ》かんと欲する研究は、財の相対価値における変動の結果に関するものにして、その絶対価値の変動に関するものにあらざれば、人間労働の異なれる種類に対する評価の比較的度合のことを論ずる必要なし。吾人は次の如く結論して差し支えなかるべし、財そのものにいかなる不平等固着せりとも、一の労働堪能を習得するに要する才能、熟練または時間がいかに他のものと異なるとも、その差違は一代より次代に伝えらるるにあたり、ほとんど同一の割合を保つべく、少なくとも、一年と次年との間の差は甚だ微少なるべく、したがって短き時期について見れば、財の相対価値に及ぼすその影響はほとんど皆無なるべしと。

かく、リカードは価値の本質を分配の行程に関係なく生産の行程の上のみについて考究し、生産に要したる労働の分量がその財の価値を左右すとの根本原則を立て、したがってマルサスが「支配せらるる労働」云々《うんぬん》を主張するに極力反対したり。けだしマルサスは価値をもって生産の行程において定めらるるものと認めず、主として交換の行程において定めらるるものとし、一財の価値はその財を交換場裡に提出し他物と換ゆるとき、換えて得来る他の労働の分量によりて定めらるるものなりと主張したり。ゆえに両者の見解は全然相容《い》るる能《あた》わず。しかるにリカードらの説ひとり行われ、マルサスの説はほとんどその姿を失いたる経済学において、価値論が主として交換の問題

としてのみ考究せられたることは一見甚だしき矛盾なるが如し。しかれども右根本原則を立てたる後のリカードの論述を一瞥《いちべつ》するときは、それは決して怪しむに足らざるものなるを容易に発見し得べし。リカードにとりては生産の問題は極めて簡単にして、ほとんど経済理論を構成せず、価値は生産において費やされたる労働の分量によりて定まるとの根本義の説明をなす以上、なんらの用なきものなり。その根本原則たる極めて簡単明瞭なるものなれば、その意義を明らかにするほか、生産論として他に問題存することなし。経済理論の出立点はこの根本義そのものよりも、むしろそれが実際の運用如何《いかん》にあり、すなわち経済生活においてこの根本義が原則通りに行われずして、種々の変態を呼び起すこと、これ経済理論の研究の対象たるべきものなれ、根本義そのものについては冗言を弄《ろう》するの余地なし、ましてやこの根本義と並行する他の生産問題のごときは元よりこれあるを認めず。これ、リ氏が財の相対価値における変動のみが問題にして、その絶対価値は問題とならずと極力主張する所以《ゆえん》なり。換言すれば、経済学研究の手を着くべきは価値の実質論にあらず、価値の運用論なりとの意なり。さればリ氏は右の如く種類の異なる労働は、その受くる所の報償もまた異なるは勿論なれども、それは財の相対価値変動の原因たらずと断言し、さて以下その費やされたる労働とは、直接その財の生産そのものに現に要するもののみを言うにあらず、その労働を幇助《ほうじょ》する器具機械の生産に費やさるる労働をも含むものなりとし、ここにその研究の本体を提出したり。けだし生産に費やされたる労働の分量が価値を定むとの原則が、実際の生活において種々の変態を喚び起すその根本の原因は、その労働なるものが現にその財に直接に施さるる労働のみならず、過去において費やされたる労働をも含むことに存すればなり。すなわち生産に費やさるるものに、現在の労働のほかに、過去労働の蓄積たる資本あり、これよりして経済学にその研究を要すべき問題が与えらるるとなす。ゆえにリ氏はその第一章第四節に命題して曰く、

The principle that the quantity of labour bestowed on the production of commodities regulates their relative value considerably modified by the employment of machinery and other fixed and durable capital.（同上 二五頁）

財の生産に費やさるる労働の分量がその相対価値を定むとの原則は、機械その他の固定及び永続資本の使用
により て著しく変更せらる

と。けだしアダム・スミスも価値を定むる原因を労働にありとなせども、ここに重大なる条件を付して、'In that early and rude state of society, which precedes both the accumulation of stock and the appropriation of land'「資本の蓄積ならびに土地の私有が未《いま》だ起らざる以前の原始草昧《そうまい》の社会」に限れりとし、今日の如く資本の蓄積あり、土地の私有ある社会にはその原則は行われずと説きたるに対し、リカードはこの両者の存する社会、すなわち資本の利潤と土地の地代とが支払わるる今日においても、なおこの原則は行わると主張し、ただこれがために影響せらるる程度において差違あるものなれば、これを研究することがすなわち経済学の主題なりとしたり。したがってリ氏の経済理論は、以下資本の二種、すなわち固定・流通両資本の割合の差違より来る右原則適用の差違、貨幣価値の変動より来る差違を第一章において研究し、続いて地代論（第二章）鉱山地代論（第三章）自然価格・市場価格論（第四章）労銀論（第五章）、利潤論（第六章）の五章において、右原則の差違を論じて経済理論の本体となせり。換言すれば、リ氏にとりての経済学とは、価値の根本原則の分配（ならびに交換）行程上における運用の研究の謂《いい》に外ならず、故に氏はその序文の劈頭《へきとう》において実に左の如く云いおるなり。

The produce of the earth—all that is derived from its surface by the united application of labour, machinery, and capital, is divided among three classes of the community, namely, the proprietor of the land, the owner of the stock or capital necessary for its cultivation, and the labourers by whose industry it is cultivated.

But in different stages of society, the proportions of the whole produce of the earth which will be allotted to each of these classes, under the names of rent, profit, and wages, will be essentially different ; depending mainly on the actual fertility of the soil, on the accumulation of capital and population, and on the skill, ingenuity, and instruments employed in agriculture.

To determine the laws which regulate this distribution, is the principal problem in Political Economy : much as the science has been improved by the writings of Turgot, Stuart, Smith, Say, Sismondi, and others, they afford very little satisfactory information respecting the natural course of rent, profit, and wages.（同上序文一ないし二頁）

地球の所産、すなわち労働、機械及び資本の共同作用によりて、その表面より獲得せらるるものは、社会の三階級の間に分配さる。すなわち土地の所有者、その耕作に必要なる蓄財、すなわち資本の所有者ならびに耕作の業を営む労働者これなり。

しかるに社会発達の程度異なるに従い、これら三階級間に地代・利潤・労銀の名の下に分布せらるる地球の全産物の割合は著しく差違あり。その原因は主として土地の実際豊度の如何《いかん》、資本及び人口蓄積の度如何、及び農業に使用せらるる熟練、才能ならびに器具の如何にあり。

この分配を支配する法則を決定すること、これ経済学の主たる問題なり。しかるにチュルゴ、ステュアート、スミス、セー、シスモンディ、その他の学者の著作により、経済学は大に進歩したるにかかわらず、地代、利潤及び労銀の自然行程に関する研究は、未《いま》だ満足を与うるもの甚だ少なし。

これを要するに、リ氏は現在の経済生活において各種階級間に所得の分配せらるるその法則が、生産に関与したる割合と必ずしも並行せず、各階級の受くる所の価値は、生産物全体の価値と相副《そ》わざる所以《ゆえん》を究むることをもって、経済学研究の主題と認めたるものと断言するを得べし。これ実にマルサスと彼と根本見地の異なる所にして、リ氏が「費やされたる労働」を主張して、マ氏の「支配せらるる労働」云々《うんぬん》の主張に対抗したる所以なり。

予は今ここにリカードの批評を試みんとして、以上の引照をなしたるにあらず。ただリカードによりて定められたる経済理論の本体如何を明らかにせんと欲するのみ。これ、やがて予が本編以下の主題を流通という一語の下に総括する理由を語るものなればなり。経済学に三分法あり四分法あることは、前編において既に説明したる所なるが、三分法の普及に予《あずか》りて最も有力なるセーあるにもかかわらず、リカードがかく分配のみを主題としたること、しかして名目の上においては、三分法また四分法一般に行わるるにかかわらず、実質の上においては、依然としてリカードが一度定めたるもの最も強く経済理論を左右しつつある一事は、決して単に後代学者に独創の見識なく付和雷同をこれ事としたるがためにあらず。経済学の本質は誠によくリカードによりて看破せられ、後の精密なる研究をもってしても多くこれを変更することを得ざるがためなり。リカードの語をもって云えば、経済理論の主題は相対価値にして絶対価値にあらず。元よりリカードがまず始めに労働即価値という大原則を置き、以下すべてこれより演繹して分配行程を論究すべしとなしたる論理法は、今日の学者の一様に非難する所にして、予もまたこれを執らず。しかれども後の学者が付加したる生産論は、生産要素論、否、生産要素増加論の水平以上に昇らず、その最も広汎なる法則として認むべき収穫逓減《ていげん》の法則は、元来経済学特有の問題にあらず（人口論もまた然り）、しかして資本に関する理論、多くは常識談の範囲を出でざることは前編詳《つまび》らかにこれを論じたる所の如し。すなわち経済学が経済学として正当に自己の領域となし得るものは、リカードがその『原論』の初めの六章において論じたる所のもの以外に出でず。

さて、この経済学固有の領域をリカードは分配なりとせり。しかも彼はその第四章において自然価格及び市場価格を論じ、今日多く交換論と認めらるるものをも含めり。もと交換論たる一項目を設くることは、ジェームズ・ミルに始まれること既に説きたる如くなるが、これもまた生産論と同じく所詮は名目を備うるに過ぎずして内容は具備せず。交換と云い分配と称して分割すべきものは実際には存せず、交換することはすなわち分配することにして、分配はまた必ず交換の行程によりて行わるるの外なし。ゆえに予はリカードの分配と称せし意を拡張して、いわゆる交換をも包含すべき称呼を求め、これを流通と称す。すなわち与えられたる社会組織の下にありて、相対価値の各経済行為と経済財とに帰依《きえ》する行程の全部を一括するものにして、その中心の問題は実に価格にあり。マ氏のいわゆる需要・供給の調和点すなわち価格なり。需要・供給の両者相交渉してここに価格定まり、価格定まりてここに各人の分配分すなわち所得定まる、ゆえに価格はマ氏の云える意にての国民所得の分配を決定する主宰者なり。いかにして価格が定まるや、いかにして価格は分配を定むるや、これ流通論の中心問題にして、また経済学研究の一切が到達すべき最後の問題なり。他のすべての研究は、畢竟《ひっきょう》予備的研究の性質を有するに過ぎず、多くは他の科学研究の結果を藉《か》り来りて、はじめて着手するものなり。ひとりここに云う流通の問題、すなわち経済的社会における人類行為とその対象とについての問題のみ、他の何学も容喙《ようかい》するを許さざる経済学独得の論題なり。他の語をもって云えば、自然現象としての研究にあらず、現に具体的に与えられたる社会関係において、各人各財が受くる所の価値、これ経済学特有の問題たり。さればその研究は常に与えられたる社会関係（これを『経済学教科書』においては実力と名づけおけり）について、試むるの外なく、これを度外に置きたるものは、少なくとも今日の意味における経済学の研究とならず。この社会関係の一切の中枢を握るものは今日現在においては企業なり。ゆえに流通の理論は、まずこの企業理論をもって開題せざるべからず。以下、章を重ぬるに従い、この意味明瞭となるべし、ここには、ただ読者が本論結構の大体を知りおかんことを望むのみ。

第一章　補　論

シュンペーター及びオッペンハイマー両氏の書は、近来経済学の研究に一新方面を開きたるものにして甚だ注意に価す。シュ氏には左の二書あり。

Joseph Schumpeter,

（1）*Das Wesen und der Hauptinhalt der theoretischen Nationlökonomie*, Leipzig, 1908.

（2）*Theorie der wirtschaftlichen Entwicklung*, Leipzig, 1912.

前者において氏は曰く

Wollen wir aber diese Probleme wirklich in Angriff nehmen, so müssen wir zugeben, dass es bedenklich um unsere Wissenschaft steht. Wir sind verurteilt, alle diese Dinge in dieselbe aufzunehmen und haben ein für allemal auf Klarheit und Selbständigkeit unserer Ausführungen zu verzichten. Auf Klarheit : Denn man sieht, dass die angedeuteten Probleme einen Charakter tragen, welcher klare und präzise Lösungen ausschliesst. Zum Teile gehören sie ja in das Gebiet der Metaphysik und dieser Umstand allein macht wahre Exaktheit unmöglich. Wie dichte Nebel lagern dann die Unklarheiten der Metaphysik auf unserem Wege und behindern den freien Ausblick. Auf Selbständigkeit : Denn manche jener Probleme gehören anderen Wissenszweigen an, der Psychologie, Physiologie, Biologie. Auf diese Disziplinen, in denen wir stets nur Dilettanten sein können, bleiben wir angewiesen, und von wirklicher Autonomie unseres Gebietes kann keine Rede sein. S. 23-24

吾人にしてこれらの問題を真に捉《とら》えんと欲するときは、我が経済学は危殆《きたい》に瀕することを否むべからず。吾人はこれらの各般の事物を我が学に収容するときは、吾人の研究は明瞭と独立とを捨つるものなるを覚悟せざるべからず。明瞭を捨つ—何となればこれらの問題たる、明瞭にして精密なる解決を許さざる性質を帯ぶるものなればなり。これらは一部は形而上学に属す、この事情だけにても真正なる精密を不可能ならしむ。形而上学の不明瞭がいかに濃厚なる霧を我が途上に横たえ、自由展望を防ぐるかは多言を要せじ。独立を捨つ——何となればこれら問題の多数は、心理学・生理学・生物学等他の学科に属す、吾人はこれら諸学については到底下手の横好きたるを免れず、したがって吾人は独立自守の研究者たる能《あた》わざるなり。（二三—二四頁）

かくて氏は経済学をもって「欲望充足を研究する学」「経済行為を研究する学」「経済の本則の発動を研究する学」なりとする通説は、皆根本においてこの嫌いあるを免れざるを論じ、これらの見解は、畢竟不可能事を標榜するものにして、ついに経済学の独立存在を否定するの結果に陥《おちい》るべきものなるを主張し、最後に、「財の生産・分配・

消費を研究する学」なりとする三分法説を評して、左の如く云えり。

Oft nennt man die ökonomie die Lehre von der Produktion, Verteilung und Konsumtion der Güter. Allein wir behandeln in der Theorie nicht alles, was zur “Produktion” gehört. Nicht z. B. die Technik der Produktion. Von der Konsumtion behandeln wir nur wenige Fälle, z. B. den Konsumtionsaufschub, der im Sparen liegt ; im allgemeinen aber steht dieselbe sozusagen hinter den Vorgängen, die uns interessieren. Und auch das Verteilungsproblem behandeln wir nicht erschöpfend, sondern nur eine Seite desselben. Welche Teile von diesen drei phänomenen Gegenstand unserer Erörterungen sind, wird nicht gesagt—das charakteristische Moment fehlt. S. 31.

学者また往々にして経済学をもって財の生産・分配・消費を論ずる学なりとするものあり。しかれども、そのいわゆる生産論において説く所を見れば、生産に属する一切の事項を研究するにあらず、たとえば生産の技術の如きは元よりこれを論ぜず。消費論においても、単に若干の場合、たとえば消費の延期より来る貯蓄の如きものを論ずるのみ。これらの事たる、所詮吾人が研究せんとする経過の後面に存するものたるに過ぎず。分配論においても、分配の一切の方面を研究せずして、ただ一方面のみを問題とす。すなわちこれら生産・消費・分配三現象のいずれの部分が吾人研究の題目たるべきや、その特色の点は何なりやに至っては、ついに一言これに及ぶことなし。（同上三一頁）

Ueberblicken wir irgendeine Volkswirtschaft, so finden wir jedes Wirtschaftssubjekt im Besitze bestimmter Quantitäten bestimmter Güter. Am Boden unserer Disziplin liegt nun die Erkenntnis, dass alle diese Quantitäten, welche wir kurz ‘oekonomische Quantitäten’ nennen wollen, in gegenseitiger Abhängigkeit von einander stehen, in der Weise, dass die Veränderung einer derselben, eine solche aller nach sich zieht. Das ist eine einfache Erfahrungstatsache, die so sehr auf der Hand liegt, dass sie Kaum einer Erörterung bedarf. Wir

wollen sie ausdrücken, indem wir sagen, dass jene Quantitäten die Elemente eines Systemes bilden. ……
Finden wir nun, dass sie in einer solchen Verbindung stehen, dass zu einer gegebenen Grösse einer oder einiger derselben eine gegebene Grösse der anderen und unr Eine gehört, so nennen wir das System eindeutig bestimmt. ……………………………
Wir nennen diesen Zustand den Gleichgewichtszustand. S. 28

いずれなりとも国民経済のある処には、各経済主体は一定の財の一定の分量を所有しおらざるはなし。さて我が経済学の領分は、これら一切の分量―これを経済上の分量と略称す―が相互に依頼関係にありて、一量の変動は必ず他のすべての分量の変動を惹起《じゃっき》する所以《ゆえん》を研究するにあり。これは誠に簡単なる経験上の一事実にして別に証明を俟《ま》たず。ゆえに吾人はこれら分量は一の体系を作る要素なりと云うをもって足れりとせん。……さてこれらの結合たるその中の一または若干の一定の大きさには、他のものの一定の大きさ―それはただ一の大きさとして―が属するものなるを知るときは、この体系をもって一義的に定められたるものなりと断じ得べし……この状態を名づけて均衡の状態と云う（同上二八頁）

右は用語は異なれども、その趣意に至りては、予が後段説く所の循環の生活の特色を道破したるものなり（ただし分量に重きを置くことは妥当ならず）。読者彼此《ひし》対校してこれを弁ぜよ。第二著『経済発展の理論』については後に述ぶべし。

オッペンハイマーの著は原名左の如し。

Franz Oppenheimer,
Theorie der reinen und politischen Oekonomie : ein Lehr- und Lesebuch für Studierende und Gebildete,
Berlin, 1910.

この書近来に至り、同氏著『社会学体系』の第三巻に編入せられ、浩瀚《こうかん》なる二冊に分って第五版を刊行せり。著題左の如し。

Franz Oppenheimer, *System der Soziologie.* Dritter Band, *Theorie der reinen und politischen Oekonomie.* Erster Halbband : *Grundelung*, 5. Aufl., 1923. Zweiter Halbband : *Die Gesellschaftswirtschaft*, 5. A., 1924.

この書には非難すべき議論も少なからざれども取るべき所もまた多し。以下本書の論述の進むに従い間々《まま》論評を加うることあるべきなり。この他にアモンの新著

Alfred Amonn

Objekt und Grundbegriffe der thoretischen Nationalökonomie, Wien, 1911.

あり、論旨はオッペンハイマーと大に異なれども、経済学の純理的研究を振興せしめんとする目的においては彼此《ひし》異なる所なく、また有用の作と云わざるべからず、その他、レクシスの『原論』、フィッシャーの『原論』、タウシッグの『原論』、チャップマンの『原論』等、本書の前編たる『経済学講義』執筆時以後に顕れたるものに有益のもの少なからず。

さて本文引照する所、リカードらの『原論』には三版あり、第一版は一八一七年、第二版は同一九年、第三版は同二一年の刊行にかかる。普通に行わるるマカロック版は第三版の重刷なり。予は以上三版を比較して予が考えを立てたり。引用の頁数は第三版のをとれり。

ブ師の『企業者論』の原名は

Lujo Brentano,

Der Unternehmer,（*Volkswirtschaftliche Zeitfragen*, Heft 225）, Berlin, 1907.

なり。

第二章　流通生活の意義

企業を中心とする流通生活の意義は一言にこれを約するを得べし。曰く価値の発展これなり。発展を喚起すべき価値移転の行程の一切は、すなわち吾人がここに流通生活と呼ぶ所のものなり。従来のいわゆる交換論も分配論も、まず一定の価値総量を与えられたるものと前提しおき、さてこの一定総量がいかに交換せられ、いかに生産関与者の各階級間に分配せらるるやを研究せんとするものにして、リカードはすなわちこれが定型を指示したるものとす。生産せられつつ交換せられまた分配せられ、分配せられ交換せられつつ生産せらるる流通生活の実際状態そのものを直ちに主題とするものにあらず。しかしてリカードの祖述者はその根本の立場を精査することなく、ただ屋上更に屋を架し、セーが唱道したる欲望―行為―充足という定式をもそのまま襲踏し、一切の交換分配の行程を挙げてこの循環定式の下に置き、しかして曰く、経済生活とは畢竟《ひっきょう》欲望の充足の行程の謂《いい》なり、この行程のうち、与えられたる生産要素に変化増減起るときは、この行程また変化せざる能《あた》わず、富の増殖減少はすなわちこれより起ると。生産要素のうち、土地は分量において増減することほとんど期すべからず、ただその豊度に増減ありて生産上に影響を及ぼすに過ぎず、人口の増減は主として土地収穫の増減によりて左右せらる、二者共にある度以上に及べば、人力を超越する天然の作用にこれ因《よ》る、ひとり資本のみは人間の意志と働きとにより、著しくこれを増減し得べし、したがって経済発展の主動力はまず資本増減の作用にこれを求むべく、資本増加の第一の方法は貯蓄にあり、しかして企業はかく貯蓄によりて創造せられたる資本あるによりて、はじめてその活動を開始するを得るものなりと。今、予がここに試みんと欲する所は、この通説を根底より打破せんことこれなり。換言すれば、流通生活の意義は欲望―行為―充足という定式を超越するによりてのみ、これを究明し得るの理を明らかにせんとすること、これなり。

予の知る限りにおいて這箇《しゃこ》の定式を打破して、別に経済発展の真意を捕捉せんとしたるもの、前にジョン・レイあり、後にカール・マルクスあり。レイは一八三四年に著したるその『経済新論』において言いて曰く、

It thus appears, that it is through the operation of two principles—the accumulative and inventive,—that additions are made to the stocks of communities. It would contribute something to accuracy of phraseology, and therefore to distinctness of conception, to distinguish their modes of action by the following terms.

1. Accumulation of stock or capital, is the addition made to these, through the operation of the accumulative principle.
2. Augmentation of stock or capital. is the addition made to them, through the operation of the principle of invention.
3. Increase of stock or capital, is the addition made to them, by the conjoined operation of both principles. Accumulation of stock diminishes profits ; augmentation of stock increases profits ; increase of stock neither increases nor diminishes profits. (Rae-Mixter, *Sociological theory of capital*. p. 203.)

社会の資本の増殖するは二個の原則の作用による。一は蓄積の原則にして他は発明の原則なり。用語の精密したがって概念の精確を得んため、その作用を次の如く区別すべし。

一、資本の蓄積とは、蓄積の原則の作用により資本の増加することを云う。
二、資本の拡張とは、発明の原則の作用により資本の増加を云う。
三、資本の増殖とは、以上二個の原則の結合作用による資本の増殖を云う。
資本の蓄積は利潤を減少す、資本の拡張は利潤を増加す、資本の増殖は利潤を増減することなし。

レイがここに蓄積の原則と云うものは、通説において、資本形成の唯一の行程と看做《みな》さるるものなり。しかるにレイは、これはただ労働の新器具に体現するの謂《いい》にして、純収益はこれがためにかえって減少するものなれば、利潤

は減少すとなし、その名づけて発明の原則による資本の拡張と云うものこそ新思想を体現するものにして、これによりてのみ収益は増加す、したがって利潤もまた増すものなりと云えり。予は今、レイの説の当否を評論せんとするものにあらず、否、右の説の如きはレイの言そのままにこれを受納し難きものと信ず。ただ予はレイの説の結構をとってもって、予が言わんと欲する所を明らかならしめんと欲するのみ。レイが蓄積・発明二個の原則をもって共に資本の増加を惹起《じゃっき》するものなりとするは、彼が打破せんと企てたる旧説を全くは蝉脱《せんだつ》するを得ず、未《いま》だこれに囚《とら》わるるものにして、そもそも資本の増加をもって経済発展の中心問題とすること、そもそも誤りなり。ゆえに、予はレイの説に訂正を施し、資本増加を喚起す蓄積の原則と、経済の発展を喚起す発明の原則との両者を区別すべきものなりと信ず。今その意を詳述せんに、資本は富の消費せられずして、後来の使途に充てられたるものの中に含まるべきは言うまでもなきことにして、現在の使用に充てず、他日の使用を待つことを貯蓄と総称する以上、資本は貯蓄によりて形成せらると云うことは自明の理なり、否、「トルイズム〔truism〕」なり、吾人の経済上の観察はこの自明の「トルイズム」を得るも寸毫《すんごう》も拡張する所なし。いわんや経済発展の根源を説明せんとするにおいてをや。レイがこれを accumulation と名づけて augmentation にあらずとなす、甚だ当を得たり。マーシャルもまた

But were it not for the family affections, many who now work hard and save carefully would not exert themselves to do more than secure a comfortable annuity for their own lives ; either by purchase from an insurance company, or by arranging to spend every year, after they had retired from work, part of their capital as well as all their income.

（第六版二二八頁）

と云えり。然り、貯蓄は家族のために図り、子孫のために慮《おもんぱか》るを主たる動機となす、マーシャルの言う意味にての国民的富の増殖を図る所以《ゆえん》にあらず。さればレイは曰く

He who labors to provide the means of enjoyment to wife, children, relations, friends, pursues an end in some degree selfish. It is his own wife, his own children, his own relations, whom he desires to benefit. The fruits of the labors of genius, on the contrary, are the property of the whole human race.（p. 147.）

妻子・親戚・朋友のために享楽の手段を具《そな》えんと働く人は、ある度までは、利己的の目的を追求するものならずんばあらず。彼が利益せんと希《ねが》う所は、彼自身の妻、自身の子、自身の親戚なり。これに反し、天才の労働の果実は全人類の所有に帰す。

彼はこれに続いて、天才の創造が発明の原則の根底たる所以《ゆえん》を説くこと甚だ詳なり。その論、移してもって予が流通生活の意義と称するものを説明するに足れりといえども、今煩《はん》を厭《いと》いてこれを略す。

貯蓄による資本の蓄積は、ひとり利己的なるのみならず消極的なり、一定の循環定式の外に出づること能《あた》わず。欲望―行為―充足の行為を平面的に延長して観察するもののみ、もしも欲望の充足ということが経済生活の一切ならば、その発展は這箇《しゃこ》貯蓄の一事に尽きたりとなす、また不可ならじ。ただ実際において、その実なきを如何《いかん》せん。自己を養い、自己の眷族《けんぞく》を養うことのみによりて、経済発展の力を生じ来ること、かつてこれなきを如何せん。経済の発展はレイのいわゆる inventive principle 天才の創造によりてのみ喚起さる。貯蓄による資本の増殖はシュンペーターの言をもって云えば、畢竟《ひっきょう》 Datenveränderung「項目の変化」のみ、予のいわゆる「行程の延長」のみ。

アダム・スミスは労銀及び利潤高低の理法を論ずる際、甚だ趣味深き言をなして、予が今言わんと欲する所のものを髣髴《ほうふつ》の間に道破したり。ただ彼はその思想を一貫せず、後世の学者は彼に此言《しげん》あるをほとんど忘れたり。この言とは左の如し。（『国富論』第一巻第八章　労銀論の条）

It is not the actual greatness of national wealth, but its continual increase, which occasions a rise in the wages of labour. It is not, accordingly, in the richest countries, but in the most thriving, or in those which are growing rich the fastest, that the wages of labour are highest. England is certainly, in the present times, a much richer country than any part of North America. The wages of labour, however, are much higher in North America than in any part of England.……But though North America is not yet so rich as England, it is much more thriving,

and advancing with much greater rapidity to the further acquisition of riches.（p. 71. Edition Cannan）
……Though the wealth of a country should be very great, yet if it has been long stationary, we must not expect to find the wages of labour very high in it.（p. 73）……It deserves to be remarked, perhaps, that it is in the progressive state, while the society is advancing to the further acquisition, rather than when it has acquired its full complement of riches, that the condition of the labouring poor, of the great body of the people, seems to be the happiest and the most comfortable. It is hard in the stationary, and miserable in the declining state. The progressive state is in reality the cheerful and the hearty state to all the different orders of the society. The stationary is dull ; the declining melancholy.（p. 83）

労働の賃銀に騰貴を喚起すは国富の実際の大きさにあらず、その間断なき増殖なり。したがって賃銀の最も高きは最も富有なる国よりも、最も繁栄なる国すなわち富の増殖の度、最速なる国にあり。今日イギリスは北アメリカのいずれの部分よりも遥かに富めり、しかるに労働の賃銀はイギリスのいずれの部分におけるよりも北アメリカにおける方、遥かに高きなり。……

北アメリカの富は未《いま》だイギリスにしかずといえども、その繁栄は勝れり。したがって富の増殖において遥かに大なる速度をもって進みつつあり……

一国の富大なりとも、その国にして長く停滞的状態にあるときは、その国の賃銀は甚だ高きを望むべからず。

……

これを要するに、労働する貧民、国民大多数の状態が最も幸福にしてまた最も安寧《あんねい》なるは、すでに富の充実を得たる国にあらずして、かえって絶えず富を増殖しつつある進歩的の国これなり。停滞的の国においてはその状態は困難なり、退歩的の国においては窮態にあり。進歩的の国は事実において社会の一切の階級にとりて会心にして快活の国なり、停滞的の国においては不快なり、退歩的の国においては沈鬱《ちんうつ》なり。

今日の実際の事実をもってこれを例証せんには、フランスの現状とドイツの現状とを比較するより善きはなかるべし。蓄積の原則の作用はフランスにおいて甚だ大にして、その現に蓄積したる絶対的の富の額は極めて大なり。しかれどもフランスはスミスのいわゆる停滞的の国に近き状態にあり。これに反しドイツは最も進歩的の状態にあり。しかしてその経済発展の力いずれに多きかは、ここに絮説《じょせつ》するまでもなし。フランス人口増加不振の原因の一は、かつてその蓄積の原則の作用にありと云う不可ならず。

資本の蓄積的増加は経済発展の動力たらず、ただその一手段たるのみ、根本の動力存せず、存するも大ならざるときは、資本の蓄積的増加はなんらの発展を喚起すること能《あた》わず、あるいは賃銀の増加あるいは利潤の増加と云うは、畢竟《ひっきょう》発展の体現なれば、単に資本の蓄積加りたりとて、直ちにこれと関連して起るものにあらず、別にこれを招致すべき発展の動力なかるべからず。アダム・スミスはこれを髣髴《ほうふつ》の間に認めたりといえども、ただ「進歩的」と云うをもって満足し、何故に進歩的なりやの理由を説かず、ゆえに原因と結果とを転倒したるの感なきを得ず。労銀の上騰し、もしくは利潤の増加する状態を名づけて進歩的とこそ云うなれ、進歩的なるが故に上騰し、または増加すと云うは、雨天なるが故に雨ふると云うに似て用語当を得ず。吾人は雨ふるが故に雨天なりと云う、しかしてその雨ふるは何故によりて然るやを説明せざるべからず。レイの説はスミスに比すればやや詳細に入るものの如しといえども、しかも「発明的」と云うのみにては「進歩的」と云うと大差なし、「発明的」ということの内容を示さざる限りその論漠然たり。スミスが progressive と云いレイが inventive と云うもの、近来シュンペーターは energisch と名づけたり。しかも内容を尽さざるに至っては、その説甲乙し難し。ただこれらの警語を案出したる諸氏は、その構思の間、自ら真意を寓するものありて、これを道破せざりしのみ。スミス及びレイの思想はその説の詳《つまび》らかならざりしため、ほとんど後世に影響を及ぼすこと能わず、経済学の定型はリカードの定めたるもののみ全盛を極めて、ほとんど今日に及べり。

ただここにカール・マルクスありて、別途の思索によりて経済発展の真意を喝破《かっぱ》したり。マルクスの説は唯物史観によりてもっとも喧伝《けんでん》し、後世学者のマルクスを論ずるもの皆まず唯物史観論より始めざるはなし。しかれども経済学の立場よりこれを見れば、彼が唯物史観は、その経済学説の本体に寸毫《すんごう》も交渉する所なし、これあるもこれなきも、彼の経済説はいささかの増減する所あらず。唯物史観の主張はただ経済的原因の重要を概言したるのみ、その内容には少しも触るる所なし。マルクスの唯物史観論正しきにせよ誤れるにせよ、その経済説の正否はこれと関連するものにあらず。予がここにマルクスが経済発展の真意を喝破したりと云うは、その資本蓄積論・窮困論・資本社会崩壊論等によりて組み立てられたる資本主義評論を指して云うなり。元より彼が説の一々について見るときは、誤謬《ごびゅう》脱漏甚だ少なしとなさず（資本制生産と云い、資本主義と云う、その意甚だ漠然たることも、また一の欠点なり）。しかれども貯蓄による循環定式的思想を一擲《いってき》し、厳密に経済社会の理法を考察し、その中に自ら発展の動力あり、原則あることを喝破したるに至っては、前人未《いま》だ啓発せざりし所たるや疑いを容《い》れず、しかしてレイはこの意味においてベーム‐バヴェルクの前駆《ぜんく》たると同時に、マルクスの前駆たりと云う大過なし。マルクスの研究は近くゾンバルトありて更にこれを拡張して、今においてこれを祖述し、これに付和する学者甚だ多く、しかして最近に至りてはヒルファディングありて、その『金融資本論』において更にその誤れるを訂《ただ》し、その正しきを宣揚したり。シュンペーターの『経済発展の理論』、ならびにリーフマンの諸種の近業またその影響を受けたるものとす。

＊　＊　＊　＊　＊　＊

シュンペーターは経済生活に静的と動的の二ありとし、前者は享楽をもって主眼とし、後者は発展をもって主眼とすと云い statisch-hedonistisch と dynamisch-energisch の名を下せり。近来の経済学において「自足主義」と「営利主義」とを対立せしむること、語は大いに異なりといえども意はすなわち相似たり。畢竟するにレイが蓄積の原則と発明の原則とを区別したる根本の思想と契会《けいかい》する所あり、ゾンバルトがマルクスの説を承《う》けて Bedarfs-deckungswirtschaft と Erwerbswirtschaft との別を立てたるも、その理多く異なる所なし。言語の末について相争うときは、これら皆千里の差を生ずべしといえども、真相を捕捉するときは帰着する所は一のみ。否、シュモラーがその衝動論において各種の衝動を列挙し、最後に「営利の衝動」なるものを数えたるも、また自らその間の消息に通ずるものなりと云わざるを得ず。さらに溯《さかのぼ》りて研究するときは、その根本の思想は遠くアリストテレスにあり。彼のいわゆる「エコノミック」と「クレマティスティック」、「自然なる経済生活」と「不自然なる経済生活」の区別論、すなわちこれなり。欲望ありて行為を動起し、ここに欲望の満足を得て完結するものは「エコノミック」なり、「自然なる経済生活」なり、レイのいわゆる貯蓄の生活なり、ゾンバルトのいわゆる「所要充当経済」なり、近来の経済理論にいわゆる自足主義なり。その反対に立つものは「クレマティスティック」なり、「不自然なる経済生活」なり、発明的原則なり、営利経済なり、動態経済なり、「エネルギズムス」なり。今これら諸種の異称を一括して、予は前者を有限の経済生活とし、後者を無限の経済生活となさんと欲す。アリストテレスは限りある足ることを知るを自然なる経済とし、限りなく足ることを知らざるを不自然なる経済とし、前者を揚げ、後者を貶《けな》せり。営利と非営利とは、現今の経済生活について見れば、ほぼその真相を道《い》い得たるが如しといえども、言語の末のみについて解釈を下す時は人を過《あやま》るの虞《おそれ》あり、畢竟《ひっきょう》営利なる概念をもっては右の区別の全般を道《い》い尽し得ず、またその概念には他の関係少なき事情をも包含するが故に、出来得る限りこれを避くるを可とす。求むる所に制限なきもの（すなわちゾンバルトの謂《い》う如く、量と質との上になんらの限界なきもの）と、求むる所に早晩限界あるものと、これ両者の根本的に相分るる所なり。通例営利の事は制限なきを常とすれば、無限なるものを呼びて営利的となす、一応は差支えなきに似たりといえども、現にこれに関連して甚だしく煩雑なる論争を惹《ひ》き起したる例もあれば、読者細密の注意を須《もち》ゆべきなり。—『国民経済雑誌』に掲げたる拙文「ゾンバルトよりマルクスへ」ならびに、同所に引用せる関・上田・坂西三氏間の論争文を参考せよ。三氏はただ営利と所要充当（この語を欲望充足とせし予が誤謬《ごびゅう》は三氏共にこれを訂正せず、今自ら改む）との両語に囚《とらわ》れてクルップ等の例について綿密なる論争をなせり。しかして根本的区別の標準たる量と質との有限・無限については、全くゾンバルトの真意を伝えず、いわんやマルクスをや。本文を読みて後、三氏の論究を看《み》ば読者あるいは意に当るものあらんか。—

何故、所要充当の経済は有限にして営利の経済は無限なりや。この理を究むるときは、流通生活の意義と経済発展の真相とを明らかならしむるを得べきなり。欲望—行為—充足の循環定式の中に運行する経済には、初めより欲望の一定量あり、したがってその生ずる価値また定量あり、この欲望を充足すればすなわち百事休す、欲望を充足して余りあるか、またはその充足を抑制して余剰を生ぜばここに貯蓄起るのみ、他に何も存することなし。ゆえに量においても質においても一定の限度あるなり。クルップの注文生産云々《うんぬん》のごときは問題とならず。これに反し、営利の経済は欲望—行為—充足という循環定式の中に行わるるものにあらず、すなわち初めより充足せらるるを必する一定量一定質の欲望ありて、これによりて発動するものにあらず、全く別個の動因を有す。シュモラーのいわゆる営利の衝動参照。常にただますます向上せんとし増殖せんとし、足ることなく厭《あ》くことなきaugmentationあるのみ。スミスは故にこれをprogressiveと名づけ、シュンペーターは生々主義Energismusと名づけ、レイはinventiveと名づけ、マルクスは資本的と呼び、ゾンバルトは営利主義と云える、皆これなり。すなわち始めよりなんらの制限限界あることなきなり。流通の生活は、すなわちこの制限なく足ることを知らず、厭くことを知らざる生々的・進歩的・発明的の経済生活なり、しかして経済の発展はひとりこの経済生活あるによりて、それ自らの動力を有す。ゆえに欲望の充足とその残余の貯蓄による資本の形成とのみを問題とする項目論の研究によりて、これを究むること能《あた》わず、この定式を打破して別にそれ自らの理法を索出せざるべからざるなり。近来、学者往々にして生産と営利とを対立せしめて、ややこの間の消息に通ずるが如き説を立つるものありて、一応は人の信服を購《あがな》うに足るものあり。そのいわゆる生産とは、技術的行程を顧慮のうちに置くものにして、項目に束縛せられたる欲望—充足の定型に充当したる経済生活の活動を総括し、営利とは項目と定型とを打破したる発展的経済活動を指称するが如し。しかれどもかくの如きは用語の拙なるものにして、たまたま構思の精到ならざるを自ら語るものと云わざるを得ず。定型の中に行わるる活動は生産のみに止《とど》まらず、発展の活動は営利の一語をもって尽し得るものにあらざるを記せよ。フィリッポヴィッチの説、なお『大阪銀行通信録』掲載、津村博士論文「生産と営利」を参考せよ。

以上、各種の術語錯綜《さくそう》して甚だ繁雑の観あるを免れずといえども、簡単にこれを云えば、有限の経済生活と無限の経済生活との別あるのみ。前者においては、価値の循環あれども発展はこれあることなし、後者においては、価値の流通移転に基づく発展あり。ゆえに前者を循環生活 Kreislauf と呼び、後者を流通生活 Umlauf と名づく。かの自足経済と営利経済とに別《わか》つは、**一** その本質を言い尽さず、**二** 歴史的に人類生活を二分し、前半を前者に充て、後半を後者に充つるの誤りに陥《おちい》るが故にとり難く、またマルクスが非資本的と資本的とに区別したるは、**一** 循環生活に資本なきが如き誤解を惹《ひ》き起し、**二** 歴史的順序に前後あるが如く思わしむるの憂いあるが故に、また服すべからず。しかしてこの両者を混淆《こんこう》して、自足経済を非資本的、営利経済を資本的と看做《みな》すに至っては、理路紛糾百の失ありて一の得なし、断然捨てざるべからず。欲望充足のほか一の能事なき非営利的、自足的生活にも資本はあり、欲望充足の生活を目《もく》して自足的となすは不当ならざるも、これを非営利的となすことは事実を誣《し》ゆるもまた甚だし。手工業を目して営利にあらずとなすが如き曲説は、この誤りより出づ。甚だしきは近世のいわゆる資本的企業にあらざるものは皆非営利的なりとするに至る、曲解もここに至って極まれりと言うべし。これら畢竟《ひっきょう》する所、文字の末に拘泥《こうでい》して、そのよって言い顕さんとする真意を没却するものなり。

＊　＊　＊　＊　＊　＊

予はしばしば経済の発展または価値の発展と云えり。およそ人類社会における発展は大別して、**一** 内より来るものと、**二** 外より来るものとの二となすことを得。経済の発展についてもまた然り、政治上の原因によるものあり、宗教上の原因によるものあり、技術の改良進歩に基づくものあり、これらは皆、外より来る発展にして、経済そのものの内より来るにはあらず。予がここに経済発展の理法を論ずるは、これら外来的のものを云うにあらず、経済生活そのものの中に存在する動力の作用して起る発展を云う。価値の発展と云う、また経済価値そのものの内に存する原因より来るもののみを云う。循環の経済生活にも発展は元よりこれあり、ただそのすべては外来の原因に基づくものにして、循環場裡に内在する発展の動力なるものなし。これに反し、流通の生活はそれ自らに発展の動力を包含す（ゆえに予は流通論は経済学独特の領域なりと云う）。一切の流通現象が発展の行程なるにあらざるは勿論なれども、発展の動力なるものは、この流通の生活を措《お》いてほかに存することなし。ゆえに流通は価値の発展の謂《いい》なりと概言して大過なし。流通生活の意義はかくの如し、しからば流通生活に内在するそれ自らの動力とは何ぞや。請う、章を改めてこれを説かん。

第二章　補　論

ジョン・レイの書、原名左の如し。

John Rae.

Statement of some new principles on the subject of political economy, exposing the fallacies or the system of free trade, and of some other doctrines maintained in the "Wealth of nations", Boston, 1834.

この書、流布の本甚だ少なし、予は我が邦においては滝本誠一博士の架上に一本あるを知るのみ。しかるにアメリカ、ヴァーモント大学のミクスター教授これを憂え、一九〇五年この書の重刷を試み、書中の章節を著しく転換して読み易《やす》からしめ、かつ書名をさえ新たに命じて出版したるものありて、今は誰人《たれびと》も容易にその書を手にするを得ることとなれり。その書名、左の如し。

The sociological theory of capital : being a complete reprint of the new principles of political economy, 1834 by John Rae.....edited by C. W. Mixter, New York, 1905.

この書にはレイの略伝をも付し、巻末には原版との頁数、比較表をも添えたれば甚だ便利なり。予はこの隠れたる深き思想家の書の汎《ひろ》く読まれんことを希《ねが》いて已《や》まざるものなれば、本文中、特にやや多言を費やしたり。

本文中、ゾンバルトの説と云えるはその

Der moderne Kapitalismus, 1. A., Leipzig, 1902. 2. A., 1916. 3. A., 1919.

に述べたる所を指して云う。しかるにゾ氏は近業

Die Juden und das Wirtschaftsleben, Leipzig, 1911. 2. A., 1920（10.－11. Taus.）

においては、資本主義をもってユダヤ民族に特有なる民族的精神によりて起るものなりとの説を立てて、前著の所説をほとんど根底より覆《くつがえ》したり。予は甚だこれを惜しむものにして、前著は不十分なる箇所は多々なりといえども、マルクスに基づく研究の少なき今日大に尊重すべきものなるが、新著は余り深からず、また精《くわ》しからざる構想の上に築かれたるものの如く、変説はかえって退歩なりと認むるものなり。後者の梗概は『国民経済雑誌』に大西氏の紹介文あり、ついて看《み》よ。

ヒルファディングの書、原名は

Rudolf Hilferding,

Das Finanzkapital : eine Studie über die jüngste Entwickelung des Kapitalismus, Wien, 1910. 2. A., 1920.

にして、最も注目に値する新著なり。

リーフマンの近業とは

Robert Liefmann,

"Die Entstehung des preises aus subjektiven Wertschätzungen."（*Archiv für Sozialwissenschaft und Sozialpolitik*. Bd. 34, Heft 1 & 2.）

"Grundlagen einer ökonomischen Produktivitätstheorie."（*Jahrbücher für Nationalökonomie und Statistik*, III. Folge, 43. Bd., 3. Heft, März, 1912.）

の二種の雑誌論文（第二文は『国民経済雑誌』に邦訳を掲げありしと記憶す）ならびに左の新刊の小書なり。

Die Unternehmungsformen, Stuttgart, 1912. 2. A., 1921. 3. A., 1923.

なお氏は *Theorie des Volkswohlstandes.* なる書を大成して、右等論文に述べたる思想を更に布演《ふえん》して経済理論の根本的革新を促さんとする由《よし》、私信において報ぜられたり。―この書、今一九二四年八月までは未刊にして、今後恐らくその刊行を見ることなかるべきが如し。― 予は大いに氏の説に服す。『国民経済雑誌』に掲げて未完なる予の「余剰価値論梗概」は、右等の論文を見ざる前執筆し、しかして全篇の大要は心理学会において講述しおきし所なるが、間もなく氏の論文に接して予の考えおりし所と多く符節を合わすものあるに驚きたり。しかして氏は更に予が未《いま》だ考え及ばざりし所を道破せり。読者氏の諸文と『心理研究』に掲載したる予が右講演の大要とを比較して、これを知られよ。この稿を終えて後、更にリーフマン第三論文に接す。

"Theorie des Sparens und der Kapitalbildung." (*Schmoller's Jahrbuch*, 1912, Heft 4.) これなり。この文においてリ氏は単に消費を差し控えて蓄積するは貯蓄にあらず退蔵（テサオリーレン〔thesaurieren〕）なりとし、資本形成の目的を付与せらるるもの、すなわち新たに現実の生産に充用せらるるもののみ貯蓄なりとせり。しかれば予が本文に循環生活における蓄積と名づけしもの、これを退蔵と改め、後段言う所、発展的充用の場合をこそ貯蓄とするの可なるに似たり。用語は仮に通説に従うとしても、言わんとする真意のリ氏と殆んど異なる所なきを発見したるは会心の至りなり。本文執筆後、リーフマンは尨大《ぼうだい》なる大冊『国民経済学原論』を著し、極めて最近には、更にその説の梗概を述べたる『一般国民経済学』なる小冊を公にせり。その書奇抜にして独特なる構想を述ぶること、誠に予が本文において期待したる所の如くなりといえども、また同時に意外なる無益の論争、殊に同僚ディールその他に対する罵倒《ばとう》の文字を満載し、ために論旨の徹底を妨ぐる甚だし。その論ずる所、一方において慥《たし》かに天才の面影を寓するとともに、他面、精神に異常ある人にあらざれば発し得ざる底《てい》の冗漫無用なる節、少なからず。氏はあたかも予と同年齢の学者にして、まだ老朽の境に入れる人にあらず、あるいは恐る氏の宿痾《しゅくあ》は氏の精神に累《るい》を及ぼしたるにあらざるかを。予は衷心よりこれを痛惜するものなり。右二書の原名、左の如し。

Robert Liefmann, *Grundsätze der Volkswirtschaftslehre*, 1. A., 1917 u. 1919. 2. A., 1920 u. 1922.

Allgemeine Volkswirtschaftslehre, 1924.

さらにまた、予が近時の思索を著しく刺激したるものはシュンペーターの新著なり。予は静態動態の名称こそ取らざれ、流通生活ということに思い及んで『経済学教科書』にその大要を述べたるとき、氏の新著はまだ存せず。しかるに後これに接到するに及んで、予は苦思幾度も未《いま》だ透過し能《あた》わざりしもの、氏によりて痛く策進せられたり。読者は氏の書を取りて、予が説の足らざるを責むるの用に供せよ。

「ゾムバルトよりマルクスへ」の拙文は続稿せざる積りなり。ゆえに本章以下述ぶる所をもって、かの文に接続するものと看《み》られんことを乞う。関、上田、坂西三氏に答うる旨も、また自ずからこの中にありとす。

付記。予が本編公刊後数年、大正一二年頃、河上博士と予との間にマルクスの資本主義行詰り論に関して討論を重ねたることあり。すなわち、予は本章中に述べたる趣意を布演《ふえん》し、さらにツガン‐バラノフスキーの説に参酌《さんしゃく》して「資本増殖の理法と資本主義の崩壊」と云う論文（今、拙著『社会政策と階級闘争』に収録す）を『改造』に寄せたるに対し、河上博士は初め『我等』において、後にその独力刊行せらるる『社会問題研究』数号に亘《わた》る長大の論文において、再三あるいは自説を述べ、あるいはローザ・ルクセンブルクの『資本の蓄積』を援引して、駁撃《ばくげき》を加えられたり。河上博士は、予の説をもって、ことごとくツガン‐バラノフスキーを祖述するものの如く解せられたり。その然らざることは、ツガンになんら関係なき本章において、既にすでに明らかに本文の如く論じおるに徴して明白なるべし。しかして博士と予との討論を読まるる読者は、予の説の、そもそもよって基づく所が、本章述ぶる所にあることを諒解せられんことを希《ねが》うものなり。

第三章　流通生活の動力

流通生活の動力とは、流通生活の内に存在し、外来の力を持たず、それ自らにおいて経済生活の発展を喚《よ》び起す原因たる力を云う。しかして今日の経済生活においてこの動力を体現するものは企業なり。企業は流通生活に内在する発展の動力あるより起り、この動力は企業という組織に体現せられて発動す。シュモラーはこの動力を営利の衝動とし、ゾンバルトはこれを資本的精神と呼べり。これに代えて営利心または企業心と云うこともあり。しかれども、これらの造語は単に警語としてこれを用いるは一向差支えなかるべしといえども、これに学理的正確を望むこと能わず、いわんやその衝動と云い、心と云い、精神と云うものを心理学的に解剖することをや。さればこれらの半心理的用語をもって、企業の本質を説明し尽さんことは甚だ困難にして、営利の衝動によりて支配せらるる経済形態は営利経済にして、企業はすなわち営利経済なり云々《うんぬん》の説には若干不精確の点あるを免れず。ゾンバルトは力または動力（treibende Kraft）なる語の甚だしく濫用せらるる実例を挙げてこれを非難しながら、自らまた同様の非難を辞するを得ざる説を下せるものと云うべし。ここに云う動力には、心理的方面と物質的方面と両《ふた》つながら存せり、単にこれを心理的現象として取り扱うは不可なり。その一切を経済的事実と認め、殊に流通生活の本質において統一的にして内在的なる原因たることをまず明らかにしたる後にあらざれば、いかにしてこの動力が企業に体現せらるるやを知ること能わず。仮に一歩を譲りてこの動力を目《もく》するに衝動をもってするも、その衝動は他の根本的衝動、たとえば生存生殖の衝動の如きとは趣を異にする複雑のものたることは争うべからず。されば単純なる衝動が複雑なる衝動となることについて仔細の説を聞きたる上にあらざれば、営利衝動の論はこれを受け納《い》るること難し。営利経済と近世の企業とは連結し、衝動論をもってその特徴を云い顕さんとする企てには若干の矛盾を包蔵す。経済発展階段を作為するによりて、著しく歴史上の事実を曲用するの嫌いあることは、今ここに細論するを要せず。畢竟《ひっきょう》分類の一目瞭然たるを得んことに急なるの余り、牽強《けんきょう》付会《ふかい》に陥《おちい》るものにして、これを匡《ただ》さんには、まず流通生活の動力について出来得る限り先入の見解を捨て、その体現たる企業の本質を十分に理解するより先なるはなし。

流通経済の動力は、流通生活あるによりて、はじめてこれを認め得べきものなり。すなわち社会的結合としての流通起るにあらざれば、この動力は発動せず、孤立したる交換の現象ありと云うのみにては、社会的結合としての流通を認むべからず。経済単位が分業によりていよいよ縮少し、いよいよ独立し、私有財産の制度ますます発達するに及び、交換は偶発的の行為たらず、間断なく、かく分化せる単位を社会的集化の下に置くに至りて、はじめて流通あり、はじめて社会における人と人との間に価値の発展を期する諸種の移転流通あるなり。ヒルファディングはよくこの理を説きたり。その一節に曰く、

Anders die Gesellschaft, die dieser bewussten Organisation entbehrt, Sie ist aufgelöst in voneinander unabhängige Personen, deren Produktion nicht mehr als Gesellschafts-, sondern als ihre Privatsache erscheint. Sie sind so Privateigentümer, die durch die Entwicklung der Arbeitsteilung gezwungen sind, miteinander in Beziehung zu treten; der Akt, in dem sie dies tun, ist der Austausch ihrer Produkte. Erst durch diesen Akt wird hier, in der durch Privateigentum und Arbeitsteilung in ihre Atome zerschlagenen Gesellschaft Zusammenhang hergestellt. Nur als Vermittler des gesellschaftlichen Zusammenhanges bildet aber der Austausch den Gegenstand theoretisch-ökonomischer Analyse. ………Wenn daher Marx einmal sagt, innerhalb des Austauschverhältnisses gilt der Rock mehr als ausserhalb desselben, so kann man auch sagen, innerhalb eines bestimmten Gesellschafts-zusammenhanges gilt das Tauschverhältnis mehr als innerhalb eines anderen. Nur dort, wo der Austausch erst den gesellschaftlichen Zusammenhang herstellt, also in einer Gesellschaft, in der die Individuen durch das Privateigentum und die Arbeitsteilung einerseits getrennt, anderseits auf einander angewiesen sind, erhält der Austausch gesellschaftliche Bestimmtheit, muss er die Funktion erfüllen, den gesellschaftlichen Lebensprozess möglich zu machen. (*Finanzkapital*, SS. 2-3)

右訳

意識せられたる組織を欠く現社会は右（共産社会）に異なる。この社会は相互独立せる人格に分解せられ、その生産は社会的事件にあらずして、その人々の私事たり。各人はそれぞれに財産私有者たり、ただ分業の発達によりて、相互の間に関係を結ぶべく強制せらるるのみ。しかしてこの関係を結ぶ行為は、すなわち各自の生産物を交換する、これなり。その行為によりて、はじめて私有財産と分業とによりて、その原子に分解せられたる社会に連絡を生ずるを得るなり。交換が経済理論の対象たるは、かくの如き社会的連結の媒介たるときのみ。…………マルクスはかつて交換関係の中にあっては、一財はそれ以外にあるより、より多くのものとして通用すと云いたるが、これと同じく一定の社会的連結の中にあっては、他の社会的連結の中におけるより、交換関係はより多くのものとして通用すと云い得べし。交換ありてはじめて社会的連結生ずる所、すなわち各個人が一方には私有財産と分業とによりて分解せられつつ、他方には交換ありて連結せらるる社会においてのみ、交換は社会的特性を取得し、社会的生活行程を可能ならしむべき機能を果さざるを得ざることとなるなり。

（『金融資本論』二－三頁）

ヒルファディングがここに交換と云い交換関係と云うものは、予が流通と云うものにほぼ同じ。社会的集化の行為としての常住的連続的交換の総体はすなわち流通なり。この意味においての交換流通起り、一切の財、一切の働きはこの流通場裡に提出せられて価値対象となるによりて、はじめてこの価値行程の発展とその発展の動力とを認むるを得、常住的・連続的の流通生活なければ、財と働とが社会的に価値付けらるることあらず、社会的に価値付けらるることなければ、経済生活それ自らよりする価値の発展なし、価値の発展なき経済生活は、ただ外来の力を待って発展することあるのみ、それ自らよりする発展は決してあることなきなり。マルクスの語をもって云えば、かくの如き経済生活にはGut（財）あるのみ、Ware（商品）あることなし、Arbeitsprozess（労働行程）あるのみ、Verwertungsprozess（価値行程）あることなし。他の語をもって云えば、欲望の充足と労働行程と直ちに連接し、その間に企業の存立するを許さず。更に詳しく云えば、必ずしも営利の衝動・資本的精神の有無を問うに及ばず、発展の動力の発動すべき余地なきなり、動力そのものの存在するや否やの問題は毫《ごう》も考究の必要なきなり。営利の衝動と云うが如きものが、ある時代に至りて突如として起るとの想像は、全然非論理的の独断にして、安全なる論断を下さんと欲せば、かくの如き動力は、いずれの時代、いずれの社会、いずれの民族にも存在したるなるべしと思わざるを得ず。ただこの動力が潜勢力たるに止《とど》まる時と、これが現勢力となる時との間には、包囲の事情に相違ありと云うをもって足れりとす。一方において分化しつつ、他方において集化する社会発展（経済生活それ自らより来る発展と混同すべからず）のある程度に達したるとき、潜勢力たる流通生活の動力は現勢力となり得る刺激を得たり。その刺激は交換流通の普及すなわち交換経済の成立これにして、その成立はまた貨幣経済の成立と同時なり、ゆえに諒解を便ならしむるために、その刺激はすなわち価値の貨幣化なりと云いて差支えなく、流通生活とその動力との本質の説明の前提として、ここに貨幣と貨幣価値との概念を置くの甚だ適切なるを見るなり。よって流通生活は貨幣あるによりて、はじめてこれをそれ自らに完《まった》き一の生活として考うるを得るものなりと定めて大過なきを覚ゆ。したがってまた、流通生活の動力は、貨幣価値におけるその発現において、はじめて学理的解剖を下し得べく、その発現なきものは、必ずしも存在を否定すべきにあらず、ただこれを捉《とら》え来りて学問研究の題目となす能《あた》わざるのみと知るべし。しかるに貨幣価値における発現は甚だ顕著なる特徴を帯ぶるものにして、それ以前とそれ以後とは歴史的に截然《せつぜん》たる二個の時期を画するを要する程なり、すなわち自然（または自足）経済と貨幣経済との別は学問上、不可動的定説となれるものにして、しかして貨幣価値における発現は、資本の形態を執るに至りて更に著しきが故に、ここに資本主義・資本制経済等の概念を立つること甚だ必要なりやの観あり、貨幣的なることの最上段は資本的ということをもって、最も的確に云い顕さると認めらるるなり。したがって営利的ということは、当然資本的ということに帰着すべきが如くに考えられ、ゾンバルトの有名なる資本主義論を産み出すに至れり。今この経過を冷静に考察するときは、その間若干の論理的間隙《かんげき》あり、ゾンバルトならびにその同説の学者は、その間隙を言語の威力によりて除却し得たりと認むるものの如し。大体においてゾ氏の説は妥当を失わず、これを言い顕すに痛快にして力強き言語をもってしたるが故に、人を服することは誠にその処なりといえども、それがために綿密なる区別を蔑視《べっし》せしめたるの嫌いあるを免れず。－前掲上田博士論文に見えたるところにては、博士はこの間隙に注意を払いたるものと云うべし。－しかしてゾンバルトの一切の「シェマティック〔schematic〕」のよって出づるマルクスの説を吟味するときは、この間隙は更に一層大なるものならずやとの感を生ずるなり。－原始社会に交換ありや否やの問題は、交換の意義を本文の如く解するときは、その解決さまで困難ならずと云うべし、なお米田博士の諸文を参考せよ。－

マルクスはW—G—WとG—W—Gとの行程の対立に、甚だ細密の注意を払いたるは人のよく知る所なり。しかれどもこの対立と価値論の関係については、今日までの所詳解を下したる説あるを聞かず、ゾンバルトの如きマルクス学者にもまたこれを見ざるは奇と云うべし。経済生活のWをもって開始するものと、Gをもって開始するものとは、今ここに論ずる流通生活の動力とその体現たる企業との真相を窺《うかが》う上において、重大の関係を有する差別なり。－左右田博士『経済法則の論理的性質』及び『貨幣と価値』の二書における根本の思想と、ここに云う所と若干関係あり、ただ博士はこれを論理の問題として取り扱うも、ここには純然たる経済理論の問題として観察する別あり。－この差別の余りに重大なるがために、自然経済対貨幣経済の差別論は、ドイツの経済理論においては、つとに著聞し、歴史的傾向を有する学者はほとんど一切の出立点をここに安置せんとす。しかれども貨幣経済なる歴史的時期においてもW—G—WとG—W—Gとの両個の行程は並び存せり、ただこれが予のかつて試案せるB—S—W, W—S—B, S—W—Bと相異なる点は、いずれの時期においてもこれを認むべきのみ。－『経済学講義』前段一六九頁以下にこの試案を載せたり。彼処《かしこ》における予が論述は、今ここにおいて、はじめてその全体の関係を明らかにするを得るものとす、読者必ず彼処と対校せられんことを希《ねが》うものなり。－流通の動力はこれらすべての行程において存在するものなるべしといえども、私案の三行程そのいずれを取るとするも、欲望―行為―充足の循環定式を回転する間は、その動力は発展の動力たらず、ただ循環の原因 ―これを動力と名づけても差支えなし― たるのみ、しかるにGの加入する行程においてはこれは発展の動力として発動し、W―G―W の行程において未《いま》だ顕著ならざりしも、G―W―G の行程においては誰人《たれびと》の注意をも免るる能《あた》わざる程、重要莫大《ばくだい》のものとなれり。その故他なし、Gすなわち貨幣は、この動力の全部を体現し、それ自ら独立の存在を確定すればなり。Gに始まりてGに終る流通の生活は、その一切の原因と結果とをことごとく貨幣化するにより、同時に流通の生活の全部を挙げて、ただこの動力の表現たる観を現ぜしめ、他の原因の作用は全く消滅するが如く見ゆ。これを営利と名づけ、その動力を営利の衝動と名づくるとは、吾人の分類上の要求に打ち克ち難き根拠を有するが如く考えらるるなり。

然りといえども、吾人はこの試惑に打ち克つことを要す。何となれば、吾人はまず一切の根源に溯《さかのぼ》って観察し、歴史上の事実を玩弄《がんろう》すとの疑いを出来得る限り解かざるべからざればなり。かくすることは、やがて企業理論に正確安固なる基礎を与うる所以《ゆえん》にして、しかしてまた価値所得の理論を費用・利用の葛藤《かっとう》より救い出す所以なり。経済学が価値の学問なりと云う意味は未だ確定の解説を得ず、貨幣をもってその論理上の a priori なりとする説は一の提案として受け取るべしといえども、未だ経済理論の引き離すべからざる一部分として設定せられたりと云うこと能わず。さらに進んで観察するときは、いわゆる文化価値なる造語もこれを用いて若干の運用をなし得るに止《とど》まり、これを経済理論に編入するについては連鎖の欠陥あるを免れず。文化価値はいかにして存するや、その経済生活における意味は如何《いかん》、貨幣をもって直ちにこれと連結することは果して当を得たりや否や、―資本をもってこれに代ゆるも差支えなきにあらずやと左右田氏に答えたる Archiv 誌上の評者の言必ずしも軽視すべからず。― これ当面の未解決問題なり。今予が今日までに得たる思想を概言すれば、吾人は幾多の試みをなしたるの後、到底マルクスのかつて試みたる所以上に出づることなきが如し、必ずしもマルクスの説が妥当なり、または的確なりとの意にあらず、大体の結構と輪郭《りんかく》とが彼によりて定められたりとの意なり。しかれども彼の説をそのままに受け納《い》れ、これに施すに若干の修飾をもってするは宜しからず、ゾンバルトの短所はこの点において到底否定すべからず。吾人は微力なるままに最善を尽して、これに根本的是正を加うることを勉《つと》めざるべからず。

まず誰人も直ちに知り得るとは、W―G―Wの行程は、質の上における差違えを持ち来すをもってその特色とすること、これなり。その差違えは、これを増進と見るも改良と見るも敢えて問う所にあらず、とにかくその行程の主体にとりては、行程を起さしむべき原因は、品質的変化なり。これに反しG―W―Gの行程は、全然量の上における差違えを持ち来すに止まる、質の変化はこれあるも妨げず、これなきもまた妨げず。さればこの両個の行程を一括して質及び量の変化の行程と認むべく、これを繰返し繰返し間断なく連続するにあたりては、質と量についての制限を打破することが最上の要求たることを知るなり。ここにおいて吾人は回顧せざるべからず。質と量との無限的変化、換言すれば、連続的増進または改良は、Gあるとなきとによりて、いかなる関係を有するか。Gは何故にこの両個の行程に入り来るや、いかなる必然的存在理由を有するや。この問題は一部は心理的に、一部は論理的に解答するを要することもちろんなり、しかれども予は「ディレッタンティズム」を敢えてせずして出来得る限りにおいて解答を試みんとす。まずこの両個の行程におけるGの意義を考えみるに、その経済上における任務は欲望―行為―充足の循環定式を分解すること、これなり、換言すれば、欲望と充足との必然的連鎖を打ち破ることにして、貨幣材料の何たるを問わず、―「メタリズム」の説を取りても可なり「ノミナリズム」の説を取りても可なり―貨幣の介在する事実は、欲望の世界と充足の世界とをある程度までは分化せしむるものなり。それ自ら直ちに欲望充足の用なき―「貨幣に対する欲望」ということを言うとすればこれは問題外なり。―貨幣が一度または二度、経済生活の行程に入り来ると云うことは、この意義を有す。さて質と量との改良・増進は、欲望に対して云うときと、価値に対して云うときとは、もとより同じきことを得ず、欲望―充足の循環生活においては、質と量との改良・増進とは、欲望に対して云うものなり、しかるに欲望―充足の連鎖打破せられたる流通生活においては、価値に対して云うものにして、Gあるとなきとによりて改良・増進の観察は眼点を一変す。しからば何故にGは入り来るや。答、欲望に対して云う改良・増進は欲望を限りとす、欲望を充《み》たし得たる以上は、改良・増進は吾人にとりて没交渉なり、欲望はもとより無限なりといえども、それはentity（全体）として見たるときのことにして、経済上においては利用遞減《ていげん》の法則が示す如く、一定の財または働きに対して見るときは、極めて有限のものなり、経済生活の発展の要求は欲望－充足の循環をなしつつあるによりては充たされざるなり。ここにおいてか、この限界を撤回せんとの打ち克ち難き要求起り、Ｇはこの要求を充たすべく入り来る。何となれば価値に対して云う改良・増進は無限なればなり。ジョン・ロックはこの理をつとに道破したり、曰く

He that gathered a hundred bushels of acorns or apples had thereby a property in them; they were his goods as soon as gathered. He was only to look that he used them before they spoiled, else he took more than his share, and robbed others. And, indeed, it was a foolish thing, as well as dishonest, to hoard up more than he could make use of. If he gave away a part to anybody else, so that it perished not uselessly in his possession, these he also made use of. And if he also bartered away plums that would have rotted in a week, for nuts that would last good for his eating a whole year, he did no injury ; he wasted not the common stock ; destroyed no part of the portion of goods that belonged to others, so long as nothing perished uselessly in his hands. Again, if he would give his nuts for a piece of metal, pleased with its colour, cr exchange his sheep for shells, or wool for a sparkling pebble or a diamond, and keep those by him all his life, he invaded not the right of other ; he might heap up as much of these durable things as he pleased ; the exceeding of the bounds of his just property not lying in the largeness of his possession, but the perishing of anything uselessly in it.

And thus came in the use of money; some lasting thing that men might keep without spoiling, and that, by mutual consent, men would take in exchange for the truly useful but perishable supports of life. ……………

……………………………………………………………………………………………………

Thus, in the beginning, all the world was America, and more so than that is now: for no such thing as money was anywhere known. Find out something that hath the use and value of money amongst his neighbours, you shall see the same man will begin presenthy to enlarge his possessions.

John Locke, *Two treatises of civil government*, Routledge edition. pp. 214–215. *Works*, 12 th edition, 1824. Vol 4. pp. 365–366. § 46, 47, 49.

文意簡明なるにより邦訳を加えず、なお『三田学会雑誌』掲載拙文「ジョン・ロックの私有財産制度論」拙著『続経済学研究』三二四頁に収むを参考せよ。

さてG—W—Gの行程は今日の企業において絶好の代表者を得たり、殊に有価証券の普及したるいわゆるEffektenkapitalismus「証券資本主義」と株式会社とにおいてこの行程は高度の発達を遂げたり。この行程は一切の経済価値を分量化す、分量化せられて価値は一切の羈絆《きはん》を脱し、最も自由にして無限なる発展をなすことを得るに至る。貨幣価値の意義は文化価値の分量化にあり、生活の動力は、この分量化によりてまた最大の活動を許さる。繰り返して云う、この動力はGの分量化によりて、はじめて存在を得と云うにあらず、ただその発動活発々地を得たりとの意なり。以上論じ来りて、ここに予が云わんと欲する最終の題目に到達す。この題目を始めに掲げずして、かえって終りに置く所以《ゆえん》は、予《あらかじ》め若干の矛盾と妨害とを取り除くにあらざれば、適当の諒解を購《あがな》うこと能《あた》わずと信じたればなり。その題目とは他なし、余剰価値すなわちこれなり。

今日の流通生活の動力は、経済学にやや久しく知られたる余剰価値の語をもって指称すること不当ならずと信ず。ただ予め明らかにしおくべきは、予の用法必ずしもマルクスのそれと一致するものにあらず、またトンプソンの意味とも同じからず、文字そのままに解釈したる価値と価値との較差たる余剰の意味においてするものなること、これなり。リーフマンはこれをErtragと名づけ、マーシャルはあるいはsurplusと云いあるいはbenefitと云いて、やや類似の思想を言い顕すに充《あ》てたり。あるいはまた余剰利用surplus utilityなる語を鋳出することも差支えなきが如し、アメリカの学者中にはパッテンの *Theory of prosperity* の如きこれに近き思想を述べたり。ただ予はその余剰は価値と価値との較差なるが故に、必ずこれを余剰価値と称せざるべからずと信じ、この余剰を価値と認むることは不可欠要求なりとするものなり。この意味における余剰価値の説は予すでに久しくこれを有しいたりしも―明治三七年余剰価値論の著を企てたれどもついに果さず、ただその一端を「経済ノ本則ト営利ノ主義」なる一文に述べおきたるに止《とど》まれり、ただし余剰を直ちに営利と混同せしは誤謬《ごびゅう》にして、ゾンバルトの説に雷同したるものなり、今これを改む。―この余剰価値を流通生活の動力と認むるについては、数年の間、疑いを懐《いだ》きて決せず、ようやく最近時に至りて貨幣の概念と結合するにより、また資本の本質と併《あわ》せ考うるによりて、ほぼ確定の見解を得たり。管見あるいは未《いま》だこれを公にするに適せざるやを思わざるにあらずといえども、今企業理論に入るについて、ここにその一端を述べて読者の是正を待たんと欲す。

余剰価値は価値の認識せらるる限り必ず併《なら》び存す、決して流通生活のみに特有なるにあらず、いわんや今日の企業をや。しかるにこれをもって流通生活の動力なりと云い、企業はすなわち余剰価値形成の組織なりと云い、資本は余剰価値を形成する目的をもってする私有財産なりと云い、貨幣は余剰価値の負担者なりと云わんとす、この点説明の必要あり。価値は数量にあらず、したがって価値と価値との較差と云うことは正当の用語にあらず、価値と価値との比較は畢竟《ひっきょう》一の心理的行程たるに止まる、もっとも心理的作用を数量化して考うることはこの場合のみに限らず、精神物理学は優に存在の理由を確定したるが如しといえども、今ここに「ディレッタント」のために倣うことを敢えてせず。今日吾人が有する経済理論においては利用を数量化せんとの企ては、やや成功したるが如くなれども限界利用説の如き、その最も顕著なるものとす。これを取りて直ちに不動の定説とすることは躊躇《ちゅうちょ》せざるを得ず。ゆえに価値と価値との比較を直ちに数量化することを敢えてせず、ただ品質上の比較に止めおくものとして、さてこの場合に余剰価値ありや否やと云うに、必ずありと断ぜざるを得ず、ただその余剰価値は数量をもって言い顕すこと能《あた》わざるが故に、これを知ることは困難にして、たとえ知り得るもために得る援助は、甚だ微弱なり。マーシャルの消費者余剰の説明が甚だ有益なる試みにてありながら、非難を免れざるは ニコルソンの激しき反対論を参考せよ。 畢竟これがためなりと信ず。リーフマンはこれを Konsum- oder Nutzertrag と名づけて説明したれども、理論上の裨益《ひえき》は多大ならず。ただ人はすべての経済行為において、最小の費用をもって同一の利用、または同一の費用をもって最大の利用を得て、結局の余剰を最大ならしめんとするものなりとの前提を維持する効あるに止まる。しかしてリーフマンは価格の説明より、否、経済学理論の一切より、価値の概念を放擲《ほうき》すべしと主張せり、これ予をもって見るに大なる速断なり。余剰の思想を博《ひろ》くまた深くするについては、かえってますます価値の概念を欠くべからず。―なおこの事は後段に詳論すべし。―

余剰価値は循環生活にも流通生活にも共に存す、ただ前者においてはそれが動力たることは認むるを得ず、後者において、はじめて明らかに動力として認むることを得。その故、他なし、余剰価値は価値が貨幣化せらるるによりて、はじめて数量的比較をなすことを得、それ自らの世界を有するを得るによれり。されば煩《はん》を厭《いと》わずして精《くわ》しく云えば、流通生活の動力にして企業に体現せらるるは、貨幣余剰価値または余剰貨幣価値なりとすべきなり。

第三章　補　論

マーシャルはその企業論の劈頭《へきとう》に、生物学よりの類推を挙げて、組織が経済生活発展の上に及ぼす影響の偉大なるを説き、分化と集化との対照より分業と進化との関係に論及せり。曰く

Before Adam Smith's book had yet found many readers, biologists were already beginning to make great advances towards understanding the real nature of the differences in organization which separate the higher from the lower animals; and before two more generations had elapsed, Malthus' historical account of man's struggle for exsistence started Darwin on that inquirry as to the effects of the struggle for existence in the animal and vegetable world, which issued in his discovery of the selective influence constantly played by it. Since that time biology has more than repaid her debt; and economists have in their turn owed much to the many profound analogies which have been discovered between social and especially industrial organizatoin on the one side and the physical organization of the higher animals on the other.（pp. 240-241）

右訳

アダム・スミスの書が広く読まるるに至りし前、すでに生物学者は高等動物と下等動物とを分つ組織上の差違の真相を諒解するにおいて、大なる進歩をなすべく始めたり。しかして二代を経ざる内に、マルサスの人間生存競争に関する歴史的説明は、ダーウィンを促して動植物界における生存競争の結果に関する研究を企てしめ、ついに生存競争が絶えず作用する淘汰の影響についての発見を喚起するに至れり。爾来《じらい》生物学は経済学に負う負債を償却してなお余りある成績を挙げ、経済学者は社会的、殊に産業的組織と高等動物の物理的組織との間に深き類似の点の存することを発見したるより得る所、甚だ大なり。（二四〇―二四一頁）

しかしてかくの如き類似のうち、精考を重ぬるに及び、その誤りなるを見出したるものもありといえども、他方に新たに類似の発見せらるるものあり、かくて a fundamental unity of action between the laws of nature in the physical and in the moral world（物理界と道徳界とにおける自然の法則の間に存する活動の根本的一致）は、もはや疑うべからざる事実となり、

This central unity is set forth in the general rule, to which there are not very many exceptions, thst the development of the organism, whether social or physical. involves an increasing subdivision of functions between its separate parts on the one hand, and on the other a more intimate connection between them. Each part gets to be less and less self-sufficient, to depend for its wellbeing more and more on other parts, so that any disorder in any part of a highly developed orgnaism will affect other parts also.

右訳

この中心的一致は次の如き一般的法則によりて言い顕され、これに対する除外例は余り多からず。曰く、社会的有機体にても物理的有機体にても、そもそも有機体の発展は、一方においては、その各部の間に機能の分割増進するとともに、他方においてはその各部分間の結合一層密接となることを意味す。各部はいよいよ自足的性質を失い、その安寧《あんねい》のために他の部分に依頼することいよいよ多くなり、その結果、高度に発達せる有機体のいずれの部分における不秩序といえども、他の部分に影響を及ぼさざるはなきに至る。

これを名づけて分化及び集化（differentiation and integration）と云う、ゾンバルト故に曰く、分化の度はすなわち集化の度なりと。その意は経済上において云えば、経済単位の分立いよいよ完《まった》きに従い、経済組織の範囲またいよいよ拡張すと云うこと、これなり。マーシャルはその企業論を説き起すにこの点をもってし、爾来氏の例を襲踏するもの少なからず。けだし、かく広汎なる基礎の上に立ちて企業の本質を論ずるは、旧来の企業論に比し遥かに勝ること疑うべからず。ゾンバルトの大著『近世資本主義論』の結構もまたかくの如くにして、今やほとんど学問上の通説とならんとするに似たり。－分化及び集化の思想を産業組織に適用するは甚だ有益の企てにして、関博士の名種の論文よくこれを代表せり。－予かつて経済単位の縮少的発展は経済組織の拡張的発展と相伴う所以《ゆえん》を唱え、自ら見て構思当を得たるものとしたりき。『経済学研究』所収「経済単位の発展に関する旧説と新説」なる拙文を看《み》よ。進化発展の思想は、もとマルサスの人口論に源を発し、ダーウィンによりて自然界に適用せられたるものを、再び経済学に輸入し来り、経済進化論の説、一時に喧伝《けんでん》せらるるに及び、ビューヒャーの経済発展階段説はシュモラーの類似の説と共に学界を風靡《ふうび》する勢いをなせり。経済発展階段のことについては米田博士の諸論文、最も有益なる参考資料なり。元より今日においても、この種の思想の大体において当を得たることは認めざるを得ずといえども、一方において専門歴史家の異論甚だ有力なるものあり、他方においては進化発展の思想を自然界より直ちに経済生活に移植するの、必ずしも妥当ならざること認めらるるに至り、昔日の付和唱道は著しくその勢いを殺《そ》がれたり。加うるに付和の説に熱中する者が発見する能《あた》わざりし欠陥は、その熱心冷却するに及べば顕著となるを免れず。

ひたすらに進化を説き、発展を高調するに急にして、しかして、またこの発展を出来る限り、一目瞭然たらしむべき階段に分け盛りせんとする余り、区別なき処にも強いて区別を設け、分類を要せざるものをも強いて分類したるやの疑いを免れ難く、歴史家まず起って、歴史上の事実を玩弄《がんろう》するものなりとして抗論するに至りしは、慎重なる研究者を反省せしめたり。エルンスト・グロッセ、かつて予に語りて曰く、吾人欧州人は今や進化発展思想に中毒せんとしつつあり、この迷夢を醒《さま》すの任は、これを欧州以外の卓越なる学者に嘱《しょく》せざるべからずと。これ今より十数年以前の事にして、当時予はその真意を十分に諒解する能《あた》わざりしも、その後欧州学界の趨勢《すうせい》を見て、予はグロッセが一場の閑話を追想せざる能わず。およそ学問の上において、類推考察ほど有力の方法少なしといえども、またこの方法ほど危険なるものも多からず。なかんずく、そのより来る類推の資料が我が学より遥かに進歩せる学問の範囲に属するとき然り。社会学が生物学より有機体の思想を取り来り、これを縦横に類推したる結果如何《いかん》は今細説するまでもなし。－シェフレがその『社会体の構造及び生活』を第二版において著しく改造して、なお非難を辞し難き所以《ゆえん》を考えみよ。－　経済理論における組織論は、その研究の題目が社会学の題目と甚だ密接なる関係を有するにより、その陥《おちい》りたる過《あやま》ちもまた、社会学の陥りたるものとほぼ性質を同じうするは怪しむを要せず。企業理論はこの過ちのために著しき影響を受けたり。思うに向後の進歩は、まず出来得るだけこの影響を脱することより始むるにあらん。予はまずその必要を認めて、微弱なる努力をこの方面に試みんと欲するものなり。

進化発展の思想の上に築かれたる経済発展階段論のすべてを通じて免れざるは、今日現在の経済状態をその最高段に置かんとする要求、これなり。したがって歴史上の過去を按排《あんばい》するに、当然この状態にまで昇り来るべきようの階段を設け、これに一切の事実現象を分け盛るものなり。すなわち始めより現在を前提しおきて、これに適当なる事実のみを選び出し、これと関係なき、または関係少なき事実は捨てて顧みず、また截然《せつぜん》と階段を設くる以上、その一々についてそれぞれ特徴を明らかにし、一段の特徴は他の一段の特徴とは必ず異なるものとせざるべからず。しかるに実際の史実は必ずしもこの要求に副《そ》うものにあらず、一時に存して他時に欠くものも、また次期に到れば顕著に活動し、いかに工夫を凝《こ》らすとも、これを適当の時期に割り当つるを得ざるものあり。その最も著しき例は古代商業の事の如き、これにして、ビューヒャーの説に対しベロー、マイア両氏はじめ極力反対し、ひいては原始生活に交換ありや否やの大問題を生ずることとなれり。いわゆる有機的発展と云うことは、豊富なる暗示を与うるには相違なけれども、他方において、この思想に囚《とら》われて歴史を玩弄すとの誹《そし》りを免れざることあり。予の考うる所にては、この有機的発展の思想は、大体においてこれを受け容《い》るるとするも、その解釈はベルクソンのいわゆる『創造的発展』*Évolution créatrice* の意味に従うによりて、過ちに陥《おちい》ることを免れ得べきが如し。少なくとも今ここに考究せんとする流通生活の動力としての企業の本質を明らかにするには、ベルクソンの与えたる暗示は豊富なる諒解を供するものの如くなれり。元よりベルクソン自らは、その新説が社会科学にいかに適用すべきものなるやについて、なんらの説を下さず、また近頃公言したる如く未《いま》だこの点に考え及ぼしおらざるものなりといえども、しばらくこれを執って経済発展論の面目を修飾することは必ずしも不可ならざるに似たり。ただしこの事は別に論ずるを期して、今は細説せず、ただ予が構思のよって基づく所を一言しおくのみ。

右の見解よりして、予は経済階段の設定を俄《にわか》に試むるを不可なりと信ずるものにして、材料の貧弱なるを顧みず、強いて順序的発展を目前に展開せしめんと試むべきものにあらずと思えり。換言すれば、循環生活と流通生活とを歴史的に時代付けざるをもって可なりと見るものなり。殊に交換の成立・貨幣の起源について未だ一般に一致したる説に到達せざる今日、かくの如き企ては到底不可能なりと云わざるを得ず。されば流通生活それ自らに存する動力は、人間経済発展のある時期において突如として顕れたるものにあらず、かえってその存在を甚だ古きものと考えざるべからざるを思う。ただ吾人が経済史において、その動力の存在と作用とを疑いもなく認識するに至れる時期は、甚だ新しきものなるは否定すべからず。これと同時に、この動力の発現の有様は、現に最近数十年の間において、著しき変遷を経つつあることも忘るべからず。

さて歴史的時期付けを考慮せずして、企業が流通生活発展の動力たる所以を概言すれば一言に尽く。曰く、企業は創造なるが故なり、流通生活以外の創造は普通に経済学において生産なる語の下に一括す、これに対し流通生活における創造は、ひとり企業あってこれに任ず、他の一切の経済生活は企業の創造を補助する手段たり、または機関たり、決して創造その事にあらず。企業はその創造によりて発展の動力たり、必ずしも有機的順序に拘泥《こうでい》せず。シュンペーターは企業をもって energie（活力）motivation（創意）を負担するものなりと云えり。予はこの両者は必ずしも分割するを要せず、創造すなわち活力なりと認むべしと信ず。企業の創造あるにあらざれば流通生活に発展なし、流通生活に発展なければ外来の発展を待つの外なく、経済生活それ自らの内より起る発展は存せざるなり。

ジョン・レイは invention が富の進歩の原因なる所以《ゆえん》を甚だ詳《つまびら》かに論ぜり。曰く

Man is essentially imitative; his instincts impel him to amalgamate with the mass………Nor, unless he look far beyond himself, is there any evident motive for his endeavoring to extricate himself from the overwhirling circle of which he forms a part. Hundreds of millions have preceded him; to learn and practise what they have left, is the direct road to his goods, pleasure, and honor. Why then should the individual waste the sweets of momentary existence, in rashly and needlessly tasking his feeble powers to form a new path, when one already exists, along which so many have trodden, and which their footsteps have beaten smooth ?

* * * * * * *

It is necessary to premise, that for the present purpose, two classes occasionally confounded together, must be kept apart. Real inventors, the men whom we have alone to consider, differ from more transmitters of things already known. ………Among the many vast consequences of the revolution, we overlook the small one of its occasioning the classing under one name, of those who are enlargers of the stock of knowledge, and those who are merely efficient communicators of portions of it. They are all successful authors, that is, of books which are read.

*　　*　　*　　*　　*　　*　　*

What is really new, has to encounter obstacles of two sorts. It is the nature of men to be copiers, and, with exceedingly few exceptions, they are nothing more.

*　　*　　*　　*　　*　　*　　*

Men are so much given to learning, that they do not readily become discoverers.

*　　*　　*　　*　　*　　*　　*

Invention is the only power on earth that can be said to create. It enters as an essential element into the process of the increase of national wealth, because that process is a creation, not an acquisition. It does not necessarily enter into the process of the increase of individual wealth, because that may be simply an acquisition, not a creation.

*　　*　　*　　*　　*　　*　　*

Nor is there any thing in the appearance of human affairs, which should induce us to conclude that the increase of national capital ever does, in fact, proceed, unless in conjunction with some successful effort of the inventive faculty.

The principle of individual accumulation, as a means of advancing the national capital, has limits beyond which it cannot pass.

*　　*　　*　　*　　*　　*　　*

There is no avoiding the admission, that, to every great advance which nations make in the acquisition of wealth, it is necessary that invention leading to improvement should lend its aid; and granting this, it necessarily follows, that we are not warranted to assume that they make even the smallest sensible progress without the

aid of the same faculty. pp. 133—157.
レイの言、移してもって循環生活の動力と流通生活の動力とを論ずるに供し得べし。与えられたる生産要素を結合して生産し、生産の幾分を残して貯蓄する生活には発展の起ることあらず、ただこれに発明的創造の加わるありて、はじめて発展を見、進歩を見るべし。企業はすなわちこの創造を意味す。その創造とは物質的の意にて云うにあらず、価値の世界における創造なり、人は物質に一毫《いちごう》を加うる能《あた》わず、一糸を減ずる能わず、ただ価値の世界においては創造の可能は無限なり。発明と云い発見と云う、皆これが価値の世界において考えらるるとき意味あり、技術上の発明・発見は、これが価値の発展を喚起するによりて経済上に適用を見るのみ、しからざれば没交渉なり。マルクスが Umwertung と云いしは、すなわちこれなり。価値の発展は人と人と交渉するにあらざるよりは、これを見ること能わず、流通が価値の発展を意味すとは、すなわちこの意なりと知るべし。

なお『経済学研究』に収めたる拙文「企業心理論」は本章の説により著しく訂正を加うべきものと知られたし。かの文はほとんど全くゾンバルトに付和したるものなればなり。

＊　＊　＊　＊　＊　＊　＊

経済発展の理を特に講究したるものに、近くミッチェルリヒあり。その書名、左の如し。

Waldemar Mitscherlich, *Der wirtschaftliche Fortschritt: sein Verlauf und Wesen, dargestellt an Hand der wirtschaftlichen Entwickelung von der Höhe des Mittelalters bis zu der neuesten Zeit*, Leipzig, 1910.

これを邦訳すれば、『経済的進歩。その経過及び本質、中世の終りより最近化に至る経済的発展に照らして説明す』と云う。この書において、氏はシュモラー及びビューヒャー両氏の経済発展階段論を紹介し、かつこれに評論を下したる後、自ら都市経済より国民経済への発展の経過を叙述し、これによりて経済進歩の理法を打ち出せんと勉《つと》めたり。その研究の結果はほとんどなんら創独の点あるを認むること能わず、また理論の上において格別寄与するものあるを見ずといえども、シュンペーター一流の着想が近来著しく学者、殊に壮年学者の間に普及することを窺《うかが》うに好参考料たり。ミ氏は研究に三段を画し、第一段は事実を蒐集しこれを叙述することにして、主として経済史及び純記述的経済学の任なり、第二段はかく蒐集し来りたる事実の材料よりその特色的なるものを摘出し、これを因果的論理的連絡の下に結合説明することにして、分解と抽象とによりてその目的を達すべし、第三段はかく結合し説明したるものについてその本質を発見することこれにして、これには結合と直覚とを必要とす。しかるに今日まではこの三段を十分に経過せず、学者その好む所、長ずる所に従って、各々偏《かたよ》りたる研究をもって甘んじたり。合理主義の行われたる頃には第三段のみに偏し、一九世紀の中葉以後は、他の極端に走らせて第一段のみに研究を集中したり。三種の階段を仔細に経過したる研究は向後起らざるべからざる所なりと云いて（以上一七－一八頁）、自家の執る所の態度はすなわち然るを暗示す。しかれどもこの書を読過して吾人の得たる感想を云えば、氏はその声言《せいげん》する所を甚だ不十分に実現したるに止《とど》まり、眼高く手低きの謗《そし》りは到底これを辞するを得ず。ただその第三篇「経済的進歩の本質」の第一章（一六八－一八二頁）において云う所は、予が本文において主張する所に暗合するものありて、いささか参考に資するに足る。曰く、経済的進歩の本質を究めんにはこれを三個の方面より攻むるを要す。第一、経済的進歩はいかにして起るや、第二、経済的進歩はいかにして経済生活内に入り来り、その中に普及するに至るや、第三、経済的進歩は経済者の範囲を一の単位に包含するに、いかなる造営物を喚起し、いかにしてこれを維持し、また拡張するや、これなりと。しかして氏はその第一の問に答えて、そもそも経済的進歩の起る所以《ゆえん》を詳論す。曰く、経済的進歩の起るは三個の要素による。**一**　人類の団集の経済行為、**二**　人類を駆《か》りて進歩をなさしむべき経済的事情、**三**　経済以外の原因、これなり。しかして歴史研究の結果は、吾人に教ゆるに、一切の経済的進歩が個人の創意（Initiative einzelnen Wirtschaftenden）より起ることをもってす。されば経済的進歩そのものは、決して群集現象（Massenerscheinung）にあらずして、各人の個人的行動の結果なり。ただ群集が個人の創意を取りて己がものとなすによりて、経済的発展の事実確認し得べきのみ。ゆえに経済的進歩は、個人の行動の産物にして、経済的発展は経済者の全群集の行動の産物なりと云うべしと。すなわち氏は進歩と発展とを区別し、まず個人によりて起るものは進歩にして、これが群集現象となるに及びて発展起ると云うなり。しかして曰く、経済的進歩の起るには、天才的・能才的個人の行動の必要不可欠なこと、あたかも芸術及び科学の進歩に同じと。氏は更にかくの如き天才・能才の都市経済より国民経済への過渡時代、すなわち企業勃興《ぼっこう》期における地位を説いて曰く、

Diejenigen Menschen, die jetzt im Handel das Feld ihrer Tätigkeit aufsuchten, mussten über ganz andere Fähigkeiten verfügen, wie die Stadtwirtschaft sie gefordert hatte. Deshalb erfuhr der Kreis derjenigen, die sich nun dem Wirtschaftsleben zuwandten, eine starke Verschiebung. Nur solche Männer konnten vorwärtskommen, die über eine ausgeprägte Fähigkeit des Organisierens verfügten, die zu herrschen und anzuordnen verstanden, solche Leute, welche die Kunst des raschen Einschätzens, ob ein Unternehmen Gewinn oder Verlust einbringe, beherrschten, rechnerische Fähigkeiten besassen, über ein feines Gefühl für die wirtschaftlichen Bedürfnisse der Menschen verfügten und von der Natur mit Zähigkeit, Umsicht und Tatkraft im Verfolgen ihrer wirtschaftlichen Ziele ausgestattet waren. Auf der Stufe der Stadtwirtschaft stand gute Arbeit, Redlichkeit, Ehrbarkeit und Rücksichtnahme auf die Berufsgenossen im Mittelpunkte wirtschaftlichen Lebens………

Zu Beginn der Neuzeit fielen indessen zum grossen Teil mit der Stadtwirtschaft die sittlichen Schranken, die das wirtschaftliche Handeln der Menschen eindämmten, denn Sitte und Gesetz vermochten der schnellen wirtschaftlichen Umbildung nicht zu folgen. Jetzt konnte sich im Wirtschaftsleben der ganze Mensch mit seinen Tugenden und Fehlern betätigen. Brutale Durchsetzung des Ich wurde nun zur Devise und fand in dem Handel mit den Kolonien ihre widerwärtigste Verkörperung. Dem wirtschaftlichen Wirken der Menschen standen von nun ab ganz andere Werkzeuge zur Verfügung. Die Ausbildung der Geld- und Kreditwirtschaft, sowie des Nachrichtenwesens ermöglichte den wirtschaftlichen Fähigkeiten, sich in ungeahntem Masse auszuleben.

かくてここに商業においてその行動の方面を求めたる人々は、都市経済の時代に要求せられたると全く異なる才能を有せざるべからざることとなる。したがって経済社会に身を投ずる人々の範囲は大いに変動を見たり。経済社会に入りて成功せんには、顕著に組織的才能を有し、人を支配し命令する道を解し、また一の企業が損あるべきや利あるべきやを速やかに打算する術を制し、算勘の才に長じ、人類の経済的欲望に関して緻密なる感覚を有し、その人となり、忍耐、思慮、活動力に富みたるものたるを要す。都市経済の時代は然らず、よき働き、正直、名誉を重んずること、同業者に対する斟酌《しんしゃく》等が経済生活の中心たりき。新時代起るに及び、これらの人類経済生活に関する道徳的束縛は、都市経済の仆《たお》るるとともに打破せられ、道徳も法律も急速なる経済上の変遷に追随する能《あた》わず。経済生活においては長所も短所も共に著しき全人が自由に活動するを得ることとなれり。自我を極度まで主張することが一般の標榜となり、殊に植民地との貿易において、その最も厭《いと》うべき発現を示せり。かくて人類の経済的行為には全く新しき器具が適用せらるることとなり、貨幣経済・信用経済ならびに通信事業の完成は、各種経済的才能を未曽有《みぞう》に伸張することを得せしめたり。しかもこれは人類の性質そのものに変化を惹起《じゃっき》したるにあらず、人類行動の条件に変化を喚起したるに過ぎざるものなりと云い、

Die Charakterveränderung des wirtschaftenden Menschen, die sich in diesen beiden Zeiträumen so krass zu erkennen gibt, ist aber mit nichten auf eine Entwickelung innerhalb der menschlichen Natur zurückzuführen, die in dem Erwachen eines wirtschaftlichen Triebes, des Erwerbstriebs, zutage treten soll. Nicht der Mensch war anders geworden, sondern das Niveau, in dem er lebte, hatte sich durch die sich anhäufenden Produkte der Tätigkeit von Generationen von Menschen verschoben.

以上二つの時代において、しかく顕著に認めらるる経済する人類の性格上の変化は、決して人類の性質そのものの内に起れる発展、すなわち経済的衝動・営利の衝動の覚醒と云うが如きものにおいて顕るるにあらず。人

類は別物となりしにあらず、人類の生活する包囲が、人類数代の行動の蓄積的産物によりて変化したるなりと断じ、結論を下して云うよう、以上の研究の結果

一　経済的進歩は経済的発展の促進者として作用す、換言すれば、一の進歩は他の進歩を喚起す。

二　経済的進歩の行程は決して任意的のものにあらず、経済生活の本質上必然的のものなり。（以上一六九―一七八頁）

と。なお、氏の歴史的叙述に対してはベローの評論あり、その欠点を指摘して要を得たり。今煩《はん》を厭《いと》いてこれを紹介せず、ただミ氏の説中、本文と対照するに足る部分の梗概を示すに止《とど》む。

第四章　貨幣経済と企業

企業の本質を究めんとするには、それが貨幣経済との間に有する関係にまず着眼するを要す、営利経済と云うも、畢竟《ひっきょう》は貨幣経済において、営利の衝動が顕著にして精確なる秤量《ひょうりょう》を有することを指すに外ならず。元より企業の発生と発達とを技術の方面について観察することは、多くの有益なる暗示を得る所以《ゆえん》たるは疑いなし。然りといえども、そもそも技術の発達を経済上の発達たらしむべき根底の原因をまず究むるにあらざれば、単に文明史的概論としては差支えなかるべきも、企業発達の経済理論としては不備たるを免れず。しかして企業の発達が喚起したる各般の経済上の問題—特に労働問題—の研究は技術発達の上において、その真相を捉《とら》えんこと望みなし、自然淘汰の経済上における作用は、ただ貨幣経済の本質と併《あわ》せ考うるによりてのみ適当の解説を得べし。進化論が経済生活の上にいかに運用せらるべきものなるやを決定するものは、貨幣経済の本質論あるのみ、技術の問題にあらず、類推解釈の問題にもあらず、必然特定関係の問題なり。この意味においては「社会問題は口腹《こうふく》の問題なり」という主張は、問題の半面を道《い》いたるに過ぎず、精確に言い顕さんとせば、むしろ「社会問題は貨幣の問題なり」と云うの勝れるにしかず。「口腹の問題」は人類経済生活の始めより常に存せり、いわゆる社会問題と共に発生したるにあらず。ただそれが極めて痛切の問題たるに至りしは、口腹の問題が貨幣の問題の形態を取るに至りし故なり。換言すれば、貨幣経済の普及完成は問題の意義を精確ならしめ、その所在を顕著ならしめ、しかしてその解釈を急要事たらしめたり。予は元より技術の発達の偉大なる作用を否定するものにあらず、進化発展の一般法則の均《ひと》しく経済生活を支配する所以を度外視するものにあらず。しかれども経済現象そのものを経済学の問題として取り扱うには、ただそれのみをもって足れりとする能《あた》わず、必ず問題の根源に溯《さかのぼ》って考究せざるべからざるなり。

さて、ゾンバルトにおいて好個の代表者を見出したる今日の企業論は、その本質を叩《たた》けば、多くは経営論の拡張に過ぎざるやの観あり。ただシュモラーの「企業の歴史的発達論」のみは、やや広汎の眼界に渉《わた》り、企業そのものの有機的発達の上よりその本質に肉薄するものの如し。これに反し、ほとんど同様の立場を経済発展論において取るビューヒャーの企業発達論は、著しく経営発達論に偏《かたよ》りたるの観あり。マーシャルの「産業組織論」も分業と機械の影響とを説き、大規模の生産 production on a large scale を論ずる態度は、ドイツ学者の経営論とその趣を同じうするものの如し。そもそも経営の形態と企業の発達とが密接なる関係を有することは否定すべからざる事実なり。しかれども経営の形態は企業発達の原因にあらずして、多くの場合その結果たり（家内工業の例を見て知るべし）。元より技術上における進歩が、企業の発達を促進する場合は多々ありといえども、その促進にはなお一個の階段あり、これを経過したる後にあらざれば、その促進は事実となる能《あた》わざるを常とす。吾人はこの階段の性質を知らざるべからず。

経営形態の変遷を移して直ちに企業の発達を説くことは多くの便利あり、殊に初学者に対して一目瞭然たる説明を試むるに適切なり。かの家内仕事・賃仕事・手工業より説き起して「フェルラークスジステーム」に及び、続いて工場制工業の発生を論ずるビューヒャーの叙述は、明晰と平易とにおいて多く比儔《ひちゅう》を見ず、少なくとも手工業と工場工業との比較は企業の発達を示すに甚だ妙なり。然り、然りといえども、この種の叙述は、その前提として貨幣経済の本質について、少なくとも大体において認識せられたる見解あるを要するを忘るべからず。マルクスが詳細の論をまず Metamorphose der Ware について試み、その準備として Fetischcharakter der Ware を説きたる用意は、吾人の捨つべからざる所に属す。この用意を欠き、しかして経営形態論を専らにし、その立場より直ちに経営と企業との区別を「シェマティック」に挿入せんとするは、事の順序を転倒したるものと評せざるを得ず。通説において、経営は技術上の組織にして、企業は経済上の組織なりと謂《い》うその真意を展開すれば、すなわち、ややこの間の消息を詳《つまびら》かにするを得んか。この通説に対し関博士は、経営は生産上の組織、企業は営利上の組織と言い改むべしと主張せり。―『国民経済雑誌』第九巻第四号「経営ト企業トノ意義ニ就テ」。― 博士の説はいささか観察の方面を限局して考うるときは、また一種の見解たるを失わず。しかれども問題の所在はこの種の対立に存するにあらず、更に深く経営と企業との本質についてこれを求めざるべからざるなり。―関博士は上田・坂西両教授の批評ありしにかかわらず、右論文の説をそのままその『工業政策』（七一―九四頁）において繰り返されたり。されば予は今、右論文についてのみ論ず。―

何故に通説において経営と企業とを対立せしむるや、ドイツの経済学において、かく通説たるものがイギリスまたはフランスの経済学にほとんど存在せずして―経営なる術語、イギリス・フランス・イタリア・オランダにありや否や、予は知らず。―別に大なる差支えを感ぜざるが如くなるは何故ぞや。関博士は企業の意義についてはゾンバルトの説を大体において受け入れ、単に経営の意義について詳しく考えられたり、その故は、経営なる術語の意義いささか漠然に過ぐと認められたるがためなるべし。―坂西教授の文よくこの点を明らかにしたり。教授曰く「今、両氏（関・上田）の論文を通覧してその所説を比較してみると、（一）企業と経営との概念は混同されてはならぬものである。（二）この両者は単に同じものの異なりたる方面ではない、これは企業発生以前に経営のあるによりて明らかである。（三）企業は営利の組織であるとなすにおいて一致し、結局これらの点に関してはゾンバルトに対して敢えて異論を挟むものでない。ただ異論のあるのは『経営』の意義に関してだけである……これを要言してみると『経営は技術上、経済上ならびに法律上の関係等に基づく生産の秩序組織なり』と云うことになる。」以上『国民経済雑誌』第一〇巻第一号。―

ここに問題は二様の意味において提出せらるべし、第一、ゾンバルトの企業に下せる極めて狭き意義を何故そのままに受納せざるべからざるか、第二、経営の意義を企業の意義と厳密に終始一貫して対立せしむることが何故にかく必要なるか、これなり。この問に対して与えらるる答は、思うにそれはゾンバルトが説き、かつ主張する所なればなりとのほかに出でざるべし。関博士はゾンバルト説に対し精密なる批評を下したれども、一　企業の意義をそのままゾンバルトより取り、二　企業と経営とを対立せしむるについて、いたく工夫を凝《こ》らすことゾ氏の如くなれば、畢竟《ひっきょう》はゾンバルトに即してただ少しく修正を試みんとするものに外ならず、更に局外に出でて、そもそもゾンバルトの説のよって来る根底についてはいささかの精彩を着けず。坂西教授の言を藉《か》りて反問するとせば、一何故に企業と経営との概念は混同するを許さず、厳に区別せざるべからざるか、二 何故にこの両者は単に同じきものの異なりたる方面にあらず、それは企業発生以前に経営のありたるによりて明《めい》なりと云うことを重要視するを要するか、三 何故に企業は営利の組織なりと云うか。それはゾンバルトが主張する所なればなりと答えるのみにて足るか。予はこれらの諸点を明らかならしめざるべからずと信ず。そもそもゾンバルトがその『近世資本主義論』の巻頭に下したる解説は、彼自ら告白する如く ―「識者は予の発展系統とマルクスの発展系統と因縁あるものなるを容易に発見し得べし」同書 第一版 第一巻 七二頁。― ことごとくこれをマルクスより取り来れるものなり。しかしてイギリス、フランスの経済学になくして、ひとりドイツの経済学に存する企業・経営の対立も、また所詮はマルクスに胚胎するものなり。ただゾンバルトは極めて露骨にマルクスの用語までもこれを取り来れるに反し、ドイツ経済学の通説はこれを異なれる言語をもって言い表して、甚だ罪なきものとしたるを異なれりとするのみ。すなわちゾンバルトは「行程」を「団体」と改称したるのみにて、Verwertungsgemeinschaft と Arbeitsgemeinschaft と云い、通説はこれを極めて平凡なる言い表し方に改めて、技術上の組織対経済上の組織と云うなり。関博士も上田・坂西両教授もこの根本の問題に触れず、しかして関博士は急ぎてその修正を試みたり。あたかもこれは「ノーメンクラトゥール〔Nomenklatur〕」の問題に過ぎざるが如くに取り扱われ、問題そのものは、ためにかえって支離に陥《おちい》れるやの観あり。ゾンバルトの複雑なる「シェマティック」は、畢竟《ひっきょう》右両者の区別に関する根本見地を布演《ふえん》したるものに過ぎざること、三氏共にこれを度外視せり。ゾンバルトは特に明言すらく、

Betrieb ist Arbeitsgemeinschaft ; Wirtschaft ist Verwertungsgemeinschaft. Es liegt mir viel daran, diese Unterscheidung zwischen Wirtschaft und Betrieb zu einem sichern Besitzstande unserer Wissenschaft zu machen, da ich ihr, wie sich im Folgenden zeigen wird, eine grosse Bedeutung für die richtige Beurteilung des Wirtschaftslebens beimesse.（SS. 5―6）

これを邦訳すれば、

経営は労働団体なり、経済は価値増進団体（これを活用の団体と邦訳する甚だ中《あた》らず）なり。経営と経済との間に存するこの区別を、我が経済学の一の確実なる所有物とすることは予の大いに重きを置く所なり。けだし予は以下述ぶべきが如く、この区別をもって経済生活を正しく判断するに大なる意義ありと認むるものなればなり（同書　五―六頁）

この一句は関博士により提出せられたる一切の問題を解決すべき根本的見地を道破したるものなり。しかるに博士もまた両教授もこの一句の存在を明らかに認めながら、その意義についてはなんら考うる所なし、ゆえに予はこの論争はことごとくその標的を逸したりと断言するに憚《はばか》らず。―関博士は左右田博士の言を引きて「経済」に関する従来の学説の攻撃は賛同を辞する能《あた》わざる所にして、この Ursache der Verwickelung を一掃するは学者の務めなるべきを信ずとて、ゾ氏は経済なる語については定義を示さず、観念の錯雑せるものなりと非難したり（前掲の論文四三頁）、といえども右の一句における経済とは「経済形態」の略称なること前後の関係に照らすもまたゾ氏自らの言に徴するも明なり。観念の錯雑はかえって関博士にあり、ゾ氏にあらず、いわんや左右田博士の意味する所はこの関係においては全然場違いなり、関博士は肝要の点を逸し軽微なる枝葉の事柄に重きを置きたるものなり、予は採らず。―これに加え、ゾ氏のこの一句「経営は労働団体なり、経済―経済形態の意なり―は価値増進団体なり」と通説―すなわち予が『国民経済原論』に掲げたる―の「経営は技術上の組織、企業は経済上の組織」とは根底において同一事を道《い》うに外ならざるに注意せざるは甚だしき脱漏《だつろう》なり。―ゾ氏の「経済形態」と云うものは、他の学者の用ゆる広き意味の企業を言い表さんため作為したる術語なること、また注意せられず。坂西教授のいわゆる企業発生前に経営存すの企業は、ゾ氏一流の狭き意味の企業のことたる勿論なり。しかれども強いて発生以前以後を別《わか》つ必要ありとせば「労働団体」は「価値増進団体」の以前にあること勿論なり。これを経営は企業以前にありと云うは、ゾ氏の説をことごとく正しと決定したる後ならざるべからず。―ここに「技術上」のと云うは「労働行程上」のと云うこと、「経済上」のと云うは「価値増進行程上」のと云うことを、極めて平凡なる言語に引き直したるに外ならず。「労働団体」を経営と結び付け、「価値増進団体」を企業と結び付くることの当否は別問題として、そもそもかくすることは必ずしもゾンバルト独特の工夫にあらず、ドイツ経済学近時の傾向なり。しかしてその然る所以《ゆえん》は、たまたまもって表面上いたく斥けられつつあるマルクス説が、いかに重大なる影響をドイツ経済学の上に及ぼしつつあるかを有力に語るものにあらずや。マルクスの影響を被ること少なき他国の経済理論―ドイツ学者を祖述するものは元より除く。ヴェブレンの如き、また関博士の如き、―に企業・経営対立説の存在せざる所以を考えみよ。更にまた企業の意義を殊更に狭く限局するゾンバルト説がドイツにおいてまたその祖述者によりて歓迎せらるる所以を考えみよ。その消息は多言を要せずして明ならん。しかもマルクスの影響を被りつつ自らこれを悟らず、かえって襲踏の遺物についていたずらに葛藤を打ち出するに至っては、マルクスの長所は全く失われ、その短所のみ誇張せらると云うべきのみ。通説の引き直しは余りに平凡に過ぎたりといえども、未《いま》だとるべき所あり、平凡を通過して没意義に堕落したものは断じて捨てざるべからず。ゾンバルトがその区別を特に重要視すべしと主張し、その『近世資本主義論』総論の中心問題となしたる Arbeitsgemeinschaft と Verwertungsgemeinschaft とはマルクスの Arbeitsprozess と Verwertungsprozess とをそのまま取り来れるものなり。―『資本論』第一巻第三編第五章の表題（一三九頁）を見よ。― 今マルクスの語を引かんに曰く、

Der Gebrauch der Arbeitskraft ist die Arbeit selbst. Der Käufer der Arbeitskraft konsumirt sie, indem er ihren Verkäufer arbeiten lässt. Letztrer wird hierdurch actu sich bethätigende Arbeitskraft, Arbeiter, was er früher nur potentia war. Um seine Arbeit in Waren darzustellen, muss er sie vor allem in Gebrauchswerthen darstellen, Sachen, die zur Befriedigung von Bedürfnissen irgend einer Art dienen. Es ist also ein besondrer Gebrauchswerth, ein bestimmter Artikel, den der Kapitalist vom Arbeiter anfertigen lässt. Die Production von Gebrauchswerthen, oder Gütern, ändert ihre allgemeine Natur nicht dadurch, dass sie für den Kapitalisten und unter seiner Kontrole vorgeht. Der Arbeitsprocess ist daher zunächst unabhängig von jeder bestimmten gesellschaftlichen Form zu betrachten.

Die Arbeit ist zunächst ein Process zwischen Mensch und Natur, ein Process, worin der Mensch seinen

Stoffwechsel mit der Natur durch seine eigne That vermittelt, regelt und kontrolirt. (SS. 139—140).

これを邦訳すれば

労働力の使用は労働それ自らなり。労働の購買者は、その販売者をして労働せしむるによりてこれを消費するものなり。これによりて、その販売者は、潜勢力たりし労働力を現勢活力たらしむる労働者となるなり。その労働を商品に発現せしめんには、彼はまずこれを使用価値に発現せざるべからず、すなわちなんらの種類かの欲望を充足する用に供せらるべき物となさざるべからず。されば資本主が労働者をして製作せしむるものは一の特殊的使用価値なり、一の定まりたる品物なり。使用価値すなわち財の生産は、資本主のためにし、その監督の下に行わると云うことによりて、その一般的性質を変ずることなし。要言すれば、労働行程は一切の特定せる社会的形態より離れて考うべきものなりとす。

労働とは、人と自然との間の一行程の謂《いい》なり、この行程たる、人間がその材料変化を自然と共に、彼自らの行動によりて仲介し、左右し、監督することなり。（一三九—一四〇頁）

マルクスは更に語を改めて曰く

Der Arbeitsprocess, wie wir ihn in seinen einfachen und abstrakten Momenten dargestellt haben, ist zweckmässige Thätigkeit zur Herstellung von Gebrauchswerthen, Aneignung des Natürlichen für menschliche Bedurfnisse, allgemeine Bedingung des Stoffwechsels zwischen Mensch und Natur, ewige Naturbedingung des menschlichen Lebens und daher unabhängig von jeder Form dieses Lebens, vielmehr allen seinen Gesellschaftsformen gleich gemeinsam. Wir hatten daher nicht nöthig, den Arbeiter im Verhältniss zu andren Arbeitern darzustellen. Der Mensch und seine Arbeit auf der einen, die Natur und ihre Stoffe auf der andren Seite, genügten. (S. 146.)

これを訳出すれば、

以上、吾人がその最も単純にして抽象的なる要素において解説したる労働行程は、使用価値の産出の目的に合う行動なり、人間の欲望に対し自然物を占有することなり、人間と自然との間における材料変化の一般的要件なり、人間生活の永久的自然条件にして、したがって人間生活のいかなる形態にも関係なく、かえって一切の社会形態に等しく共通なるものなり。ゆえに吾人は労働者が他の労働者に対して有する関係を説明するの必要を見ざりしなり。一方においては人とその労働、他方においては自然とその材料、これを考究すれば労働行程の説明を尽し得るなり。（一四六頁）

されば労働行程の問題としては、ただ生産品を見るのみ、その生産の行わるる社会的条件すなわち人と人との関係、殊に労働者と資本主との関係の如きは、豪《ごう》も問う所にあらず、奴隷制度の下に生産せらるるも、野蛮人の間に製作せらるるも、または賃銀制度の下に生産せらるるも、その生産品にして吾人の欲望を充《み》たすに足る以上、なんらの詮索を要せざるなり。しかして資本制度の下において、資本主が労働力を消費する行程として見たる労働行程には、二個の特有なる現象あり。第一、労働者は資本主の監督の下に労働し、その労働は全然資本主の有に帰す。第二、その生産物もまた資本主の所有に属し、直接の生産者たる労働者の有に帰せず。労働者が資本主の工場に一度足を踏み入るるとき、すでに彼が労働力の使用価値すなわちその使用たる労働は資本主の物たり。されば資本主より見れば、労働行程とは畢竟《ひっきょう》その買い入れたる商品たる労働力の消費の謂《いい》に外ならず、ただその消費はこれに生産要具を補足せざるべからざるを特有の点とするのみ。換言すれば、労働行程とは、均《ひと》しく資本主が買入れたる物と物、均しく彼の所有に属する物と物との間における一行程に過ぎず、したがってその行程の産物が全然彼の有に帰するは当然怪しむに足らざるなりと。しからば「価値増進行程」とは如何《いかん》。彼曰く、

Das Produkt—das Eigenthum des Kapitalisten—ist ein Gebrauchswerth, Garn, Stiefel u.s.w. Aber obgleich Stiefel z. B. gewissermassen die Basis des gesellschaftlichen Fortschritts bilden und unser Kapitalist ein entschiedner Fortschrittsmann ist, fabricirt er die Stiefel nicht ihrer selbst wegen. Der Gebrauchswerth ist überhaupt nicht das Ding 'qu'on aime pour lui−même' in der Warenproduktion. Gebrauchswerthe werden hier überhaupt nur producirt, weil und sofern sie materieles Substrat, Träger des Tauschwerths sind.（S. 148−9.）

生産品——資本主と所有物たる——は一の使用価値なり、たとえば綿糸・長靴等と云うが如し。ただし、たとい長靴は、ある度までは社会的進歩の根抵を成すものにして、資本主が断乎たる進歩的人物なりとも、彼は長靴を長靴のために製造するものにあらず。使用価値は商品生産においては「それ自らのために好まるる」物にあらず。この場合、使用価値を生産するは、それが物質的基礎たり交換価値の負担者たるがため、また然る限りにおいてのみ。（一四八—九頁）

と。しかしてこの場合、資本主の立場より見れば二個の目的の達すべきあるなり。第一、彼は交換価値を有する使用価値、すなわち販売の目的のための物品たる商品を生産せんとす。第二、彼はまたその生産に要したる価値総額、すなわち生産要具及び労働力に対して、商品市場において支出したる貨幣額以上の価値を有する商品を生産せんとす。換言すれば、彼は単に一の使用価値を生産するをもって足れりとせず、一の商品を作らんとし、使用価値のみならず、価値を生産せんとし、価値のみならず、同時にまた余剰価値を産出せんとするなり。ゆえに曰く、商品の生産は労働行程たるのみならず、また兼ねて「価値回収行程」Werthbildungsprozess なりと。彼は綿糸の例を挙げてこの理を説きたる後、更に要言すらく、

Wir haben diese Arbeit jetzt von einem ganz anderen Gesichtspunkte zu betrachten, als während des Arbeitsprocesses. Dort handelte es sich um die zweckmässige Thätigkeit, Baumwolle in Garn zu verwandeln. Je zweckmässiger die Arbeit, desto besser das Garn, alle andren Umstände als gleichbleibend vorausgesetzt …… Sofern die Arbeit des Spinners dagegen werthbildend ist, d. h. Werthquelle, ist sie durchaus nicht verschieden von der Arbeit des Kanonenbohrers. ……………………

この場合、吾人は労働を見るに労働行程におけると全く異なりたる観察点よりするを要す。労働行程においては、木綿を変じて綿糸となすという合目的行動が主眼たり。他の事業に変化なしと前提して、労働が合目的なる程、よき綿糸が生産せらると云うのみ。…………これに反し、紡績工の労働を価値回収行程すなわち価値の淵源として見るときは、その労働たる大砲製造工の労働と毫《ごう》も異なる所なきなり（一五一頁）

しかして曰く（一五七頁以下）、資本主は、すべての商品の買手と同じく、労働力を買いてその使用価値を消費す、労働力の消費行程はすなわち商品の生産行程なり。彼はその生産せられたる商品を再び市場に持ち出して売る。彼は買うも市場においてし、売るも市場においてす。かくて流通の行程において貨幣は資本に変ずるなり。貨幣が資本に変ずるも変ぜざるも、その全経過はことごとく流通場裡 Cirkulationssphäre にあり。貨幣を商品に変化するによりて死物は活物となる。「価値回収行程」と「価値増進行程」との異なる所は、単に行程の長短にあり、前者が一定点を経過するときは後者となる、後者はただ前者の延長せられたるもののみ。その一定点とは、資本によりて支払われたる労働力の価値が、新たなる対価によりて代償せらるる点これなりと。しかしてこの意味にての「価値回収行程」と「労働行程」とを比較して云う、

Vergleichen wir ferner fen Werthbildungsprocess mit dem Arbeitsprocess, so besteht der letztrein der nützlichen Arbeit, die Gebrauchswerthe producirt. Die Bewegung wird hier qualitativ betrachtet, in ihrer besondren Art und Weise, nach Zweck und Inhalt. Derselbe Arbeitsprocess stellt sich im Werthbildungsprocess nur von seiner quantitativen Seitedar.（S. 158.）

さらに価値回収行程を労働行程と比較するときは、後者は使用価値を生産する有用労働に存す。すなわちその運動は特定の種類と方法、目的と、内容とについて品質的に観察せらるるものなり。しかるに同一の労働行程は価値回収行程においては、ただ単にその分量的方面において現るるのみ。（一五八頁）

と。しかして結論を下して曰く、予が商品の解剖において示したる使用価値のみを生産する労働と、価値をも生産

する労働との区別は、以上の解説によりて、更に生産行程の異なれる方面の区別たる所以《ゆえん》を知るべし。「労働行程」と「価値回収行程」との結合単位として見るときは、生産行程は畢竟《ひっきょう》商品の生産行程なり。「労働行程」と「価値増進行程」との結合単位として見るときは、生産行程は資本的生産行程、換言すれば商品生産の資本的形態たり。「価値増進行程」の立場より見るときは、労働が単純社会的平均労働たると複合労働たるとはなんらの差違なし。いずれの場合においても、余剰価値は労働の分量的剰余よりのみ来ると。以上、大意を取る。詳しくは『資本論』第一巻一六〇頁以下を見よ。

　以上の引照において、予はマルクス特有の価値説と関係ある箇所はこれを省き、ただ「労働行程」と「価値増進行程」とに関する説明のいかなるものなるかを示すに止《とど》めたり。しかしてこの説たる、以下これに続く不変・可変資本論に導くものにして、その当否の吟味は姑《しばら》く措《お》き、マルクス説を諒解するにはこれを知ること必ず欠くべからざるものとす。ゾンバルトはこれを前後の関係より切断して、自家新案の根底となし、更にこれを経営と企業との差別の標準となしたるなり。もしゾンバルト説の欠陥を指摘せんとならば、まずこの点について精考を加えざるべからず、然らずして彼自ら重きを置かざる「シェマティック」について、区々末葉に渉《わた》る評論を企つるは畢竟無用事なり。

　さて以上のマルクス説は彼自ら云う如く、要するにAnalyse der Ware（商品の解剖）より得たる「貨幣資本に変化す」「貨幣商品に変化す」「資本貨幣に変化す」「商品貨幣に変化す」るVerwandlungsprozess（変化の行程）またはMetamorphose（変形）論の一適用たるなり。換言すれば、彼の重きを置く所Metamorphose der Ware : Kreislauf, W—G—W : Verkauf, W—G : Kauf, G—W.（商品の変形。循環行程＝商品—貨幣—商品。すなわち販売＝商品—貨幣。購買＝貨幣—商品）の行程にあり。さらに換言すれば、「価値増進行程」は貨幣経済において、はじめてこれあり、「労働行程」は貨幣経済の存在と否とに関せずしてあり。されば貨幣経済においては「労働行程」と「価値増進行程」とならび存するはもちろんなれども、その特色と認むべきものはひとり後者にあり、「価値増進行程」ありて、はじめて企業あり、企業ありて「価値増進行程」は経済生活を支配するものとなる。「価値増進行程」は

「労働行程」そのものより生れ出でたるものにあらず。ゆえに曰く、企業の本質を究むるには、それが貨幣経済との関係にまず着眼するを要す、経営形態論を直ちに移して類推解釈をなすべきものにあらず、更にまた技術発達の叙述をもって企業発達論と同視すべきものにあらずと。

第四章　補　論

労働行程における余剰価値と、価値増進行程における余剰価値とについて、少しく管見を下さんに、両者相伴うことあり、然らざることあり、必然的関係の存在はこれを認むべからず、ただ多くの場合において、労働行程の余剰価値は、価値増進行程の余剰価値を形成する目的のための手段たることあるのみ。換言すれば、労働行程の余剰価値は直ちに価値増進行程の余剰価値となるものにあらず。ゆえにマルクスはその区別を明らかならしむるに多くの言を費やしたり。ただしマルクスは労働行程の余剰価値なる語を用いず企業のよって立つ所以《ゆえん》は、元より価値増進行程における余剰価値の収得を目的とす。しかれどもこれを労働行程として見るときは、また労働行程における余剰価値を形成するものにして、この両個の方面を究むること企業の本質論に欠くべからず。ゾンバルトがマルクスの説を拡張して、企業は価値増進団体なり、経営は労働団体なりと主張し、この区別を重大視するは、そもそも故あることにして、更にこれを詳しく云いて、企業は価値増進行程における余剰価値の収得を目的とする団体なり、経営は労働行程における余剰価値の収得を目的とする団体なりとせば、その意明瞭なるべし。これを極めて簡単に言い換えたるは、通説の経済上の組織、技術上の組織云々《うんぬん》これなり。関博士の新説、生産上の組織、営利上の組織云々も、生産とは労働行程の謂《いい》、営利とは価値増進行程の謂なりと解釈すれば、また自ずから一説たるを得べし。しかれども関博士の考うる所は、余剰価値の形成はただ営利のみにありて、生産にはこれなしとするものの如し。

果して然りとすれば、博士の説はついに誤謬《ごびゅう》たるを免れず。博士自ら云う、「経営においては、生産の目的のために、人的及び物的要素の結合を要するをもって、物的要素は必ずひとたび物的資本の形態たるを要するも、企業においては営利の目的を有するに過ぎず、したがって企業上の資本は、生産に必要なる物的資本の形態を採るを要せず、予定の収益力を換算して貨幣をもって言い表したる資本たるをもって足れりとす、しかしてこの予定の収益が実現せざる時は、企業者の利潤は全然消滅し大損失を免れざるものなり、この特質は、現時のいわゆる資本制企業の本質を明《めい》にするに当りて欠くべからざる所なり」－『国民経済雑誌』第九巻第四号 五一頁－ また曰く、「されば企業の根本観念は収益力 Rentabilität にありて、収益能力に関する危険を踏むは、企業者の手工業者または（？）労働者と区別せらるる所以なり」－同上四九－五〇頁－ と。博士のここにリーフマンを引用して唱道する収益能力なるものは、なにものを指して云うか詳《つまびら》かには知り難しといえども、前後の関係より推断するに、価値増進行程における余剰価値、すなわち利潤を生ずること、または生ずる力の意なるが如し。果して然りとすれば、この理を明らかにしたることは、博士全体の結構には相応せざるも甚だ感謝して受け取るべき所とす。しかるに余剰価値をもってただ価値増進行程においてのみあるものにして、労働行程には存せざるものの如く云うは説《と》いて未《いま》だ精《くわ》しからず。畢《ひっ》竟《きょう》営利なる文字に束縛せられ、これをもって余剰価値収得の一切なりとし、企業は余剰価値収得の一切の組織なりとの意において、これを営利経済とし、経営は余剰価値の収得に全く関係なしとの意において、これを生産の組織とする速断に陥《おちい》れるものなり。問題は余剰価値の存否にあらず、その余剰価値の質的差別にあり。生産を労働行程の意に解するにせよ然らざるにせよ、経済上において云う生産は、畢竟価値形成の謂に外ならざることは、前編生産の条下に述べたる所の如し。しかるに価値の形成と云う以上、結局においては余剰価値の形成を意味するものなること、博士未だ想い及ばず、これを博士説の根本的欠陥となす。上田・坂西両教授の評論甚だ微細に入りて当を得たりといえども、未だ攻めて博士這箇《しゃこ》の痛所に及ばず、甚だ遺憾《いかん》とすべき所なり。

企業・経営の対立を説くドイツ流の経済理論の学問上に有益なるは、要するに労働行程における余剰価値の形成と、価値増進行程における余剰価値の形成とを弁別するが故なり。されば余剰価値の収得と云うことは許されたる前提なり、もし一方にこれを認め、他方にこれを拒むべきものなりとせば、両者の対立は始めより問題とならず。均《ひと》しく余剰価値の収得行程にてありながら、一は労働行程にあり、他は価値増進行程にありと云う一点にすべての意義は含蓄せらる。この両者は全く別個の世界を有し、したがって前者を目的とする組織と、後者を目的とする組織とは、今日の経済生活において混同するを許さざるものなるを認むること、流通生活の研究において甚だ肝要なり。関博士の引用したるリーフマンの言、「予の見る所にては、『レンタビリテート〔Rentabilität〕』－『レンタビリテート』を余剰価値の形成と同一視すべからず－の思想は企業最終の特徴なり」云々《うんぬん》は、この意味を云うものにして、ゾンバルトの説もまた同一轍《てつ》に出づ。しかしてアダム・スミス以来、この認識は利潤論の名の下に徐々に進歩をなしつつありて、マルクスは決して前人未到の見地を独占するものにあらず、ただこの思想を根底まで透徹せしめたるのみ。

そもそも企業なる語は、危険を冒《おか》して一事を敢えてするの意を有す。ドイツ語 Unternehmung は Unter die Gewalt nehmen, überwältigen（威力の下に取る、威服する）の意より起れり。これに反し、経営の言語 Betrieb は verstärktes Treiben, abweiden, fortgesetzt ausüben（力を込めて営む、継続して執行す）の意にして Ausübung einer fortgesetzten Tätigkeit（継続的行為の執行）がその根本義なり。言語の上において、両者は必然の関係を有せず、否、必然関係の有無は始めより問題たらず。しかるに、ドイツの経済学において、両者相関連して用いらるる所以《ゆえん》は畢竟《ひっきょう》この両語は価値増進行程における余剰価値と、労働行程における余剰価値とに関連するものとして解釈せらるるが故に外ならず。

労働行程における余剰価値は、流通生活における発展の経過に関係なく、ただそれ自らにおいて専ら人と物との関係について形成せらる。マルクスのいわゆる使用価値とはすなわちこの謂《いい》にして、人と物との品質的ならびに分量的変化によりて、費やされたる価値を償うて余りある価値を生ずることなり。企業の手段たるときと、然らずしてそれ自ら一個独立の業たるときとを問わず、人と物との関係が品質的に分量的によりよく、より多く、人の満足を購《あがな》うに至ること、これ労働行程の本領にして、これを技術的と名づくるはヘルマンに始まる。ヘルマンは技術と経済との区別を論じて、マルクス以前すでにこの消息を伝えたり。この労働行程は今日の経済生活においては、経営という組織を有し、企業はこれを手段として利用す。労働が価値の唯一の淵源なりと云うは、この労働行程にのみついて云えば決して謬見《びゅうけん》にあらず、アダム・スミスは「財産の蓄積、土地の私有なき原始草昧《そうまい》の社会」において、労働は価値の唯一の淵源なりと云いて、この理の一面を道破したり。しかれども、かく歴史的に時代分けすることは当を得ず、リカードが、土地の私有、財産の蓄積起れる後の社会においてもこの理渝《かわ》ることなしと主張せるは、これを労働行程のみに限局して見るときは、よくスミスの謬《あやま》りを匡《ただ》したるものなり。ただリカードはこの半面のみを見て、他の価値増進行程の方面を全く度外に措《お》きたるが故に、その謬りはスミスよりも更に大なり。スミスの利潤論がリカードの利潤論よりも遥かに勝れる所以、けだしここにあり。

労働行程は自然征服の行程なり、ゆえにこれを支配する法則は自然法則なり、価値増進行程は人事調節の行程なり、したがってこれを支配する法則は文化法則なり。法則の根本的変化は死を意味す、生の法則をことごとく脱するものは、死の法則の下に立つこととなる。労働行程として見たる余剰価値そのものが、文化法則の下に立つことはあり得べからず、何となればこれは余剰価値存在の否定と同義なればなり。その反対に価値増進行程として見たる余剰価値は、徹頭徹尾文化法則の下に立つものにして、これを自然法則の下に思考することは、またその否定を意味するの外なし。マルクスは商品の魔性《ましょう》を説く条下に云う

Eine Ware scheint auf den ersten Blick ein selbstverständliches, triviales Ding. Ihre Analyse ergiebt, dass sie ein sehr vertracktes Ding ist, voll metaphysischer Spitzfindigkeit und theologischer Mucken. Soweit sie Gebrauchswerth, ist nichts Mysteriöses an ihr, ob ich sie nun unter dem Gesichtspunkt betrachte, dass sie durch ihre Eigenschaften menschliche Bedürfnisse befriedigt oder diese Eigenschaften erst als Produkt menschlicher

Arbeit erhält. Es ist sinnenklar, dass der Mensch durch seine Thätigkeit die Formen der Naturstoffe in einer ihm nützlichen Weise verändert. Die Form des Holzes z. B. wird verändert, wenn man aus ihm einen Tisch macht. Nichtsdestoweniger bleibt der Tisch Holz, ein ordinäres sinnliches Ding. Aber sobald er als Waare auftritt, verwandelt er sich in ein sinnlich übersinnliches Ding.（S. 37.）

右邦訳

商品と云えば一見したる所、単に自明にして些細《ささい》の物なり。しかるに仔細にこれを解剖するに及び、甚だ複雑にして形而上的困難と神学的秘密とに充《み》てるものなるを見出すべし。商品はこれをその性質によりて、人の欲望を充たすものと見るも、人間労働の結果として、はじめて欲望充足の性を具《そな》うるものと見るも、ただ一の使用価値として考うるときは、なんら神秘性を帯ぶることなし。人はその行為により自然材料の形態を変じて、自己に有用なるべきようになすものなることは言うまでもなし。木を伐《き》りて卓を作るときは、木材はその形態を変ず、しかれどもその卓は依然として尋常普通の有形物たる木材なり。しかるにこれが商品として現れ来るときは、有形物は変じて、有形にして超有形なる一物となる。（三七頁）

第五章　余剰価値と利潤

余剰価値の思想はマルクスに創《はじ》まるにあらず、その根源に溯《さかのぼ》るときは価値の思想の起る所、すなわち余剰価値の思想もまたこれに伴うと云うを得べし。しかれども今は学説の沿革を叙述するにあらざれば姑《しばら》くこれを措《お》き、そもそもマルクスに至りて一階段に到着したる余剰価値の思想は那辺《なへん》に胚胎するやと尋《たず》ぬるに、マルクス自らその遺稿『余剰価値学説史論』

Theorien über den Mehrwert: aus dem nachgelassenen Manuskript "Zur Kritik der politischen Ökonomie", herausgegeben von Karl Kautsky, 1905–1910, 3 Teile. 4 Bände, において詳述する如く、近世経済学の初期にあり。マルクスは右書においてウィリアム・ペティ、チャールズ・ダヴナント、サー・ダドリー・ノース、ジョン・ロック、デーヴィッド・ヒューム、マッシー、サー・ジェームズ・ステュアート、チュルゴ、パオレッティ、ピエトロ・ヴエッリ、ガルニエ、シュマルツ、デュ・ビュア、ネケル、ランゲ、ケネー、アダム・スミス、デーヴィッド・リカード、トマス・ロバート・マルサス等について詳細にその余剰価値論を評論す。すなわちマルクスは自家の余剰価値論を審《つまび》らかにこれら先輩学者の所説に溯源《そげん》するものにして、これをもって独得の創意に出づとなすものにあらざるを知るべし。ただし以上列挙の諸学者、必ずしも皆マルクスの云うが如き説を唱えたるにあらず、マルクスは往々強いて付会の叙述をなすことあり。しかれどもこれを仔細に評論するは本章の題目とする所にあらず、ただ観察次第にてこれら学者の所言中、多少余剰価値の思想を暗示するものあるを発見するは否定すべからず。さもあらばあれ、余剰価値の思想を取って流通生活の本質を究めんするにあたりては、価値増進行程における余剰価値の方面に全力を注ぎて、系統的に考究するを第一義とし、したがってこの意味において、利潤の理論が経済学の発達史上いかなる経路を経来りしやを知ること、最も肝要なりとす。

価値増進行程の余剰価値の意味において利潤を見る今日の経済論は、その発端をアダム・スミスに求むることを得べし。ただアダム・スミスが労働を価値の淵源なりとする説を認むる態度一定せざるために、その真意を補捉することやや困難なり。しかれども思いを潜《ひそ》めて彼の言う所を究むるときは、この困難はたまたまもって彼が価値増進行程における余剰価値に到著《とうちゃく》せんとして、一歩を残すがために起るものなるを悟得すべきなり。リカードに至りては終始一貫して、労働は価値の唯一淵源なりとの説を維持するものなれば、その長所も欠点も共に容易にこれを看取することを得るなり。マルクスはこの点を指摘して「余剰価値と利潤との混同」なる一筋をそのアダム・スミス評論中に置けり。『余剰価値学説史論』第一巻一五三頁以下 その大意に曰く、アダム・スミスは余剰価値の思想を説明し、地代と利潤とをただ余剰価値の特殊的形態たり、構成部分たるに過ぎざる所以《ゆえん》を主張せり。彼の説に従えば、原料と労働要具とより成る部分の資本は、直接には余剰価値の形成になんらの関係なきものにして、余剰価値は一《いっ》に全く労働者が労銀の支払を受くる部分以外に費やす労働の分量より成るものなり。換言すれば、余剰価値を生ずるものは労銀として支払わるる資本あるのみ。この部分の資本のみが自己回収以外に生産品及び価値の余剰を生産す。これに反し利潤の形態における余剰価値は、支出したる資本の総額に対して計算せらるるものにして －可変資本のみならず不変資本をも合算したる資本総額に対し利潤は計算せらる、（余剰価値そのものは可変資本額のみに対して計算せらるるに反し）とはマルクスの宿論なり。詳しくは「マルクス資本論第三巻の研究」なる予が旧稿（『続経済学研究』に収む）を参考せよ。－ また資本の各種生産方面において生ずる利潤の率は、均等に帰著する事実 －いわゆるマルクスの「平均利潤率」なるものこれなり。－ あるにより、その理、右と同一ならず。アダム・スミスは余剰価値を実質上は認めながら、個々の形態における余剰価値以外、一定の範疇《はんちゅう》としての形態における余剰価値あるを説かず、したがって範疇なる形態における余剰価値と、その具体的の一形態に過ぎざる利潤とを同一物視する誤謬《ごびゅう》に陥《おちい》れり。この欠点はリカードにおいても、またその祖述者においても、均《ひと》しくこれを認めざるを得ず。殊にリカードは価値の根本原則を系統的統一と一貫とをもって主張するものなれば、矛盾と不一貫とは殊に顕著なり。リカードの祖述者はいたずらに博詞宏弁を費やしてこの矛盾を釈《と》かんと勉《つと》めたれども、元より成功するはずなしと。マルクスのここに混同と称するものは誠に存せり、しかれどもこれを矛盾と称するは中《あた》らず、不一貫と云うべきのみ。何故アダム・スミスは這箇《しゃこ》の不一貫に陥れりやと云うに、余剰価値をもってまず労働行程に発生すると説きつつ、直ちに論法を一変してこれを価値増進行程における余剰価値にそのまま適用し、したがって労働行程の余剰価値と利潤との根本的に異なる所以を毫《ごう》も明らかならしめざりしによる。これに比してはマルクスの余剰価値説は、終始一貫したるものと認むべきは勿論なり。しかれどもマルクスの一貫は誤謬の一貫なり、アダム・スミスの不一貫は誤謬と正解と介在する不一貫なり。リカードにおいては、マルクスの云う如くこの不一貫が甚だ顕著なるは、その労働価値説の旗幟《きし》甚だ鮮明なるがためなり。マルクスは労働をもって価値の唯一の淵源なりとするその宿論に基づき、余剰価値の淵源もまた労働あるのみとするものにして、そのいわゆる特殊的形態なる地代も利潤も、皆労働産物を掠奪する形式に外ならずと主張するものなり。アントン・メンガーのいわゆる「無労所得」Arbeitsloseseinkommen は、労働の所産を労働せざるものが社会的制度の強力《ごうりき》により略取するものとするなり。この説の誤謬なることは今改めて弁明の要なし。すなわちマルクスの一貫は誤謬の一貫なりと云う所以なり。これに反しアダム・スミスもリカードも労働は価値の淵源なりと説くといえども、分配の形式を目するに掠奪をもってするものにあらざるが故に、マルクスの希望するが如き一貫の説を立つること能《あた》わず、謬《あやま》れる前提と正しき解説とを混淆《こんこう》して不一貫に陥れり。労働を価値の淵源なりとするは謬れる前提なり、利潤を価値増進行程における余剰価値そのものと認むるは、企業の実際事情について下せる正しき解説なり。

マルクスはそのアダム・スミス評論中にホジスキンを引きて曰く、アダム・スミスが商品はその中に包含せらるるより以上の労働を買うもの、換言すれば、労働者は商品に対してその中に含有するものよりより多くの価値を支払うものなりと云えるその意味を、ホジスキンは次の如く解説せり。（ホジスキンの原書入手する能わざるにより今マルクス独訳をそのままに取る。）

Der natürliche Preis (oder notwendige Preis) bedeutet die gesammte Quantität Arbeit, welche die Natur vom Menschen verlangt, damit er eine gegebene Ware erzeuge, …………Arbeit war, ist und bleibt das einzige Kaufgeld bei unseren Geschäften mit der Natur…………Welche Arbeitsmenge immer erheischt sein mag, eine gegebene Ware zu erzeugen, der Arbeiter muss stets, im heutigen Zustand der Gesellschaft, viel mehr Arbeit hingeben, um sie zu erwerben und zu besitzen, als erforderlich ist, sie von der Natur zu kaufen. Der so vergrösserte natürliche Preis ist der soziale Preis. Thomas Hodgskin, *Popular political economy etc.*, London, 1827. pp. 219–220.

自然価格（または必然価格）とは人が一定の商品を生産し得んがために、自然が人より要求する労働の全量を云う。……労働は吾人と自然との取引における唯一の購入金にてありき、今も然り、将来も然るべし。一定の商品を生産するにいか程の労働量を要するにせよ、労働者は常に——今日の社会状態においては——これを買いこれを所有せんためには、自然よりこれを購《あがな》う場合に要するより遥かに多くの労働を支払わざるべからず。

自然価格のかく増大せられたるものを名づけて社会価格と云う

かくホジスキンは自然に対して支払う自然価格なるものと、社会中において人に支払う社会価格なるものとを区別すべしと主張するものにして、アダム・スミスの正しき所も誤れる所も共にこれをそのままに伝うるものなりと。前掲書一五二―一五三頁 然り、マルクスより見れば、ホジスキンのこの説は正解と謬見《びゅうけん》とを混淆するものなるべし。しかれどもそれはアダム・スミスもホジスキンも、労働行程における価格と、価値増進行程における価格との同一視すべからざるを悟りたる所以《ゆえん》にして、マルクスの説よりも遥かに勝りて実際生活の真相を得るに近きものなるを知らざるべからず。すなわちホジスキンのここに自然価格と名づくるものは、労働行程における価値の謂《いい》にして、社会価格と名づくるものは、価値増進行程における価値の義なり。自然との取引において、吾人は労働を与えて財を得、その与えたるものは自然価格なり、すなわち労働行程において費用価値たるもの、これなり。この費用を支出して得たる財の吾人に与うるものは利用価値なり。利用価値より費用価値を控除して残るものは、すなわち労働行程における余剰価値なり。それに反し、社会の中における人と人との取引、すなわち価値増進行程においては、支払う所の費用価値は自然に支払うものよりも多きを常とす。生産に要する労働量のみが費用価値として支払わるるにあらず、別に人と人との間における売買取引の上について費用価値の高は定めらる。その財の社会生活中において、吾人に与うる利用価値よりこの費用価値を控除したる残高は、すなわち価値増進行程における余剰価値なり。マルクスはスミスを考究すること甚だ精密にして、今一歩を進めたりしならんには、這箇《しゃこ》の正解に到着すべかりしに、その労働価値の宿説に囚《とら》われて、ついに半途《はんと》にして止《や》みたり。彼はスミスを評論して実に左の如く云いおるなり。

……er hervorhebt（und dies ihn förmlich irre macht）, dass mit der Akkumulation des Kapitals und dem Grundeigentum—also mit der Verselbständigung der Arbeitsbedingungen gegenüber der Arbeit selbst—eine neue Wendung, scheinbar（und faktisch als Resultat）ein Umschlag des Gesetzes des Wertes in sein Gegenteil stattfindet. Es ist ebenso seine theoretische Stärke, dass er diesen Widerspruch fühlt und betont, wie es seine theoretische Schwäche ist, dass dieser Widerspruch ihn an dem allgemeinen Gesetz, selbst für den blossen Warenaustausch, irre macht, dass er nicht einsieht, wie dieser Widerspruch dadurch eintritt, dass die Arbeitskraft selbst zur Ware wird und dass bei dieser spezifischen Ware ihr Gebrauchswert, der also mit ihrem Tauschwert nichts zu thun hat, eben die den Tauschwert schaffende Energie ist. Ricardo hat das vor A. Smith voraus, dass diese scheinbaren, und resultatlich wirklichen, Widersprüche ihn nicht beirren. Er steht darin hinter A. Smith zurück, dass er nicht einmal ahnt, dass hier ein Problem liegt und dass die spezifische Entwickelung, die das Gesetz der Werte mit der Kapitalbildung annimmt, ihn keinen Augenblick stutzig macht, noch ihn beschäftigt. Wie das was bei A. Smith genial ist, bei Malthus reaktionär gegen den Ricardoschen Standpunkt wird, werden wir später sehen.

Es ist aber natürlich zugleich dises Einsicht A. Smith's, die ihn schwankend macht, unsicher macht, ihm den festen Boden unter den Füssen wegzieht und ihn, im Gegensatz zu Ricardo, nicht zur einheitlichen, theoretischen Gesammtanschauung der abstrakten allgemeinen Grundlagen des kapitalistischen Systems kommen lässt. (SS. 151-152).

アダム・スミスは資本の蓄積と土地の私有と起るに従い——すなわち労働条件が労働に対して独立するに及び-マルクスの労働条件とは、労働の営まる社会の社会的条件を云い、労働条件が労働より独立すとは、資本的生産の起ることを意味するなり、換言すれば、労働の所産が他人に掠取せらるることの始まるを云う-——一の新しき変化起り、表面上(しかして結果より見れば事実上にも)価値の原因が全く反対に移り行くことを論ず。——これ彼が形式上-議論の内容はとにかくにとの意なり-誤謬《ごびゅう》に陥《おちい》る所以《ゆえん》なり。——彼がこの矛盾の存するを感知しこれを明言するは、彼の理論の強所なると同時に、この矛盾を発見したるがために、一般の原則-労働のみが価値の淵源なりとの-の当否を単純なる商品交換についてさえも孤疑《こぎ》するに至り、しかしてこの矛盾なるものは、労働力そのものが商品となり、その使用価値——交換価値となんらの関係なき——こそ交換価値を生ずる動力そのものなるより起ることを悟るに及ばざりしは、彼の理論の弱点なり。リカードがこの表面上、しかして結果について見れば、事実上の矛盾のために迷わされざりし点はスミスに勝れり。これに反し、リカードは這裡《しゃり》に一個の問題が存在することを一言だもせず、資本の形成に伴い価値の原則が経過する特殊的発展に関して寸毫《すんごう》も思慮を旋《めぐ》らすことなく、またこれが研究を企てざりし点はアダム・スミスに劣れり。スミスがこの一事に注意を加えたるは天才的と云うべきものなるが、マルサスに至りては、これがためにリカードに対して反動的態度を執るに至れるものなることは後に説くべし。

さもあればあれ、スミスは這箇の消息を看破したるがためにその所説は動揺し、不確実となり、その立脚地は失われ、リカードの如く統一的・理論的に資本制度の抽象的・一般的基礎に関する総合的見解に到達するを得ざりしなり。(一五一—一五二頁)

マルクスのここに価値原則の一変または矛盾と云うものは一変にあらず、また矛盾にあらず、スミスがこの「矛盾を看破したり」云々《うんぬん》と云うはマルクス一流の曲解にして、スミスはこれを矛盾と認めたるものにあらず、当然別個の原則となしたるものなることは、彼の書を公平に読むもの必ず看取すべき所なり。すなわちスミスは価値の原則に二様あるを主張するものにして、資本及び土地の私有なき社会については、労働価値を認むるも、それは原始草昧《そうまい》の社会に限ることにして、彼が研究の題目としたる現社会、すなわち資本と土地との私有が定制たる状態においては、右の原則は行われずして他の原則行わると主張するものなり。スミスは利潤と余剰価値とを混同したりとマルクスの言えるは中《あた》らず。混同にあらず、この現社会においては余剰価値即利潤（地代もまた然り）なりとするものにして、その余剰価値とは価値増進行程における余剰価値の意なり。彼が特に sale「販売」なる文字を使用するは、単に文字の形容にあらず、特に価値増進取引の事を明らかにせんがためなるを知らざるべからず。ただスミスは資本の蓄積、土地の私有未《いま》だ起らざる社会においては、労働が価値の淵源なりと云うことをもって、労働所産の価値の定まる唯一の原則と認めたるままにて、その転じて売買の取引における価値の定まる所以《ゆえん》となる径路を説くこと審《つまび》らかならざるがために、不一貫の誚《そし》りを弁するを得ざるなり。畢竟《ひっきょう》アダム・スミスは費用価値のみに囚《とら》われて、利用価値を見る十分ならず、費やされたる労働、支払われたる価格の一方のみを見て、価値とは要するに物に対する心の判断の謂《いい》に外ならずして、その所在は物そのものにあらず、吾人の主観的世界にあることを看破するに及ばざりしものなり。ただ彼が天才的炯眼《けいがん》は、這箇の謬《あやま》れる前提のために累《わずら》わされず、取引生活の実際についてその真相を悟得したることは過《あやま》ちを見て仁《じん》を知ると云いて可なり。―ホジスキンの書は普通マルクスの学説のよって出づる所と称せられ、その書の世間に流布せざるは、マルクスまたはエンゲルスがこれを買収して焼棄したるがためなりとの中傷説すら行われたるものなり。しかるに今『余剰価値学説史論』出でてホジスキンの説に接するに流言の甚だしく誤れるを知る。マルクスのいたずらに悪評せられ、曲解せられ、濫用せらるること実にかくの如し。―

今スミス自らの言についてその説の一端を窺《うかが》わんに『国富論』第一巻第六章「商品価格の構成部分について」

Of the component parts of the price of commodities. －キャナン版第一巻四九頁より五六頁まで、原刻第一版五六頁より六六頁まで、同第二版 頁数第一版に同じ－ の一章その要領を載せたり。－利潤そのものについては同巻第九章これを論ず、労銀・利潤異同論は有名なる長章たる同巻第十章にあり。マルクスのアダム・スミス評論は前掲書一二六頁より一七九頁までを見よ。－

スミスはまず資本蓄積と土地の私有との未《いま》だ起らざる原始草昧《そうまい》の社会について論を起す。曰く

In that early and rude state of society which precedes both the accumulation of stock and the appropriation of land, the proportion between the quantities of labour necessary for acquiring different objects seems to be the only circumstance which can afford any rule for exchanging them for one another. If among a nation of hunters, for example it usually costs twice the labour to kill a beaver which it does to kill a deer, one beaver should naturally exchange for or be worth two deer. It is natural that what is usually the produce of two days or two hours labour, should be worth double of what is usually the produce of one day's or one hour's labour. (2. E. p. 56.)

資本の蓄積と土地の私有とふたつながら未だ起らざる原始草昧の社会状態においては、異なれる物を収得するに必要なる労働の分量と分量との間の比例のみが、両者を相互に交換するにあたり標準となる唯一の事情なりしが如し。たとえば狩猟民の間において、ビーバー一頭を屠《ほふ》るには、鹿一頭を屠る労働の二倍を費やすを例とするものとせよ、ビーバー一頭は当然鹿二頭に代えて交換せらるるか、またはその価値あるべきなり。普通二日または二時間の労働の所産が、普通一日または一時間の労働の所産たるものの二倍を価すべきは当然なり。ただし superior hardship（困難勝るもの）または uncommon dexterity and ingenuity（非常なる熟練及び技巧）を要するものに対しては、相当の斟酌《しんしゃく》を加うべきはもちろんなり。さて、

In this state of things, the whole produce of labour belongs to the labourer ; and the quantity of labour commonly employed in acquiring or producing any commodity, is the only circumstance which can regulate the quantity of labour which it ought commonly to purchase, command, or exchange for.（2. E. p. 57.）

かくの如き状態の下にありては、労働の全所産は労働者に属す。しかして一商品を収得し、または生産するに普通用いらるる労働の分量こそ、その商品をもって購《あがな》い、支配し、または交換すべき労働の分量を定め能《あた》う唯一の事情なり。

右一句中、始めの「労働の全所産は労働者に属す」の数語は第一版になし（五七頁）といえども、他の箇所に同一の文字を載せたれば、必ずしも第一版執筆の際と説を異にするものにあらず、第二版（及びその後の版）に至りて、スミスがこの数語を挿入せしは、彼が自己の真意を特に明確に言い表さんとの用意に出でたるものなるべし。「労働の全所産は労働者に属す」と明言するによりて見れば、スミスはアントン・メンガーのいわゆる「労働全収権」Das Recht auf den vollen Arbeitsertrag ; right to the whole produce of labour を這箇《しゃこ》原始草昧の社会については認めたるものと云うべし。しかれども右に続く一節は、マルクス（及びリカード）流の労働価値説と全然同一の意を言い表すものとは認め難し。スミスの意は費用労働が交換価値を左右すと云うにあり。すなわち主観的価値の論にあらず、その「両者相互の交換にあたって」と云い、「購い、支配し、交換する」と特に明言するは単に文字の形容にあらず。マルクス及びリカードの言はこれに比すれば遥かに精確にして、スミスの態度の確乎たらざるは「事情」なる文字をしばしば用ゆるに徴して見るを得べし。しかしながら彼が「交換しまたは価す」と両者を重ねて言い表すによりて見れば、この両者を同一視したるものとも云い得べし。畢竟《ひっきょう》スミスは利用価値に寸毫《すんごう》も想到せざるが故に、交換して得来る価格はすなわちその worth（価値）なりと考えたるものならずんばあらず。しかしてこの原始草昧の社会状態については、スミスは余剰のことに言及せず、彼がこれについて論ずるは、この状態を脱したる進歩せる社会状態にはじめてこれを見るなり。しかるにマルクスはこの原始草昧社会における価値原則に関するスミスの説を解説して、次の如く云えり。

Also : under dieser Voraussetzung ist der Arbeiter blosser Warenverkäufer, und der eine kommandiert die Arbeit des anderen nur, sofern er mit seiner Ware die Ware des anderen kauft. Er kommandiert also mit seiner

Ware nur so viel Arbeit des anderen als in seiner eigenen Ware enthalten ist, da beide nur Waren gegeneinander austauschen, und der Tanschwert der Waren bestimmt ist durch die in ihnen enthaltene Arbeitszeit oder Quantiät Arbeit.（S. 138.）

すなわちこの前提の下においては労働者は単に商品 ―労働を商品と見て― の売手たるのみ。ゆえに他人の労働を支配するものは、自己の商品を与えて他人の商品を購《あがな》うものに限れり。―現時の資本家が他人の労働を支配するとは全く異なるとなり。― しかしてその支配する度合は、彼自らの商品に包含せられある労働の分量に該当す。何となれば、この場合相対するものは両個の商品にして、その商品の交換価値はその包含する労働時間または労働分量によりて定めらるるものなればなり。

マルクスはスミスの command なる一語を捕えて、これを彼の自説に按排《あんばい》せんと試みたり。スミスがある場合には command（支配する）と云い、ある場合には necessary（必要なる）と云いて両者を同一視したることは、後年リカードとマルサスとの間に激しき意見の衝突を惹起《じゃっき》す所以《ゆえん》にして、思うにスミスは両者を区別する必要なしと思《し》惟《い》したるものならん。すなわち「支配す」なる語は別段に深き意味を寓するにあらず、しかるにマルクスはこれをもって彼自らの搾《しぼ》り取り説に結び付けんとするものにして、右の一句はスミスの真意を正しく伝えたるものにあらず。換言すれば牽強《けんきょう》付会《ふかい》の解説を下すにあらざる限り、スミスは原始草昧《そうまい》社会については、余剰価値の事に論及せざるものなり。しかるに一度資本の蓄積・土地の私有起るとき、右の状態は変ずとなす。すなわち右の一節に直ちに接続して云う

As soon as stock has accumulated in the hands of particular persons, some of them will naturally employ it in setting to work industrious people, whom they will supply with materials and subsistence, in order to make a profit by the sale of their work, or by what their labour adds to the value of the materials. In exchanging the complete manufacture either for money, for labour, or for other goods, over and above what may be sufficient to pay the price of the materials, and the wages of the workmen, something must be given for the profits of the undertaker of the work who hazards his stock in this adventure. The value which the workmen add to the materials, therefore, resolves itself in this case into two parts, of which the one pays their wages, the other the profits of their employer upon the whole stock of materials and wages which he advanced. He could have no interest to employ them, unless he expected from the sale of their work something more than what was sufficient to replace his stock to him ; and he could have no interest to employ a great stock rather than a small one, unless his profits were to bear some proportion to the extent of his stock.（pp. 57-58.）

特殊なる人々の手に資本が蓄積せらるるに至れば、その中のある者は勤勉なる人民（労働者）を仕事に従わしむるに雇用すべきやもちろんなり。彼等はこれら人民に原料と生活資料とを供給し、その生産品の販売、またはこれら人民の労働が原料に増し加うる所のものにより、利潤を得んとするなり。この種精製品を原料の価格と労働者賃銀とを支払うに足る以上の貨幣、労働、または他品と交換するに際しては、その所有資本をこの企業に投じて危険を冒《おか》す事業の企業者に、利潤として何物かが与えられざるべからず。ここにおいてか、労働者が原料に増し加うる価値は、この場合二の部分に分る。一部は労働者に賃銀として支払わるるものこれにして、他の一部は、予《あらかじ》め支出したる原料及び賃銀の全資本額に対して雇主（企業者）に支払わるる利潤これなり。雇主が労働者を雇用するは、彼等の生産品を販売することによりて、資本を回収するに足るだけより以上に何物かを収得するの望みあればなり。しかしてまたその利潤なるものが資本の多少に比例するにあらざれば、少額の資本に安んぜず、多額の資本を投下するを敢えてするもの無かるべきなり。

これ資本制生産のことを言うものにして、幾多の私有財産所有者中、その有する資本をある事業に投下し、原料及び生活資料を予め支出し、労働者を雇用して生産に従事せしめ、その生産の結果を売りて得たる価格のうち一部は労働者に労銀として支払うも、他の一部はこれを利潤として自己に収得する企業者階級の発生することを説くものなり。かく生産結果の一部を利潤として収得し得るにあらざれば、企業は起ることなかるべく（企業の起るはこの利潤収得の事実あるによる）、その利潤がまた投下資本多ければ多きだけ増加するにあらざれば、多額の資本を投下するものにあらざるべきを云うものなり。マルクスの謂《い》える如き掠奪云々《うんぬん》の事はスミスは毫《ごう》もこれを云わず。スミスは 'hazards his stock in the adventure'「企業に自己資本を冒険す」と云いて、この種資本家のなす所が危険を冒《おか》すことに存し、危険に晒《さら》さるるものは自己資本なることを指摘す。すなわち今日の経済学において Kapitalrisiko（資本の冒険）－リーフマン曰く 'Dieses Kapitalrisiko ist das eigentliche Charakterisikum der Unternehmung im wirtschaftlichen Sinne.' *Unternehmungsformen.* S. 3.「この資本冒険と云うことが経済的意味における企業に固有なる特色なり」『企業形態論』三頁。－と云う所のものにして、スミスはつとにこれを道破したり。しかして利潤存在の理由も、スミスはこの資本冒険の事実に存すとなし、この報酬の高《たか》は冒険する資本額と比例を保つべきものなるを明言す。Something must be given の「与えられざるべからず」は前後の関係に照して掠取の意にあらずして、事理の当然の意なることは疑うべからず。企業者が企業するは、労働者の生産品を売ることにより資本回収以外のある物、すなわち利潤を収得するの望みあるにこれよる。ここに売ることと云うは即ち Verwertung なり。「労働者を仕事に従事せしむること」にと云わざりしことをよく考えよ。「労働者が原料に増し加うるところのもの」は「生産品の販売または」の次に置かれある所以《ゆえん》を考えよ。スミスが主として言わんと欲する所は、この価値増進行程の意に置ける「販売」にあること自ずから明瞭なるべし。スミスは更に左の如く言えり。

In the price of commodities, therefore, the profits of stock constitute a component part altogether different from the wages of labour, and regulated by quite different principles.

In this state of things, the whole produce of labour does not always belong to the labourer. He must in most cases share it with the owner of the stock which employs him.（2. E., 59.）

ゆえに商品の価格中には、資本の利潤もまたその構成部分を成すものなり。その成す所以は、労働の賃銀と全く異なり、また全く異なる原則によりて支配せらる。

この状態の下にありては、労働の全所産は必ずしも皆労働者に属せず。多数の場合、労働者はこれを彼を雇用する資本所有者と相分たざるべからざるなり。

ここに altogether different と云い、regulated by quite different principles と云う点、細密の注意を要す。すなわちスミスは価格の構成部分 第一版にては価値の一淵源 として見たる賃銀と利潤とは全く異なる性質を有し、これを定むる原則も全く別個のものたるを特言するものにして、労銀は費やされたる労働に対して支払わるるも、利潤は事理然らざる所以、換言すれば、利潤は価値増進行程上における余剰にして、そもそも「資本の冒険」を喚起す動機たる次第を明らかにしたるものなり。その「労働の全所産は必ずしも皆労働者に属せず」と云うは、前に「労働の全所産は労働者に属す」と云えるに対するものにして、労働行程における余剰価値に論及せざるは、その必要なしと認めたるものなるべし。ただこの場合には一切の形成せられたる価値は、皆労働者の産む所にして、また労働に帰著《きちゃく》すと云い、しかして企業者起るに及べばここに分解起り、一部は余剰として企業者に属する利潤となる所以を示すなり。その「分たざるべからず」と云うは事理の自然の意において云うものにして、「分つべく余儀なくせらる」の意にあらず。「属す」「属せず」とは当然の帰著事実を言い表したるに過ぎず。「属すべきものが属せざるべく強いらる」云々の意を寓するものにあらず。しかるにマルクスはスミスの前句を解説して謂《い》えらく、「スミスのこの一節を考究する前まず一歩を停めて反省せよ。まず第一に、スミスのいわゆる勤勉なる人民――生活資料も、原料も有せずして空中に飛躍する如き――なるものはいずこより来るや。スミスの浅薄なる言い表し方を言い改むれば、畢竟《ひっきょう》次の意に外ならず。資本的生産は労働条件がある一階級の専有に帰し、労働力の単純なる処分のみが他の一階級に属するに至る瞬間に始まる。かく両者が分離するに至れることは、資本的生産の前提たり」。第二に、スミスが「資本の所有者は労働所産の販売、または労働が原料に増し加うる所のものにより利潤を得んとの目的をもって、これら勤勉なる人民を仕事に従わしむ」と云う真意は如何《いかん》。彼はこの利潤なるものはその販売より生ずるものとなすや、すなわち商品はその価値以上に売らるるものにして、ステュアートが「離権より起る利潤」と名づけしものに該当し、既存の富の分配を変ずるの謂《いい》に外ならざるや。今スミスの次の一節を点検せよ、彼は「労働者が原料に増し加うる価値は二部に分解せらる。一部は労働に賃銀として支払わるるものこれにして、他の一部は予《あらかじ》め支出したる原料及び賃銀の全資本額に対して雇主に支払わるる利潤これなり」と説けり。その意を解けば、

Der Profit, der beim Verkauf der vollendeten Ware gemacht wird, rührt nicht aus dem Verkauf selbst her, nicht daher, dass die Ware über ihrem Werte verkauft wird, ist nicht *profit upon alienation.* Der Wert, dass heisst das Quantum Arbeit, das die Arbeiter dem Material zuteilen, zerfällt vielmehr in zwei Teile. Der eine zahlt ihre Arbeitslöhne und ist durch ihre Löhne gezahlt. Sie geben damit nur so viel Quantum Arbeit zurück, als sie in der Form des Arbeitslohns empfangen haben. Der andere Teil bildet den Profit des Kapitalisten, das heisst er ist ein Quantum Arbeit, das er verkauft, ohne es gezahlt zu haben. (S. 140).

精製商品の販売によりて収得せらるる利潤なるものは、販売そのものより生ずるにあらず。すなわち商品がその価値以上に売られたるがためにあらず、いわゆる「離権より起る利潤」にあらず。労働者が原料に増し加うる価値、すなわち労働量は二部に分割せらる。一部は労働者の賃銀支払用のものにして、しかして賃銀の形において現に支払わる、すなわち元来労働者に属するもののうち、賃銀として支払わるるだけの労働を労働者に還付するに止《とど》まる。他の一部は資本主の利潤となる、換言すれば、資本主はこの部分の労働に対しては、労働者に何物をも支払わずして他人にこれを売るものなり

と。マルクスがここに解説と称するものは、曲解なり、濫用なり、スミスが毫《ごう》も思い及ばざることを彼の真意なりと誣《し》うるものなり。かくしてマルクスはスミスを羅織《らしき》して、自家と同様の説を唱うるものと称《とな》え、更にスミスの矛盾を云為《うんい》す。マルクスは更に曲解の筆法を進め、ついにはスミスは 'den Profit auf Aneignung unbezahlter fremder Arbeit reduziert hat.' S. 142.「利潤をもって支払わざれる他人労働の占有に帰《き》著《ちゃく》せしむ」るものなりと云うに至れ

り。スミスの真意の決してかくの如きものにあらざることは、今改めて弁明するの要なしといえども、ここに彼が利潤を目《もく》して価値の淵源なりとする思想を言い表せる一節あるを示さざるべからず。すなわち彼が「ゆえに商品の価格中には、資本の利潤もまたその構成部分を成すものなり」と云える一句は、第一版においては、

In the price of commodities, therefore, the profits of stock are a source of value altogether different……… (1. E. pp. 59).

ゆえに商品の価格中において、資本の利潤は全然異なれる価値の一淵源にして云々

と云いおること、これなり。マルクスは毫もこの事に言及せず、彼は第一版を見ざりしか、否、然らざるべし、見てしかしてその言の自己の解説に甚だ不利なるを知りて、これを黙殺せしならん。スミスが a source of value を constitute a component part と改めしは、決して意味を改めしにあらず、前後の字句と調和せしむるため、修辞上の改正を加えしに過ぎざることは、全章を一読下すれば直ちに知り得ることとなり。さらになお一事あり、スミスは第六章の最終項に左の如く明言しおれり。

As in a civilized country there are but few commodities of which the exchangeable value arises from labour only, rent and profit contributing largely to that of the far greater part of them, so the annual produce of its labour will always be sufficient to purchase or command a much greater quantity of labour than what was employed in raising, preparing, and bringing that produce to market. (2. E. p. 65)

文明国においては、その交換価値が労働よりのみ起る商品はほとんど皆無にして、大多数の商品については、地代と利潤とがその交換価値に大いに寄与するものなれば、その国労働の年産額は常にこれを生産し、加工し、市場に搬出するに用いらるる労働より、遥かに多量の労働を購《あがな》い、または支配するに足るべきなり。

以上順次引用したる所、スミス所説の必ずしも遺憾なく透徹したるものにあらざるを示して余りあるべしといえども、しかもマルクスの加えたる解説は甚だしく彼の真意を誤り伝えたるものにして、スミスは余剰価値の存在を主

として販売すなわち価値増進行程について考察し、この販売を掌《つかさど》る人はすなわち事業に自己の資本を冒険する人にして、販売市場すなわち流通場裡において企業者が収得する利潤は、畢竟《ひっきょう》この冒険によりて産み出さるるものなるを看破したる第一人と称すべきものなる所以《ゆえん》、ほぼこれを証明し得たりと信ず。

第五章　補　論

本章中引用したるマルクス説はその『資本論』第一巻に述べたる所に限れり。予は労働をもって価値の淵源なりと主張するマルクスの立場のいかに維持し難きものなるかを卒直に明瞭ならしめんと欲するものなれば、マルクス後年の改説に論及することをすべて避けたり。ゆえに今少しく彼が後年の説を紹介して他人の批評を待つまでもなく、マルクス自らその根本立脚地を破壊するものなる所以を示さんとす。

マルクスはその遺稿たる『資本論』第三巻において「余剰価値変じて利潤となる」Verwandlung des Mehrwerths in Profit 及び「利潤変じて平均利潤となる」Verwandlung des Profits in Durchschnittsprofit の二項について詳論す。彼まず論じて曰く、

Im ersten Buch wurden die Erscheinungen untersucht, die der kapitalistische Produktionsprocess, für sich genommen, darbietet, als unmittelbarer Produktionsprocess, bei dem noch von allen sekundären Einwirkungen ihm fremder Umstände abgesehen wurde. Aber dieser unmittelbare Produktionsprocess erschöpft nicht den Lebenslaaf des Kapitals. Er wird in der wirklichen Welt ergänzt durch den Cirkulationsprocess, und dieser bildete den Gegenstand der Untersuchungen des zweiten Buchs. Hier zeigte sich, namentlich im dritten Abschnitt, bei Betrachtung des Cirkulationsprocesses als der Vermittlung des gesellschaftlichen Reproduktionsprocesses, dass der kapitalistische Produktionsprocess, im Ganzen betrachtet, Einheit von Produkitons- und Cirkulationsprocess ist. Worum es sich in diesem dritten Buch handelt, kann nicht sein, allgemeine Reflexionen über diese Einheit anzustellen. Es gilt vielmehr, die konkreten Formen aufzufinden und darzustellen, welche aus dem Bewegungsprocess des Kapitals, als Ganzes betrachtet, hervorwachsen. In ihrer wirklichen Bewegung treten sich die Kapitale in solchen konkreten Formen gegenüber, für die die Gestalt des Kapitals im unmittelbaren Produktionsprocess, wie seine Gestalt im Cirkulationsprocess, nur als besondere Momente erscheinen. Die Gestaltungen des Kapitals, wie wir sie in diesem Buch entwickeln, nähern sich also schrittweise der Form, worin sie auf der Oberfläche der Gesellschaft, in der Aktion der verschiedenen Kapitale auf einander, der Konkurrenz, und im gewöhnlichen Bewusstsein der Produktionsagenten selbst auftreten. *Das Kapital,* III Band, 1. Theil, Hamburg, 1894. SS. 1－2.

第一巻においては、資本的生産行程そのものが提出する現象を研究し、この生産行程以外の事情より起るすべての二次的作用はこれを度外に置きたり。しかれどもこの種直接生産行程のみをもって資本の生活行程を尽したりとなすべからず。すなわち現実の世界においては、これを補うに流通行程あり。第二巻の研究の題目はこれなりき。その第三篇において流通行程を社会的再生産行程の仲介として観察するにあたり、吾人は資本的生産行程を全体として考うるときは、それが生産及び流通行程の統一体なることを知り得たり。今この第三巻においては、この統一体について一般的回想を下さんとするものにあらず、全体として考察したる資本の運動行程より起る、その具象的の形態を発見し、これを説明するにあり。現実社会の運動においては、資本は皆この種の具象的形態において相対立するものにして、これに対して、直接生産行程における資本の形態も、はたまた流通行程におけるその形態も、特殊的要因としてのみ現るるに過ぎざるなり。したがって本巻において論ずる資本の各種形態は、漸次社会の表面において各種資本相互間の動作及び競争において、ならびに生産関与者の普通意識において、現るる所のその形態に接近し来るものと知るべし。

その意を平易に言い換ゆれば、『資本論』第一巻は、単純に直接生産行程として資本的生産の理法を説きたるものにして、第二巻は流通生活における方面を考えたれば、以下第三巻において、はじめて一切の方面を総合して資本移転運動の全行程の立場よりして、実際生活におけるその具象的形態を考究すべしとなり。さればマルクスの余剰価値論は、第一巻におけるものは未《いま》だその全局を言い尽したるものにあらず、第三巻に至りてはじめて彼が所説の全部を披瀝《ひれき》したる訳なり。しかれどもそれはマルクスが強いて爾《し》か云うに過ぎざるものにして、第三巻の説はいかに強弁を用ゆとも到底第一巻の説と両立すべきものにあらず、第一巻を取らんか、第三巻は全然これを捨てざるべからず、第三巻を取らんか、第一巻は全然謬説《びゅうせつ》として取り消されざるべからざるなり。すなわち本章本文に引用したる彼のアダム・スミス評論は第一巻に述べたる彼の根本見地よりして下せるものにして、第三巻における彼の主張とは全く相容《い》れざるのみならず、彼の第三巻の説はアダム・スミスの誤謬なりとして彼が排斥したる所と全く一途《いっと》に出づるのみならず、更に論歩一段を進めたるものならずばあらず。予は第一巻の説よりも第三巻の説をもって、遥かに真理に近きものなりと認むるものなり。とにかく予が本書を一貫して主張する所は、「労働は価値の唯一淵源にして、また唯一尺度なり」との説と全く相容れずして、マルクスがその第三巻に述べたる変説したる余剰価値論とほぼ立場を同じうす、マルクスが晩年熟慮の結果到達したる思想は、利潤すなわち余剰価値との予が見解に甚だ近きものなることは、予にとりて有力なる味方たらずんばあらず。

マルクスは「余剰価値変じて利潤となる」の条下に説いて曰く、価値と余剰価値とが現実の形態においては、生産費と利潤とに変ずるはいかなる経過によるやと云うに、資本の立場より見れば、商品の価は労働にあらず、資本なるによるなり。すなわち資本家が一定の商品の生産を営むにあたり支出する費用なるものは、畢竟《ひっきょう》するに資本の支出なり、資本支出を略称して費用と称するのみ、これを費用価格と名づく。しかしてまた他方において、資本家が生産の結果として収得する余剰価値はこれを利潤とす。この余剰価値即利潤は投下したる資本のみの生ずる所にあらず。また可変資本のみの生ずる所にあらずして、独立なる一所得項目として専ら資本家のみに帰《き》著《ちゃく》するものなり。したがってこの利潤なるものは費用価格と同一物にあらざるや明らかなり。されば物の価値は、不変・可変両資本に余剰の加わりたるものなりとの第一巻の説明に基づきて下したる公式

W＝c＋v＋m　　Wは価値、cは不変資本、vは可変資本、mは余剰

は、これを実際社会の語をもって言い換ゆるときは、価値は費用と余剰との合計なりと云わざるべからず、よって右の公式はこれを左の如く改むるを要するなり。

W＝k＋m　　kは費用

これを置き換ゆれば

k＝W－m

となるべし。すなわち費用は常に価値よりも小なるを知るなりと。マルクスのここに価値と云うは、今日の学説においで利用と称するものの謂《いい》なり。されば

余剰＝利用－費用

利用＝費用＋余剰

なりと主張する予の説と、マルクスの右の変形とは全然同一趣に帰著するを知る。しかるにマルクスは更に一歩を進めて、

W＝k＋p　　pは利潤

なりと主張するものにして

W＝k＋m＝k＋p

なれば、これを簡単にするときは

m＝p

余剰価値はすなわち利潤なりとの結論に到着するなり。本章における予が主張とマルクス晩年の改説とは、更にいよいよ接近するものと云わざるべからず。否、マルクス自らこの結論を認めて説いて云う。第三巻第一節一一頁以下

Der Profit, wie wir ihn hier zunächst vor uns haben, ist also dasselbe was der Mehrwerth ist, nur in einer mystificirten Form, die jedoch mit Notwendigkeit aus der kapitalistischen Produktionsweise herauswächst. Weil in der scheinbaren Bildung des Kostpreises kein Unterschied zwischen konstantem und variablem Kapital zu erkennen ist, muss der Ursprung der Werthveränderung, die während des Produktionsprocesses sich ereignet, von dem variablen Kapitaltheil in das Gesamtkapital verlegt werden. Weil auf dem einen Pol der Preis der Arbeitskraft in der verwandelten Form von Arbeitslohn, erscheint auf dem Gegenpol der Mehrwerth in der verwandelten Form von Profit.（S. II）.

吾人がここに見る利潤なるものは余剰価値と同一物なり。ただその形態の神秘なるが故にこれを看取し得易《やす》からずといえども、それは資本的生産方法の本質上已《や》むを得ざる所なり。費用価格の表面的形成においては、不変資本と可変資本との間になんらの区別を認むること能《あた》わざるが故に、生産行程の間に起る価値変化の淵源は、単に可変資本のみに繫《か》かるにあらずして全資本に繫かるものなり。また一方の極端において、労働力の価格が労銀という形態に変ずる如く、他の反対極においては、余剰価値は利潤という形態に変じて現るるものなり

と。しかして謂《い》えらく、

$$W = k + m$$

$$k = W - m$$

の公式を認むる以上、もし

$$m = 0$$

なりとすれば、

$$W = k$$

なるべきはずなれども、それは今日の資本生産の実際において決して見るを得ざる所なり。何となれば、余剰価値なくして生産を営むものあらざればなり。ただその余剰すなわち利潤に多少あるは元より免れざる所なるのみ。すなわち

$$W = £600$$

$$k = £500$$

なりとせば、その商品の価格は

£510, 520, 530, 560, 590

等種々なることあるべく、したがって

£10, 20, 30, 60, 90

等異なれる利潤を収得すべし。ゆえに商品の販売価格の最低限はその費用価格なりと云うなり云々《うんぬん》と。

マルクスは右の理より説及ぼして、余剰価値率の利潤に変ずる所以《ゆえん》を詳《つまび》らかにして曰く、利潤の形態において現るる余剰価値は、可変資本すなわち労働を支うる資本のみに繋からず、可変・不変両資本の合計たる資本に繋かるものなれば、

$$\frac{m}{v}$$

なる余剰価値率一変して

$$\frac{m}{C}$$　Cは全資本

となるは当然なり、これすなわち利潤率なり。けだし余剰価値は資本と労働との関係を示し、利潤は資本と余剰との関係を示す。ゆえに利潤はまた一つの資本たり、旧資本に対する新資本、これすなわち利潤なりと。今少しくそ

の意を詳《つまび》らかにせんに、マルクスは資本は不変資本（c）と可変資本（v）とより成るものとし、不変資本はただ価値保存すなわち自己回収 Reproduktion をなすに止《とど》まるものにして、価値の増殖を喚起することなし、可変資本のみ増殖す、すなわち余剰（m）はすべて可変資本のみの生ずる所なりとす。可変資本とは労働者の生計を維持するの用に供せらるる資本を云う。畢竟《ひっきょう》マルクスの宿論「労働のみ価値を生ず」を資本について言うものなり。さてこの余剰価値（m）のこれを生ずる可変資本に対する比例（$\frac{m}{v}$）を余剰価値率と云う。これをm'をもって示す。されば

$$m' = \frac{m}{v}$$

また

$$m = m'v$$

なる公式を作り得べし。次に全資本に対する余剰の割合$\frac{m}{C}$を利潤率と云う。これを表すにp'をもってす。然るときは、

$$p' = \frac{m}{C} = \frac{m}{c+v}$$

なり。今mに換うるにその価たる$m'v$をもってするときは、

$$p' = m'\frac{v}{C} = m'\frac{v}{c+v}$$

となるべし。これを比例に作らば、

$$p' : m' = v : C$$

利潤率の余剰価値におけるは、可変資本の全資本におけるに均《ひと》しきを知るべし。これを数字をもって示せば

全資本＝1000

内

可変資本＝800

不変資本＝200

にして、余剰　＝100

とせば、

余剰価値率 $\frac{100}{800}$ ＝12.5%

利潤率 $\frac{100}{1000}$ ＝10%

にして、比例

$$\frac{10}{100} : \frac{12.5}{120} = 800 : 1000$$

となるなり。ここにおいてか、利潤率は常に余剰価値率よりも小なるを知るべし。何となれば

$$v < C$$

$$p' < m',$$

なればなり。しかるにマルクスはこの p' には平均率なるものありて、可変・不変両資本の割合いかに異なるとも、結局生ずる所の利潤は皆平均に帰著《きちゃく》すと云えり。いわゆる「平均利潤率の謎」と称せらるるものは、すなわちこの謂《いい》にして、マルクスの説は更に一変して、全然第一巻におけるその主張を根底より翻《ひるがえ》したるものなり。ここにおいて彼がアダム・スミスを難じて、利潤と余剰価値とを混同したりと云うこと、全然自吾撞著に陥《おちい》れるを見るべし。なお平均利潤率のことは別にこれを批評すべく、本項全体については、拙著『続経済学研究』中の「マルクス資本論第三巻研究の一節」「不変の資本・可変の資本」等を併《あわ》せ看《み》るべし。

近来企業と余剰価値とを特に一の題目としたる書、顕れたり。その書名左の如し。

Franz Keller, *Unternehmung und Mehrwert*, Paderborn, 1912.

この書はキリスト旧教の立場より余剰価値と企業とを論じ、企業は余剰価値の収得を目的とするものなるを説き、しかしてキリスト旧教の倫理の上よりその正当なる所以《ゆえん》を証明したるものなれば、経済理論としては、別に見るべ

きものなけれども、その著想のやや卑説に類するは、たまたまもってこの種見解の漸く学者間に承認せられんとするの一証と見て大過なかるべきか。

本章論ずる所、近来に至り、リーフマンのErtrag論出でて、大いにこれを確かめたり。詳しくは同氏著『国民経済学綱領』『一般国民経済学』－原名共に前に出づ－を見るべし。

解　題　福田徳三とマーシャル

西沢　保

畢竟《ひっきょう》過去二十五年間私が学問上になしたことは、云わば我が邦経済学の黎明期における一つの黎明運動に外ならなったのであります。私はかつて『黎明録』と題する一書を公にしましたが、実は私のこの『全集』の一切をあげて一の黎明録たるに過ぎないのであります。（福田徳三『経済学全集』第一集、序：本書（一二）―（一三））

一　『経済学講義』の成立とその背景

経済学概論・経済原論の構築

日本の経済学研究の黎明期における福田徳三の一つの課題・営為は、日本における経済学概論・経済原論の構築・普及であり、自ら編集した『経済学全集』（一九二五―二六年）の第一、二集がそれにあたる。『経済学全集』の第一集は、全体が『経済学講義』と題され、東京高等商業学校と慶應義塾での講義をもとにした『経済学講義』（『続経済学講義』、『改定経済学講義』合纂）、および『国民経済原論』、『経済原論教科書』を収録している。このなかの『経済学講義』が、本『著作集』第一巻『経済学講義』すなわち本書の底本であり、『国民経済原論』、『経済原論教科書』は本『著作集』第二巻に収録される。なお、『経済学全集』第二集は『国民経済講話』（総論および生産篇）で、それは本『著作集』第三・四巻に収録され、福田の構想としては、それを補うものが『経済学全集』のすぐ後に出た『流通経済講話』（一九二五年）（本『著作集』第五巻）であった。福田は晩年に、『国民経済講話』の改訂増補版として『経済学原理』（総論および生産篇）を改造社版『経済学全集』の第二巻として出版し（一九二八年）、『経済学原理』流通篇・上下は、死後に改造社版『経済学全集』の第三・四巻（一九三〇年一〇月・一二月）として出版された。

さて、『国民経済原論』（一九〇三年）は、フックスの『国民経済学』の基本概念や歴史学派の発展段階説に沿って書かれた「先覚学者の書の紹述」であり、「未熟きわまるもの」ではあったが、福田の「経済原論についての出立点」を示していた。一方、『経済原論教科書』[1]は、『全集』に入れるに当たり、その時の福田の「立場を一目の下に明らかにするつもり」で、念入りに訂正を施した。こうして、二〇年前の福田の出立当時の経済原論に関する考えと、『全集』出版当時の考えとを「一書中に併載」することになった（本書（一四））。

福田は一九〇一年九月半ばに留学から帰り、一〇月から講義を始めたようであるが、高等商業学校における最初の経済学講義は、帰朝後「起稿の余日毫《ごう》もなく」「壇に登らざるべからざりしが故に」、「ブレンターノ先生に受けたる講義の筆記をそのまま自己の原稿とし、わずかに私案を挿《はさ》む」ものであった。二年目の講義も「大体において翻案翻訳にほかならず」、心中に堪えられない苦痛を感じていた。翌一九〇二（明治三五）年の冬から一九〇三年の秋にかけて経済原論の執筆に従事し、それを秋から三年目の講義に用い、その一部を『国民経済原論』として上梓したのであった。[2] しかし、それは福田自らの言によれば、「出版物として全然失敗の挙に了《おわ》り、続巻刊行の望み全く絶え」、刊行後、所々に発見した誤謬を正し、公私に与えられた批評を参酌して「根本的改修を加えんとの心願は、ついに充《み》たさるる時なくして」終わった。あたかも時を同じくして高等商業学校における福田の経済学の講義もまた「無用の事」となり、この第三回を最終の講義として、高商を去ることになった（本書（一）－（二））。それは、帰国後わずか三年足らずでのことであった。

なお本書『経済学講義』は、本『著作集』の第一巻になるので、本『著作集』が底本にしている『経済学全集』

冒頭の「第一集 序」を収録している。

帰国、東京高商から慶應義塾へ

帰国直後から、福田は若き教授（当時二七―八歳）として関一、佐野善作らとともに一橋の中心的な存在になった。『実業世界太平洋』（一九〇三年八月一〇日）には「高等商業学校の三教授：福田徳三、関一、佐野善作」が掲載され、この年（一九〇三年）、本科二年で福田の講義を聞き、休職になった福田の復職運動を推進した菅《すが》禮之助の「如意団以前」等の文章は、当時のことをよく伝えている。

一橋には学生尊敬の的として「三教授」と呼ばれた関、佐野、福田の先生達があった。この方々は学問の切売りでなく、教壇の上から学生の胸へ強いものを響かせて居られた（「如意団以前」一八六）。学校の重心は母校出身の三教授にあった。関さんは人物、佐野さんは才子、福田さんは学者と、内外ともこういう極めがついていて、学生は何事につけてもまず三教授を頼みに思った（『福田徳三先生の追憶』一二）。三教授と同じく母校出身では村瀬［春雄］、下野［直太郎］、滝本［美夫］の三先生があった。何れも陽に陰に当時の学生の思想に大きな影を印したことは我らは今以て忘れ難い。福田教授はこの中で年少者で学者として最も矜持《きょうじ》する所が高かったと共に、学生への魂を吹き込むには殆ど宗教的熱狂ともいうべき態度であった。経済原論の教壇で、あの熱弁で何時も説かれる所は「国家社会の経済的発展はその分子たる個人の発展―自覚と完成である」にあった。そして、産業の将帥（キャプテン・オブ・インダストリ）たれと机を叩いて叫ばれた（「如意団以前」一八六）。いつも我らの胸中に活きていたのは福田先生の個人発展説で、将来においては国力の伸長、現在においては校風の刷新と、この二つの事業を成す力のものは個人の発展―換言すれば修養にある、とこうしか考える外のことはなかった（同一八七）(3)。

福田は、一九〇二年に発足した一橋会でも研究部長に選出され、『一橋会雑誌』（一九〇三年三月創刊）の編集部長にもなり、また「トマス・ダキノの経済学説」（『国家学会雑誌』一九〇三年六月から連載）によって日本における経済学研究・アカデミズムの基礎を置くことになった。（この間に公刊したものは、「世界経済と商業道徳」一九〇一年一二月、『最近商政経済論』一九〇二年六月、「経済史と時事問題」一九〇二年一一月、「我国経済政策の根本問題」一九〇二年一一月、「経済単位発展史上韓国ノ地位」一九〇三年二月、「企業の精神と複式簿記法」一九〇三年三月、「企業心理論」一九〇三年五月、「とます、だきのの経済学説」六月、「社会問題としての飢饉」八月、「企業形態ノ変遷」一一月、『国民経済原論』一二月、「企業論ニ序ス」一九〇四年九月などである。）しかし、一九〇四年一月二八日の一橋会臨時総会で会計官による会費積立金費消の問題で松崎蔵之助校長と衝突し罵倒したのが発端で、一九〇四（明治三七）年の八月二日に突然東京高商から休職を命じられた。そして、翌一九〇五年一〇月から慶應義塾の教員（翌年から教授）となって純正経済学、経済原論、経済史等の講義を行なうことになった。(4) 休職命令を受けた福田は一時期鎌倉に住み、その時、円覚寺（釈宗演老師）に参禅した（一九〇四年八月）。そしてこの福田の参禅が一橋如意団創立（一九〇六年六月、昨年一一〇周年記念）の発端になった。(5) 福田は、この高商休職期間中の一九〇五年五月に博士会の推薦により一橋出身者では初めて法学博士の学位を授与された。

福田の「一橋会発開式に際し希望を述ぶ」も当時の張り詰めた様子をよく窺わせる。(6)

この学生会を以て、単に学生諸君が烏合的に会せられるの意味に解せずして、生を学ぶの会、即ち諸君が異日実業の活世界裏の人となるの準備、修養をなすの会という意味に解し、……。わが邦……商業道徳の幼稚なるの最大原因は、……要するに、完全なる意味における団結、即共同行為なるものが従来なかりしを以て最大の原因なり……。その共同的団結の絶無なりし原因は、完全なる個人が未だわが邦に発生せざりしに帰せずんばあらず。この個人性の発展、即ち完全なる個人を基礎とせる協同一致の大組織、大経営を来すの道は、決して区々たる小刀細工の能くすべき所に非ず。多年の修養社会教育の結果、自然発展の道程として来るものに非ざれば到底持続すべきものに非ざるなり。……この学生会を以て、完全なる意味における団結的新経済組織に向ての有力なる動力たらしむるは、諸子の尽すべき大責任なり。……各自奮て消費組合につき精密なる研鑽を遂げられ、如何に個人性の発展、個人性発展したる上に発生せる新経済組織の団結が、方今欧米諸国において、社会上、経済上、直接間接に多大の弊害を済うに与て力あり、現時経済生活の基礎を根本的に改造するの一大動力たるかを推究せられんことを望むや頗る切なり。（『一橋会雑誌』一九〇三年三月、『学制史資料』第三巻、三三―三五）

さらに、『一橋会雑誌』は続ける。「学理的実業の時代」における「武士的実業家」が叫ばれ、日露戦争後の「実業の時代」になると、「捉影子」なる学生は「形式の時代、法律の時代」は去って、「実力の時代、経済時代は来れり」とし、商業教育の「統一と完成」を求めた。「能く世界交通の上に立って、将来益々発展すべき産業界の指導者、経営者たるべきCaptain of Industryを作ること」の必要を訴え、彼は次のように主張した。「学校教育の本旨は単に現時の社会に応ぜんとするに非ずして進化すべき将来の社会を作らんとするにあり。…覚醒せよ、最高の商業教育は職業教育に非ざるなり。パンを得る道を学ぶに非ざるなり。一国経済生活を指導すべき真正なる意味における企業家を作るにあり。ここにおいて吾人はこの要求に応じるため最高商業教育機関として真正なる商業大学の勃興を期嘱す。…社会問題もトラスト問題も要するに企業問題なり、否企業家の問題なり。この重要なる企業家を養成すべき教育は人格の修養を根本として最高の社会諸科学を完全に授くる所の真正なる大学教育ならざるべからず」（『一橋会雑誌』一九〇六年一〇月、『学制史資料』第三巻、五七―六一）。

「企業論ニ序ス」

福田は東京高商の休職の間に、自ら指導していた専攻部経済学経済史研究室の成果として、坂西由蔵『企業論』

と左右田喜一郎『信用券貨幣論』（いずれも専攻部卒業論文）に序を付して出版している（この「経済学経済史論叢発刊ノ辞」は明治三七年八月付である）。坂西『企業論』の装丁が成った時、福田は「突如トシテ東京高等商業学校ノ講壇ト其研究室トヲ去ルベキ厳命」に接し、この「企業論ニ序ス」（明治三七年八月付）も隠遁先の鎌倉で書かれた。坂西の『企業論』は、福田の研究室報告の第一冊で、「真正ナル高等商業教育ノ主眼タル企業ニ関スル研究、真正ノ意味ニ於テ吾人ノ解スル実業家ナル企業者ノ職分ノ解剖」を世に公にしようとして公刊され、「最モ機宜ニ適スルモノ」であった。この書の序文にいわく。「高等ナル商業教育トナス所ノモノノ目的ハ多数ノ労働者ヲ作ルニ非ズシテ、選良ナル此ノ企業者ヲ作リ、此ノ Captains of Industry ヲ供給スルヲ以テ目的トナスベシ」と。これは日露戦争後の「実業の時代」、「武士的実業家」が求められる時代をよく反映しており、“Captains of Industry”が用いられた早い例だと思われる。

福田はさらに言う。「帰国以来、此意味ヲ以テ後進ヲ啓発スルニ努メ、商業的労働者ニ比シテ企業者ノ近世産業社会ニ於ケル地位ト職分トノ甚ダ重要ナルニ鑑ミ、我学生ノ激励自奮、自重自信センコトヲ提唱シテ今日ニ及ビ多少ノ効果アルヲ見テ喜ブモノナリ」と。シュモラー、ゾンバルトらにも見られるように、企業論は時代の問題で、福田自身も企業論の一部として「企業心理論」（一九〇三年四月）を公刊し、次いで「企業倫理論」を書こうとして「病ノ為ニ業ヲ廃セリ」とある（これは一九〇五年八月に公刊）。「坂西学士ノ企業論ヲ得タル予ノ喜ノ如何バカリナルカハ恐ラク人ノ推知シ能ハザルモノアルベシ。」福田によれば、「労働社会ノ惨状」に通じていた坂西は高商本科を卒業し論文「職工組合論」を提出し、そこに労働問題の解決策の一部を見ていたが、時代の動きの中で「労働問題最終ノ解決ハ遂ニ先ズ企業ノ研究ニ到達セザル能ワズ」と考え、専攻部では『企業論』を書いた。坂西は「自序」で自らいわく。「企業者労働者両階級ノ争闘軋轢ヲ如何ニ調停スベキカハ実ニ現時ノ一大問題ナリ」と信じ、明治三五（一九〇二）年福田の下に「職工組合論」（『経済叢書』第十七号所収）を提出した。しかし、それは問題の一端に触れたに過ぎず、頗る意に満たないものがあり、企業の真相を解せざれば国民経済の問題を正当に解釈判断することを得ずと考え『企業論』に至った（明治三七（一九〇四）年八月付）。これは翌年には再版となり、坂西は、再版に附録として「ヴェブレン氏の『企業論』」（*Theory of the Business Enterprise*, 1904）を加えた（「企業論第二版例言」明治三八（一九〇五）年九月）。

後述するように、福田は『経済学講義』第五編「流通総論」のコアを企業と考え、マーシャルのように第四編「生産要因」の一要素としての「組織」（企業）ではなく、「流通総論」の「劈頭《へきとう》」に企業論を置くべきものとしている。『経済学講義』第四編「生産動因」の最終章は「マーシャルの企業論」であるが、その前の章は「労働効程の増進と分業」で、およそ次のように結ばれている。企業論研究の勃興を、資本の増殖に尋ねて満足できず、労働の生産能率、とくに分業の発達に求めてまた十分とせず、労働者の体力、知力、健康、熟練に帰して足らず、ここに経済学は一九世紀の末葉に至り、供給の真の淵源、国富増進の最大動因を究めてこれを企業の組織に得たり。しかして実際経済界における企業振興の時代またこれと時を同じくする、「学説の発展地を離れて天空に高翔《こうしょう》するものにあらざること悟るべきなり」（本書四一三）(7)。

二　慶應義塾と『経済学講義』の成立

福田は、『国民経済原論』の頃から「翻案翻訳の時代わずかに去りて、たちまち自家の学問を一系統として展《の》ぶべき経済学概論なる書の著述」を考えていた。そして、『国民経済原論』を「新たなる面目の下に再生」するためには、「まず全力を傾注して自家学問の整頓を図らざる」ことを切に考えていた（本書（二））。それに力を与えたのが慶應義塾での講義で、それは「我が邦に行われたる一般の慣例を破るべき新案に成るもの」であった。それは、数百の学生を一堂に集めるのではなく、一級を数部に分割し各組毎に教師を異にして一定の教科書を与え、それについて講授するもので、その教材にマーシャルの『経済学原理』が用いられたのであった。福田は高等商業学校の専門部ゼミナールでもマーシャルを輪読していたようである。[8] その間に、帰国以来の諸種の旧稿を蒐集整理して最初の論文集『経済学研究』（一九〇七年）（「トマス・ダキノの経済学説」「経済単位発展史上韓国の地位」「社会問題としての飢饉」「賃金協約の新趨勢」等々を含む）を上梓し、その校訂が終わると同時に「推敲陶鋳《とうしゅ》」して漸くできたのが『経済学講義』上巻（一九〇七年）であった（本書（一）―（三））。（ちなみに一九〇七年は、大きな改訂が加えられたマーシャル『経済学原理』第五版が出た年であった（Preface, August 1907）。その上巻第一版の「序」（一九〇七年八月三日付）の冒頭にいわく。「この書名づけて『経済学講義』と云う。既に繰り返したる講義の謂《いい》にあらず、まさに新たに試みんと欲する講義の意なり」（同（一））と。また結びには、「この書成る、一《いつ》に慶應義塾の賜《たまもの》なること…。予は謹んで不見の師、故福沢先生の高風を追懐し、義塾創立第五十年を記念せざるを得ざるなり」（同（四））とある。

福田が慶應義塾で講義を始めたのは明治三八（一九〇五）年一〇月で、最初の担当は政治科の「純正経済」であった。その講義は名取和作が受け持っていたが、教科書にJ・B・クラーク『富の分配』を用いたためか学生との間に論争が絶えず、名取はその講義を「さらりと福田博士に譲ってしまわれた」という。[9] 福田はクラークをやめてセリグマン『経済学原理』を講読した。福田は慶應の政治科ではセリグマンの『経済学原理』を用い、理財科でマーシャルの『経済学原理』を教科書に用いた。高橋誠一郎によると、慶應義塾理財科では明治の末からマーシャルの『原理』を経済原論の教科書にし、福田、気賀勘重、堀切善兵衛らが担当した。[10] マーシャルは「現在イギリス経済学者中第一の耆宿《きしゅく》［老成の人］」にして、その著はドイツのシュモラー、ワグナー両氏の経済原論と相並んで「現今斯学《しがく》の三大巨作」と称される所であった（同（三））。

福田と慶應義塾

昭和戦前期から戦後まで長期間にわたって慶應義塾の塾長として大きな社会的影響力をもった小泉信三の福田評

は福田の人となりをよく伝えている。小泉信三は、福沢諭吉が亡くなった翌一九〇二年一月に慶應義塾中学部に入学し、大学部予科をへて一九〇七年四月本科政治科に進んで、福田徳三、堀江帰一、気賀勘重らの教えを受けた。福田は、母校の一橋（東京高商）で松崎蔵之助校長と衝突して逐われ、一九〇五年から慶應義塾に招聘されて、純正経済学、経済原論、財政学、経済史を教えていた。福田はその時三〇－一歳であったが、小泉は当時を回顧しておよそ次のように書いている。「教えを受けた先生のことを書くとなれば、私にとって第一の驚きは、政治科本科に進んでから聴いた福田徳三博士の講義であった。」「福田博士は、来ると早速学生の心酔者が出来た。」予科から本科へ進むとき、小泉が、理財科でなく政治科を選んだのは、政治科なら、福田の講義が確実に聴けるからという上級の心酔者（佐藤俊輔）の勧めにしたがったのであった。理財科は学生数も多く福田が講義をするクラスとしないクラスがあったが、政治科は福田が経済原論を一人で担当していたようで、政治科の一年で福田は、セリグマン(Seligman, *Principles of Economics*, 1905) を使って、純正経済という科目名で経済原論を講じていた。

さらにいわく、「今、三〇年の後に至って回顧しても、私にはこれほど興味をもって楽しく聴聞した講義というものはない。……福田博士の学生を惹きつけ、若い学者を刺激する力は、すでに定評あるものであろう。」東京高商・商大で教えを受けた左右田喜一郎、坂西由蔵、大塚金之助、宮田喜代蔵、大熊信行、中山伊知郎、杉本栄一というような経済学者の活動は、それをよく物語っていた。慶應義塾の福田はいわば客将で、塾には塾の古い学問の伝統があったから、事情は違っていたが、学生が講義に魅力を感じ、勉強を刺激されたことは変らなかった。高橋誠一郎、三邊《みなべ》金蔵、増井幸雄の諸氏、小泉自身は、皆何等かの程度において福田博士の刺激と影響を受けたものであった。「今になって考えてみると、博士の講義は決して整備したものではない。……、考えてみると、我々は博士の授けてくれる智識を喜んだというよりも、……博士の学問に対する熱情に感染したのであった。……この学生に好学心を感染させるという点において、福田博士は類のない教師であった。……在塾中実に多くの良師を得たと思って感謝しているが、私に学問に対する興味を喚起し、学校教師になりたいという志を起こさしめたものは、第一は福田博士であった」(『大学生活』昭和一四年、『大学と私』『小泉信三全集』一一巻、二七四―八：小泉一九六〇も参照)。

全集版『経済学講義』の成立過程

(一)『経済学講義』上中下、『経済学講義』全

一九〇五(明治三八)年一〇月から一九一八(大正七)年三月まで奉職した慶應義塾の講義のため、福田はマーシャルの『経済学原理』第一編から第四編までの解説をつくろうとして『経済学講義』を出版した[11]。『経済学講義』は初め、上(第一篇 総論)(一九〇七年九月)、中(第二篇 経済学の根本概念、第三篇 欲望と其充足(需要論)(一九〇九年六月)、下(第四篇 生産の働因(供給論)(一九〇九年九月)という三巻の三分冊として刊行された。これは、マーシャルの『原理』第四編までに相当する。(『原理』は六編構成。)そして一九〇九(明治四二)年一〇月に合本『経済学講義』(全)が出版され、一九一三(大正二)年までに五版を重ねた(本書(四))。

(二)『続経済学講義』

その後、続編として一九一三年に『続経済学講義』(第一編 流通総論)を出版し、経済理論の後半である流通理論を叙述し経済原論の全体を尽くそうとした。福田によれば、『経済学講義』はマーシャル教授の大著により、これに論評を加えつつ「卑見を披歴」したものであるが、『続経済学講義』は「過去数年間、商量し、熟考し、鍛錬したる自家の思想を陳述するを趣意」とし、それは「流通生活に関する根本見解を示し、マルクス研究に費やした年月と思索との結果」であった(本書(七)―(八))。『経済学講義』(全)が、マーシャル『原理』の第四編までを対象としているのであるから、その続編は『原理』第五・六編を扱うものと普通に想定されるが、『続経済学講義』はマルクス研究の結果であることが明言されている。しかし、実際には『講義』ではマルクスにむしろ批判的であり、発展、動態の考え方を取り入れたのであろう。

（三）『改定経済学講義』

そして、福田は五版まで出た『経済学講義』（全）を絶版にし、書の全部を通じて改稿を企て、一九一五（大正四）年に『改定経済学講義』第一巻（マーシャル『原理』第一編に相当する）が出版された。この改定版は、全体を六巻とし、『続経済学講義』で論述すべき部分の全部も網羅し経済学原理の全体に関する福田の研究を総括して、最終巻には参考書目と総索引を付して読者の便を図るつもりであった。第一巻は『原理』の第一編に相当するので、『講義』全体を六巻にするということは、『原理』（六編構成）の各編を各巻にするという構想であったと思われる。改稿の方針は、旧版のように「マーシャル教授金玉の論と著者瓦礫《がれき》の管見とを混淆《こんこう》する」ことなく、本文ではマーシャルの論説で著者が正しいと認めるものを洩れなく忠実に紹介し、補論において他学者の研究と著者の私論とを十分に記述してマーシャルの提出した問題をあらゆる方面から精査論尽することにした（本書（六））。『改定経済学講義』第一巻は『原理』第一編に相当し、「序論」（第一章　開題、第二章　経済学の本体、第三章　経済上の法則）と、「補論」（一　経済学の結構、二　現在経済生活の歴史的成立、三　経済学小史、四　経済学の本体、五　科学としての経済学）とから成り、歴史的な諸章は、マーシャルの『原理』第五版以降の改訂に忠実に沿って補論に移されている。しかし、『改定経済学講義』は第一巻が出ただけで中絶となった。

（四）全集版『経済学講義』

そして最終的に、一九二五（大正一四）年に刊行された『経済学全集』第一集に『経済学講義（『改定経済学講義』、『続経済学講義』合纂）』として収録され、『改定経済学講義』はその全文を適宜に分割して挿入したという（本書（一四））。全集版『経済学講義』で明示的に記されているのは、（一）第一編第五章「経済学の範囲」の補論の後に、「経済学の本体（Substance of Economics—Marshall）」（『改定経済学講義』第二章）とその「補論」（『改定経済学講義』補論その四（「余剰利用及び所得」を含む）が加えられ、（二）また第六章「科学としての経済学」は、『経済学講義』（全）

では第六章「経済学の研究法」であったものが、『改定経済学講義』の補論五「科学としての経済学」が改訂増補して用いられ、(三) 次いで『経済学講義』(全) の第六章「経済学の研究法」の補論が改訂増補して第六章補論として置かれ、(四) その後に「経済学上の法則」(『改定経済学講義』第三章)、そして「附録 経済学研究の栞」が収録されている。

本『著作集』が底本にしている全集版『経済学講義』は、とくに補論に大きな増補が加えられ、また『改定経済学講義』で補論に移された歴史的な諸章は、全集版『経済学講義』で第一編「総論」の第一章「緒言」についで、第二、三、四章に復活している。

三　『経済学講義』とマーシャル『経済学原理』

総論：自由な産業と企業の発達

第一編「総論」の第二章「産業の自由ならびに企業の発達」(「自由な産業と企業の発達」) は、人間性 (human nature) と企業の社会的発展の跡をたどる上で特別に重要であった。国富増進の最大動因を究めてこれを企業の組織と考え、『講義』第五編「流通総論」のコアを企業論と考える福田にとっては、おそらくとりわけそうであった。マーシャルは『原理』第四版までは、第一章序論に続いて第二、三章で産業の歴史的変遷の大要を示し、以下の説明の準備とした。その意図は経済史の概要を説くのではなく、産業の自由と企業が如何に発達し如何なる程度に達しているかを示すことにあった。第四章は「経済学的思想」が如何なる発達を遂げたかを示している。これらの章における根本思想は、「経済生活は一定不易のものにあらず、絶えず進化発展の行程上にあり、経済生活に関する経済学もまた一つの生命の学にして [ʻeconomics is a science of lifeʼ]、自然科学に例を求めるときは、力学に属せず、生物学に類するものなるを示さんとする」ことにあった (本書一〇：この引用は『原理』第四版の第一編序論の最終節、九頁)。しかし、第五版以降マーシャルは、第二、三、四章を本文より移して、付録A、Bに収録した。

福田は、『経済学講義』で、最終的に『原理』第五版でのマーシャルによる構成上の改訂を取り入れなかった。マーシャルの『原理』第一編には、第四版までは第一章序論に次いで「自由な産業と企業の発達」「経済学の発達」という歴史的な諸章（ch.ii "The growth of free industry and enterprise", ch.iii "The growth of free industry and enterprise, continued", ch.iv. "The growth of economic science"）があったが、第五版でそれらは付録に移されて現行版になっている。しかし、福田は『講義』第一編に歴史的な諸章をそのまま残した。いわく、本新版（全集版『講義』）においては、「大体マ氏書の最新版［第八版］を参考したれども、［歴史的な］右三章を本文より削りて付録に移したるマ氏の為に倣わず、旧版の態を存し置きたり」と。経済学の本論にはいる前に、「歴史的考察の重要を十分知悉《ちしつ》し」、「史的発展の大要を暗《そら》んじ置くこと肝要なり」と考え、近年、「内容空虚なる偏哲理的傾向の我が邦に行わるるに対し、歴史的・実証的研究の立場を明《めい》にしておく」ことが必要であるという理由であった。我が国の現状が、マーシャル『原理』初刊の二〇年前より遅れた状態にあることも、その理由であった（本書一一）。

さらに「総論」・第二章の補論でいわく。今日の経済生活は、長い進化発展を経て到達した一つの時期に他ならないことを、繰り返し説いているのは、最近の経済学の立場を代表するもので、最も細心の熟読を要す。歴史的諸章を顧みずに純理論の章に向うのは、歴史派の努力を徒労に帰せしめるもので、初学の士の為すべきところではない、と（同三二）。

福田によれば、マーシャルの歴史的叙述は、ドイツの学者をそのまま踏襲せず「自家一流独特の結構」をたて、「独立自治の発展を中心に一般の変遷を観察し、企業発達の行路をもって全体を一貫せしめたる」は、シュモラー、ビューヒャーの経済形態中心の叙述法と相まって学者の見解を広くするのに効があった。マーシャルは、産業の自由ならびに企業の発達は「人格の尊重、個人性の伸長なくしては到底望むを得ざる所以」を明かにしている。ドイツ学者の段階説は、財充用組織の形態に着眼し、経済行為・財の獲得・生産の活動を第二位に置いているが、マーシャルは、活動の方面たる財獲得組織としての企業（およびその前提としての産業自由）の発展に論を立てていた

（同三一、三四）。マーシャルは全体論たる総論において、現在の経済組織は長い歴史的発展の結果として到達した一段階なることを読者の脳裡に確かめ置かんとして、経済的自由の代表者また負担者としての企業の発達を概論した。この意味に解するとき、「自由な産業と企業の発達」は「必ず劈頭《へきとう》に置くべきもの」で、またその叙述のきわめて総合的なるに「首肯せざるを得ない」。しかるに、マーシャルが第五版以降、これらの章を本文から付録に移したのは「遺憾なきを得ない」のであった。『改定経済学講義』において、福田は「マ氏の顰《ひそみ》に倣い」〔他人のまねをする〕、補論に移したが、それは「主として、氏の原文に忠実ならんことを期したるが為」で、全集版で「今旧版の態を回復した」のであった（同五八）。

福田は、『講義』第一編「総論」の付録「経済学研究の栞」でもマーシャル『原理』の重要性を強調し薦めている。「経済学の研究に従事せんとするものの読むべき、斯学《しがく》現今の最も進歩せる立場を代表する学者の書を求むるに、その数多からず。予はその書としてマーシャルの大著（原文を解せざる人は大塚教授の邦訳、大正八年四月刊行『マーシャル経済学原理』を見るべし）を躊躇《ちゅうちょ》なくすべての人に薦めんとす。」福田は、ここで『原理』を、第八版（生前の最終版、一九二〇年）まで掲げている。また、本書校訂中に「マ氏は八十余歳の高齢をもって、ついに易簀《えきさく》したり」〔有徳の人の死〕〔一九二四年〕とも書いている（同一四六―七）。

最初の大塚金之助訳

福田が慶應で講義を始めた一九〇五（明治三八）年にブレンターノの序文を付した『経済学原理』（第四版）のドイツ語訳が出ている。ブレンターノの序文は大塚金之助訳、マーシャル『経済学原理』序冊（一九一九年）に掲載されている。大塚訳に福田は「補訂者序文」を付し、マーシャルの『原理』が、「現在経済学の最高頂に立つものなることは、恩師ブレンタノ先生のドイツ訳書の序文に公言せられたる所に、一言の増加を試むる必要なし」と書いている。大塚は自ら語るところによれば、東京高商専攻部経済科助手に任命され、福田の「厳格なる薫陶」に浴する傍ら、『原理』第七版（一九一六年）の翻訳を始めた。「しかるに業半ばにして欧米留学の官命を受け、……急遽既成稿を整理して博士の下に提出しこれを研究報告に代えた。この訳書の上梓を決したるはその節の博士の慫《しょう》慂《よう》による。」こういう事情のため、「第六編の一部と附論及び最も難解の称ある第五編を欠くのやむを得ざるに至れり[12]。」要するに、大塚の最初の訳は、『原理』の第五編第二－一四章、第六編第一、二章、第一二、一三章、付録および数学付録を欠いていた。

『経済学講義』の構成：第五編を中心に

福田の『経済学講義』はおよそ以下のような構成になっている。第一編「総論」は、「緒論」に続いて、マーシャルが『原理』五版以降、補論に回した「産業の自由ならびに企業の発達」「経済学の発達」「経済学の領域」等の諸章から構成され、第二編「経済学の根本概念」、第三編「欲望とその充足（需要論）」、第四編「生産の動因（供給論）」、そして第五編が「流通総論」で分配と交換を論じている。

マーシャルは『原理』第三編「欲望とその充足」の第一章序論で、第三編以降の『原理』の構成について、第三編・四編と第五編・六編の関係を中心に論じている。福田はそれを解説し、『講義』の構成について説明している。従来の通説では、経済学は富の生産、分配、交換、消費を論じる学であった。近年、研究の進歩に伴い、分配と交換は密接な関係があり別々に扱うことは当を得ないので統一的に考察しようとする傾向があり、福田はこれを「流通」のもとに考察しようとした。需要と供給の関係に関する研究は価値に関する実際問題の根底で、これを更に具体的に敷衍するのが分配と交換で、需要・供給論は、分配・交換論の準備とみなして差し支えないのであった。マーシャル自身によれば、第五編は、価値を規制している諸力に関する知識・推論に統一と整合性を与える経済理論の背骨となるもので、この推論は広く一般性をもち、その上に展開されるべき分配と交換というより具体的な問題とは区別して取り扱うのが適当で、第六編で始めようとする推論の総合的な組立てに対して土台を提供するのであった（Marshall 1961a, 324：訳Ⅲ、四）。『原理』は、第五編「需要・供給の一般理論（均衡理論）」、第六編「価値、すなわち分配と交換」（第五版から「需要、供給、価値の一般的関係」と「国民所得の分配」）になっている。福田の『講義』は第四編までは概ねマーシャルの『原理』にしたがっているが、その後は、第五編「流通総論」で終わっている。(13)

福田の『講義』では、マーシャル『原理』の理論的なコアともいえる第五編と第六編は、分配と交換と解釈され、それを総括するものとしての「流通」となっている。『講義』第五編「流通総論」は、緒論、流通生活の意義、流通生活の動力、貨幣経済と企業、余剰価値と利潤、という五つの章からなっており、マーシャルの『原理』第五、六編、とりわけ第五編とは自ずと違うように思われる。（このもとになっている『続経済学講義』流通篇は、既述のように、マルクス研究の成果とされている。）流通＝分配と交換を福田はマルクス研究の成果で論じ、流通総論＝分配・交換の全体を、静学でなく動学・動態と見て、動学の動因に余剰価値を考えている。流通生活・経済生活の全体を動態ととらえその動因を余剰価値と考えたのであろう。そして、ブレンターノの講義の後編「今日の経済組織」（前編は「経済生活の基礎条件」）、シュモラー「財の流通及び所得分配の社会的行程」が、マーシャル『原理』の第五、六編にほぼ相当すると述べられている（本書四一二）。福田の『講義』には、マーシャル『原理』第五編「需要、供給の均衡理論」＝静学均衡論に相当するものがなく、ここには歴史学派の影響を強く受け、日本の経済学の黎明期を生きた福田のマーシャル理解の一特徴が顕著に表れているように思われる。福田はマーシャル『原理』の第五、六編（とりわけ第五編「需給均衡論」＝静学均衡、正常な需要・供給の安定均衡論、長期均衡・短期均衡といった課題）を正面から詳細に扱うことはなかったように思われる。

中山伊知郎によれば、福田は当時、「少しく進んで経済学を研究せんとするものは、クールノー、ゴッセン、ワルラス等の著作を必ず節を屈して、熟読玩味せざるべからず」と言っていたが、彼が求めた「理論的な本質」「理論的な骨格」は、「自律的科学としての経済学」の基礎、経済学の理論的「主要内容」、すなわち「純粋経済学」であったように思われる。これは『経済学講義』の頃から福田自身が追究したのであろうが、福田はこの方向でまとまったものは残せなかった。中山は「理論的基礎のそのまた基礎」を追及したシュンペーターの『理論経済学の本質と主要内容』に強い影響を受けることになるが、当時東京商大の図書館には「この本が一冊しかなくて、これを高田保馬先生が持っていて、にぎって放さなかった」（中山一九七八、四二）という。高田保馬は、福田と左右田の依頼を受けて、一九二一年六月から一九二四年二月まで東京商大で社会学と経済学史を講じていた。

中山伊知郎の『純粋経済学』出版前後の日本の経済学界は、いわゆる近代経済学の共通基盤としての均衡理論が定着する時期であった。純粋経済学の基礎をワルラスに求める方向の正しさをシュンペーターのもとで確認した中山は、一九三二年に改造社版『経済学全集』の第五巻『経済学の基礎理論』に「数理経済学方法論」を書いた。相互依存関係にある経済現象を理解する手段としての経済理論、その基礎としての均衡理論、均衡理論で貫かれた体系という意味での純粋経済学を究めようとする中山の営為は、一九三三（昭和八）年に処女作『純粋経済学』を生み、数理経済学が波に乗ろうとする日本の経済学会に均衡概念を普及・定着させた。すでに一九三〇年に高田保馬『経済学新講』第二巻「価格の理論」および早川三代治『純理経済学序論』が出版され、一九三三年には手塚寿郎によるワルラスの翻訳『純粋経済学要論』上巻が出て、数理経済学というよりも一般均衡理論の基礎が固まり、次第に実っていくような状況があった。国際的にはちょうどこの年 *Econometrica*（Econometric Society は一九三〇年に創設）、およびLSEを基盤にした *Review of Economic Studies* が創刊され、わが国では翌年末に日本経済学会（今の日本経済学会の前身）が創設されている。

安井琢磨によれば、「昭和年代に入ってから、海外の経済学界が漸次に均衡理論なる統一的地盤に立脚せんとする気運の醸成されるにしたがい、この自覚は当然我国の学界の中にも浸透せずにはおかなかった。この自覚に基づいて独自の立場から最初にうちたてられた金字塔は京都帝大高田保馬教授の『経済学新講』全五巻」であった（安井一九四二、七四一）。一般均衡論についての日本での最初の重要な論文は中山の「数理経済学に於ける二つの傾向と其の総合の試みとに就いて」であったが、『経済学新講』第二巻「価格の理論」（一九三〇年）における高田の一般均衡論の体系的展開は、画期的なものであった。高田は自らその序で次のように述べている。「価格の理論は経済学組織の中心部分である。……ヴイイン学派にありては、すでにヴイイザアが一歩をふみ入れ、シユムペエタアが十分に開拓したる一般均衡の立場、しかしてカツセルもまた同じくワラスの影響の下に築き上げたるこの立場の上から価格を考察したること。勿論この企画はきわめて不十分にしか実現せられていないにしても我学界においてこの書がもち得たいと希ふ貧しい特徴の一はこれである。」そして高田は半ば教科書をも意図したこの著書で、「一般均衡の立場に立つということは、理論的に最も強みのある立場に入りこみ得たという事にほかならぬ」と宣言した（高田『経済学新講』第二巻「自序」一―三）(14)。

四　『講義』第五編「流通総論」と企業論

『講義』第五編「流通総論」は、経済学の理論を二分した後半にあたるもので、『続経済学講義』を収録している。経済生活の考察は、一つはその基礎条件と構造について、もう一つはその活動の状態についてであり、第一編から四編は前半について説明を尽くし、第五編は後半を一括して流通の理論とするとなっている。企業の理論を、マーシャルは『原理』第四編「生産要因　土地・労働・資本および組織」の第八―十二章の「産業上の組織」で詳細に取り扱っている。しかし、福田は、「企業の理論は経済生活活動の劈頭《へきとう》に来るべきものにして、生産論の終末に置くべきものにあらず」としていわく。「今日現在の経済生活活動の『アルファ』にして『オメガ』たるものはひとり企業なり。土地・資本・労働は企業の手において結びつけらるるによりて、はじめてその意義を有し、企業のために運用せらるるによりて、はじめて経済生活に用をなす。ゆえに経済生活活動の解剖は、まず企業の理論を正しく理解することより始めざるべからず。」第五編の冒頭に企業の理論をおいて、以下の説明はこの根本的立場より行うのであった（本書四一九―二〇）[15]。

福田は、『講義』第五編を一括して流通の理論とすることを以下のように説明している。静学と動学に二分せんとする傾向が著しいなかで、オッペンハイマーの「純正経済学」と「政治経済学」、シュンペーターの静学と動学（『経済発展の理論』）をあげ、ブレンターノも講義を二分し、前編を「経済生活の基礎条件論」、後編を「今日の経済組織論」としているが、このごときが、最もよく経済理論の性質に合う区分なるべし、という。

マーシャルの区分は一見するところ、大いにこれと異なるもののようであるが、「心を潜《ひそ》めて熟考玩味する」ときは、「大体においてこの傾向の外に出でざるものと断言して大過なし」であった。すなわち『原理』第五編「需要・供給および価値の一般的関係」と第六編「国民所得の分配」は、従来の経済学四分法で「交換論」と「分配論」に該当することはもちろんであり、マーシャルは、需要論（第三編）・供給論（第四編）→需要供給調和論（第五編・第六編）、とする第一版における結構を大体において一貫し、「自らその書の主要部分が需要供給調和の状態に関する研究に存するを公言するに徴して、その真意推知すべし」であった。しかし、福田は『原理』第六版の序文を引用していわく、「しかれども実際はこの書を終始一貫して研究の主題とする処は運動を惹《ひ》き起す力にあり、しかして中心の考えは動学の側にありて静学に存せず」と。そして、この活力と運動の研究に集中する第五・第六両編が、マーシャルの研究の「白眉《はくび》にして、その精力を傾注してこれを完成するに勉《つと》めたる次第」であったと結ぶ（本書四二〇―二二）。

福田が、この第五編以下の題目を動態としなかった理由は簡単で、「熟考の結果、特に動静の区別にのみ重きを置かず、本編以下の題目とする所の統一的表徴を求めて、それが流通の一事にあることを認め、」これをもって、その問題を言い表そうとした。流通は従来の経済学における交換と分配の二者を総括するものであった。またマーシャルの第五・第六両編におけるに同じく、ブレンターノが「今日の経済組織」といい、シュモラーが「財の流通及び所得分配の社会的行程」というものが、ほぼこれにあたるのであった。シュモラー、マーシャルの企業論の位置づけと違い、ブレンターノは企業の説明を第二編「今日の経済組織」の冒頭におき、今日の経済活動の源は企業にのみある所以を説いており、福田は彷徨《ほうこう》の末にブレンターノの説に帰着した。これが、流通理論なる統一的名称の下に、交換、分配によって活動する経済生活の一切を一貫して論述することが最も当を得ていると考えた理由であった（同四二一—二三）。

福田は続けて次のように論じている。リカードは経済学固有の問題を分配（価値と分配）とし、自然価格・市場価格を論じるにあたって交換論を含めた。しかし、交換することは分配することであり、分配は必ず交換の行程によって行われる。したがって、リカードの分配という意を拡張し、交換も包含すべき呼称を求めてこれを流通という。すなわち、それは与えられた社会組織の下で、「相対価値の各経済行為と経済財とに帰依《きえ》する行程の全部を一括するもの」であり、その中心問題は価格であった。マーシャルの需要・供給の調和点は、すなわち価格であった。「需要・供給の両者相交渉して価格定まり、価格定まりて各人の分配分すなわち所得定まる、ゆえに価格はマ氏の云える意にての国民所得の分配を決定する主宰者」である。「いかにして価格が定まるや、いかにして価格は分配を定むるや、これ流通論の中心問題にして、また経済学研究の一切が到達すべき最後の問題」であった。「現に具体的に与えられたる社会関係において、各人各財が受ける所の価値、これ経済学特有の問題たり。さればその研究は常に与えられたる社会関係について、試むるの外なく」、「この社会関係の一切の中枢を握るものは今日現在においては企業」であった。それゆえに流通の理論は、まずこの企業理論をもって始めるのであった（同四二九—三〇）。

以下、福田の第五編は、第三章「流通生活の動力」、そして第四章「貨幣経済と企業」を挟んで、第五章「余剰価値と利潤」となっており、以下のように、流通生活の動力は価値行程の発展であり、余剰価値だとしている。

福田によれば、企業を中心とする流通生活の意義は、価値の発展であり、発展を喚起すべき価値移転の行程の一切を流通生活と呼ぶ（同四三五）。そして流通生活の動力は、「流通生活の内に存在し、外来の力を待たず、それ自らにおいて経済生活の発展を呼び起す原因たる力」であり、今日の経済生活でこの動力を体現するものは企業であった。「企業は流通生活に内在する発展の動力あるより起り、この動力を企業という組織に体現せられて発動」する。シュモラーはこの動力を営利の衝動とし、ゾンバルトはこれを資本的精神と呼んだ（同四四九）。

流通生活の動力は、社会的結合としての流通があって始めて発動する。分業により経済単位が独立し、交換が間断なく分化せる単位を社会的集化の下に置くに至って、価値の発展を含む流通がある。「社会的集化の行為としての常住的連続的交換の総体」が流通であり、一切の財、一切の働きはこの流通場裡に提出せられて価値対象となり、そのことによってはじめて価値行程の発展とその発展の動力が認められる。常住的・連続的の流通生活がなければ、財と働とが社会的に価値付けられることはなく、社会的に価値づけられることなければ、経済生活それ自らよりする価値の発展はない。価値の発展なき経済生活は、ただ外来の力を待って発展することあるのみで、それ自らよりする発展は決してないのであった。マルクスの語で言えば、「Gut（財）あるのみ、Ware（商品）あることなし」、労働行程あるのみで、価値行程はないのであった（同四五〇―五二）。

流通生活の動力は余剰価値というのが適当であった。福田の余剰価値という用法は、マルクスのそれと一致するものでなく、トムソンの意味とも同じでなく、文字そのままに解釈した価値（費用価値）と価値（利用価値）との較差たる余剰の意味であった。リーフマンはErtragと名づけ、マーシャルはSurplusあるいはBenefitと言い、類似の思想を表すのに当てていた。余剰利用Surplus utilityなる語を鋳出すこともできようし、パッテンの*Theory of prosperity*もこれに近い思想を表現していた。こうして福田によれば、余剰価値は流通生活の動力であり、企業は余剰価値形成の組織であり、資本は余剰価値を形成する目的をもってする私有財産で、貨幣は余剰価値の負担者であった（同四五七―五八）(16)。

福田は「余剰価値と利潤」で、社会生活・流通生活において、利用価値より費用価値を控除した残高が、価値増進行程における余剰価値であることを確認し、価値増進行程における余剰価値としての利潤を説明する。こういう説明の発端はスミスにあるとし、以下のように論じる。『国富論』第一編第六章について、スミスは「価格の構成部分」として見た賃金と利潤はまったく異なる性質をもち、これを定める原則もまったく別個のものであり、利潤は価値増進行程上の余剰であることを明らかにしている。そして、この箇所に関するマルクスのスミス理解は「曲解」であり、マルクスは労働をもって価値の唯一の淵源なりとする宿論に基づいて、余剰価値の淵源もまた労働あるのみとし、その特殊的形態なる地代も利潤も、労働産物を掠奪する形式に他ならないと主張する。この説は誤謬であり、「マルクスの一貫は誤謬の一貫」であった。労働を価値の淵源とするのは誤れる前提であった。スミスは、余剰価値の存在を、販売即ち価値増進行程について考察し、流通場裡において企業者が取得する利潤は、「資本の冒険」によって生み出されたものであることを看破した第一人者であった。マルクスが言うように、「掠奪云々《うんぬん》のことはスミスは毫《ごう》も云わず」、スミスは「企業に自己資本を冒険す」（hazards his stock in the adventure）と言い、資本家は危険を冒し、利潤の存在理由もこの冒険にあり、報酬の高は冒険する資本額に比例すべきことを明言しているのであった（同四八七―八九、四九八―五〇二）。

五　余剰利用と所得

福田は、余剰の議論を、本書の第一編第五章の後に挿入した、『改定経済学講義』補論四「経済学の本体　補論」の「経済の本則」「余剰利用及所得」で展開している。

まず「経済の本則」で次のように論じる。経済行為は、それに要する費用も、それより得る利用（満足）も、一定の貨幣額をもって測定し称量しうるために、合理の法則に合い、科学的分析の対象となる。マーシャルが貨幣称量を容れる人間行為を、経済学の本体となす理由はここにあった。経済的という概念は、人間の合理的行為のうち貨幣額称量をなし得べきものに関する現象をいう。そして進んでいわく。リッケルトは科学を二大別して自然科学と人文科学とし、人文科学とは人文価値（または文化価値）に関連するものという。この説に従うとき、「経済的とは貨幣額の称量を許す人文価値に関連することを云うとなすべきなり。マーシャルの経済学本体論はかく観察すれば、現今学問上最も進歩した立場を代表するものと認むべきなり」と（本書一〇三―四）。

余剰利用及び所得

そして福田は次のように進める。貨幣額の称量は、外形的測定たるにすぎず、その内容的統一は確かめられていない。「この貨幣称量という外形的測定を許す一切の人文価値が、内容的にも統一性を具備するものなることを証明せざるべからず」。外形的に等しく貨幣額称量を許す現象または行為でも、その性質は千差万別で、内容上の統一性を共通にもつということはできない。商人がその営業に支出する一〇円と、親が子の教育に支出する一〇円は、貨幣額は同じでも、それより得る満足の内容は非常に違う。それを同じく経済的と言う概念で一括するには、その内容にも何らかの点で「共通統一の性質」があることを立証する必要がある（同一〇四）。

費用も利用も一定の貨幣額をもって測定しうるという貨幣称量だけでは不十分であった。人が得ようとするのは、費用を提出して得た利用から、その費用を控除して得られる「真正の利用」（これを「余剰利用」surplus utility, Mehrnutzen と名付ける）の最大化であった。「人間経済行為の関連する人文価値は真正の余剰利用」であった。人間は、「最少費用の法則にのみ即せず、最大利用の法則にのみ支配されず」、人間を支配するのは「最大余剰の法則」（または「最大余剰利用の法則」）であった。余剰利用も貨幣額をもって称量することを得、この貨幣額をもって称量される余剰利用を所得という。これが経済行為の最終の目的であり、経済学の本体であった。所得は、経済行為―労働または財産の運用および両者の結合たる企業―の結果として、新たに一経済単位に入ってくる利用の増加であり、余剰利用であった。要するに、経済的とは所得形成的ということであり、その形成されるべき所得は経済上における人文価値である。人間は、「均《ひと》しく欲望の満足を求むるにも、余剰利用という人文価値、所得という人文価値に着眼」する。ここに人間の行為の中で「経済的」と呼ばれるものがある。経済学は、この人文価値をもってその研究の本体とする。「ゆえに経済学は余剰の学なり、余剰利用の学なり。費用の学にあらず、また単なる利用の学にあらず。両者相併《あわ》せて生ずる『シンシーシス』たる所得の学問なり」と福田は結んでいる（同一〇五―六）。

余剰の生産・交換・分配

『厚生経済研究』の第二論文は「余剰の生産・交換・分配―資本主義社会における共産原則の展開」であり、福田の一つの到達点でもあった。資本主義社会は「余剰の生産・交換・分配」の社会であり、費用原則でも利用原則でもなく、余剰原則こそが資本主義社会を支配する根本原則であった。価格の経済学はブルジョア学としては正しくても、人間の厚生経済学としては便法に過ぎない。人は所得をもって生きていくのであり、経済行為としての所得配分の理解が経済発展の問題の背後にある。「我々は所得をもって生きて行く。我が資本主義社会は、生産に先行し、更に生産諸条件の分配に先行するこの所得の分配によりて、維持せられしかして発展してく。価格はこの所得を決定する一の道具たるのみ。道具の吟味は肝要である。しかし、それは畢竟《ひっきょう》道具の吟味たるに止《とど》まる。それ以上の何ものでもない。我々の経済的存在にとって、しかしてそれを通して、我々の真の生存にとって、意味をもつものは、ひとり所得である。価格ではない。価格は意味をもつものの、その意味を測るメートルにすぎない。所有も、貨幣も、我々の経済生活にとって真の意味をもつものではない。それは、所得の形成上の現象態たるに外ならない」（本著作集 第十九巻『厚生経済研究』一一七―一八）。

『社会政策と階級闘争』の第二部第一章「価格闘争より厚生闘争へ」の第十五節（最終節）に山田雄三は『厚生経済』で「余剰の厚生闘争」という題を付けた（山田一九八〇、八七）。そこで福田は論じる。賃金闘争において争われるものは、所得そのものではなく所得の基本率である。所得の基本率を争うのは、基本率そのものを争うためではなく、剰余価値率を争うものである。「賃金闘争はより高き価格のための闘争ではない。より大なる満足のための厚生闘争である。余剰価値すなわち費用以上に超過する利用（要用にあらず）を増大せんとするのは、すなわちより多く厚生的ならしめんとすることである。」労働者が闘争によってより多い余剰価値率を収め得ることは、国民所得そのものを少しも増大することなく、ピグーのいう国民分配分を少しも増すことなく、駆け引きの巧み、力の強さにより獲得し得るのである（本著作集　第十巻『社会政策と階級闘争』、一八六）。そして、『厚生経済研究』の第二論文「余剰の生産、交換、分配」でいわく、

「余剰価値闘争」は、もとより、資本主義社会にあっては、先ず第一に、利潤取得者と労賃取得者との間に行われる。これは、誰の眼にも明らかなことである。しかしながら、「厚生経済の立場から見れば、社会的に必要なる所得と、社会的に必要ならざる所得―前者を『値する所得』、後者を『値せざる所得』と名づけよう―との間における闘争こそ、真の厚生的意義をもつものであって、雇主と雇用労働者との階級闘争は、それが、この意味の真の厚生闘争であるが故に、重大なる厚生的意義をもつものとなるのである」（本著作集　第十九巻、一二二―一二三）。

「余剰の生産、交換、分配」を通して見られる「資本主義社会における共産原則の展開」、すなわち流通の正義の展開が福田の暫定的結論であった。「各人よりは、その能力に応じて」、「各人へは、その需要・必要に応じて」という共産原則は、「余剰の生産・交換・分配の一切を通じて、一の赤き糸の如くに、現代の資本主義社会の機構の中に、織り込まれて」いた。「資本主義社会は、その階級闘争により、その『労働協約』により、その『最低または生存労賃』により、その労働保険その失業保険により、しかして、また、その資本主義的国家及び公団体の租税、公課と、しかして、諸々の公企業、公営造物により、『余剰価値闘争』を、漸次に展開せしめつつある。」こうして実現されていく社会的厚生・福祉の増大は、後に都留重人が言った「サープラスの社会化」に繋がるように思われる。福田によれば、こういう見方は費用原則と利用原則との葛藤―価格経済理論の中には現れず、余剰原則あるいは「余剰の学」に目ざめ、社会的余剰の流れを見るときに現れるのであった（同　第十九巻、一二五―一二六）。

資本主義社会は「余剰の生産・交換・分配の社会」であり、所得獲得社会であった。山田雄三も言うように（山田一九五五、三三〇–三四）、「余剰の生産・交換・分配―資本主義社会における共産原則の展開―」では、資本主義社会における余剰の生産・分配、所得の獲得、そしてホブソンが言う「不生産的余剰」、「不労所得」の社会化が、動態的観点から取りあげられる。福田の議論は、ホブソンの『産業制度―勤労所得と不労所得の研究―』（*Industrial System. An Inquiry into Earned and Unearned Income.* 初版一九〇九年、改訂第二版一九一〇年、新改訂版一九二七年）に強く影響されている。これは「費用」と「余剰」の区分をもとにした富の生産諸要素間への分配の研究であり、ホブソンは、リカードの地代論を用いて「不労所得」論を展開して、それが過少消費と失業の主要な原因だとした。彼はマーシャルやピグーの価格論的な分析に対抗して、所得分配の不平等、社会的な余剰の流れから議論を進めた。不生産的余剰の形態と大きさを発見することが、『産業制度』の主要な課題であった。

六　『経済学講義』と「厚生経済」

福田は『経済学講義』をマーシャルの『経済学原理』冒頭の一節で始めている。「経済学は日常生活の行事における人類［人間］を研究する学問なり。その考究の主題は、人間の個人的・社会的行動の中について生活維持に要する物質的用件の獲得および充用に関する部分、これなり。」すなわち、「経済学は一面富に関する研究たるとともに、他面人間研究の一部たり。しかして後者は前者に比してその重要遥かに勝《すぐ》れたり。」「人の性格は日常経営する業務により形つくらるるものにして、人が日常の行事により獲得する物質的要件の性質如何《いかん》は、その性格を左右し影響すること宗教的理想を除いては他にこれに勝るものあらず」（本書三）。

所得の大小がその人の性格形成・人間性の形成に及ぼす影響は、所得の獲得の仕方＝仕事にも匹敵するもので、下層民の肉体的・精神的・道徳的な不健全さは貧困こそが主要な原因であった。「'The destruction of the poor is their poverty.」であり、貧困の原因の研究は、大多数の人間の堕落の原因を知る所以であった（同四）。「すべての人々が、貧困の苦悩と過度に単調な労苦のもたらす沈滞的な気分から解放されて、文化的な生活を送る十分な機会をもってその生涯を始めることは本当にできないのだろうか」というマーシャルの主張は（Marshall 1961a, 4：訳Ⅰ、六）、いわば「時代の精神[17]」であり、ピグーもホブソンもそして福田も深く共有するものであった。福田は『原理』を説明しておよそ次のように言う。「貧乏と無学とを全然人類社会より駆逐せんとの希望は、一九世紀における欧州労働者の著しき進歩の実績に徴するときは、必ずしも空想に終らざるに似たり。」「社会の人間ことごとくが、貧乏の苦痛と過大なる機械的労働とより来る堕落の影響とを少しも蒙《こうむ》ることなくして、文明的生活を営む機会を平等に有すること可能ならずやとの思想は、単に理想たるに止まらず、着々実際上に重要を得んとす。」もとよりこの問題は経済学だけで解決できるものではなく、その解答は人類の道徳的・政治的能力如何に関わるものであるが、大部分は経済学研究の範囲に属するものにして、「斯学《しがく》研究最高最重の趣味、実にこの一点に存せり」と（同五―六）。

　マーシャルが『経済学原理』冒頭の章で、従来の経済論がただ富の研究であることに重きを置いて人間の学問であることを忘れた謬見を「劈頭《へきとう》第一に排斥」し、経済学は「到富の方法を講究するものにあらず、社会を構成するすべての階級にその精神的発達の物質的基礎を充実せしむること、その最重要の職分たる所以を明らかにするを趣意とす」としたことは、彼の学説が最も進歩的な理由であった。「今、経済学は人間と富との関係を研究するものなりとマーシャルの説くは、両端を収め得て、よくその真正の性質を尽したり。しかしてその関係は単に富の多少を云うにあらず、人間に他のより高き発達、より貴き活動を得せしめんがために必要なる物質的基礎が均等に与えられあるや否やを意味すとしたるは、……よく経済学の真正なる地位を道《い》い破りたるものにして、……新派と云い歴史派と云い倫理派と云うも、その根本の思想は決してこれ以外に出でず、現今斯学《しがく》の最も高き立場を示して余蘊《ようん》なし」（同一五―一六）。

福田によれば、マーシャルがこの章でいう要点は二つで、一・社会大多数向上の急務、二・近代経済生活の特徴は競争でなく「深謀遠慮すなわちdeliberateness」であり、「この両者を一貫する根本の精神は、人格の尊貴を認識する一事にして、これに関する氏の論は敬服の外なし」という（同一七）。近代産業生活の根本的特色は、ある種の独立、「各人が各人の行動を自ら選定する習慣、自治自頼の行為、人が世に処するに当りて深く思慮を廻《めぐ》らし、一事を定め一物を選ぶこと敏捷にして、よく時宜《じぎ》を過《あやま》たず、将来を予測し、遠き目的を定め、これに向かいて自己の行程を定むることの謂《いい》に外ならず」（同七）。現時産業生活の特色を言い表すのに、競争という用語は甚だ穏当を欠く。独立自治の習慣、深謀遠慮、自由なる選択を以て精神とする現象を言い表すべき用語が必要で、「産業及び企業の自由」「経済的自由」が、より適切であろう。「この慎重にして自由なる行為選択は、その目的を達する一方法として協業もしくは団結の挙に出づることあらん。」「この慎重なる考慮の結果として起る団結の主義が、いかなる程度において個人の自由を奪い、また、如何なる程度において一般の安寧を増進すべきかの問題は、別書において更に研究すべし」という（同九－一〇）[18]。

福田は『講義』第一編「総論」において、経済学におけるイギリス派とドイツ派を比較して次のように言う。「経済学の結構は学者によりて種々に試みらるるといえども、これを大別するときは、イギリス派すなわち正統学派ならびにその流れを汲む折衷学派の結構と、ドイツ派すなわち新歴史派の結構との二種の外に出でず。」前者を代表するのはマーシャルであり、後者の代表はシュモラーであった（同一二）。

福田はドイツ派を批判し、経済学の現状を次のように概観する。「現今ドイツ学者通有の弊は、政策と記実とに専らにして、純理の明確を重視せざるにあり。」しかし最近に至って、ゾンバルト、オッペンハイマー、リーフマン、シュパーンありて、「理論的研究勃然《ぼつぜん》として興るの観」あり。オーストリアにおいては、カール・メンガーが出てからオーストリア派なるもの盛んにして、理論経済学に貢献することはなはだ大なり。とくに、ベーム・バヴェルク、ヴィーザー、シュンペーター等の効は没すべからず。その他、フランスのルロア・ボリュー、ルヴァスール、アメリカのクラーク、パッテン、フィッシャー、スイスのワルラス、イタリアのパンタレオーニ、アキレ・ローリア等あり、とくにパレートの研究はすこぶる重要であった。しかし、「現在経済学者の最大権威たるものは、実にイギリスのマーシャル」であった。マーシャルは、「一方においてはドイツ学者最近の研究に通暁し、その長を収むるとともに、他方にはイギリス学者に特有なる純理的研究を忽《ゆる》がせにせず、方今斯学《しがく》の最も進歩せる立場を代表する学者にして、同時に世界経済学の最大権威として仰がるる所」であった。また、「その門下の逸材ピグーはマ氏の後を承《う》けて、更に研究を進め、現在壮年学者の白眉」であった（同七五―七六）。

福田は続けて言う。一九〇八年にイギリス政界の大問題となった老齢年金制度は、マーシャルの説く厚生経済思想が一般に認められたものと見ることができ、「救貧法委員会報告書」にもこのような思想が識者の間に是認されようとする様子を看取できた。その「少数意見報告」（John H. Muirhead, *By What Authority ?: The principles in common and at issue in the reports of the Poor Law Commission*, Jan. 1, 1909）は「大いに要を得た」もので、ウェッブ夫妻の『防貧論』（*Prevention of Destitution*, 1912）とあわせて読むべしと言う。さらに、マーシャルの思想を継承してそれを大成したと見られるピグーの『厚生経済学』（一九二〇年）は必読を要するのであった。そして、これを福田自身の『社会政策と階級闘争』第二部「社会闘争と政治闘争」第一章「価格闘争より厚生闘争へ」以下と比較・参照することを切望している（同一九）。「価格闘争より厚生闘争へ」は、最初一九二一年四―五月の『改造』に掲載され、そこで福田は、「マーシャルおよびピグーの厚生経済学」、「ピグー厚生経済学の基礎条件への批判」を、それぞれ章を設けて展開している。福田はピグーの『厚生経済学』をかなり早くに読んだことになる。附録「経済学研究の栞」でもいわく。数理的傾向を帯び、マーシャルの後を受けて、厚生経済学の見地より、若干問題を取り扱いたるPigou, *Economics of Welfare*, 1920は、ある意味において、「現在経済学の最高点を代表するものなり」ということができ、著者の将来は「刮目《かつもく》して期待すべき」もので、「予は、最も熱心にこの書の一読を薦めんと欲するものなり」と（同一六一―六二）。

主観価値・客観価値と厚生経済

『経済学講義』第二、三、四編は大体『経済学原理』の構成に即している。マーシャルは、第二編で経済学の基本概念を説明した後、第三編で需要・消費・欲望を論じて、第四編で供給・生産・努力を論じ、「欲望を測る価格が努力を測る価格と均衡を得る原因」を追究しようとしている（Marshall 1961a, 49：訳I、六三）。マーシャルがまず第三編で、欲望・需要・消費を論じたのは、リカード以降、供給・生産、生産に要する費用の側面が重視され、ジェヴォンズに至るまで効用・消費の側面が軽視されていたからであった。マーシャルの基本的なスタンスは、第二章「活動との関連における欲望」にも顕著なように、また福田も言うように、「プルトロジー」であり、基本的には客観主義であったように思われる。

福田は、『講義』第三編「欲望とその充足（需要論）」において、マーシャルの需要論に言及し、「富の増殖をして、なおより多く社会一般の幸福を進むるに足るを得せしむべきか」という問題は、「近来マ氏高足の門弟ピグーが主張し」、福田の「衷心より賛同する厚生経済の見地」を言明したものだと述べている。福田はマーシャルの説明を要約し、一．リカード流の生産費本位論に換えて、需要の方面の研究を重んぜざるべからず、二．具象的事実的研究を重じ、実際生活においては生産だけでなく消費の問題が重要である、三．生産は手段にして、交換価値も畢竟、欲望充足の力あるために重視されるものにして、生産の研究とともに消費の研究に勉めざるべからず、という。この要約には多少偏りがあると思われるが、福田はこれに加えるべき根本原因があり、それは「社会問題の大に起り、下層人民の状態に、研究の眼を注ぐに至れること」だとして、以下のように続ける。

従来の経済学は、生産者の経済学、企業家の経済学であり、「貨殖学」、「到富学」であったが、経済学の見方の進歩とともに、「富の充用という最終の目的より観察せる方面（すなわち厚生経済）の研究」の必要が認識されるようになった。経済学は、「生産の学たるとともに、充用の学なり、貨物を作り出すことを論ずるとともに、いかにこれを使用し、これを充用するかを説くべき学」であり、「企業家の学たると同時に、労働者の学」、「生産費を研究すると同じく生産財に対する需要（利用）を研究する学」であることがしだいに認識されるようになった（本書二四七―四八）。

第三編第二章「欲望と経済行為」（『原理』では「活動との関連における欲望」）で福田は言う。従来、経済学で欲望を説くこと「甚だ簡単にして、その議論また甚だ浅薄、ほとんど学説としての価値を有せず。」マーシャルも「この範囲を脱せず」と。この点はヘルマンからシュモラーに至るドイツ歴史学者の研究が、はるかに精到綿密で、とくに最も新しく欲望の研究を試みたブレンターノに至って然りだという（同二五一）。そしてマーシャルの「断案」を引用していわく、消費論が経済学の根底だというバンフィールドの論は真ならず。歴史を解釈する上で重要なのは欲望の学理でなく行動の学理なり、と。福田が言うように、マーシャルはハーンの『プルトロジー』（W.E. Hearn, *Plutology: on the theory of the efforts to satisfy human wants*, 1863）に数言を費やしてこの章を結んでいる。福田によれば、「マ氏は正統学派の旧套《きゅうとう》を脱せず、欲望の研究は、経済学以外にあるべきものとの見地」であり、行動すなわち経済行為のみに重きを置いて、「経済行為の淵源なる主観的方面を軽んずるは、マ氏の如く従来の客観主義を守るものにおいては、敢えて異とするに足らず。」「マ氏の見解に反対するは、主観学派たるドイツ・オーストリア学者のほとんど全部がとる説」であった。ブレンターノによれば、経済の出発点は欲望であり、経済行為の目的は欲望の充足にあって、「欲望は経済学の学理的基礎なりとバンフィールドの云えるは至言と言わざるを得ない」のであった。しかしながら、価格経済、資本主義経済については、そのままこれを受け入れることはできず、むしろマーシャルの方が当たっている、と福田は述べている（同二五四―五五）。

福田は、『講義』第二編第二章「富」の最後で、マーシャルが第二編第二章の最終六節（四版では序論の五節）で価値という用語に触れていることを解説し、価値の主観的概念と客観的概念を論じている。アダム・スミスの価値には二つの意味があり、一つは物の利用（効用）、もう一つは購買力であるが、マーシャルは価値を交換価値、二物間の関係を表現するものだとした。福田によれば、マーシャルのこの定義は、「近来学者間に多く行わるる所と甚だ異なり」、とくにドイツ、オーストリアの学者が価値という語を解するのとはまったく異なっていた。ドイツ系統の価値という語 Wert, worth とラテン系統の価値 value, valeur は、そもそも語源が異なり、一つは主として主観的概念、すなわち、「ねうち」＝欲望を満たす度合いであり、一つは専ら客観的物能、すなわち、「あたへ」＝物と物との比較関係を意味していた。マーシャルが「スミスをもって当を得ずと云いしもの、かえって当を得ず」であった。なぜマーシャルがこの誤りに陥れるかというに、「イギリス正統学派は、常に経済現象の客観的方面に重きを置き、物の働き、物の関係を見るに専らなるがため」で、大体において正統派の流れを汲むマーシャルも、「また価値を解するに全然客観的眼孔を以てしたるがため」であった。これに反して、ドイツの学者、とくにオーストリアの学者は経済現象を見るに、「全く主観的眼孔をもってするが故に、価値を目《もく》して全然主観的概念なりとなす」のであった（同一九四―一九五）。

また、『講義』第三編の第三・四・五章は、利用（効用）の逓減、限界効用、需要の弾力性、限界利用均等の法則等、新古典派の数学的な扱いに適している箇所であった。そこで福田はジェヴォンズ、オーストリア派に論及するが、数理経済学の源はゴッセンにあるとし、「今日オーストリア派の新説として世に知らるるものの多くは、ゴッセン既にこれを五〇年の前に道破せり」としている。いわく、「数学を応用して経済現象を論究し、ほとんど今古独歩の功を立てたる者は、ドイツの学者ゴッセン」なりと。しかし、ゴッセンの原本は入手が困難なこともあり、手塚寿郎の『ゴッセン研究』（一九二〇年）を薦めている（同二七〇―七一）。

七　価格の経済学と厚生の経済学―経済学の二つの流れ

福田は、『社会政策と階級闘争』の第三部第一章「価格闘争より厚生闘争へ―殊に厚生闘争としての労働争議―」において、価格の経済学（Price Economics）と厚生の経済学（Welfare Economics）とを分ける。価格経済は貨幣価値の得失をもって、人間の経済的努力の目的とする。スミスは、この価格経済の樹立者とみなされているが、「消費は一切の生産の唯一の目的と帰趣でなければならない」と繰り返し説いていた。今日の価格経済・資本主義経済は、より多くの価格、利潤を目的に生産を営んでいる。マルクスはここに資本主義経済の内在的矛盾があると言うが、福田はそれを否定する。矛盾は資本主義に内在するのでなく、それによって生きている人間の生活の内にあった。「我々の人間としての要求（所謂文化価値）は、価格経済そのものの矛盾をいよいよ痛感していく。厚生経済の主張と要求とは、この痛感から産まれ出てきた」（本著作集 第十七巻、四六）。それは、価格や狭義の経済的価値を超えた人間的価値の要求であり、ラスキンの商業経済学批判（古典派、とくにリカード、ミル批判）に重なる。

この意味で、社会主義経済学も厚生の経済学に属せず、価格経済学の範囲を出ていなかった。マルクスの『資本論』は「全然価格経済学に属するもの」であり、リカード派社会主義者ウィリアム・トムソンの『分配論』（一八二四年）もまったく価格経済学の立場に立つものであった。労働全収権は価格経済学の外に出るものでなく、労働権の要求も価格闘争であり、価格経済学の立場を肯定するものであった。しかし、生存権の要求は、価格収得の要求でも価格闘争の理論的背景でもなかった。生存権の認証は、価格収得の認証とは別で、「超然としそれ以外またはそれ以上に立つもの」であった。経済理論からみた生存権の主張＝価格を超えた人間的価値の要求は、労働全収権、労働権の主張と同一線上にあるものではなく、価格経済学に止まっている社会主義理論が生存権にまで進めなかったのは当然であった。そして、価格の世界からの解放は、社会主義理論の中に暗示されるものも少なくないが、価格経済学・資本主義の立場に立つ従来の学説の中にも見出されるのであり、「最近時における厚生経済学構築の試み」はいずれも価格経済学からの解放の要求に応じようとするものであった（本著作集 第十巻、一四七―五〇、一五二）。

福田によれば、近時における厚生経済学構築の先駆と見るべきは、「ドイツにおけるいわゆる倫理学派経済学を外にしては、イギリス経済学の宿儒《しゅくじゅ》アルフレッド・マーシャルその人」であった。「彼畢世《ひっせい》の大著『経済学原理』の首篇は、実に厚生経済学の大宣言とも見るべきものである。さりながら、厚生経済学の使徒としてのマーシャルの眞面目《しんめんもく》は、ただ宣言に止まっているこの書よりも、むしろ彼の学問的閲歴そのものにおいて見るべきである」（同一五二）。実際、マーシャルは「経済の究極にあるもの」を問い、倫理学から経済学に移ったが、生涯にわたって「進歩と理想」を追求し、富の増大よりも「生活の質の向上」、人間の「全幅的生」の向上を求めて未完の手稿を残して死んだ。『経済学原理』は、「進歩と理想」を追求する彼の社会科学体系・経済学体系の構想の一部であり、『原理』第五編ももちろんそうであった。未完の『進歩：その経済的条件』こそは、福田にとっての厚生経済学であったかもしれない。

福田はマーシャルを強く讃えたのであるが、「価格闘争より厚生闘争へ」では次のように批判する。近頃「アメリカの学者某氏がアメリカ経済学会雑誌において」指摘したように、マーシャルは『経済学原理』第一編においては、最も鮮明に、「また大胆に厚生経済学の代表者たる立場を宣言している」が、「第二編以下の論は漸次価格経済学の常套を襲踏し、ついには他の儕輩《せいはい》とまったく別《わか》つ所なき底《てい》の立場にまで落下し来っているのである。殊にその流通経済論を述べたる第五、六両編のごとき最も然りである。……マーシャルはなお旧時の価格経済学と新時代の厚生経済学との十字街頭に彷徨しつつあるものであるとの評は、決して誣妄《ふもう》ではないと思う。」ここには『経済学原理』に対する福田の評価の特徴がよく表れているが、彼によれば、それは厚生経済学の構築がきわめて困難なことを示し、学風の束縛がないドイツの少壮学徒による社会政策の学問的樹立が成功に至らないことも、この困難を裏書きするものであった（本著作集　第十巻、一五二－一五三）。福田の考える厚生経済学というのは、グレネヴェーゲンが「マーシャルにおける厚生経済学と福祉国家」（Groenewegen 2010）で論じた「道具」としての科学的「厚生経済学」よりも、welfare, well-being を求める「福祉国家」の内容に近く、社会改良・社会政策の学であった。小泉信三がピグーの『厚生経済学』を「社会政策の原理」として紹介（小泉一九二三）したのも軌を一にしているのであろう。

グレネヴェーゲン「マーシャルにおける厚生経済学と福祉国家」によれば、厚生・福祉の増進について、マーシャルには二つの見解の流れがあった。一つは余剰原理に体化されている古典的な厚生経済学の側面－厚生的な観点からの課税・補助金政策の基礎－であり、もう一つは、個人と社会の厚生・福祉を増進する仕組みに関して、マーシャルが考えていた経済進歩と社会福祉（福祉国家）の側面であった（Groenewegen 2010, 25-26：訳六一－六二）。マルコ・ダルディによれば、マーシャルの狭義の厚生経済学への貢献は「ほんの一章、それもあまり重要でない一章」にすぎなかった。マーシャルは、消費者余剰に基づく社会厚生指標の「非常に粗い性質」に気づいていたし、その不十分さは、それに基づく厚生政策の範囲をかなり限定することを知っていた。彼はまた、あらゆる功利主義的な社会指標は、「福祉の質と分配における変化に対する潜在的な進化的影響を測ることができないという欠点」をもっていることも知っていた（Dardi 2010, 409）。ダルディによれば、「マーシャルの厚生経済学は、進化がその仕事をするのを待つこと以上にできることはほとんどない」のであった（ibid. 406）。要するに、狭義の厚生経済学はマーシャルの進化的経済学あるいは有機的成長論の一章にすぎないのであった（Caldari and Nishizawa 2014a も参照）。マーシャルの確信は、厚生政策よりも進歩・進化であった。「厚生政策は、産業及び社会構造の自然の発展が精神的慣習と道徳的態度にも大きな変化をもたらすまで、現在の社会状態に実質的な影響を与えようとするのを控えるべきであった。しかしその時には、社会がその福祉を自生的に制御できるようになっているだろうから、厚生政策は不要になってしまうかもしれない」（Dardi 2010, 409）。マーシャルの進歩観は、産業・経済の発展が、人間の知的慣習・道徳の向上を含むものであった。

福田が「アメリカの学者某氏」というのはフランク・フェッターである。フェッターは、福田の「価格闘争より厚生闘争へ」が出た前年（一九二〇年）の *American Economic Review* に二回にわたって「価格経済学対厚生経済学」（"Price Economics versus Welfare Economics"）を載せた。最初の論文は歴史的な概観である。フェッターによれば、価格経済学を代表するのはリカード経済学で、それはおよそ一八一八年から一八六〇年まで全盛を振い、その間のイギリスでは、「厳密な価格経済学が他の国あるいは他の時代に例を見ないほど支配的であった。[19]」価格経済学に対する倫理的な異議申し立ては、カーライルによって先導され、ラスキンも痛烈な攻撃を加え、その後継者がトインビーとホブソンであった（Fetter 1920, 472, 476, 478-79）。二つ目の論文「同時代の見方」では、「マーシャルのジレンマ」が議論される。経済学の中心的な目標に関するマーシャルの見解には、「完全に矛盾した点」が見られるという。一方で彼は、厚生経済学者たろうとし、経済学を真の人間的福祉の研究にしようとする。しかし、マーシャルにはまた別の願望があり、絶えず彼を、厚生経済学者としてよりも価格経済学者として考えさえ語らせようとしている。彼は経済学を厳密な科学にしようとし、その結論に自然科学のような数学的厳密さを与えようとする。経済学の利点と希望は、価格の中に人間の欲求・願望、その他の感情を計測できる形態で見出せるという事実であった。かくして、マーシャルは厚生・福祉を経済研究の中心にすることを放棄し、貨幣を経済学の中心に置いて人間の動機を計測できる便利な手段として用いるようにした。こうして、経済学を貨幣価格の研究にしようとし、価格の基礎をなし関係させている人間の動機、および人間的福祉の研究という色彩を弱めることによって、狭義の経済学を構築しようとした（ibid. 721：cf. Hobson 1929, xiv：Backhouse 2010, 117）。

そしてフェッターの理解を基本的に継承し、ラスキン的な批判の観点から「ホブソンの厚生経済学」をまとめたのが、中国人研究者の William Tien-Chen Liu であった（Liu 1934, 7-9）。Liu の本の第一章は「価格経済学と厚生経済学」である（Liu 1934）。Liu によれば、フェッターは、経済学者は「社会哲学者」になるべきで、経済学者が直面する喫緊の課題は、「経済関係における人間的要因の深い研究」だと考えた。人間的要因の研究には二つの側面があり、片方は欲望、価値・価格［＝効用］であり、他方は幸福、善き生、福祉［＝徳 moral］である。善き生というのは個人ではなく集団・社会の有機的善き生で、旧世代の経済学に比べて新世代の経済学は、物的要因よりも人間的要因を、個人的利害よりも社会福祉を重視し、「より大きな真の政治経済学は価値の理論ではなく福祉の理論である」と主張した（ibid. 16）。

八　おわりに

福田には、筆者が考えるマーシャルと同じように、経済的な豊かさとともに「生活の質」・生の豊かさ（労働・仕事が生に対してもつ重要性を含む）、物的富とともに人格・能力の成長を基礎に考える科学の姿勢があった。福田は功利主義的・帰結主義的だと言われるピグー流の厚生経済学（経済厚生主義）に満足できず、ラスキン的、ホブソン流の生活・生（life）を基調とする人間福祉の厚生経済・福祉国家（社会）を構想した。福田はライオネル・ロビンズ以降に展開する新厚生経済学は知る由もなかったが、福田の厚生経済・社会政策研究は後の福祉国家論の基礎理論たりうるものであった。福田が思想的に到達したのは遺作となった『厚生経済研究』（一九三〇年）の「序」で自ら言うように、ホブソンの *Wealth and Life*（一九二九）の立場―「貨幣的評価」に代えて「人間的価値評価」を主張する―に近いものであった[20]。

クリスチャンであった福田は、早くから生きとし生ける者の生存権を主張し、生存権の保障を社会政策の第一義とすべしと提唱した。福田は、厚生とは「人間としての生を厚くする」ことだと述べ、社会なら社会の生命、個人なら個人の生命を進め、生を充実させること、それが善であり富だと考えていた（本著作集 第二巻、一七―一九）。これはオクスフォードの理想主義者ラスキンの'No Wealth But Life'「生こそ富である」（「富を求めるのは道を開くためである」（宇沢弘文訳）という思想に近いものだと思われる。まずドイツ歴史学派の薫陶を受けた福田は、ケンブリッジ学派のピグーの厚生経済学に学びながら、その厚生主義・帰結主義―功利主義を受け入れることができず、オクスフォード・アプローチをとるホブソンの人間的福祉の経済学、財・価値の人間的評価に最後の拠り所を求めた。それは貨幣尺度でなく、「生」の価値基準の追究であった。福田は、ピグー以降、とりわけロビンズ以降の科学的厚生経済学（「新厚生経済学」）の展開を見ることも理解することもなかったが、もう一つの厚生経済思想・福祉の経済思想＝福祉国家・福祉社会の基礎理論を構想しており、福田の厚生・福祉の思想には、ラスキンやホブソンの思想と同じように、一〇〇年後のアマルティア・センの機能・潜在能力理論にもつながるものがあるように思われる。

（1）『経済学教科書』として一九一一年刊行、一九二四年に全編を改訂し、政策編を別にして書名を『経済原論教科書』にした。『経済学教科書』は、もともと文部省の定めた甲種商業学校経済学教授要目の原論の部に準拠したものであった（『経済学全集』第一集、序、三一）。

（2）『国民経済原論』第一巻上　総論（『経済学概論』第一編）として一九〇三年一二月に哲学書院から出版され、後に一九一〇年一月に、「若干の誤植を訂正し」、『国民経済原論　総論』と題して大倉書店より刊行された。

（3）菅禮之助「如意団以前」（一九三一年）（『鉄如意：一橋如意団一〇〇年記念誌』二〇〇八年）。菅禮之助「一橋三教授：関一、福田徳三、佐野善作三先生のことども」『如水会々報』一九六九年二月）：「先生のこと二、三」『福田徳三先生の追憶』）も参照。

（4）福田の休職の背景は、一九〇四年一二月一日付ブレンターノ宛書簡に詳しい。それによれば、福田のような自由主義的な経済学者は、「愚劣きわまりない政府の財政政策を批判しているため、厳しい監視下に置かれ」ていた。福田は論文や講義に対する「スパイ並みの徹底的な監視」のために鎌倉に引きこもり、「桂伯爵によるスパイ支配」が終わるまでそこに滞在するつもりであった。農業政策に関する松崎蔵之助校長や農業大臣の見解はワグナー教授が率いる学派に依拠しており、「急進的この上ない自由貿易を主張する」福田の教授活動は、政府にとって危険だと判断されたのであった（福田二〇〇六、三三–三四、八四–八五）。休職から慶應の教員になる間の興味深い諸相は、金沢二〇一一、四八–五七に詳しい。福田自らによると、慶應の正規教員になる前に、科外講義を委嘱され週一回三田山上の講堂で講義をしたという（本書（二））。

（5）田崎仁義「私の知る福田先生」『福田徳三先生の追憶』一八。『鉄如意：一橋如意団一一〇周年記念誌』二〇一七年。

（6）同時に、一橋会、消費組合等の組織・団体がもたらす修養・教育訓練・能力開発効果は、マーシャルがいうアングロ＝サクソン型の寄宿生大学がもたらす社会的訓練を思い起こさせる（西沢二〇〇七、一五九―六三）。

（7）『経済学講義』における企業論の扱い方・位置づけには、明らかにマーシャル『経済学原理』との経済理論構成上の違いが見られる。同時に、『原理』第四編の後半（八―十二章）は「産業組織」論であり、『原理』の続編ともいえる『産業と商業』は「産業技術と企業組織」の研究であった。これはおそらく時代の要請で、「現代の産業革命」の進行と大規模企業の興隆を背景にしていた（西沢二〇〇七、三六九）。

（8）『一橋会雑誌』第一号、一三四。『上田貞次郎日記』明治三八年―大正七年。

（9）高橋誠一郎「慶應義塾における福田博士」『福田徳三先生の追憶』二七―二八。福田を慶應に招いて、自分の代わりに純正経済学の講座を担当させたのは、第一回義塾派遣留学生としてコロンビア大学に留学し、義塾の教授で幹事をしていた名取和作であった（塾長は鎌田栄吉）（「経済学の黎明期を語る」『経済往来』一九四一年、一三：『小泉信三全集』第十一巻、二七四）。

（10）高橋一九五六、一八。高橋によると、明治の末になって、『原理』を経済原論の教科書に当てることになり、組を分けて、福田、気賀、堀切、星野の四教授がこの書の講義を行うことになった（星野については詳細不明である）。『原理』の講義を分担した四人の中で、マーシャルの「直弟子をもって自ら任じ、最も得々として恩師の名著を講義したもの」は堀切善兵衛（後に高橋是清大蔵大臣の秘書官、大蔵政務次官等を務めた）であった。高橋誠一郎は、理財科の主任であった堀切と福田との関係・衝突について、また「わが師」福田の思い出について、明治四一年八月の講演旅行、岐阜での講演の後の長良川の鵜飼を見物・宴席した際の塾長・鎌田栄吉との「活劇」について、そして、癇癪もちで喧嘩癖の江戸っ子で、堀江帰一が福田の辞職を思い止まらせたことが、「これまで十七度に及んでいた」など、興味深い話を伝えている（「堀切善兵衛君と福田徳三博士」高橋一九五六、二六―四二）。

（11）福田は一九一〇（明治四三）年一月に東京高商講師を嘱託され、そこでも経済原論の講義を担当したが、それは『経済学講義』の改訂に大いに役立ったようである（本書（五））。福田が高商の講師を嘱託されたのは、滝本美夫が商大問題・高商昇格問題で高商を辞めて三十四銀行に入ったためであった（金沢二〇一一、八二）。

（12）大塚金之助訳、マーシャル『経済学原理』序冊、佐藤出版部、一九一九（大正八）年：補訂者序文、一頁：例言（大塚）、一―三頁。大塚は一九一七年一一月に東京高商教授になり、翌一八年九月留学の命を受け、一九一九年四月二三日に『経済学原理』（部分訳）（第五編は、第一章、十五章のみ訳出、第六編は、第一、二章、十一、十二章を欠く）が佐藤出版部から刊行され、四月二七日に留学のため東京を出ている。一九二四年一月に帰国、六月東京商大助教授、一九二五年四月から『経済学原理』（完訳）（第八版）を改造社から刊行し始め、一九二六年一一月に全四巻を刊行し、翻訳を完成している。一九二八年には『経済学原理』の改訂廉価版が刊行されている。大塚の訳については、「マーシャル『経済学原理』各版の訳者序文」、『大塚金之助著作集』第一巻

（岩波書店、一九八〇年）、三一三―六三頁、および西岡一九九四の「大塚金之助訳『経済学原理』の問題点」（一一六―一八頁）を参照。

一九一九（大正八）年に東京帝大に入学して矢作栄蔵に経済学を習った東畑精一は次のように語っている。「たまたま当時大塚金之助さんがマーシャルの『経済学原理』を訳された。その最初の版には、マーシャルの有名な第五編、後になって純粋経済学の発展の芽となったような第五編が（序章だけが確か訳してあったが）殆んど訳してないのです。それはよく考えてみると、当時の日本の理解では経済学というのは、ほんとうの経済学ではないのですね。福田徳三先生の『国民経済講話』にも、もちろんこの第五編に当たる経済学の本体は書いてない。同先生の『流通経済講話』というのを読んでみても、価格というところでもう話は止まっているのですね。全部が経済問題の周囲のまあ与件みたいなことの話で終わっています。」（『月報座談会Ⅰ　近代経済学の展開と背景』（『中山伊知郎全集』別巻、講談社、一九七三年、二五））

(13)　なお、マーシャルは『原理』第五編第十二章の最後で次のように述べている。「経済進歩という高度なテーマに入っていこうとするのだから、経済問題を有機的成長の問題としてでなく、静学均衡の問題として取り扱おうとすると、不完全にしか表現できなくなる。静学的扱いは思考に明確さと正確さを与え、社会を有機体とみる一層哲学的な取り扱い方に対して欠くことのできない序論を提供することになるが、それは所詮一つの序論にすぎないのである。」「静学的な均衡理論は経済研究の序論にすぎない。しかも、収益逓増の傾向を示す産業の進歩と発展についての研究にとってはほとんど序論ともならないのである」（Marshall 1961a. 461: 訳Ⅲ、一八二）。

(14)　「中山伊知郎によれば、……」以下の補足説明は、西沢二〇〇七、五八一、五八九―九一の要約である。井上琢智によれば（井上二〇〇六、三二三―四）、福田は、従来の経済学の立場からみれば、静学と規定されてきた需給理論を「動態」と捉え、静学と動学の区別に反対して、「経済学全部動態の研究たるべき」と考えた。交換と分配の動態的研究を行うために、従来の交換・分配や動学という呼称に代えて、それらの「統一的表徴」としての「流通」という名称を採用した。価格を軸とする需給理論を重視する点で、福田は同時代の多くの近代経済学者たちと同じであった。ただその近代経済学の場合には、交換理論としての需給理論が分配理論に適用されることで、経済学自体が静学としての「交換の学」となったのに対して、福田の場合はその逆をリカードを援用して主張した。すなわち、「リカードの分配と称せし意を拡張して、いわゆる交換をも包含すべき呼称を求めこれを流通と称」し、「流通」という概念こそ交換と分配に共通するものだという。

(15)　福田は『講義』第四編を「生産の動因（供給論）土地・労働・資本及企業」とし、第七章「労働効程の増進と分業」、第八章「マーシャルの企業論」としている。マーシャルの『原理』第四編は「生産要因　土地・労働・資本及び組織」であり、第八章から十二章までは「産業上の組織」である。マーシャルの場合は、福田がいう企業論というよりも、産業組織・企業組織論で、知識と組織、知識・能力の働きを強化する組織・「効率的な制度」という側面が重要である。*Cf. Marshall, Marshallians and Industrial*

Economics, ed. by T. Raffaelli, T. Nishizawa and S. Cook, Routledge, 2011.

(16) 福田は続けておよそ次のように言う。価値は数量にあらず。価値と価値との比較は畢竟一つの心理的行程に止まるが、心理的作用を数量化して考える精神物理学は優に存在理由を確定したる如し。利用を数量化する企て、限界利用理論の如き、成功した如くであるが、不動の定説とするには躊躇せざるをえない。価値と価値との比較を直ちに数量化することをせず、品質上の比較に止め置くものとして、この場合に余剰価値ありや否やというに必ずありと断ぜざるを得ない。ただその余剰価値は数量をもって言い表すこと能わざるが故に、これを知ることは困難にして、たとえ知りうるにしてもそのために得る援助は甚だ微弱なり。マーシャルの消費者余剰の説明が甚だ有益なる試みでありながら、非難を免れざるはこれがためなり、として福田は「ニコルソンの激しき反対論を参考せよ」としている（同　四五八―五九）。なお、Marshall 1961a, 127: 訳Ⅱ、六四の注（三）を参照。

福田はマーシャルが消費者余剰を定義した第三編第六章の解説で、マーシャルの「『消費者余剰』論に服し能わざること既に久しく、思索を重ぬる数年、今日に至りてなおその説を改むべき所以を見ず。消費者に余分の満足あれば、生産者にもまたこれあるべき理なり……」としている（同　三〇〇）。ただ福田は、マーシャルの生産者余剰にも『原理』の「付録K　余剰のいくつかの種類」にも言及していないようである。

(17) エッジワースのマーシャル『経済学原理』への書評の一節。Edgeworth, F.Y., "Review", *Principles of Economics* by Alfred Marshall, 1890, reprinted in *Alfred Marshall. Critical Responses*, ed. by P. Groenewegen, vol. 2, Routledge, 1998, 12.

(18) 別書というのは近刊の『産業と商業』一九一九。

(19) フェッターによれば、アダム・スミスはその精神と一般的な学説において、「商業あるいは価格経済学者」であるよりも「厚生経済学者」であり、価格が富あるいはnational well-beingの真の指標でないことを示そうとした（Fetter 1920, 468）。フランク・フェッター（Frank Albert Fetter、1863-1949）は、コーネル大学で哲学を学び、ハレ大学で哲学博士の学位を得た。コーネル、スタンフォードを経て、一九一一年にプリンストン大学の経済・政治及び歴史学部長となり、二〇年以上そこで務めた。二〇世紀の初めにアメリカ経済学会の指導的な立場につき、一九一二年には会長になった。

(20) ホブソンの著書 *Wealth and Life. A Study in Values*（1929）は、*Work and Wealth. A Human Valuation*（1914）とともに、ラスキンの公理 'No Wealth But Life' を受けた、ホブソンの厚生経済学・人間福祉の経済学を代表するもので、ドナルド・ウィンチが一八四八―一九一四年の知性史をまとめた書物のタイトル *Wealth and Life*（2009）に用いたものである。ピグーの「旧厚生経済学」からロビンズ以降の「新厚生経済学」、アローの社会的選択の理論にいたる厚生経済学の歴史では埋もれてしまった、ラスキン、ホブソンの厚生経済学・福祉の経済学の伝統のなかで福田の厚生経済研究を検証してみたい。筆者は、厚生経済学と福祉国家の歴史的検証、厚生経済学史の再検討に関わる共同研究を進めているが、「新厚生経済学」を構築したヒックスが自ら行った「経済厚生」主義への決別宣言、ヒックスの「非厚生主義」宣言の趣旨と射程は、鈴村教授によれば、「富と厚生」の批判的検討から

「富の理論」「富の経済学」の再構成を意図するもの（鈴村 二〇一三）であるが、それはマーシャルや古典派の富の理論（プルトロジーへの回帰）からラスキンやホブソンが言う「富と生」にも接点をもちうるものではないだろうか。

参考文献

Backhouse, R.E.（2008）“Morality and Welfare: The ‘English School of Welfare Economics”, *History of Political Economy* 40（Annual Supplement）, pp. 212–36.

――（2010）“J.A. Hobson as a Welfare Economist”, in Backhouse and Nishizawa eds.（2010）, pp. 114–35. 姫野順一訳「福祉経済学者としてのＪ・Ａ・ホブソン」、西沢・小峯編（二〇一三）、一二五–五三頁。

Backhouse, R.E. and Nishizawa, T. eds.（2010）*No Wealth but Life. Welfare Economics and the Welfare State in Britain, 1880-1945*, Cambridge University Press.

Caldari, K. and Nishizawa, T.（2014a）”Marshall's ‘Welfare Economics' and ‘Welfare', *History of Economic Ideas*, XXII, 2014/1, pp. 51–67.

――（2014b）“Progress Beyond Growth: Some insights from Marshall's Final Book”, *European Journal of the History of Economic Thought*, published onlime : 21 Feb. 2014..

Dardi, Marco（2010）“Marshall on Welfare, or : the ‘Utiltarian' Meets the ‘Evolver'”, *European Journal of the History of Economic Thought*, 17–3, pp. 405–37.

Fetter, Frank A.（1920）“Price Economics versus Welfare Economics,” *American Economic Review*, 10–3, 4, pp. 467–87, 719–37.

Groenewegen, Peter D.（2010）“Marshall on Welfare Economics and the Welfare State”, in Backhouse and Nishizawa eds.（2010）, pp. 25–41. 藤井賢治訳「マーシャルにおける厚生経済学と福祉国家」、西沢・小峯編（二〇一三）、六一–八二頁。

Hobson, J. A.（1898）*John Ruskin. Social Reformer*, London: James Nisbet.

――（1914）*Work and Wealth: A Human Valuation*, with a new introduction by Peter Cain, London: Routledge/Thoemmes Press, 1992.

――（1929）*Wealth and Life. A Study in Values*, London: Macmillan.

Liu, William Tien-Chen（1934）*A Study of Hobson's Welfare Economics*, Peiping: Kwang Yuen Press.

Marshall, Alfred（1873）“The Future of the Working Classes,” in Pigou ed. 1925, pp. 101–18. 永澤越郎訳「労働階級の将来」同訳『マーシャル経済論文集』岩波ブックサービスセンター、一九九一年、一九三–二一八頁。

――（1961a, 1961b）*Principles of Economics*（1890）, 9th（variorum）ed., by C.W. Guillebaud, Vol. I Text, Vol. II Notes, London:

Macmillan, 1961. 馬場啓之助訳『経済学原理』I―IV、東洋経済新報社、一九六五―六七年。

Pigou A.C.（1920）*The Economics of Welfare*, London: Macmillan. 気賀健三他訳『厚生経済学』I―IV、東洋経済新報社、一九五三―五五年。

―― ed.（1925）*Memorials of Alfred Marshall*, London: Macmillan.

Ruskin, John（1860）*Unto this Last: Four Essays on the First Principles of Political Economy*, London: Routledge/Thoemmes Press. 飯塚一郎訳『この最後の者にも』『世界の名著』四一『ラスキン、モリス』中央公論社、一九七一年。

井上琢智（二〇〇六）『黎明期日本の経済思想』日本評論社。

今村武雄（一九八三）『小泉信三伝』文芸春秋。

上田貞次郎（一九六三―六五）『上田貞次郎日記』大正八年―昭和一五年、明治三八年―大正七年、明治二五年―三七年、上田貞次郎日記刊行会。

金沢幾子（二〇一一）『福田徳三書誌』日本経済評論社。

小泉信三（一九二三）「社会政策の原理―Pigou, The Economics of Welfare を読む―」『三田学会雑誌』一七―一〇、二三―五五頁。

――（一九六〇）「慶應時代の先生」福田徳三先生記念会『福田徳三先生の追憶』所収。

――（一九六七）『小泉信三全集』第十一巻、文芸春秋。

坂西由蔵（一九〇四）『企業論』同文舘、増訂第二版、一九〇五年。

塩野谷祐一（二〇一二）『ロマン主義の経済思想―芸術・倫理・歴史』東京大学出版会。

――（二〇一三）「福祉国家の哲学的基礎―オックスフォード・アプローチ」、西沢・小峯編（二〇一三）、一八七―二二三頁。

杉原四郎（一九七九）「福田徳三と河上肇」『経済論叢』一二四―五・六、一―二〇頁。

――（二〇〇一）『日本の経済思想史』関西大学出版部。

鈴村興太郎（二〇一三）「規範的経済学の《非厚生主義》的・《非帰結主義》的基礎――ピグー、ヒックス、センを係留する連結環はなにか――」、西沢・小峯編（二〇一三）、三三九―六四頁。

高橋誠一郎（一九五六）『経済学　わが師　わが友』日本評論新社。

都留重人（一九四三）「〝国民所得〟概念への反省」『一橋論叢』一二―六、二二一―四一頁。

――（一九九八）「ビクトリア朝時代についての一経済学者の反省―ラスキンの政治経済学上の貢献について」同著『科学的ヒューマニズムを求めて』新日本出版社、二一七―五五頁。

中山伊知郎（一九七八）「日本における近代経済学の出発点」、美濃口武雄・早坂忠編『近代経済学と日本』日本経済新聞社。

西岡幹雄（一九九四）「近代日本の経済学と新古典派経済学の導入――マーシャル経済学の受容とその実態に関する一研究――」『経済学論叢』（同志社大学）、四五‐三、七〇‐一四八頁。

西沢　保（二〇〇七）『マーシャルと歴史学派の経済思想』岩波書店。

――（二〇一二）「創設期の厚生経済学と福祉国家―マーシャルにおける経済進歩と福祉」『経済研究』六四―一、七六―九三頁。

――（二〇一四）「厚生経済学の源流―マーシャル、ラスキン、福田徳三」『経済研究』六五―二、九七―一一二頁。

西沢保・小峯敦編（二〇一三）『創設期の厚生経済学と福祉国家』ミネルヴァ書房。

一橋大学学園史編集委員会編（一九八二‐八三）『一橋大学学制史資料』第一―七巻（一八七五―一九四五）。

一橋如意団（二〇〇八）『鉄如意：一橋如意団百周年記念誌』。

――（二〇一七）『鉄如意：一橋如意団百十周年記念誌』。

福田徳三（一九二五―二六）『経済学全集』全六集八冊、同文館。

――（二〇一五―　　）福田徳三研究会編『福田徳三著作集』信山社：第三巻『国民経済講話（一）』（二〇一七）、第十巻『社会政策と階級闘争』（二〇一五）、第十七巻『復興経済の原理及若干問題』（二〇一六）、第十九巻『厚生経済研究』（二〇一七）。

――（一九六〇）福田徳三先生記念会『福田徳三先生の追憶』。

――（二〇〇六）「福田徳三―ルーヨ・ブレンターノ書簡　一八九八―一九三一年」翻刻・翻訳　柳沢のどか、校閲　西沢保、一橋大学社会科学古典資料センター *Study Series*, no. 56, March.

安井琢磨（一九四二）「我国における理論経済学の発展について―『数理経済学』を中心として」『東京帝国大学学術大観　法学部・経済学部』。

山田雄三（一九五五）「福田博士の厚生経済学について」一橋大学一橋学会編『一橋大学創立八〇周年記念論集』上巻、山田雄三『国民所得論』岩波書店、一九五九年所収。

――（一九八二）「福田経済学と福祉国家論―福田徳三先生歿後五十年にあたって―」『日本学士院紀要』三七―三、一九八二年三月。

――編（一九八〇）福田徳三『厚生経済』講談社学術文庫、「解説」。

福田徳三略年譜

一八七四(明治七)年　十二月二日　東京神田に生まれる。

一八七五(明治八)年　九月　商法講習所誕生。

一八八七(明治二十)年　五月　母信子死去。以後、優等生となって勉学に励む。

一八八九(明治二十二)年　七月　商工徒弟講習所補充科二年に入学。

一八九〇(明治二十三)年　九月　高等商業学校予科へ進学。

一八九三(明治二十六)年　七月　本科三年に進級し、各地の商工業の状況を視察する。

一八九四(明治二十七)年　七月　高等商業学校を卒業。

九月　兵庫県立神戸商業学校教諭に任命される。

一八九五(明治二十八)年　九月　神戸商業学校を辞して高等商業学校研究科に入学。

一八九六(明治二十九)年　七月　高等商業学校研究科卒業。

九月　高等商業学校講師となる。

一八九七(明治三十)年　三月　ドイツ留学に出発。

一八九九(明治三十二)年　五月　国際商業教育会議（於ヴェネチア）に出席する。

一九〇〇(明治三十三)年　四月　ドイツ留学中に高等商業学校教授に任命される。

この年 *Die gesellschaftliche und wirtschaftliche Entwickelung in Japan*（『日本における社会的・経済的発展』）を出版。

一九〇一(明治三十四)年　一月　ヨーロッパ留学中の高等商業学校教員七名とともに、ベルリンにて「商科大学設立ノ必要」を起草する。

九月　四年間の留学より帰国。十一月から講義を行う。

一九〇四（明治三十七）年　八月　休職を命じられる。

一九〇五（明治三十八）年　五月　法学博士の学位を受ける。

十月　慶應義塾教員となる。

一九〇七（明治四十）年　九月　『経済学講義』上巻を出版（中下巻は一九〇九年刊）。

一九一〇（明治四十三）年　一月　東京高等商業学校講師を嘱託される。慶應義塾の教員も引き続き務める。

一九一八（大正七）年　三月　慶應義塾を退職。

十二月　吉野作造らと黎明会を結成。

一九一九（大正八）年　五月　東京高等商業学校教授に任命される。

一九二二（大正十一）年　四月　帝国学士院会員に任命される。

一九二三（大正十二）年　一月　内務省社会局参与に任命される。

十一月　関東大震災後の失業調査を実施。

一九二五（大正十四）年　三月　『経済学全集』刊行開始。

五月　帝国学士院会員代表として、第六回万国学士院連合会議（於ブリュッセル）に出席。

九月　ロシア学士院二百年祭（於レニングラード）に出席。ケインズらとともに、モスクワでの講演を依頼される。

一九二七（昭和二）年　二月　フランス学士院客員に選出される。

一九三〇（昭和五）年　五月八日　逝去（五十五歳）。

福田徳三著作集（全二一巻）

福田徳三研究会 編（代表：西沢保）
後援 一橋大学／協賛 如水会

◆現代に通底する福祉国家への流れ◆

◇「経世済民の学」いま蘇る!!

「学問の開拓者、先進者として後進を刺戟し奨励する特殊の才能と非凡の性格は比類なく、わが国の経済学は確かに福田に導かれて来た……経済史、経済理論、経済思想史、社会政策、マルキシズム、株式会社研究がそうであった。……」（小泉信三）

刊行に寄せて

一橋大学長 蓼沼宏一

この度、一橋大学内外の関係者のご尽力により、福田徳三著作集が刊行されることを、心より嬉しく思います。商法講習所、高等商業学校以来の本学の学問伝統は、ドイツ留学中の若い学徒たちによってその礎石が置かれました。その旗手であった福田徳三の全貌を蘇らせることは、21世紀における日本の学問を省察し、新たな一歩を踏み出す好機ともなるでしょう。

福田は、東京高商・東京商大と慶應義塾で教鞭をとり、幾多の優れた後継者を育てています。そして、多くの著述によって20世紀前半の日本の学界をリードし、明治末・大正期の経済学、また社会科学の全体が飛躍的に発展する上で、多大なる貢献をしました。福田の研究活動は広範にわたり、経済学だけでなく、経済史、商工政策、さらには労使関係まで、隣接する諸分野にも大きな影響を与えています。その活動を貫いているのは、厚生の追究でした。

近代日本の経済発展と、経済学、社会科学の歩みを改めて学びつつ、これからの日本と世界の進むべき道を考えるためにも、本著作集は、絶好の機会を提供することでしょう。

福田徳三著作集（全二一巻） ＊は既刊（全体構成と編集担当）

第1巻『経済学講義』（西沢保）
第2巻『国民経済原論』（池田幸弘）
＊第3巻『国民経済講話（1）』（江夏由樹・大月康弘）
第4巻『国民経済講話（2）』（大月康弘・江夏由樹）
第5巻『流通経済講話』（大友敏明）
第6巻『経済史研究』（杉岳志・森宜人・夏目琢史）
第7巻『経済学史研究』（井上琢智）
第8巻『経済学研究』（原伸子）
第9巻『経済学論攷』（山内進）
＊第10巻『社会政策と階級闘争』（西沢保・森宜人）
第11巻『社会運動と労銀制度』（玉井金五・杉田菜穂）
第12巻『ボルシェヴィズム研究』（大月康弘）
第13巻『生存権の社会政策』（清野幾久子）
第14巻『労働権・労働全収権及労働協約』（清野幾久子）
＊第15巻『黎明録』（武藤秀太郎）
＊第16巻『暗雲録』（武藤秀太郎）
＊第17巻『復興経済の原理及若干問題』（清野幾久子）
第18巻『経済危機と経済恢復』（森宜人）
＊第19巻『厚生経済研究』（井上琢智）
第20巻『現代の商業及商人』（田中秀臣）
第21巻『唯物史観経済学史出立点の再吟味』（田中秀臣）

福田徳三著作集
第1巻

経済学講義

2017(平成29)年10月30日　第1版第1刷発行

編　者　福田徳三研究会
編　集　西　沢　　保
発行者　今井 貴・稲葉文子
発行所　株式会社　信 山 社
〒113-0033　東京都文京区本郷6-2-9-102
Tel03-3818-1019　Fax03-3818-0344
info@shinzansha.co.jp
笠間才木支店　309-1611　茨城県笠間市笠間515-3
笠間来栖支店　309-1625　茨城県笠間市来栖2345-1
Tel 0296-71-0215　Fax 0296-72-5410
出版契約　2017-8081-4-01010　Printed in Japan

印刷・製本／亜細亜印刷・渋谷文泉閣
ISBN978-4-7972-8081-4　C3332.P632/331.000-a001 経済学・経済思想
8081-4-01011：012-060-040

『経済学講義』（福田徳三著作集第1巻）

■編集者紹介

西沢　保（にしざわ　たもつ）　帝京大学経済学部教授・一橋大学名誉教授

■編集協力者（第1巻担当）

金沢幾子（校訂・校正等統括・書誌索引作成）
青木小夜子（校正等，人名・団体名索引作成）・志田達彦（校正補助）
福島知己（資料調査，書誌索引・人名索引作成）

■福田徳三研究会メンバー（50音順）

西沢保(代表)／池田幸弘　井上琢智　江夏由樹　大月康弘　大友敏明　大場高志　金沢幾子　酒井雅子　杉岳志　杉田菜穂　清野幾久子　高木久留実　田崎宣義　田中秀臣　玉井金五　土肥恒之　夏目琢史　野村由美　原伸子　福島知己　武藤秀太郎　森宜人　山内進

福田徳三著作集（全21巻）

（＊は既刊）　〈編集担当〉

【第1期刊行】

＊第1回配本／第10巻	『社会政策と階級闘争』	（西沢保・森宜人）
＊第2回配本／第17巻	『復興経済の原理及若干問題』	（清野幾久子）
＊第3回配本／第15巻	『黎明録』	（武藤秀太郎）
＊第4回配本／第16巻	『暗雲録』	（武藤秀太郎）
【第2期刊行】		
＊第5回配本／第3巻	『国民経済講話(1)』	（江夏由樹・大月康弘）
＊第6回配本／第19巻	『厚生経済研究』	（井上琢智）
第7回配本／第1巻	『経済学講義』	（西沢保）
第8回配本／第4巻	『国民経済講話(2)』	（大月康弘・江夏由樹）
【第3期刊行】		
第9回配本／第13巻	『生存権の社会政策』	（清野幾久子）
第10回配本／第14巻	『労働権・労働全収権及労働協約』	（清野幾久子）
第11回配本／第6巻	『経済史研究』	（杉岳志・森宜人・夏目琢史）
第12回配本／第7巻	『経済学史研究』	（井上琢智）
第13回配本／第9巻	『経済学論攷』	（山内進）
第14回配本／第11巻	『社会運動と労銀制度』	（玉井金五・杉田菜穂）
【以下続刊】　第2巻	『国民経済原論』	（池田幸弘）
第5巻	『流通経済講話』	（大友敏明）
第8巻	『経済学研究』	（原伸子）
第12巻	『ボルシェヴィズム研究』	（大月康弘）
第18巻	『経済危機と経済恢復』	（森宜人）
第20巻	『現代の商業及商人』	（田中秀臣）
第21巻	『唯物史観経済学史出立点の再吟味』	（田中秀臣）

人名・団体名索引

あ行

アイゼンハート　Eisenhart, Hugo ········80
アウスピッツ　Auspitz, Rudolf ·········· 285
アークライト　Arkwright, Richard ·······47
アシュレー　Ashley, William James ····················32, 35, 53-56, 125, 130, 142, 159-160, 165, 372
東　晋太郎·····································80
アッシャー　Usher, Abbott Payson··· 56-57
阿難··· 134
天野為之······································· 167
アメリカ経済学会（アメリカ経済学協会） American Economic Association··· 165
アモン　Amonn, Alfred··················· 434
アリストテレス　Aristotelēs······5, 21, 25, 61, 83, 442
アルキメデス　Archimēdēs ·············· 233
アルトシュル　Altschul, Eugen ········· 156
アンウィン　Unwin, George ··········· 55, 57
アンシオー　Ansiaux, Maurice ···· 154-155
アンダーソン　Anderson, James ····65, 350
アントアーヌ　Antoine, Charles ··· 154-155
飯島幡司······································· 155
イエス・キリスト　Iēsous Christos ···· 134
イギリス王立経済学会（王国経済学協会） Royal Economic Society ········ 160, 165
石川　昭 → 三上正毅
イーデン　Eden, Frederick Morton··· 67, 69
伊藤真雄······································· 151
稲垣乙丙······································· 355
井上瑞枝·························· 391-392, 394
イングラム　Ingram, John Kells·····76-77, 81-82
ヴィクセル　Wicksell, Johan Gustaf Knut ·· 157-158
ヴィーザー　Wieser, Friedrich von ···75, 205
ヴィーゼ　Wiese, Leopold von ·········· 323
ヴィッテ　Vitte, Sergei Yulievich ·· 157-158
ヴィルヌーヴ-バルジュモン　Villeneuve-Bargemon, Jean-Paul-Alban·········79
ウェイクフィールド　Wakefield, Edward Gibbon ····························· 158, 411
ウェスト　West, Edward·················350, 358-364
ウエストコット　Westcott, Brooke Foss ··· 42, 58
上田貞次郎······· 442, 448, 453, 473-475, 483
ウェッブ，シドニー　Webb, Sidney James ·· 19, 57
ヴェッリ，ピエトロ　Verri, Pietro ····· 487
ウェーバー，マックス　Weber, Max ······························ 42, 75, 108, 125
ヴェブレン　Veblen, Thorstein Bunde ··· 476
ヴェルンスキー　Werunsky, A. ···········79
ヴェンティッヒ　Waentig, Heinrich···· 164
ウォーカー　Walker, Francis Amasa ··· 152
ヴォーツェル　Wotzel, A. A. ············ 156
ヴォルフ　Wolf, Julius··············· 181, 183
内田銀蔵······································· 163
ヴレルス　Weulersse, Georges ············80
ヴント　Wundt, Wilhelm Max ·······17, 132
エスピナ　Espinas, Alfred Victor ·········77
エドワード三世　Edward III·········· 55-56
エルスター　Elster, Ludwig ········ 162-163
エーレンフェルス　Ehrenfels, Christian von ······································· 258
エンゲルス　Engels, Friedrich··········· 493
オイラー　Euler, Leonhard ········· 374-375
大塚金之助····································· 146
大西猪之介····································· 446
大野　隆·····································(14)
オストヴァルト　Ostwald, Wilhelm ···· 108
オッペンハイマー　Oppenheimer, Franz ············75, 78, 101, 420, 430, 433-434

オヘンコフスキ　Ochenkowski, Władysław von …………44-45, 53, 57
オルダーショウ　Oldershaw, L. ………160
オンケン　Oncken, August …………80-82

か行

カーヴァー　Carver, Thomas Nixon …………151, 153, 171-172, 175
カウツ　Kautz, Gyula…………26, 79, 83
カウツキー　Kautsky, Karl Johann ……487
カエサル　Caesar, Gaius Julius…………394
迦葉…………134
カストベルグ　Castberg, Peter Harboe 229
勝　海舟…………394
カッセル　Cassel, Karl Gustav……76, 124, 156-157
カートラー　Curtler, William Henry Ricketts…………55-56
カートライト　Cartwright, Edmund……47
金井　延…13-14, 19, 110, 124, 130, 167, 388
カニンガム　Cunningham, William……31, 53-56
カーライル　Carlyle, Thomas………89, 97
ガルニエ，ジェルマン　Garnier, Germain …………487
ガルニエ，ラッセル　Garnier, Russell Montague…………55-56
河上　肇…………(4), 82, 107, 131-138, 157, 167, 181, 448
河田嗣郎…………157, 167-168
神田孝平…………167
カンティロン　Cantillon, Richard………83
カント，イマーヌエル　Kant, Immanuel …………15, 135
神戸正雄…………165
気賀勘重…………19, 148
ギッフェン　Giffen, Robert……………307
ギビンズ　Gibbins, Henry de Beltgens …………54, 56
キャナン　Cannan, Edwin…14, 19, 59-60, 78-79, 151, 158, 160, 298, 312, 323, 351, 358-360, 364, 370, 384-385, 390, 404, 406, 408-410, 439, 494
ギュイヨー　Guyot, Yves…………124
キング，グレゴリー　King, Gregory…281
クストディ　Custodi, Pietro…………163
クニース　Knies, Karl Gustav Adolf …………18, 21, 59, 74, 83, 130
クラインヴェヒター　Kleinwächter, Friedrich von…………131, 150, 167
クラウス　Kraus, Oskar…………258
クラーク　Clark, John Bates…75, 151-152, 241-243, 397-398
グラツィアーニ　Graziani, Augusto …………156-157
クリフ・レズリー　Cliffe Leslie, Thomas Edward…………72, 130
グリーン　Green, Thomas Hill…………92
クルップ　Krupp…………442-443
クルノー　Cournot, Antoine Augustin …………73, 161, 269
車谷馬太郎…………(7)
グレー　Gray, John…………98
グレーフ　Greef, Guillaume de……156-157
黒岩涙香（周六）…………108
グロス　Gross, Charles…………59
グロッセ，エルンスト　Grosse, Ernst Ulrich…………34-35, 462
クロンプトン　Crompton, Samuel………47
桑木厳翼…………111
ケアリー　Carey, Henry Charles …………73, 357, 364
ケアンズ　Cairnes, John Elliott……72, 129
ケインズ，ジョン・メイナード　Keynes, John Maynard…………129, 250
ケニヨン　Kenyon, Ruth…………57
ケネー，フランソワ　Quesnay, François …………64-65, 77, 487
ケラー　Keller, Franz…………509
ゲレスノフ　Gelesnoff, Wladimir (Zhelieznov, Vladimir IAkovlevich) …………76, 156-157
小泉信三…………161
コヴェス　Cauwès, Paul………75, 154-155
コーク　Coke, Thomas William………356
国家学会…………166
コッサ　Cossa, Luigi………78, 131, 157, 250

ゴッセン　Gossen, Hermann Heinrich ……………………161, 270-272, 284-285, 289-291, 296, 298
コート　Cort, Henry ………………………47
ゴドウィン，ウィリアム　Godwin, William ……………………380-382, 388
ゴナール　Gonnard, René ………………77
小林丑三郎………………………………167
コペルニクス　Copernicus, Nicolaus … 270
駒井重格…………………………………161
小宮山綏介………………………………394
コルソン　Colson, Clément ……… 154-155
コーン　Cohn, Gustav ……17, 74, 148-149, 249-250, 335, 369
コント　Comte, Auguste ……… 72, 85-86, 92, 108
コンドルセ　Condorcet, Marie Jean Antoine Nicolas de Caritat ………… 388
ゴンナー　Gonner, Edward Carter Kersey ……………………………………… 159-160
コンラート　Conrad, Johannes …150, 162-164, 166

さ行

坂西由蔵……………… (4), 32, 144, 293, 323, 442, 448, 473-475, 483
ザックス　Sax, Emil ………… 205, 298-299
サン・シモン　Saint-Simon, C. H. de R.…73
ジェヴォンズ　Jevons, William Stanley ……………………72, 130, 160, 222-224, 228, 239, 258, 270-271, 285, 289, 298, 318-319, 321, 323, 399-400
ジェノヴェージ　Genovesi, Antonio, 1713-1769 ……………………………38
シェフレ　Schäffle, Albert Eberhard Friedrich ………… 74, 92, 179, 210, 462
シェーンベルク　Schönberg, Gustav Friedrich von ………………… 164, 204
シーガー　Seager, Henry Rogers ……………………………… 152-153, 155
シスモンディ　Sismondi, Jean Charles Léonard, Simonde de ……………… 428
ジード，シャルル　Gide, Charles ………………………… 75, 77, 154-155
シーニア，ナッソー・ウィリアム　Senior, Nassau William ………………220, 251, 298, 313-314
シャイエ-ベール　Chailley-Bert, Joseph ……………………………………… 162
社会政策学会（ドイツ）　Verein für Sozialpolitik……………………………75
シュタイン，ローレンツ・フォン　Stein, Lorenz von……………… 162, 215-217
シュテフィンガー　Stephinger, Ludwig ……………………………………… 108
シュトリーダー　Strieder, Jacob ………60
シュパン　Spann, Othmar …………… 75, 81
シュピートホフ　Spiethoff, Arthur August Caspar……………………… 243
シューマッハー-ツァルヒリン Schumacher-Zarchlin, H. ………… 334
シュマルツ　Schmalz, Theodor………… 487
シュモラー，グスタフ　Schmoller, Gustav Friedrich von … (3), 12-15, 18, 31, 33-35, 37-38, 58, 74-75, 79, 91, 97, 107, 111-112, 116, 120-122, 126, 130, 139, 147-148, 152, 166, 179, 205, 245, 249-254, 256-257, 314, 317, 334, 343, 365-367, 394, 415, 417, 420, 422, 441, 443, 449, 461, 466, 472
ジュルネ　Journé, Maurice ……… 154-156
シュンペーター　Schumpeter, Joseph Alois…………75, 82, 183, 420, 430-433, 438, 440-441, 443, 448, 464, 466
ジョウエット　Jowett, Benjamin……5, 83
シラー　Schiller, Ferdinand Canning Scott ……………………………………… 223
ステュアート，ジェームズ　Steuart, James Denham …65, 311, 428, 487, 500
スピーノ　Supino, Camillo ………156-157, 197-199, 208
スペンサー，ハーバート　Spencer, Herbert…………………………23, 85, 92
スマイルズ　Smiles, Samuel………………43
スミス，アダム　Smith, Adam… 15, 19, 39, 46, 59-60, 63-67, 70, 77, 80,

83-84, 116, 121, 158, 160-161, 193-196, 199, 232-233, 298, 311, 313, 398-399, 404, 406, 408-411, 414, 416, 423, 427-428, 438-440, 443, 459, 460, 484-485, 487-496, 498-501, 504, 509
スミス（アメリカ）不詳　Smith……165
セー，ジャン・バティスト　Say, Jean Baptiste……73, 312-313, 428-429, 435
セー，レオン　Say, Léon……162-163
関　一……442, 448, 461, 472-476, 482-484
セリグマン　Seligman, Edwin Robert Anderson……152-153, 233, 284, 314, 327-330, 333-334, 346-347, 365, 367, 379, 406, 413
左右田喜一郎…101, 108-109, 113-115, 182-183, 257, 293, 453-454, 475
ゾンバルト　Sombart, Werner…35, 59-60, 75, 166, 323, 441-443, 445-446, 448-449, 453, 455, 458, 461, 466, 471, 473-476, 481-482, 484

た行

ダーウィン　Darwin, Charles Robert……72, 178, 387, 459-461
ダヴェンポート　Davenport, Herbert Joseph……152
タウシッグ　Taussig, Frank William……152-153, 243, 434
ダヴナント，チャールズ　Davenant, Charles……281, 487
高橋誠一郎……82
滝本誠一……445
滝本美夫……181, 202-204
田口卯吉……167
竹内謙二……158
田島錦治……167
ダニエルソン　Daniel'son, Nikolai Frantsevich……76
ダマシュケ　Damaschke, Adolf……80
近重真澄……133
チャイルド，ジョサイア　Child, Josiah……403
チャップマン　Chapman, Sydney John……151, 434
チュヘル　Čuhel, František……258
チュルゴ，アンヌ・ロベール・ジャック　Turgot, Anne Robert Jacques……350, 360, 428, 487
ツァイス　Zeyss, Richard……84
ツガン-バラノフスキー　Tugan-Baranovskiy, Mikhail Ivanovich……448
津村秀松……124, 167-168, 181, 203, 388, 406, 408, 443
ディーツェル　Dietzel, Heinrich……124, 179, 205, 255
ディール　Diehl, Karl……160, 164, 212-215, 229, 323, 447
ディルタイ　Dilthey, Wilhelm……18, 129-130
デシェーヌ　Dechesne, Laurent……55-56
手塚寿郎……161, 270
デートマー　Detmer, Wilhelm……343
テューネン　Thünen, Johann Heinrich von……331, 334
デュ・ビュア-ナンセ　Du Buat-Nançay, Louis-Gabriel……487
デュボア　Dubois, Auguste……79
デュポン・ド・ヌムール　Du Pont de Nemours, Pierre Samuel……65, 83
デュ・メニル-マリニー　Du Mesnil-Marigny, Jules……79
デューリング　Dühring, Eugen Karl……81
ドイツ商業教育協会……125
トインビー　Toynbee, Arnold……54, 57, 72, 77
トゥイス　Twiss, Travers……79, 83
東京朝日新聞社……(11)
トゥック　Tooke, Thomas……69
ドニ，エクトル　Denis, Hector……81
トマス・アクイナス　Thomas Aquinas……82, 297
トリュシー　Truchy, Henri……154-155
トレヴァー　Trever, Albert Augustus…83
トレンズ　Torrens, Robert…229, 313-314
トンプソン，ウィリアム　Thompson,

William……457

な行

中山伊知郎……161
ニコライ・オン（筆名）→ダニエルソン Nikolai-on → Daniel'son, Nikolai Frantsevich
ニコルソン　Nicholson, Joseph Shield……60, 151, 158, 307, 459
西山元文……394
ニース　　不詳　……79
ネケール　Necker, Jacques……487
ノイマン　Neumann, Friedrich Julius……196–204, 228
ノース，ダドリー　North, Dudley…65, 487
ノールズ　Knowles, Lillian Charlotte Anne……55, 57

は行

ハーヴァード大学　Harvard University……165
パウルゼン　Paulsen, Friedrich……18
パオレッティ　Paoletti, Ferdinando……487
ハーグリーヴズ　Hargreaves, James……47
バジョット　Bagehot, Walter…23, 72, 179
ハスバハ　Hasbach, Wilhelm……55, 57, 83, 323
ハチソン　Hutcheson, Francis……65
バックル　Buckle, Henry Thomas…21, 30
パッテン　Patten, Simon Nelson……75, 299, 458
パルグレーヴ　Palgrave, Robert Harry Inglis……162–163
パレート，ヴィルフレド　Pareto, Vilfredo……76, 156–157, 161, 270, 285
ハーン　Hearn, William Edward…255, 258
パンタレオーニ　Pantaleoni, Maffeo……76, 99, 156–157, 285
バンフィールド　Banfield, Thomas Charles……254–255, 257
ピエトリ-トネリ　Pietri-Tonelli, Alfonso de……156
ピグー　Pigou, Arthur Cecil……14, 19, 76, 162, 248, 255, 401
ヒッグズ　Higgs, Henry……162
ヒュインズ　Hewins, William Albert Samuel……55–57
ビューヒャー　Bücher, Karl……21, 31, 33–35, 37, 39, 46, 111, 409–410, 413, 461, 463, 466, 472
ヒューム，デーヴィッド　Hume, David……65, 70, 487
ピラト　Pilatos, Pontios……134
ピールソン　Pierson, Nicolaas Gerard……76, 156–157, 250
ヒルデブラント　Hildebrand, Bruno……33, 35, 74, 242
ヒルファディング　Hilferding, Rudolf……243, 441, 446, 450–451
ピンセロ　Pinsero, Niccolò……156, 158
ヒンネベルク　Hinneberg, Paul……149
ファイルボーゲン　Feilbogen, Siegmund……83
フィッシャー，アーヴィング　Fisher, Irving……76, 152, 243, 404, 434
フィリッポヴィッチ　Philippovich von Philippsberg, Eugen……19, 125, 147–149, 443
フェッター　Fetter, Frank Albert……152–153, 243
ブキャナン　Buchanan, David……158
福沢諭吉……(4), 167
福田徳三……(1)–(15), 16, 19, 21, 28–29, 31–32, 35, 82, 86, 91, 101–102, 109, 111, 124, 132–134, 136–139, 150, 161, 163, 180–182, 198, 201–202, 204–206, 208, 211–212, 219, 222, 228, 233, 241, 258, 297, 312, 318, 323, 347–349, 351, 361, 401, 413, 420, 423, 434, 436–438, 442, 447–448, 453, 455, 457–458, 461–463, 467, 475, 488, 509
フックス　Fuchs, Karl Johannes……101, 150, 157, 179, 219, 223, 228, 317
プライス　Price, Langford Lovell……54–55, 57, 77
プラーガー　Prager, Robert Ludwig…270
フラックス　Flux, Alfred William……150

プラッター　Platter, Julius………149, 217
ブラッドリー　Bradley, Harriett……54, 56
プラトン　Platōn………………25, 61, 414
ブラン，ルイ　Blanc, J. J. C. Louis………73
ブランキ　Blanqui, Adolphe-Jérôme……79
フランケンシュタイン　Frankenstein, Kuno………………………………229
ブランド　Bland, Alfred Edward……54, 56
ブリー　Bry, Georges………………53, 56
フーリエ　Fourier, Charles………………73
ブリンドリ　Brindley, James……………47
プルードン　Proudhon, Pierre Joseph………………………………73, 233, 244
フレーザー　Frazer, James George………………………………135-136
ブレンターノ　Brentano, Lujo……(1), (9)-(14), (17), 18-19, 58, 60, 74-75, 82, 125, 130, 164, 182, 251-253, 255-257, 270, 285, 296-298, 315-316, 332-335, 339-341, 363, 379-380, 385, 390, 407-408, 420, 422-423, 434
ブロドニッツ　Brodnitz, Georg……54, 56
ヘイニー　Haney, Lewis Henry…………81
ヘーゲル　Hegel, Georg Wilhelm Friedrich………………21, 26, 42, 58, 104, 108
ペシュ　Pesch, Heinrich……149, 323, 343
ヘッケル　Haeckel, Ernst Heinrich……108
ペティ，ウィリアム　Petty, William……………………65, 69, 374, 376, 487
ヘフディング　Höffding, Harald…………18
ベーム-バヴェルク　Böhm-Bawerk, Eugen von……75, 158, 200, 205, 214, 235, 241, 243, 294, 297-299, 397, 403, 441
ヘラー　Heller, Wolfgang………………81
ベルクソン，アンリ　Bergson, Henri‥463
ヘルクナー　Herkner, Heinrich…………75
ヘルト　Held, Adolf…………47, 58-59, 74
ベルヌイ　Bernoulli, Daniel……………307
ヘルフェリヒ　Helferich, Johann Alfons Renatus von……………………………161
ヘルマン　Hermann, Friedrich Benedikt Wilhelm von…………74, 161, 186, 251, 256, 258, 485
ペールマン　Pöhlmann, Robert von……161
ベロー　Below, Georg von……166, 463, 470
ペロー　Perreau, Camille…………154-155
ベンサム，ジェレミー　Bentham, Jeremy……………………………67-68, 87, 99
ボアロー　Boileau, Daniel……311-312, 314
ホェートリー　Whately, Richard………158
ホジスキン　Hodgskin, Thomas………489-490, 493
ポーター　Porter, George Richardson…69
ボードー　Beaudeau, Nicolas……………65
ボナー　Bonar, James…19, 80, 82-83, 370, 379, 382, 385, 390
ボネ　Bonnet, Alfred……………………157
ホブソン　Hobson, John Atkinson……151
ホランダー　Hollander, Jacob Harry………………………159, 165, 360, 363
ボールガール　Beauregard, Paul Victor……………………………………154-155
ボーン　Bohn, Henry George………19, 158
本庄栄治郎……………………………46, 394

ま行

マイア，ゲオルク・フォン　Mayr, Georg von……………………161, 388, 390, 463
マイノング　Meinong, Alexius…………258
マカロック　McCulloch, John Ramsay…………………69, 80, 158-159, 411, 434
マクラウド　Macleod, Henry Dunning…79
マーシャル，アルフレッド　Marshall, Alfred……(3), (5), (6), (8), 3-31, 34, 40-53, 57-59, 61-76, 79-80, 83, 85-99, 101, 103-104, 109-110, 114, 116, 118, 120, 122-124, 127-129, 139, 141, 146-147, 150-151, 157, 161, 169, 171-179, 183-197, 201-204, 218-228, 230-240, 242, 245-270, 274-296, 300-310, 315-322, 327, 330-332, 334, 336-346, 348-357, 360, 364-387, 396-404, 407, 412, 414-418, 420-423, 429-430, 437, 457-459, 461, 472
マッケイブ　McCabe, Joseph…………156

マッシー　Massie, Joseph……………… 487
マルクス，カール　Marx, Karl…… (8), 76, 108, 149, 170-171, 219, 225, 241-243, 298, 307, 322-323, 397, 403, 436, 440-444, 446, 448, 451, 453-454, 457, 466, 472, 474, 476-482, 484-485, 496, 498-502, 504-509
マルサス，ダニエル　Malthus, Daniel… 381
マルサス，トマス・ロバート　Malthus, Thomas Robert…67, 74, 158-159, 310-311, 350, 358-360, 362-364, 368-378, 380-390, 405-407, 409, 425, 428, 459-461, 487, 491-492, 496
マレー　Murray, John……………… 158-159
三上正毅（石川　昭）……………… 158-159
ミクスター　Mixter, Charles Whitney ………………………… 243, 299, 436, 445
ミッチェルリヒ　Mitscherlich, Waldemar ………………………………… 466-470
ミューアヘッド　Muirhead, John Henry ………………………………………… 19
ミラボー　Mirabeau, Honoré-Gabriel de Riquetti………………………………… 65
ミル，ジェームズ　Mill, James…312-314, 351, 353, 429
ミル，ジョン・スチュアート　Mill, John Stuart……72, 77, 85-86, 115, 118, 121, 129, 131, 146, 160-161, 179, 238, 298, 312-314, 316, 396, 399-400, 411
メッセダッリア　Messedaglia, Angelo…76
メレディス　Meredith, Hugh Owen ………………………………………… 55, 57
メーヨー-スミス　Mayo-Smith, Richmond ………………………………………… 388
メーン，ヘンリー・サムナー　Maine, Henry J. Sumner………………………… 23
メンガー，アントン　Menger, Anton ………………………………… 489, 495
メンガー，カール（父）　Menger, Carl ……… 75, 107, 116, 120-121, 130-131, 198-201, 205-211, 243, 298-299
メンガー，カール（子）　Menger, Karl ………………………………………… 206
モムゼン　Mommsen, Theodor…………26
森山章之丞……………………………… (12)
モール　Mohl, Robert von………………79
モンテスキュー　Montesquieu, Charles Louis de Secondat……… 21-22, 30, 70
モンベルト　Mombert, Paul…………… 164

や行

ヤーコプ　Jakob, Ludwig Heinrich von ………………………………………… 312
ヤストロウ　Jastrow, Ignaz…………… 164
山崎覚次郎………………………… 167-168
ヤング，アーサー　Young, Arthur…65, 67, 69-70, 352
横山由清……………………………… 391, 394
米田庄太郎…………………………… 453, 461

ら行

ライト　Wright, Carroll Davidson… 47, 59
ラウ　Rau, Karl Heinrich……………74, 179
ラウトレッジ　Routledge……………… 158
ラウンハルト　Launhardt, Wilhelm…· 299
ラサール　Lassalle, Ferdinand J. G.… 120
ラシュドール　Rashdall, Hastings………87
ラスキン　Ruskin, John……………… 89, 97
ラスク　Lask, Emil…………………… 108
ラッツィンガー　Ratzinger, Georg……18
ラッツェル　Ratzel, Friedrich…………31
ラボック　Lubbock, John………… 158, 160
ラロル　Lalor, John Joseph……………161
ランゲ　Linguet, Simon Nicolas Henri ………………………………………… 487
ランプレヒト　Lamprecht, Karl Gotthard ……………………………………… 108, 111
ランボー　Rambaud, Joseph……………77
リカード，デーヴィッド　Ricardo, David ……………11, 33, 69-70, 102, 107, 115, 121, 137, 144, 159-160, 247-248, 311, 325-327, 329, 331, 339, 347-350, 354-355, 357-359, 364, 368-369, 423-429, 434-435, 440, 485, 487-489, 491-492, 495-496
リース，アンドレ　Liesse, André…… 154
リース，ジェームズ・フレデリク　Rees,

James Frederick …………………55, 57
リスト，シャルル　Rist, Charles ………77
リスト，フリードリッヒ　List, Friedrich ……………………………… 34-35, 73-74
リーセン　不詳 ………………………79
リチャーズ　Richards, Robert …………78
リッケルト　Rickert, Heinrich …104, 108-109, 111-112, 115, 140
リディック　Riddick, W. ……………56-57
リプソン　Lipson, Ephraim ………… 55, 57
リーフマン，ローベルト　Liefmann, Robert ……14, 75, 107, 272, 291, 335-336, 441, 446-448, 457, 459, 483-484, 498, 510
リーベン　Lieben, Richard …………… 285
リントヴルム　Lindwurm, Arnold …… 179
ルイ十五世　Louis XV ……………………64
ルヴァスール，エミール　Levasseur, Pierre Émile …………………………75
ルーカス　Lucas, Charles Prestwood ………………………………………55, 57
ルクセンブルク，ローザ　Luxemburg, Rosa …………………………… 243, 448
ルター　Luther, Martin …………………42
ル・トローヌ　Le Trosne, Guillaume François ………………………………65
ルロワ-ボーリュウ　Leroy-Beaulieu, Pierre Paul ………………… 75, 154-155
レーア　Lehr, Julius …………………… 229
レイ，ジョン　Rae, John ……243, 298-299, 436-438, 440-443, 445, 464-466
レヴィンスキ　Lewiński, Jan Stanisław ……………………………………………82
レクシス　Lexis, Wilhelm ………… 149, 434
レーザー　Leser, Emanuel ………… 164, 363
ロジャーズ　Rogers, James E. Thorold ……………………………54, 57-58, 158
ロスチャイルド家　Roths'child ………… 403
ロースバッハ　Roßbach, Johann Joseph ……………………………………………79
ロック，ジョン　Locke, John ……398-399, 456-457, 487
ロッシャー　Roscher, Wilhelm Georg Friedrich …… 15-16, 18, 26, 74-75, 78, 121, 135, 161, 179, 245, 249, 317, 343
ロートベルトゥス　Rodbertus, Johann Karl ………………………………………244
ローバック　Roebuck, John ………………47
ローリア　Loria, Achille ……………… 14, 76
ロングマン商会　Longmans, Green and Co. ………………………………………160

わ行

ワグナー，アドルフ　Wagner, Adolf H. G. …………(3), 16, 18, 74-75, 83, 97, 130, 148, 179, 181, 183, 205, 250, 386
ワット　Watt, James ……………………47
ワルラス　Walras, Marie Esprit Léon ………………………………76, 161, 270

書誌索引

*福田徳三が付けた書名

**福田旧稿題名，掲載紙誌名，年月

アイゼンハート　Eisenhart, Hugo

――（1901）*Geschichte der Nationalökonomie*, 2. verm. Aufl., 2. unveränderter Abdruck, Jena, Fischer.……80

アウスピッツ　Auspitz, Rudolf

――（1889）*Untersuchungen über die Theorie des Preises*, von Rudolf Auspitz und Richard Lieben, Leipzig, Duncker & Humblot.……285

アシュレー　Ashley, William James

――（1894）*An introduction to English economic history and theory*, 3rd ed., pt.1, London, Longmans, Green.　背表紙タイトル：Economic history Vol. 1.
*『英国経済史』……32, 53-56, 142-143

――（1900）*Surveys historic and economic*, London, Longmans, Green.
*『歴史的経済的研究』……32, 53, 55-56, 130

――（1914）*The economic organisation of England: an outline history*, Lectures delivered at Hamburg, London, Longmans, Green.　*『英国の経済組織』……54, 56

アッシャー　Usher, Abbott Payson

――（1920）*The industrial history of England*, with illustrations and maps, Boston, Mifflin.　*『英国産業史』……56-57

天野為之

――（1886）『経済原論』富山房……167

アモン　Ammon, Alfred

――（1911）*Objekt und Grundbegriffe der theoretischen Nationalökonomie*, Wien, Deuticke,（Wiener staatswissenschaftliche Studien, 10. Bd., 1. Heft）……434

――（1912）"Soda, Dr. Kiichiro: Die logische Natur der Wissenschaftsgesetze.（Tübinger Staatswissenschaftliche Abhandlungen. Herausgegeben von Karl Johannes Fuchs. 17. Heft）. Stuttgart, 1911. Ferdinand Enke. XV und 130 S. M. 5".（Archiv fur Sozialwissenschaft und Sozialpolitik, 34. Bd.）……769

アリストテレス　Aristotelēs

――（――）*Politica*.　*『政治論』……21

アンウィン　Unwin, George

――（1918）*Finance and trade under Edward III*, by Members of the History School, edited by George Unwin, Manchester, Manchester Univ. Press,（Publications of the University of Manchester, Historical series, no.32）
*『エドワード三世治世下の財政及貿易』……55-57

アンシオー　Ansaux, Naurice

――（1920-23）*Traité d'économie politique*, 3 v., Paris, Giard（Bibliotheque nationale d' économie politique）……154-155

アントアーヌ　Antoine, Charles

――（1921）*Cours d'économie sociale*, 6e éd. rev. et mise à jour, par Henri Du Passage, Paris, Alcan.……154-155

イーデン　Eden, Frederick Morton
— (1797) *The State of the Poor, or, An history of the labouring classes in* England ... Lonodn, White. ……67
稲垣乙丙
— (1918)『最小律の展開漸減則の充実』成美堂 ……355
井上瑞枝
— (1904)「大日本国古来人口考」(『統計学雑誌』19 (213-214)：明治 37 年 1, 2 月) ……391-392, 394
イングラム　Ingram, John Kells
— (1888) *A history of political economy*, Edinburgh, Adam & Black. ……76-77, 81
『哲理経済学史』 安部虎之助訳, 経済雑誌社, 1896. ……82
ヴィクセル　Wicksell, Knut
— (1913-22) *Vorlesungen über Nationalökonomie : auf Grundlage des Marginalprinzipes*, vom Verfasser durchgesehene Übersetzung von Margarethe Langfeldt, Jena, Fischer. ……157-158
ヴィーゼ　Wiese, Leopold von
— (1908) "Die Lehre von der Produktion und der Produktivität", (*Die Entwicklung der deutschen Volkswirtschaftslehre im neunzehnten Jahrundert : Gustav Schmoller zur siebenzigsten Wiederkehr seines Geburtstages, 24. Juni 1908*, in Verehrung dargenbracht von S. P. Altmann [et al.], 1. Teil), Leipzig, Duncker & Humblot. ……323
ヴィッテ　Vitte, Sergei Yulievich
— (1913) *Vorlesungen über Volks- und Staatswirtschaft*, von S.J. Witte, übersetzt und eingeleitet von Josef Melnik, 2 v., Stuttgart, Anstalt. ……157-158
ウェスト　West, Edward
— (1815) *Essay on the application of capital to land : with observations shewing the impolicy of any great restriction of the importation of corn, and that the bounty of 1688 did not lower the price of it*, by a fellow of University College, Oxford, London, Printed for Underwood, ... by Roworth. *『土地に対する資本の充用に就ての考』 ……358-364
— Baltimore, Lord Baltimore Press, c1903. (A reprint of economic tracts, edited by Jacob H. Hollander) ……360
ウェストコット　Westcott, Brooke Foss
— (1887) *Social aspects of Christianity*, London, New York, Macmillan.
*『基督教の社会的方面』 ……42, 58
上田貞次郎
— (1910)「企業及経営ノ意義ニ関スル疑問」(『国民経済雑誌』9 (5)：明治 43 年 11 月) ……442-443, 448, 453, 473-475, 483
ウェッブ夫妻　Webb, Sidney and Beatrice
— (1911) *Prevention of destitution*, by Sidney and Beartice Webb, London, Longmans, Green ……19
ウェーバー　Weber, Max
— [1905?] *Die protestantische Ethik und der "Geist" des Kapitalismus*, Tübingen, Mohr. ……42

──(1923) *Wirtschaftsgeschichte: Abriss der universalen Sozial- und Wirtschafts-Geschichte*, aus den nachgelassenen Vorlesungen herausgegeben von S. Hellmann und M. Palyi, München, Leipzig, Duncker & Humblot. 講義遺稿…125
ヴォルフ　Wolf, Julius
──(1908) *Nationalökonomie als exakte Wissenschaft : ein Grundriss*, Leipzig, Deichert. *『精神科学としての経済学』……181, 183
ヴレルス　Weulersse, Georges
──(1910) *Le mouvement physiocratique en France* (*de 1756 à 1770*), 2 v., Paris, Alcan. ……80
ヴント　Wundt, Wilhelm Max
──(1903) *Ethik : eine Untersuchung der Tatsachen und Gesetze des* sittlichen *Lebens*, 3. umgearbeitete Aufl., Stuttgart, Enke.……17
エスピナ　Espinas, Alfred Victor
──(1892) *Histoire des doctrines économiques*, 3e éd., Paris, Colin. ……77
エリス　Ellis, Milliam A.
──(1906) "Variations in the editions of J. S. Mill's "Principles of political economy". (*The economic journal*, 16 (62)) ……160
エリス　Ellis, William
──(1850) *Outlines of social economy*, 2nd ed., London, Smith, Elder. (1st ed.: 1846) 『経済小学』2 v.,（英国）義里士著；（和蘭）畢洒林訳；神田孝平重訳［出版者不明］, 慶応 2［1866］序……167
エルスター　Elster, Ludwig
──(1911) *Wörterbuch der Volkswirtschaft in zwei Bänden*, bearbeitet von G. von Below-Freiburg ... [et al.], herausgegeben von Ludwig Elster, 3., völlig umgearb. Aufl., Jena, Fischer. *『経済辞書』……162
エーレンフェルス　Ehrenfels, Christian v.
──(1897-98) *System der Werttheorie*, Bd.1-2, 3 v., Leipzig, Reisland.……258
大西猪之介
──(1911)「ユダヤ人ト経済生活」(1-7)（『国民経済雑誌』11 (3) -12 (4)：明治 44 年 9 月-同 45 年 4 月）……446
オッペンハイマー　Oppenheimer, Franz
──(1910) *Theorie der reinen und politischen Ökonomie : ein Lehr- und Lesebuch für Studierende und Gebildete*, Berlin, Reimer.……433
──(1923-24) *System der Soziologie*, Bd. 3 : *Theorie der reinen und politischen Ökonomie*, 5. völlig neu bearbeitete Aufl., 2 v., Jena, Fischer. Halbbd. 1: *Grundelung*, Halbbd. 2: *Die Gesellschaftswirtschaft*. *『社会学体系』……434
オヘンコフスキ　Ochenkowski, Władysław von
──(1879) *Englands wirtschaftliche Entwickelung im Ausgange des Mittelalters*, Jena, Fischer. *『英国の経済上の発達』……44-45, 53, 57
オルダーショウ　Oldershaw, L.
──(1915) *Analysis of Mill's Principles of political economy*, Oxford, Blackwell. ……160
オンケン　Oncken, August
──(1902) *Geschichte der Nationalökonomie*, 2. Aufl., Leipzig, Hirschfeld. (1st ed.: 1901) ……80-82

カーヴァー　Carver, Thomas Nixon
──（1904）*The distribution of wealth*, New York, Macmillan.
*『富の分配』 ……………………………………………………………… 171-172, 175
──（c1919）*Principles of political economy*, Boston, Ginn. ……………………………… 151, 153
カウツ Kautz, Julius
──（1860）*Geschichte Entwicklung der National-Oekonomik und ihrer Literatur*, Wien, Carl Gerold's Sohn.　*『経済学の発達』 ……………………………………… 26, 79, 83
カストベルグ　Castberg, Peter Harboe
──（1907）*Production : a study in economics*, London, Sonnenschein. …………………… 229
勝　海舟
──（1890）『吹塵録』勝安房編　上下巻，余録，大蔵省………………………………… 394
カッセル　Cassel, Karl Gustav
──（1918）*Theoretische Sozialökonomie*, Leipzig, Winter,（Lehrbuch der allgemeinen Volkswirtschaftslehre, 2. Abt.）*『理論的社会経済学』 ……………………… 124
2., verb. Aufl., 1921. …………………………………………………………… 156-157
The theory of social economy, translated by Joseph McCabe, London, Unwin, 1923……………………………………………………………………… 156-157
カートラー　Curtler, William Henry Ricketts
──（1909）*A short history of English agriculture*, Oxford, Clarendon Press.
*『英国農業小史』 ……………………………………………………………… 55-56
金井　延
──（1902）『社会経済学』金港堂……………………………13-14, 19, 124, 130-131, 167, 388
カニンガム　Cunningham, William
──（1898-1900）*An essay on Western civilization in its economic aspects*, 2 v., Cambridge, University Press. ……………………………………………………………………… 31
──（1896）*The growth of English industry and commerce during the early and middle ages*, 3rd ed., Cambridge, University Press.
*『英国商工業発達史』 ………………………………………………………… 53-54, 56
──（1916）*The progress of capitalism in England*, Cambridge, University Press.
*『英国に於ける資本主義の進歩』 …………………………………………… 55-56
カーライル　Carlyle, Thomas
──（1843）*Past and present*, London, Chapman and Hall. ……………………………………… 97
──（1849）"Occasional discourse on the Negro question"（*Fraser's Magazine*, London） 97
Occasional discourse on the Nigger question, London, Bosworth, 1853. ………… 97
ガルニエ　Garnier, Russell Montague
──（1895）*Annals of the British peasantry*, London, Sonnenschein.
*『英国小農史』 ……………………………………………………………… 55-56
河上肇
──（1905）『経済学原論』上巻　有斐閣書房……………………………………… 131-138, 167
──（1909）「帰納的真理ノ価値ノ大小」（『国民経済雑誌』7（2）：明治 42 年 8 月）…… 107
──（1909）「真理ノ進化」（同上　7（4）：明治 42 年 10 月）……………………………… 107
──（1909）「経済学研究法ニ就イテ福田博士ノ教エヲ乞フ」（同上　7（5）：明治 42 年 11 月）………………………………………………………………………………… 107
──（1909）「学者政策ヲ論ズルノ権威アリヤ」（『京都法学会雑誌』4（12）：明治 42 年 12

月）……………………………………………………………………………………138
──（1910）「学理は凡て仮定に立つ」（『京都法学会雑誌』5（2））………………………107
──（1922）「福田博士の『資本増殖の理法と資本主義の崩壊』について」（『我等』4（3）：大正 11 年 3 月）……………………………………………………………………448
──（1922）「福田博士の『資本増殖の理法』を評す」（『社会問題研究』31-34：大正 11 年 3 月-6 月）……………………………………………………………………………448
──（1923）『資本主義経済学の史的発展』 弘文堂書房……………………………………82
河田嗣郎
──（1920）『経済学要義』 弘文堂書房…………………………………………………167-168
神田孝平 → エリス Ellis, William
カンティロン Cantillon, Richard
──（1755）*Essai sur la nature du commerce en général*, traduit de l'anglois, London [i.e. Paris], Gyles. ……………………………………………………………………………83
気賀勘重 → フィリッポヴィッチ
ギッフェン Giffen, Robert
──（1877）*Stock exchange securities : an essay on the general causes of fluctuations in their price*, London, Bell. ……………………………………………………………………307
ギビンズ Gibbins, Henry de Beltgens
──（1890）*The industrial history of England*, London, Methuen. ………………………54, 56
キャナン Cannan, Edwin
──（1903）*A history of the theories of production and distribution in English political economy from 1776-1848*, 2nd ed., London, King.（1st ed.: 1893）. *『イギリス経済学における生産及び分配の諸理論』…78-79, 312, 323, 351, 358-360, 364, 390
──（1903）*Elementary political economy*, 3rd ed., London, Henry Frowde, Oxford University Press. …………………………………………………………………………151
──（1914）*Wealth: a brief explanation of the causes of economic welfare Wealth*, London, King. ……………………………………………………………………………14, 151
『富』 伊藤真雄訳，弘文堂書房，1919. ……………………………………………151
クストディ Custodi, Pietro
──（1803-04）*Scrittori classici italiani di economia politica*, 50 v., Milano, Nella stamperia e fonderia di Destefanis. ……………………………………………………………163
クニース Knies, Karl Gustav Adolf
──（1883）*Die politische Oekonomie vom Standpunkte*, Braunschweig, Neue, durch abgesonderte Zusätze verm. Aufl. der "Politischen Oekonomie vom Standpuncte der geschichtlichen Methode", 1853, Braunschweig, Schwetschke. *『史観経済学論』………………………………………………18, 21, 59, 74, 83, 130
クラインヴェヒター Kleinwächter, Friedrich
──（1902）*Lehrbuch der Nationalökonomie*, Leipzig, Hirschfeld. ……………………………150
クラウス Kraus, Oscar
──（1894）*Das Bedürfnis : ein Beitrag zur beschreibenden Psychologie*, Leipzig Friedrich. ……………………………………………………………………………………258
クラーク Clark, John Bates
──（1895）"The origin of interest",（*Quarterly journal of economics*, 9（3））…………241
──（1895）"Real issues concerning interest",（*Quarterly journal of economics*, 10（1））

……241
──(1907) *Essentials of economic theory as applied to modern problems of industry and public policy*, New York, Macmillan.……151-152, 241-243
──(1920) *Distribution of wealth*, New York, Macmillan.……241-243
グラツィアーニ　Graziani, Augusto
──(1904) *Istituzioni di economia politica*, Milano, Torino, Bocca. (3a ed. interamente riveduta ed accresciuta, 1917).……156-157
クリフ・レズリー　Cliffe Leslie, Thomas Edward
──(1879) *Essays in moral and political philosophy*, Dublin, Hodge, Foster, & Figgs ; London, Longamans, (Dublin University Press series) (2nd ed. : 1888).……130
グリーン　Green, Thomas Hill
──(1890) *Prolegomena to ethics*, edited by A.C. Bradley, 3rd ed., Oxford, Clarendon Press.……92
クルノー　Cournot, Antoine Augustin
──(1838) *Recherches sur les principes mathématiques de la théorie des richesses*, Paris, Hachette.……269-270
グレー　Gray, John
──(1831) *The social system : a treatise on the principle of exchange*, Edinburgh, Tait, Longman, Rees, Orme, Brown, & Green, London, and Curry, Jun, Dublin.……98
グレーフ　Greef, Guillaume de
──(1921) *L'économie sociale d'après la méthode historique et au point de vue sociologique. Theorie et applications*, Bruxelles, Lebèque.……156-157
黒岩涙香（周六）
──(1903)『天人論』 朝報社……108
グロス　Gross, Charles
──(1890) *Gild merchant : a contribution to British municipal history*, v. 1, Oxford, Clarendon Press.……59
グロッセ　Grosse, Ernst
──(1896) *Die Formen der Familie und die Formen der Wirtschaft*, Freiburg, Leipzig, Mohr. *『家族の形態と経済の形態』……34-35
ケアンズ　Cairnes, John Elliot
──(1869) *The Character and logical method of political economy*, Dublin, McGee.……129
*『経済事情誌』 *Wirtschaftskunde* unter Mitwirkung von A. Amonn et al. hrsg. von Karl Bräuer (Teubners Handbuch der Staats-und Wirtschaftskunde, 2. Abt.) Teubner, 1924-1928.……125
『経済大辞書』大日本百科辞書編輯部編, 同文館, 1910-1916.……163
ケインズ　Keynes, John Neville
──(1897) *The scope and method of political economy*, 2nd rev. ed., London, Macmillan. *『経済学研究法』……129, 250
ケネー　Quesney, François
──(1758) *Tableau économique*, s.l.s.n. *『経済表』……64-65
──(1768-69) *Physiocratie, ou, Constitution naturelle du gouvernement le plus avantageux au genre humain*, recueil publié par Du Pont, Yverdon, s.n.……83
ケラー　Keller, Franz

──（1912）*Unternehmung und Mehrwert; eine sozial-ethische Studie zur Geschäftsmoral*, Paderborn, Schöningh.（Görres-Gesellschaft zur Pflege der Wissenschaft im katholischen Deutschland. Sektion für Rechts- und Sozialwissenschaft , 12. Heft）……509

ゲレスノフ　Gelesnoff, W.

──（1918）*Grundzüge der Volkswirtschaftslehre* : nach einer vom Verfasser für die deutsche Ausgabe vorgenommenen Neubearbeitung des russischen Originals, übersetzt von E. Altschul, Leipzig, Teubner.……156-157

コヴェス　Cauwès, Paul

──（1893）*Cours d'économie politique contenant, avec l'exposé des principes, l'analyse des questions de législation économique*, Paris, Larose & Forcel. ……154-155

コッサ　Cossa, Luigi

──（1878）*Economia sociale*, Milano, Hoepli.……157

『社会経済原論』　永井直好重訳，東京専門学校出版部，1901.……157

──（1892）*Introduzione allo studio dell'economia politica*, 3a ed., Milano, Hoepli,（Studi giuridici e politici）*『経済研究入門』……78,250

Introduction to the study of political economy, revised by the author, and translated from the Italian by Louis Dyer, London, New York, Macmillan, 1893. ……78

ゴッセン　Gossen, Hermann Heinrich

──（1854）*Entwickelung der Gesetze des menschlichen Verkehrs, und der* daraus *fließenden Regeln für menschliches Handeln*, Braunschweig, Vieweg.（Neue Ausg., Berlin, Pragfer, 1889）

*『人類交通の法則の発展並に是より生ずる人類行為の原則』

……270-272,284-285,289-291,296

ゴドウィン　Godwin, William

──（1793）*An enquiry concerning political justice, and its influence on general virtue and happiness*, London, Printed for G.G.J. and Robinson

*『政治的正義』……381

ゴナール　Gonnard, René

──（1921-23）*Histoire des doctrines économiques*, 3 v., Paris, Nouvelle librairie nationale. ……77

小林丑三郎

──（1913）『経済学評論』明治大学出版部……167

小宮山綏介

──（1890）「近代の人口幷人口と天時との関係」（『富国』1(17)）：明治23年9月）…394

コルソン　Colson, Clément

──（1909-20）*Cours d'économie politique, professé à l'école polytechnique et à l'école nationale des ponts et chaussées*, 6 v., suppl. aux livres IV,V,VI, Paris, Gauthier-Villars. ……154-155

Livre 1er, éd. définitive rev. et considérablement augm., 1916

Livre 2e, éd. définitive rev. et considérablement augm., 1917

Livre 3e, éd. définitive, rev. et considérablement augm., 1918

Livre 4e, éd. définitive rev. et considérablement augm., 1920

Livre 5e, 2e éd., rev. et mise à jour, 1909
Livre 6e, 2e éd., rev. et mise à jour, 1910
Supplément aux livres IV, V, et VI, 1918

ゴルツ　Goltz　→　Detmer, Wilhelm

コーン　Cohn, Gustav
　──（1885）*Grundlegung der Nationalökonomie*, Stuttgart, Enke,（System der Nationalökonomie : ein Lesebüch für Studirende, Bd.1）
　　*『経済原論』……17,148,249-250,335,369

コンラート　Conrad, Johannes
　──（1890-97）*Handwörterbuch der Staatswissenschaften*, hrsg. von J. Conrad... [et al.], 8 v., Jena, Fischer.　*『コンラート辞典』……162-164
　──（1896-1910）*Grundriss zum Studium der politischen Oekonomie*, 4 v., Jena, Fischer. ……150

坂西由蔵
　──（1904）『企業論』同文館,（経済学経済史論叢 1）……(4),323
　──（1911）「企業ト経営」（『国民経済雑誌』10（1）：明治 44 年 1 月）……442,448,473-475,483
　──（1924）「価格生活の理論」（『神戸高等商業学校開校二十周年記念講演及論文集』神戸高等商業学校編, 神戸, 湊霜会……144,293

ザックス　Sax, Emil
　──（1887）*Grundlegung der theoretischen Staatswirthschaft*, Wien, Hölder. ……299

ジェヴォンズ　Jevons, William Stanley
　──（1871）*The theory of political economy*, London, Macmillan.
　　『経済学理論』『原論』……130,160,222,239-240,258
　　── 3rd ed., 1888. ……160,285
　　── 4th ed., 1911. ……258,271,289,298,318-323
　　『経済学純理』ジェヴォンス [著], 小泉信三訳, 同文館（内外経済学名著 1）…161
　──（1880）*Studies in deductive logic*, London, Macmillan. ……130
　──（1905）*The principles of economics : a fragment of a treatise on the industrial mechanism of society and other papers*, with a preface by Henry Higgs, London, Macmillan. ……160,399-400

シェフレ　Schäffle, Albert Eberhard Friedrich
　──（1873）*Das gesellschaftliche System der menschlichen Wirtschaft*, 3. durchaus neu bearbeitete Aufl., Tübingen, Laupp. ……92,179,210
　──（1896）*Bau und Leben des sozialen Körpers*, 2. Aufl., 2 v., Tübingen, Laupp,（1 Aufl., 4 v.: 1875-78）*『社会体の構造及び生活』……462

シェーンベルク　Schönberg, Gustav Friedrich von
　──（1882）*Handbuch der politischen Oekonomie*, 2 v., Tübingen, Laupp. ……164
　　── 4. Aufl., 4 v., Tübingen, Laupp, 1896-1898. ……164,204

シーガー　Seager, Henry Rogers
　──（1904）*Introduction to economics*, New York, Holt. ……153
　──（c1909）*Economics : briefer course*, New York, Holt. ……153
　──（c1913）*Principles of economics : being a revision of Introduction to economics*, New York, Holt. ……152,　*『通論』……155

ジード　Gide, Charles
── (1920) *Histoire des doctrines économiques: depuis les physiocrates jusqu'à nos jours*, par Charles Gide, Charles Rist, 3e éd., revue et corrigée, Paris, Sirey. ··············77
Geschichte der volkswirtschaftlichen Lehrmeinungen, von Charles Gide und Charles Rist, 2. Aufl. Nach der 3. fran. Ausgabe übersetzt von Franz Oppenheimer, Deutsch von R.W. Horn, Jena, Fischer, 1921. ·························78
A history of economic doctrines from the time of the physioctates to the present day. 2. ed., translated by R. Richards, Rep., London, Harrap, 1923. ·················78
── [1921?] *Premières notions d'économie politique*, Paris, Michel (Cosmos : petite bibliothèque de culture générale) ··· 154-155
── (1923) *Cours d'économie politique*, 7-8e éd., Paris, Sirey. (1re éd.: 1909) ······ 154-155
── (1923) *Principes d'économie politique*, 24e éd., Paris, Sirey. (1re éd.: 1883)
『経済学原論』シャルル・ジイド著, 飯島幡司訳, 東京宝文館, 1917. ········· 154-155
シーニア　Senior, Nassau William
── (1850) *Political economy*, London, Griffin, (Encyclopædia metropolitana, or, System of universal knowledge, 2nd ed., rev., first division, pure sciences 6). ·· 220, 251-252, 298, 313, 314
シャイエーバート　→　セー　Say, Léon
*『社会経済学大系』 *Grundriss der Sozialökonomik*, bearbeitet von S. Altmann ... [et al.], Tübingen, Mohr, 1921- ·· 164
シュタイン　Stein, Lorentz von
── (1887) *Lehrbuch der Nationalökonomie*, 3. umgearb. Aufl., Wien, Manz.
*『経済学教科書』 ·· 162, 215-217
── (1921) Geschichte der sozialen Bewegung in Frankreich von 1789 bis auf unsere Tage, 3 v., München, Drei Masken. *『フランス社会主義史』 ················· 162
シュトリーダー　Strieder, Jacob
── (1904) *Zur Genesis des modernen Kapitalismus*, Leipzig, Duncker & Humblot. ········60
シュパン　Spann, Othmar
── (1920) *Die Haupttheorien der Volkswirtschaftslehre, auf dogmengeschichtlicher Grundlage*, 7. Aufl., Leipzig, Quelle & Meyer, (Wissenschaft und Bildung: Einzeldarstellungen aus allen Gebieten des Wissens, 95) ·························81
シュピートホフ　Spiethoff, Arthur August Caspar
── (1908) "Die Lehre vom Kapital" (*Die Entwicklung der deutschen Volkswirtschaftslehre im neunzehnten Jahrhundert : Gustav Schmoller zur siebenzigsten Wiederkehr seines Geburtstages, 24. Juni 1908*, in Verehrung dargebracht von S. P. Altmann [et al.], 1. Teil, Leipzig, Duncker & Humblot. ························ 243
シュモラー　Schmoller, Gustav
── (1884-87) "Studien über die wirtschaftliche Politik Friedrichs des Großen und Preußens überhaupt von 1680 bis 1786", (*Schmollers Jahrbuch*, 8, 10, 11). ··· 35-38
── (1888) *Zur Litteraturgeschichte der Staats- und Sozialwissenschaften*, Leipzig, Duncker & Humblot. ·· 130
── (1898) *Über einige Grundfragen der Sozialpolitik und der Volkswirtschaftslehre*, Leipzig, Duncker & Humblot. ·· 130
── (1898) *Umrisse und Untersuchungen zur Verfassungs-, Verwaltungs- und Wirtschafts-*

geschichte, besonders des Preußischen Staates im 17. und 18. Jahrhundert, Leipzig, Duncker & Humblot. *『憲法行政経済史研究論集』 ……………35-38
The mercantile system and its historical significance : illustrated chiefly from Prussian history, being a chapter from the Studien ueber die wirthschaftliche politik Friedrichs des Grossen, New York, Macmillan, 1884,（Economic classics）……………35-38
—（1908）*Die Entwicklung der deutschen Volkswirtschaftslehre im neunzehnten Jahrhundert: Gustav Schmoller zur siebenzigsten wiederkehr seines Geburstages 24. Juni 1908,* Leipzig, Duncker & Humblot. ……………79
—（1913-　）*Schmollers Jahrbuch für Gesetzgebung, Verwaltung und Volkswirtschaft im Deutschen Reich,* Berlin, Duncker & Humblot. ……………166
—（1919）*Grundriss der allgemeinen Volkswirtschaftslehre,* 2 v., Leipzig, Duncker & Humblot. *『経済原論』 ………(3), 14-15, 18, 31 91, 97, 111-112, 116, 120-122, 126-127, 130, 139, 147, 179, 205, 245-246, 249-250, 252-254, 256-257, 317, 343, 365, 366, 367, 394, 415, 417, 420, 422, 441-443, 449, 461, 466, 472

ジュルネ　Journé, Maurice
—（1920）*Précis d'économie politique,* Paris, Alcan. ……………154-156

シュンペーター　Schumpeter, Joseph Alois
—（1908）*Das Wesen und Hauptinhalt der theoretischen Nationalökonomie,* Leipzig, Duncker & Humblot. ……………183, 430-433, 438
—（1912）*Theorie der wirtschaftlichen Entwicklung,* Leipzig, Duncker & Humblot. *『経済発展の理論』 ……………420, 430, 433, 440-441, 443, 464, 466-467
—（1914）"Die Epochen der Dogmen und Methodengeschichte", Tübingen, Mohr.（Grundriss der Sozialökonomik, bearbeitet von S. Altmann et al., 1. Abt.）……82

ジョウェット　Jowett, Benjamin
—（1885）*The politics of Aristotle,* translated into English with introduction, marginal analysis, essay, notes and indices, 2 v., Oxford, Clarendon Press. ……………5, 83

ステュアート　Steuart, James
—（1767）*An inquiry into the principles of political economy,* 3 v., London, Printed for Millar and Cadell. *『経済学原論』 ……………311, 500

スピーノ　Supino, Camillo
—（1905）*Principi di economia politica,* 2. ed., Napoli, Pierro. ………156-157, 197-199, 208

スマイルズ　Smiles, Samuel
—（1876）*The Huguenots : their settlements, churches and Industries in England and Ireland,* new and revised edition, London, Murray. ……………43

スミス　Smith, Adam
—（1776）*An inquiry into the nature and causes of the wealth of nations,* 2 v., London, Printed for Strahan, and Cadell. *『諸国民の富』 *『国富論』
……………19, 46, 63-67, 158, 193, 194, 195, 196, 199, 311, 313, 399, 427, 438-440, 443, 485, 488-495, 499-501
第2版：1778年 ……………494-501
*ブキャナン版　—　, with notes, and an additional volume, by David Buchanan, Edinburgh, Printed for Oliphant, Waugh & Innes, 1814. ……………158

*マカロック版　―　, with a life of the author, an introductory discourse, notes, and supplemental dissertations by J. R. McCulloch, 4 v., London, Edinburgh, Printed for Adam Black, and William Tait, London, Longman, Rees, Orme, Brown, and Green, 1828.……158
*ウェイクフィールド版　―　, with notes from Ricardo, M'Culloch, Chalmers, and other eminent political economists ; edited by Edward Gibbon Wakefield, with Life of the author, by Dugald Stewart, New ed., 4 v., London, Knight, 1843. ……158, 411
*ロジャーズ版　―　, edited by James E. Thorold Rogers, Oxford, Clarendon Press, 1869.……158
*マレー版　―　, London, Murray, 1872.……158
*ボーン版　―　, with an introduction by Ernest Belfort Bax, 2 v., London, Bell, 1887,（Bohn's standard library）.……158
*ラボック百良書版　―　London, Routledge, 1892,（Sir John Lubbrock's hundred books, 31）……158
*ラウトレッジ版　―　London, Routledge, 1893,（Routledge's popular library）.……158
*ニコルソン版　―　, with an introductory essay and notes by J. Shield Nicholson, London, Nelson, 1895.……158
* キャナン版　―　, edited, with an introduction, notes, marginal summary and an enlarged index by Edwin Cannan, 2 v., London, Methuen, 1904. ……19, 59-60, 158, 232-233, 298, 404, 408-411
*「各国における富有の進歩」……19, 70
*第1巻6章「商品価値の構成部分について」……493-499, 502
*第2篇「資本の性質，蓄積及び使用」……404
*『諸国民の富』第3巻……59-60
『原富』斯密亞丹原本，厳復翻訳［出版地不明］：南洋公學譯書院，光緒28［1902］……158
『富国論』アダム・スミス原著，三上正毅訳述，日進堂書店，1910.……158
『全訳富国論』アダム・スミス原著，竹内謙二訳，3冊，有斐閣，1921-23.……158
――（1853）*The theory of moral sentiments, or, An essay towards an analysis of the principles by which men naturally judge concerning the conduct and character, first of their neighbors, and afterwards of themselves : to which is added, a dissertation on the origin of languages*, New ed. with a biographical and critical memoir of the author, by Dugald Stewart, London, H.G. Bohn,（Bohn's standard library）*『道徳感情論』（ボーン版通行本）……19

セー　Say, Jean Baptiste
――（1814）*Traité d'économie politique, ou, Simple exposition de la manière dont se forment, se distribuent, et se consomment les richesses*, 2e éd., 2 v., Paris, Renouard.（1re éd.: 1803）*『経済原論』……312-314, 429, 435

セー　Say, Léon
――（1891-97）*Nouveau dictionnaire d'économie politique*, publié sous la direction de Léon Say et dc Joseph Chailley, 2 v., suppl. Paris, Guillaumin. *『経済学新字書』……162-163

関　一
──（1910）「経営ト企業トノ意義ニ就テ」（『国民経済雑誌』9（4）：明治43年10月）
……442,448,461,473-476,482-484
──（1911）「再ビ経営ト企業トノ意義ニ就テ」（『国民経済雑誌』10（2）：明治44年2月）
……442,448,461,474-476
──（1911-13）『工業政策』宝文館……473
セリグマン　Seligman, Edwin R.A.
──（1905）*Principles of economics : with special reference to American conditions*, London, Longmans,（American citizen series）
……152-153,233,314,327-330,333-334,365,367,379,406,413
3rd ed., rev. and enl., new impression. New York, Longmans, Green, 1908
……284,413
4th ed., rev. and enl., New York, Longmans, Green, 1909.……152,346-347
『経済原論』 石川義昌訳，上巻，籾山書店，1907……152
左右田喜一郎
──（1909）*Geld und Wert*, Tübingen, J,C.B. Mohr.　*『貨幣と価値』……453-454
──（1911）*Die logische Natur der Wissenschaftsgesetze*, mit einem Vorwort des Herausgebers, [Carl Johannes Fuchs], Stuttgart, Enke,（Tübinger staatswissenschaftliche Abhandlungen, 17. Heft）
『経済法則の論理的性質』勝本鼎一訳，岩波書店，1913. …101,109,113-115,453
──（1917）『経済哲学の諸問題』佐藤出版（『左右田喜一郎論文集』1）……182-183,257
──（1924）「貨幣概念を中心として，土方教授並に坂西教授の批評に答ふ」（『商学研究』3）……293
ゾンバルト　Sombart, Werner
──（1902）*Der moderne Kapitalismus*, 2 v., Leipzig, Duncker & Humblot.
*『近世資本主義論』
……35,59-60,442,443,445-446,449,453,455,461,471,473-476,481-482,484
──2., neugearb. A.: München, Duncker & Humblot, 1916.……445-446
──3., unveränderte A.: München, Duncker & Humblot, 1919. ……323,446
──（1911）*Die Juden und das Wirtschaftsleben*, Leipzig, Duncker & Humblot.
2. Aufl.: 10. und 11. Taus., 1920……446
ダヴェンポート Davenport, Herbert Joseph
──（c1896）*Outlines of economic theory*, New York, London, Macmillan.……152
──（1908）*Outlines of elementary economics*, New York, Macmillan. ……152
タウシッグ　Taussig, Frank William
──（c1896）*Wages and capital : an examination of the wages fund doctrine*, New York, Appleton.……243
──（1915）*Principles of economics*, 2nd rev. ed., New York, Macmillan.
*『原論』……152-153,434
ダヴナント　Davenant, Charles
──（1771）*The political and commercial works of that celebrated writer Charles D' Avenant, LL.D. : relating to the trade and revenue of England, the plantation trade, the East-India trade, and African trade*, collected and revised by Sir Charles Whitworth. 5 v., London, Printed for Horsfield. ……281

高橋誠一郎
──（1920）『経済学史研究』大鐙閣……82
滝本美夫
──（1909）「経済財の意義に付て」（『一橋会雑誌』49：明治42年2月）……181,202-204
田口卯吉
──（1878）『日本経済論：自由交易：完』坂上半七……167
田島錦治
──（1910）『経済原論』，有斐閣……167
ダマシュケ　Damaschke, Adolf
──（1922）*Geschichte der Nationalökonomie : eine erste Einführung*, 13., durchgesehene Aufl., 2 v., Jena, Fischer.……80
近重真澄
──（1904）『禅学論』金港堂書籍……133
チャイルド　Child, Josiah
──（1693）*A new discourse of trade*, London, Printed and sold by Everingham.……403
チャップマン　Chapman, Sydney John
──（1912）*Political economy*, London, Williams and Norgate; New York, Holt（Home university library of modern knowledge）……151
──（1917）*Outlines of political economy*, 3rd. ed. rev. enlarged, London, Longmans, Green.　*『原論』……151,434
──（1923）*Elementary economics*, 5. impression, London, Longmans, Green.（1st ed. : 1913）……151
チュヘル　Čuhel, František
──（1907）*Zur Lehre von den Bedürfnissen : theoretische Untersuchungen über das Grenzgebiet der Ökonomik und der Psychologie*, Innsbruck, Wagner.……258
チュルゴ Turgot, Anne Robert Jacques
[　──（1766）*Réflexions sur la formation et distribution des richesses.*……428]
ツァイス　Zeyss, Richard
──（1889）*Adam Smith und der Eingennutz*, Tübingen, Laupp.……84
ツガン-バラノフスキー　Tugan-Baranovskiy, Mikhail Ivanovich
──（1905）*Theoretische Grundlagen des Marxismus*, Leipzig, Duncker & Humblot.……448
津村秀松
──（1907）『国民経済学原論』宝文館……124,167-168,388,406-407
──（1912）「生産主義と営利主義」（『大阪銀行通信録』183：大正元年12月）……443
ディーツェル Dietzel, Heinrich
──（1895）*Theoretische Socialökonomik*, Bd. 1., Leipzig, Einter.……124,179,205
ディール　Diehl, Karl
──（1905）*Sozialwissenschaftliche Erläuterungen zu David Ricardo's Grundgesetzen der Volkswirtschaft und Besteuerung*, 2., neu verfasste Aufl., Leipzig, Engelmann（David Ricardo's Grundgesetze der Volkswirtschaft und Besteuerung, Bd. 2-3 ; Erläuterungen）……160
──（1911-23）Ausgewählte Lesestücke zum Studium der politischen Ökonomie, 16 v., herausgegeben von Karl Diehl und Paul Mombert, Karlsruhe i.B., Braun.……164
──（1924）*Theoretische Nationalökonom*ie, Bd.2 : *Die Lehr von der Produktion*, Jena,

Fischer. *『理論的国民経済学』第2巻「生産理論」……………212-215, 229
*『原論』……………………………………………………………323

ディルタイ　Dilthey, Wilhelm
──(1883) *Einleitung in die Geisteswissenschaften*, Leipzig, Duncker & Humblot.
……………………………………………………………18, 129-130

デシェーヌ　Dechêsne, Laurent
──(1900) *L'évolution économique et sociale de l'industrie de la laine en Angleterre*, Paris, Larose. *『英国羊毛工業の経済的及社会的進化』……………55-56

手塚寿郎
──(1920)『ゴッセン研究』同文館……………………………161, 270

デートマー　Detmer, Wilhelm
──(1889) *Handbuch der gesamten Landwirtschaft, 2 : Der Acker- und Pflanzenbau*, Tübingen, Laupp.……………………………………343

テューネン　Thünen, Johann Heinrich von
──(1826-50) *Der isolirte Staat in Beziehung auf Landwirthschaft und Nationalökonomie, oder Untersuchungen über den Einfluß, den die Getreidepreise, der Reichthum des Bodens und die Abgaben auf den Ackerbau* ausu¨ben, 2 v., Hamburg, Perthes. *『孤立国家』……………………………331
─ 3. Aufl., hrsg. Von Schumacher-Zerchlin, 3 v., Berlin, Wiegandt, Hempel & Parey, 1875.……………………………………334

デュボア　Dubois, Auguste
[──(1903) *Précis de l'histoire des doctrines économiques dans leurs rapports avec les faits et avec les institutions*, t. 1, Paris, Rousseau.……………………79]

デュポン・ド・ヌムール　Du Pont de Nemours, Pierre Samuel
→ ケネー　Quesney, François

デュ・メニル-マリニー　Du Mesnil-Marigny, Jules
[──(1872) *Histoire de l'économie politique des anciens peuples de l'Inde, de l'Égypte de la Judée et de la Grèce*, 2 v., Paris, Plon.……………………79]

デューリング　Dühring, Eugen
──(1900) *Kritische Geschichte der Nationalökonomie und des Sozialismus von ihren Anfängen bis zur Gegenwart*, 4., neubearb. und stark verm Aufl., Leipzig, Naumann.……………………………………………81

トインビー　Toynbee, Arnold
──(1906) *Lectures on the industrial revolution of the 18th century in England*, 7th impession, London, Longmans. *『英国産業革命史』……………54, 57

ドニ　Denis, Hector
──(1904-07) *Histoire des systèmes économiques et socialistes*, 2 v., Paris, Giard & Brière. (Bibliothèque internationale d'économie politique) ………81

トウィス　Twiss, Travers
──(1847) *View of the progress of political economy since the sixteenth century*, London, Longman, Brown, Green, and Longmans.……………………79, 83

トリュシー　Truchy, Henri
──(1919) *Cours d'économie politique*, Paris, Sirey, 2 v., t.1, 2e éd., 1923, t.2, 1921.…154-155

トレヴァー　Trever, Albert Augustus

── (1916) *A history of Greek economic thought*, Chicago, University of Chicago Press. ··83
トレンズ　Torrenz, Robert
── (1821) *An essay on the production of wealth : with an appendix in which the principles of political economy are applied to the actual circumstances of this country*, London, Printed for Longman, Hurst, Rees, Orme, and Brown.
*『富の生産に就ての考』 ························ 229,313-314
ニコルソン　Nicholson, Joseph Shield
── (1902-25) *Principles of political economy*, 2. ed., 3v. , London, Adam and Charles Black. (1st ed.: 1893-1901). *『原論』 ························ 151,307,459
── (1909) *A project of empire : a critical study of the economics of imperialism, with special reference to the ideas of Adam Smith*, London, Macmillan.
*『帝国の計画』 ························ 60
西山　元　『官中秘策』(写) ························ 394
ノイマン　Neumann, Friedrich Julius
── (1869) "Beiträge zur Revision der Grundbegriffe der Volkswirthschaftslehre", (*Zeitschrift für die gesamte Staatswissenschaft*, Bd.25, H. 3./4.) ························ 204
── (1872) "Beiträge zur Revision der Grundbegriffe der Volkswirthschaftslehre : Preis und Werth und die Frage der Preis- und Werthsmessung", (*Zeitschrift für die gesamte Staatswissenschaft*, Bd.28, H. 2./3.) ························ 204
── (1880) "Die Gestaltung des Preises unter dem Einflusse des Eigennutzes", (*Zeitschrift für die gesamte Staatswissenschaft*, Bd.36, H. 2./3.) ························ 204
── (1889) *Grundlagen der Volkswirtschaftslehre*, Tübingen, Laupp.
························ 196-197,198-200,201-202,203-204,228
── (1896) "Wirtschaftliche Grundbegriffe", (*Handbuch der politischen Oekonomie*, herausgegeben von Gustav Schönberg, Bd. 1, Tübingen, Laupp) ························ 204
ノールズ　Knowles, Lillian Charlotte Anne
── (1921) *The industrial and commercial revolutions in Great Britain during the nineteenth cenury*, London, Routledge, (Studies in economics and political science, 61) *『十九世紀に於ける英国の工業及商業革命』 ························ 55,57
パウルゼン　Paulsen, Friedrich
── (1900) *System der Ethik, mit einem Umriß der Staats- und Gesell-schaftslehre*, 2 v., 5 Aufl., Berlin, Hertz. (1. Aufl.:1889) ························ 18
バジョット　Bagehot, Walter
── (1873) *Physics and politics, or, Thoughts on the application of the principles of 'natural selection' and 'inheritance' to political society*, 2nd ed., London, King.
*『物理学と政治学』 ························ 23
ハスバハ Hasbach, Wilhelm
── (1891) *Untersuchung über Adam Smith und die Entwicklung der politischen Ökonomie*, Leipzig, Duncker & Humblot. ························ 83
── (1906) *Güterverzehrung und Güterhervorbringung*, Jena, Fischer. ························ 323
── (1908) *A history of the English agricultural labourer*, newly edited by the author and translated by R. Kenyon with a preface by Sidney Webb, London, King, (Studies in economics and political science, no.15)
*『英国農業労働史』 ························ 55,57

バックル Buckle, Henry Thomas
—（1857-61）*History of civilization in England*, 2 v., London, Parker, Son, and Bourn. *『英国文明史』……21
パッテン Patten, Simon Nelson
—（1892）*The theory of dynamic economics*, Philadelphia, Univ. of Pennsylvania（Publications of University of Philadelphia : Political economy and public law series, v.3, no.2）……299
—（1902）*The theory of prosperity*, New York, Macmillan. ……458
パルグレーヴ Palgrave, Robert Henry Inglis
—（1923-26）*Palgrave's dictionary of political economy*, edited by Henry Higgs, New ed., 3 v., London, Macmillan. ……162-163
パレート Pareto, Vilfredo
—（1896-97）*Cours d'économie politique*, 2 v., Lausanne, Rouge. ……285
—（1906）*Manuale di economia politica*, Milano, Societa editrice libraria,（Pocco la bibliteca, C3）……285
Manuel d'économie politique, traduit sur l'édition italienne par Alfred Bonnet（revue par l'auteur）, Paris, Giard & E. Brière, 1909 ……156
—（1909）*Mannuale di economia politica con una introduzione alla scienza sociale*, Milano, Societa editrice libraria,（Piccola biblioteca scientifica, 13）……156-157
ハーン Hearn, William Edward
—（1864）*Plutology, or, The theory of the efforts to satisfy human wants*, London, Macmillan, Melbourne, Robertson. ……255, 258
パンタレオーニ Pantaleoni, Maffeo
—（1889）*Principii di economic pura*, Firenze, Barbèra,（Manuali Barbèra di scienze giuridiche sociali e politiche, 8）……285
Pure economics, translated by T. Boston Bruce, London, Macmillan, 1898. ……156-157, 285
バンフィールド Banfield, Thomas Charles
—（1845）*Four lectures on the organisation of industry : being part of a course delivered in the University of Cambridge in Easter Term 1844*, London, Taylor. …254-255, 257
ピエトリ-トネリ Pietri-Tonelli, Alfonso de
—（1921）*Lezioni di scienza economica razionale e sperimentale*, 2a ed., con prefazione di Vilfredo Pareto, Rovigo, Industrie grafiche Italiane. ……156
ピグー Pigou, Arthur Cecil
—（1912）*Wealth and welfare*, London, Macmillan. ……14
—（1920）*The economics of welfare*, London, Macmillan. *『厚生経済学』……19, 162, 401
ヒュインズ Hewins, William Albert Samuel
—（1892）*English trade and finance chiefly in the seventeenth century*, London, Methuen,（University extension series）*『英国の貿易及財政』……55-57
ビューヒャー Bücher, Karl
—（1893）*Die Entstehung der Volkswirtschaft*, Tübingen, Laupp. *『国民経済の成立』12 u. 13. Aufl, 1919, ……33, 35, 37, 39, 46, 111, 409-410, 413, 461, 463, 466, 472
—（1901）*Industrial evolution*, translated from the 3rd German edition by S. Morley

Wickett, New York, Holt.……………………………………………………………413
ピールソン　Pierson, Nicolaas Gerard
──（1896）*Grondbeginselen der staathuishoudkunde*, 4. druk, Haarlem, Bohn.…………156
──（1896-97）*Leerboek der staathuishoudkunde*, 2. druk, 2 v., Haag, Fuik.………………156
──（1902-12）*Principles of economics*, translated from the Dutch by A.A. Wotzel, London, Macmillan.……………………………………………………………156, 250
『価値論』ピールソン原著，河上肇，河田嗣郎解説，宝文館，1911.……157
ヒルデブラント　Hildebrand, Bruno
──（1848）*Die Nationalökonomie der Gegenwart und der Zukunft*, Bd. 1, Frankfurt am Main, Rütten.　*『現在及び将来の経済学』………………………………33, 35, 242
ヒルファディング　Hilferding, Rudolf
──（1910）*Das Finanzkapital : eine Studie über die jüngste Entwicklung des Kapitalismus*, Wien, Verlag der Wiener Volksbuchhandlung.　2. Aufl.：1920.
*『金融資本論』……………………………………………………243, 441, 446, 450-451
ピンセロ　Pinsero, Niccolò
──（1921）*Economia sociale*, Livorno, Giusti,（Biblioteca degli studenti : notizie di storia, di lettere, di scienza e d'arte, v. 491-492-493）.……………………………156, 158
ファイルボーゲン　Feilbogen, Siegmund
──（1892）*Smith und Turgot: ein Beitrag zur Geschichte und Theorie der Nationalökonomie*, Wien, Hölder.……………………………………………………………………83
フィッシャー　Fisher, Irving
──（1906）*The nature of capital and income*, New York, London, Macmillan.……243, 404
──（1907）*The rate of interest : its nature, determination and relation to economic phenomena*, New York, Macmillan.……………………………………………………404
──（1911）*Elementary principles of economics*, New York, Macmillan.…………………152
*『原論』……………………………………………………………………………434
フィリッポヴィッチ　Philipovich von Philippsberg, Eugen
──（1919）*Grundriss der politischen Oekonomie*, Bd. 1: Allgemeine Volkswirtschaftslehre, 14. Aufl. 34-39 Tausend, Tübingen, Mohr.
*『経済原論』………………………………………………………………147-148, 443
『フィリポヴィッチ氏経済原論』気賀勘重訳，訂正増補7版，同文館，1908.
……………………………………………………………………………………19
フェッター　Fetter, Frank Albert
──（1904）*The principles of economics : with applications to practical problems*, New York, Century.…………………………………………………………152-153, 243
──（1915）*Economic principles*, New York, Century,（Economics, v.1）.…………152-153
福沢諭吉
──（1877-80）『民間経済録』2 v., 福澤諭吉刊…………………………………………167
福田徳三
──（1899）『労働経済論』ルヨ・ブレンタノ，福田徳三合著，同文館…（9），（12），319, 413
──（1903）『国民経済原論』哲学書院.　－　大倉書店，1910.…（1），（2），（3），（13）16, 19, 32, 35, 91, 124, 150, 180-181, 183, 198, 201-202, 204, 206, 211, 228, 475

―― (1904) **「経済ノ本則ト営利ノ主義」(『法政新誌』8 (12):明治 37 年 12 月) …458
―― (1907) 『日本経済史論』坂西由蔵訳, 宝文館……………………………………………32
―― (1907) 『経済学研究』同文館……………………………… (3),16,20-21,28-29,31-32,
86,91,101,133-134,208,323
―― 第 1 篇 2:「経済単位の発展に関する旧説と新説」所収…………………461
―― 第 1 篇 3:「企業心理論」所収………………………………………………466
―― 第 4 篇 1:「商業政策と商権の消長」所収………………………………31
―― 第 5 篇 1:「経済進化論」…………………………………………………21
―― (1909) **「経済学ノ内容区分ニ関スル滝本君ノ論文ニ就テノ疑問一二」(『国民経済雑誌』7 (2):明治 42 年 8 月) ……………………………………………312
―― (1909) 『経済学講義』大倉書店……………………………… (1)-(5),434,453
合版 3 版:1910……………………………………………………………… (4)-(5)
―― (1910-16) 『経済大辞書』同文館 …………………………………………………163
―― (1911) 『経済学教科書』大倉書店…………………………………… 423,430,448
―― (1911) **「余剰価値論梗概」(『国民経済雑誌』13 (1),(2):明治 45 年 7, 8 月)
……………………………………………………………………………………447
―― (1913) 『続経済学講義』第 1 編, 大倉書店………………………… (4)-(8),(14)
―― (1913) 『続経済学研究』 同文館
―― 「マルクス『資本論』第三巻研究の一節」所収, (初出:「三田学会雑誌」2 (1):明治 42 年 7 月) ……………………………………………488,509
―― 「不変の資本・可変の資本」所収 (初出:「法学新報」18 (4):明治 41 年 4 月) ……………………………………………………………241,509
―― 「地代は余剰なりや」所収, 初出:『国家学会雑誌』254:明治 41 年 4 月)
………………………………………………………………………347-348
―― 「企業倫理論」所収, (初出:『内外論叢』4 (4):明治 38 年 8 月) ….258
―― 「ゾムバルトよりマルクスへ」(初出:『国民経済雑誌』10 (3):明治 44 年 3 月「ゾムバルトヨリマルクスへ]) ………………………442,448
―― 「ジョン, ロックの私有財産制度論」所収 (初出:『三田学会雑誌』3 (2):明治 43 年 2 月) ………………………………………………457
―― (1915) 『改定経済学研究』 同文館 ……………………………… 102,109,111
―― 「トマス・ダキノの経済学説」所収 (初出:「とます・だきのノ経済学説」(『国家学会雑誌』196,198,19 (6)-(9),(11):明治 36-38 年) …82,297
―― 「経済単位の発展に関する新研究」所収……………………………32
―― 「経済と経済行為の概念に関する誤謬」所収…………………86,101
―― 「企業心理論」所収……………………………………………258,466
―― 「費用学か利用学か」所収…………………………………………102
―― (1915) 『改定経済学講義』第 1 巻 大倉書店……………………… (5)-(6),(14)
2 版序…………………………………………………………………………… (7)
―― 第 2 章 経済学の本体 ………………………………………………92-99
―― 第 3 章 経済学上の法則 ……………………………………………139-145
―― 補論 4 ……………………………………………………………100-106
―― (1919) 『黎明録』佐藤出版部……………………………………………… (12)
―― (1921) 『国民経済講話』合冊版 大鐙閣………………… 32,91,182,205,212,245,319
第 5 編:労働経済講話……………………………………………… 319,413

──（1922）『社会政策と階級闘争』大倉書店……………………………………………19,401
──「資本増殖の理法と資本主義の崩壊」所収（初出：『改造』3（11,12）：大正 10 年 10,11 月）………………………………………………………………448
──（1924）**「自由獲得社会より資本的営利社会へ」（『改造』大正 13 年 7 月）………233
──（1924）「探しているもの　特志の金持を」（『東京朝日新聞』 9 月 4 日）…………(11)
──（1925）『経済原論教科書』同文館（『経済学教科書』大倉書店，1911 の改題）
……………………………………………………………………………………(14),420,423
──（1925）『流通経済講話』 大鐙閣……………………………………………………21
──（1925-26）『経済学全集』同文館，8 v.
第 1 集：『経済学講義』（『経済学講義』『改定経済学講義』『続経済学講義』『国民経済原論』『経済原論教科書』旧『経済学教科書』収録）序…………(9)-(15),423
第 2 集：『国民経済講話』……………………………………………………………(10)
第 3 集：『経済史・経済学史研究』………………………………………………(10)
第 4 集：『経済学研究』……………………………………………………………(10)
第 5 集：『社会政策研究』……………………………………………………………(10)
第 6 集：『経済政策及時事問題』…………………………………………………(10)
フックス　Fuchs, Karl Johannes
──（1901）*Volkswirtschaftslehre*, Leipzig, Göschen.……………… 150,179,219-220,228,317
──4. Aufl., Berlin, Leipzig, Gruyter,（Sammlung Göschen, Nr.133), 1922.
……………………………………………………………………………………157,223
プライス　Price, Langford Lovell
──（1891）*A short history of political economy in England from Adam Smith to Arnold Toynbee*, London, Methuen,（University extension series）……………………77
──（1904）*A short history of English commerce and industry*, 2nd ed., London, Arnold, Later editions uncharged.　*『英国商工小史』…………………………54-55,57
フラックス　Flux, Alfred William
──（1900）*Economic principles : an introductory study*, London, Methuen. ……………… 150
プラッター　Platter, Julius
──（1903）*Grundlehren der Nationalökonomie : kritische Einführung in die soziale Wirtschaftswissenschaft*, Berlin, Guttentag.…………………………………… 149,217
ブラッドリー　Bradley, Harriett
──（1918）*The enclosures in England: an economic reconstruction*, New York, Columbia University.（Studies in history, economics and public law, 80（2））*『英国に於けるエンクロージュア』…………………………………………………………54,56
ブランキ　Blanqui, Adolphe
[　──（1837）*Histoire de l'économie politique en Europe, depuis les anciens jusqu'à nos jours, suivie d'une bibliographie raisonnée des principaux ouvrages d'économie politique*, 2 v., Paris, Guillaumin. ……………………………………………………79]
ブランド　Bland, Alfred Edward
──（1914）*English economic history : select documents*, compiled and edited by A. E. Bland, P. A. Brown and R. H. Tawney, London, Bell.
*『英国経済史料要覧』…………………………………………………………54,56
ブリー　Bry, Georges
──（1900）*Histoire industrielle & économique de l'Angleterre : depuis les origines jusqu'à*

nos jours, Paris, Larose. ＊『英国産業及経済史』……………………………53-54, 56
プルードン　Proudhon, Pierre-Joseph
――(1866) *Théorie de la propriété*, Éditon posthume, Paris, Librairie internationale (Oeuvres posthumes de P.-J. Proudhon) ………………………………………… 244
フレーザー　Frazer, James George
――(1922) *The golden bough : a study in magic and religion*, Abridged ed., London, Macmillan. ＊『黄金の枝』 ……………………………………………………… 135-136
ブレンターノ　Brentano, Lujo
――(1879) *Arbeiterversicherung gemäss der heuitigen Wirtschaftsordnung*, Leipzig, Duncker & Humblot. ＊『今日の経済組織』 ………………………… 18, 58, 420, 422
――(1888) *Die klassische Nationaloekonomie*, Leipzig, Duncker & Humblot. ……… 18, 130
――(1893) *Über das Verhältniss von Arbeitslohn und Arbeitszeit zur Arbeitsleistung*, 2., völlig umgearb. Aufl., Leipzig, Duncker & Humblot. 『労働経済論』同文館，1899 に所収) …………………………………… 407-408
――(1893-96) *Sammlung älterer und neuerer staatswissenschaftlicher Schriften des In- und Auslandes*, Nr. 1-9, herausgegeben von Lujo Brentano und Emanuel Leser, Leipzig, Duncker & Humblot. ＊『内外古今経済論集』 …………………… 164, 363
――(1897) *Theoretische Einleitung in die Agrarpolitik*, (*Agrarpolitik : ein Lehrbuch*, T. 1), Stuttgart, Cotta. ＊『農政学』 ……………………… 315-316, 332-334, 339-340
――(1907) *Der Unternehmer : Vortrag gehalten am 3. Januar 1907 in der Volkswirtschaftlichen Gesellschaft in Berlin*, Berlin, Simion, (Volkswirtschaftliche Zeitfragen, Nr. 225, Jahrg. 29, Heft 1) ＊『企業者論』 ………………………………… 422, 434
――(1908) *Versuch einer Theorie der Bedürfnisse*, München, Verlag der Königlich Bayerischen Akademie der Wissenschaften, (Jahrg. 1908 ; 10. Abhandlung; Sitzungsberichte der Königlich Bayerischen Akademie der Wissenschaften, Philosophisch-philologische und historische Klasse) ＊『欲望論』 ……………………………………………… 253, 255-257, 270, 296-297
――(1908) *Die Entwickelung der Wertlehre*, München, Verlag der Königlich Bayerischen Akademie der Wissenschaften.……………………………………………………… 285
――(1909) "Die Malthussche Lehre und die Bevölkerungsbewegung der letzten Dezennien", München, Franz, (*Abhandlungen der historischen Classe der Königlich-Bayerischen Akademie der Wissenschaften*, Bd. 24, Abt. 3) ＊「マルサス評論」 ………………………………………………… 379-380, 385, 390
――(1916) *Die Anfänge des modernen Kapitalismus, : Festrede gehalten in der öffentlichen Sitzung der K. Akademie der Wissenschaften am 15. März 1913*, München, K.B. Akademie der Wissenschaften. ＊『近世資本主義の起源』 ……………………………………………………………60
――(1923) *Der wirtschaftende Mensch in der Geschichte*, Leipzig, Meiner. ＊『歴史における経済人』 ………………………………………………………… (9)
――(1923) *Über die Nationalökonomie als Wissenschaft*, [Sl., sn] ＊講義 ……………… 144
――(1924) *Konkrete Grundbedingungen der Volkswirtschaft : gesammelte Aufsätze*, Leipzig, Meiner, (Gesammelte Reden und Aussätze, n.F., Bd. 2) ＊『国民経済の具象的根本諸条件』 ……………………………………………… (9)
ブロドニッツ　Brodnitz, Georg

――（1918）*Englische Wirtschaftsgeschichte*, Jena, Fischer,（Handbuch der Wirtschaftsgeschichte）*『英国経済史』（『経済史叢書』）…………………54,56
ヘイニー　Haney, Lewis Henry
――（1911）*History of economic thought: a critical examination of the origin and development of the economic theories of the leading thinkers of the leading nations*, New York, Macmillan. ……………………………………………………81
ヘウィンズ　Hewins, W.A.S.
――（1911）"The growth of English industry and commerce in modern times, by the Rev. Prof. Cunningham, D.D.（Cambridge, The University Press, 1892)"（*The economic journal*, 2（8））……………………………………………………53
ヘーゲル　Hegel, Georg Wilhelm Friedrich
――（1900）*The philosophy of history*, with prefaces by Charles Hegel and the translator, J. Sibree, Revised ed., London, Colonial Press.
*『歴史哲学』……………………………………………………21,26,42,58
ペシュ　Pesch, Heinrich
――（1922）*Lehrbuch der Nationalökonomie*, 5 v., 1. und 2. Aufl., Freiburg i. Br., Herder.（Bd. 4: 1922）*『原論』……………………………………149,323,343
ヘフディング　Höffding, Harald
――（1901）*Ethik : eine Darstellung der ethischen Prinzipien und deren Anwendung auf besondere Lebensverhältnisse*, 2. Aufl. der deutschen Ausg., Leipzig, Reisland.（1. Aufl.: 1887）……………………………………………………18
ベーム-バヴェルク Böhm-Bawerk, Eugen von
――（1881）*Rechte und Verhältnisse vom Standpunkte der volkswirthschaftlichen Güterlehre : kritische Studie*, Innsbruck, Wagner'schen Universitäts-Buchhandlung. *『経済財論の立場より見たる権利及関係』……200,205,214
In *Gesammelte Schriften von Eugen von Böhm-Bawerk*, hrsg. von Franz X. Weiss, Wien, Leipzig, Hölder, Pichker, Tempsky, 1924.………………200,205,214
――（1884-89）*Kapital und Kapitalzins*, 2 v., Innsbruck, Wagner, ……………………294,299
Capital und Capitalzins, 2. Aufl., 2 v., Innsbruck, Wagner, 1900-1902. ….299
Kapital und Kapitalzins, 3. Aufl., 2 v. in 3, Innsbruck, Wagner, 1909-1914. ……………………………………………………299
– 4. Aufl., 2v. in 3., Jena, Fischer, 1921.…………………………243,299
――（1895）"Professor Clark's views on the genesis of capital".（*Quarterly journal of economics*, 9）……………………………………………………241
ヘラー　Heller, Wolfgang
――（1921）*Die Grundprobleme der theoretischen Volkswirtschaftslehre*, Leipzig, Quelle & Mayer.……………………………………………………81
ベルクソン　Bergson, Henri
――（1907）*L'évolution créatrice*, Paris, Alcan,（Bibliothèque de philosophie contemporaine）*『創造的発展』……………………………………463
ヘルト　Held, Adolf
――（1881）*Zwei Bücher zur socialen Geschichte Englands*, hrsg. Georg Friedrich Knapp, Leipzig, Duncker & Humblot. *『英国社会史』…………………………47,58-59
ヘルマン　Hermann, Friedrich Benedikt Wilhelm von

—（1832）*Staatswirthschaftliche Untersuchungen über Vermögen, Wirthschaft, Produktivität der Arbeiten, Kapital, Preis, Gewinn, Einkommen und Verbrauch*, München, In der Anton Weber'schen Buchhandlung.
2. nach dem Tod des Verfassers erschienene, verm. und verb. Aufl., München, Fleischmann, 1870. *『国家経済学研究』……161, 186, 256, 258, 485
ベロー Below, Georg von → Annales d'histoire économique et sociale *『社会・経済史雑誌』
ペロー Perrreau, Camille
—（1914-16）*Cours d'économie politique*, Paris, Librairie générale de droit et de jurisprudence.……154-155
ボアロー Boileau, Daniel
—（1811）*An introduction to the study of political economy, or, Elementary, view of the manner in which the wealth of nations is produced increased, distributed, and consumed*, London, Printed for Cadell and Davies.……311-312, 314
ホジスキン Hodgskin, Thomas
—（1827）*Popular political economy : four lectures delivered at the London Mechanics' Institution*, London, Printed for Tait.……489-490, 493
ボナー Bonar, James
—（1885）*Malthus and his work*, London, Macmillan.……379, 382, 385, 390
—（1893）*Philosophy and political economy in some of their historical relations*, London, Sonnenschein,（Libirary of philosophy）.……19, 80, 83
『経済哲学史』ジェームス・ボーナー著, 東晋太郎訳, 大鐙閣, 1921.……80, 82
ホブソン Hobson, John Atkinson
—（1914）*The science of wealth*, [rev. ed.], London, Williams and Norgate,（Home university library of modern knowledge, 16）.……151
ボールガール Beauregard, Paul Victor
—（1906）*Eléments d'économie politique : à l'usage des étudiants en droit et des élèves des écoles de commerce*, 9e éd., entièrement refondue et augmentée, Paris, Picard.……154-155
本庄栄治郎
—（1914）『西陣研究』京都法学会（法律学経済学研究叢書 15）……46
—（1924）『徳川幕府の米価調節』弘文堂, 附録：The population of Japan in the "Tokugawa" era.「徳川時代の人口」……394
マイア Mayr, Georg von
—（1922-24）*Bevölkerungsstatistik*, 2. umbearb. und verm. Aufl., 2 v., Tübingen, Mohr（Statistik und Gesellschaftslehre, von Georg von Mayr, Bd. 2）……388
マイノング Meinong, Alexius
—（1894）*Psychologisch-ethische Untersuchungen zur Werth-Theorie*, Graz, Leuschner & Lubensky.……258
マカロック McCulloch, John Ramsay
—（1845）*The literatur of political economy*, London, Longman, Brown, Green and Longman.……80, 411
マクラウド Macleod, Henry Dunning
—（1896）*The history of economics*, London, Bliss, Sands.……79

マーシャル　Marshall, Alfred
──（1884）*The economics of industry*, by Alfred Marshall and Mary Paley Marshall, [2nd ed.], London, Macmillan. ……………………………………………………………… 150
──（1890）*Principles of economics : an introductory*, v. 1, London, Macmillan.
*『経済原論』 ……(3), (6), (8), 3-4, 10-11, 15-17, 31, 34, 57-58, 91-99, 101, 103-104, 109-110, 114, 116, 118, 120, 122-124, 127-129, 139, 141, 146, 150, 169-171, 173-179, 183-197, 201-203, 218-227, 230-240, 242, 245-249, 251-257, 259-270, 275-285, 288-296, 300-310, 315-322, 327, 330-332, 337-345, 348-357, 360, 364-365, 387, 396, 400-404, 407, 412, 414-418, 420-424, 429-430, 457-461, 472
*『経済原論』第1-4版……………………………………………………………10, 423
第1版：1890……………………………………………………………146, 420-421
第2版：1891，第3版：1895，第4版：1898……………………………13, 146
第5版：1907以降（第6版：1910，第7版：1916，第8版：1920）
……………………………………………………………10, 58, 146, 309-310, 416
第6版……………………………………………………………421-422, 437
『経済学原理』大塚金之助訳，福田徳三補訂，佐藤出版部，1919. ………… 146
──（1907）*Elements of economics of industry*, 4th ed., London, Macmillan
（Elements of economics, v. 1）*『原論』の摘要 ……………………………… 150
──（1918）*Industry and trade: a study of industrial technique and business organization, and of their influences on the conditions of various classes and nations*, London, Macmillan. ― 3rd ed.：1920. *『産業と貿易』 ……………………10, 147
『産業貿易論』 佐原貴臣訳，東京宝文館，1923……………………………… 147
──（1923）*Money, credit & commerce*, London, Macmillan. *『貨幣・信用・及商業』
……………………………………………………………………………10, 147
マルクス　Marx, Karl
──（1867-1894）*Das Kapital*, von Karl Marx, hrsg. von Friedrich Engels, Hamburg, Meissner. *『資本論』…170-171, 225, 243, 298, 307, 322, 403, 440-441, 443-444, 451-452, 454-455, 466, 472, 476-482, 484-486, 502-509
──4. Aufl., Bd. 1：1890. ……………………………………………………… 323
──（1905-10）*Theorien über den Mehrwert : aus dem nachgelassenen* Manuskript *"Zur Kritik der politischen Ökonomie"*, herausgegeben von Karl Kautskÿ. 3 Teile, 4 v., Stuttgart, Dietz. *『余剰価値学説史論』 ………………… 487-488, 493-496
1：Die Anfänge der Theorie von Mehrzert bis Adam Smith.… 488-492, 499-500
マルサス　Malthus, Thomas Robert
──（1798）*An essay on the principle of population, as it affects the future improvement of society. With remarks on the speculation of Mr. Godwin, M. Condorcet, and other writers*, London, Printed for J. Johnson...
*『人口論』 *『人口の法則に関する考え，それが社会の将来の進歩に及す影響，ゴドウィン氏，コンドルセー氏その他学者の所論に対する評論』
……………………………………… 158-159, 368-371, 373-378, 380-382, 388
──（1803）A new ed., very much enlarged.
An essay on the principle of population, or, A view of its past and present effects on human happiness : with an inquiry into our prospects respecting the future

removal or mitigation of the evils which it occasions, London, Printed for J. Johnson. *『人口の法則に関する考，一名人類幸福に及す過去現在の作用一斑，付たり，之より生ずる弊害を将来取除くに関する吾人の案に就ての研究』
3rd ed.: 1806, 4th ed.: 1807 (Bensley), 5th ed.: 1817 (Murray), 6th ed.: 1826 (Murray), (Ward, Lock, 1890), 7th ed.: 1872 (Reeves and Turner), 8th ed.: 1878.
２版および２版以降……………………………… 158-159, 378, 380-381, 384, 388
7th ed.………………………372.　8th ed.……………………… 159, 373-378, 383

── (1815) *The grounds of an opinion on the policy of restricting the importation of foreign corn : intended as an appendix to "Observations on the Corn Laws"*, London, Printed for Murray and Johnson.……………………………………………………… 363
Drei Schriften über Getreidezölle aus den Jahren 1814 und 1815, übersetzt und herausgegeben von Emanuel Leser, (Sammlung älterer und neuerer staatswissenschaftlicher Schriften des In- und Auslandes, hrsg. von Lujo Brentano und Emanuel Leser　*『内外古今経済論集』, Nr.6: *Kleine Schriften*, übersetzt und hrsg. von Emanuel Leser, 1), Leipzig, Duncker & Humblot, 1896.
………………………………………………………………………………………… 363

── (1815) *An inquiry into the nature and progress of rent, and the principles by which it is regulated*, London, Printed for Murray.
*『地代の性質及び進歩』 …………………………………………………… 359, 363-364

── (1815) *Nature and progress of rent* (A reprint of economic tracts, edited by Jacob H. Hollander) [Baltimore] Johns Hopkins Press, c1903.………………………… 360
独訳は同上ブレンターノ，レーザー両氏主幹『論集』中にあり

── (1820) *Principles of political economy, considered with a view to their practical application*, London, Murray.　*『原論』 …………………………………………… 311

── (1895) *Parallel chapters from the first and second editions of an essay on the principle of population : 1798-1803*, New York, London, Macmillan, (Economic classics, edited by Ashley) ……………………………………………… 159, 372-373, 377-378
『人口論』マルサス著，アッシレー抄略，三上正毅訳著，日進堂，1910…… 159

ミクスター　Mixter, Charles Whitney　→　レイ　Rae, John (1905)

ミッチェルリヒ　Mitscherlich, Waldemar
── (1910) *Der wirtschaftliche Fortschritt : sein Verlauf und Wesen, dargestellt an Hand der wirtschaftlichen Entwicklung von der Höhe des Mittelalters bis zu der neuesten Zeit*, Leipzig, Hirschfeld.
*『経済的進歩：その経過及び本質，中世の終りより最近化に至る経済的発展に照らして説明す』 ………………………………………………………… 466-470

ミューアヘッド　Muirhead, John Henry
── (1909) *By what authority? : the principles in common and at issue in the reports of the Poor Law Commission*, with an introduction by Sir Oliver Lodge, London, King.
…………………………………………………………………………………………19

ミル　Mill, James
── (1821) *Elements of political economy*, London, Printed for Baldwin, Cradock, and Joy. (2nd ed., revised and corrected : 1824)
*『経済要論』 ……………………………………………………… 312-314, 353, 429

ミル　Mill, John Stuart
──（1848）*Principles of political economy : with some of their applications to social philosophy*, 2 v., London, Parker.（2nd ed.: 1849, 6th ed: 1865）
*『経済原論』 ……………………………72, 118, 160, 298, 313-314, 396, 399-400, 411
──* People's edition, London, Longmans, Green, 1865 ……………………… 160
──*ラボック百良書版　London, Routledge.（Sir John Lubbock's hundred books）……………………………………………………………………… 160
──Edited with an introduction by W.J. Ashley, [New ed.]　London, Longmans, 1909. ……………………………………………………………… 160
──（1865）*Auguste Comte and positivism*, London, Trübner.　*『コント論』 ………85-86
──（1873）*Autobiography*, London, Longmans, Green, Reader, and Dyer.
*『自叙伝』 ………………………………………………………………………72
──（1875）*A system of logic, ratiocinative and inductive*, 9th ed., 2 v.　London, Longmans, Green and Dyer.　*『論理学』 ……………………………………………86, 129
メーヨー-スミス　Mayo-Smith, Richmond
──（1895）*Statistics and sociology*, New York, Macmillan（Science of statistics, pt. 1） 388
──（1899）*Statistics and economics*, New York, Macmillan（Science of statistics, pt. 2）
……………………………………………………………………………… 388
メレディス　Meredith, Hugh Owen
──（1908）*Outlines of the economic history of England : a study in social development*, London, Pitman.　*『英国経済史綱要』 ……………………………………55, 57
メンガー　Menger, Anton
──（1886）*Das Recht auf den vollen Arbeitsertrag in geschichtlicher Darstellung*, Stuttgart, Cotta. ……………………………………………………………489, 495
メンガー　Menger, Carl
──（1871）*Grundsätze der Volkswirthschaftslehre*, Wien, Wilhelm Braumüller.
*『原論』 ……………………………………………………198-199, 206-211, 299
──2. ed., mit einem Geleitwort von Richard Schüller aus dem einem Nachlass, hrsg. von Karl Menger, Wien u. Leipzig, Hölder-Pichler-Tempsky, 1923.
………………………………………………………………200-201, 206-207, 299
──（1883）*Untersuchungen über die Methode der Socialwissenschaften, und* der *politischen Oekonomie insbesondere*, Leipzig, Duncker & Humblot. ………… 130
──（1884）*Die Irrthümer des Historismus in der deutschen Nationalökonomie*, Wien, Hölder. ……………………………………………………………………… 130
──（1888）"Zur Theorie des Kapitals"（*Jahrbucher Nationalökonomie und Statistik*, Bd. 17）………………………………………………………………………… 243
モムゼン　Mommsen, Theodor
──（1854-56）Römische Geschichte, 3 v., Leipzig, Weidmann.　*『羅馬史』 ……………26
モール　Mohl, Robert von
──（1855-58）*Die Geschichte und Literatur der Staatswissenschaften*, 3 v., Erlangen, Enke.
………………………………………………………………………………79
モンテスキュー　Montesquieu, Charles-Louis de
──（1748）*De l'esprit des loix, ou, Du rapport que les loix doivent avoir avec la constitution de chaque gouvernement, les moeurs, le climat, la religion, le*

commerce, &c. ... 2 v., Geneve, Barrillot. *『法の精神』 ……………………21-22
モンベルト　Mombert, Paul（1911-23）→　ディール Diehl（1911-23）
ヤーコプ　Jakob, Ludwig Heinrich von
──（1805）*Grundsätze der National-Oekonomie, oder, Theorie des National-Wirtschattslehre*, Halle, Ruff. ……………………312
山崎覚次郎
──（1917）『経済原論』有斐閣……………………167-168
横山由清
──（1879）『本朝古来戸口考』（『学芸志林』5（26）：明治12年9月）……………391, 394
米田庄太郎
──（1912）「経済発展段階ノ心理化」(1)-(4)（『国民経済雑誌』12（4)-(6)，13（2）：明治45年4-6月，8月）……………………461
──（1913）「原始社会ニ於ケル交換有無問題」(1)-(4)（『国民経済雑誌』14(1)-(3), (5)：大正2年1-3月，5月）……………………453
ライト　Wright, Carroll Davidson（1880年アメリカ国勢調査書に掲載）
──［1883］［U.S. Census for 1880, Washington, G.P.O.], vol. 2.……………………47, 59
ラウンハルト　Launhardt, Wilhelm
──（1885）*Mathematische Begründung der Volkswirthschaftslehre*, Leipzig, Engelmann. ……………………299
ラシュドール　Rashdall, Hestings
──（1907）*The theory of good and evil : a treatise on moral philosophy*, 2 v., Oxford, Clarendon Press. *『善悪の理論』……………………87
ラスキン　Ruskin, John
──（1857）*The political economy of art: being the substance, with additions, of two lectures delivered at Manchester, 1857*, London. ……………………97
──（1862）*"Unto this last" : four essays on the first principles of political economy*, London, Smith, Elder.……………………97
──（1871）*Fors clavigera : letters to the workmen and labourers of Great Britain*, London, Printed for the author by Smith, Elder. ……………………97
ラッツィンガー　Ratzinger, Georg
──（1881）*Die Volkswirtschaft in ihren sittlichen Grundlagen*, 3. Aufl., Freiburg im Breisgau, Herder. ……………………18
ラッツェル　Ratzel, Friedrich
［　──（1897）*Politische Geographie*, München, Oldenbourg.……………………31］
ランプレヒト　Lamprecht, Karl Gotthard
［　──（1895-1909）*Deutsche Geschichte*, 12 v. in 16, Berlin, Gaertner.………………108, 111］
ランボー　Rambaud, Joseph
──（1909）*Histoire des doctrines économiques*, 3e éd., rev., mise à jour et augm, Paris, Larose et Forcel ; Lyon, Phily.……………………77
リカード　Ricardo, David
──（1817）*On the principles of political economy, and taxation*, London, Murray.（2nd ed.：1819, 3rd ed.: 1821）. *『経済及び租税原論』…………………… 159, *『原論』……………………311, 328-329, 331, 339, 347-348, 350, 354-355, 359, 364, 423-429, 434, 435, 440, 485, 488-489, 492

―（1888）*The works of David Ricardo, with a notice of the life and writings of the author, by J.R. McCulloch*, New ed., London, Murray.（1st ed.: 1846）…………159,326
―（1891）*Principles of political economy and taxation*, edited, with introductory essay, notes and appendices, by E.C.K. Gonner, London, Bell. ……………………159-160
―（1923）*Economic essays*, edited with introductory essay and notes by E.C.K. Gonner, London, Bell. *『論文集』……………………………………………………159-160
リース Rees, James Frederick
―（1920）*A social and industrial history of England, 1815-1918*, London, Methuen. *『英国社会及産業史』………………………………………………………55,57
リスト Rist, Charles（1920）→ ジード Gide（1920）
リスト List, Friedrich
―（1841）*Das nationale System der politischen Oekonomie*, Stuttgart, Tübingen, Cotta. *『国家的系統経済学』…………………………………………34,73-74
リッケルト Rickert, Heinrich
―（1921）*Die Grenzen der naturwissenschaftlichen Begriffsbildung*, 3. und 4. verb. und erg. Aufl., Tübingen, Mohr（Siebeck）. *『自然科学的概念形成の限界』……………………………………………………………………104,109
―（1921）*Kulturwissenschaft und Naturwissenschaft*, 4. und 5. verb. Aufl., Tübingen, Mohr（Siebeck）. *『人文科学と自然科学』………………104,109,111-113,140
リディック Riddick, W.
―［19--］*A short primer of industrial history*, London, Independent Labour Party. *『産業小史』……………………………………………………………………56-57
リプソン Lipson, Ephraim
―（1915）*An introduction to the economic history of England*, London, Black. *『英国経済史入門』……………………………………………………………55,57
―（1921）*The history of woolen and worsted industries*, London, Black,（The histories of English industries）*『羊毛工業史』…………………………………………55,57
リーフマン Liefmann, Robert
―（1907）*Ertrag und Einkommen auf der Grundlage einer rein subjektiven Wertlehre: ein wirtschaftstheoretischer Versuch*, Jena, Fischer. ……………………………14
―［1910］*Hermann Heinrich Gossen und seine Lehre : zur hundersten Wiederkehr seines Geburtstages am 7. September 1910*, Jena, Fischer. ……………………272-273
―［1912］"Die Entstehung des Preises aus subjektiven Wertschätzungen : Grundlagen einer neuen Preistheorie."（*Archiv für Sozialwissenschaft und Sozialpolitik*, Bd. 34, Heft 1 & 2）………………………………………………………441, 446
―（1912）"Grundlagen einer ökonomischen Produktivitätstheorie."（*Jahrbücher für Nationalökonomie und Statisitk*, 3. Folge. 43. Bd., 3. Heft, März）……441,446
「限界収益均等ノ原理："Grundlagen einer ökonomischen Produktivitätstheorie" von Robert Liefmann…ノ要点」丸谷喜市（『国民経済雑誌』14(1)：1913）……………………………………………………………………………446
―（c1912）*Die Unternehmungsformen*, Stuttgart, Moritz.（2., umgearb. Aufl.: 1921),（3., umgearb. Aufl.: 1923).………………………………………………441,446
*『企業形態論』………………………………………………………………498
―（1912）"Theorie des Sparens und Kapitalbildung",（*Schmoller's Jahrbuch*, Jahrg. 36,

Heft 4）……………………………………………………………………………… 291，447
——（1919）*Grundsätze der Volkswirtschaftslehre*, 2 v., Stuttgart, Deutsche Verlags-Anstalt.
Bd.1: Grundlagen der Wirtschaft.（2. neu bearbeitete Aufl.: 1920）.
Bd.2: Grundlagen des Tauschverkehrs.（2., neu bearb. Aufl.: 1922）.
*『国民経済学綱領』 …………………107，510　*『原論』 ………………… 335-336
*『国民経済学原論』 ……………………………………… 447-448，457，459，484
——（1924）Allgemeine Volkswirtschaftslehre, Leipzig, Teubner.
*『一般国民経済学』 ………………………………………………… 447-448，510
リーベン　Lieben, Richard
——（1889）*Untersuchungen über die Theorie des Preises*, von Rudolf Auspitz und Richard Lieben, Leipzig, Duncker & Humblot.……………………………………………… 285
ルーカス　Lucas, Charles Prestwood
——（1917）*The beginnings of English oversea enterprise: a prelude to the empire*, Oxford, Clarendon Press.　*『英国海外企業の起源』 ……………………………… 55，57
ルクセンブルク　Luxemburg, Rosa
——（1913）*Die Akkumulation des Kapitals: ein Beitrag zur ökonomischen Erklärung des Imperialismus*, Berlin, Buchhandlung Vorwärts P. Singer.
*『資本の蓄積』 ………………………………………………………… 243，448
ルロア・ボーリュウ　Leroy-Beaulieu, Pierre Paul
——（1914）*Traité théorique et pratique d'économie politique*, 6e éd., rev. et augm, Paris, Alcan.…………………………………………………………………… 154-155
——（1922）*Précis d'économie politique*, 20e éd., revu par André Liesse, Paris, Delagrave.
…………………………………………………………………………… 154-155
レーア　Lehr, Julius
——（1895）*Produktion und Konsumtion in der Volkswirtschaft, aus dem Nachlasse*, hrsg. und vollendet von Kuno Frankenstein, Leipzig, Hirschfeld. …………………… 229
レイ　Rae, John
——（1834）*Statement of some new principles on the subject of political* economy, *exposing the fallacies of the system of free trade and of some other doctrines maintained in the "Wealth of nations"*, Boston, Hilliard, Gray.　*『経済学新論』『経済新論』
………………………………………… 298，436-438，440，442-443，445，464-466
——（1905）*Sociological theory of capital being a complete reprint of the New principles of political economy, 1834*, edited with biographical sketch and notes, by Charles Whitney Mixter, New York, London, Macmillan.…………………… 243，299，445
レヴィンスキ　Lewinski, Jan Stanislow
——（1922）*The founders of political economy*, London, King.
『経済学の建設者』山下英夫訳，弘文堂書房，1925. ……………………………82
レクシス　Lexis, Wilhelm
——（1913）*Allgemeine Volkswirtschaftslehre*, 2. verb. Aufl., Leipzig und Berlin, Teubner（Die Kultur der Gegenwart : ihre Entwicklung und ihre Ziele, hrsg. von Paul Hinneberg ; Teil 2, Bd. 10-1）*『原論』 ……………………………………… 149，434
レーザー　Leser, Emanuel　→　Brentano, Lujo（1893-96）
ロジャーズ　Rogers, James E. Thorold

── (1884) *Six centuries of work and wages : the history of English labour*, New York, Putnam. ··························58
── (1898) *The industrial and commercial history of England : lectures delivered to the University of Oxf*ord, edited by Arthur G. L. Rogers, 3. impresson, London, Unwin. ··························54, 57
ロースバッハ　Roßbach, Johann Joseph
[　── (1856) *Vier Bücher, Geschichte der politischen Oekonomie*, Würzburg, Etlinger, (Vom Geiste der Geschichte der Menschheit, 1) ··························79]
ロック　Locke, John
── (1824) *The works of John Locke, in nine volumes*, 12th ed., London, Printed for Rivington.　Vol. 4: Two treatises of civil government. ··········398-399, 456-457
── (1884) *Two treatises on civil government*, preceded by Robert Filmer's Patriarcha, with an introduction by Henry Morley, London, Routledge. ·····398-399, 456-457
ロッシャー　Roscher, Wilhelm Georg Friedrich
── (1874) *Geschichte der National-Oekonomik in Deutschland*, München, Oldenburg (Geschichte der Wissenschaften in Deutschland: neuere Zeit, Bd.14)
*『独逸経済学史』 ··························26, 78
── (1894) *Grundlagen der Nationalökonomie*, Stuttgart, Cotta.　*『経済原論』
(System der Volkswirthschaft : ein Hand- und Lesebuch für Geschäftsmänner und Studierende,　*『経済全書』1) (1st ed.: 1854) 22. verm. und verb. Aufl., bearbeitet von Robert Pöhlmann. ············15-16, 18, 161, 179, 245, 249, 317, 343
Principles of political economy : from the thirteenth (1877) German edition, with additional chapters furnished by the author, for this first English and American edition, on paper money, international trade, and the protective system, by William Roscher ; and a preliminary essay on the historical method in political economy (from the French) by L. Wolowski ; the whole translated by John J. Lalor, 2 v., New York, Holt, 1878. ··························161
『経済考徵』ロッセル原著，駒井重格講述，専修学校，1881，(専修学校講義筆記) Grundlagen der Nationalökonomie の翻案··························161
『農業経済論』　ウィルヘルム・ロッシェル原著，［関澄蔵，平塚定二郎訳］，合本再版，八尾書店，1892.『経済全書』第２巻の翻訳··························161
『商工経済論』［ウィルヘルム，ロッシェル原著］，平田東助［ほか］訳，平田東助出版，国光社発売，1896.『経済全書』第３巻の翻訳··························161
ロートベルトゥス　Rodbertus, Johann Karl
── (1913) *Das Kapital : vierter sozialer Brief an von Kirchmann*, hrsg. und eingeleitet von Theophil Kozak, 2. Aufl. der neue wohlfeile Ausg., Berlin, Puttkammer & Mühlbrecht. ··························244
ローリア　Loria, Achille
── (1914) *Economic synthesis : a study of the laws of income*, translated from the italian by M. Eden Paul, London, Allen. ··························14
ワグナー　Wagner, Adolf
── (1892-93) *Grundlagen der Volkswirtschaft*, 3. wesentlich um-, theilweise ganz neu bearbeitete und stark erw. Aufl., 2 v., Leipzig, Winter. (Grundlegung der politischen Oekonomie, von Adolph Wagner, 1. T.)

『経済学原論』『原論』 ………………………… (3),18,83,130,148,205,250,386
——(1907-09) *Theoretische Sozialökonomik, oder, Allgemeine und theoretische Volkswirtschaftslehre : Grundriss tunlichst in prinzipieller Behandlungsweise*, 2 v., Leipzig, Winter. *『理論的社会経済学』 ……………………………… 148,181,183
ワルラス　Walras, Léon
——(1896) *Études d'économie sociale (théorie de la répartition de la richesse sociale)*, Lausanne, Rouge, Paris, Pichon. ……………………………………………………… 161
——(1898) *Études d'économie politique appliquée (théorie de la production de la richesse sociale)*, Lausanne, Rouge, Paris, Pichon. ………………………………………… 161
——(1900) *Éléments d'économie politique pure, ou, Théorie de la richesse sociale*, 4e éd., Lausanne, Rouge, Paris, Pichon. ……………………………………………………… 161

辞書

エルスター　Elster, Ludwig
——(1911) *Wörterbuch der Volkswirtschaft in zwei Bänden*, bearbeitet von G. von Below-Freiburg ... [et al.]; herausgegeben von Ludwig Elster 3., völlig umgearb. Aufl., Jena : Fischer. *『経済辞書』 …………………………………… 162
『経済大辞書』大日本百科辞書編輯部編, 同文館, 1910-1916. ……………………………… 163
コンラート　Conrad, Johannes
——(1890-97) *Handwörterbuch der Staatswissenschaften*, hrsg. von J. Conrad... [et al.], 8 v., Jena, Fischer. *『コンラート辞典』 ………………………………… 162-164
*『商・工・銀行字書』
——(1901) *Dictionnaire du commerce de l'industrie et de la banque*, publié sous la direction de MM. Yves Guyot et A. Raffalovich, Paris, Guillaumin. ……………………… 163
セー　Say, Léon
——(1891-97) *Nouveau dictionnaire d'économie politique*, publié sous la direction de Léon Say et de Joseph Chailley, 2 v., suppl. Paris, Guillaumin. *『経済学新字書』 ……………………………………………………………………………… 162-163
パルグレーヴ　Palgrave, Robert Henry Inglis
——(1923-26) *Palgrave's dictionary of political economy*, edited by Henry Higgs, New ed., 3 v., London, Macmillan. (1st ed.: *Dictionary of political economy*, 3 v., appendix, 1894-97) ……………………………………………………………… 162-163

叢書

・*Ausgewählte Lesestücke zum Studium der politischen Ökonomie*, von Karl Diehl und Paul Mombert, 16 v., Karlsruhei, B.G. Braun, 1911-1923. ………………………………… 164
・*Bibliothek der Volkswirtschaftslehre und Gesellschaftswissenschaft*, 20 v., Berlin, Prager, 1878-1927. ……………………………………………………………………… 163
・*Collection des économistes et des réformateurs sociaux de la France*, 12 v., Paris, Rivière, [19---1924] ……………………………………………………………………… 164
・[*Collection des principaux économistes*, 15 v., Paris, Guillaumin, 1840-1882] …………… 163
・*Economic classics*, edited by W.J. Ashkey, New York, Macmillan, 1895-98. ……………… 165
・*Grundriss der Sozialökonomik*, bearbeitet von S. Altmann ... [et al.] Tübingen, Mohr, 1921-　*『社会経済学大系』 ……………………………………………………… 164
1. Abt. Wirtschaft und Wirtschaftswissenschaft

2. Abt. Die natürlichen und technischen Beziehungen der Wirtschaft
3. Abt. Wirtschaft und Gesellschaft
4. Abt. Spezifische Elemente der modernen kapitalistischen Wirtschaft
5. Abt. Die einzelnen Erwerbsgebiete in der kapitalistischen Wirtschaft und die ökonomische Binnenpolitik im modernen Staate
1. T. Handel, 2. T. Bankwesen
6. Abt. Industrie, Bauwesen, Bergwesen
7. Abt. Land- und forstwirtschaftliche Produktion : Versicherungswesen

・*Hand- und Lehrbuch der Staatswissenschaften in selbständigen Bänden*, hrsg. von Kuno Frankenstein, Leipzig, C.L. Hirschfeld, 24 v., 1893-1923. ………… 164
・*Handbuch der politischen Oekonomie* ... , herausgegeben von Gustav Schönberg, 2 v., Tübingen, Laupp.（4. Aufl., 3 v., 1896-1898） ………… 164
・[Readingas in economics, edited by Smith.　不明]
[Readingas in economics, selected and edited by Thames Ross Williamson, Boston, Heath, 1923] ………… 165
・*Sammlung älterer und neuerer staatswissenschaftlicher Schriften des In- und* Auslandes, Nr. 1-9, herausgegeben von Lujo Brentano und Emanuel Leser, Leipzig, Duncker & Humblot, 1893-1896 ………… 164
・*Scrittori classici italiani di economia politica*, by Pietro Custodi, 50 v., Milano, Nella stamperia e fonderia di Destefanis, 1803-1804. ………… 163
・*Textbücher zu Studien über Wirtschaft und Staat*, herausgegeben von J. Jastrow, Berlin, Reimer, 6 v., 1912-1920. ………… 164
・『経済全書』宝文館，1910-1917.　神戸正雄主宰 ………… 165
・『世界経済叢書』同文館，1903-1906. ………… 165

雑誌

・*The American economic review*（American Economic Association）
Ithaca, N.Y., American Economic Association, 1911- ………… 165
・*Annales d'histoire économique et sociale*, Paris, A. Colin, 1（1929）-10（1938）
ベロー主幹　*『社会・経済史雑誌』 ………… 166
・*Archiv für Sozialwissenschaft und Sozialpolitik* ………… 166
Tübingen, Mohr, 19(1904)-69(1933). ゾンバルト編纂　*『社会学・社会政策雑誌』
Neue Folge des *Archivs für soziale Gesetzgebung und Statistik*.
・*The economic journal : the quarterly journal of the British Economic Association*, London, Macmillan, 1891- ………… 53, 165
・*Giornale degli economisti*. ………… 166
Ser. 1: 1(1886)-5(1890), Bologne.
Ser. 2 : rivista mensiled degli interessi italiani, Roma, Presso la Direzione.
Anno 1（1890）- anno 39（1909）.
・*Jahrbücher für Nationalökonomie und Statisitik*（*Conrad's Jahrbücher*）
Jena : Friedrich Mauke, 1863-　コンラート主幹 ………… 166
・*Journal des économistes*, Paris, Guillaumin, 1(1890)-56(1903). ………… 166
・*The quarterly journal of economics*（Harvard University）, Boston, Ellis, [1886]- …… 165
・*Revue d'économie politique*, Paris, Larose et Forcel, 1(1887)- ………… 166

・*Revue économique internationael*, Bruxelles, Goemaere1ere, Année, no 1(mars 1904)- 166
・*Schmollers Jahrbuch für Gesetzgebung, Verwaltung und Volkswirtschaft im Deutschen Reich*, Berlin, Duncker & Humblot, 1913- ……166
(← *Jahrbuch für Gesetzgebung, Verwaltung und Volkswirthschaft im Deutschen Reich*, Leipzig, Duncker & Humblot, 1877-1912 ← *Jahrbuch für Gesetzgebung, Verwaltung und Rechtspflege des Deutschen Reichs*, Leipzig, Duncker & Humblot, 1871-1876)

『エコノミスト』大阪毎日新聞社，1年1号（大正12.4)-21年4号（昭和18.1）………167
『経済論叢』京都帝国大学法科大学編，京都法学会，1巻1号（大正4年7月)－ ……166
『国民経済雑誌』神戸高等商業学校商業研究所編，宝文館，39巻1号（大正14年7月)－
←『経済学商業学国民経済雑誌』創刊号（明治39年6月)-38巻6号（大正14年年6月）……166
『国家学会雑誌』国家学会，1巻1号（明治20年3月)－ ……166
『財政経済時報』財政経済時報社，1巻1号（大正3年2月)-30巻7号（昭18年8月）……167
『ダイヤモンド』ダイヤモンド社，1巻1号（大正2年5月)-56巻9号（昭和43年2月）……167
『東京経済雑誌』経済雑誌社，1号（1879：明治12年1月)-2138号（1923：大正12年9月）田口卯吉創刊……167
『東洋経済新報』東洋経済新報社，1号（明治28年11月)－2976号（昭和35年12月）……166-167

文献全体を〔　〕で囲ったものは参考資料扱い